D1748138

V&R unipress

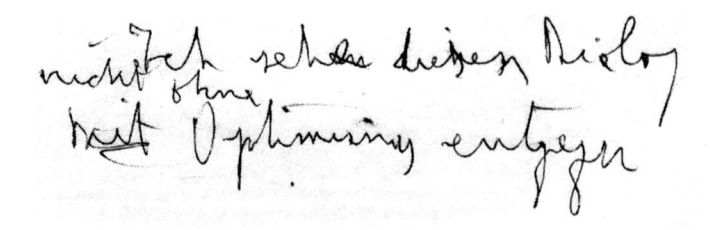

»… ich sehe diesen[m] Dialog nicht ohne [mit durchgestrichen] Optimismus entgegen«

Handschriftlicher Vermerk Agostino Casarolis zu Beginn seiner Polenreise 1974.

Roland Cerny-Werner

Vatikanische Ostpolitik und die DDR

Mit 16 Abbildungen

V&R unipress

Bibliografische Information der Deutschen Nationalbibliothek

Die Deutsche Nationalbibliothek verzeichnet diese Publikation in der Deutschen
Nationalbibliografie; detaillierte bibliografische Daten sind im Internet über
http://dnb.d-nb.de abrufbar.

ISBN 978-3-89971-875-1
ISBN 978-3-86234-875-6 (E-Book)

Gedruckt mit freundlicher Unterstützung des Bundesministeriums für Wissenschaft und
Forschung in Wien sowie der Stiftungs- und Förderungsgesellschaft der Paris-Lodron-Universität
Salzburg.

© 2011, V&R unipress in Göttingen / www.vr-unipress.de
Alle Rechte vorbehalten. Das Werk und seine Teile sind urheberrechtlich geschützt. Jede
Verwertung in anderen als den gesetzlich zugelassenen Fällen bedarf der vorherigen
schriftlichen Einwilligung des Verlages.
Printed in Germany.
Druck und Bindung: CPI Buch Bücher.de GmbH, Birkach

Gedruckt auf alterungsbeständigem Papier.

Erzbischof Casaroli in der Galerie »Alte Meister«, Dresden, 12. Juni 1975

Inhalt

Danksagung 13

1 Einleitung 15

2 Erkenntnisinteresse 19

3 Forschungsstand 21
   3.1 Quellen 21
      3.1.1 Der »Fondo Casaroli« 22
      3.1.2 Quellenlage zur Vatikanischen Ostpolitik in deutschen
          Archiven 24
      3.1.3 Archivgut aus dem Parteiapparat und dem MfS 26
      3.1.4 Überlieferungen aus Archiven der katholischen Kirche der
          ehemaligen DDR 27
      3.1.5 Zeitzeugeninterviews als Quelle 28
      3.1.6 Andere Quellen 29
   3.2 Literatur 30

4 Erläuterungen 37
   4.1 Statistische Eckdaten 37
   4.2 Heiliger Stuhl? Vatikan? 38
   4.3 Kommunistische Länder? 39
   4.4 Handelnde Personen 39
   4.5 Formalia 41

5 Vatikanische Ostpolitik nach der Oktoberrevolution bis zum Tod
   Pius' XII. 43
   5.1 Vatikanische Politik gegenüber Russland und der UdSSR bis zum
      Kriegsende 1945 43

5.2 Die Entwicklung der Beziehungen des Vatikans zur
kommunistischen Welt – Vom Ende des Krieges bis zum Tod
Pius' XII. 1958 50

6 »Aggiornamento«: Das Pontifikat Johannes' XXIII. und die sechziger
Jahre des Pontifikats Pauls VI. im Licht der Beziehungen zu
kommunistischen Ländern 57
  6.1 »Der Papst und Chruschtschow« und die Beziehungen zur UdSSR
    bis zur Entstehungsphase der KSZE 59
  6.2 Das Sekretariat für die Einheit der Christenheit und die
    Entstehung des Sekretariats für die Nichtglaubenden 72
  6.3 Die diplomatischen Beziehungen mit Kuba – Informationen aus
    »erster Hand« 75
  6.4 Vatikanische Ostpolitik zu Beginn der sechziger Jahre 77

7 Die Beziehungen des Vatikans zur DDR bis zum Ende des Pontifikats
Pauls VI. 81
  7.1 Determinanten der Entwicklung von bilateralen Beziehungen
    zwischen der DDR und dem Vatikan 81
    7.1.1 Grundsätze der DDR-Außenpolitik 82
    7.1.2 Die Politik der DDR-Führung gegenüber der katholischen
        Kirche nach dem Mauerbau bis zum Beginn der siebziger
        Jahre 87
        7.1.2.1 Differenzierungspolitik 87
        7.1.2.2 Massiver staatlicher Druck zum Erreichen der
            institutionellen Verselbstständigung der Kirchen ... 88
    7.1.3 Der »Döpfner-Erlass« – Die Reaktion der Kirchenleitung in
        der DDR auf die Kirchenpolitik der SED 93
  7.2 »... Im Sinne einer zielstrebigen Aufklärungsarbeit« – Die
    Sonderrolle des Vatikans in der Auseinandersetzung der
    DDR-Führung mit der katholischen Kirche 98
    7.2.1 Die Theorie in der Auseinandersetzung mit dem Vatikan in
        der DDR 99
    7.2.2 Die Vorbereitung der Kontaktaufnahme der DDR mit dem
        Vatikan auf »operativer Linie« 106
    7.2.3 Die »Matern-Rede« von 1969 – Kirchenpolitische
        Grundsteinlegung der »Annäherung« an den Vatikan 109
    7.2.4 »Frieden als Waffe« – Paul Verner zur Kirchenpolitik der
        DDR 113

7.2.5 »... Die materialistische Weltanschauung und die materialistische Methode sind die einzig wirksamen.« Theorie vor der Praxis – Eine Zusammenfassung 120
7.2.6 Der Beginn der diplomatischen Kontakte zwischen dem Vatikan und der DDR 124
7.2.7 Die Administratur Görlitz entsteht – Ein Überbleibsel der Verhandlungen des Vatikans mit Polen 126
7.3 »... Für uns gelten die Verträge« – Epochenwechsel 1972 139
    7.3.1 Der Politbürobeschluss zur Erstellung des Memorandums . 142
    7.3.2 Das Memorandum 145
    7.3.3 »... Man kann die Kuh nicht melken und zugleich schlachten wollen« – Das Spitzengespräch Bengsch – Stoph. 147
7.4 Die DDR bringt sich in Stellung – Die ersten direkten Kontakte . 152
    7.4.1 Wilhelm Piecks Tochter und der Vatikan – Die ersten Annäherungen 152
    7.4.2 Die »Berliner Konferenz« als Türöffner? 159
    7.4.3 »... a bene sperare per l'avvenire dei rapporti« – Das Treffen Pro-Nuntius – Botschafter in Belgrad am 9. Oktober 1972 160
    7.4.4 »... Stiamo facendo storia« – Die KSZE als diplomatische Drehscheibe 164
7.5 »... gli interessi si equilibrino« – Regelmäßige Kontakte zwischen der DDR und dem Vatikan 170
    7.5.1 Denkpause zwischen den Gesprächen – Konzepte wurden erstellt 172
        7.5.1.1 »... tali colloqui potrebbero svolgersi nel prossimo mese di febbraio« – Konzeptionelle Vorbereitung der Gespräche im Vatikan 174
        7.5.1.2 »... die politische und völkerrechtliche Bestandsaufnahme für eine beweiskräftige Untermauerung unserer Position« – Das »Kröger-Gutachten« und dessen Bedeutung in der Politik der DDR gegenüber dem Vatikan 177
    7.5.2 »... wie die DDR sich die Gestaltung der Beziehungen zum Vatikan vorstelle« – Das Gespräch Lamberz – Casaroli . . . 182
    7.5.3 Das erste »Außenministertreffen« – Cocktails und Diplomatie 187
    7.5.4 »... Das hat perspektivischen Charakter. Im Augenblick läuft es gut« – Die Administratorenlösung 193

7.6 Die Bundesregierung und die katholische Kirche Deutschlands
wehren sich gegen eine Trennung der Kirche 195
    7.6.1 »… Es war zu erwarten, dass dieser Schritt kommen
würde« – Erste Abstimmungen der beiden deutschen
Episkopate nach dem Memorandum 197
    7.6.2 Dem Unausweichlichen ausweichen – Kardinal Bengschs
Kampf gegen die Vereinnahmung der katholischen Kirche in
der DDR durch Staat und Partei 201
    7.6.3 »… i buoni cattolici, fedeli alla Santa Sede, sostenitori dei
partiti CDU/CSU«– Die katholische Kirche der BRD und
der Vatikan 214
    7.6.4 »… Vedere bene! Prego riferire« – Die Reaktion des
Vatikans auf den Widerstand der katholischen Kirche
Deutschlands 222
    7.6.5 »… il concetto di Germania è tuttora in vigore« – Die
Bundesregierung und der Vatikan 229
7.7 Die Beziehungen zwischen der DDR und dem Vatikan von 1973
bis zum Tod Pauls VI. 243
    7.7.1 Wieder im Politbüro – Die Direktive von 1974 244
    7.7.2 Buchenwald und Gottesdienst – Der »Casaroli-Besuch« in
der DDR 1975 249
        7.7.2.1 »… in diesen Fragen überempfindlich« –
Verzögerungen des Besuchs Casarolis in der DDR . . 250
        7.7.2.2 »… Es versteht sich von selbst, dass die DDR dabei
nicht das geringste Interesse hat, etwas für die
Kirche zu tun« – Kardinal Bengschs Analyse der
bevorstehenden Verhandlungen DDR – Vatikan . . . 254
        7.7.2.3 Die Position Kardinal Döpfners zum
»Casaroli-Besuch« in der DDR 257
        7.7.2.4 Der Besuch findet statt – Die Vorbereitungen 258
        7.7.2.5 Die Gespräche mit der Staatsführung in Berlin . . . 268
        7.7.2.6 Der Verlauf der Pastoralreise 284
        7.7.2.7 Nach dem Besuch und vor der Errichtung von
Diözesen? – Die Auswertung der Gespräche durch
das Staatssekretariat 287
        7.7.2.8 Die Reaktion der DDR nach dem Besuch des
vatikanischen »Außenministers« 299
    7.7.3 Das letzte Ergebnis? – Die Erhebung der Berliner
Ordinarienkonferenz (BOK) zur Berliner Bischofskonferenz
(BBK) 305

Inhalt

    7.7.4 »... und dann starb Paul VI.« – Die Entwicklung bis 1978 . 306
  7.8 »Il Tessitore« – Agostino Casaroli: Architekt der Vatikanischen
    Ostpolitik? 314

8 Vatikanische Ostpolitik in den achtziger Jahren des 20. Jahrhunderts
  – Die Beziehungen zwischen der DDR und dem Vatikan im
  Pontifikat Johannes Paul II. 319

9 Schlussbetrachtungen 325
  9.1 »... una delle caratteristiche del Pontificato del Santo Padre VI« –
    Der Vatikan als internationaler Akteur 326
  9.2 Der Vatikan und die »deutsche Frage« 333
  9.3 Ostpolitik trifft Ostpolitik 336
  9.4 »Der Römische Blick« – Kirchenpolitische Problemfelder
    Vatikanischer Ostpolitik 342
  9.5 Vatikanische Ostpolitik und die DDR 348

10 Bibliografie 357

11 Verzeichnis der genutzten Archive und Bestände 377

12 Abbildungsnachweis 379

Danksagung

Denen, die mich bei meiner Arbeit unterstützt haben, möchte ich an dieser Stelle herzlich danken.

Zunächst möchte ich den hilfreichen ArchivmitarbeiterInnen danken, die mich, so weit es ihnen möglich war, unterstützt haben, so zum Beispiel: Ulrich Geyer vom PAAA, Katrin Heinrich von der BStU und Dr. Gotthard Klein vom DAB.

Ohne die Hilfe von Dott. Elena Nironi im Archivio di Stato in Parma wäre mir die Arbeit dort viel schwerer gefallen, ihr gilt großer Dank. Ein herausragender Dank gilt Frau Dott. Orietta Casaroli, die mir uneingeschränkten Zugriff auf den Nachlass ihres verstorbenen Onkels gewährte. Ohne diese Unterstützung hätte diese Arbeit nicht so geschrieben werden können.

Eine der wichtigsten Personen für dieses Forschungsvorhaben war Professore Corrado Truffelli. Er unterstützte mein Forschungsvorhaben in höflichster und freundlichster Art und Weise: Er stellte mir Arbeitsräume zur Verfügung, öffnete mir Türen, die mir sonst wahrscheinlich verschlossen geblieben wären und war als Ansprechpartner immer da, wenn ich ihn brauchte. Die Handschrift Agostino Casarolis wäre mir ohne ihn wohl auch ein Rätsel geblieben. Mille grazie.

Das DHI in Rom unterstützte die Arbeit. Ohne diese Förderung wären der Forschungsaufenthalt in Italien nicht möglich sowie eine zügige und unabhängige Forschungstätigkeit dort erschwert gewesen.

Prof. Dr. Rainer Gries danke ich für seine Offenheit und die Ernsthaftigkeit, von der unsere Gespräche geprägt waren und Prof. Dr. Gian Enrico Rusconi für seine Bereitschaft, mir und meinem Projekt größtes Vertrauen entgegenzubringen.

Für Hilfestellungen bei den Übersetzungen aus dem Französischen möchte ich Judith Gläser und Janina Nadolny danken sowie Manja Finnberg und Mauro Pirini für die Hilfe bei der Übersetzung eines zentralen Dokuments in Italienisch.

Für die Zeit vor der Drucklegung möchte ich Prof. Dr. Dietmar Winkler danken, der mir Raum, Zeit und weitere mannigfaltige Unterstützung hat zukommen lassen.

Ich möchte auch Mike Bruhn danken, der mir das eine oder andere Mal eine wichtige Stütze war.

Meinen Eltern möchte ich ebenfalls herzlichst für ihre vielfältige Unterstützung danken.

Doreen Cerny war mir die wichtigste Stütze. Ohne ihre Geduld und ohne ihre Ermutigung wäre vieles nicht möglich gewesen. Ohne dein Lachen, Lene, hätte ich es nicht geschafft.

Salzburg, im Februar 2011   Roland Cerny-Werner

1 Einleitung

Franz Kardinal König, der Erzbischof von Wien[1], sah in seinem Bistumssitz auch eine historischen Auftrag: die Verpflichtung, als wichtiger Vertreter einer der tragenden Säulen des untergegangenen Habsburgerreichs – der katholischen Kirche – Verantwortung für ehemalige Staatsgebiete des Kaiserreichs zu übernehmen. Diese Verantwortlichkeit verstand er nie als diplomatische Aufgabe, sondern als vermittelnde, im besten Fall kirchenpolitische Aktivität. Wenngleich er sich nicht als Protagonist der Vatikanischen Ostpolitik verstand, konnte er, im eigenen Rückblick auf das Geschehene, treffend analysieren, was die grundlegende Determinante der Vatikanischen Ostpolitik darstellte: Es stand für ihn außer Frage, dass es eine Vatikanische Ostpolitik gab, aber nicht *die* Vatikanische Ostpolitik.

»... Um die in Gang gekommenen kirchlichen Kontakte mit den Oststaaten richtig beurteilen zu können, ist es notwendig, falsche Vorstellungen zu korrigieren. Dazu gehört zum Beispiel, dass man sich vor Verallgemeinerungen hütet. Die Lage der Kirche im Osten gibt es nicht. Die Verhältnisse sind in jedem Land anders. Man kann Polen nicht mit der Tschechoslowakei, Ungarn nicht mit Jugoslawien vergleichen. In der DDR liegen die Dinge wieder ganz anders. Wohl gibt es eine gewisse einheitliche Strategie des Kommunismus gegenüber Religion und Kirche, von einer gemeinsamen Taktik ist allerdings kaum etwas zu spüren.«[2]

Inwieweit es die gemeinsame Taktik der kommunistischen Staaten nicht gab, bleibt noch zu klären, deutlich war aber zu jedem Zeitpunkt, dass das Verhalten der unterschiedlichen Staaten gegenüber dem Vatikan höchst different war. Begründet lag dies selbstverständlich in den unterschiedlichen Voraussetzungen und Traditionen in den jeweiligen Ländern. So stellten sich die folgenden Fragen:

---

1 1956–1985.
2 König, F. Kardinal [Verf.]/Fenzl, A./Földy, R. [Hrsg.]: »Haus auf festem Grund. Lebensideen und Orientierungen«. Wien. ²2004. S. 276.

– Welchen Bevölkerungsanteil stellten Katholiken?
– Gab es starke katholische Traditionen?
– Gab es traditionelle oder reale Verbindungen zur katholischen Kirche in Ländern des Westens?
– Welche innen- und außenpolitischen Intentionen waren für die Staats- und Parteiführungen von Belang, um den Vatikan als Verhandlungspartner akzeptieren zu wollen oder zu müssen?
– Wie stark und selbstbewusst waren die nationalen Episkopate?
– Welche innenpolitischen Stärken und Schwächen bestimmten das Verhältnis der nationalen katholischen Kirche gegenüber den kommunistischen Staatsapparaten?

Diesen Fragen, mit häufig unterschiedlichen Antworten, musste sich Vatikanische Ostpolitik stellen, und sie zwangen den Vatikan zu (Re-)aktionen und forderte von den mit der Ostpolitik befassten vatikanischen Diplomaten eine besonders intensive und gründliche Analyse der nationalen Gegebenheiten, um so behutsam, bestimmt oder protestierend reagieren und agieren zu können. Wenngleich diese Analyse vor jedem diplomatischen Geschehen zu erfolgen hat, waren und sind heute noch die unterschiedliche völkerrechtliche Stellung und das Selbstverständnis des Vatikans in Betracht zu ziehen: Der Vatikan als Mitglied im völkerrechtlichen Verbund der Staaten und der Heilige Stuhl als Völkerrechtssubjekt, mit dem Anspruch, religiöses Oberhaupt aller Katholiken der Erde zu sein. Mithin stellt(e) sich für vatikanische Diplomatie immer die Frage nach dem, was zu erreichen der Vatikan angetreten war (ist) und mit welchen Mitteln dies erreicht werden konnte (kann). Wirtschaftliche, militärische, finanzpolitische, handelspolitische und viele andere wichtige weltpolitische Probleme stellen für den Vatikan nur Randprobleme dar, wohingegen religionspolitische, friedenspolitische, bildungspolitische und familienpolitische Problemlagen für vatikanische Politik und Diplomatie im Zentrum des Handelns stand und steht. Dieses Spannungsfeld macht den diplomatischen Apparat des »Staatssekretariats Seiner Heiligkeit« zu einem weltweit einmaligen diplomatischen Corpus und wirft die Frage nach Taktik oder Strategie im Rahmen einer Vatikanischen Ostpolitik auf.

Für die DDR galt hierbei, dass die Verhandlungen und Kontakte, zumindest im Pontifikat Pauls VI., eine besondere Rolle in der diplomatischen Auseinandersetzung des Vatikans mit den kommunistisch regierten Staaten darstellten. Deutlich wurde dies unter anderem an einer diplomatischen Funktion im Staatssekretariat des Vatikans: dem Sondernuntius für östliche Staaten, (Luigi

Poggi und Francesco Colasuonno[3]). Dieses Amt koordinierte, den Sekretär für die öffentlichen Aufgaben der Kirche unterstützend[4], im Wesentlichen alle Verhandlungen mit den Ostblockstaaten, vor allem mit Polen. Es gab eine Ausnahme: Die Verhandlungen mit der DDR waren Chefsache des Sekretärs für die öffentlichen Aufgaben der Kirche[5].

Diese Sonderposition der DDR im Bezugsrahmen der Vatikanischen Ostpolitik zu untersuchen, hat sich diese Forschungsarbeit zum Ziel gesetzt. Das kann jedoch nur geschehen, wenn das Geflecht Vatikanischer Ostpolitik im weiteren Rahmen beleuchtet wird, da dieses die Projektionsfläche der vorerst anzunehmenden Sonderrolle der DDR in der Auseinandersetzung des Vatikans mit kommunistischen Staaten bildete. Die Betrachtung des Verhaltens des Vatikans gegenüber der Sowjetunion ist dabei von elementarer Bedeutung, aber auch andere exemplarische Fälle geben Aufschluss über die Intentionen und das Tätigkeitsprofil vatikanischer Diplomatie gegenüber kommunistisch regierten Ländern.

Auf die Intentionen der Staatsführungen in kommunistisch regierten Ländern kann und soll im Rahmen dieser Abhandlung nur randständig eingegangen werden.

Im Zentrum der Betrachtung werden vor allem das vatikanische Staatssekretariat und die handelnden staatlichen Stellen der DDR stehen. Der Umstand, dass für diese Studie etwa 25 laufende Meter Akten aus dem diplomatischen Epizentrum des Vatikans zugänglich waren, ermöglicht es erstmals, den Intentionen, internen Diskussionen, diplomatischen Abläufen, exakten Gesprächsführungen, internen Analysen und daraus abgeleiteten Handlungsalternativen der unmittelbaren vatikanischen Akteure in den sechziger und siebziger Jahren des 20. Jahrhunderts nachzuspüren. Auch die Auseinandersetzungen mit den jeweiligen Partnern in den Kirchenleitungen der betreffenden Staaten (DDR und BRD) werden beleuchtet. Freilich erfolgt dies im Kontext internationaler Entwicklungen, wie der Ende der sechziger Jahre immer mehr aus dem Schemenhaften heraustretenden Europäischen Sicherheitskonferenz, der späteren KSZE, aber auch anderer internationaler Ereignisse, wie der allgemeinen Entspannungspolitik der ersten Hälfte der siebziger Jahre.

---

3 Luigi Poggi (1973–1986); Francesco Colasuonno (1986–1990) Sondernuntius im römischen Staatssekretariat.
4 Im zu behandelnden Zeitraum Erzbischof Agostino Casaroli.
5 Interview des Verfassers mit Luigi Cardinale Poggi (Rom 19.3.2006); Achille Cardinale Silvestrini (Vatikanstadt 15.04.2006).

2 Erkenntnisinteresse

Seitdem der Vatikan sich dem Kommunismus gegenüber sieht – zunächst nur als Ideologie und später als Regierungssystem – unterliegt dieser in Rom einer besonderen Beobachtung. Die Auseinandersetzung des Vatikans mit kommunistisch regierten Regimes wurde nur für kurze Zeit von der Brutalität des Zweiten Weltkriegs und der Menschenverachtung der deutschen Nationalsozialisten überschattet. Nach dem Zweiten Weltkrieg stellte der Kampf gegen diese einzige religionsfeindliche Ideologie, die zu einer Regierungsform aufgestiegen war, einen Hauptkampfschauplatz in der vatikanischen Politik dar. Durch die teilweise schweren Verfolgungen katholischer Priester und Gläubiger in dem extrem erweiterten Machtbereich dieser staatstragenden Ideologie nach dem Zweiten Weltkrieg war der Vatikan zunächst in die Passivrolle des Reagierenden gedrängt. Anfang der sechziger Jahre begannen einige Diplomaten der Kurie in Rom, mit Rückendeckung des neuen Papstes, mit dem Versuch, sich aus dieser Umklammerung zu lösen.

Aus diesen Versuchen erwuchs das Konzept der Vatikanischen Ostpolitik. Eine Politik, die sich mit einer Vielzahl an diplomatischen Mitteln dem stellte, was ihr die objektiv zu verzeichnende Unterdrückung der katholischen Ortskirchen in den kommunistisch regierten Staaten als Herausforderung aufgab.

Diese Studie wird sich der Vatikanischen Ostpolitik am Beispiel der DDR widmen, mit der Fokussierung des Pontifikats Pauls VI. (1963–1978). In diesem Rahmen muss das bilaterale Verhältnis Vatikan – DDR als multilaterales Ereignis und als transideologischer Brückenschlag zum Ausgleich ähnlicher und gleicher Interessen angesehen werden. Dieser Ausgleich setzte die Akzeptanz von Grenzen und Differenzen voraus – vielleicht die zentrale Leistung der Vatikanischen Ostpolitik. Eine Akzeptanz, ohne die ein nicht feindliches Aufeinanderzugehen unmöglich gewesen wäre und die nicht nur das Regime in der DDR, sondern auch die westdeutsche Politik vor neue Herausforderungen stellte.

Zentrales Erkenntnisinteresse wird folglich sein, einerseits diese Kommunikationsleistung darzustellen, die den Interessenausgleich zwischen zwei gegensätzlichen Systemen anstrebte und dabei nicht nur real existierende ideologische und politische Grenzen überschritt, und andererseits die Reaktionen auf diese Ereignisse zu betrachten und diese auch in gesamtdeutsche beziehungsweise europäische Entwicklungen einzuordnen.

Es stellen sich folglich diese wesentlichen Fragen:
1. Wie agierten und reagierten die ostdeutsche Politik und der Vatikan in ihrer Innen- bzw. Außenpolitik im Rahmen der Beziehungen zueinander?
2. Welche Intentionen verfolgte die DDR (die SED-Führung) dabei mit der Überschreitung politischer und diplomatischer Grenzen?
3. Welche Intentionen und langfristigen Absichten verfolgte der Vatikan in seinem Handeln gegenüber der DDR?
4. Welche Einflüsse hatten die bilateralen Beziehungen des Vatikans und der DDR auf gesamtdeutsche Politik und Beziehungsgeflechte?
5. Wie sind die Beziehungen des Vatikans zur DDR in das Gesamtgefüge der Vatikanischen Ostpolitik gegenüber den Ostblockstaaten einzuordnen?

So wird ein Beitrag geleistet, eines der am stärksten umstrittenen Felder vatikanischer Politik der letzten 50 Jahre einer weniger alterierten Bewertung zu unterziehen. So entsteht historische Grundlagenforschung für die Vatikanische Ostpolitik am Beispiel der Beziehungen zwischen der DDR und dem Vatikan.

3 Forschungsstand

Über den Vatikan im 20. Jahrhundert eine wissenschaftlich-historische Abhandlung zu schreiben, stellt die Historiker vor Probleme besonderer Art. Dies betrifft vor allem die Quellenlage, die aufgrund der restriktiven Archivpolitik des Vatikans als grundsätzlich unzureichend zu bezeichnen ist.

Aus diesem Umstand ergibt sich, dass wissenschaftliche Literatur zu diesem Thema in den allermeisten Fällen ohne Bestände entscheidender vatikanischer Archive auskommen muss.

3.1 Quellen

Zeitgeschichtliches Archivgut zum Vatikan zu erhalten, konnte bisher im Wesentlichen auf den folgenden Wegen geschehen:
1. Gegenüberlieferungen in Archiven der Kontaktpartner
    a) Gegenüberlieferungen der Ortskirche
    b) Gegenüberlieferungen der Außenministerien
    c) Gegenüberlieferungen anderer staatlicher Stellen
    d) Gegenüberlieferungen semistaatlicher Organisationen
    e) Gegenüberlieferungen der ehemals staatstragenden kommunistischen Parteien
    f) Gegenüberlieferungen in freigegebenen Beständen ehemaliger Geheimdienste kommunistischer Länder
2. Quellen aus persönlichen Archiven von Angestellten der Kurie, involvierten Klerikern aus dem Umfeld der Kurie oder der handelnden Episkopate
3. veröffentlichte Quellen
4. Presseveröffentlichungen
5. Zeitzeugenberichte
6. Zeitzeugeninterviews.

Für die vorliegende Arbeit wurden aus dem hier dargestellten Quellenpool im Wesentlichen Gegenüberlieferungen verschiedener Art, veröffentlichte Quellen, Zeitzeugeninterviews und vereinzelt Dokumente aus dem persönlichen Besitz von handelnden Zeitgenossen genutzt.

Wesentlich ist für die neuere Forschung jedoch der Archivbestandes mit Dokumenten aus dem Zentrum vatikanischer Diplomatie, dem »Fondo Casaroli«. Im Zusammenspiel mit dem Bekannten können die Entwicklungen, Intentionen und Beziehungsgeflechte im Rahmen der Vatikanischen Ostpolitik nun neu bewertet werden.

3.1.1 Der »Fondo Casaroli«

Bei dem vorläufig als »Fondo Casaroli« zu bezeichnenden Bestand handelt es sich um den Nachlass des ehemaligen Kardinalstaatssekretärs Johannes Paul II. und früheren Sekretärs der Kongregation für die außerordentlichen Angelegenheiten der Kirche beziehungsweise des Rates für die öffentlichen Angelegenheiten der Kirche. Agostino Kardinal Casaroli war eine der wichtigsten, wenn nicht gar die wichtigste Einzelperson im Rahmen der vatikanischen Diplomatie gegenüber kommunistischen Staaten zwischen 1961–1989.

Der Bestand ist zweigeteilt. Ein Teil lagert am Sitz der »Associazione Centro Studi Cardinale Agostino Casaroli« in Bedonia, der bedeutsamere Teil befindet sich im »Archivio di Stato Parma«.

Nach dem Tod des Kardinals (9. Juni 1998) unterbreitete die »Associazione Centro Studi Cardinale Agostino Casaroli« der Erbin, Orietta Casaroli, das Angebot, den Nachlass in den Räumen des »Seminario Vescovile Bedonia«[6] zu lagern. Sie übergab die Akten in die Obhut der Stiftung. Nach der Übergabe eines Großteils der Dokumente an das Archivio di Stato in Parma begann die Erstellung eines nutzbaren Bestandes. Die Erschließung ist jedoch noch nicht abgeschlossen[7] und somit können nur provisorische Signaturen angegeben werden.

Bei dem Bestand in Parma handelt es sich um circa 25 laufende Meter Aktenmaterial, das hauptsächlich aus der Dienstzeit Casarolis auf unterschiedlichen Hierarchieebenen des diplomatischen Dienstes im vatikanischen Staatssekretariat stammt. Der Kernbestand umfasst die Zeit von 1961–1978, seine Zeit als Unterstaatssekretär und Sekretär für die außergewöhnlichen bzw. öffentli-

---

[6] Sitz der Associazione Centro Studi Cardinale Agostino Casaroli.
[7] Zum gegenwärtigen Erschließungsstand des Bestandes im Archivio di Stato di Parma: Agostinelli, P. A./Nironi, E.: »L'archivio Agostino Casaroli«. In: Melloni, A.[a cura]: »Il filo sottile. L'Ostpolitik vaticana di Agostino Casaroli«. Bologna 2006. (S. 345–369).

chen Angelegenheiten der Kirche. Aber auch für die Jahre nach 1978, als Kardinalstaatssekretär Papst Johannes Pauls II., finden sich Dokumente.

Der Bestandteil des Nachlasses Casaroli, der im »Seminario Vescovile di Bedonia« lagert, besteht aus der Privatbibliothek des Kardinals[8], aus umfangreichen Fotobeständen[9], Presseausschnittssammlungen, Reden, Redekonzepten und Predigten. Einen kleinen Teil dieses Bestandes stellen persönliche Briefe und Anmerkungen der Päpste Paul VI. und Johannes Paul II. an Agostino Casaroli dar, darunter handschriftliche Bemerkungen. Zudem befinden sich einige handschriftliche Mitschriften Casarolis zu Treffen mit Diplomaten, zum Beispiel mit Oskar Fischer (Außenminister der DDR 1975–1990), unter den Dokumenten in Bedonia[10].

Bei dem »Fondo Casaroli« von einem rein privaten Archiv zu sprechen, wäre deutlich zu kurz gegriffen. Eine Vielzahl der Dokumente sind offizielle Ausarbeitungen, wie z. B. Protokolle, Analysen und Gesprächsvorbereitungen. Andere Dokumente tragen die Stempelaufdrucke, die die Behandlung des betreffenden Schriftstücks in verschiedenen Kongregationen beweisen. Wieder andere Dokumente tragen den Aufdruck »Visto dal S. Padre«. Der größte Teil der Dokumente stammt aus dem unmittelbaren Dienstvorgängen des vatikanischen Staatssekretariats.

Selbstverständlich kann man bei den Überlieferungen nicht von Vollständigkeit ausgehen, da der Gesamtbestand, der im Staatssekretariat zwischen 1961 und 1978 (1990) im Rahmen der Vatikanischen Ostpolitik aufgelaufen ist, nicht eingeschätzt werden kann.

Aber selbst wenn diese Bestände nicht einsehbar sind und auf absehbare Zeit verschlossen bleiben werden, so ist bei der Neubewertung Vatikanischer Ostpolitik mit der Einführung der hier wissenschaftlich ausgewerteten umfangreichen Aktensammlung doch ein entscheidender Schritt getan.

Der Nachlass Casaroli stellt den ersten und einzigen umfangreichen Quellenbestand aus vatikanischen Quellen zur Ostpolitik des Vatikans und zur vatikanischen Diplomatie und Politik der zweiten Hälfte des 20. Jahrhunderts dar. Es ergibt sich so in der Auseinandersetzung mit anderen Archivbeständen ein deutlich aus der Schemenhaftigkeit der Quellenarmut heraustretendes Bild der

---

8 Ca. 3200 Bücher aus Casarolis Besitz, darunter verschiedene Wörterbücher und Grammatiken (neben den üblichen Sprachen wie z. B. Latein, Griechisch, Deutsch, Englisch, Französisch, Russisch finden sich, mit deutlichen Gebrauchsspuren und handschriftlichen Einträgen Casarolis, Wörterbücher für Italienisch-Litauisch, Serbokroatisch und Swahili, aber z. B. auch sieben, von Casaroli teilweise mit handschriftlichen Vermerken versehene, chinesische Grammatiken.
9 196 Fotoalben und diverse ungeordnete Kästen mit Fotografien von seiner Tätigkeit im Vatikan, Empfängen, diplomatischen Gesprächen und Reisen.
10 Zum Bestandteil des Nachlasses Casaroli im Seminario Vescovile di Bedonia: Truffelli, C.: »Antologia Casaroliana«. In: Melloni, A. [a cura]: »Il filo sottile«. (S. 295–343).

Vatikanischen Ostpolitik. Der Wert dieser Quellen muss gerade vor dem Hintergrund betrachtet werden, dass die entsprechenden Überlieferungen erst mit erheblicher Verzögerung der forschenden Öffentlichkeit zur Verfügung stehen werden. Betrachtet man die Archivpolitik des Vatikans[11], so wird deutlich, dass bei optimistischer Schätzung erst in etwa 30 bis 40 Jahren mit der Öffnung der Bestände des Pontifikates Pauls VI. zu rechnen wäre.

Der Wert des Fondo Casaroli definiert sich durch die Fülle der Dokumente aus dem Epizentrum der Verwaltung der Römischen Kurie, dem Staatssekretariat. Bis zum heutigen Zeitpunkt war es im Wesentlichen nur möglich, über die Auswertung von Gegenüberlieferungen in staatlichen Quellen aus einigen kirchlichen und privaten Archiven oder aber die Möglichkeit von Zeitzeugeninterviews einen Einblick in des Beziehungsgeflechts der vatikanischen Außenbeziehungen zu bekommen. Das bedeutete vor allem, dass die vatikanischen Verlautbarungen wie Briefe, Pro-Memoria, Anweisungen, Abkommen, Reden und Protokolle von Gesprächen in den allermeisten Fällen Endfassungen der Diskussionsprozesse und autorisierte Stellungnahmen der vatikanischerseits handelnden Institutionen und Personen darstellten und dass nur ein kleiner Bruchteil der Geschehnisse aus dem vatikanischen Blickwinkel betrachtet werden konnte. Mit den Quellen des »Fondo Casaroli« wird erstmals, in Verschränkung mit den Überlieferungen der jeweils mit dem Vatikan in Kontakt stehenden Staaten und Institutionen, eine quellengestützte Forschung möglich, die die Ereignisse im Beziehungsgeflecht der Vatikanischen Ostpolitik auch von vatikanischer Seite beleuchtet.

Zudem ist von Bedeutung, dass zur Zeit der Entstehung dieses Bestandes Kardinal Casaroli in dem Bewusstsein handelte, dass diese Akten den Vatikan nie verlassen würden. Es handelte sich um Schriftstücke wie Nuntiaturberichte, Protokolle, Analysepapiere, Manuskripte, die den Päpsten zur Durchsicht vorlagen und anderes mehr. Diese hätten im Normalfall die Stadttore des Vatikans nie durchqueren dürfen.

3.1.2 Quellenlage zur Vatikanischen Ostpolitik in deutschen Archiven

Die Quellenlage zu historischen Prozessen in der DDR ist im Allgemeinen und von Ausnahmen abgesehen als gut zu bezeichnen. Das gilt vor allem, da seit 1992 mit der Gründung der »Stiftung Archiv der Parteien und Massenorganisationen

---

11 Die Öffnung der Bestände im Archivio Segreto Vaticano (ASV) erfolgt im Regelfall pontifikatsweise oder wird in Einzelfällen – ereignis- beziehungsweise fallbezogen – früher der Öffentlichkeit zugänglich gemacht, momentan ist das Pontifikat Pius XI. der letzte einsehbare Zeitraum.

der DDR« (SAPMO) eine Schutzfristenverkürzung für Archivgut der Parteien, Massenorganisationen und Regierungsstellen der ehemaligen DDR erfolgte.

Für die vorliegende Arbeit sind vor allem die Bestände der »Dienststelle des Staatssekretärs beim Ministerrat der DDR« im Bundesarchiv relevant. In diesem Bestand lagern die meisten Vorgänge, die im Rahmen der Beziehungen zwischen dem Vatikan und der DDR anfielen. Dieser Bestand ist jedoch auch von besonderer Bedeutung, da er einen Einblick in die Konzeption der Politik der DDR-Führung gegenüber der katholischen Kirche gibt. Vorarbeiten zu Politbürobeschlüssen und die Entwürfe dieser Beschlüsse, Anlagen und Begründungen helfen, ein Bild der Intentionen der DDR-Führung im Beziehungsgeflecht mit dem Vatikan zu zeichnen. Für die Beziehungen zum Vatikan sind vor allem die Überlieferungsspuren von Abstimmungen mit dem Außenministerium und den Parteistellen (Arbeitsgruppe Kirchenfragen beim ZK der SED und den zuständigen Politbüromitgliedern) für die Komplettierung der Darstellung und Bewertung der Entwicklungen relevant.

Die Auswertung der internen Diskussionen über das Verhältnis zum Vatikan in der Dienststelle des Staatssekretärs für Kirchenfragen sind entscheidend für die Extrahierung von diesbezüglichen Motiven und Zielsetzungen der DDR-Führung.

Der nachvollziehbare Weg der Dokumente durch die beteiligten Institutionen und die Möglichkeit mehrere Entwurfsstadien auswerten zu können, gibt die Gelegenheit, die Hierarchisierung der Zuständigkeiten aufzuzeigen.

Die umfangreiche Sachakte »Beziehungen DDR – Vatikan« aus dem Ministerium für Auswärtige Angelegenheiten der DDR im Politischen Archiv des Auswärtigen Amtes ist zur Auswertung im vorliegenden Vorhaben von gehobener Bedeutung. Der vordergründige Erkenntnisgewinn liegt hierbei in der Nachvollziehbarkeit vielfältiger Entwurfs-, Diskussions- und Vorbereitungsphasen zu Beschlüssen und Direktiven des Politbüros des ZK der SED.[12]

Da nur sehr wenige Regierungsstellen in die Beziehungen der DDR zum Vatikan eingebunden waren, können mit der Durchsicht dieser beiden Bestände die Überlieferungen von staatlicher Seite der DDR als erarbeitet gelten. Zudem kann festgehalten werden, dass für die Beziehungen der DDR zum Vatikan regionale Bestände untergeordneter Institutionen keine Relevanz besitzen. Begründet liegt dies darin, dass die Beziehungen DDR – Vatikan ein eindeutig außenpolitisch konnotierter Vorgang war, der einer hohen Geheimhaltung unterlag und somit keine Regionalisierung im Machtapparat erfuhr.

Da die staatliche Überlieferung von westdeutscher Seite in dieser Studie kein

---

12 Die verkürzte Schutzfrist für Archivmaterialien gilt für diese Bestände nicht, da Schutzbedürfnissen internationaler Partner der BRD im Auswärtigen Amt eine hohe Priorität eingeräumt werden.

zentrales Thema ist, wurde von einer Durchsicht der Bestände des Auswärtigen Amtes abgesehen. Dies konnte vor allem erfolgen, da mit den vom Institut für Zeitgeschichte im Auftrag des Auswärtigen Amtes herausgegebenen »Akten zur Auswärtigen Politik der Bundesrepublik Deutschland (AAPD)«[13] ein sehr gut aufgearbeitetes und umfangreiches Quellenkompendium vorliegt, das eine Bewertung der wesentlichen Entwicklungen bis 1977 zulässt.

3.1.3 Archivgut aus dem Parteiapparat und dem MfS

Die Bestände aus dem DDR-seitigen Regierungsapparat sind nur partiell aussagekräftig, da die wichtigen Richtungsentscheidungen nicht im Staatsapparat der DDR fielen, sondern in den politischen Machtzentren, dem Politbüro des ZK der SED in Verschränkung mit der zuständigen Arbeitsgruppe des ZK der SED.

Aus diesem Grund sind die umfangreichen Bestände der SAPMO unverzichtbar für eine wissenschaftliche Arbeit derartiger thematischer Ausprägung.

Vor allem die Bestände der Sitzungsprotokolle des Politbüros der SED sind von Bedeutung. In diesen finden sich die letztendlich gültigen Beschlüsse, Beschlussbegründungen und Direktiven, die die Beziehungen der DDR mit dem Vatikan determinierten. Diese Beschlüsse waren die Vorgaben für alle mit diesem Thema befassten Institutionen.

Aber nicht nur die kollektiv gefassten Beschlüsse auf den Sitzungen des höchsten Machtgremiums der DDR-Politik waren für die Beziehungen zum Vatikan von Bedeutung. Gleichsam waren es die Entscheidungen der für Kirchenpolitik verantwortlichen Politbüromitglieder (Paul Verner, Werner Jarowinsky), die die Beziehungen beeinflussten. Mithin ist auch die Durchsicht der Bestände der Büros dieser Politbüromitglieder unerlässlich. Auch der ab der zweiten Hälfte der siebziger Jahre spürbare Einfluss des Generalsekretärs des ZK der SED und Vorsitzenden des Politbüros, Erich Honecker, schlägt sich in den Dokumenten nieder. Weiterhin sind die Büros der zeitweise involvierten Politbüromitglieder Hermann Matern, Werner Lamberz und Hermann Axen wichtig. Soweit Nachlässe dieser Personen vorhanden waren, konnten auch diese einige Anhaltspunkte zum Thema der Arbeit geben.

Die Entwicklung der Beziehungen der DDR zum Vatikan wurden von der Arbeitsgruppe Kirchenfragen beim ZK der SED mitbetreut und -konzeptioniert. Deren Bestände stellen eine wichtige Säule der Forschung dar, da hier, in Verschränkung mit dem Politbüro, die wesentlichen Richtungsentscheidungen getroffen wurden. Zudem wurde in der AG Kirchenfragen die Verteilung der zu

---

13 Institut für Zeitgeschichte i. A. des Auswärtigen Amtes [Hrsg.]: »Akten zur Auswärtigen Politik der Bundesrepublik Deutschland«. München. 1989–.

erledigenden Fragen vorgenommen und die eingehenden Entwürfe wurden einer abschließenden Bewertung unterzogen, bevor sie zum Beispiel in Beschlussvorlagen für das Politbüro gegossen wurden.

Einen auf den ersten Blick unentbehrlichen Bestand stellen die Überlieferungen der Bundesbeauftragten für die Unterlagen des Ministeriums für Staatssicherheit der ehemaligen DDR (BStU) in Berlin dar. Solange keine vatikanischen Quellen für eine Arbeit der vorliegenden Ausprägung vorhanden sind, müssen die Akten der BStU ohne Zweifel auch als wichtiger Bestand für die Erkundung der Motivlage des Vatikans gelten. In diesen Dokumenten schlagen sich (vermeintliche) Meinungen und Sichtweisen von involvierten Personen nieder. Sie wurden von den verantwortlichen Abteilungen im Anschluss zu Informationen, aber auch Lösungsvorschlägen aufgearbeitet. Diese müssen mit Presserecherchen, den greifbaren Quellen jeder Provenienz, Sekundärliteratur und unter Umständen, wenn möglich, mit den Aussagen von Zeitzeugen abgeglichen werden. Nur so kann dem verzerrten Bild, das die Geheimdienstquellen zeichnen, ein fundierteres Bild entgegengestellt werden. Die Quellen der BStU sind folglich als Sachquellen zur Klärung der Vorgänge in den Beziehungen der DDR zum Vatikan weniger aussagekräftig.

Die Quellen aus der BStU haben allerdings für einen anderen Aspekt in der historischen Forschung zu den vatikanisch-ostdeutschen Beziehungen Relevanz:

Die von der verantwortlichen Abteilung des MfS (Hauptabteilung XX/4 und Hauptverwaltung Aufklärung [HVA]) aufgearbeiteten Informationen wurden regelmäßig an das Politbüro und dessen verantwortliche Mitglieder und die AG Kirchenfragen des ZK der SED gesandt. Somit waren sie in deren Entscheidungsfindungsprozessen, neben den Bewertungen und Analysen des Außenministeriums und der Dienststelle des Staatssekretärs für Kirchenfragen, von Bedeutung. Folglich muss nicht nur der Gehalt der Informationen evaluiert werden, sondern gerade die Verbreitungswege müssen einer intensiven Betrachtung unterzogen werden.

3.1.4 Überlieferungen aus Archiven der katholischen Kirche der ehemaligen DDR

Im Regelfall folgt die Archiv- und Veröffentlichungspolitik der katholischen Kirche in Deutschland ähnlichen Parametern wie die der vatikanischen Archivverwaltung. Durch den Umstand der Schutzfristenverkürzung für große Teile des Archivguts aus der ehemaligen DDR entstand für die historische Forschung zur katholischen Kirche in der DDR eine besondere Situation. Umfangreiche Gegenüberlieferungen zur Geschichte der Kirche-Staat-Beziehungen waren zugänglich. Ein Paradoxon bildet sich heraus: Die Sichtweise der Machthaber war maßgeblich für die historische Forschung zur Geschichte der katholischen Kirche in der DDR. Dieser Situation setzte die Führung der katholischen Kirche eine teilweise Öffnung ihrer Bestände entgegen. Als Richtschnur galt eine dem Archivgesetz der BRD angepasste Schutzfrist von 30 Jahren.

Herausragend waren hierbei die Bestände des »Nachlasses Bengsch« im Archiv der Erzdiözese Berlin. Diese konnten mittlerweile vollständig genutzt werden. Alfred Kardinal Bengsch (Bischof von Berlin) war die entscheidende Person in der Verhandlungen der DDR mit dem Vatikan von kirchlicher Seite und so fanden sich in diesen Beständen wesentliche Dokumente zu internen Diskussionsprozessen im deutschen Episkopat West und Ost. Der Umstand, dass Westberlin als Teil der Diözese Berlin von Bengsch relativ frei aufzusuchen war, ermöglichte eine freiere Kommunikation mit seinen Bischofskollegen in der BRD. So konnte auch eine ungehinderte Kommunikation mit der apostolischen Nuntiatur in Bonn (Bad Godesberg) stattfinden. Dies erwies sich forschungsseitig als sehr wertvoll, da in diesen Dokumenten die Handlungs- und Argumentationsweise der entscheidenden Protagonisten auf Seiten der katholischen Kirche in der DDR nachvollziehbar wurden.

Der Meinungsbildungsprozess der Mitglieder der Berliner Ordinarienkonferenz beziehungsweise der Berliner Bischofskonferenz (BOK/BBK) ist nachvollziehbar in den Beständen des Regionalarchivs Ordinarien Ost (ROO). Die Bestände des ROO sind wissenschaftlich schon umfassend von Josef Pilvousek und Bernd Schäfer ausgewertet[14].

3.1.5 Zeitzeugeninterviews als Quelle

Die Aussagen von Zeitzeugen wurden dann eingearbeitet, wenn so eine sinnvolle Erweiterung der Bewertung sachnaher Quellen erfolgen konnte. Als Quellen zur Klärung von Sachverhalten sind sie, auch wenn als Experteninterviews geführt, selten nutzbar. Dies liegt zum einen in der Natur derartiger Quellen, die höchst subjektive Sichtweisen transportieren und nur in Abgleich mit anderen Quellen Eingang in eine Arbeit finden können. Zum anderen waren die Interviewten allesamt in das Beziehungsgeflecht DDR – Vatikan eingebunden. Demnach ist

---

14 Schäfer, B.:»Grenzen von Staat und Kirche. Zur Diplomatie zwischen DDR und Vatikan von 1972 bis 1979«. In: »Stimmen der Zeit«. Bd. 212. (1994). 2. (S. 121 – 131); Schäfer, B.: »Verselbständigung ohne Zugewinn. DDR, katholische Kirche und Vatikan von 1965 bis 1972«. In: »Stimmen der Zeit«. Bd. 213. (1995). 5. (S. 321 – 332); und Pilvousek, J.: »Vatikanische Ostpolitik – Die Politik von Staat und Kirche in der DDR«. In: Hummel, K.-J.: »Vatikanische Ostpolitik«. A. a. O.

davon auszugehen, dass die Aussagen auch Rechtfertigungsstrategien des eigenen politisch-diplomatischen Handelns enthalten.
Die wichtigsten Interviewpartner waren:
- Achille Cardinale Silvestrini (ehemals Mitarbeiter Agostino Casarolis im Rat für die öffentlichen Angelegenheiten der Kirche sowie Unterstaatssekretär und Sekretär des genannten Rates) (Vatikanstadt)
- Luigi Cardinale Poggi (ehemaliger Sondernuntius für die Länder des Ostblocks) (Rom)
- Bischof Josef Homeyer (ehemaliger Sekretär der Deutsche Bischofskonferenz [DBK]) (Hildesheim)
- Prälat Gerhard Lange (Beauftragter im bischöflichen Ordinariat Berlin für die Verhandlungen mit der Dienststelle des Staatssekretärs für Kirchenfragen der DDR) (Berlin)
- Prälat Paul Dissemond (Sekretär der Berliner Ordinarienkonferenz (BOK)/ Berliner Bischofskonferenz [BBK]) und Beauftragter im bischöflichen Ordinariat Berlin für die Verhandlungen mit dem MfS) (Berlin)
- Hans Voss (Botschafter der DDR in Rom) (Berlin)
- Hubertus Guske (Generalsekretär der Berliner Konferenz Katholischer Christen [BK]) (Berlin)
- Hans-Joachim Seydowski (Inoffizieller Mitarbeiter des MfS und später in die Anleitung durch das ZK der SED übergegangener Informant für Sachverhalte die katholische Kirche betreffend) (Berlin; telefonisch).

3.1.6 Andere Quellen

Vor allem die Überlieferungen von semistaatlichen Organisationen, zum Beispiel der CDU (Ost) und der CDU (West), stehen in diesem Fall im Fokus der Auswertung. Diese Bestände lagern im Archiv für Christlich-Demokratische Politik der Konrad-Adenauer-Stiftung in Sankt Augustin (ACDP). Die Dokumente sind jedoch für die Beziehungen der DDR zum Vatikan wenig aussagekräftig. Dies liegt in dem diesbezüglich verschwindend geringen Einfluss der CDU-Führung (Ost) begründet.

Einzelne Bestände der CDU (West), zum Beispiel die Nachlässe von Bundespolitikern wie Alois Mertes und Heinrich Krone, sind dann von Interesse, so eine Geschichte der Kritik der Vatikanischen Ostpolitik geschrieben würde.

Als »andere Quellen« sind zudem noch Dokumente aus dem persönlichen Besitz von Zeitgenossen zu verstehen.

3.2 Literatur

Grundsätzlich lässt sich die erschienene Literatur über die Beziehungen der DDR zum Vatikan und die Vatikanische Ostpolitik unter zeitlichen Gesichtspunkten zweiteilen und unter inhaltlichen-methodischen mindestens vierteilen. Zeitlich stellt der Umbruch in den Ländern Ost- und Mitteleuropas 1989 auch für die Entwicklung der Kirche-Staat-Beziehungen eine Zäsur dar. Somit kann die Literatur vor 1989/90 zur Vatikanischen Ostpolitik als zeitgenössisch und in den meisten Fällen journalistisch bezeichnet werden. Die Einordnung als *journalistisch* bedeutet in diesem Zusammenhang keine Abwertung. Vielmehr soll auf den Umstand hingewiesen werden, dass die meisten Veröffentlichungen von Journalisten wie zum Beispiel Hansjacob Stehle (Die Zeit), Hanno Helbling (NZZ) oder Peter Hebblethwaite (diverse Periodika) getätigt wurden. Die drei beispielhaft Genannten zeichneten sich zudem dadurch aus, dass sie Monografien zur Vatikanischen Ostpolitik verfassten.[15] Alle drei setzten sich, leider in vielen Fällen ohne Quellenangaben, auch historisch-analytisch mit der Vatikanischen Ostpolitik und der Beziehung der katholischen Kirche zur kommunistischen Ideologie auseinander. Stehle tut dies für die damalige Zeit herausragend sachlich, wenngleich pro-vatikanische Tendenzen deutlich zu verzeichnen sind. Helbling hingegen ist eine eher kritische Haltung zur vatikanischen Diplomatie gen Osten anzumerken. Die unzweifelhafte Sachkenntnis Helblings und Stehles rührt aus ihrer journalistischen Tätigkeit als Vatikankorrespondenten, was auch die sehr sparsamen Quellenangaben verstehen hilft.

Die meisten Veröffentlichungen der Zeit vor 1989/90 waren ohne (mögliche) wissenschaftliche Reflektion in das »Pro-und-Contra-Schema« der Auseinandersetzung mit der Vatikanischen Ostpolitik eingeordnet. Vor allem in Periodika wie »Religion in Communist Lands« (Kent), »Religion in Communist Dominated Areas« (New York) im angelsächsischen Raum und beispielsweise »Stimmen der Zeit« (Freiburg im Breisgau), »Kirche im Osten« (Münster/Göttingen) oder »Donauraum« (Wien) im deutschsprachigen Raum kam es zu einer kritischen Begleitung der Vatikanischen Ostpolitik im Allgemeinen und länderbezogen. Ausgelöst durch aktuelle Anlässe (zum Beispiel Papstansprachen, Papstreisen oder Reisen päpstlicher Diplomaten), Jahrestage oder andere Ereignisse kam es auch immer wieder zu Sachstandsberichten zu den Kirchen in den Ländern des Ostblocks. Zusätzlich fand nach der Unterzeichnung der

---

15 Stehle, H.: »Die Ostpolitik des Vatikans«. München/Zürich. 1975; Helbling, H.: »Politik der Päpste. Der Vatikan im Weltgeschehen 1958–1978«. Berlin u. a. 1981; Hebblethwaite, P.:»The Christian-Marxist Dialogue: beginnings, present status, and beyond London«. o. O. 1977.

Schlussakte von Helsinki die Frage der Religionsfreiheit als Menschenrecht immer häufiger Eingang in die Aufsätze der Periodika.[16]

Das wichtigste Diskussionsforum der interessierten katholischen Öffentlichkeit, vor allem in Deutschland, war die »Herder-Korrespondenz« (Freiburg im Breisgau). In ihr wurden Ereignisse von Rang aus der katholischen Weltkirche dargestellt und ausgewertet. Vor allem der langjährige Chefredakteur David Seeber trat mit häufigen Leitartikeln hervor.[17]

Schon vor 1989 wurden jedoch auch öffentliche Reden und Verlautbarungen maßgeblicher Kirchenpolitiker veröffentlicht, die in Bezug auf Vatikanische Ostpolitik von Bedeutung waren – am Wichtigsten wohl die umfangreiche Veröffentlichung der Reden von Agostino Casaroli, die auf Betreiben von Herbert Schambeck[18] seit 1981 in drei Bänden herausgegeben wurden.[19]

Ein weiterer Bestandteil der Literatur zur Vatikanischen Ostpolitik sind Schriften, die sich mit der Situation der Kirchen in den Ländern des Ostblocks befassten und dies aus dem Bestreben heraus taten, diese explizit als »Märtyrersituation« zu zeichnen und so im Bewusstsein der Öffentlichkeit zu halten.[20] Zu all diesen unterschiedlichen Arten der Veröffentlichungen kamen noch unzählige populäre Sachbücher.

Für eine Auseinandersetzung mit der Rezeption der Vatikanischen Ostpolitik wäre eine intensive Auseinandersetzung mit allen unterschiedlichen Arten der Veröffentlichungen vor 1989 sehr wertvoll und nutzbringend. Da sich die vorliegende Studie aber nicht der Rezeptionsgeschichte widmet, sind Veröffentlichungen vor 1989 nur ausnahmsweise für die Auseinandersetzung herangezogen worden.

Wie ein Verbindungsstück der beiden Zeitepochen von Veröffentlichungen zur Politik des Vatikans nach dem Zweiten Weltkrieg, mit Schwerpunkt auf den Staaten des Ostblocks, kann die Erweiterung und Überarbeitung der Studie

---

16 Bsw.: Voss, E.: »Kirchen – Menschenrechte – KSZE«. In: »Internationale katholische Zeitschrift Communio«. Bd. 10. (1981). (S. 538–554); Seeber: D.: »Menschenrechte – Eine neue Moralität?«. In: »Herder-Korrespondenz«. Bd. 31. (1977). 5. (S. 217–221).
17 Z. B.: Seeber. D.: »Wandel im Weltkommunismus?«. In: »Herder-Korrespondenz«. Bd. 30. (1976). 3. (S. 113–116); ders.: »Ende und Anfang. Zum Pontifikatswechsel«. In: »Herder-Korrespondenz«. Bd. 32. (1978). 9. (S. 425–435); ders.: »Die große Illusion«. In: »Herder-Korrespondenz«. Bd. 42. (1988). 7. (S. 305).
18 (Vize-)Präsident des Bundesrats der Republik Österreich zwischen 1975 und 1997.
19 Schambeck, H. [Hrsg.]: »Der Heilige Stuhl und die Völkergemeinschaft. Reden und Aufsätze. Agostino Kardinal Casaroli«. Berlin. 1981; ders. [Hrsg.]: »Glaube und Verantwortung: Ansprachen und Predigten. Agostino Kardinal Casaroli«. Berlin. 1989; ders. [Hrsg.]: »Wegbereiter zur Zeitenwende. Letzte Beiträge. Agostino Kardinal Casaroli«. Berlin. 1999.
20 Z. B.: Knauft, W.:»Katholische Kirche in der DDR – Gemeinden in der Bewährung 1945–1980«. Mainz. 1980; Nitsche, H.: »Zwischen Kreuz und Sowjetstern. Zeugnisse des Kirchenkampfes in der DDR von 1945 bis heute«. Aschaffenburg. 1983.

Stehles von 1975[21] gelten. Mit der Veröffentlichung dieses Buches[22] gelang dem Historiker Stehle ein anerkanntes, für die Vatikanische Ostpolitik bis heute maßgebliches Werk. Selbst wenn es 1993 noch verständlich erschien, dass Stehle immer noch nicht alle Quellen nennt und sich zur Herkunft einiger verwendeter Dokumente ausschweigt, muss dies als größter Mangel an einem sonst sehr wichtigen Buch genannt werden.

Die inhaltliche Vierteilung der Veröffentlichungen zur Vatikanischen Ostpolitik kann nach der Zäsur der Jahre 1989/90 besonders deutlich ausgemacht werden:
1. primärquellengestützte wissenschaftlich-analytische Literatur
2. von Protagonisten und Zeitzeugen herausgegebene Literatur
3. Erinnerungsliteratur
4. kommentierte Quellenausgaben.

Die wissenschaftlich-analytische Literatur, die vor allem nach der Freigabe der Archive der ehemaligen DDR entstehen konnte, beschäftigte sich zunächst mit der Rolle der Kirche in der DDR im Allgemeinen[23], aber auch schon früh mit deren vielen Facetten[24].

In keiner dieser Veröffentlichungen jedoch findet sich eine aussagekräftige Behandlung der Beziehungen der DDR zum Vatikan. Erst Bernd Schäfer widmete sich diesen besonderen Beziehungen ausdrücklich[25]. Schäfer schildert die

---

21 Stehle, H.: »Die Ostpolitik des Vatikans«. A. a. O.
22 Stehle, H.: »Geheimdiplomatie im Vatikan. Die Päpste und die Kommunisten«. Zürich. 1993.
23 Z. B.: Althausen, J./Burgess, J.-P.: »The Churches in the GDR. Between Accommodation and Resistance«. In: »Religion in Eastern Europe«. Bd. 13. (1993). (S. 21 – 35); Besier, G.: »Der SED-Staat und die Kirche. 1969 – 1990 Die Vision vom Dritten Weg«. Berlin/Frankfurt a. M. 1995; ders.: »Der SED-Staat und die Kirche 1983 – 1991 Höhenflug und Absturz«. Berlin/Frankfurt a. M. 1995; Kösters, C./Tischner, W. [Hrsg.]: »Katholische Kirche in der SBZ und DDR«. Paderborn/München u. a. 2005; Karp, H.-J. [Hrsg.]: »Katholische Kirche unter nationalsozialistischer und kommunistischer Diktatur. Deutschland und Polen 1939 – 1989«. Köln/Wien u. a. 2001.
24 Z. B.: Beier, P.: »Die Sonderkonten Kirchenfragen – Sachleistungen und Geldzuwendungen an Pfarrer und kirchliche Mitarbeiter als Mittel der DDR-Kirchenpolitik (1955 – 1989/90)«. Göttingen. 1997; Grande, D./Schäfer, B.: »Zur Kirchenpolitik der SED – Auseinandersetzungen um das Katholikentreffen 1983 – 1987«. Hildesheim. 1994; dies.: »Kirche im Visier – SED, Staatssicherheit und katholische Kirche in der DDR«. Leipzig. 1998; Haese, U.: »Katholische Kirche in der DDR – Geschichte einer politischen Abstinenz«. Düsseldorf. 1998; Hartelt, K.: »Die Entwicklung der Jurisdiktionsverhältnisse der katholischen Kirche in der DDR von 1945 bis zur Gegenwart«. In: Ernst, W./Feiereis, K.: »Denkender Glaube in Geschichte und Gegenwart – FS aus Anlass der Gründung der Universität Erfurt vor 600 Jahren und aus Anlass des 40-jährigen Bestehens des philosophisch-theologischen Studiums Erfurt«. Leipzig. 1992. (S. 415 – 440); Schell, J.: »Kirchenmusik in der DDR«. In: »Kirchenmusikalisches Jahrbuch«. Bd. 83. (1999). (S. 7 – 27).
25 Schäfer, B.: »Grenzen von Staat und Kirche«. A. a. O; ders.: »Verselbständigung ohne Zugewinn«. A. a. O.

grundsätzliche Verlaufskurve der Ereignisse, ohne jedoch in die Tiefe zu gehen. In diese Abfassungen sind vor allem die Bestände staatlicher Stellen der ehemaligen DDR, im Besonderen des MfS, eingeflossen. Schäfer war es auch, der die Forschungslandschaft 1998 um das mittlerweile als Standardwerk zur Geschichte der katholischen Kirche in der DDR geltende Werk »Staat und katholische Kirche in der DDR«[26] bereicherte.

Ein Jahr darauf erschien ein Tagungsband zu einer von der »Kommission für Zeitgeschichte« veranstalteten Tagung mit dem Titel »Vatikanische Ostpolitik unter Johannes XXIII. und Paul VI. 1958–1978«[27]. Mit diesem Band wurde erstmals in der deutschen Forschungslandschaft ein historisch-analytischer Band zur Vatikanischen vorgelegt. Neben zusammenfassenden Aufsätzen[28] fanden sich auch Abhandlungen zur speziellen deutschen Problematik in Folge der Vatikanischen Ostpolitik[29]. Von herausragender Bedeutung für die Erarbeitung der Kontakte von DDR und Vatikan war der Aufsatz von Josef Pilvousek, der sich, auf Basis kirchlicher Archivmaterialien der katholischen Kirche in der ehemaligen DDR, umfassend mit der Politik von Staat und Kirche in der DDR beschäftigte.[30] Pilvousek hatte sich schon vor 1999 aus kirchenhistorischer Perspektive mit den Beziehungen von Staat und Kirche in der DDR auseinandergesetzt.[31] Im selben Jahr legte er noch einen aufschlussreichen Aufsatz zu den Beziehungen der Katholischen Bischofskonferenz in der DDR zum Vatikan nach.[32] Mit dem Band von Hummel und den Arbeiten von Pilvousek zu den Beziehungen der DDR zum Vatikan ebbte die Beschäftigung mit der Vatikanischen Ostpolitik in Bezug auf die DDR ab. Nicht zuletzt, weil die wesentlichen Zusammenhänge erarbeitet und die einschlägigen Quellenbestände ausgewertet schienen.

---

26 Schäfer, B.: »Staat und katholische Kirche in der DDR«. Köln/Weimar/Wien. ²1999.
27 Hummel, K.-J. [Hrsg.]: »Vatikanische Ostpolitik«. A. a. O.
28 Hürten, H.: »Was heißt Vatikanische Ostpolitik«. A. a. O. (S. 1–17); Lill, R.: »Zur Vatikanischen Ostpolitik unter Johannes XXIII. und Paul VI.«. A. a. O. (S. 19–30).
29 Morsey, R.: »Die Haltung der Bundesregierung zur vatikanischen Kirchenpolitik in den früheren Ostgebieten des Deutschen Reiches 1958–1978«. In: Hummel, K.-J. [Hrsg.]: »Vatikanische Ostpolitik«. A. a. O. (S. 31–78); Hummel, K.-J.: »Der Heilige Stuhl, die katholische Kirche in Deutschland und die deutsche Einheit«. A. a. O. (S. 79–106). Es gab auch schon vorher einige Beschäftigung mit dem Thema, z. B.: Hehl, U. v./Hockerts, H.-G. [Hrsg.]: »Der Katholizismus, gesamtdeutsche Klammer in den Jahrzehnten der Teilung? Erinnerungen und Berichte«. Paderborn/München/Wien. u. a. 1996.
30 Pilvousek, J.: »Vatikanische Ostpolitik – Die Politik von Staat und Kirche in der DDR«. A. a. O. (S. 113–134).
31 Pilvousek,. J.: »Die katholische Kirche in der DDR«. In: Dähn, H. [Hrsg.]: »Die Rolle der Kirchen in der DDR. Eine erste Bilanz«. München. 1993. S. (56–72); ders.: »Die katholische Kirche in der DDR«. In: Gatz, E. [Hrsg.]: »Kirche und Katholizismus seit 1945«. »Mittel-, West- und Nordeuropa«. Bd. 1. Paderborn/München/Wien u. a. 1998. (S. 132–150).
32 Pilvousek, J.: »Katholische Bischofskonferenz und Vatikan«. In: »Kirchliche Zeitgeschichte«. Bd. 12. (1999). 2. S. (488–511).

Einige verwandte Themen wurden weiter bearbeitet, wie zum Beispiel die besondere Rolle des Bistums Berlin in der katholischen Kirche Deutschlands[33]. Das führte geradezu folgerichtig auch zu einer Auseinandersetzung mit der wichtigen Rolle Alfred Kardinal Bengschs in der Kirchenpolitik Deutschlands.[34] Das grundlegende Forschungsdesiderat einer umfassenden Würdigung der Beziehungen der DDR zum Vatikan blieb allerdings bestehen.

Im internationalen Maßstab erfuhr die Befassung mit der Vatikanischen Ostpolitik vor allem in der italienischen Forschungslandschaft einen Schub durch die Arbeiten von Alberto Melloni zum Zweiten Vatikanischen Konzil und der Auseinandersetzung mit dem Kommunismus als Staatsideologie in dessen Umfeld und Folge.[35] Ein zweites wichtiges Ereignis für die Forschung zur Vatikanischen Ostpolitik war die Post-mortem-Herausgabe der politischen Erinnerungen des wichtigsten Protagonisten, Agostino Casaroli.[36] Das Buch »Il martirio della pazienza« wurde in der deutschen Forschungslandschaft fast nicht wahrgenommen.

In Folge der Herausgabe dieses Buches kam es 2003 zu einer von der »Associazione Centro Studi Cardinale Agostino Casaroli« initiierten und durch regelmäßige Tagungen begleiteten wissenschaftliche Reihe zur diplomatischen Initiative des Vatikans gegenüber kommunistischen Ländern nach dem Zweiten Weltkrieg.[37] Vor allem die von Barberini verfasste Monografie stellt den Versuch dar, die Vatikanische Ostpolitik einer Gesamtwürdigung zu unterziehen. Er verfährt nach den wichtigsten Ländern aufgeteilt, wobei hier auch in der italienischen Forschungslandschaft erstmals die DDR randständig erwähnt wird[38].

---

33 Jung, R.: »Ungeteilt im geteilten Berlin? Das Bistum Berlin nach dem Mauerbau«. Berlin. 2003.
34 Dies.: »Politik der Skepsis: Alfred Bengsch, Berlin und die Kirche in der DDR (1961–1979)«. In: Kösters, C./Tischner, W. [Hrsg.]: »Katholische Kirche in der SBZ und DDR«. A. a. O. (S. 147–192).
35 Melloni, A.: »Zwischen Ostpolitik und Ökumenismus – Die Beziehungen zwischen Rom und Moskau während des Zweiten Vatikanischen Konzils«. In: »Concilium«. Bd. 32. (1996). 6. (S. 529–538); ders. [a cura]: »Vatican II in Moscow 1959–1965«. Louvain. 1997; ders.: »L'altra Roma. Politica e S. Sede durante il concilio vaticano II (1959–1965) «. Bologna. 2000.
36 Casaroli, A. Card. (Casula, C.-F./Vian, G.-M. [Bearb.]): »Il martirio della pazienza. La Santa Sede e i paesi comunisti (1963–89)«. Torino. 2000.
37 »Santa Sede e politica nel novecento«. Bologna. 2003–. Z. B.: Bd. 1: Melloni, A./Guasco, M. [a cura]: »Un diplomatico vaticano fra dopoguerra e dialogo. Mons. Mario Cagna (1911–1986)«. Bologna. 2003; Bd. 2: Melloni, A. [a cura]: » Angelo Dell'Acqua. Prete, diplomatico e cardinale al cuore della politica vaticana (1903–1972)«. Bologna. 2004; Bd. 3: Melloni, A./Scatena, S. [a cura]: »L'America latina fra Pio XII e Paolo VI. Il cardinale Casaroli e le politiche vaticane in una chiesa che cambia«. Bologna 2006; Bd.4: Melloni, A. [a cura]: »Il filo sottile – L'Ostpolitik vaticana di Agostino Casaroli«. Bologna. 2006; Bd.5: La Bella, G. [a cura]: »Pedro Arrupe – Un uomo per gli altri«. Bologna. 2007; Bd. 6: Barberini, G.: »L'Ostpolitik della Santa Sede – Un dialogo lungo e faticoso«. Bologna. 2007.
38 Massimo Fagioli hatte sich zwar schon mit der Rolle der DDR und der BRD im KSZE-Prozess

Zu einigen anderen Themen, vor allem zur Außenpolitik der DDR, erschienen maßgebliche Werke, auf die sich diese Arbeit stützen kann.[39]

Ein Aspekt, der noch sehr wenig Beachtung unter der Forschergemeinde gefunden hat – von Ausnahmen[40] abgesehen –, ist der Einfluss des Vatikans auf den KSZE-Prozess. Auch hier ist die fehlende Möglichkeit zur Nutzung maßgeblicher Quellen ursächlich.

Neben der wissenschaftlich-analytischen Literatur gibt es zur Vatikanischen Ostpolitik im Allgemeinen einen erheblichen Bestand an Veröffentlichungen von Zeitzeugen beziehungsweise Protagonisten (Diplomaten und Kirchenpolitkern). Herausragend ist dabei ohne Frage »Il martirio della pazienza«, selbst wenn die DDR dort keine Erwähnung findet. Die Erinnerungen Franz Kardinal Königs[41], der ähnlich wie Casaroli als wichtige Person der Vatikanischen Ostpolitik galt[42], stellen ebenso eine bedeutsame Veröffentlichung dar.

Für diesen Personenkreis muss jedoch der Vorbehalt gelten, dass, selbst wenn sie mit einem zweifelsfrei wissenschaftlichen Anspruch arbeiteten[43], sie aus der Rolle des »von innen schauenden« Protagonisten nicht in die des »von außen schauenden« Historikers wechseln konnten (wollten). Zumal sie aufgrund der Nichtzugänglichkeit der vatikanischen Dokumente ein schwer evaluierbares

---

auseinandergesetzt und diese in Beziehung zum Engagement des Vatikans gesetzt. Er ging jedoch nicht auf die eigentlichen Beziehungen der DDR und des Vatikans zueinander ein und er wertete den Fondo Casaroli diesbezüglich nicht aus: Fagioli, M.: »La Santa Sede e le due Germanie nel processo CSCE: Dai documenti diplomatici della BRD e della DDR (1969–1974)«. In: Melloni, A. [a cura]: »Il filo sottile«. A. a. O. (S. 171–231).

39 Scholtyseck, J.: »Die Außenpolitik der DDR«. München. 2003; Siebs, B.-E.: »Die Außenpolitik der DDR 1976–1989. Strategien und Grenzen«. Paderborn u. a. 1999; Wentker, H.: »Außenpolitik in engen Grenzen – Die DDR im internationalen System 1949–1989«. München. 2007.

40 Vor allem: Katharina Kunter zur Rolle der Kirchen im KSZE-Prozess, allerdings vordergründig zur Rolle der protestantischen Kirchen in Europa, im Rahmen dieser Forschungen die Rolle des Vatikans nur randständig: Kunter, K.: »Die Kirchen im KSZE-Prozess 1968–1978«. Stuttgart u. a. 2000; dies.: »La CSCE e le chiese. Politica di destinione tra pace, diritti umani e solidarità cristiana«. In: Melloni, A. [a cura]: »Il filo sottile«. A. a. O. (S. 137–170); siehe auch: Schneider, H.: »Die Bedeutung der KSZE für die Religionsfreiheit«. In: »Kirchliche Zeitgeschichte«. Bd. 6. 1993. 1. (S. 35–47).

41 König, F. Kardinal [Verfasser]/Fenzl, A./Földy, R. [Hrsg.]: »Haus auf festem Grund«. A. a. O.

42 Kardinal König war als langjähriger Präsident des »Päpstlichen Sekretariats für die Nichtglaubenden« nicht im diplomatischen Sinne in die Vatikanische Ostpolitik eingebunden, kann aber zweifelsfrei als einer der »Theoretiker« im internen Diskussionsprozess in der Kurie und als Erzbischof von Wien auch als »Praktiker« der Vatikanischen Ostpolitik betrachtet werden, zudem war er Präsident der Stiftung »Pro Oriente« in Wien.

43 Hallier, H.-J.: »Der Heilige Stuhl und die deutsche Frage. Ein Kapitel vatikanischer Ostpolitik 1945–1990«. In:»Römische Quartalschrift für christliche Altertumskunde und Kirchengeschichte«. Bd. 90. (1995). 3./4. (S. 237–255). (Hans-Joachim Hallier war Botschafter der Bundesrepublik beim Heiligen Stuhl 1987–1995); Voss, H.: »Die Beziehungen der DDR zum Vatikan«. In: »Deutschland-Archiv«. Bd. 25. (1992). 11. (S. 1154–1159). (Hans Voss war 1979–1985 Botschafter der DDR in Rom, damit für die Kontakte mit dem Vatikan zuständig.)

Exklusivwissen besaßen. Diese meist politischen Erinnerungen bleiben aber trotzdem außerordentlich wichtige Bestandteile der Forschungen zur Vatikanischen Ostpolitik.

Einige kommentierte Quellenausgaben, vor allem das auf lange Zeit noch unverzichtbare Kompendium unterschiedlichster Quellengattungen »Loyale Distanz« von Martin Höllen[44], geben wichtige Hilfestellungen zur Analyse des Themas.

Höllens Sammlung enthält kommentierte Quellen zur Kirchenpolitik in der DDR: Dokumente staatlicher, kirchlicher und privater Provenienz, wichtige zeitgenössisch veröffentlichte Verlautbarungen aller beteiligten Parteien, aber auch Gedächtnisprotokolle wichtiger Protagonisten. Der Fokus ist weit gefasst, sodass auch viele Verlautbarungen und Dokumente aus der BRD und, soweit zeitgenössisch veröffentlicht, aus dem Vatikan in dem dreibändigen Werk Platz finden. Der Gewinn für die Forschungslandschaft der katholischen Kirche in Deutschland liegt vor allem in der umfassenden Auswahl und deren guter Nutzbarkeit.

Zusammenfassend muss festgehalten werden, dass die Forschungslage zu den Beziehungen der DDR zum Vatikan als nicht befriedigend zu bezeichnen ist und die Veröffentlichungen zur Vatikanischen Ostpolitik in ihrer Gesamtheit zwar vielfältig sind, auch länderspezifisch einige Vielfalt aufweisen, aber mit der nun möglichen Einbettung des »Fondo Casaroli« in die Forschung eine vollkommen neue Situation entstanden ist. Ohne die Dokumente aus dem »Fondo Casaroli« wäre eine Neubewertung der Vatikanischen Ostpolitik in ihren Grundzügen nicht möglich.

---

44 Höllen, M.: »Loyale Distanz? Katholizismus und Kirchenpolitik in SBZ und DDR – Ein historischer Überblick in Dokumenten (1945 bis 1976)«. Bd. 1–3. u. Reg. Bd. Berlin 1994–2002.

4 Erläuterungen

Die folgenden kurzen Erläuterungen sollen helfen, ein Vorverständnis für einige wenige Sachverhalte beim Leser zu erzeugen.

4.1 Statistische Eckdaten

Der Anteil der Katholiken in der DDR betrug im Betrachtungszeitraum, also nach dem Mauerbau 1961, etwa 1,2–1,3 Millionen Personen[45] und damit lediglich sieben bis neun Prozent der Gesamtbevölkerung. Hingegen waren der evangelischen Kirche etwa die Hälfte aller Einwohner zugehörig, etwa 8 Millionen Personen.[46] Diese Zahlen müssen allerdings als Näherungswerte genügen, da es weder kirchlicherseits noch von Seiten des Staates belastbare Zahlen gab. Dies lag vor allem an der nicht mehr nachgefragten Religionszugehörigkeit bei den Volkszählungen in der DDR. Für die nicht vorhandenen Zahlen von kirchlicher Seite sind vor allem die nicht mögliche Erhebung über die gezahlte Kirchensteuer und die fehlenden Möglichkeiten zur Befragung aller Kirchenmitglieder verantwortlich.[47]

Von den 1,2–1,3 Millionen Katholiken waren circa 50 Prozent in den Jurisdiktionsbereichen wohnhaft, die zu westdeutschen Diözesen gehörten. Die

---

45 Eine Abhandlung des letzten Staatssekretärs für Kirchenfragen der DDR (Kurt Löffler) enthält ohne Angabe von Quellen die Zahl von insgesamt 1 214 500 Katholiken in der DDR für das Jahr 1988. Vgl.: »Abhandlung Kurt Löfflers über die Voraussetzungen zu einem Papstbesuch für Werner Jarowinsky (21.11.1988)«. In: SAPMO. Bestand: Büro Werner Jarowinsky. Sig.: DY 30 9045. (unpag.).
46 Zu den Zahlen 1979 vgl.: Bundesministerium des Innern [Hrsg.]: »DDR-Handbuch«. Köln. ²1979. (S. 715).
47 Zahlungen an die Kirche waren freiwillig. Die vorhandenen Register der Kirche konnten aufgrund fehlender Möglichkeiten zur systematischen Befragung nicht aktuell geführt werden, da nur die aktiven Kirchengänger erfasst werden konnten. Die Bevölkerungsmobilität innerhalb der DDR einer systematischen Aktualisierung zu unterziehen war für die Kirchenverwaltung unmöglich, außer der Umzug wurde angezeigt.

Gesamtfläche dieser Diözesenanteile am Staatsterritorium der DDR betrug etwas mehr als 50 Prozent.

4.2 Heiliger Stuhl? Vatikan?

Diese Arbeit wählt die Bezeichnung »Vatikan« und nicht »Heiliger Stuhl« bei den Beziehungen der DDR zur Leitung der katholischen Weltkirche.

Im kanonischen Recht ist der Heilige Stuhl die oberste Institution der katholischen Weltkirche. Der Papst als Inhaber des Heiligen Stuhls ist dabei mit unbeschränkter Entscheidungsbefugnis ausgestattet. Diese persönliche Macht des Papstes wird dabei aus der direkten Nachfolge auf den Heiligen Petrus abgeleitet. Somit ist die Rolle des Heiligen Stuhls im internationalen Raum religiös begründet.

Die Bezeichnung »Vatikan« meint das Staatsgebiet mit der Papstresidenz. Seit den Lateranverträgen von 1929 ist der Staat der Vatikanstadt, kurz Vatikan oder Vatikanstaat, das völkerrechtlich anerkannte Staatsgebiet, in dem der Heilige Stuhl als nichtstaatliches Völkerrechtssubjekt seinen Sitz hat. Die völkerrechtliche Souveränität des Heiligen Stuhls ist im internationalen Raum zwar grundsätzlich gegeben, aber nicht über jeden Zweifel erhaben. Mit der Errichtung des Vatikanstaates wurde ein Gebilde geschaffen, das diese Souveränität auch im internationalen Rahmen der Staaten abbildet und somit zweifelsfrei macht.

Die Bezeichnung »Vatikan« impliziert demnach beides: Die völkerrechtliche Institution Heiliger Stuhl als religiöse Körperschaft und den Vatikanstaat als völkerrechtlich anerkannter Staat mit allen Hoheitsrechten, die ihn in der Versammlung aller Staaten der Erde gleichberechtigt machen und mit uneingeschränkter Souveränität ausstatten.

Für die vorliegende Abhandlung ist, neben der religiösen Komponente, die diplomatisch-politische Konnotation des Vatikanstaats von besonderem Belang, da diese Arbeit auch eine diplomatiegeschichtliche Herangehensweise wählt. Folglich würde die alleinige Bezeichnung »Heiliger Stuhl« zu kurz greifen, auch wenn der Vatikan im internationalen Raum seine Souveränität selbst nahezu ausschließlich aus der Existenz als Völkerrechtssubjekt »Heiliger Stuhl« herleitet.

4.3 Kommunistische Länder?

Die vorgelegte Arbeit wählt die Begriffe »Kommunismus« oder »kommunistisch« in Bezug auf die Länder des Rates für gegenseitige Wirtschaftshilfe bzw. des Warschauer Paktes. Die realpolitische Ausgestaltung der Herrschaft in diesen Ländern ist hierbei zweitrangig und eine Ausdifferenzierung wäre auch nicht zielführend. Es handelte sich um Diktaturen, deren ideologische Grundlage der Kommunismus bildete und die herrschenden Parteien sahen sich explizit als »kommunistische Parteien« an. Dieser Umstand ist von Bedeutung, da die ausgesprochene Religionsfeindlichkeit dieser Ideologie bestimmend für die Auseinandersetzung dieser Staaten mit der katholischen Kirche war.

4.4 Handelnde Personen

Der Kreis der Protagonisten war bei den jeweiligen Verhandlungspartnern sehr klein. Es waren im Regelfall, neben den politischen Entscheidungsträgern auf höchster Ebene, wenige spezialisierte Diplomaten oder Politiker.

Für die Personen, die im vatikanischen Staatssekretariat tätig waren, galten drei Hierarchieebenen als entscheidend. Zunächst bedurfte es der politischen Entscheidung des Papstes, den Staaten des Ostblocks offensiv-dialogisch entgegenzutreten. Diese Entscheidung zog auf der höchsten politischen Ebene des vatikanischen Staatssekretariats die Umsetzung im Einvernehmen mit den Kardinälen des Rates für die öffentlichen Angelegenheiten der Kirche nach sich, die dann auf der Mitarbeiterebene technisch, aber auch konzeptionell erarbeitet wurde. Vatikanintern gab es noch andere Institutionen, die zumindest anfänglich in die Vatikanische Ostpolitik eingebunden waren, vor allem das »Sekretariat für die Einheit der Christenheit« unter Augustin Kardinal Bea. Auf der diplomatischen Ebene setzte sich jedoch sehr bald, mit Rückendeckung des Papstes Paul VI., die Zuständigkeit des Staatssekretariats und dort der Abteilung des Sekretärs des Rates für die öffentlichen Aufgaben der Kirche durch. Das wurde bestärkt durch die 1967 von Paul VI. durchgeführte Kurienreform, die zu einer Straffung des Staatssekretariats und einer klareren Kompetenzverteilung führte.

Die zentrale Figur im vatikanischen Staatssekretariat war von Beginn an Agostino Casaroli, der, von einigen wenigen Mitarbeitern unterstützt, zunächst unter der Ägide von Antonio Samorè, dem damaligen Sekretär des Rates für die außergewöhnlichen Angelegenheiten der Kirche, als Unterstaatssekretär und ab 1967 als Samorès Nachfolger die Geschicke der vatikanischen Diplomatie wesentlich mitbestimmte. Seine wichtigsten Mitarbeiter für die siebziger Jahre waren: Angelo Sodano (zuständiger Mitarbeiter für Deutschland), Achille Silvestrini (Casarolis Stellvertreter und Delegationsleiter bei den KSZE-Verhandlungen in Genf) sowie Faustino Sainz Muñoz und Georg Zur (Minutanten). Eine wichtige Rolle im diplomatischen Apparat des Vatikans spielten zudem die direkt betroffenen Nuntien: Die beiden wichtigsten waren für den Behandlungszeitraum Giuseppe Zabkar (Pro-Nuntius in Helsinki) und Mario Cagna (Pro-Nuntius in Belgrad).

Die Verhandlungspartner des Vatikans und die involvierten Personen auf Seiten der DDR waren ebenso überschaubar. Im direkten Kontakt mit dem Vatikan waren es neben dem politischen Entscheidungsgremium »Politbüro des ZK der SED« fünf Institutionen, die mit dem Thema befasst waren, wobei in diesen der Personenkreis ebenfalls, dem offiziösen Charakter der Beziehungen folgend, sehr klein war:

- die Arbeitsgruppe Kirchenfragen beim ZK der SED, (Leiter Willi Barth, langjähriger Mitarbeiter und späterer Nachfolger war Rudi Bellmann)
- die Dienststelle des Staatssekretärs für Kirchenfragen beim Ministerrat der DDR (Staatssekretäre Hans Seigewasser und Klaus Gysi, SED/Stellvertreter Fritz Flint und Hermann Kalb, CDU/Leiter der Abteilung Katholische Kirche, Horst Hartwig)
- das Ministerium für Auswärtige Angelegenheiten (Minister Otto Winzer und Oskar Fischer/Abteilungsleiter Herbert Süß für Rechts- und Vertragswesen und Siegfried Bock für Grundsatzfragen/Botschafter in Rom: Klaus Gysi, Hans Voss und Wolfgang Kiesewetter, in Belgrad: Karl Kormes und Helsinki: Heinz Oelzner)
- die Büros zuständiger Politbüromitglieder (Paul Verner verantwortlich für Kirchenfragen/Hermann Axen außenpolitisch Verantwortlicher/Erich Honecker: Vorsitzender des Politbüros)
- das Ministerium für Staatssicherheit (MfS), federführend die Hauptabteilung XX (Leiter Joachim Wiegand/Abteilungsleiter der HA XX/4 Paul Kienberg/Mitarbeiter der HAXX/4 Abt. 4 katholische Kirche Franz Sgraja).

Auf Seiten der katholischen Kirche in der DDR war das Ordinariat Berlin die Drehscheibe aller Kontakte in den Beziehungen. Hierbei hatten der Bischof von Berlin, Erzbischof Alfred Kardinal Bengsch, und wenige Ordinariatsmitarbeiter die zentralen Rollen inne. Die wichtigsten Mitarbeiter waren Otto Groß, Paul Dissemond und Gerhard Lange. Über diesen Personenkreis war auch der Kontakt mit den westdeutschen Bischöfen gesichert.

In der Bundesregierung in Bonn war das Auswärtige Amt die wichtigste mit dem Thema befasste Institution und dort die Völkerrechtsabteilung (Dedo von Schenk und Carl-August Fleischhauer) sowie die Botschafter der BRD beim Heiligen Stuhl (Hans Berger und Alexander Böker).

4.5 Formalia

Den italienischen Zitaten im Fließtext der Arbeit sind Übersetzungshilfen in den Fußnoten beigegeben, inhaltlich ausschlaggebend ist in jedem Fall der Originaltext im Fließtext.

Die Zitate im Fließtext sind, soweit nicht sinnentstellend, nach neuer deutscher Rechtschreibung redigiert.

Von einer geschlechterdifferenten Schreibweise wurde abgesehen, was keine sprachliche Diskriminierung darstellen soll, sondern lediglich dem Umstand Rechnung trägt, dass die Akteure, von einer Ausnahme abgesehen, ausnahmslos Männer waren.

Aufgrund der zahlenmäßig sehr überschaubaren Personenzahl (siehe 4.4 »Handelnde Personen« S. 37) wurde von der Erstellung eines Personenregisters abgesehen, welches lediglich eine Anzahl von ca. 40–50 Personen ergeben hätte, bei denen zudem eine intensiv gehäufte Nennung bei ca. 10–15 handelnden Personen aufgetreten wäre.

Ähnliches gilt für ein Ortsregister, da es sich um lediglich ca. 20 Orte handelt, an denen die wesentlichen Ereignisse stattfanden – auch hier wäre es bei ca. 5–10 Orten zu einer massiven Kumulation der Nennung gekommen.

5 Vatikanische Ostpolitik nach der Oktoberrevolution bis zum Tod Pius' XII.

Im Zentrum stehen die Beziehungen zum kommunistischen Russland beziehungsweise der Sowjetunion. Die Akzentuierung auf die UDSSR erfolgt einführend, da deren politische Vorgaben, von Ausnahmen abgesehen, ab 1945 für alle Satellitenstaaten in Ost-, Mittel- und Südosteuropa Richtschnur des politisch-diplomatischen Handelns war.

Die folgenden Abhandlungen stellen die Analyse der Grundzüge in den bi- und multilateralen Beziehungen dar.

5.1 Vatikanische Politik gegenüber Russland und der UdSSR bis zum Kriegsende 1945

»… *Keine Ideologie, keine Denkrichtung* und *keine Bewegung* in der Geschichte ist je mit dem Charakter aufgetreten, der *so entschieden, so radikal* und *so bewusst Gott* und die *Religion* – und zwar jede Religion – geleugnet hätte, wie der dialektische Materialismus, die Saat des *Marxismus*. […] Selten in der Kirchengeschichte erschien die *Intervention des Hl. Stuhles* so *notwendig* wie in dieser Konfrontation mit der kommunistischen Welt. [Hervor. i. Org.] «[48]

So analysierte Erzbischof Agostino Casaroli – als Sekretär des Rates für die öffentlichen Angelegenheiten der Kirche – am 26. Januar 1978, die Ideologie, die die vatikanische Politik schon 60 Jahre lang herausforderte. Gleichzeitig verteidigte er die Notwendigkeit der Vatikanischen Ostpolitik.

Der Kommunismus war als neues theoretisches Phänomen vom Vatikan nicht übersehen worden, doch erst mit dem Sieg und Regierungsantritt der Bolschewiki sah sich die Kurie in Rom erstmals seit dem Bestehen der katholischen Kirche mit einer originär religionsfeindlichen und nicht »nur« kirchenfeindlichen Staats- und Regierungsform konfrontiert. Im Februar 1990 wurde in eine

---

[48] Casaroli, Agostino (Schambeck, Herbert [bearb.]): »Der Heilige Stuhl und die Ostblockstaaten«. In: »Der heilige Stuhl und die Völkergemeinschaft«. A. a. O. S. 164–169. (S. 164).

Studie aus dem vatikanischen Staatssekretariat zur Bewertung jener staatgewordenen Ideologie festgehalten:

> »[…] il comunismo che avrebbe voluto essere un movimento di liberazione da ogni forma di oppressione, ha realizzato invece una delle forme più dure di schiavitù che la storia recente ricordi. […] In realtà, il fallimento del comunismo e proprio il fallimento del tentativo di creare un uomo senza Dio e contro Dio. Per 70 anni in Unione sovietica e per 40 anni nei Paesi dell'Est Europeo si ha creato di portare avanti il tentativo di sradicare il cristianesimo a tutti i mezzi.«[49]

In dieser Einschätzung ist die Sichtweise des Staatssekretariats auf kommunistische Staaten zu erkennen, die im Laufe der Zeit lediglich in Nuancen variierte, inhaltlich jedoch keiner wesentlichen Veränderung unterlag.

Schon Pius IX. hatte in seiner Antrittsenzyklika »Qui pluribus« 1846 und 18 Jahre später im »Syllabus errorum« den Kommunismus als »Pestkrankheit« beziehungsweise »Irrtum« gebrandmarkt. Leo XIII. verurteilte den Sozialismus in seiner Enzyklika »Rerum Novarum« vom 15. Mai 1891 ebenso deutlich. Benedikt XV. war der erste Papst, der sich mit dem Kommunismus auseinandersetzen musste, der sich nach einem halben Jahrhundert vom »umhergehenden Gespenst in Europa« zum »realpolitischen Staatsgebilde« gewandelt hatte[50].

> »… Già nell'Ottocento la chiesa di Roma si era confrontata con il movimento socialista, mettendo a punto un giustizio negativo su questa nuova realtà politica e sulla sua ideologia. Ma la rivoluzione russa rappresenta una svolta fondamentale in questo confronto. Per la prima volta un paese, così importante come l'ex impero russo, è retto da un regime socialista.«[51]

---

49 Segreteria di Stato (Sezione per i rapporti con gli stati): »L'Europa centro-orientale agli inizi del 1990 e nuove prospettive per la chiesa (15.3.1990)«. In: Archivio di Stato (PR). Fondo: Casaroli. (im Folgenden: ASP. Fond. Cas.) Serie: Paesi dell'est (i. Folg.: Ser.: P.d.est.) Sottoserie (i. Folg.: SoSer.): Ateismo. (unpag.). (prov.Sig).
(»[…]der Kommunismus, der als Bewegung antrat, die jegliche Form von Unterdrückung beseitigen wollte, hat hingegen eine der härtesten Formen der Sklaverei in der jüngeren Geschichte hervorgebracht. […] In der Realität ist das Scheitern des Kommunismus das uneingeschränkte Scheitern des Versuches, einen Menschen ohne Gott und gegen Gott zu schaffen. Siebzig Jahre in der Sowjetunion und 40 Jahre in den Ländern Osteuropas hat man versucht, das Christentum mit allen möglichen Mitteln zu entwurzeln.«)

50 Zur Auseinandersetzung des Heiligen Stuhls mit dem Kommunismus vor Benedikt XV. vgl.: Stehle, H.: »Geheimdiplomatie im Vatikan. Die Päpste und die Kommunisten«. Zürich 1993. S. 15 ff.

51 Riccardi, A.: »Antisovietismo e ›Ostpolitik‹ della Santa Sede da Benedetto XV a Paolo VI«. In: Melloni, A./Guasco, M. [a cura]: »Un diplomatico vaticano fra dopoguerra e dialogo«. A. a. O. S. 123–173. (S. 123).
(»… Schon im 19. Jahrhundert sah sich die römische Kirche mit der sozialistischen Bewegung konfrontiert und bewertete diese neue politische Realität und Ideologie negativ. Die Revolution in Russland brachte jedoch einen fundamentalen Wandel in der Auseinandersetzung. Zum ersten Mal geriet ein so bedeutendes Land, wie das ehemalige Zarenreich, unter ein sozialistisches Regime.«)

Die Vertreibung Nikolaus' II. von der Macht 1917 war für den Vatikan zunächst nicht unangenehm. Es breitete sich, bei aller Ungewissheit, eher Erleichterung über das Ende der Herrschaft der Romanows aus[52]. Die katholische Kirche in Russland hatte, vor allem in den ehemals polnischen Gebieten des Zarenreichs, harte Unterdrückungsmaßnahmen erdulden müssen, schon damals galt: »... Insomma mancava del tutto la libertà religiosa.«[53]

Nach der gewaltsamen Machtübernahme der Bolschewiki im Oktober 1917 sah sich der Vatikan in seiner Einschätzung nur bestätigt, dass Russland ein politisch instabiles Land geworden war. Diese Ungewissheit hielt den Vatikan nicht davon ab, Verhandlungen mit den Bolschewiki[54] zu führen, wenn auch nur durch Vermittlung Dritter. Es sollte die Freilassung der gefangen genommenen Zarenfamilie erreicht werden – ein humanitäres Anliegen[55] des Vatikans, das ihm innerhalb des neuen Machtzirkels in Russland keine Sympathien einbrachte. Die Annahme, der Vatikan habe auf eine mögliche Restauration gehofft, um bei einer eventuellen Restituierung des Zarentums eine katholikenfreundlichere Politik zu erreichen[56], kann nur als Spekulation gelten. Eine länger anhaltende Herrschaft der Bolschewiki in Russland galt im Vatikan jedoch, wie bei vielen anderen Regierungen auch, als unwahrscheinlich. Diese Annahme stützte sich vor allem auf die Berichte des apostolischen Visitators für Polen und Russland in Warschau, Achille Ratti (ab 1922 Pius XI.). Ausgelöst durch die Verhaftung des Erzbischofs von Mogiljow, Eduard von Ropp, kam es zu ersten Kontakten zwischen Kardinalstaatssekretär Gasparri bzw. sogar Papst Benedikt XV. und Lenin sowie Tschitscherin, in Form von Telegrammen. Die darauf folgende Freilassung von Ropps war der erste Erfolg vatikanischer Politik mit Orientierung gen Osten.

1921 wurde Russland von schweren Hungersnöten erfasst, die ohne internationale Hilfe nicht mehr beendet werden konnten. Ein öffentlicher Brief, den Benedikt XV. an seinen Kardinalstaatssekretär Gasparri richtete, sprach von dem Willen des Heiligen Stuhls, der Hungerkatastrophe in Russland zu begeg-

---

52 Zu den Entwicklungen 1917, bis zur Oktoberrevolution, vgl.: Rood, W.: »Rom und Moskau. Der heilige Stuhl und Russland bzw. die Sowjetunion von der Oktoberrevolution 1917 bis 1. Dezember 1989«. Altenberge 1993. (S. 32 ff.).
53 della Rocca, R.-M.: »Santa Sede e Russia rivoluzionaria«. In: Rumi, G. [a cura]: »Benedetto XV. e la Pace –1918«. Brescia 1990. S. 151–169. (S. 152). (»... Religionsfreiheit fehlte vollständig.«)
54 In der Anfangsphase des revolutionären Russlands (1917/18) wurden die Worte »Kommunismus« bzw. »Kommunisten« selten in Verlautbarungen des Vatikans gebraucht; anfänglich fanden die Worte »Bolschewismus« und »Bolschewiki« häufig Verwendung; vgl.: Rood, W.: »Rom und Moskau«. A. a. O. (S. 30).
55 Auch die Könige von Spanien und Dänemark intervenierten. Die Bemühungen galten vor allem den weiblichen und minderjährigen Mitgliedern der Zarenfamilie. Vgl.: Rood, W.: »Rom und Moskau«. A. a. O. (S. 45).
56 della Rocca, R.-M.: »La Santa Sede e Russia rivoluzionaria«. A. a. O. (S. 158).

nen. Dies führte zur Unterzeichnung des bis 1990 einzigen Abkommens des Heiligen Stuhls mit dem kommunistischen Russland bzw. der Sowjetunion, am 12. März 1922. Im Rahmen dieses Abkommens[57] wurden päpstliche »Gesandte« nach Russland geschickt, um dort Hilfslieferungen zu verteilen. Im vatikanischen Staatssekretariat wurde diese Mission 1963 wie folgt charakterisiert:

»[...] l'azione svolta in Russia dal luglio 1922 al settembre 1924 dalla, Missione Pontificia di soccorso', la quale per disposizione di Pio XI. dietro richiesta sovietica, mantenne un carattere esclusivamente assistenziale, senza svolgere alcuna attività religiosa [...]«[58]

Es ist jedoch davon auszugehen, dass dieser »Gesandtschaft« nicht nur humanitäre Aspekte inhärent waren, sondern die Möglichkeit in Betracht gezogen wurde, durch dem Vatikan direkt unterstellte Geistliche Informationen aus erster Hand zu erhalten[59].

Weitere Kontakte kamen auf der Konferenz von Rapallo und der Weltwirtschaftskonferenz in Genua im April 1922 zustande. Bei der Gelegenheit übergab der Abgesandte Pius' XI., Giuseppe Pizzardo, ein Memorandum, in dem Religionsfreiheit in der Sowjetunion eingefordert wurde[60].

Von den Verhandlungen des sowjetischen Botschafters in Berlin (Krestinski) mit dem Nuntius Pacelli finden sich in der Zusammenstellung des Staatssekretariats zu den Beziehungen mit der UdSSR von 1963 keine Hinweise[61] und auch die Reise von Monsignore d'Herbigny und dessen Geheimbischofsweihen[62] wurden nur im Rahmen einer Fußnote erwähnt. Anfang der dreißiger Jahre wurden die Kontakte letztendlich vatikanischerseits abgebrochen, vor allem weil die sowjetische Regierung kein Interesse mehr an einer Anerkennung durch den Vatikan zeigte. Die gegensätzlichen Positionen blieben unüberbrückbar und Pius XI. versuchte, die Verhältnisse der Kirchen in Russland über öffentlichen Druck auf der Tagesordnung der Weltpolitik zu halten. Den wohl deutlichsten Schlag gegen die kommunistische Ideologie und deren praktische Umsetzung in der UdSSR führte er mit der Enzyklika »Divini Redemptoris« (19. März 1937),

---

57 Deutsche Übersetzung aus französischem Original in: Rood, W.: » Rom und Moskau«. A. a. O. (S. 57–59).
58 »Pensiero della Santa Sede dal 1917 ad oggi circa i rapporti con l'URSS«. In: ASP. Fond. Cas. Ser.: P.d.est. SoSer.: Relazioni tra la Santa Sede e l'URSS. (unpag.) (prov.Sig.). (»[...] die Aktion, die in Russland vom Juli 1922 bis September 1924 stattfand, war von Pius XI. auf russische Nachfrage veranlasst und hatte ausschließlich Hilfscharakter, ohne irgendwelche religiöse Aktivität [...]«)
59 Riccardi, A.: »Antisovietismo e ›Ostpolitik‹ della Santa Sede da Benedetto XV a Paolo VI«.A. a. O. (S. 130).
60 Text des Memorandums in: Stehle, H.: »Geheimdiplomatie im Vatikan«. A. a. O. (S. 42).
61 A. a. O.
62 Zur Reise d'Herbignys und den Geheimbischofsweihen: Stehle, H.: »Geheimdiplomatie im Vatikan«. (S. 85–115). Sowie: Rood, W.: »Rom und Moskau«. (S. 74–91) und (S. 129–133).

»[...] che era l'atto finale di condanna del comunismo.«[63] Der Papst, der 1929 »... selbst noch mit dem Teufel verhandelt hätte«, um »... auch nur eine Seele zu retten«[64], ging zur offenen Konfrontation über. Diese »Antikommunismusenzyklika« Pius' XI. ließ in ihrer Aussage keine Klarheit und Gegenpositionierung vermissen:

> »... 10. Communism, moreover, strips man of his liberty, robs human personality of all its dignity, and removes all the moral restraints that check the eruptions of blind impulse. There is no recognition of any right of the individual in his relations to the collectivity; no natural right is accorded to human personality, which is a mere cogwheel in the Communist system.«[65]

Pius XII. blieb dieser Linie treu, war er doch als Kardinalstaatssekretär an der Entstehung dieser Enzyklika beteiligt gewesen.

Der Zweite Weltkrieg, im Besonderen der Überfall des nationalsozialistischen Deutschlands auf die Sowjetunion, ließ die harte Konfrontation des Vatikans mit dem Kommunismus graduell in den Hintergrund treten. So gab der Kardinalstaatssekretär 1941 auf Anfragen der amerikanischen Staatsführung, wie man sich zur Aussage der Führung in Moskau, die Religionsfreiheit sei durch die Verfassung gewährleistet, verhalten solle, als Antwort, dass eine beginnende Verbesserung des Umgangs der Staatsführung mit den Religionen zu verzeichnen sei. Von der bisher geäußerten Forderung nach genereller Religionsfreiheit rückte man im Vatikan jedoch nicht ab:

> »... In realtà s'ebbero ad annotare, durante quegli anni, talune mitigazioni nei riguardi della chiesa, spiegabili forse più con le esigenze belliche o politiche che non con ›maturazione‹ del comunismo.
> In tali circostanze la Santa Sede fece presente alle suddette autorità che essa in questione così importante come quella dei rapporti con l'URSS ha sempre veduto la verità, difeso la libertà e invocato la giustizia. Onde, prima di prendere qualsiasi decisione in proposito, occorreva che il Governo russo riconoscesse e tutelasse praticamente la libertà religiosa, e fosse in pari dato di costatare la pratica realizzazione di tutto ciò. (America, 279[66])«[67]

---

63 Riccardi, A.: »Antisovietismo e ›Ostpolitik‹ della Santa Sede«. A. a. O. (S. 138).
(»[...] dies war der finale Akt zur Verurteilung des Kommunismus.«)
64 Vortrag Pius' XII. vor Seminaristen im Collegio Mondragone (14.05.1929); vgl.: Rood, W.: »Rom und Moskau«. A. a. O. (S. 115).
65 Englischer und französischer Text: http://www.vatican.va/holy_father/pius_xi/encyclicals/documents/hf_p-xi_enc_19031937_divini-redemptoris_en.htmlc. (Letzter Zugriff 21.3.2009).
66 »America, 279« bezieht sich auf die Signatur der Quelle aus den vatikanischen Archiven, die von den Verfassern der Studie im vatikanischen Staatssekretariat genutzt wurden.
67 »Pensiero della Santa Sede dal 1917 ad oggi circa i rapporti con l'URSS«. A. a. O. (»... Es waren in diesen Jahren, gewisse Milderungen für die Kirche zu bemerken, erklärbar mehr durch politische Bedürfnisse im Krieg als durch einen Reifeprozess im Kommunismus.

Diese gefühlte Veränderung im Verhalten der sowjetischen Führung gegenüber den Religionen im Allgemeinen veranlasste Leopold Braun (amerikanischer Assumptionistenpater von St. Ludwig in Moskau) sogar zu der Hoffnung, dass Verhandlungen zu einem Modus Vivendi möglich wären. Trotz der Erkenntnis einer Änderung im Verhalten Stalins gegenüber Religion im Allgemeinen mahnte Braun in einem Brief an das Staatssekretariat aber auch zur Vorsicht:

> »… A ce sujet je dois vous avouer qu'on ne dispose pas encore d'éléments qui permettent de conclure qu'un changement réel est intervenu dans l'attitude adoptée jusqu'à présent concernant le problème susmentionné. Votre Paternité, d'autre part, se rendra compte aisément que l'expérience du passé exige une grande prudence. On ne pourra par conséquent, se former un jugement sur avant que les faits aient démontré qu'il s'agit d'une actuation pratique de la véritable liberté religieuse. Il va de soi que, si cette actuation se réalisait, les amis de la Bonne Cause ne pourraient qu'en prendre acte avec plaisir.«[68]

Im Jahr 1944 gab Kardinalstaatssekretär Luigi Maglione an den apostolischen Delegaten in Washington (Amleto Cicognani) noch einmal eine an Deutlichkeit nichts vermissen lassende Information, welchen Standpunkt der Vatikan in Bezug auf die Politik gegenüber der UdSSR vertrete, als Argumentationshilfe, falls der päpstliche Gesandte auf prosowjetische Gesprächspartner träfe. Demnach sei das Handeln des Vatikans prinzipiell nur religiös, sozial und moralisch motiviert und somit immer mit Wohlwollen (»benevolenza«) gegenüber dem russischen Volk verbunden. Für die Auseinandersetzung mit der Staatsdoktrin gelte jedoch eine ausnahmslose Kontraposition. Obwohl der Vatikan bis zum Kriegsende folglich nicht auf die UdSSR zuging, hielt es das Staatssekretariat allerdings für opportun, die Gültigkeit der Enzyklika »Divini Redemptoris« in den USA angesichts des Kriegszustandes und der Allianz der Sowjetunion mit den USA abzuschwächen[69].

Aus den Beobachtungen päpstlicher Legaten, Gesandter in der UdSSR selbst, den Berichten Monsignore d'Herbignys sowie ausländischer Diplomaten und geflohener Geistlicher, aus geschmuggelten Berichten und vielen anderen Informationsquellen mehr, stellte das Staatssekretariat des Vatikans für die Päpste Benedikt XV., Pius XI. und Pius XII. Expertisen und Entscheidungsvorlagen her, deren Informationsdichte sehr hoch war. Der Vatikan war mithin bestens informiert und reagierte entweder mit diplomatischen Mitteln oder mit öffent-

---

Bei solchen Gelegenheiten machte der Heilige Stuhl den [amerikanischen] Fragestellern klar, dass er in so wichtigen Fragen wie den Beziehungen zur UdSSR immer die Realen Umstände betrachtet. Er verteidigt die Freiheit und fordert Gerechtigkeit. Es wäre dabei notwendig, bevor irgendeine Entscheidung in Betracht gezogen wird, dass die russische Regierung die Religionsfreiheit anerkennt und schützt.«)
68 »Pensiero della Santa Sede dal 1917 ad oggi circa i rapporti con l'URSS«.A. a. O.
69 Helbing, H.: »Politik der Päpste«. A. a. O. (S. 30).

lichkeitswirksamen Stellungnahmen. Bis 1927 versuchte man zu verhandeln. Es war klar erkennbar, dass mit der Konsolidierung des Staates UdSSR (Sieg in den Bürgerkriegen, internationale Anerkennung und brutale innenpolitische Stabilisierung unter Stalin) der vorher erkennbare Wille der sowjetischen Führung erlosch, zielführend mit dem Vatikan in Verhandlungen zu treten. Der Vatikan war dabei in einer prekären Lage: Die Machtübernahme der Bolschewiken führte bis 1945 zu einer Herrschaft über etwa 13 – 14 Millionen Katholiken[70]. Die Hierarchie, ohne die die katholische Kirche in ihrer Existenz bedroht ist, war zerschlagen. Bis 1941 waren 67 katholische Kirchen in der UdSSR geschlossen worden und in den zwei noch geöffneten Kirchen gab es nach 1941 nur einen Priester[71].

Es bleibt aber festzuhalten, dass nicht die durch den Kriegsverlauf bedingte Dämpfung des Kampfes gegen die Religion in der Sowjetunion, sondern die unübersehbare, schonungslose Brutalität der nationalsozialistischen Besatzung, Kriegsführung und Vernichtungsmaschinerie der Durchsetzung eines »Kreuzzugsgedankens« gegen den Kommunismus in der römischen Kurie entgegenstand. Antikommunismus blieb ein wesentliches und grundsätzliches Element in der Diplomatie des Vatikans.

Und am Ende des Zweiten Weltkrieges stand Pius XII. vor denselben Trümmern wie alle anderen, die sich um die Zukunft Europas und der Welt sorgten. Er war allerdings nur Beobachter im Abseits und nicht »... Der Makler eines gerechten Friedens, der er wohl gerne geworden wäre.«[72]

---

70 Riccardi, A.: »Antisovietismo e Ostpolitik della Santa Sede«.A. a. O. (S. 125 u. 141). Katholiken in Russland bzw. der UdSSR nach dem Friedensschluss von Brest-Litowsk (1918): etwa 5 Millionen, Katholiken in den durch die UdSSR nach dem Hitler-Stalin-Pakt (1939) annektierten Gebieten der Westukraine, Ostpolens und des Baltikums: etwa 8 Millionen.
71 O'Sullivan, D.: »Stalin und der Vatikan – Zu einem Dokument aus dem Jahr 1944«. In: »Forum für osteuropäische Ideen- und Zeitgeschichte«. Jhrg. 3. 1999. Heft 2. S. 291–302. (S. 299 ff.).
72 Lindt, A.: »Das Zeitalter des Totalitarismus: politische Heilslehren und ökumenischer Aufbruch«. Stuttgart/Berlin/Köln u. a. 1981. (S. 242).

5.2 Die Entwicklung der Beziehungen des Vatikans zur kommunistischen Welt – Vom Ende des Krieges bis zum Tod Pius' XII. 1958

>»... Der Krieg ging zu Ende [...] Rasch und endgültig wich der Druck, den Faschismus und Nationalsozialismus auf die Kirche geübt hatten. Wer diese Bewegungen als Episoden gewertet und im Kommunismus die dauernde Hauptbedrohung gesehen hatte, bekam jetzt recht; aber freilich erst jetzt.«[73]

Mit seiner Bewertung der weltpolitischen Lage hatte der Vatikan Recht behalten und die unmittelbaren Nachkriegsereignisse stellten diese Hauptbedrohung unter Beweis. Zudem musste die Sorge des Vatikans nun nicht mehr »nur« ca. 14 Millionen Katholiken unter direkter kommunistisch-stalinistischer Herrschaft gelten, sondern mittlerweile etwa 51 Millionen, die im sowjetischen Hegemonialbereich lebten.

Die sowjetische Besatzungsmacht führte den ersten harten Schlag gegen die katholische Kirche in den westlichen Gebieten der Ukraine – gegen die sogenannte »katholisch-unierte Kirche«[74]. Die »Unierten« wurden durch Verhaftungen aller Bischöfe und des Metropoliten (Großerzbischof Josef Slipyj[75]) ihrer Führung beraubt, und auf einer Synode in Lemberg (8.–10. März 1946) wurde die Zwangsvereinigung mit der russisch-orthodoxen Kirche in Abwesenheit der Bischöfe bestätigt.

Die opportunistische Entscheidung Stalins, Religion auch weiterhin herrschaftsstabilisierend zu nutzen, konnte konzeptionell nicht auf die katholische Kirche ausgedehnt werden: Zum einen wären Dualitäten in der UdSSR (Orthodoxie und Katholizismus) mit unberechenbaren Risiken verbunden gewesen und hätten zumindest eine Konsolidierung der katholischen Kirche bedeutet. Ein totalitärer Staat wie die UdSSR konnte jedoch nicht darauf verzichten, einen »... Alleinverfügungs- und Absorptionswillen«[76] aufrechtzuerhalten. Die existenzielle Verbindung jeder katholischen Ortskirche mit Rom und das damit verbundene absolute Lehramt des Papstes hätte jedoch genau eine teilweise Lockerung des Machtanspruchs der KPdSU nach sich gezogen. Das Staatssekretariat in Rom hatte das erkannt und eine treffende Analyse Stalins »neuer« Religionspolitik erstellt, nach der Stalin

>»[...] riconosce che popolo vuole religione, non sarebbe contrario ad una forma nazionale sotto il controllo dell'autorità civile; é contrario alla religione cattolica perché è

---

73 Helbing, H.: »Politik der Päpste«. A. a. O. (S. 30).
74 Seit der Synode von Brest (1596) mit Rom verbundene Kirche des byzantinischen Ritus.
75 (*1892; †1984), verhaftet am 11.4.1945, darauf folgten 18 Jahre in Gefängnis- und Lagerhaft.
76 Maier, H.: »Das totalitäre Zeitalter und die Kirchen«. In: »Historisches Jahrbuch«. Bd. 112. (1992). 2. (S. 383–411). (S. 403.).

internazionale e né lui né suo governo si sentirebbero sicuri con tale religione, egli non permetterà [...]«[77]

Aus diesem Bewertungsstand speisten sich die Entscheidungen im Vatikan in Bezug auf die neuen Satellitenstaaten in dem entstehenden »Ostblock«. Dass diese Reaktionen sehr unterschiedlich waren, lag an den unterschiedlichen Voraussetzungen in den jeweiligen Ländern. Das Verhalten gegenüber Polen mit etwa 95 % der Bevölkerung katholischen Glaubens musste ein anderes sein, als beispielsweise gegenüber Bulgarien mit etwa 1 % Bevölkerungsanteil Katholiken oder im Fall Jugoslawiens, wo regionale Unterschiede Beachtung finden mussten. Gemeinsames Kennzeichen dieser Politik war zunächst die Stärkung des jeweiligen nationalen Episkopats, was zu Sondervollmachten von bis dahin unbekannten Ausmaßen führte, so z. B. für den Kardinalprimas von Polen (August Kardinal Hlond), der päpstliche Vollmachten zur Ernennung von apostolischen Administratoren besaß, die sogar die Sukzession der Bischöfe regeln halfen. Hlond nutzte diese Vollmacht unmittelbar nach dem Bekanntwerden der Ergebnisse der Potsdamer Konferenz zur Ernennung apostolischer Administratoren in den ehemals deutschen Gebieten um Breslau (Wrocław), Oppeln (Opole), Allenstein (Olsztyn), Danzig (Gdansk) und Landsberg (Gorzów). Auch der neu ernannte ungarische Fürstprimas Josef Kardinal Midszenty handelte, wenngleich im direkten Kontakt mit dem Vatikan, relativ selbstständig und selbstbewusst. Die Notwendigkeit zur Stärkung des nationalen Episkopats war eine Folge der offiziellen Verweigerungshaltung gegenüber der UdSSR während des Zweiten Weltkrieges, die im Vatikan selbst als Neutralität verstanden wurde. Nicht nur die sowjetische Führung, sondern auch die neuen kommunistischen Machthaber der Satellitenstaaten extrahierten aus dieser Haltung jedoch nur den propagandistisch verwertbaren und ohne Zweifel erkennbaren Antikommunismus der Kurie. Mit dieser politischen Waffe kam es häufig zur mehr oder minder begründeten Anprangerung der Kollaboration mit der deutschen Besatzungsmacht, so z. B. beim Prozess gegen Erzbischof Josef Slipyj (Ukraine) und Erzbischof Alojzije Stepinac (Kroatien) und diese Anklage wandelte sich zum sogenannten Spionagevorwurf, z. B. im Falle des ungarischen Fürstprimas Kardinal Mindszenty, der nach einem öffentlichem Schauprozess zu lebenslanger Haft verurteilt wurde.

In der unmittelbaren Nachkriegszeit, in der sich beide Blöcke, der kommunistisch dominierte und der demokratisch ausgeprägte, in gegenseitigem Ex-

---

77 »Pensiero della Santa Sede dal 1917 ad oggi circa i rapporti con l'URSS«.A. a. O. (»[...] erkannte, dass das Volk Religion will; er ist nicht gegen eine nationale Form von Religion unter der Kontrolle des Staates; aber er ist gegen die katholische Religion, weil sie international ist und weder er, noch die Regierung würden sich mit dieser Religion sicher fühlen, er wird sie nie erlauben [...]«)

pansions- und Selbstsicherungsdrang manifestierten, war die Politik der kommunistischen Regierungen gegenüber der katholischen Kirche von einem erkennbaren Zerstörungswillen geprägt, augenfällig bei der Eingliederung der Unierten der Ukraine in die russisch-orthodoxe Kirche und der erzwungenen Eingliederung der katholischen Kirche Rumäniens[78] in die dortige orthodoxe Kirchenhierarchie (1948).

In diesem Klima war das Dekret des »Heiligen Offiziums« vom 1. Juli 1949 zu verstehen, das »... Gläubige, die mit Wissen und Willen« kommunistische Institutionen unterstützten, von den Sakramenten ausschloss und androhte, dass

»[...] Gläubige, die die materialistische und antichristliche Lehre der Kommunisten bekennen und insbesondere diejenigen, die diese auch verteidigen und propagieren, ipso facto, als Abtrünnige vom katholischen Glauben, der in spezieller Weise dem Heiligen Stuhl vorbehaltenen Exkommunikation [anheimfielen].«[79]

Das Dekret zeichnete sich aber auch durch eine differenzierte Haltung aus, unterschied es doch zwischen »Rettbaren«, die nur solange »ihr sündiges Tun« anhielt von den Sakramenten ausgeschlossen waren, und »Bekennenden«, die durch die Exkommunikation aus der Gemeinschaft der Gläubigen ausgestoßen wurden. Es wäre weiterhin verfehlt, dieses Dekret nur im Zusammenhang der Auseinandersetzung mit kommunistischen Regimes zu sehen. Vielmehr bedarf es des erweiterten Blicks auf die gesamteuropäischen Entwicklungen. Sowohl in Italien als auch in Frankreich erstarkten kommunistische Parteien und der päpstliche Bannstrahl galt folglich auch diesen kommunistischen Bewegungen und Parteien[80]. Eine Erweiterung erfuhr das Dekret gut ein Jahr später, als das »Heilige Offizium« ein Dekret bezüglich der Jugendorganisationen kommunistischer Parteien erließ. Demnach waren:
1. Eltern oder deren Vertreter von der Spendung der Sakramente ausgeschlossen, die Schutzbefohlenen den Zugang zu derartigen Organisationen erlaubten
2. Diejenigen, die diese Kinder in derartigen Organisationen unterrichteten, mit Exkommunikation zu bestrafen
3. Kinder als Mitglieder solcher Organisationen ebenfalls von der Spendung der Sakramenten ausgeschlossen.[81]

Spätestens mit diesen Dekreten war ein Dialog mit den Regimes im Osten Europas nahezu unmöglich geworden. Damit drängte sich für den Vatikan ein wesentliches Problem in den Vordergrund – der nahezu vollkommen versie-

---

78 Etwa 1,5 Millionen Katholiken des östlichen/rumänischen Ritus.
79 Höllen, M.: »Loyale Distanz«. Bd. 1. Berlin 1994. Dok. Nr. 106. (S. 188).
80 Riccardi, A.: »Antisovietismo e ›Ostpolitik‹ della Santa Sede«.A. a. O. (S. 150).
81 Höllen, M.: »Loyale Distanz«. Bd. 1. Dok. Nr. 126. (S. 223).

gende Informationsfluss in den Vatikan aus diesen Ländern, im Besonderen nach der Vertreibung aller jeweiligen vatikanischen Diplomaten beziehungsweise Geschäftsträger. Im Prinzip bewegte sich die vatikanische Diplomatie gegenüber den kommunistischen Ländern Europas in den Jahren 1948–1958 nahezu im »Blindflug«. Die schon zitierten »Pensiero della Santa Sede dal 1917 ad oggi circa i rapporti con l'URSS« lassen hier, wenn auch nur als Retrospektive erstellt, nichts an Deutlichkeit vermissen: Umfasst die Dokumentation für die Jahre 1941–1945, kein Jahr auslassend, mehrere Seiten, so schweigt das interne Papier vollständig zu den Jahren 1946–1952, um danach für die Jahre bis 1958 lediglich einige wenige öffentliche apostolische Verlautbarungen anzuführen. Für den Vatikan waren nur noch Reaktionen möglich.

Im Rahmen des außenpolitischen Konzeptes der UdSSR nach dem Tod Stalins, der sogenannten »friedlichen Koexistenz«, wurden jedoch einige »... gesti distensivi«[82] (Gesten der Entspannung) in der Politik der Ostblockstaaten erkennbar, die den Papst zu einer Reaktion veranlassten: »... A proposito di tale politica Pio XII. si é pronunciato, in modo particoloare in 3 documenti.«[83] In diesen drei Dokumenten[84] äußert sich Pius XII. explizit zur Koexistenz als politischem Konzept. So sprach er in der Weihnachtsbotschaft 1954 davon, dass »[...] la vera coesistenza non deve fondarsi sul timore [...]«[85], um ein Jahr später zum selben Anlass hinzuzufügen, dass

> »[...] il cristiano debba vedere il comunismo come un fenomeno o una tappa nel corso della storia, quasi necessario momento evolutivo di essa, e quindi accettarlo quasi come decretato dalla Provvidenza divina.«[86]

Trotz aller öffentlichen Verlautbarungen des Papstes zum Kommunismus waren die »gesti destintivi« nach der Machtergreifung Chruschtschows weiterhin wahrnehmbar. Sie betrafen zwar nicht immer direkt das Verhältnis zum Vatikan, führten in der allgemeinen politischen Lage allerdings zu vereinzelten atmosphärischen Entspannungsmomenten: 1955 kam es zur ersten Ost-West-Gipfelkonferenz in Genf, Adenauer fuhr nach Moskau und in Litauen konnten zwei neue Bischöfe ordiniert werden. Dies war die Zeit, in der die sowjetische Regierung Professor Marcel Reding nach Moskau einlud, weil er in seiner Antrittsvorlesung an der katholischen Fakultät der Universität Graz Thomas von

---

82 »Pensiero della Santa Sede dal 1917 ad oggi circa i rapporti con l'URSS«. A. a. O.
83 A. a. O. (»... In Bezug auf diese Politik ließ Pius XII. 3 Dokumente verkünden.«)
84 Die Weihnachtsbotschaften 1954, 1955 und die Botschaft an den Katholikentag in Deutschland 1956.
85 »Pensiero della Santa Sede dal 1917 ad oggi circa i rapporti con l'URSS«. A .a. O. (»[...] sich wirkliche Koexistenz nicht auf Furcht gründen darf [...]«)
86 A. a. O. (»[...] der Christ müsse den Kommunismus als Phänomen oder Etappe der Geschichte sehen, fast wie einen notwendigen evolutionären ›Augenblick‹ der Geschichte und daher quasi als von der Göttlichen Vorsehung angeordnet akzeptieren.«)

Aquin und Karl Marx im direkten Vergleich behandelte[87]. Die sowjetische Führung erhoffte sich dadurch einen propagandistischen Erfolg. Reding besuchte Moskau und hatte dort auch Gespräche im Kreml. Der Vatikan ließ lediglich verlauten, dass der Besuch geduldet werde.

Die politischen Ereignisse in Europa blieben aber weiterhin auch ambivalent. Auf der einen Seite brach Chruschtschow auf dem XX. Parteitag der KPdSU mit Stalin, auf der anderen Seite kam es zur brutalen Niederschlagung des Volksaufstands in Ungarn durch sowjetische Truppen. Dies veranlasste den Papst wiederum – nach dem Gebetskreuzzug Pius' XI. 1930[88] – in Kreuzzugsrhetorik zu verfallen: Die, die gegen die Gewalt in Ungarn widerstanden, ließ Pius XII. in der Weihnachtsbotschaft 1956 wissen, dass ihr Widerstand mit einem Kreuzzug vergleichbar sei[89]. Nach der Niederschlagung des Aufstandes in Ungarn verblassten die »gesti distensivi«, und der Gedanke, der Kommunismus sei nur »ein Augenblick in der Geschichte«, wurde immer irrationaler.

Im Januar 1958, kurz vor den Wahlen in Italien, empfing der sowjetische Außenminister Gromyko in Moskau eine Delegation der italienischen Friedensbewegung (Movimento italiano della Pace). In diesem Zusammenhang auf die Beziehungen der UdSSR zum Vatikan angesprochen, erklärte Gromyko, dass man mit dem Vatikan durchaus im Einverständnis sei, wenn es um die Wahrung des Friedens ginge. Hier habe man einen Punkt von hoher Konvergenz, die zu Übereinkünften führen könnten. Gromyko fuhr fort:

> »... Noi siamo infatti consapevoli della enorme importanza che avrebbe un accordo diretto fra l'Unione Sovietica e il Vaticano su questo terreno. Soggiungo che questo accordo potrebbe prolungarsi al di là della congiuntura che lo determina ed assumere un carattere permanente.«[90]

Dieser Ausspruch Gromykos war durchaus wörtlich zu verstehen. Der sowjetischen Regierung war die Bedeutung des Vatikans, der als moralisch integre Instanz zumindest in der westlichen Welt anerkannt war, mittlerweile bewusst. Neben dem zweifelsfrei propagandistischen Anliegen der sowjetischen Führung lassen sich, den Religionshistoriker und Senatsabgeordneten der PCI[91] Am-

---

87 Reding, M.: »Thomas von Aquin und Karl Marx«. Graz 1953.
88 Am 2.2.1930 in einem Schreiben Pius' XI. an den Generalvikar von Rom (Kardinal Pompili) zunächst als »Kreuzzug der Beter« zur Bekehrung Russlands gedacht, wurde dieser »Gebetskreuzzug«, nicht zuletzt durch die Gegenreaktionen der sowjetischen Presse und des Metropoliten Sergej (stellv. Patriarch der russisch-orthodoxen Kirche), zu einem Kampf gegen den Kommunismus stilisiert.
89 Riccardi, A.: »Antisovietismo e »Ostpolitik« della Santa Sede«.A. a. O. (S. 152).
90 »Pensiero della Santa Sede dal 1917 ad oggi circa i rapporti con l'URSS« A. a. O. (»... Uns ist die enorme Bedeutung einer direkten Übereinkunft zwischen Sowjetunion und Vatikan auf diesem Gebiet durchaus bewusst. Ich füge hinzu, dass sich diese so auch zu permanenten Beziehungen ausweiten könnte.«)
91 Partito comunista italiana (Kommunistische Partei Italiens).

brogio Donini zitierend, im Vatikan weiterblickende Ansätze in der Analyse erkennen:

> »... Il passo sovietico potrà dare i suoi frutti in avvenire, specie se le correnti progressiste vaticane riusciranno a rafforzare le loro attuali deboli situazioni, prospettando in pari tempo l'opportunità che l'Unione sovietica insistesse nella sua azione in direzione della Santa Sede senza scoraggiarsi se, in principio, gli insuccessi non mancheranno.«[92]

---

92 »Pensiero della Santa Sede dal 1917 ad oggi circa i rapporti con l'URSS«. A. a. O. (»... Der sowjetische Vorstoß wird in der Zukunft Früchte tragen, speziell wenn die fortschrittlichen Strömungen im Vatikan es schaffen, ihre gegenwärtig schwache Position zu verstärken und gleichzeitig vor Augen haben, dass die Sowjetunion dem Heiligen Stuhl gegenüber aktiv bleibt, auch wenn am Anfang Misserfolge nicht ausbleiben.«)

6 »Aggiornamento«: Das Pontifikat Johannes' XXIII. und die sechziger Jahre des Pontifikats Pauls VI. im Licht der Beziehungen zu kommunistischen Ländern

Es ist müßig, über Kontinuität, Traditionsbruch oder Epochenwechsel nach der Thronbesteigung Johannes XXIII. zu schreiben. Es erübrigt sich zu fragen, was gewesen wäre, wenn Pius XII. z. B. zur Zeit der Kubakrise noch gelebt hätte oder ob er Adschubej empfangen hätte. Sicher kann in der vatikanischen Politik Kontinuität entdeckt werden[93]. Ohne Frage sieht man nach dem Pontifikatswechsel aber auch deutliche Änderungen. Bei der Diskussion, ob der Wechsel von Personen eine Epoche oder Periode beendet und eine neue beginnen lässt, sind in Bezug auf den Vatikan, dessen staatsförmliche und völkerrechtliche Besonderheiten in Betracht zu ziehen. Der Vatikan war nach 1945 – und ist es immer noch – die de facto einzige absolute Monarchie der Welt. Der Nachfolger des Apostelfürsten Petrus ist nach katholischem Verständnis der alleinige und uneingeschränkte Herrscher über die katholische Kirche und den Vatikan. Mithin rechtfertigt allein der Umstand, dass ein »absoluter Herrscher« durch seinen Nachfolger ersetzt wird, die Periodisierung im Rahmen der jeweiligen Herrschaftsdauer, da eine absolute Monarchie immer auch eine personalisierte ist.

Aber nicht nur diese rein formalen Gesichtspunkte rechtfertigen eine einzelne Betrachtung der Pontifikate Pius' XII. und Johannes' XXIII. An erster Stelle ist der Beschluss Johannes' XXIII. zu nennen, ein Konzil einzuberufen, weiterhin dessen persönliche Bereitschaft, Repräsentanten kommunistisch regierter Staaten zu empfangen, und nicht zuletzt seine (verglichen mit der Diplomatie Pius' XII.) eher undiplomatische Friedensrhetorik, vor allem in seiner Enzyklika »Pacem in Terris«. Zudem ist es das Pontifikat, in dem die Arbeit von Monsignore Agostino Casaroli, des Architekten der Vatikanischen Ostpolitik, im Sekretariat für die außergewöhnlichen Angelegenheiten der Kirche begann[94].

---

93 Ein Artikel im »Osservatore Romano« vom 18.5.1960 mit dem Titel »Punti fermi« (»Feststehende Punkte«) lässt diese Kontinuität deutlich erkennen, vgl. hierzu: Helbing, H.: »Politik der Päpste«. (S. 33).
94 Casaroli arbeitete schon vorher im Dienst des Staatssekretariats, aber erst ab 1961/63 mit der

Der Tod Stalins und die darauf folgende behutsame Öffnung und Entstalinisierung waren Einschnitte, gegenüber denen sich auch der Vatikan positionierte, schon unter Pius XII. Aber auch hierbei waren die unbestreitbar unterschiedlichen Persönlichkeitsprofile Pius' XII. und Johannes' XXIII. politisch unübersehbar wirkungsmächtig.

»... La novità non riguardava la dottrina, ma piuttosto il modo esporla e forse, talvolta, d'interpretarla, senza tradirla o modificarla mai. E di applicarla alle situazioni concrete. [...] una maggiore prontezza alla comprensione dell'›altro‹ una carica di ›simpatia‹ nello sforzarsi di valutare la mentalità o gli atteggiamenti anche dei più lontani; una capacita di rendersi conto delle loro difficoltà obiettive e l'arte di saper creare un clima di fiducia, nonostante la distanza, o addirittura l'opposizione frontale delle posizioni reciproche; la cura di non offendere le persone pur dicendo la verità.«[95]

Aber nicht nur die zeitgenössischen Verantwortlichen im Pontifikat Johannes' XXIII. erkannten rückschauend den Einfluss der Persönlichkeit des Roncalli-Papstes. Auch in der wissenschaftlichen Auseinandersetzung mit der Ostpolitik des Vatikans stellten die Autoren die Neuakzentuierungen im Pontifikat Johannes' XXIII. heraus. Grundtenor der meisten Abhandlungen[96] war, dass der neue Papst begann, eine pastorale Linie parteipolitischer Distanz und der Zusammenarbeit mit allen Menschen guten Willens zu verfolgen und sich »[...] ein solcher Wandel erst [hat] abzeichnen können, nachdem im November 1958 Angelo Giuseppe Roncalli als Nachfolger des verstorbenen Pius XII. zum Papst gewählt wurde.«[97]

Zielrichtung »östliches Europa«. Davor war er mit Verhandlungen in Spanien und Lateinamerika betraut.

95 Casaroli, A.: »Il martirio della pazienza«.A. a. O. (S. 11). (»... Das Neue betraf nicht die Doktrin, vielmehr die Art, sie darzulegen und vielleicht, manchmal, sie zu interpretieren – ohne sie zu verraten, aber auf die konkrete Situation übertragend. [...] eine große Bereitschaft zum Verständnis des ›Anderen‹, ein hohes Maß an Sympathie bei der Bewertung der Verhaltensweisen der weit Entfernten; die Kapazität, sich objektive Schwierigkeiten bewusst zu machen und die Kunst, ein Klima des Vertrauens zu schaffen, trotz aller Gegensätzlichkeiten der Positionen und die Sorge darum, die Wahrheit zu sagen aber das Gegenüber nicht zu beleidigen.«)

96 Z. B. Schäfer, B.: »Staat und katholische Kirche in der DDR«. A. a. O. (247 ff.); Hürten, H.: »Was heißt vatikanische Ostpolitik«. In: Hummel, K.-J.: »Vatikanische Ostpolitik«. A. a. O. (S. 5); Rood, W.: »Moskau und Rom«. A. a. O. (S. 207 ff.); Melloni, A. [a cura]: »Il filo sottile« A. a. O. (S. 5 ff.); Barberini, G.: »L'Ostpolitik della Santa Sede«.A. a. O. (S. 53 ff.).

97 Schäfer, B.: »Der Vatikan in der DDR – Außenpolitik (1962–1989)«. In: Pfeil, U. [Hrsg.]: »Die DDR und der Westen: Transnationale Beziehungen 1949–1989«. Berlin. 2001. S. 257–271. (S. 257).

6.1 »Der Papst und Chruschtschow« und die Beziehungen zur UdSSR bis zur Entstehungsphase der KSZE

Nach der Wahl von Angelo Roncalli zum Papst 1958, ließ sich ein neues Konzept vatikanischer Diplomatie bezüglich des Ostblocks erkennen, gekennzeichnet weniger durch feindliche Gegenüberstellung, als durch Ideologiegrenzen überwinden wollenden Dialog. Die offenkundige inhaltliche Gegnerschaft jedoch blieb bestehen.

Nicht nur die Privataudienz für Alexej Adschubej[98] am 7. März 1963 war Teil der mit gegenseitigen Grußtelegrammen begonnenen atmosphärischen Verbesserungen zwischen Papst und sowjetischer Führung (Chruschtschow sandte insgesamt 5 Telegramme in den Vatikan)[99]. Auch die bekannte Vermittlung des Papstes im Rahmen der »Kubakrise« im Oktober 1962[100] trug, ebenso wie die weltweit mit Wohlwollen aufgenommene Enzyklika »Pacem in Terris«, zu einer nun nicht mehr nur atmosphärischen Annäherung zwischen dem Vatikan und Moskau bei.

Noch zu Lebzeiten Pius' XII. hatte die sowjetische Botschaft beim Quirinal mehrfach, aber zu diesem Zeitpunkt noch erfolglos, Annäherungsversuche gegenüber dem auf dem jenseitigen Tiberhügel residierenden Papst unternommen. Ziel war das Erreichen von persönlichen Kontakten, und diplomatische Beziehungen wurden zumindest nicht ausgeschlossen. So wendete sich die sowjetische Führung 1962 erneut an die italienische Regierung, um dem Vatikan zu verstehen zu geben, dass ein Interesse an diplomatischen Beziehungen bestehe:

> »... L'Ambasciatore sovietico a Roma ha fatto sapere, tramite il governo italiano, che in merito all'eventuale inizio delle relazioni diplomatiche fra Santa Sede ed URSS il problema era stato in attenta considerazione a Mosca [...]«[101]

Vatikanischerseits wurde nun der Präsident des neu geschaffenen Sekretariats für die Einheit der Christen, Augustin Kardinal Bea, mit den Verhandlungen beauftragt, der daraufhin mehrfach in Kontakt mit dem sowjetischen Botschafter in Rom trat. So verhandelte Monsignore Barnebei im Mai 1964 im Auftrag Kardinals Beas mit dem in Rom anwesenden Präsidenten des sowjeti-

---

98 Adschubej war Chefredakteur der *Iswestija* und mit der Tochter Chruschtschows verheiratet.
99 Zu den Telegrammen zwischen Chruschtschow und Johannes XXIII. u. a.: Rood, W.: »Rom und Moskau«. A .a. O. (S. 218 ff.); Stehle, H.: »Geheimdiplomatie«. A. a. O. (S. 283 ff.).
100 Auf amerikanischer Seite war der Vermittler zum Vatikan Norman Cousins, ein Vertrauter Kennedys, auf sowjetischer Seite Herr Feodorov, ein Vertrauter Chruschtschows.
101 »Pensiero della Santa Sede dal 1917 ad oggi circa i rapporti con l'URSS«.A. a. O. (»... Der sowjetische Botschafter in Rom hat, bezüglich einer etwaigen Aufnahmen diplomatischer Beziehungen mit dem Heiligen Stuhl, über die italienische Regierung mitgeteilt, dass das Problem in Moskau durchdacht wird[...].«)

schen Rundfunks Karlamov[102] und mit Botschafter Kosirev. Man traf sich jedes Mal in den Räumen der sowjetischen Botschaft. In einem zweieinhalbstündigen »... colloquio personale protrattosi«[103] sprach Karlamov fast ausschließlich über Fragen, die den Heiligen Stuhl und das Pontifikat Paul VI. betrafen: »[...] per avere uno scambio di idee su questi problemi e non già per visitare gl'impianti radiotelevisivi.«[104] Zu den besprochenen Themen gehörte auch die veränderte politische Lage nach dem Tod von Johannes XXIII. und J. F. Kennedys sowie der geplante Chruschtschow-Besuch in Italien:

> »... A questo punto l'ambasciatore Kozirev introdusse l'argomento di un viaggio di Krusciov in Italia, affermando che il Ministro degli Esteri italiano sta insistendo che esso avvenga nel prossimo Agosto 1964. Il sig. Karmalov chiese se questa data fosse ritenuta opportuna dalla Santa Sede, aggiungendo che, a suo parere, un viaggio in Italia di Krusciov senza una visita al Papa sarebbe sbagliato, riducendosi ad una semplice vacanza turistica. Ai fini di rendere possibile un incontro con S. S. Paolo VI. il sig. Karlamov aggiunse che era disponibile per una missione riservata in Vaticano il sig. Agiubej o chi altro si ritenesse più opportuno.«[105]

Eine Audienz für Chruschtschow wurde folglich im Vatikan eindeutig als Option angesehen. Damit war erstmals nachweisbar in Erwägung gezogen worden, dass ein sowjetischer Staatschef den Papst auf dem Staatsgebiet des Vatikans träfe. Diese Erwägungen wurden in mehreren Treffen auf mittlerer diplomatischer Ebene weit vorangetrieben. Für das Staatssekretariat stellten sich jedoch mehrere, an eine Audienz geknüpfte Bedingungen:

---

102 Karlamov war ab August 1962 maßgeblich an den Verhandlungen um die Entsendung von katholischen Bischöfen und orthodoxen Beobachtern aus der Sowjetunion zum II. Vaticanum beteiligt. Er war persönlich mit Chruschtschow bekannt und sensibilisierte ihn für das II. Vaticanum und erreichte eine erste Zustimmung. So konnte Mons. Willebrands, damals stellv. Leiter des »Sekretariats für die Einheit der Christen«, nach Moskau reisen, um die Entsendung von Bischöfen und orthodoxen Beobachtern zu verhandeln. In den komplizierten Verhandlungen um die Freilassung des Metropoliten von Lemberg Josef Slipyj stellte Karlamov ebenfalls eine Schlüsselfigur dar.
103 Aktennotiz »Dalla relazioni del Dr. Barnebei«. (21. 5. 1964). In: ASP. Fond. Cas. Ser.: P.d.est. SoSer.: Relazioni tra la Santa Sede e l'URSS. (unpag.) (prov.Sig.). (»... ausgedehnten persönlichen Gespräch«).
104 A. a. O. (unpag.). (»[...]er sei nicht nur gekommen war, um Rundfunkeinrichtungen zu besichtigen, sondern auch zum Ideenaustausch mit dem Heiligen Stuhl.«)
105 A. a. O. (»... Der Botschafter sprach das Thema einer Reise Chruschtschows nach Italien an. Er bestätigte, dass der italienische Außenminister darauf besteht, dass er im August 1964 stattfindet. Herr Karmalov fragte, ob dieses Datum dem Heiligen Stuhl recht wäre, da seiner Meinung nach eine Reise Chruschtschows nach Italien, ohne einen Besuch beim Papst, falsch wäre und eine einfache touristische Reise wäre. Er fügte hinzu, dass Herr Adschubej oder jemand der besser geeignet wäre, zu einer geheimen Mission in den Vatikan kommen könnte, um ein Treffen mit Paul VI. möglich zu machen.«)

1. Die Möglichkeit der freien Ernennung von Bischöfen und apostolischen Administratoren
2. Die Möglichkeit zur freien Jurisdiktion der Bischöfe und anderer kirchlicher Amtsträger
3. Die Möglichkeit der uneingeschränkten Betreuung der Gläubigen durch den Klerus
4. Die Möglichkeit freier Kommunikation in religiösen Fragen und zur geistigen Leitung, zwischen Heiligem Stuhl und Bischöfen, Klerus und katholischen Gläubigen
5. Die Möglichkeit für alle Katholiken, ihre Religion frei und ohne Störung auszuüben
6. Die Möglichkeit für Eltern, ihre Kinder zu taufen und nach katholischen Prinzipien zu erziehen
7. Der Respekt des Staates gegenüber der Religion und dem Gewissen der Katholiken.[106]

Diese Forderungen waren Maximalforderungen, von denen die Verantwortlichen im Staatssekretariat mit Sicherheit wussten, dass sie nicht durchzusetzen waren, aber erstmals wurde eine Papstaudienz für den Staatschef eines kommunistischen Landes in Betracht gezogen. Somit war nicht so sehr der Inhalt der Forderungen von Bedeutung, vielmehr deren kontextbezogene Existenz, verdeutlichten sie doch die Kontinuität päpstlicher Politik gegenüber der sowjetischen Führung über den Tod Johannes' XXIII. hinaus. Schon Ende der fünfziger Jahre galt im Kreise der handelnden Personen im vatikanischen Staatssekretariat, dass »[...] qualsiasi passo verso una distensione è salutato con piacere dalla Santa Sede [...]«[107]. Allerdings nur, wenn verschiedene Konditionen erfüllt wären:

> »...
> a) sia vera e reale distensione, così dimostrata da fatti concreti [...] Soli manifestazioni esteri o dichiarazioni puramente verbali darebbero soltanto l'illusione (ma non la realtà) di una distensione. b) sia veramente a vantaggio di tutti i popoli e non solo a vantaggio del blocco comunista.«[108]

---

106 »Condizioni per udienza a Chrustscev (30.5.1964)«. In: ASP. Fond. Cas. Ser.: P.d.est. SoSer.: Relazioni tra la Santa Sede e l'URSS. (unpag.) (prov.Sig.).
107 »Pensiero della Santa Sede dal 1917 ad oggi circa i rapporti con l'URSS«. A. a. O. (»[...] jeder Schritt der Entspannung vom Heiligen Stuhl mit Freude begrüßt wird [...]«)
108 A. a. O. (»...a) es ist eine reale Entspannung, die durch konkrete Taten bewiesen ist [...]. Einzig äußerliche Manifestationen oder verbale Erklärungen wären nur Illusion (nicht Realität) einer Entspannung. b) Sie ist wirklich zum Vorteil aller Völker und nicht nur des kommunistischen Blocks.«)

Wenngleich diese Voraussetzungen wenig spezifiziert waren und von einer diffusen »Entspannung« ausgingen, waren sie doch Richtschnur für die Überlegungen des Vatikans gegenüber der Sowjetunion, sowohl im Jahr 1959 als auch im Jahr 1964 und darüber hinaus.

Kompromissbereitschaft und Anerkennung eines Entgegenkommens der sowjetischen Seite war nicht ausgeschlossen und zeigte sich 1964 in der Bereitschaft des Vatikans, einen Staats- UND Parteichef in Audienz im Vatikan zu empfangen.

Auch die Frage etwaiger diplomatischer Beziehungen zwischen Vatikan und UdSSR schwang in den Gesprächen von vatikanischen und sowjetischen Beauftragten in Rom mit. Dieser Aspekt war zwar nicht zentral, oder wurde von anderen Fragen überlagert, aber er war schon zu Lebzeiten von Johannes XXIII. von ihm selbst abgesegnet: In der Audienz für Alexej Adschubei am 7. März 1963 sagte Johannes XXIII. nicht nur, dass man nichts überstürzen solle, sondern auch, dass Etappen vorzugehen sei:

> »... Adjubei portò un saluto cordiale e specialissimo e poco elegante da Parte di Krusciov; elogiò il S. Padre in una forma perlomeno strana e poco elegante, paragonandolo, per la sua azione innovatrice nel modo cattolico, al Presidente sovietico, innovatore nel mondo comunista; avanzo l'argomento dell'opportunità di stabilire relazioni diplomatiche tra S. Sede e l'URSS. Papa Giovanni rispose che non bisognava precipitare le cose circa le relazioni diplomatiche, ma procedere per tappe al fine di evitare d'essere mal compreso, ed enunciò quello che fu certamente un principio-guida del Suo Pontificato: ›Per il Capo della Chiesa cattolica non ci sono che fratelli tra gli uomini, senza distinzione di nazionalità e di razza‹.«[109]

Mit dem Wissen um die späteren regelmäßigen Verhandlungen mit sowjetischen Offiziellen und die zur selben Zeit beginnende Reisetätigkeit Casarolis, lässt sich konstatieren, dass der Vatikan Interesse zeigte, einen Dialog mit der sowjetischen Führung zu stabilisieren. Mit der Entmachtung Chruschtschows 1964 ging kein Abflauen der Kontakte einher. Vielmehr kam es Anfang 1968 sogar zu heftigen Gerüchten, Paul VI. plane eine Reise in die Sowjetunion. Diese Gerüchte gingen so weit, dass sich der polnische Kardinal Wyszynski noch im November 1968 auf diese Gerüchte bezog:

---

109 »Zusammenfassung der Privataudienz für Adschubej«. In: ASP. Fond. Cas. Ser.: P.d.est. SoSer.: Ateismo. (unpag.) (prov.Sig.). (»... Adschubej überbrachte einen herzlichen, wenngleich wenig eleganten Gruß Chruschtschows, lobte den Heiligen Vater auf eigenartige Art: Er verglich den Papst in seiner innovativen Rolle in der katholischen Welt, mit Chruschtschow als Innovator in der kommunistischen Welt. Er fuhr mit der Frage der Möglichkeit diplomatische Beziehungen mit dem Heiligen Stuhl fort. Der Papst antwortete, dass man in dieser Frage nichts überstürzen und etappenweise fortfahren sollte, um Missverständnisse zu vermeiden und er legte den Schwerpunkt seines Pontifikats dar: Für das Oberhaupt der katholischen Kirche gibt es nur Brüder unter den Menschen, ohne Unterschied in Nationalität oder Rasse.«)

»... Il viaggio del Santo Padre all'Unione Sovietica, di cui si è parlato all'inizio dell'anno corrente, fornirebbe un grande ›atout' alla propaganda sovietica del comunismo e rinforzerebbe la sua penetrazione in paesi cattolici d'Occidente e d'America di Sud, mentre non darebbe un serio appoggio né alla Chiesa russa, né ai cattolici dei paesi di democrazia popolare.«[110]

Thematisch wurden bei den Gesprächen nicht nur Unverfänglichkeiten angeschnitten, sondern Inhalte besprochen, die dem Vatikan wichtig waren, so die Befreiung von Bischöfen nach langjährigen Haftstrafen, die Lage der Kirche in der Sowjetunion und anderen kommunistischen Ländern, das Erreichen einer europäischen Sicherheitskonferenz (in Gesprächen bis 1971) sowie die Sorge um den Frieden in der Welt. Folglich galt auch und gerade für die Treffen mit Nikolai Podgorny und Andrei Gromyko, im Gegensatz zu den bisher angenommenen Inhalten der Gespräche[111], dass die Lage der katholischen Kirche in der UdSSR für Paul VI. zentrales Thema war. In der offiziellen kommunistischen Geschichtsschreibung wurden diese Gespräche, der allgemeinen Propaganda folgend, einzig mit der Erörterung von Friedensfragen verbunden: »... Die Basis dieser Gespräche aber bleibt der Weltfrieden.«[112]

In einem von Casaroli redigierten[113] Protokoll des Gesprächs Podgorny/Paul VI., vom 30. Januar 1967, das in der Privatbibliothek des Papstes stattfand, waren die von Paul VI. wesentlich weiter gefächerten Gesprächsthemen zu finden. Der Papst sprach, nach den üblichen Begrüßungsworten, in außerordentlich geschickter und klarer Art und Weise zunächst über das Selbstverständnis des Vatikans:

»... Vorrei anche che V. E. non ci considerasse una potenza: non siamo ricchi, non abbiamo forze militari, non abbiamo programmi politici. Abbiamo, sì, molti fedeli: ma tutti debbono essere, oltrechè buoni cattolici, dei buoni cittadini della loro Patria.«[114]

---

110 »Gli Osservazioni a proposito dei rapporti Vaticano – Mosca (7.11.1968)«. In: ASP. Fond. Cas. Ser.: P.d.est. SoSer.: Polonia. (Cartella (i. Folg.: Cart.) 2). (unpag.) (prov.Sig.). (»... Die Reise des Heiligen Vaters in die Sowjetunion, über den Anfang des Jahres gesprochen wurde, würde nur der sowjetischen Propaganda Vorteile bringen und das Vordringen des Kommunismus in den katholischen Ländern des Westens und Südamerikas verstärken. Der russischen Kirche noch den Katholiken in volksdemokratischen Ländern brächte es keinerlei Unterstützung.«)
111 Z. B. Hürten, H.: »Was heißt vatikanische Ostpolitik«. In: Hummel, K.-J.: »Vatikanische Ostpolitik«. (S. 7 f.).
112 Winter, E.: »Der Vatikan und die Sowjetunion«. In: Ders.: »Russland und das Papsttum«. Berlin 1960–1972. Bd. III. (1972). S. 320.
113 Casaroli hatte mindestens passive Russischkenntnisse. Er folgte dem Gespräch ganzheitlich. So übersetzte der Dolmetscher Podgornys das italienische Wort »fede« [»Glaube«] mit dem russischen Wort für »Ideologie«, was Casaroli im Wortprotokoll als Nebenbemerkung einfügte.)
114 »Trascrizione delle note prese da Mons. Casaroli durante il colloquio svoltosi il 30 gennaio 1967, nella Biblioteca privata di Sua Santita, fra il S. Padre Paolo VI e il Presidente Po-

Im Anschluss legte er seine Erwartungen an das Gespräch dar. Er hoffte vor allem, man möge sich besser kennenlernen und nach diesen wenigen Minuten der allgemeinen Höflichkeiten sowie einführenden Worte kam Paul VI. zu seinem eigentlichen Anliegen: die Lage der Religionen im Allgemeinen und der katholischen Kirche in der UdSSR im Speziellen.

»... Il primo [argomento] riguardo le condizione dei credenti di tutte le religioni in URSS. Sappiamo che la costituzione sovietica garantisce la libertà religiosa; ma, almeno per quel che riguarda la Chiesa Cattolica, dobbiamo dire che ci troviamo in grandi difficoltà. L'abbiamo detto al Ministro Gromyko, e ci è giunta notizia che qualche sintomo di miglioramento è stato in seguito rilevato. Ma vorremmo che la religione cattolica potesse essere professata in URSS con maggiore libertà e maggiori garanzie: senza fare della propaganda, senza fare della politica. Non vogliamo soffermarci ad esporre ora questi problemi in particolare. Ma saremo lieti se sarà possibile farlo in seguito, come già si è incominciato con l'Ambasciatore (Ryjov) qui presente. Questa è la nostra grande preghiera, la nostra fiducia. Conoscendola bontà V. E., confidiamo che ci aiuterà in questo senso: non chiediamo privilegi né pubblicità, non chiediamo niente di difficile o straordinario; e siamo sicuri che l'esaudimento dei nostri voti, così semplici e legittimi, tornerà ad onore dell'URSS. Questa é, ripetiamo, la nostra grande preghiera.«[115]

Durch den offensichtlich erkennbaren Nachdruck in den Äußerungen des Papstes stilisierte Paul VI. dieses Problem zum wichtigsten des Gesprächs. Die offizielle vatikanische Version des Gesprächs Podgorny – Paul VI. war, dass man auf die Lage der katholischen Kirche in der UdSSR hingewiesen habe[116]. Aus dem Protokoll ergibt sich jedoch ein vollständig anderes Bild:

---

dgorny«. In: ASP. Fond. Cas. Ser.: P.d.est. SoSer.: Visite di personalità. (unpag.) (prov.Sig.). (»... Ich möchte, dass sich S. E. uns nicht als eine Macht vorstellt: Wir sind nicht reich, haben keine militärische Macht und haben kein politisches Programm. Sicher, wir haben viele gläubige Anhänger: Aber diese sollen guten Katholiken und Bürger ihrer Heimat sein.«)

115 A. a. O. (»... Das erste Thema ist die Lage der Gläubigen aller Religionen in der UdSSR. Wir wissen, dass die Verfassung der UdSSR die Religionsfreiheit garantiert, die wir aber wenigstens in Bezug auf die katholische Kirche bedroht sehen, was wir schon Minister Gromyko gesagt haben. Uns hat die Nachricht erreicht, dass daraufhin einige Verbesserungen wahrzunehmen waren. Wir möchten, dass die katholische Religion in der UdSSR mit größeren Freiheiten und Garantien ausgeübt werden kann, ohne Propaganda und politisches Kalkül. Wir wollen die Probleme jetzt nicht im Einzelnen darlegen. Aber wir wären froh, wenn es möglich ist, die Probleme auch weiterhin mit Botschafter Ryow zu besprechen. Das ist unsere große Bitte und wir vertrauen auf die Güte S. E. und sind zuversichtlich, dass Sie uns in diesem Sinne helfen werden: Wir verlangen weder Privilegien noch besondere Werbung, nichts Schwieriges oder Außergewöhnliches und wir sind sicher, dass die Erfüllung dieser Wünsche zum Ruhm der UdSSR beitragen wird. Das ist, wiederholen wir, unsere große Bitte.«)

116 Stele, H.: »Geheimdiplomatie«. A. a. O. (S. 337).

1. Die Sorge um die Lage der katholischen Kirche war das zentrale Anliegen Pauls VI.
2. Sie wurde von Paul VI. schon im Gespräch mit Gromyko am 27. April 1966 deutlich artikuliert
3. Paul VI. forderte von der sowjetischen Führung und appellierte an sie, der katholischen Kirche Freiheiten zu gewähren und zu garantieren
4. Paul VI. wollte diese Garantien nicht als Propaganda oder opportunistische Veränderung im Umgang mit der katholischen Kirche verstanden wissen.

Podgorny behandelte das zentrale Problem Pauls VI. nur als letzten Punkt in seinem langen Antwortmonolog, in dem das Hauptaugenmerk auf der Aggression der USA in Vietnam, der vermeintlichen Unschuld der UdSSR an diesem Konflikt und den Plänen der UdSSR zur Errichtung einer europäischen Sicherheitskonferenz lag:

> »... Terza questione: la situazione dei cattolici in URSS. V. E. conosce ed ha ricordato che la nostra costituzione lascia libertà di coscienza e di pratica del culto. Questo vale per tutti: ortodossi, cattolici, musulmani [...] Sono d'accordo che le questioni particolari siano trattate con il nostro Ambasciatore a Roma, così come potranno essere trattate con lui le questioni relative alla pace. Sono contento di questo incontro, molto contento di esserci conosciuti.«[117]

Podgorny erkannte die Existenz »besonderer Fragen« an, die mit dem Botschafter in Rom verhandelbar seien, ein nicht zu unterschätzendes Zugeständnis. Der Papst machte im Anschluss deutlich, dass Gespräche über Friedensfragen zwar sinnvoll erschienen, jedoch mehr erreicht werden könne, wenn die »religiösen Probleme« zufriedenstellend gelöst wären.

Die fortwährend bekundete Bereitschaft der UdSSR, mit dem Vatikan über den Frieden zu reden, und damit die Aussicht auf weltweiten Prestigegewinn, hatte einen Preis: Diesen Preis einzufordern, hatte sich Paul VI. entschlossen.

Paul VI. hatte anderthalb Jahre zuvor in den Katakomben der Heiligen Domitilla in Rom eine viel beachtete Rede gehalten. Er verdeutlichte darin seine Politik gegenüber den Kirchen und Staaten unter kommunistischer Herrschaft:

> ».... La Santa Sede si astiene dall'alzare con più frequenza e veemenza la voce legittima della protesta e della deplorazione, non perché ignori o trascuri la realtà delle cose, ma per un pensiero riflesso di cristiana pazienza e per non provocare mali peggiori. Essa si

---
117 A. a. O. (»... Dritte Frage: Die Situation der Katholiken in der UdSSR. Eure Heiligkeit ist sich bewusst, dass unsere Verfassung Überzeugungsfreiheit und die Freiheit des Kultes enthält. Das gilt für alle: Orthodoxe, Katholiken, Moslems [...] Wir sind einverstanden, dass spezielle Fragen mit unserem Botschafter in Rom verhandelt werden, genauso wie mit ihm Friedensfragen verhandelt werden können. Ich bin zufrieden mit diesem Gespräch, sehr zufrieden, dass wir uns kennenlernten.«)

Abbildung 1: Paul VI. und Podgorny (links), mittig der Dolmetscher, rechts, teilweise verdeckt, Agostino Casaroli, links außen Kardinalstaatssekretär Cicognani.

dice sempre pronta ad oneste e dignitose trattative, a perdonare i torti subiti, guardare più al presente ed al futuro, che non al recente e doloroso passato, sempre che tuttavia incontri segni effettivi di buona volontà.«[118]

Während der später geführten Gespräche mit sowjetischen Politikern handelte Paul VI. nach genau diesem öffentlich dargestellten Paradigma des Dialogs: Er weigerte sich in gegenseitigen Verhandlungen, die Probleme der Religionen, speziell der katholischen Kirche, in den Ländern kommunistischer Prägung aus den Beratungen herauszuhalten. Mehr noch, er stellte sie in den Mittelpunkt und vermied es nicht, Forderungen aufzustellen. All dies geschah allerdings nicht mehr in einer aggressiven Frontstellung gegenüber den Machthabern der kommunistischen Länder, sondern mit der klar geäußerten Bereitschaft, das Gegenüber zu akzeptieren. Am deutlichsten trat dieser Dialog 1971 zu Tage, als

---

118 »L'Osservatore Romano« (13./14. 09. 1965): »Paolo VI visita le catacombe di Domitilla e di San Calisto«. (… Der Heilige Stuhl vermeidet es, öfter und vehementer seine Stimme zum legitimen Protest und Tadel zu erheben, nicht weil er die reale Lage ignoriert, sondern aus dem christlichen Gedanken der Geduld und um keine schlimmeren Übel hervorzurufen. Er erklärt sich immer zu ehrlichen und würdigen Verhandlungen bereit, auch dazu, erlittenes Unrecht zu vergeben und den Blick mehr in die Gegenwart und Zukunft zu richten als in die jüngste und schmerzhafte Vergangenheit, immer dann, wenn er tatsächlich Zeichen des guten Willens antrifft.«)

Casaroli, mittlerweile Sekretär des Rates für die öffentlichen Angelegenheiten der Kirche, nach Moskau reiste, um im päpstlichen Auftrag den Atomwaffensperrvertrag zu unterzeichnen. Allein das Stattfinden dieses Besuches stellte eine Sensation dar: Die erste Reise eines vatikanischen Diplomaten in die UdSSR in offizieller Mission. Im Rahmen dieses Besuches fanden auch Gespräche mit offiziellen Stellen statt; am wichtigsten war dabei das Treffen mit dem Präsidenten und Vizepräsidenten des »Rates für die religiösen Angelegenheiten und Kultfragen beim Ministerrat der UdSSR« (Wladimir Kudojerow und Piotr Makarzev). Der Vatikan baute dabei auf seine Rolle als gefragter Gesprächspartner in Friedensfragen. Die Behandlung von Problemen der weltweiten Friedenssicherung war ein Mittlerthema, um auch andere Problemlagen auf die Agenda zu heben. Im Mittelpunkt stand demnach die Sorge um das Überleben der katholischen Kirche in der UdSSR. So erklärte Erzbischof Casaroli in einem einstündigen Treffen mit Kudojerow am 26. Februar 1971:

> »… La pace è un campo che schiude possibilità di sempre più ampi e fruttuosi contatti tra la Santa Sede e l'URSS. […] Desidera di parlare a cuore aperto circa vari problemi di interesse reciproco. […] è ben noto perché la Santa Sede si occupi degli interessi religiosi di comunità cattoliche esistenti nell'URSS come in qualsiasi altro paese: non per ›ingerirsi‹ nelle questioni interne di uno stato, ma perché la Chiesa Cattolica, diffusa in ogni parte del mondo, ha come suo organo supremo la Santa Sede.«[119]

Es wurde nicht nur die Eigenheit Vatikanischer Ostpolitik deutlich, »Frieden« als Anlass, nicht immer als Grund des Gespräches zu sehen, sondern auch der Versuch, die im vatikanischen Staatssekretariat erarbeiteten Konzepte kontinuierlich umzusetzen – und das nicht nur bei Besuchen sowjetischer Offizieller im Vatikan, sondern auch »in der Höhle des Löwen«. Es waren in Moskau folglich nicht nur allgemeine Fragen der Friedenswahrung relevant, sondern auch Menschenrechtsprobleme und, als wesentlicher Punkt, die Rechte der Katholiken unter kommunistischer Hegemonie:

> »… Ci sono dunque due aspetti: ›non interferenza‹ negli affari dello stato ed interesse, di carattere religioso, motivato dal legame gerarchico che unisce la comunità cattoliche di tutto il mondo al loro Supremo Pastore, il Papa, e alla S. Sede. È comprensibile che attesa la diversità dei principi della legislazione sovietica, la quale considera che le

---

119 »Missione di S. E. Mons. Casaroli a Mosca; Allegato II: ›Incontri nelle sedi del consiglio per gil Affari religiosi presso il Consiglio die Ministri dell'URSS‹«. In: ASP. Fond. Cas. Ser.: P.d.est. SoSer.: Relazioni con l'URSS. (unpag.) (prov.Sig.). (»… Der Frieden ist ein Feld für unfangreichere und fruchtbarere Kontakte zwischen dem Heiligen Stuhl und der UdSSR […] Mögen (wir) mit offenem Herzen über Probleme gegenseitigen Interesses sprechen. […] Es ist bekannt, warum der Heilige Stuhl sich um die religiösen Interessen der katholischen Gemeinschaften in der UdSSR kümmert, wie in jedem Land: Nicht um sich in innere Angelegenheiten einzumischen, sondern weil die katholische Kirche weltweit den Heiligen Stuhl als oberste Instanz hat.«)

questioni religiose rientrino esclusivamente nella sfera dei rapporti tra lo stato e i cittadini sovietici, e dei principi costitutivi della Chiesa Cattolica, secondo i quali, in materia religiosa ha qualcosa da dire anche la Santa Sede, possano sorgere – come di fatto sono sorte – difficoltà. Sono queste difficoltà che la Santa Sede si propone di superare con un dialogo aperto e leale.«[120]

Nach der Darstellung der allgemeinen Zielsetzung des Dialogs kam Casaroli unverzüglich zu spezifischen Problemlagen, so der katastrophalen Situation der katholischen Kirche in Weißrussland. Die Antwort Kurojedows, der sowjetischen Regierung seien alle Gläubigen gleich wichtig und die katholische Kirche nehme keine Sonderrolle ein, war ein Stereotyp, welches dem vatikanischen Emissär in derartigen Gesprächen häufig entgegenschlug und offenbarte, dass die für religiöse Fragen zuständige Behörde in der UdSSR nicht bereit war, auf den Vatikan zuzugehen. Am Beispiel einer »situazione ecclesiasticamente anormale«[121] in der weißrussischen Diözese Pinsk, versuchte Casaroli konkrete Probleme – trotz der anfänglichen Unterkühltheit der Gegenseite – auf der Agenda zu halten. Es gelang, die Aufmerksamkeit der Gesprächspartner mit dem Nebensatz hervorzurufen, dass der einzusetzende Ordinarius kein Pole sein würde. Die nationalistischen Spannungen, die zwischen Polen und Russland traditionell seit der Zarenzeit bestanden und in der Sowjetunion ihre Fortsetzung fanden, waren in diesem Fall eine verhandlungstaktische Progressivkraft.

Die vom Vatikan angestrebte Neuorganisation der Hierarchie in der Diözese wollte Casaroli mit einer Anpassung der der Diözesangrenzen an die aktuellen Staatsgrenzen erreichen. Das hätte kirchenrechtlich die Lösung einiger weißrussischer Gebiete aus polnischen Diözesanverbünden bedeutet. Dies lag offensichtlich im Interesse der Regierung in Moskau und veranlasste Kurojedow dazu, das Angebot zu unterbreiten, die Zuständigkeit der baltischen Bischöfe für die Diözese Pinsk zu erweitern.

Zwar beendet Casaroli das Gespräch ohne konkrete Ergebnisse, jedoch nicht ohne noch einmal die Verhandlungsziele und -methoden des Heiligen Stuhls zu verdeutlichen:

»... Anche la Santa Sede ha tale desiderio, così come conturderà a promuovere la pace e la sicurezza nel mondo. Ma la Santa Sede continuerà a fare presenti le esigenze della vita

---

120 A. a. O. (»... Es gibt zwei Aspekte: Zum einen die »Nichteinmischung« in Angelegenheiten des Staates und zum anderen religiösen Interessen für alle katholischen Gemeinschaften weltweit, im Besonderen die Bindung an den Papst und den Heiligen Stuhl. Es ist verständlich, dass Schwierigkeiten entstehen können – wie sie faktisch schon existieren –, wenn man die sowjetische Gesetzgebung, dass religiöse Fragen nur das Verhältnis zwischen Staat und Bürgern betreffen, den Prinzipien der katholischen Kirche gegenüberstellt, nach denen in religiösen Fragen der Heilige Stuhl maßgeblich ist. Diese Schwierigkeiten möchte der Heilige Stuhl in einem offenen und aufrichtigen Dialog überwinden.«)
121 A. a. O. (»kirchlich anormalen Situation«).

religiosa cattolica, così come lo fa in ogni parte del mondo. Sono due direttrici che procedono insieme e l'una e l'altra favoriscono la causa della pace.«[122]

Im Fortgang des Gesprächs bedient sich Casaroli sogar einer verklausulierten Drohung:

»... Non vuole nascondere le difficoltà che incontra la Santa Sede, ricevendo da più parti rimostranze e richiami per i rapporti che ha con l'Unione Sovietica per i problemi della pace, mentre la situazione della Chiesa rimane insoddisfacente. La soluzione dei problemi religiosi può contribuire e rasserenare l'opinione pubblica cattolica, e quindi dare un apporto alla distensione psicologica nel mondo.«[123]

Es war augenfällig, dass der Vatikan bereit war, die von einer kritischen (katholischen) Öffentlichkeit an ihn herangetragene Rolle anzunehmen. In allen Gesprächen war das Anliegen der sowjetischen Seite, über Fragen der Abrüstung, Entspannung und des Friedens zu diskutieren. Die vatikanischen Verhandlungsführer waren dazu bereit, nicht zuletzt, da es ein wichtiges Anliegen auch auf der vatikanischen Themenliste darstellte. Dieses Zugeständnis war der Vatikan nicht bereit, ohne ein erkennbares Entgegenkommen der Gegenseite zu machen.

Dass eine, wenn auch diplomatisch verklausulierte, »Drohung« angewendet werden konnte, zeigte das weltweit gewachsene Prestige des Vatikans, dass er Ende der sechziger Jahre in der Welt genoss, wenn es um Fragen der Friedenssicherung ging. Diese stetig und schnell wachsende Reputation des Heiligen Stuhls veranlasste die Staaten des Warschauer Paktes, den Vatikan 1969 als Vermittler für die Initiative zu einer paneuropäischen Sicherheitskonferenz anzufragen. In diesem Ansinnen wurde die Akzeptanz der moralischen Weltbedeutung des Vatikans durch die Staaten des Ostblocks sichtbar. Auch die angekündigte und weltweit begrüßte Teilnahme des Vatikans an dieser Konferenz stellte dessen gewichtige politische Rolle im Weltgeschehen unter Beweis. Mit dem Wissen um diese Machtstellung war die »Drohung« Erzbischof Casarolis nur allzu verständlich: Der Vatikan erwartete nicht nur ein Einlenken der sowjetischen Staatsführung auf dem Feld der kirchenpolitischen Problemlagen, sondern das Junktim dieser beiden Themenkomplexe war ein Paradigma Vati-

---

122 A. a. O. (»... Auch der Heilige Stuhl hat den Wunsch, den Frieden und die Sicherheit in der Welt weiterhin zu fördern. Aber der Heilige Stuhl wird auch die Bedürfnisse des katholischen Lebens im Gespräch halten, wie in jedem Teil der Welt. Das sind Leitsätze, die sich bedingen, der eine wie der andere begünstigen den Frieden.«)

123 A. a. O. (»... Die Schwierigkeiten, denen sich der Vatikan gegenübersieht, will ich nicht verschweigen. Von einigen Seiten erreichen den Heiligen Stuhl Beschwerden, dass der Heilige Stuhl mit der UdSSR Beziehungen in Friedensfragen unterhält, ohne die Situation der Kirche zu verbessern. Die Lösung der religiösen Probleme kann die Meinung der katholischen Öffentlichkeit positiv beeinflussen und damit zur psychologischen Entspannung beitragen.«)

kanischer Ostpolitik geworden, ohne dass »Frieden« als Maske für anderer Themen angesehen wurde. Im Gegenteil, das ehrliche Bemühen des Vatikans zur Friedenssicherung beizutragen, war immer erkennbar.

Dies zeigte sich auch bei den Begegnungen Pauls VI. mit Gromyko, so z. B. am 21. Februar 1974. Dabei übergab Paul VI. Gromyko ein Pro-Memoria zur Lage der katholischen Kirche in der UdSSR und in der »… orbita socialista«[124]. In dieser stellte der Papst heraus, dass das Friedensengagement des Heiligen Stuhls für die Sowjetunion ein vorteilhafter Aspekt der Beziehungen war und er forderte ein größeres Entgegenkommen von Seiten der UdSSR ein. Während eines weiteren Gespräches mit Gromyko am 28. Juni 1975 – das fünfte Treffen der beiden – ging Paul VI. explizit auf dieses Pro-Memoria ein, da von sowjetischer Seite, trotz der Zusagen Gromykos, keine Reaktion erfolgte und da »[…] *la situazione generale della Chiesa Cattolica nell'URSS è rimasta sostanzialmente immutata dall'anno scorso:* [Hervor. i. Org.]«[125]

Die Vorbereitung der Audienz durch das Büro Casarolis benannte die Probleme:
1. Die versagte Möglichkeit der Teilnahme von Monsignore Vaivods und Povilonis an den Sitzungen der apostolischen Kommission für den CIC (Codex Iuris Canonici)
2. Die immer noch vollständig fehlende Hierarchie in Weißrusslands und der Ukraine
3. In diesem Zusammenhang die wiederholt einzufordernde Ernennung von Ladislao Černiauski wenigstens als apostolischen Administrator für Weißrussland.

Ein weiterer Punkt sollte die Intervention des Papstes zugunsten mehrerer inhaftierter Regimegegner sein. Erstmals fand sich in den Vorbereitungen für Gespräche mit sowjetischen Politikern der Hinweis auf Menschenrechte (»Diritti dell'Uomo nell'Unione sovietica«)[126]. In drei Fällen intervenierte der Heilige Stuhl sogar vor der Audienz über die sowjetische Botschaft in Rom[127]:

---

124 »Promemoria circa le difficoltà ed i problemi tuttora non risolti della vita della Chiesa Cattolica nei territori che fanno parte dell'URSS (e, più ingenerale, nei Paesi dell'orbita socialista)«. In: ASP. Fond. Cas. Ser.: P.d.est. SoSer.: Visite di personalità. (unpag.) (prov.Sig.).
125 »Appunto di Mons. Dias per l'udienza pontificia a. S. E. Sig. Andrei Gromyko, Ministro degli Affari Esteri dell'Unione Sovietica (28.6.1975)«. In: ASP. Fond. Cas. Ser.: P.d.est. SoSer.: Visite di personalità. (unpag.) (prov.Sig.). (»… die generelle Situation der katholischen Kirche in der UdSSR seit dem letzten Jahr substanziell unverändert geblieben ist.«)
126 A. a. O. (Anlage III).
127 A. a. O.

1. Valentin Moroz[128] (auch der apostolische Delegat in London, Monsignore Bruno Bernhard Heim, setzte sich bei der dortigen sowjetischen Botschaft für Moroz ein)
2. Vladimir Bukovski[129]
3. Mehrere, nicht namentlich genannte litauische Katholiken, die für die Mitarbeit an der Untergrundzeitung »Cronica« inhaftiert waren.

Für zwei weitere Personen wurde der Vatikan von unterschiedlichen internationalen Autoritäten zum Handeln aufgefordert:
1. Sergei Kovaljew[130]
2. Michail Leviev[131].

Inwieweit diese Probleme bei der Audienz zur Sprache kamen, kann nicht eindeutig geklärt werden. Jedoch bleibt festzuhalten, dass bei vorausgegangenen Treffen die anvisierten Themen in den Wortprotokollen oder Zusammenfassungen der Gespräche wiederzufinden waren. Es kann folglich mit hoher Wahrscheinlichkeit davon ausgegangen werden, dass Paul VI. in dieser Audienz erstmal nachweislich und konkret auf Menschenrechtsfragen in der UDSSR einging. So weit war die vatikanische Diplomatie mit dem Papst an ihrer Spitze noch nie gegangen: Sich aktiv für die Freilassung von teilweise zwar katholischen, aber nur bedingt aus religiösen Gründen inhaftierten Dissidenten einzusetzen.

Der Papst war demnach nicht nur bereit, der katholischen Kirche, ihren Gläubigen und Priestern in den Ostblockstaaten zu Hilfe zu kommen, sondern mehr noch: Verantwortung für allgemeine Menschenrechtsprobleme zu übernehmen. Gestärkt wurde dieser neue Aspekt in der Vatikanischen Ostpolitik durch die wichtige Rolle des Vatikans im Rahmen der Konferenz für Sicherheit und Zusammenarbeit in Europa (KSZE). Die Bedeutung des Vatikans auf dem Gebiet der Menschenrechte nahm weltweit deutlich zu, nachdem Casaroli, Silvestrini, Zabkar und andere vatikanische Diplomaten in Genf und Helsinki vermittelnd, aber immer auch inhaltlich teleologisch intervenierten.[132]

---

128 Ukrainischer Schriftsteller, im Hungerstreik wegen seiner schlechten Haftbedingungen.
129 In Perm inhaftierter sowjetischer Bürgerrechtler, Gründungsmitglied von Amnesty International (UdSSR).
130 Auch er Mitbegründer von Amnesty International (UdSSR). Dem Vatikan wurde ein Appell weitergeleitet, in dem über tausend anerkannte Autoritäten aus den USA, Kanada und Brasilien eine Intervention erbaten.
131 Zum Tod verurteilter Bürgerrechtler.
132 Zur Rolle des Vatikans für das Zustandekommen der KSZE vgl. u. a.: Kunther, K.: »Die Kirchen im KSZE-Prozess 1968–1978«. Stuttgart 2000. (S. 69–73); dies.: »La CSCE e le chiese. Politica di distensione tra pace, diriiti umani e solidarietà cristiana«. In: Melloni, A. [a cura]: » Il filo sottile«.A. a. O. (S. 140–147); Wuthe, P.: »Für Menschenrechte und Reli-

Auffallend bei allen Kontakten des Vatikans mit der UdSSR war, dass es (fast) keinerlei Gespräche über die Lage der katholischen Kirche im »sozialistischen Orbit« gab. Der Weg zu Lösungen für Fragen der Religionspolitik lag daher auf nationalem Gebiet. Letztendlich bestätigte dies das Erreichte: Die Teilübereinkunft mit Ungarn, die Unterzeichnung eines Protokolls zur Regelung gegenseitiger Beziehungen mit Jugoslawien, die Sonderrolle Polens, aber auch die Beibehaltung der Nuntiatur in Kuba.

Die sowjetische Führung musste anerkennen, dass die katholische Kirche kein schnell ausrottbares Relikt des Feudalismus war, sondern neben der historischen und kulturellen eine aktuell-politische Bedeutung hatte. Das machte die katholische Kirche zu einem zwangsläufig zu akzeptierenden Partner, der nicht nur potenziell gefährlich erschien, sondern dessen Zuwachs an moralischer Bedeutung im Weltgeschehen unübersehbar war und als nützlich angesehen wurde. Die vatikanischen Verhandlungspartner hielten hingegen mit Nachdruck die Fragen zur Situation der katholischen Kirche und die Lösung konkreter Probleme auf dem diplomatischen Tapet.

6.2 Das Sekretariat für die Einheit der Christenheit und die Entstehung des Sekretariats für die Nichtglaubenden

»… Che il comunismo dia deciso a distruggere la Religione, non v'è dubbio alcune. A causa, pero, dalla resistenza interna dei fedeli e per riguardo all'opinione pubblica internazionale, esso permette ancora un'apparenza di libertà religiosa. Proprio per questi motivi, quanto più noi ci interessiamo e cerchiamo di influire sulla vita religiosa delle comunità cristiane nei Paesi comunisti, tanto più i rispettivi governi saranno costretti a concedere più ampia libertà. «[133]

Die Unterdrückung der katholischen Kirche in den Ländern mit kommunistischen Regierungen wurde in einer Konzeption aus dem Staatssekretariat als Herausforderung angenommen. Es erschien mithin geradezu folgerichtig, dass vatikanintern, durch das II. Vaticanum begünstigt, ein Prozess in Gang kam, an dessen Ende die Etablierung mehrerer beratenden Gremien stand, in denen die

---

gionsfreiheit in Europa. Die Politik des Heiligen Stuhls in der KSZE/OSZE«. Stuttgart 2002. (S. 121–127).

133 »Considerazioni su un possibile dialogo con i comunisti«. In: ASP. Fond. Cas. Ser.: P.d.est. SoSer.: Ateismo. (unpag.) (prov.Sig.). (»… Ohne Zweifel ist der Kommunismus gewillt, Religion zu zerstören. Der Widerstand der Gläubigen im Inneren und die Rücksicht auf das internationale Ansehen drängen die Machthaber, scheinbare Religionsfreiheit zu wahren. Wenn wir versuchen, das religiöse Leben der christlichen Gemeinschaften in diesen Ländern zu beeinflussen, werden die Regierungen gezwungen sein, größere Religionsfreiheit zu gewähren.«)

Bedrohung der Kirche durch das kommunistische Staatensystemen analysiert werden sollte.

Neben den Kommissionen zur Vorbereitung des Konzils ließ Johannes XXIII. das »Sekretariat für die Förderung der Einheit der Christen« errichten[134]. Damit entstand keine temporäre Konzilskommission, sondern ein neuer, die Kongregationen beratender »Consiglio pontificio«, dessen Präsident der deutsche Jesuit Augustin Kardinal Bea wurde. Bea war es auch, der in der Diskussion um das spätere Konzildokuments »Dignitatis Humanae« die Gründung eines Sekretariats für die Beziehungen der Kirche zu Nichtgläubigen vorantrieb. In diesen Prozess war auch Monsignore Casaroli mit eingebunden, noch als Substitut für die außerordentlichen Angelegenheiten der Kirche. Er verfasste für Angelo Kardinal dell'Acqua 1963 ein Arbeitspapier[135], in dessen Titel schon die Zielsetzung des geplanten Sekretariats deutlich wurde: »Die Beziehungen zur kommunistischen Welt«.

Kardinal Bea leitete diese Idee in seinem Pro-Memoria an Paul VI. vom 15. Juli 1963[136] weiter. In diesen und später verfassten Dokumenten fanden sich die Beziehungen zur *kommunistischen* Welt als wesentliches Argument für neuerliche Sekretariatsgründungen. So befasste sich Kardinal Bea in sechs von sieben Punkten seiner Stellungnahme mit den Problemen der Kirchen unter kommunistischer Herrschaft:

1. Das Sekretariat könnte Informationen zum konkreten Vorgehen der Herrschenden in kommunistischen Ländern sammeln.
2. Es könnte Informationen für die Beziehungen mit kommunistisch dominierten Staaten erstellen, z. B. Bischofsernennungen oder die Sicherung kirchlicher Güter.
3. Es könnte eine umfassende Wissensvermittlung über den Kommunismus in kirchlichen Ausbildungsstätten gewährleisten.
4. Es könnte Anweisungen und Informationen des Heiligen Stuhls an Priester und Laien in kommunistischen Ländern sicherer weiterleiten, z. B. durch Zusammenarbeit mit Laien, die sich in den betreffenden Ländern zum Handel, Studium oder auf Kongressen aufhalten.
5. Es könnte die existierenden Hilfen für die Kirchen und andere Maßnahmen des Heiligen Stuhls effektiver koordinieren.[137]

---

134 Motu Proprio »Superno Dei nutu« (5. Juli 1960).
135 »Circa la eventuale istituzione di un Organo per i rapporti col mondo comunista«. In: ASP. Fond. Cas. Ser.: P.d.est. SoSer.: Ateismo. (unpag.) (prov.Sig.).
136 »Promemoria su un organo della S.Sede per gli affari della ›Chiesa oltrecortina‹«. (»... Promemoria über ein Organ des Heiligen Stuhls für die Angelegenheiten der ›Kirche hinter dem Eisernen Vorhang‹«). In: ASP. Fond. Cas. Ser.: P.d.est. SoSer.: Ateismo. (unpag.) (prov.Sig.).
137 A .a. O.

Kardinal Bea schloss das Pro-Memoria mit den Worten:

»... Anche se si è cominciato avere qualche contatto con l'uno o l'altro governo comunista, non sembra esservi fondata speranza che l'opressione della Chiesa finisca presto e che i comunisti concedano anche una coesistenza pacifica nel campo *ideologico.* [Hervor. i. Org.] Perciò sembra venuto il momento che la Chiesa stessa provveda i mezzi adatti ed efficaci per aiutare i suoi figli tanto afflitti e perseguitati.«[138]

Agostino Casaroli war als Experte für Fragen der »orbita socialista«, bis zur Gründung des Sekretariats im Frühjahr 1965, eingebunden. Er galt, seitdem er am Rand der »UN-Konferenz zu diplomatischen Beziehungen« erste inoffizielle Kontakte mit Diplomaten kommunistischer Länder aufnahm[139], als Spezialist für kommunistische Länder. Sowohl Kardinal Bea als auch Kardinal dell'Acqua suchten Casaroli als Gesprächspartner.

In der weiteren Beschäftigung mit der Neugründung kam ein Aspekt hinzu, der sich in einem Gespräch Kardinal Beas mit Casaroli, zehn Monate nach dem Pro-Memoria Beas, konkret erkennen ließ. Die inhaltliche Ausrichtung hatte sich erweitert. Es wurde nun von einem »Centro di studio e di attività per l'ateismo e il comunismo in particolare«[140] gesprochen. Die thematische Neuausrichtung des zu gründenden Sekretariats auf Atheismus in all seinen Ausprägungen wurde zum einen durch die Diskussion um das Konzilsdekret »Dignitatis Humanae« beeinflusst und zum anderen durch Franz Kardinal König betrieben. König schrieb an Bea im März 1964:

»... Die Verantwortung der Kirche ergibt sich aus der Notwendigkeit, in der eins werdenden Welt mitzuhelfen, fundamentale Irrtümer zu vermeiden, die sich heute nicht mehr in einem Land, sondern in der ganzen Welt verhängnisvoll auswirken.«[141]

---

138 A. a. O. (»... Auch wenn es erste Kontakte mit der einen oder anderen Regierung gibt, scheint es keine begründete Hoffnung zu geben, dass die Unterdrückung der katholischen Kirche endet und die Kommunisten eine »friedliche Koexistenz« auch auf ideologischem Feld gewähren. Vielmehr scheint der Moment gekommen, in dem die Kirche selbst geeignete und wirksame Mittel ergreift, um ihren verfolgten Söhnen zu helfen.«)
139 Vgl. hierzu Casarolis handschriftliches Konferenztagebuch, in dem er Treffen und deren Kurzinhalt festhielt. Die Aufzeichnungen mündeten in offizielle Berichte an Kardinalstaatssekretär Tardini. In: ASP. Fond. Cas. Serie: Agende & Serie: Conferenza su relazioni e immunità diplomatiche 1961 (Vienna). (unpag.) (prov.Sig.).
140 »Colloquio con l'E.mo. Cardinale Bea (21.4.1964)«. In: ASP. Fond. Cas. Ser.: P.d.est. SoSer.: Ateismo. (unpag.) (prov.Sig.). (»... Zentrum zur Erforschung des Atheismus' und des Kommunismus' im Speziellen.«)
141 »Brief Kardinal Königs an Kardinal Bea vom 24.03.1964, als Anhang Ia eines Briefes von Kardinal Bea an Papst Paul VI. vom 04.04.1964«. In: ASP. Fond. Cas. Ser.: P.d.est. SoSer.: Ateismo. (unpag.) (prov.Sig.).

Spätestens ab Anfang 1964 war der damalige Erzbischof von Wien, Franz Kardinal König, als Präsident des neu zu schaffenden Organs vorgesehen[142] und zentral in die Diskussion eingebunden.

Mit der Gründung des Sekretariats für die Nichtglaubenden machte der Vatikan, dem dialogischen Prinzip des II. Vaticanums folgend, einen Schritt auf die kommunistische Welt zu und die inhaltliche Neujustierung, nicht nur staatsatheistische Systeme, sondern atheistische Strömungen im Allgemeinen in den Fokus der Betrachtungen einzubeziehen, kann als Hinweis darauf gelesen werden, dass das neu geschaffene Organ in der Römischen Kurie dem Konzilswillen entsprechen sollte. Mit der nicht vollzogenen Verurteilung des Kommunismus durch das II. Vaticanum war der Weg vorgegeben, der die Lösung der anstehenden Probleme mittels eines offenen Dialogs der »Kirche in der Welt von heute« voranbringen sollte. Eine explizite Erwähnung des Kommunismus, schon im Namen des neuen Sekretariats, wäre durch die Länder des Ostblocks als Provokation begriffen worden und hätte so den gewollten Dialog behindert.

6.3 Die diplomatischen Beziehungen mit Kuba – Informationen aus »erster Hand«

Die politische Lage hatte sich in Europa in den letzten beiden Jahren der fünfziger Jahre nicht gravierend verändert. Die Neuakzentuierung der sowjetischen Außenpolitik auf die »Friedliche Koexistenz« war im Fluss, die »gesti distensivi« nicht mehr verkennbar, auch wenn deren Ambivalenz erkannt wurde, und neben Rückschlägen für die Vatikanischen Ostpolitik gab es auch Erfolge. An erster Stelle stand dabei die Stabilisierung der diplomatischen Beziehungen mit Kuba. Obwohl 1959 Fulgencio Batista vertrieben wurde und eine kommunistisch orientierte Regierung unter Fidel Castro an die Macht kam, bedeutete das nicht auch gleichzeitig den Abbruch der diplomatischen Beziehungen mit dem Vatikan. Nach den Erfahrungen aus den Ländern des Ostblocks war der Rückzug aus Kuba zwar eine mögliche Option, aber es gab zwei wesentliche Gründe, warum der Vatikan seinen Nuntius Monsignore Luigi Centoz nicht sofort aus Kuba abzog:
1. Die allgemeine diplomatische Regel, dass der Vatikan von sich aus keine diplomatischen Beziehungen mit Staaten aufkündigt, es sei denn, er wird dazu gezwungen oder es besteht Gefahr für Leib und Leben der Diplomaten.

---
142 In seinen Memoiren schrieb König, Paul VI. habe ihm die Präsidentschaft erst im Februar 1965 angetragen.
In: König, F. Kardinal [Verfasser]/Fenzl, A./Földy, R. [Hrsg.]: »Haus auf festem Grund.« A. a. O. (S. 71).

2. Das Staatssekretariat im Vatikan bewertete die Erhaltung diplomatischer Beziehungen als wichtig, da Kuba

»... è l'unica nazione a regime comunista che al presente mantenga rapporti diplomatici con la Santa Sede, è al tempo stesso è l'ultimo paese in ordine di tempo entrato nell'orbita dei sovietici. Sicché la sua situazione potrebbe fornire qualche eventuale indicazione circa possibili evoluzioni o involuzioni del comunismo, almeno per quanto riguarda la chiesa.«[143]

Kuba sollte als Nachrichtenpool und Seismograf für politische, gesellschaftliche und ideologische Entwicklungen in der kommunistischen Welt dienen. Dabei waren sich die handelnden Personen im vatikanischen Staatssekretariat Rolle Kubas als Speerspitze des Kommunismus in Lateinamerika bewusst: »... D'altro lato ha trasformato l'isola caribica non solamente in base missilistica dalle note vicende, bensì anche in base sovversiva rivolta a tutti i paesi latino-americani.«[144] Kuba war für den Vatikan folglich auch eine Basis, um bei etwaigen weiteren revolutionären Entwicklungen in Lateinamerika am »Puls der Zeit« und vor allem vor Ort sein zu können.

Auch wenn Kuba geografisch nicht der Ostpolitik zuzuordnen ist, so ist es doch eindeutig politisch im Rahmen der Vatikanischen Ostpolitik zu sehen, und es war für den Vatikan diplomatisches Neuland: Erstmals gelang es, diplomatische Beziehungen zu einem kommunistischen Staat zu halten, der sich, wenn selbst noch nicht gefestigt, so doch im verfestigten kommunistischen Machtblock befand. Das bedeutete einen wichtigen Informationszugewinn für das Staatssekretariat, da es nun Informationen aus »erster Hand« erhielt[145].

In dieser Herangehensweise war folglich, in seinem frühesten und erstmals praktizierten Stadium, ein Wesensmerkmal Vatikanischer Ostpolitik erkennbar: Die Erkenntnis in die Notwendigkeit von direkten Informationen, als Handlungs- und Analysegrundlage und der Wille dem politischen Geschehen vor Ort so nah wie möglich zu sein, um eventuell reagieren zu können.

---

143 »Pensiero della Santa Sede dal 1917 ad oggi circa i rapporti con l'URSS«. A. a. O. (»... Kuba ist im Moment der einzige Staat unter kommunistischer Herrschaft, der diplomatische Beziehungen mit dem Heiligen Stuhl unterhält und zur gleichen Zeit das Land, das als letztes in den sowjetischen Orbit eingetreten ist, sodass einige Entwicklungen des Kommunismus dort gesehen werden können, wenigstens in Bezug auf die Kirche.«)
144 »Pensiero della Santa Sede dal 1917 ad oggi circa i rapporti con l'URSS«. A. a. O. (»... Andererseits verwandelte sich die karibische Insel nicht nur in eine Raketenbasis, sondern auch in eine Subversionsbasis auf alle lateinamerikanischen Ländern gerichtet.«)
145 Zu den Entwicklungen in Kuba vgl.: Cannelli, R.: »Il viaggo a Cuba di Monsignore Casaroli«. In: Melloni, A./Scatena, S: »L'America Latina fra Pio XII e Paolo VI.«. A. a. O. (S. 195–235).

6.4 Vatikanische Ostpolitik zu Beginn der sechziger Jahre

Die Diskussion vor der Schaffung und die eigentliche Gründung des Sekretariats für die Nichtglaubenden war ein Ereignis, das ohne die Aufbruchsstimmung des Konzils und das »Aggiornamento« Papst Johannes' XXIII. nicht vorstellbar gewesen wäre. Die Problemstellungen waren jedoch auch ohne die »Öffnung der Kirche zur Welt« dieselben. Das hieß, der Vatikan musste sich, wenn er seine Glaubwürdigkeit als globale Oberinstanz für alle Katholiken nicht verlieren wollte, mit den Problemen der »Chiesa oltrecortina« auseinandersetzen. Der »frische Wind«, den Johannes XXIII. als Notwendigkeit für die Kirche sowie als Motiv für das Konzil ansah, und der während und nach dem Konzil in der katholischen Kirche spürbar war, förderte jedoch die Suche nach Lösungsansätzen für die Problemlagen der Beziehungen zu kommunistischen Ländern. Vieles konnte von Seiten der vatikanischen Diplomaten nun erarbeitet und vorgeschlagen werden, was unter Pius XII. – auch der politischen Weltlage wegen – nicht möglich gewesen war oder nicht nachgefragt wurde. Es war deutlich erkennbar, wie gezielt und inhaltlich/methodisch durchdacht die wenigen maßgeblichen Personen vorgingen. In der Diskussion um das Sekretariat für die Nichtglaubenden waren erstmals die Systematik und Intentionen der Vatikanischen Ostpolitik erkennbar. Das Staatssekretariat begann eine eigene »Ostpolitik« zu entwickeln, die mit intensiver Analysetätigkeit, beginnendem, tastenden Kontaktaufbau aber klaren und deutlichen Forderungen versuchte, die Beziehungen zur »Orbita socialista« aufzubauen, zu festigen und zu vertiefen.

So wird offensichtlich, dass die Vatikanische Ostpolitik der Ostpolitik der sozial-liberalen Regierung in Bonn keineswegs auf dem Fuße folgte, sondern vielmehr, dass im inneren Machtzirkel des Vatikans, mit Einverständnis sowohl Johannes' XXIII. als auch Pauls VI., mindestens gleichzeitig mit der »Deutschen Ostpolitik«[146] politische Konzepte erarbeitet worden waren, die im diplomatischen Alltagsgeschäft Anwendung fanden. Die Vorstellungen waren auch im Vatikan darauf ausgerichtet, einen Ausgleich mit der Sowjetunion und anderen kommunistischen Ländern zu suchen, und der Vatikan brachte sich als aktiv handelnder Protagonist ins Spiel. Es war dabei den handelnden Personen um Bea, König und Casaroli klar, dass es nur mit einer ehrlichen Bereitschaft zum Dialog zu einer Annäherung kommen konnte und dass diese »in kleinen Schritten« erfolgen musste.

Neben vatikanintern geführten Diskussionen standen zur Zeit des II. Vaticanums erste praktische Bewährungsproben für die vatikanische Diplomatie auf

---

146 »Deutsche Ostpolitik« meint hier auch die konzeptionelle Vorarbeit durch Egon Bahr und Willy Brandt ab 1961, symptomatisch in diesem Zusammenhang: die »Bad Tölzer« Rede von Bahr (1961).

der Agenda, die nicht nur durch konkrete und drängende Probleme evoziert waren (z. B. inhaftierte Kardinäle und Bischöfe und vakante Bischofssitze). Vielmehr folgte die vatikanische Diplomatie gegenüber kommunistischen Ländern einer zielgerichteten, von Eigeninteressen geleiteter und mindestens mittelfristig angelegter Konzeption, so z. B. in Kuba oder im Verhalten gegenüber der sowjetischen Staatsführung.

Die Grundidee »Vatikanische Ostpolitik« war geboren:
1. Informationen sammeln und einer intensiven Analyse unterziehen.
2. Bewegungen im politischen Gefüge der betreffenden Länder (Regionen) erkennen und bewerten, um bei Veränderungen oder Krisen unmittelbar reagieren zu können.
3. Dem Selbstverständnis jeder vatikanischen Politik und Diplomatie folgend, das Wohl der regionalen katholischen Kirche zu sichern oder zu mehren – ein wesentliches Spezifikum vatikanischer Politik.
4. Der ausgeprägte Friedenswille im Weltmaßstab war wesentlicher Bestandteil vatikanischen Selbstverständnisses geworden.

Diese Strategie hatte für vatikanische Politik im 20. Jahrhundert zwar grundsätzliche Gültigkeit, für das Verhalten gegenüber kommunistischen Ländern mussten die Päpste und ihre Mitarbeiter aber erst die spezifischen Möglichkeiten erkennen und ausloten, mussten aus Rückschlägen Lehren ziehen, bewährte Handlungsmuster evaluieren und sich den Herausforderungen der neuen, in ihrer Gegensätzlichkeit stabilisierten weltpolitischen Lage stellen. Die Sicherung des Friedens war hierbei eines der wichtigsten Probleme, die seit der Globalisierung der atomaren Bedrohung einer Sicherung der Existenz der Menschheit gleichkam.

Praktisch bedeutete diese Herangehensweise, dass es z. B. schon bei der »UN-Konferenz zu diplomatischen Beziehungen und Immunität« 1961 zu Kontaktaufnahmen mit sowjetischen Diplomaten kam, die in keinem Fall offiziellen, zumindest aber offiziösen Charakter trugen: So saß der vatikanische Vertreter Agostino Casaroli bei einem Diner am 13. März 1961 zufällig dem sowjetischen Delegationsleiter Professor Tukin gegenüber. Dieser nutzte die Gelegenheit sofort und lud Casaroli auf einen Empfang in der russischen Botschaft in Wien am 23. März 1961 ein[147]. Casaroli persönlich nahm sie zwar nicht wahr, aber ein Vertreter der vatikanischen Delegation erschien zum Empfang (Professor Zemanek)[148]. Schon eine Woche vorher, am 17. März, kam es auf einem Empfang der spanischen [sic!] Botschaft in Wien zum ersten längeren Gespräch Casarolis

---

147 »Tagebucheintrag Casarolis zur Konferenz am 13. 3. 1961. Agenda 1961«. In: ASP. Fond. Cas. Serie: Agende. (unpag.) (prov.Sig.).
148 »Eintrag am 23. 3. 1961«. A. a. O.

mit Tukin und anderen Vertretern kommunistischer Länder (zum Beispiel mit dem rumänischen Vertreter, der Casaroli unter dem Siegel der Verschwiegenheit anvertraute, dass er orthodoxer Christ sei[149]). Auch während des Gesprächs[150] mit Tukin machte Casaroli die Grundzüge vatikanischer Diplomatie deutlich:

> »... Incontro anche Prof. Tukin, dell'URSS: mi chiede se ho notato la sua moderazione; gli dico di sì e aggiungo buone parole per lui e per il mio rispetto delle convinzioni altrui. [...] Gli rispondo [...] che la Santa Sede vede le cose in altro modo: non solo per sé per i cattolici, ma come omaggio alla primauté dei valori spirituali e morali comuni all'umanità – Conchiude ridendo: ›Eh bien, vous êtes un orateur!‹ (Sara proprio un complimento?)«[151]

Casaroli erklärte die Sorge um die katholische Welt zu einem wichtigen Aspekt vatikanischer Diplomatie, aber zu keinem ausschließlichen. Vielmehr gelte die Sorge des Heiligen Stuhls allgemein moralischen Werten der Menschheit und dabei auch den Nichtkatholiken. Die Enzyklika »Pacem in Terris« wurde am Horizont sichtbar: Vatikanische Politik war nicht mehr allein auf das Wohl der Katholiken weltweit ausgerichtet, sondern »Allen Menschen Guten Willens« galt fortan die Aufmerksamkeit. So selbstverständlich dieser Satz heutzutage klingen mag, so spektakulär war er 1963 in der Enzyklika, die als politisches Testament Johannes XXIII. gilt: Erstmals in der knapp zweitausendjährigen Geschichte des Papsttums wendete sich ein Papst in einer Enzyklika explizit an »*alle Menschen*«, also auch Nicht-Katholiken. Dieser fundamentale und gleichwohl spektakuläre Schwenk, der zuvorderst eine theologische Dimension hatte, ermöglichte es in der vatikanischen Politik, Dialog als Instrument zur Lösung von Problemen zu nutzen. Diese neue Dialogbereitschaft fand im Handeln der entscheidenden Personen in der Kurie seine Entsprechung. Dieser theologische und politische Pardigmenwechsel stellte Möglichkeit und Bedingung dar, die Annäherung an Staaten des Ostblocks zu suchen und so konnte der Weg zu einem angestrebten Wandel durch Annäherung frei gemacht werden.

---

149 »Eintrag am 17.3.1961«. A. a. O.
150 Casaroli unterrichtete Kardinalstaatssekretär Domenico Tardini regelmäßig. Vgl.: »Berichte Casarolis aus Wien an Tardini. März 1961«. In: ASP. Fond. Cas. Serie: Conferenza su relazioni e immunità diplomatiche 1961 (Vienna). (unpag.) (prov.Sig.).
151 A. a. O. (»... Treffen mit Prof. Tukin (UdSSR): Er fragte, ob ich seine Mäßigung bemerkt habe; ich sage freundlich ›ja‹ und drücke meinen Respekt gegenüber seinen Auffassungen aus. [...] Ich antworte ihm, dass der Heilige Stuhl die Dinge in einer anderen Art betrachtet: nicht nur für sich und die Katholiken, sondern auch als Hochachtung für die spirituellen und allgemein moralischen Werte der Menschheit – Er schloss, lachend: Sie sind wirklich ein guter Redner (War das wirklich ein Kompliment?).«

7 Die Beziehungen des Vatikans zur DDR bis zum Ende des Pontifikats Pauls VI.

In diesem Zusammenhang werden alle Ebenen der diplomatisch-politischen Bemühungen einbezogen, das heißt nicht nur direkte Kontakte im jeweiligen Land, sondern auch Beziehungen am Rand internationaler Konferenzen, vor allem der KSZE. So wird eine Überblicksdarstellung entstehen. Einige Aspekte, die für die Erarbeitung des Themas auf den ersten Blick wesentlich erscheinen, werden weniger intensiv bearbeitet, so z. B. die Fragen der Beziehungen der katholischen Kirche in der DDR zum Vatikan, wenngleich sie an einigen Stellen nicht getrennt von den diplomatischen Ereignissen betrachtet werden können.

Soweit von herausragender Bedeutung, werden die Beziehungsstränge der westdeutschen katholischen Kirchenleitung zur katholischen Kirchenleitung in der DDR beleuchtet, genau wie die Interventionen der DBK in Bezug auf die Vatikanische Ostpolitik nur im Rahmen der relevanten und besonders wichtigen Ereignisse Eingang in die Abhandlung finden.

7.1 Determinanten der Entwicklung von bilateralen Beziehungen zwischen der DDR und dem Vatikan

Es waren vor allem zwei Politikfelder, die die Politik der DDR dem Vatikan gegenüber bestimmten:
1. Außenpolitik
2. Kirchenpolitik bezüglich katholischer Kirche auf dem Gebiet der DDR.

Außenpolitisch waren diese Jahre von einer diplomatischen Anerkennungswelle des Staates DDR gekennzeichnet. Diese war von der DDR-Führung seit Beginn der Existenz des Staates angestrebt, wurde aber im Wesentlichen erst durch die internationale Entspannungspolitik zwischen den Großmächten USA und UdSSR möglich. Das Politbüro des ZK der SED sah es als eine der wichtigsten

Aufgaben an, die DDR als gleichberechtigten Partner im internationalen Gefüge der Staaten zu etablieren.

Kirchenpolitisch oszillierte die DDR-Führung in den beiden Anfangsdekaden des Staates zwischen Zerstörungswillen und notgedrungener taktisch-opportunistischer Akzeptanz, wohingegen sich das Verhalten der Leitung der katholischen Kirche in der DDR durch eine äußerst stringente Haltung gegenüber staatlichen Stellen auszeichnete.

Das maßgebliche Gremium für die politischen Vorgaben war das Politbüro des ZK der SED mit seinem Beauftragten für Kirchfragen, Paul Verner[152], ab 1984 Werner Jarowinsky[153]. Für Kirchenpolitik war jedoch ein besonderes Interesse von Seiten Walter Ulbrichts und vor allem Erich Honeckers erkennbar.

Auf die Erarbeitung des Einflusses der CDU und anderer staatlicher und semistaatlicher Organisationen auf die Kirchenpolitik wird verzichtet. Deren Einfluss war in diesem Themenfeld unwesentlich.

Lediglich die Berliner Konferenz europäischer Christen (BK) war in diesem Zusammenhang als international agierende katholische Laienvereinigung relevant, da staatlicherseits instrumentalisiert, aber auch autoaktiv tätig.

7.1.1 Grundsätze der DDR-Außenpolitik

»... Das Systemerhaltungsinteresse der DDR-Elite umfasst [...] gleichzeitig die Konsolidierung der DDR im internationalen und innenpolitischen Bereich. In der daraus folgenden doppelseitigen Ausrichtung der DDR-Sicherheitspolitik erweist sich die *Systemstabilisierung als politische Zielpriorität* [Hervor. i. Org.].«[154]

Diese wissenschaftliche Einschätzung aus dem Jahr 1979 war für die damalige Zeit bemerkenswert exakt und zutreffend und wurde durch weitere Veröffentlichungen in diesem Sinne bestätigt.[155] Auch nachdem umfangreiche Quellenbestände zur Außenpolitik der DDR nach 1989 zugänglich gemacht wurden, hat sich diese Charakterisierung des wesentlichsten Bestimmungsfaktors der Außenpolitik der DDR nicht wesentlich geändert.[156]

---

152 Paul Verner (*1912 †1986), 1963 bis 1984 Mitglied des Politbüros, galt lange Zeit als »Nummer zwei« in der SED, nach Ulbricht und später Honecker. Ausdruck dessen war nicht zuletzt seine Zuständigkeit für Sicherheitsfragen im Politbüro.
153 Werner Jarowinsky (*1927 †1990), 1984 bis 1989 Mitglied des Politbüros; folgte Paul Verner in der Zuständigkeit für Kirchenpolitik.
154 Kregel, B.: »Außenpolitik und Systemstabilisierung in der DDR«. Opladen. 1979. (S. 35).
155 Z. B. Schulz, E.: »Bestimmungsfaktoren«. In: Jacobsen, H.-A./Leptin, G./Scheuner, U. u. a. [Hrsg.]: »Drei Jahrzehnte Außenpolitik der DDR«. München/Wien. 1979. (S. 204–231).
156 Z. B. Scholtyseck, J.: »Die DDR und Europa«. In: Timmermann, H. [Hrsg.]: »Die DDR in Europa – zwischen Isolation und Öffnung«. Münster. 2005. (S. 88–99). (S. 88 ff.). Grund-

Es ist entscheidend, die Zielpriorität »Außenpolitik als Systemstabilisierung« den strukturellen und konzeptionellen Betrachtungen zur Außenpolitik der DDR voranzustellen, da sie einen der wichtigsten Unterschiede zur Außenpolitik demokratischer Staaten bildete. Demokratische Staaten streben durch ihre Außenpolitik zwar die Absicherung des Staates und der Gesellschaft nach außen an und tun dies in einem gegenseitigen, auf den eigenen Vorteil bedachten Prozess, jedoch ist Außenpolitik nicht als Mittel zur Sicherung der Macht nach innen gedacht.

Selbst wenn Wentker jüngst davon ausgeht, dass es zu weit ginge[157], die DDR-Außenpolitik als der Innenpolitik nachgeordnet anzusehen[158], reihten sich die Beziehungen der DDR zum Vatikan doch zumindest in ein Handlungsmuster der prioritär zu bedienenden Erfordernisse der Innenpolitik ein. Es ging innenpolitisch um das Verhältnis zur katholischen Kirche, die als Unsicherheitsfaktor und Sicherheitsrisiko im Inneren des Staates galt. Viel wichtiger erscheint in diesem Zusammenhang jedoch der Problemkreis der totalen Abgrenzung von der Bundesrepublik, auch und gerade nach innen.

Für den Vatikan als absolutistische Wahlmonarchie stellt sich die Frage der Machtsicherung nach innen nicht. Die auf multi- und bilaterale Beziehungen mit Staaten ausgerichtete Außenpolitik des Vatikans ist im eigentlichen Sinne keine Außenpolitik, da sie die Existenz und die Freizügigkeit gegenüber der katholischen Kirche in den jeweiligen Zusammenhängen als solche sichern helfen soll. Folglich stellt diese Politik gegenüber den jeweiligen Staaten und Regionen für den Vatikan strukturell und manifest eine innerkirchliche Aufgabenstellung dar und ist damit am ehesten sogar mit originär innenpolitischen Fragestellungen vergleichbar.

Für die kommunistischen Staaten in der zweiten Hälfte des 20. Jahrhunderts war Außenpolitik – nach sowjetischem Vorbild und Anleitung – Mittel zur Sicherung und vor allem Ausweitung der »Herrschaft der Arbeiterklasse«, national und international.

In diesem System hatte die DDR zwar eine durch die Zweistaatlichkeit geprägte Sonderrolle, jedoch waren die Grundzüge der Außenpolitik dem oben eingeführten Grundprinzip untergeordnet und, trotz der Besonderheiten, dem internationalistischen Verständnis von Außenpolitik im Rahmen der Warschauer Vertragsstaaten angepasst.

Oskar Fischer ließ zum fünfunddreißigjährigen Bestehen der DDR in einer

---

sätzlich hierzu auch: Scholtyseck, J.: »Die Außenpolitik der DDR«. In: Gall, L. [Hrsg.]: »Enzyklopädie deutscher Geschichte«. Bd. 69. München. 2003. (S. 65 ff.).
157 Wentker, H.: »Außenpolitik in engen Grenzen«. A. a. O. (S. 563).
158 Siebs, B.-E.: »Die Außenpolitik der DDR 1976–1989 – Strategien und Grenzen«. Paderborn u. a. 1999. (S. 410).

Retrospektive sechs Grundprinzipien der Außenpolitik der DDR herausstellen[159]:

»[...]
1. Die Außenpolitik der DDR war und ist stets ein untrennbarer Bestandteil des Kampfes der von der SED geführten Arbeiterklasse und ihrer Verbündeten um den Sieg der sozialistischen Revolution.
2. Die außenpolitischen Interessen und Ziele der DDR wurden in jeder Etappe entscheidend davon bestimmt, dass sie als untrennbare Komponente der Entwicklung, Festigung und Verteidigung des Sozialismus als Weltsystem konzipiert und verwirklicht werden.
3. Die Außenpolitik der DDR war und ist eine Politik der Begründung, Entwicklung und Festigung des brüderlichen Bündnisses und der allseitigen Zusammenarbeit mit der UdSSR und mit den anderen sozialistischen Bruderländern.
4. [...]
5. Die sich seit der zweiten Hälfte der 50er Jahre abzeichnende Orientierung der DDR, durch Beziehungen der friedlichen Koexistenz zwischen der DDR und der BRD zur Gewährleistung von Frieden und Sicherheit in Europa beizutragen, gestaltete sich nun zu einer strategischen Grundlinie der Außenpolitik der DDR.
6. Ein spezifisches Merkmal der Außenpolitik der DDR war über mehr als zwei Jahrzehnte der ihr von den Hauptkräften des Imperialismus aufgezwungene Kampf, um die diplomatische Blockade des Imperialismus zu durchbrechen.«[160]

Die Konzeption der DDR-Außenpolitik folgte im Wesentlichen über ihr ganzes Bestehen hinweg dem von Oskar Fischer bestätigten Reglement. Bestimmende Faktoren waren demnach:

1. Die ideologiegeleitete Zusammenarbeit unter den sozialistischen Staaten zum weltweiten Aufbau des Sozialismus, was zwangsläufig auch Herrschaftssicherung bedeutete. Für die DDR war die Zusammenarbeit mit den sozialistischen Staaten in den ersten zwei Jahrzehnten ihrer Existenz zudem die einzige Möglichkeit zu direkten und indirekten (diplomatischen) Kontakten.
2. Der hauptsächliche »Kampfplatz« sozialistischer Außenpolitik war allerdings die »Friedliche Koexistenz«, ein Konzept, das auf dem XX. Parteitag der KPdSU (1956) zur grundsätzlichen außenpolitischen Richtlinie der sozialistischen Staaten erhoben wurde. Das bedeutete die Zusammenarbeit mit Staaten gegensätzlicher Gesellschaftssysteme, bei gleichzeitiger Anerkennung des ideologischen Gegensatzes. Koexistenz war in zwischenstaatlichen Beziehungen möglich, auf ideologischem Gebiet wurde der Kampf unerbit-

---
159 Institut für internationale Beziehungen (Potsdam/Babelsberg) [Hrsg.]: »Geschichte der Außenpolitik der DDR«. Berlin. 1984. (Oskar Fischer war Vorsitzender des Redaktionskollegiums.)
160 A. a. O. (S. 25–29).

tert fortgesetzt. Mithin war die Friedliche Koexistenz zwar nicht auf Gewaltausübung ausgelegt, stellte aber trotzdem eine aggressive Komponente sozialistischer Außenpolitik dar.

Aber auch die internationale Auseinandersetzung mit Religionen im kommunistischen Machtbereich erfolgte unter der Maßgabe der Friedlichen Koexistenz. Da Religion als Ideologie angesehen wurde, entstand ein Gegensatz, aus dem heraus ein Machtkampf erwuchs, dessen erklärtes Ziel die Beseitigung jeglicher Religion darstellte.

3. Für die Außenpolitik der DDR galten verschiedene Besonderheiten, die der geopolitischen Lage nach dem Zweiten Weltkrieg bis 1989 geschuldet waren. Von existenzieller Bedeutung war die Existenz eines zweiten Staates, der der Nation nach »deutsch« war. Für die DDR-Führung war »Deutschland« nicht als eigenbeschreibende Kategorie in der Außenpolitik nutzbar, da schon von der BRD belegt. Lediglich die Konstruktion des »guten Deutschlands« existierte außen- und innenpolitisch.

Durch diese Besonderheit stellte sich die Systemkonkurrenz für die DDR in viel intensiverer Art und Weise, da die BRD als »Schaufenster des Kapitalismus« für jeden DDR-Bürger unübersehbar war. Der politische Bezugsrahmen der DDR war immer auch durch die BRD determiniert. Für die Außenpolitik bedeutet das: Sie war in vielen Fällen auch Deutschlandpolitik. Das führte zum Versuch der »... Herstellung der notwendigen und geradezu verbissen angestrebten Legitimation.«[161]

Die wichtigsten Ergebnisse für die DDR-Außenpolitik kamen allerdings erst mit der Unterzeichnung des »Grundlagenvertrags« (21. Dezember 1972) zustande:

- die gleichberechtigte Teilnahme der DDR an der KSZE (1973–1975)
- die Aufnahme der DDR und der BRD als Mitglied der UNO (18. September 1973)
- die Aufnahme von diplomatischen Beziehungen mit 78 Staaten zwischen dem 21. Dezember 1972 und dem 1. August 1975.

Unter dem direkten Einfluss der Ereignisse der beginnenden Anerkennungswelle bewertete die SED-Führung die außenpolitischen Konstellationen 1974 geradezu euphorisch:

»... Die Aufnahme der DDR als Mitglied in die UNO bedeutet, dass die DDR endgültig und umfassend gemäß den Normen des Völkerrechts als souveräner, unabhängiger, sozialistischer Staat anerkannt ist. Im Sinne des Völkerrechts ist damit die Abgrenzung zwischen der sozialistischen DDR und der kapitalistischen BRD vollzogen. [...] Somit wurde bei der Lösung der zentralen Aufgabe der sozialistischen Außenpolitik, günstige

---

161 Scholtyseck, J.: »Die DDR und Europa«. A. a. O. (S. 88).

äußere Bedingungen für den Aufbau des Sozialismus und Kommunismus zu schaffen, ein qualitativer Fortschritt erreicht.«[162]

Aber auch unter den veränderten Bedingungen des Grundlagenvertrags blieben die Beziehungen zur BRD in ihrer Wichtigkeit und bestimmenden Charakter für die DDR-Außenpolitik einmalig.

Dieses immens gewachsene internationale Prestige bedeutete vor allem, dass die DDR als internationaler Akteur wahrgenommen und anerkannt wurde. Letztlich stellte diese Veränderung im internationalen Beziehungsgeflecht auch die Vatikanische Ostpolitik vor neue Herausforderungen.

Das Konzept der Friedlichen Koexistenz wurde im Staatssekretariat des Vatikans im Umfeld der Errichtung des Sekretariats für die Nichtglaubenden treffend analysiert:

»[…] è caratterizzata dalla tendenza di conquistare il mondo con la penetrazione e l'infiltrazione pacifica, capillare. È questa la cosiddetta ›coesistenza pacifica‹. Ma anche in questa fase l'atteggiamento del partito comunista non ha subito mutamenti sostanziali; se mai mutamenti pratici, tattici.«[163]

Das Staatssekretariat reihte sich mit dieser Einschätzung in die Reihe der westlichen Regierungen ein, die den aggressiven Grundtenor der Friedlichen Koexistenz erkannten, jedoch auch die Veränderungen und neuen Möglichkeiten zur Kontaktaufnahme nicht verkannten.

Für die politischen Handlungen des Vatikans gegenüber dem Ostblock gab es nur zwei Möglichkeiten zur Aktion und Reaktion im bilateralen Rahmen: verbale Konfrontation und Dialogbereitschaft. Der vatikanischen Politik konnte kein militärisches, wirtschaftliches oder finanzielles Machtgebaren Schützenhilfe leisten. Die Ableitung konkreter politisch-diplomatischer Handlungen aus dieser Sondersituation stellte für beide Seiten eine Herausforderung dar, da eben nicht in den »normalen« Strukturen der jeweiligen Außenpolitik gehandelt werden konnte.

---

162 »Anlage 7 zum Protokoll Nr. 52/73 vom 11.12.1973«. In: SAPMO. Bestand: Protokolle d. PB SED 1960–1989. Sig.: DY 30 J IV 2/2 1480. (Bl. 103–118).(Bl. 103 f.).
163 »Alcune note sull'atteggiamento attuale verso il mondo comunista« (o. Dat.) (1963/64). In: ASP. Fond. Cas. Ser.: P.d.est. SoSer.: Ateismo. (unpag.) (prov.Sig.). (»… die sogenannte »Friedliche Koexistenz« ist bestimmt von der Tendenz, die Welt durch pazifistisch-engmaschige Infiltration zu erobern. Aber auch in dieser Phase hat sich das Verhalten der kommunistischen Partei nicht plötzlich geändert, wenn, dann praktisch-taktisch.«)

7.1.2 Die Politik der DDR-Führung gegenüber der katholischen Kirche nach dem Mauerbau bis zum Beginn der siebziger Jahre

Kirchenpolitik war in der DDR zu keiner Zeit statisch. Anfänglich kam es zu harten Auseinandersetzungen, aus der ideologisch geprägten Annahme heraus, Religion werde sich als Überbleibsel der »alten Welt« von allein erledigen. Nach dem Mauerbau und der damit teilweise verbundenen Systemstabilisierung wuchs die Erkenntnis, dass die Beseitigung der Religion in der DDR ein zumindest längerer Prozess sein würde. Damit ging die Suche nach einem weniger aggressiven Umgang in der Sache einher, bei Beibehaltung des ideologischen Gegensatzes. Dieses Bemühen führte staatlicherseits zum Zulassen eines Modus Vivendi, der für die katholische Kirche in der DDR in eine Situation mündete, die in den Ostblockstaaten ihresgleichen suchte, ohne dass dieser Zustand für die katholische Kirche befriedigend sein konnte. Es blieb ein Modus Vivendi: Man arrangierte sich, aber von einer Akzeptanz der katholischen Kirche als gleichberechtigter Partner in der Gesellschaft konnte zu keinem Zeitpunkt die Rede sein. Dieser Modus Vivendi war zudem auch nie rechtlich abgesichert, das hieß, er war jederzeit von staatlicher Seite aufkündbar. Die katholische Kirche in der DDR war demnach stets von staatlicher Willkür bedroht.

7.1.2.1 Differenzierungspolitik

Am 14. Januar 1964 beschloss das Politbüro der SED »... Die politisch-taktische Konzeption für unsere weitere Tätigkeit gegenüber der katholischen Kirche«[164], auf der Grundlage einer Ausarbeitung zur »... gegenwärtigen Situation und [...] politisch-taktischen Konzeption der katholischen Kirchenführung in der DDR«[165]. Grundsätzlich folgte diese Konzeption der sogenannten »Differenzierungspolitik«. Dieses Vorgehen gegenüber der katholischen Kirche in der DDR war ab diesem Zeitpunkt durch einen Politbürobeschluss legitimiert, aber nicht sehr erfolgreich und sollte auch nur eine bedingte Wirkungsmächtigkeit erlangen. DDR-intern besagte diese Art der Auseinandersetzung, dass einzelne Gliederungen und Personen der katholischen Kirche auf dem Gebiet der DDR unterschiedlich zu behandeln waren. Das bedeutete vor allem, dass man – unabhängig von der Kirchenleitung in der DDR – auf Bezirksebene versuchte, mit Bischöfen, leitenden Kirchenvertretern, aber auch immer wieder mit einzelnen Priestern Verhandlungen zu führen. Ziel dieser Politik war, durch direkte Kontaktaufnahme der Mitarbeiter des Staatssekretariats für Kirchenfragen und

---

164 »Anlage 6 zum Protokoll Nr. 2/64 vom 14.1.1964«. In: SAPMO (Berlin). Bestand: Protokolle d. PB SED 1960–1989. Sig.: DY 30 J IV 2/2 917. (Bl. 110–113).
165 »Anlage 7 zum Protokoll Nr. 2/64 vom 14.1.1964«. A. a. O. (Bl. 114–123).

der Beauftragten der Bezirksleitungen der SED, aber auch des MfS, Einfluss auf Entscheidungsfindungsprozesse in den jeweiligen Gliederungen der katholischen Kirche zu bekommen und Einfluss auf Einzelpersonen oder Gruppen zu nehmen. Wenigstens sollte aber die Informationsbeschaffung auf diesem Weg intensiviert werden. Bei diesen Versuchen wurde der Einflussnahme von staatlichen Stellen vorgeschalteten Organisationen, z. B. die Berliner Konferenz katholischer Christen (BK)[166], hohe Bedeutung beigemessen. Dabei waren es vor allem Themen wie allgemeine Friedensfragen und Abrüstungsfragen, zu denen Statements des katholischen Klerus' erreicht werden sollten. Diese sollten propagandistisch als Pro-DDR-Aussage verarbeitet werden. So sollte erreicht werden, dass die Katholiken in der DDR eine positivere Einstellung zum Staatswesen und zur ideologischen Ausprägung der DDR entwickelten.[167] Der Schwerpunkt lag dabei auf der regionalen und personellen Differenzierung.

7.1.2.2 Massiver staatlicher Druck zum Erreichen der institutionellen Verselbstständigung der Kirchen

»Souveränität« war von Beginn der Existenz der DDR an eines der wichtigsten und am häufigsten genutzten politischen Schlagworte. Dabei ging es um mehr als die rein propagandistische Nutzung eines Begriffes. »Souveränität« stellte ein staats- und völkerrechtliches Grundproblem der DDR dar: Die fehlende Möglichkeit, als voll handlungsfähiges Völkerrechtssubjekt[168] auf dem internationalen Tapet zu agieren. Eine Möglichkeit, die für Nationalstaaten im Regelfall existiert.

Im Besonderen aber war es die direkte Auseinandersetzung mit der BRD und deren eindeutige Nichtanerkennungs- und Alleinvertretungspolitik, die die

---

166 Die BK wurde 1964 in Berlin gegründet, initiiert vor allem durch den Publizisten Otto Hartmut Fuchs (*1919; † 1987; 1964–1987 Vorsitzender [Präsident] der BK). Sie hatte die Funktion des Werbeträgers für die offizielle Politik der DDR-Führung unter katholischen Christen und sollte als Kontaktstelle gegenüber kooperationswilligen Gruppen von Katholiken in Ost- und Westeuropa dienen. Sowohl der Vorsitzende als auch dessen engster Mitarbeiter (Hubertus Guske (Chefredakteur des Presseorgans der BK »begegnung« und ab 1987 Generalsekretär der BK) waren in engem Kontakt mit dem Staatssekretariat für Kirchenfragen. Es wurden Reisen nach Rom und in den Vatikan sowie etwaige Aufgaben zur Erfüllung durch die Offiziellen der BK besprochen. Nach den Reisen legten Fuchs und Guske immer Rechenschaft zur jeweiligen Reise ab.
167 Vgl. hierzu am detailliertesten, aber dennoch mit dem Charakter einer grundlegenden Darstellung: Zur Geschichte und Durchsetzung der »Differenzierungspolitik«: Schäfer, B.: »Staat und katholische Kirche in der DDR«. A.a. O. (S. 183–205). Und zur Rolle des MfS, auch mit den wichtigsten MfS-»Vorgängen« und IMs: (S. 205–223).
168 Nicht beachtet worden ist die Einschränkung der Souveränität durch die Ergebnisse des Zweiten Weltkriegs.

Demonstration staatlicher Souveränität seitens der DDR-Führung nachgerade zwingend provozierte.

Die Verselbstständigung der katholischen Kirche auf dem Gebiet der DDR, die durch historische Zusammenhänge gesamtdeutsch organisiert war, stellte dabei ein Ziel von vielen dar. Dieser Umstand galt auch für die evangelischen Kirchen in der DDR und der BRD. Hier ging es jedoch mehr um die institutionelle Struktur der EKD, auf deren gesamtdeutschen Synoden Beschlüsse gefasst wurden, die auch für die evangelische Kirche in der DDR relevant waren.

Die katholische Kirche in Deutschland bot mit der DBK als Dachorganisation aller Bischöfe, die im Vorkriegsdeutschland zum Reichsverbund zählten, ebenfalls eine propagandistische Angriffsfläche. Bedeutsamer aber war die Frage der Jurisdiktionsbezirke und deren Ausdehnung über die Staatsgrenzen der BRD hinaus. So waren die bischöflichen Kommissariate Erfurt, Magdeburg, Schwerin und Meiningen von in der BRD residierenden Bischöfen formal-kirchenrechtlich abhängig[169]. De jure und de facto bedeutete dies, dass aus der Bundesrepublik heraus von Staatsbürgern der BRD eine Jurisdiktionsgewalt auf das Staatsgebiet der DDR ausgeübt wurde. Dieser Konflikt war der zentrale Konfrontationspunkt zwischen den katholischen Würdenträgern und der Staats- und Parteiführung in der DDR, vor allem nach dem Mauerbau.

Im Jahr 1962 wurden in der Dienststelle des Staatssekretärs für Kirchenfragen erstmals systematische und fundierte Überlegungen angestellt, die sich mit der Organisationsstruktur der katholischen Kirche auf dem Staatsgebiet der DDR befassten:

> »... Es ist mit der Souveränität der DDR und den Prinzipien ihrer Regierungspolitik nicht vereinbar [...] dass die in den Kommissariaten zusammengefassten katholischen Gläubigen mit dem dazugehörigen Klerus unter der Jurisdiktionsgewalt und Einflussnahme der westdeutschen Hierarchie stehen.«[170]

Nach einer intensiven Auseinandersetzung mit der Problematik »Kirchen in der DDR«, auch im Politbüro selbst, wurde im Politbürobeschluss vom 25. April 1966 der Angriff auf die kirchliche Einheit in Deutschland forciert, der fortan die Kirchenpolitik mitbestimmen sollte:

> »... Die Tatsache der Existenz von zwei deutschen Staaten soll dadurch ignoriert werden, dass die Einheit der Kirche über Staatsgrenzen hinweg bestehe, dass Landesgrenzen keine Kirchengrenzen seien. Sie sollen das Bonner Alleinvertretungsrecht

---

169 Erfurt war Teil der Diözese Fulda; Magdeburg gehörte zu Paderborn, Schwerin zu Osnabrück und Meiningen war Teil der Diözese Würzburg.
170 »Vorlage des Staatssekretariats zur Zukunft der katholischen Kirche vom 5.2.1962«. Zit. n.: Pilvousek, J.: »Vatikanische Ostpolitik – Die Politik von Staat und Kirche«. A. a. O. (S. 118).

fundamentieren und das Staatsbewusstsein der Bürger christlichen Glaubens in der DDR untergraben.«[171]

Zwar war dieser Beschluss nur auf die evangelischen Kirchen der DDR bezogen, aber selbst bei keiner ausdrücklichen Erwähnung der katholischen Kirche und deren Organisationsstruktur wurde hier eine grundsätzliche Forderung formuliert: Es war für das Politbüro nicht mehr hinnehmbar, dass die Organisationsstruktur der Kirchen auf dem Staatsgebiet nicht den Staatsgrenzen entsprach – ein Umstand, der auch die katholische Kirche in der DDR betraf. Und es kann nicht angenommen werden, dass dies der Führungsriege der SED nicht gegenwärtig war, auch wenn dieser Problemkreis noch nicht auf der Tagesordnung des Politbüros stand.[172] Aber die Beschäftigung mit den Grenzen der Jurisdiktionsbezirke war schon so weit gediehen, dass die interessierte Öffentlichkeit – sowohl katholische Geistliche und auch interessierte Laien in der DDR – über die Zielstellung der DDR-Politik in Bezug auf die Weltkirche unterrichtet werden konnte. In der Ostberliner Zeitschrift »begegnung« wurde im Mai 1966 ein unmissverständlicher Leitartikel veröffentlicht[173], der nur zu offensichtlich mit dem Politbürobeschluss vom 25. April 1966 einherging. Unter der Überschrift »Eine kluge Lösung« wurde zu der virulenten Frage der Jurisdiktionsgrenzen der katholischen Kirche in der DDR Stellung genommen. Anfang 1966 wurde eine Neuzirkumskription zwar schon am Rande eines anderen Artikels ins Feld geführt[174], jedoch war der Artikel des Redakteurskollegiums der »begegnung« im Mai 1966 – zweifelsfrei von den zuständigen Stellen autorisiert – aus zweierlei Hinsicht bedeutsamer:

1. In ihm war die angestrebte Neuzirkumskription der Jurisdiktionsbereiche der katholischen Kirche in der DDR erstmals alleiniges Thema und damit verbunden die Komplexität der sich daraus ergebenden Fragen.
2. Der Kontext war ein anderer als noch vier Monate zuvor: Das Politbüro hatte sich zwischenzeitlich mit der Organisationsform der Kirchen in der DDR befasst.

In dem Artikel kam die Meinung der diesbezüglichen Protagonisten in der DDR-Führung deutlich zum Ausdruck:

---

171 »Anlage 1 zum Protokoll zur Sitzung des Politbüros vom 25.04.1966«. In: SAPMO (Berlin). Bestand: Protokolle d. PB SED 1960–1989. Sig.: DY 30 J IV 2/2 1101. (Bl. 7).
172 Nach dem »Wartburger Gespräch« zwischen dem evangelischen Bischof Mitzenheim und Walter Ulbricht (18.4.1964) hatte die Organisationsstruktur der evangelischen Kirche, auch, da die größere Kirche in der DDR, Priorität.
173 »Eine gute Lösung«. In: »begegnung«. Jhrg. 6. Hft. 5/1966. (S. 1 f.).
174 Gerth, F.: »Die Hirtenaufgabe der Bischöfe nach dem Konzil«. In: »begegnung«. Jhrg. 6. Hft. 1/1966. (S.10–13).

»... Die Maximallösung des Problems könnte darin liegen, dass im Rahmen einer Neuordnung der deutschen Diözesen [...] die künftigen Grenzen der Diözesen so festgelegt werden, dass sie die Grenzen zwischen den beiden deutschen Staaten berücksichtigen.«[175]

Dieser Artikel erreichte auch den Klerus in der BRD und das vatikanische Staatssekretariat[176].

Wenn auch nicht im massenwirksamen Propagandabetrieb platziert, so verfehlte das Statement seine gewollte Wirkung nicht. Die Ordinarien in der DDR waren gezwungen, sich mit diesem Thema auseinanderzusetzen, was damit auch eine Stellungnahme der westdeutschen Ordinarien erzwang. Der Vatikan war schon seit dem Sommer 1965 vorgewarnt: Eine geplante Reise des damaligen Nuntius in Deutschland (Erzbischof Corrado Bafile) nach Ostberlin wurde abgesagt, nachdem der Stellvertreter des Staatssekretärs für Kirchenfragen (Fritz Flint) dem Ordinariat in Ostberlin mitteilte, dass der Nuntius nicht akkreditiert sei und so keine Zuständigkeit für die DDR und Berlin bestehe. Auf Nachfrage des Ordinariats durch Prälat Drews, dass es früher anders gesehen wurde und der Vorgänger Bafiles, Nuntius Muench, sogar nach Erfurt reisen durfte, teilte Flint nur mit »... dass sich die Situation eben geändert hat«[177].

Die Analyse dieser Entwicklungen stellte für Erzbischof Alfred Bengsch eine bedrohliche Situation dar. Die folgenden Ereignisse gaben ihm Recht. Es kam zu einem Verbot für die westdeutschen Ordinarien, ihre Diözesanteile in der DDR zu betreten, was erstmals explizit auch auf Ostberlin ausgeweitet wurde und mit der Einreiseverweigerung für Bischof Bolte (Fulda) am 20. September 1966 vollzogen wurde. Bengsch sah die Auseinandersetzung mit der katholischen Kirche in der DDR immer deutlicher auf der Agenda:

»... Im Zusammenhang mit der Anerkennung der Eigenstaatlichkeit der DDR wurde wiederholt die Frage neuer Diözesangrenzen ins Spiel gebracht. Dabei kam zum Ausdruck, dass man auch Verhandlungen mit vatikanischen Stellen für möglich hält, da solche Verhandlungen mit anderen Ostblockstaaten bereits geführt wurden.«[178]

Etwa vier Monate Jahr später folgte der unmissverständlichen Aufforderung zur grundlegenden Änderung der Organisationsstruktur der evangelischen Kirchen in der DDR deren implizite Ausweitung auf die katholische Kirche. Am 28. Fe-

---

175 »Eine gute Lösung«. In: »begegnung«. Jhrg. 6. Hft. 5/1966. (S. 1).
176 Die »begegnung«-Redaktion sandte die Zeitschrift ungefragt nach Rom in das Staatssekretariat, und wenn sie dort nicht gelesen wurde – wovon nicht auszugehen war –, so informierten westliche Nachrichtenagenturen.
177 »Aktennotiz über Gespräch im Staatssekretariat für Kirchenfragen (11.6.1965)«. In: Diözesanarchiv Berlin (DAB). Bestand: Nachlass Bengsch. Signatur: Staat und Kirche (V/ 5–7-5 1965–1970, 1972, 1977). (unpag.).
178 »Lagebericht des Vorsitzenden der BOK Oktober 1966«. In: DAB. Bestand: NL Bengsch. Signatur: Nuntiatur (V/5–7-1 1961–1979). (unpag.).

bruar 1967 beschloss das Politbüro Konzeptionen und Maßnahmen im Vorgehen auf kirchenpolitischem Gebiet. Nun wurde nicht mehr explizit über nur eine Kirche in der DDR gesprochen, sondern es handelte sich um einen Beschluss, der beide großen Kirchen in der DDR betraf. Dort hieß es in noch nie da gewesener Klarheit:

> »… Die Existenz zweier souveräner Staaten […] bestimmt auch die Stellung der Kirchen. Die Kirchen existieren nicht im luftleeren Raum, sondern unter den jeweiligen konkreten gesellschaftlichen und politischen Verhältnissen.
> Unabhängig von den religiösen Lehren, die die Kirchen vertreten, ist die Kirche als Institution in ihrer Tätigkeit an die in ihrem Staat bestehenden Verhältnisse und geltenden Rechtsnormen gebunden. Damit ist die Auffassung von einer kirchlichen Einheit in Deutschland zu einer Illusion geworden.«[179]

Mit diesem Politbürobeschluss sollte die Angleichung der Kirchengrenzen an die Staatsgrenzen zu einem erfolgreichen Abschluss geführt werden.

Für die evangelische Kirche in der DDR wurde die Herauslösung aus gesamtdeutschen Zusammenhängen am 10. Juni 1969 erreicht, als sich die acht evangelischen Landeskirchen auf dem Staatsgebiet der DDR durch den staatlichen Druck gezwungen sahen, den »Bund evangelischer Kirchen in der DDR« zu gründen.

War das Ziel der vollständigen Verselbstständigung für die evangelische Kirche in der DDR für die DDR-Führung erreicht, so stellte sich das Problem bei der katholischen Kirche in der DDR als nicht so drängend dar, war aber auch weitaus komplizierter gelagert.

Durch die internationale Struktur und Leitung der katholischen Kirche musste der Druck auf die katholische Kirche in der DDR auf andere Art und Weise erfolgen. Die außenpolitische Komponente des Problemfeldes war nicht wegzudiktieren und stand unter einer weitaus intensiveren internationalen Beobachtung, zumal die relevanten Veränderungen der Diözesangrenzen an einem der meistbeachteten Grenzverläufe der Welt stattfinden mussten. Des Weiteren war der Umgang der SED-Führung mit der katholischen Kirche von weniger Konfliktfeldern und einer wesentlich geringeren Öffentlichkeitswirksamkeit begleitet als bei den evangelischen Kirchen.

Die DDR-Führung hatte in den sechziger Jahren faktisch schon für eine deutliche Behinderung der Verwaltung der in der DDR gelegenen Anteile der Diözesen Paderborn, Osnabrück, Fulda und Würzburg gesorgt. Indem die Einreise der Bischöfe unmöglich gemacht wurde, war eine effektive Regierung

---

179 »Konzeptionen und Maßnahmen für die weitere politisch-ideologische Arbeit auf kirchenpolitischem Gebiet; Anlage 4. zum Protokoll zur Sitzung des Politbüros vom 28.02. 1967«. In: SAPMO (Berlin). Bestand: Protokolle d. PB SED 1960–1989. Sig.: DY 30 J IV 2/2 1101. (Bl. 3–12). (Bl. 30).

der Diözese im kirchenrechtlichen Sinne nicht mehr möglich. Mit der klar forcierten Trennung der evangelischen Kirchen der BRD und der DDR wurden die politischen Ziele offenbart. Die Überlegungen zur Verselbstständigung auch der katholischen Kirche war kein neues Konzept, aber es stand nun nach dem Erreichen des Zieles bei den evangelischen Kirchen auf der unmittelbaren Tagesordnung und: »... dass man dabei staatlicherseits den Vatikan verstärkt, wenn auch nicht ausschließlich, in die Überlegungen einbezog, [lag] in der Natur der Sache.«[180]

7.1.3 Der »Döpfner-Erlass« – Die Reaktion der Kirchenleitung in der DDR auf die Kirchenpolitik der SED

Die regionalisierte Herangehensweise bei der »Differenzierungspolitik« war nicht konzeptionell von der SED-Führung so vorgesehen, weil es als die beste Möglichkeit zur Beeinflussung gesehen wurde, sondern die Kirchenleitung auf dem Gebiet der DDR versuchte zentral von Berlin aus, die katholische Kirche gegenüber staatlichen und semistaatlichen Stellen abzuschotten.

Der ehemalige Bischof von Berlin, Konrad Kardinal von Preysing, hatte in einem Erlass vom 20. Dezember 1947[181] direkte Verhandlungen von katholischen Würdenträgern mit staatlichen Stellen verboten. Sein Nachfolger (Julius Kardinal Döpfner) bekräftigte und erweiterte diese Anordnung in dem nach ihm benannten Döpfner-Erlass[182]. Die notwendigen Gespräche sollten ausschließlich über das bischöfliche Ordinariat in Berlin geführt werden. Das bedeutete, dass wenn es zu Verhandlungen mit offiziellen Stellen der DDR kommen musste:
1. immer mindestens zwei kirchliche Vertreter anwesend zu sein hatten,
2. Äußerungen zu aktuellen, ideologischen oder politischen Zeitfragen verboten waren,
3. Verhandlungen mit Parteien und Massenorganisationen nicht vorgesehen waren,
4. lediglich mit Regierungsstellen und -vertretern Verhandlungen verhandelt wurde,
5. über etwaige Gespräche immer in doppelter Ausführung an das Bischöfliche Ordinariat Bericht erstattet werden sollte.

---

180 Pilvousek, J.: »Vatikanische Ostpolitik – Die Politik von Staat und Kirche in der DDR«. A. a. O. (S. 118).
181 Wortlaut in: Höllen, M.: »Loyale Distanz«. Bd. 1. Dok. Nr. 89. (S. 152).
182 Wortlaut in: »Abschrift des Döpfnererlasses vom 26.11.1957«. In: BA. Bestand: Dienststelle des Staatssekretärs für Kirchenfragen (StSek.f.KF.). Sig.: DO4 1305. (Bl. 805–807).

Da der Bischof von Berlin der ranghöchste Bischof auf dem Gebiet der DDR war, hatte diese Verfügung auch für die in der BOK versammelten Mitglieder des Klerus Relevanz. Somit blieben der Dienststelle des Staatssekretärs und der Arbeitsgruppe Kirchenfragen beim ZK der SED die gewünschten »Differenzierungserfolge« kontinuierlich versagt. Das galt auch für die BK, wohl gerade weil deren Repräsentanten eine sehr intensive Kontaktsuche in Richtung Ordinariate in der DDR und Vatikan betrieben. Die BK fiel als semistaatliches Organ[183] ebenso unter die Maßgabe des Döpfner-Erlasses und auch Alfred Bengsch ließ durch seine Mitarbeiter jeden Kontakt mit der BK ablehnen. Anfang 1972 machte der Kardinal gegenüber Otto Hartmut Fuchs in einem bis dahin ungewohnten Umfang seine ablehnende Haltung gegenüber Kontakten mit der BK deutlich, nachdem Fuchs erneut um ein vertrauliches Gespräch mit Bengsch gebeten hatte:

> »… Ein vertrauliches Gespräch ist für Sie nach meinem Eindruck nicht möglich, es sei denn, dass es sich um ein rein seelsorgerliches Gespräch handelt. Aber davon dürfte ja wohl nicht die Rede sein? […] Ich bedaure das deshalb, weil ich sehr ungern ein Gespräch ablehne. Aber offenbar bestehen Vorstellungen von Vertraulichkeit und Meinungsfreiheit einerseits und politischer Aufgabe der Kirche andererseits. […] Ich bitte Sie um Verständnis dafür, dass ich zu dieser Einstellung mich gezwungen sehe, nicht aus Voreingenommenheit gegenüber Ihnen, sondern auf Grund aller Erfahrungen der 10 Jahre meiner Amtszeit.«[184]

Fuchs verfasste noch am Tag des Eingangs von Bengschs Brief bei ihm ein persönliches Schreiben an den Staatssekretär für Kirchenfragen, Hans Seigewasser, das er handschriftlich als »vertraulich« kennzeichnete. Fuchs sah in der unübersehbaren Ablehnung durch Bengsch sogar noch Anknüpfungspunkte für einen etwaigen Dialog und meinte in der erstmaligen Ausführlichkeit eine Änderung in der Haltung des Kardinals zu erkennen:

> »… Bei aller Härte und Unbelehrbarkeit in der Sache fällt doch auf, dass der Ton des Schreibens verhältnismäßig freundlich ist und keine direkten persönlichen Angriffe enthält. [sic!] […] Seine Bemerkung zur Möglichkeit eines ›rein seelsorgerlichen Gesprächs‹ kommt fast einem indirekten Angebot gleich. […] Es ist offenbar auch für Bengsch nicht mehr möglich, die BK und deren Leitung nach der IV. Tagung durch Nichtachtung zu brüskieren. Andererseits enthält der Brief die bekannten Positionen, die kaum modifiziert erscheinen. Einige sind offen oder versteckt politisch aggressiv.«[185]

---

183 Finanziert wurde die BK über die Nationale Front der DDR.
184 »Abschrift eines Schreibens Kardinal Bengschs an Otto Hartmut Fuchs vom 03. 1. 1972«. In: BA. Bestand: Staatssekretär für Kirchenfragen (StSek.f.KF). Sig.: DO4 474. (Bl. 1055 – 1057). (Bl. 1056 f.).
185 »Auswertung des Briefes von Kardinal Bengsch durch Otto Hartmut Fuchs«. (06. 1. 1972). In: BA. Bestand: StSek.f.KF. Sig.: DO4 474. (Bl. 1058 – 1059). (Bl. 1058).

Wenn Fuchs die brüske Ablehnung durch Bengsch, die eher den Charakter einer grundlegenden Darlegung der Sachlage trug, als Erfolg verkaufte, so kommt darin inhaltlich und im Duktus explizit der Legitimationsdruck zum Ausdruck, den die Leitung der BK gegenüber der Kirchenleitung in der DDR, aber auch den staatlichen Stellen gegenüber verspürte.

Die Nichtanerkennung der BK als Gesprächspartner wurde durch die Kurie in Rom von Anfang an klar und deutlich unterstützt. Bereits im Oktober 1966 hatte Bischof Spülbeck von einem Romaufenthalt zu berichten, dass sowohl Kardinal Ottaviani[186] als auch Erzbischof Samorè[187] und, am 17. Oktober 1966, letztendlich Papst Paul VI.[188] die konsequente Verweigerung gegenüber der BK ausdrücklich guthießen. Kardinal Ottaviani bezeichnete eine Teilhabe des katholischen Klerus an der BK sogar als »Verrat und Dolchstoß«[189]. Paul VI. äußerte sich weniger radikal, lobte aber das Verhalten gegenüber der BK ausdrücklich[190].

Das konsequente Unterlassen von öffentlichen Verlautbarungen zur Politik der DDR bedeutete jedoch in keiner Weise eine Duldung oder gar ein stilles Einverständnis mit der offiziellen Politik der Partei- und Staatsführung der DDR. Zwar versuchte die katholische Kirchenleitung die Katholiken in der DDR grundsätzlich zur politischen Abstinenz zu bewegen, in wesentlichen, die katholischen Moral- und Religionsvorstellungen betreffenden Fragen äußerten sich die katholischen Würdenträger in der DDR jedoch durchaus und sehr direkt. So ließ beispielsweise die Kritik an der Kollektivierung der Landwirtschaft[191] und der neuen DDR-Verfassung von 1968[192] nichts an Deutlichkeit vermissen. Bei der Liberalisierung des Schwangerschaftsabbruches in der DDR kam es sogar zu einer öffentlichen Verurteilung der geplanten Freigabe im Rahmen eines am 8./9. Januar 1972 verlesenen Hirtenworts[193].

Die Leitung der katholischen Kirche ließ es, bei aller offiziellen Zurückhaltung, in Gesprächen mit offiziellen Vertretern von Staat und Partei nie an Klarheit fehlen. Zur Illustration kann das nachfolgende Beispiel deutlich Zeugnis ablegen und ist als exemplarische Auswahl aus einer Vielzahl von Äu-

---

186 »Bericht Bischof Spülbecks über eine Audienz bei Kardinal Ottaviani am 13.10.1966 in Rom« (31.10.1966). In: DAB. Bestand: NL Bengsch. Sig.: V/5–7–1 (1961–1979). (unpag.).
187 »Bericht Bischof Spülbecks über eine Audienz bei Erzbischof Samorè am 14.10.1966 in Rom«. (31.10.1966). In: DAB. Bestand: NL Bengsch. Sig.: V/5–7–1 (1961–1979). (unpag.).
188 »Bericht Bischof Spülbecks über eine Audienz bei Paul VI. am 17.10.1966 in Rom«. (31.10. 1966). In: DAB. Bestand: NL Bengsch. Sig.: V/5–7–1 (1961–1979). (unpag.).
189 A. a. O.
190 A. a. O.
191 Siehe als Beispiel: »Die BOK an Grotewohl: ›Überzeugungsgespräche‹, die Verhören gleichkommen«. In: Höllen, M.: »Loyale Distanz«. Bd. 2. Dok. Nr. 422. (S. 213 f.).
192 »Die erste Eingabe der BOK zur neuen Verfassung«. In: Höllen, M.: »Loyale Distanz«. Bd. 3/1. Dok. Nr. 641. (S. 103 ff.).
193 »Das Hirtenwort der Bischöfe zur geplanten Freigabe der Abtreibung«. In: Höllen, M.: »Loyale Distanz«. Bd. 3/1. Dok. Nr. 749. S. 266 f.

ßerungen und Stellungnahmen des Kardinals zu sehen: In der zweiten Hälfte des Jahres 1972 versandte die Arbeitsgruppe Kirchenfragen des ZK der SED im Vorfeld der europäischen Sicherheitskonferenz eine Umfrage an Persönlichkeiten im Umfeld der Kirchen in der DDR. Das Anliegen war die Aufforderung zur Unterstützung der staatlichen Politik gegenüber dieser paneuropäischen Konferenz. Kardinal Bengsch war der Einzige, der eine unmissverständlich kritische Antwort zurücksandte:

>»... Welchen Wert und welche Glaubwürdigkeit kann [...] eine Erklärung zu internationalen Problemen von einer Kirchenleitung haben, die im eigenen Land nicht nur politisch Schweigen muss, sondern ihre eigene Lehre nicht unverkürzt vorlegen darf? [...] Mein Schweigen dürfte daher mehr von Nutzen und der Sache des Friedens dienlicher sein, als eine politische Stellungnahme, deren Wert international in Frage gestellt ist.«[194]

Die Abschottung der katholischen Kirche in der DDR durch die Ordinarien und vor allem durch Alfred Bengsch war eine politische Reaktion auf eine politische Bedrohung. Selbst wenn Bengsch die Auseinandersetzung mit theologischen Argumentationsketten führte, so war er an den entscheidenden Stellen hochpolitisch in seinen Äußerungen. Der 1967 kreierte Kardinal war stellenweise der Einzige, der den offiziellen Gesprächspartnern der DDR so direkt und deutlich Kritik entgegenstellte. Bengsch übte diese Kritik schon sehr früh. So teilte er zu seinem Antrittsbesuch bei Willi Stoph am 2. November 1961 unmissverständlich mit, dass er »... die Erfahrungen der Kirche in der DDR, dass die Christen oft unter Bedrückung und Gewissensbedrängung zu leiden haben«[195] kenne, und führte umgehend eindeutige Beispiele an:
- die religionsfeindlichen Schriften in der DDR
- die Jugendweihe und die Propaganda zur Jugendweihe
- die Sozialisierung der Landwirtschaft
- die Werbung für die Volksarmee.

Er fügte zum letzten Punkt sogar noch hinzu, dass der Ministerpräsident als Militärfachmann eigentlich wissen müsse, »... was eine Armee von erzwungenen Freiwilligen wert wäre.«[196] Zudem sei er der Meinung, dass die Fluchtwelle vor dem 13. August 1961 nicht als Ergebnis westdeutscher Propaganda zu sehen

---

194 Zit. nach: Kunther, K.: »Die Kirchen im KSZE-Prozess«. A. a. O. (S. 57).
195 »Bericht über den Antrittsbesuch des Bischofs von Berlin beim Amtierenden Ministerpräsidenten der DDR, Willi Stoph, am 2.11.1961 (3.11.1961)«. In: DAB. Bestand: NL Bengsch. Signatur: Staat und Kirche (V/5 – 7 – 5 1961 – 1964). (unpag.).
196 A. a. O.

sei, sondern auch als Ergebnis der Bedrückung in der DDR interpretiert werden müsse[197].

Bengsch ließ in dieser Kritik nie nach und weitete sie auf weitere Grundpfeiler der Politik der DDR-Führung aus. Gegenüber dem Stellvertreter des Staatssekretärs für Kirchenfragen sprach Bengsch ausdrücklich seine Verärgerung über die ständige Einforderung einer Stellungnahme zur Friedenspolitik der DDR aus, als er Fritz Flint bei einem Gespräch am 27. März 1963 mitteilte:

> »[…] wenn der Friede so definiert werde, wie es beispielsweise im Pogramm des VI. Parteitages geschehen sei, dass er den Hass gegen andere bedeute, dann könne er keine Erklärung zum Frieden abgeben.«[198]

Er kritisierte in dieser Deutlichkeit lediglich im nichtöffentlichen Raum, also in Gesprächen mit Funktionären, die an ihn herantraten. Dennoch äußerte er seine Kritik immer wieder in unmissverständlicher Weise. Diese Entscheidung hält auch heute noch einer kritischen Bestandaufnahme stand[199], hat er doch auf diesem Weg zwei wesentliche Dinge erreichen können:
1. Er hielt die Überlebenschancen der katholischen Kirche als Dach für die Gläubigen so groß wie möglich. Dass Bengsch als Erzbischof und Kardinal nicht nur Priester und Seelsorger, sondern auch Politiker war, stand außer Frage, aber als Priester musste er, letztlich an den Codex Iuris Canonici gebunden, zuallererst die Seelsorge und die karitativen Werke der Kirche absichern helfen. Er hatte keinen explizit politischen Auftrag, selbst wenn ihm durch das System politisches Handeln aufgezwungen wurde.
2. Das ihm aufgezwungene politische Handeln konnte er durch die weitgehende Abstinenz in der politischen Öffentlichkeit derart kanalisieren, dass die Absicht der Gegenseite, seine Äußerungen und Handlungen zu instrumentalisieren und gegen die Kirche selbst zu richten, erkennbar erschwert wurde. Dass er, selbst bei ihm entgegengehaltenen apostolischen Verlautbarungen zur Friedensproblematik, dieser Linie treu blieb, kann wohl als eine der wichtigsten Leistungen betrachtet werden, denn im Rahmen der Friedenspolitik der DDR-Führung war nie allgemeiner Frieden gemeint, sondern er trug immer exkludierenden Charakter.

Seine (Gesprächs-)Partner in der BRD, Westberlin und Rom informierte er über die Gesamtsituation der katholischen Kirche und welche Auswirkungen Ein-

---

197 A. a. O.
198 »Protokoll über die Besprechung im Staatssekretariat für Kirchenfragen am 27. 03.1963«. In: DAB. Bestand: NL Bengsch. Signatur: V/5-7-5 1961-1964. (unpag.).
199 Eine grundsätzliche Auseinandersetzung mit Bengschs theologischen Argumentationen und innerkirchlichen Maßnahmen wird nicht vorgenommen, außer wenn diese gegenüber dem Staatsapparat relevant waren.

zelereignisse hatten, so gut und so umfassend, wie es die (Kommunikations-)Möglichkeiten in einer Diktatur zuließen. Hervorzuheben ist hierbei, dass es ihm dabei gelang, die grundsätzliche Bedrohung der katholischen Kirche in Ländern mit einer kommunistischen Staatsideologie im Allgemeinen und in der DDR im Speziellen deutlich zu machen, selbst wenn der politische Druck, der auf der Kirche in der DDR lastete, im Vergleich mit anderen Ostblockstaaten wie der ČSSR, Rumänien oder auch Ungarn geringer erschien. Er scheute sich zudem nicht, seinen Partnern in der Weltkirche zu widersprechen:

> »... Expressio ›Ecclesia silentii‹ est relativa, scilicet ad libertatem publicationum aut propagandae in aliis orbis regionibus. Non tamen silent omnino, sed praedicando et docendo agonem spiritualem usque in hunc diem perducit. In quo agone autem aliquando melius adiuvari posset, si Ecclesia in aliis nationibus sileret de Ecclesia silentii.«[200]

7.2 »... Im Sinne einer zielstrebigeren Aufklärungsarbeit« – Die Sonderrolle des Vatikans in der Auseinandersetzung der DDR-Führung mit der katholischen Kirche

Spätestens seit 1964 wurde die kirchenpolitische Stoßrichtung der DDR-Führung offensichtlich. Es wurde von »taktischem Vorgehen« gegenüber der katholischen Kirche gesprochen. Die Erkenntnis im Parteiapparat, dass es nur zu einem langsamen Absterben der Religionen kommen werde, führte zu verschiedenen Zwischenkonzeptionen und -taktiken.

Neu war für den Umgang mit der katholischen Kirche in der DDR die vermehrte Aufmerksamkeit gegenüber päpstlichen Verlautbarungen, was sogar zur positiven Erwähnung der Enzyklika »Pacem in Terris« und einiger Äußerungen Pauls VI. in einem Politbürobeschluss der SED führte[201].

Indem in einem Politbürobeschluss der Papst ausdrücklich zitiert und für die Katholiken in der DDR als maßgebliche Moralinstanz anerkannt wurde, war aber auch die universale Ausgestaltung der katholischen Kirche als Faktum

---

200 »Konzil Eingabe Erzbischof A. Bengsch zum Konzilstext »De cura pro christianis communismo infectis« (Seelsorge für vom Kommunismus angesteckte Christen) vom 4.5. 1962«. Lat. Org. Zit. nach: Höllen, M.: »Loyale Distanz«. Bd. 2. Dok. Nr. 498. S. 326 f. (S. 327). (»... Der Ausdruck ›Kirche des Schweigens‹ ist, in Bezug auf die Freiheit von Publikationen oder die Propaganda in anderen Gegenden des Erdkreises, nur bedingt zutreffend. Die Kirche schweigt aber dennoch keineswegs überhaupt, sondern führt ihren geistigen Kampf durch Predigen und Lehren bis zum heutigen Tag. Es würde in diesem Kampf um ein Beträchtliches besser helfen, wenn die Kirche in anderen Nationen von der Kirche des Schweigens schweigen würde.«) (Übers. nach. Stehle, H.: »Geheimdiplomatie im Vatikan«. S. 391 ff.).
201 »Anlage 6 zum Protokoll Nr. 2/64 vom 14.1.1964«. A. a. O. (Bl. 110).

hingenommen. Ein bis dahin ungewöhnliches Vorgehen für das oberste Entscheidungsgremium der SED. Hatte man sich vorher mit dem Vatikan nur in Konfliktfällen oder als Teil der imperialistischen Staatenwelt befasst, so war nun ein positiverer, freilich vollkommen selektiver Umgang mit dem Vatikan erkennbar.

Die Politik der Päpste Johannes XXIII. und Paul VI. erschien »nützlich« beim taktischen Vorgehen gegenüber der katholischen Kirche und innenpolitisch »verwertbar«:

> »... Katholische Bürger der DDR sollen in geeigneter Form veranlasst werden, zu den Friedenserklärungen beider Päpste Stellung zu nehmen und sich an die Katholiken Westdeutschlands mit der Aufforderung wenden, im Sinne der höchsten Würdenträger der katholischen Kirche, konsequent für eine Politik des Friedens und der Verständigung einzutreten und die Politik der westdeutschen Atomrüstung und die Schaffung multilateraler Streitkräfte der NATO in jeder Form abzulehnen. [...] In diesem Zusammenhang ist auch das Streben klerikaler Kreise zu entlarven, das auf Revision und Verfälschung der Papst-Botschaften und vatikanischen Verlautbarungen für Frieden und Verständigung gerichtet ist.«[202]

Das Politbüro befasste sich fortan zwar regelmäßig im Rahmen aktuell-politischer Ereignisse mit der katholischen Kirche in der DDR, die operative Arbeit allerdings war den drei wesentlichen Protagonisten der Kirchenpolitik überlassen:
1. dem Staatssekretariat für Kirchenfragen
2. der Arbeitsgruppe Kirchenfragen beim ZK der SED
3. der Hauptabteilung XX/4 des Ministeriums für Staatssicherheit.

Ein weiterhin wichtiges Begleitorgan des Politbüros – hinsichtlich der Beziehungen mit der katholischen Kirche in der DDR und damit auch mit der katholischen Weltkirche – war das Ministerium für Auswärtige Angelegenheiten der DDR. Die Verhandlungen mit der Kurie in Rom mussten wegen ihres teilweise diplomatischen Charakters mit dem Außenministerium abgestimmt werden.

7.2.1 Die Theorie in der Auseinandersetzung mit dem Vatikan in der DDR

Mit der Neubesetzung des Bischofsstuhls von Berlin erfolgte erstmals eine intensivere Auseinandersetzung zum Verhältnis DDR – Vatikan im Führungszirkel der DDR. Bei diesen Expertisen aus der Dienststelle des Staatssekretärs für Kirchenfragen handelte es sich um interne Überlegungen, die letztendlich durch

---

202 A. a. O. (Bl. 111 f.).

eine relativ konfliktfreie Neubesetzung obsolet wurden. Inhaltlich wurden die Problemlagen jedoch offen benannt.

Es war dabei sehr auffällig, dass als Ausgangsgrundlage das Reichs- beziehungsweise Preußenkonkordat[203] herangezogen wurde: die »Unbedenklichkeitserklärung der Regierung« zum jeweiligen (Bischofs-)Kandidaten (festgeschrieben im Artikel 6 des Preußenkonkordats und Artikel 14 des Reichskonkordats). In einer Abhandlung zur unmittelbar bevorstehenden Neubesetzung des Berliner Bischofsstuhls wurden beide Konkordate nicht explizit in Frage gestellt.[204] Zwar wurden die genannten Konkordate nie als juristische oder gar völkerrechtliche Grundlage akzeptiert, jedoch waren bei bisherigen und auch bei der aktuellen Bischofsbestellung die Regelungen des Reichskonkordats de facto als praktikable Grundlage genutzt worden. Das galt nur, solange es um rein kirchliche Fragen ging. Für die Abteilung Katholische Kirche im Staatssekretariat für Kirchenfragen stand allerdings auch fest,

> »[...] dass die von der Kirche herangezogene Rechtsgrundlage in keiner Weise der staatlichen Wirklichkeit entspricht, die in Deutschland im Ergebnis des 2. Weltkriegs entstanden ist.«[205]

Als Vorschlag wurde im Anschluss fixiert, dass es notwendig sei

> »[...] mit den in der DDR verantwortlich tätigen Katholiken eine Aussprache über dieses Problem mit dem Ziel einer ›Vereinbarung‹ oder eines ›Vertrages‹ über das Verhältnis Staat-kath. Kirche in der DDR zu führen – kein Schriftwechsel!«[206]

Bis dato war folglich der Umgang mit dem Reichskonkordat noch nicht abschließend geklärt. Erst in der folgenden Auseinandersetzung wurde eine klare Linie zum Reichskonkordat entwickelt, was zu einer grundsätzlichen Ablehnung führte.

In dem Vorschlag zum Umgang mit der Ernennung eines neuen Bischofs für Berlin wurde die grundlegende Linie in der Konfrontation mit der katholischen

---

203 Reichskonkordat: 20. Juli 1933. Preußenkonkordat: 14.06.1929. Das Reichskonkordat, von Pius XI. mit dem frühen »Dritten Reich« abgeschlossen, hatte eine lange Vorlaufzeit und kann daher nicht nur als Arrangement des Vatikans mit Hitlerdeutschland angesehen werden. Die katholische Kirche auf dem Gebiet des ehemaligen Deutschen Reichs erkannte das Konkordat, über das Bestehen des alten Staatsverbandes »Deutsches Reich« hinaus, als gültig an. Für die Bundesrepublik Deutschland stellte das von vornherein keinerlei Problem dar, da sich die BRD als Rechtsnachfolger des Deutschen Reichs betrachtete. Für die DDR-Führung war dies nie relevant, wenngleich die Bundesregierung in Bonn im Rahmen des Alleinvertretungsanspruches dessen Gültigkeit auch für die DDR einforderte.
204 »Neubesetzung des Berliner Bischofsstuhls als Ansatzpunkt einer grundsätzlichen Regelung des Verhältnisses Staat-Kath. Kirche i. d. DDR« (27.7.1961). In: BA. Bestand: StSek.f.KF. Sig.: DO4 1302. (Bl. 77–79). (Bl. 77).
205 A. a. O. (Bl. 78).
206 A. a. O.

Kirche schon mehr als zehn Jahre vor dem Memorandum des Außenministeriums der DDR an den Vatikan vom 4. August 1972[207] angedeutet. Mit der Auseinandersetzung, die diese Neubesetzung den handelnden Personen auf staatlicher Seite aufdrängte, entwickelte sich auch erstmals eine intensive Auseinandersetzung mit der Rechtsstellung der katholischen Kirche in der DDR und zwangsläufig ebenso mit der Stellung des Vatikans in diesem Problemkreis. Die Beschäftigung mit dem Vatikan als relevantem und wichtigem Einflussfaktor der Außen- und Innenpolitik der DDR war eingeläutet und sollte bis zum Ende der DDR, mit wechselnden Ausrichtungen und Kontinuitäten erhalten bleiben.

Kurz vor der dritten Konzilsphase hielt Horst Hartwig als zuständiger Mitarbeiter für das Arbeitsgebiet Katholische Kirche beim Staatssekretär für Kirchenfragen ein Referat[208], höchstwahrscheinlich im Rahmen einer Klausurtagung der maßgeblichen Mitarbeiter des Staatssekretariats für Kirchenfragen[209], als ersten Punkt besprach er:

»[…] Probleme der Politik des Vatikans, des westdeutschen politischen Klerikalismus und des Ablaufes und der Einschätzung des II. Vatikanischen Konzils, die für unsere Arbeit von Bedeutung sind.«[210]

Hartwig hielt es in diesem Zusammenhang für wichtig, darauf hinzuweisen, dass

»[…] bisher noch nicht in einem solchen Rahmen ein ganzer Tag für die Besprechung der Arbeit auf dem Gebiet der katholischen Kirche zur Verfügung stand. Das entspricht aber durchaus der Wichtigkeit der Arbeit auf diesem Gebiet, die bisher teilweise unterschätzt wurde. Die neuen Erscheinungen im Leben der kath. Kirche, etwa in den letzten drei Jahren, sind nun deutlicher hervorgetreten. Sie sind analysiert worden, und es ist notwendig, dass jetzt von unserer Seite aus stärker und systematischer gearbeitet wird, um <u>unsere</u> [Hervor. i. Org.] Politik auf diesem Gebiet durchzusetzen.«[211]

Hartwig argumentierte hierbei ohne Frage aus der Sicht seines Arbeitsbereiches heraus, nur ist unverkennbar, dass sich in dieser Zeit der Analysedrang mit Stoßrichtung auf die katholische Kirche im Inneren des Regierungs- und Par-

---

207 »Schreiben des MfAA der DDR O. Winzer an Erzbischof Casaroli und Memorandum als Anlage«. (04.8.1972). In: ASP. Fond. Cas. Ser.: P.d.est. SoSer.: Germania Orientale (i. Folg.: Germ. O.). (unpag.) (prov.Sig.).
208 »Die weiteren Aufgaben der staatlich-politischen Arbeit auf dem Gebiet der katholischen Kirche« (Manuskript o. Dat.). In: BA. Bestand: Dienststelle des Staatssekretärs für Kirchenfragen. Sig.: DO4 822. (Bl. 1208–1268).
209 In welchem Zusammenhang genau gehalten, ist nicht vollständig rekonstruierbar, allerdings erschließt sich, dass es sich um ein mehrtägiges, internes Treffen mit den Abteilungsleitern und Sachbearbeitern der unterschiedlichen Arbeitsbereiche im SfKF zwischen August und Mitte September 1964 gehandelt haben muss.
210 »Die weiteren Aufgaben der staatlich-politischen Arbeit auf dem Gebiet der katholischen Kirche« A. a. O. (Bl. 1209).
211 A. a. O. (Bl. 1208).

teiapparates nochmals verstärkte und der Vatikan dabei eine zentrale Rolle innehatte.

Bei Protagonisten der alltäglichen Auseinandersetzung mit der katholischen Kirche in der DDR und damit auch mit dem Vatikan hatten schon vor dem Politbürobeschluss vom 14. Januar 1964 einige Expertisen[212] und Informationen über den Vatikan vorgelegen. Nun aber, in der zweiten Hälfte der sechziger Jahre, setzte eine quantitativ deutlich intensivere Auseinandersetzung mit dem Vatikan ein, deren qualitativer Gehalt merklich besser wurde.

Im Jahr 1967 wurde in der HA XX des MfS eine Staatsexamensarbeit aus der Pädagogischen Hochschule in Potsdam mit dem Titel »Das Verhältnis der katholischen Kirche zur modernen Welt. Zu einigen Fragen des katholischen aggiornamento«[213] ausgewertet. Es war nicht die einzige Arbeit, die zur katholischen Kirche in der HA XX und der untergeordneten HA XX/4 ausgewertet wurde, jedoch war diese Erarbeitung auch für die HA XX/4 zu diesem Zeitpunkt eine symptomatische Arbeit. Die Hinwendung zur Analyse der vatikanischen Politik insgesamt, vollzog sich auch im MfS. Zudem ist bei einer derart politischen und speziellen Arbeit davon auszugehen, dass es sich um eine Auftragsarbeit handelte. Die Intention der Arbeit wurde sofort in den ersten Zeilen offenbar:

> »… Ausgehend von der Tatsache, dass bei einem Teil der Bürger die Stellung zu ihrem Staat und damit das Handeln und die politische Aktivität durch religiöses Denken und kirchliche Bindung beeinflusst wird, ist es notwendig, sich aus marxistisch-leninistischer Sicht auch mit den Entwicklungstendenzen der katholischen Kirche in der jüngsten Zeit auseinanderzusetzen.«[214]

Im Rahmen dieser Studie wurden zudem in auffällig hohem Maß westliche Literatur und Presseerzeugnisse herangezogen. Diese intensive Auswertung der »Feindpresse und -literatur« deutet darauf hin, dass an der Abfassung dieser Arbeit ein großes Interesse bestand. Es lag folglich ein Traktat vor, das in die

---

212 So die von Dr. Karl Mollnau verfassten »Gedanken über die Möglichkeit, anlässlich der eventuellen Umbesetzung des Berliner Bischofsstuhls mit dem Vatikan bzw. der katholischen Kirche in juristischen oder anderweitigen Kontakt zu kommen«. In: BA. Bestand: StSek.f.KF. Sig.: DO4 1302. (Bl. 350–353). Mollnau war einer der wichtigsten Rechtswissenschaftler der DDR und Mitarbeiter der Arbeitsgruppe »Politischer Klerikalismus« beim Präsidium der Gesellschaft zur Verbreitung wissenschaftlicher Kenntnisse (ab 1966 URANIA).
213 Ohne Autor: »Das Verhältnis der katholischen Kirche zur modernen Welt. Zu einigen Fragen des katholischen aggiornamento«. In: BStU. Bestand: Hauptabteilung XX. Sig.: HA XX 205. (Bl.1–79). (Wahrscheinlicher Autor war: K. Richaelis. Die Arbeit wurde von Prof. Mohr betreut. (Siehe: »Arbeitsbericht der Arbeitsgemeinschaft ›Mittel- und Osteuropa in der Diplomatie des Vatikans‹ der Sektion Geschichte der DAW für 1967«. In: BA. Bestand: Dienststelle des Staatssekretärs für Kirchenfragen. Sig. DO4 1942. (Bl. 197–200). (Bl. 198).
214 A. a. O. (Bl. 4).

Analysen der Entwicklungen der katholischen Kirche nach dem Zweiten Vatikanischen Konzil und des »Aggiornamentos« durch die HA XX und deren Unterabteilung HA XX/4 einfloss.

Diese Arbeit entstand im Rahmen der Arbeitsgemeinschaft »Mittel- und Osteuropa in der Diplomatie des Vatikan« der Sektion Geschichte der Deutschen Akademie der Wissenschaften (DAW), die der Dienststelle des Staatssekretärs 1967 einen Arbeitsbericht zu den umfangreichen Forschungen vorlegte, die zu diesem Thema aktuell waren[215]. In dieser Arbeitsgemeinschaft entstanden Arbeiten, die in ein Netz von Forschungen eingebunden waren und sich mit der Politik gegenüber der katholischen Kirche befassten (Dienststelle des Staatssekretärs, MfS und AG Kirchenfragen beim ZK). Die Arbeitsgruppe verfasste die Forschungen explizit auch im Auftrag der Dienststellen.

Das wohl bekannteste Forschungsvorhaben aus diesem Netzwerk war das 1972 beendete Forschungsprojekt Eduard Winters[216], »Die Sowjetunion und der Vatikan«. Da dieses Teilprojekt in ein dreibändiges Gesamtwerk[217] eingebunden war, ist davon auszugehen, dass diese Forschungen sowohl im Staatssekretariat für Kirchenfragen als auch in der HA XX/4 des MfS und der AG Kirchenfragen beim ZK der SED bekannt und begleitet waren. So bekam Winter 1967 im Rahmen seiner Forschungen die Möglichkeit zu einer Archivreise nach Rom[218], und er konnte eine zusammengefasste Version seines dreibändigen Werks »Das Papsttum und Russland« im Jahr des Erscheinens in der DDR auch im nichtsozialistischen Ausland veröffentlichen[219]. Auch der an der Pädagogischen Hochschule in Potsdam lehrende Hubertus Mohr war ein wichtiger Vertreter der Forschungen zum Vatikan und zur katholischen Kirche in der DDR. Er war Mitbegründer der Arbeitsgemeinschaft »Mittel- und Osteuropa in der Diplomatie des Vatikans«. Insgesamt waren 1967 im Rahmen der Beschäftigung mit dem Vatikan beziehungsweise mit der katholischen Kirche im Allgemeinen in

---

215 »Arbeitsbericht der Arbeitsgemeinschaft »Mittel- und Osteuropa in der Diplomatie des Vatikans« der Sektion Geschichte der DAW für 1967«. In: BA. Bestand: Dienststelle des Staatssekretärs für Kirchenfragen. Sig. DO4 1942. (Bl. 197–200).
216 Prof. Eduard Winter war einer der führenden und schillerndsten Osteuropawissenschaftler in der DDR. Geboren 1896 in Nordböhmen, gestorben 1982 in Berlin (Ost), war Winter Universitätsrektor in Halle und später Leiter des Instituts für die Geschichte der Völker der Sowjetunion in Berlin. Er reiste zwar als Mitglied der Heydrich-Stiftung schon vor 1945 in den Vatikan, aber der Übergang in eine wissenschaftliche Laufbahn in der DDR gelang ihm relativ unbeschadet. (Vgl. Stehel, H.: »Mauern aus Schweigen«. In: NZZ Folio. Bd. 04. Jahr 1999. [S. 17]).
217 Winter, E.: »Russland und das Papsttum«. Berlin 1960–1972. (Teil 3: Winter, E.: »Die Sowjetunion und der Vatikan«. Berlin. 1972).
218 »Arbeitsbericht der Arbeitsgemeinschaft ›Mittel- und Osteuropa in der Diplomatie des Vatikans‹ der Sektion Geschichte der DAW für 1967«. A. a. O. (Bl. 197).
219 Winter, E.: »Rom und Moskau. Ein halbes Jahrtausend Weltgeschichte in ökumenischer Sicht«. Wien/München/Zürich. 1972.

der Arbeitsgemeinschaft 23 Forschungsvorhaben (Monografien, Promotionen, Habilitationen) in Bearbeitung. Diese waren in zwei Abschnitte untergliedert
1. Die politischen Beziehungen des Vatikans zu Ländern Mittel- und Osteuropas
2. Die Geschichte der Wissenschaft im Kampf gegen reaktionäre Kräfte.[220]

Zu der bereits erwähnten Studie Winters, neben seiner geplanten Autobiografie mit dem Arbeitstitel »... Dialog in mir – Signatur meiner Zeit«[221], kamen noch eine Vielzahl von Forschungsarbeiten hinzu[222]. Verbunden mit der Person Hubertus Mohr kam es auch zu umfangreichen Forschungen an der Pädagogischen Hochschule in Potsdam, der wichtigsten und größten Institution zur Lehrerausbildung in der DDR. Hier wurden allein 1967 unter der Ägide Mohrs vier Staatsexamensarbeiten fertig gestellt, die sich thematisch mit der katholischen Kirche befassten, so z. B. mit dem »Aggiornamento«[223], der »Judenfrage auf dem Zweiten Vatikanischen Konzil«[224], der »Beeinflussung der Jugend durch den politischen Katholizismus in Westdeutschland im Sinne des Antikommunismus und Revanchismus«[225], oder »Die Katholische Mission und der Antikommunismus in der zweiten und dritten Etappe der allgemeinen Krise des Kapitalismus«[226].

Waren diese Arbeiten eher analytisch, so war in den folgenden Jahren, bei thematisch ähnlichen Arbeiten, eine auf der Basis dieser Analysen erfolgende Weiterentwicklung zu Lösungsansätzen im marxistischen Sinne zu erkennen. So z. B. bei einer Arbeit, die sich mit der marxistischen Aufarbeitung des Zweiten Vatikanischen Konzils befasste und in die Auswertung der HA XX des MfS Eingang fand[227]. In der Einleitung hieß es unmissverständlich und daher nicht mehr nur analytisch:

---

220 »Arbeitsbericht der Arbeitsgemeinschaft ›Mittel- und Osteuropa in der Diplomatie des Vatikans‹ der Sektion Geschichte der DAW für 1967«. A. a. O. (Bl. 197 f.).
221 A. a. O. (Bl. 198).
222 Z. B. Langstein, R.: »Die Haltung des Vatikans gegenüber den sozialistischen Staaten Europas nach dem Zweiten Weltkrieg«. Berlin. Humboldt-Universität. Phil. Fak. Diss. 1968; Kleinig, W.: »Katholische Reaktionen auf die marxistisch-leninistische Philosophie als eine Erscheinungsform der Krise des Katholizismus. Ein Beitrag zur Untersuchung der Philosophie der imperialistischen Bourgeoisie in ihrer katholischen Variante«. Potsdam Pädagogische Hochschule. Diss. 1966.
223 »Das Verhältnis der katholischen Kirche zur modernen Welt«. A. a. O. (Es handelte sich um oben zitierte Arbeit, die in der HA XX/4 ausgewertet wurde.)
224 Wahrscheinlicher Autor: V. Haase, unter Leitung von Mohr an der PH Potsdam.
225 Wahrscheinlicher Autor: M. Pabat, von Mohr betreut.
226 Wahrscheinlicher Autor: Schulz (ohne Vornamen). Betreuer: Prof. Mohr.
227 Die Arbeit wurde ohne Titel, nur mit Gliederung und ohne Nennung des Autors in die Ablage des MfS gegeben. Arbeitstitel: »Ausarbeitung zum Zweiten Vatikanischen Konzil«. o. Dat. (aus dem Kontext erschließt sich als Abfassungsjahr 1969). In: BStU. Bestand: Hauptabteilung XX. Sig.: HA XX 206. (Bl. 1–98).

»... Für die Politik der Sozialistischen Einheitspartei Deutschlands und unseres sozialistischen Staates [...]gegenüber der katholischen Kirche und ihren Einrichtungen Institutionen etc., für das kulturell-erzieherische Wirken unter katholischen Priestern und Gläubigen, für die politisch-ideologische Auseinandersetzung mit dem Katholizismus und die Entlarvung des politischen Klerikalismus ist eine marxistische Einschätzung des II. Vatikanischen Konzils von großer Bedeutung. Unter dem Aspekt der Verwertbarkeit im Rahmen dieser praktisch-kirchenpolitischen Aufgabenstellung ist diese Arbeit vorrangig geschrieben worden.«[228]

Im Fokus stand zunehmend auch die Reaktion auf die Versuche des Vatikans einen Dialog mit kommunistischen Regimes auf den unterschiedlichsten Hierarchieebenen zu etablieren. Dieser Dialog wurde von den unterschiedlichen Verfassern zur katholischen Kirche in der DDR eher kritisch eingeschätzt und als neue Form des Antikommunismus gebrandmarkt:

»... Dass sich die ›Dialog-Annäherung‹ dort, wo ihre Konzeption Unterstützung fand, letzten Endes darin äußerte, dass Theologen und Kirchenvertreter mit Konterrevolutionären und antisozialistischen Kräften gemeinsame Sache machten, und die Apologeten des ›Dialogs‹ zu den geistigen Führern von Aktionen gehörten, die sich gegen die Interessen des eigenen Staates wie auch gegen die wohlverstandenen Interessen der Kirchen im Lande richten, wie dies die Ereignisse in der ČSSR beweisen, betrachten wir ein weiteres Mal als Bestätigung unserer Anschauungen über dieses Problem.«[229]

»Dialog« als Mittel der politischen Auseinandersetzung sollte massiv diskreditiert werden, indem es in den Bezugsrahmen des Antikommunismus eingeordnet wurde, und als: »... klerikal-revisionistische Variante«[230] der »imperialistischen Konvergenztheorie« zugeordnet wurde. Das wurde mit den härtesten Angriffen, die im propagandistischen Repertoire verfügbar waren, verdeutlicht, um letztendlich zu dem Schluss zu kommen:

»... Wenn die von uns vertretenen Einschätzungen dieser Zusammenhänge im wesentlichen richtig sind, dann wird die Tendenz des Dialogs in dem Maß zurückgedrängt werden, wie es gelingt, den modernen Revisionismus dorthin zu bringen, wo er hingehört: auf den Müllhaufen der Geschichte. Und dort wird sich auch die Konzeption des Dialogs mit der Konvergenztheorie treffen.«[231]

Als Lösung wurde von den Autoren vorgeschlagen, dass »... der gute und einzig richtige Weg« der sei, mit den »... Massen der Gläubigen im antiimperialistischen Kampf« gemeinsam zu kämpfen.

Diese Herangehensweise offenbarte die Intention in der Auseinandersetzung mit der katholischen Kirche und dem Vatikan sehr deutlich, die nach den pro-

---

228 A. a. O. (Bl. 4).
229 A. a. O. (Bl. 94).
230 A. a. O. (Bl. 93).
231 A. a. O. (Bl. 96).

pagandistischen Ausfällen in den fünfziger Jahren gegenüber der katholischen Kirche in der DDR auf eine neue Grundlage gestellt wurde. Die Konfrontation wurde in den sechziger Jahren verwissenschaftlicht und systematisiert, sodass erstmals ein Gesamtbild erarbeitet wurde, was Ende der sechziger Jahre, eine Lösung des Problems im marxistischen Sinne nach sich ziehen sollte. Das hieß, dass die Aufmerksamkeit nun auch der gegenwärtigen Politik des Vatikans galt und zwar von Seiten aller mit dem Thema beschäftigten Institutionen der DDR-Führung. Diese Herangehensweise wurde durch außenpolitische Großereignisse, wie das Zweite Vaticanum oder verschiedene Enzykliken der Päpste Johannes XXIII. und Paul VI., und durch die sich verändernde Politik der Führung der Weltkirche zusätzlich intensiviert. Sie folgte aber stets einer grundsätzlichen Linie in der Friktion mit der katholischen Kirche im nationalen und internationalen Raum: Die Klassenauseinandersetzung im marxistisch-leninistischen Sinne so zu führen, dass am Ende nur der Sieg des Kommunismus stehen konnte. Hierbei war ein Absterben der Religion unweigerlich impliziert, wenngleich es nicht mehr so vordergründig und kämpferisch vorgetragen wurde. Dazu musste als Nahziel auch eine eigenständige, von Westdeutschland unabhängige Kirche entstehen.

7.2.2 Die Vorbereitung der Kontaktaufnahme der DDR mit dem Vatikan auf »operativer Linie«

Die theoretisch-wissenschaftliche Auseinandersetzung mit dem Vatikan wurde begleitet von einer intensiveren Beobachtung und Informationsgewinnung durch die HA XX/4 des MfS. Ab Mitte der sechziger Jahre setzte auch hier eine Intensivierung der Beobachtung der vatikanischen Aktivitäten ein.

Hatte das Zweite Vatikanische Konzil eine erste Beobachtungswelle in der HA XX/4 eingeleitet, so geriet in der zweiten Hälfte der sechziger Jahre die Vatikanische Ostpolitik immer mehr ins Visier der operativen Arbeit beim MfS. Das hieß die Abschöpfung verschiedener Personen, von denen man einen Informationsgewinn erhoffte, um diese im Idealfall in das politische Tagesgeschäft einfließen lassen zu können. Dabei arbeitete das MfS besonders eng mit dem sowjetischen »Bruderdienst« zusammen, der die HA XX/4 stetig mit Informationen über den und aus dem Vatikan versorgte. Diese Informationen enthielt, neben Berichten zum Konzilsverlauf, Beobachtungen und Bewertungen der allgemeinen Politik des Vatikans und Pauls VI[232]. Grundtenor war die Beurtei-

---

232 »Information über das Material der 2. Tagung des ökumenischen Konzils der katholischen Kirche (8.4.1964)«. In: BStU. Bestand: Hauptabteilung XX/4. Sig.: HA XX/4 232. (Bl .40–55).

lung des Vatikans mit dem Papst an der Spitze als antikommunistisch, aber mit einer erkennbar neuen Taktik gegenüber den sozialistischen Staaten.[233] Die Politik des Vatikans, schon explizit als Vatikanische Ostpolitik bezeichnet, stand im Brennpunkt der Betrachtungen und neben den Sachinformationen wurden in die Beobachtung immer öfter und umfangreicher Auskunftsberichte zu handelnden Personen eingeflochten.

Auffällig war, dass es sich bei der Informationsweitergabe um einen noch sehr überschaubaren Personenkreis handelte. Außerhalb des MfS waren nur Paul Verner und Hermann Matern als Politbüromitglieder, Willi Barth als Leiter der AG Kirchenfragen beim ZK der SED und Hermann Axen, ab 1966 Sekretär des ZK der SED für Internationale Beziehungen (ab 1970 mit dem gleichen Aufgabenbereich im Politbüro), im Verteiler[234]. In Einzelfällen, bei besonderer außenpolitischer Relevanz, wurde Außenminister Otto Winzer in den Verteiler aufgenommen. Mit Verner, Matern, Barth und Axen waren die wesentlichen Personen mit Informationen versorgt, die die Kirchenpolitik bestimmten. Axen wurde hinzugezogen, da der Konflikt mit der katholischen Kirche naturgemäß einen internationalen Aspekt für das Tagesgeschäft mit sich brachte. Matern war einer der mächtigsten Vertreter des Politbüros, aber wohl auch wegen seiner Funktion als Zuständiger für die Blockparteien in den Verteiler aufgenommen. So wurde zudem deutlich, wer im Machtapparat mit derart exklusivem Herrschaftswissen versorgt wurde. An dieser Verteilung kann eine Hierarchisierung der Kompetenzen im Herrschaftsapparat abgelesen werden: Die zuständigen Politbüromitglieder sollten diese Informationen zur weiteren politischen Arbeit und Konzeptionserstellung verwenden können, was freilich auch eine Weiterverteilung der Informationen durch sie selbst beinhaltete. Entscheidend war jedoch, dass bei ihnen die Fäden zusammenliefen und sie danach die wesentlichen Aufgaben verteilen konnten. Die Dienststelle des Staatssekretärs für Kirchenfragen war nicht in den Verteiler aufgenommen.

Der Nexus zwischen führenden Kirchenpolitikern und dem MfS war für die Beziehungen der DDR und des Vatikans von besonderer Bedeutung. Die Protagonisten Verner, Matern, Axen und Barth mit den von ihnen angeleiteten Gruppen bewegten sich bei der konzeptionellen Erarbeitung dieses Problemkreises in einem Bezugsrahmen, in dem die ohnehin schwierige Gegenerforschung durch die Vielschichtigkeit der Beziehungen[235] zusätzlich erschwert war. Hinzu kam der nicht öffentliche Charakter, der Beziehungen mit dem Vatikan

---

233 »Pläne und Maßnahmen des Vatikans zur Verstärkung des Kampfes gegen die kommunistische Weltbewegung«. (27. 7. 1966). In: BStU. Bestand: Hauptabteilung XX/4. Sig.: HA XX/4 232. (Bl 83–87).
234 Nach Durchsicht der Quellen gilt dies zunächst für die Zeit bis etwa 1974.
235 Die wichtigsten seien an dieser Stelle kurz genannt: DDR – BOK/DDR – Vatikan/Vatikan – BOK/BOK – DBK/Vatikan – DBK/Vatikan – BRD.

und der dazugehörigen politischen Beschäftigung mit dem jeweiligen Ereignis. Das hieß, dass in jedem Fall bis 1970 die gesamte politische Beschäftigung mit dem Vatikan im Geheimen erfolgen musste. Das bedeutete aber auch, da sich die HA XX/4 einer politischen Bewertung der von ihr verlangten informellen Zuarbeiten nicht enthielt, dass sie konzeptionellen Einfluss auf die politische Bewertung des Problemkreises und der angestrebten Lösung bekam.

In der ersten Hälfte des Jahres 1970 wurde der Umstand dieser politischen Einflussnahme deutlich, als der Wissensstand im MfS derart hoch und systematisiert war, dass im Mai 1970 eine »konzeptionelle Einschätzung« mit dem Titel: »Die Ostpolitik des Vatikans und die Voraussetzungen zur Verselbständigung der katholischen Kirche in der DDR«[236] verfasst wurde. In ihr ließ die HA XX/4 erkennen, mit welchen politischen Zielsetzungen diese Informationen gesammelt, aufgearbeitet und den maßgeblichen Kirchenpolitikern in der Führungsriege der SED weitergeleitet wurden. Diese »konzeptionelle Einschätzung« war unter Verwertung vieler in den fünf vorhergehenden Jahren verfassten Informationen erstellt worden. Nun wurde diese Zusammenfassung noch um die politische Zielsetzung erweitert, dass es gelte:

»[...] mittels politisch-operativer Maßnahmen über einen langen Planungszeitraum darauf Einfluss zu nehmen, dass der Vatikan die DDR als souveränen sozialistischen Staat anerkennt [...]«[237]

Dieses Grobziel sollte durch mehrere Teilziele erreicht werden:

»... die Regelung der Fragen der Bistumsgrenzen entsprechend den staatlichen Realitäten; die Schaffung einer selbständigen nationalen Bischofskonferenz; die Aufhebung des Zustandes, dass größere Orden und Institutionen von der BRD aus geleitet werden; die Unterstützung der Politik der DDR im internationalen Rahmen.«[238]

Die »operative Bearbeitung« des Vatikans hatte damit im MfS Anfang 1970, mit dem entsprechenden Vorlauf, seinen ersten qualitativen und quantitativen Höhepunkt erreicht. Indem die HA XX/4 erstmals die Ziele der politischen Auseinandersetzung mit dem Vatikan derart deutlich benannte, war die Stoßrichtung der »operativen Arbeit« noch vor etwaigen Beschlussfassungen im Politbüro des ZK der SED abgesteckt.

An dieser Stelle wird die Evidenz des MfS in diesem Politikfeld deutlich, da hier eine Entwicklung zum theoretischen Abschluss gebracht wurde, die in der Folgezeit, unter genau diesen Maßgaben, im politischen Alltagsgeschäft der

---

236 »Die Ostpolitik des Vatikans und die Voraussetzungen zur Verselbständigung der katholischen Kirche in der DDR«. In: BStU. Bestand: Hauptabteilung XX/4. Sig.: HA XX/4 2912. (Bl. 87–96).
237 A. a. O. (Bl. 96).
238 A. a. O. (Bl. 96).

DDR-Führungsriege relevant werden sollte und ab 1969 in eine partielle Öffentlichkeit hineingetragen wurde. Es waren die Politbüromitglieder Hermann Matern und Paul Verner, die nun als erste und wichtigste Politiker, die sich mit dem Thema befassten, zur Kirchenpolitik gegenüber der Führung der katholischen Weltkirche umfassend Stellung nahmen.

7.2.3 Die »Matern-Rede« von 1969 – Kirchenpolitische Grundsteinlegung der »Annäherung« an den Vatikan

Walter Ulbricht hatte 1968 öffentlich etwaige Beziehungen zum Vatikan angedeutet:

> »... Im Übrigen, Genossen und Freunde, wenn der Hl. Stuhl den Wunsch haben sollte, mit der Regierung der DDR Beziehungen herzustellen und Vereinbarungen zu treffen, aber bitte, wir sind jederzeit dazu bereit.«[239]

Diese Bemerkung, die Ulbricht immerhin auf einer Großkundgebung am 15. Februar 1968 getätigt haben soll und mit der er offiziell erstmals überhaupt zu irgendwelchen Beziehungen zum Vatikan Stellung nahm, kann freilich nicht als programmatische Aussage interpretiert werden. Aber diese Erklärung bestätigte alle bis dahin erkennbaren Veränderungen im Umgang und der Sichtweise auf den Vatikan im DDR-Führungszirkel. Es war nur folgerichtig, dass die Umorientierung bezüglich des Vatikans nach außen getragen wurde. Das Zweite Vatikanische Konzil und die erkennbare Stabilisierung und Systematisierung der Vatikanischen Ostpolitik unter Paul VI. sowie die Konsolidierung der Beziehungen zwischen Staat und katholischer Kirche im Inneren gaben hierfür den Ausschlag. Entscheidend war, dass in diesem Fall keine wissenschaftliche Auseinandersetzung oder Statement in Nischenpublikationen erfolgte, sondern aus der Machtelite selbst vorgetragen wurde. Ganz traute die SED-Führung diesem neuen Akzent in der Kirchen- bzw. Außenpolitik wohl selbst nicht, da diese Einlassung Ulbrichts weder im »Neuen Deutschland« noch in der »Neuen Zeit« – in beiden Presseorganen wurde Ulbrichts Rede veröffentlicht – ihren Niederschlag fand[240].

Es war jedoch nur noch eine Frage der Zeit, bis es auch aus der Chefetage der SED bezüglich des Verhältnisses zum Vatikan konkretere und öffentlich geäußerte Vorstellungen gab. Den Anfang machte Hermann Matern am 25. Sep-

---

239 Zit. nach: Höllen, M.: »Loyale Distanz«. Bd. 3/1. Dok. Nr. 645. S. 107. Höllen zitiert einen handschriftlichen Vermerk von Walter Adolph (ab 1961 Generalvikar in Westberlin). Vgl.: »Die Kontakte zwischen Vatikan und DDR«. In: »Herder Korrespondenz«. Jhrg. 27. Hft. 3. 1973. (S. 114–116). (S. 115).
240 Vgl. Höllen: »Loyale Distanz«. Bd. 3/1. S. 107. (Erläuterung zu Dok. Nr. 645).

tember 1969 mit einer programmatischen Rede vor Lehrern, Schülern und Funktionären der Parteischule der CDU. Dort trat erstmals nach dem Mauerbau und den grundlegenden Politbürobeschlüssen zur Linie der SED-Führung zu den Kirchen (Januar 1964, April 1966 und Februar 1967) ein hohes Politbüromitglied öffentlich in Erscheinung[241], um zur politischen Vorgehensweise gegenüber den Kirchen und explizit auch zum Verhältnis zu deren internationalen Institutionen (Vatikan und Weltkirchenrat) Stellung zu nehmen:

> »... Die Haltung des Vatikans zu diesen Fragen [Vietnamkrieg] scheint uns verständlich; denn unter dem Bombenhagel der amerikanischen Aggressoren versinken auch die katholischen Kirchen dieses leidgeprüften Landes in Schutt und Asche, werden auch vietnamesische Bürger katholischen Glaubens gefoltert und ermordet. [...] Papst Paul VI. fühlt sich also für das Schicksal seiner Kirche mehr verantwortlich, als für das Schicksal amerikanischer Stützpunkte in Asien.«[242]

Die bis dahin erfolgte wissenschaftliche Auseinandersetzung und Analysetätigkeit in den Staats- und Parteiorganen wurde zwar beibehalten und intensiviert, aber mit den nun erfolgenden Äußerungen, die teilweise programmatischer Natur waren (im Konnex mit den Äußerungen Paul Verners 1969 und 1971) wurden die Vor- und Analysearbeiten im politischen Handlungsfeld der staatstragenden Partei verankert. Hermann Matern stellte auch den Vatikan in bis dahin ungekanntem Ausmaß in den Bezugsrahmen der politischen Gesamtkonzeption der DDR-Führung. Kurz nach dem Inkrafttreten der neuen Verfassung der DDR und kurz vor dem 20. Jahrestag der DDR-Gründung, zeugte seine Rede von einem stark gestiegenen Legitimationsbedürfnis nach innen und außen. Von den katholischen Bürgern der DDR wurde vermehrt deren Loyalität gegenüber dem DDR-Staat eingefordert und der Vatikan musste als weltpolitische Größe in Betracht gezogen werden. Matern stellte den Vatikan als neu und differenziert zu bewertenden Protagonisten im Rahmen der »... grundlegenden Veränderungen des Kräfteverhältnisses in der Welt zu Gunsten des Sozialismus«[243] dar.

---

241 Die Rede wurde vor hunderten Funktionären der Ost-CDU, die als Multiplikatoren angesehen werden müssen gehalten und zeitnah im Union Verlag veröffentlicht: Matern, H.: »Unser gemeinsamer Weg zur sozialistischen Menschengemeinschaft – 20 Jahre Deutsche Demokratische Republik – Die Entwicklung einer festen Zusammenarbeit von Marxisten u. Christen«. Berlin. 1969.
242 »Lektion von Hermann Matern vor Lehrern, Schülern und Funktionären der Parteischule der CDU am 25.09.1969 in Berlin«. In: SAPMO. Bestand: Nachlass Hermann Matern. Sig.: NY/4076 129. (Bl. 120).
243 A. a. O. (Bl. 118).

1. Die Haltung des Vatikans zu den kriegerischen Auseinandersetzungen und zur (atomaren) Aufrüstung.

Materns Ausführungen zu diesem Punkt folgten zum einen der Anerkennung der vatikanischen Bemühungen um eine friedlichere Entwicklung im globalen Maßstab und waren andererseits von der vermeintlichen Erkenntnis gezeichnet:

»... Neben den Kräften, die willens und in der Lage sind, die Weltsituation realistischer einzuschätzen, wirken sowohl in Rom als auch in Genf nach wie vor jene Kräfte, die die internationalen kirchlichen Gremien zu außenpolitischen Filialen des amerikanischen Imperialismus degradieren möchten. [...] ihre den politischen Realitäten hohnsprechende Konzeption zu Fragen der Oder-Neiße-Friedensgrenze [...] zeigen die klassenmäßige Bedingtheit und Beschränktheit der politischen internationalen Repräsentanten der Kirchen.«[244]

2. Die Äußerungen der Päpste Johannes XXIII. und Paul VI. zur Soziallehre der katholischen Kirche.

Die katholische Soziallehre erfuhr unter Paul VI. eine Neuakzentuierung. Notwendig wurde diese durch den rasanten wirtschaftlichen Fortschritt in den Industrieländern und nicht zuletzt die rasanten Entwicklungen in den Gebieten der ehemaligen europäischen Kolonien in Afrika und Lateinamerika. Folglich wuchsen auch die vielfältigen neuen Problemlagen, denen sich die katholische Kirche zu stellen hatte. Matern nutzte Passagen der Sozialenzyklika Pauls VI. (»Populorum Progressio«), um so kontextentzogene Gemeinsamkeiten der kommunistischen und katholischen Sozialethik herzustellen:

»... Und trotzdem finden wir in seiner neuen Sozialenzyklika einzelne Passagen, denen wir zustimmen können, weil sie die Werktätigen in den imperialistischen und in den um ihre nationale und soziale Befreiung kämpfenden Ländern als Ermunterung dazu auffassen werden, einheitlich und gemeinsam mit Kommunisten und Sozialisten für ihre sozialen Belange und für die Beseitigung der sie knechtenden Ausbeuterordnung einzutreten.«[245]

3. Das Betreiben Johannes XXIII. und dessen Nachfolgers, den Vatikan als Moralinstanz im Weltmaßstab zu positionieren.

Die atmosphärischen Veränderungen, die sich schon unter dem Pontifikat Pius' XII. anbahnten, blieben im kommunistisch dominierten Osteuropa nicht unbemerkt und auch Matern bezog hierzu Stellung:

---

244 A. a. O. (Bl. 121).
245 A. a. O. (Bl. 125).

»... Der Wandel im klerikalen Antikommunismus bedeutet [...] eine Niederlage der Befürworter eines unverhüllten antikommunistischen Kurses im Vatikan und im Weltkirchenrat zugunsten jener Kräfte, die die politische Weltsituation realistischer einschätzen.«[246]

Nach den in vollem Gange befindlichen Verhandlungen des Vatikans mit Ungarn, der ČSSR, Polen, Jugoslawien und der UdSSR wurde erstmals offenbar, dass der Vatikan als Verhandlungspartner der DDR akzeptiert werden würde:

»... Aber [die] vorwiegend innerkirchlichen Probleme [...] sind [keine] gültigen Maßstäbe für die Progressivität oder den Konservatismus in der internationalen Kirchenpolitik. In der Beurteilung der Haltung dieser Institutionen zum gesellschaftlichen Fortschritt gilt einzig und allein ihre Aktivität zu den Grundproblemen der Weltpolitik, zu Frieden oder Atomkrieg, zur Sicherheit in Europa, zur Unterzeichnung des Atomwaffensperrvertrags und zur Zügelung der imperialistischen Kriegstreiber.«[247]

Auch wenn sich diese Rede in einigen Teilen fast wie eine Hymne auf den vermeintlich »neuen Vatikan« lesen ließ, so waren doch deutliche, wenn auch nicht immer ausgesprochene Drohungen an die Adresse des Vatikans sehr pointiert in den Ausführungen Materns enthalten: »... Die ideologische Auseinandersetzung wird dadurch nicht einfacher, sondern komplizierter, nicht entbehrlicher, sondern notwendiger.«[248]

Die Erkenntnis, dass Religion und Kirche nicht einfach handstreichartig von der politischen Agenda zu streichen waren, hatte sich im Machtzirkel der DDR so weit etabliert, dass man diese taktische Nivellierung in der politischen Öffentlichkeit verkünden musste.

Der selektive Ansatz von Matern, die Äußerungen des Papstes in eigene Kontextbezüge einzuordnen, um so eine dialektische Auswertung zu erreichen – das heißt, die Gegnerschaft nicht aufzugeben, sondern einer Neubewertung zu unterziehen, ohne dabei Grundsätze der Kirchenpolitik in Frage zu stellen –, wurde in dieser Rede in exorbitantem Maß deutlich. Matern gelang es, den Willen zur Annäherung zu demonstrieren und in das politische Alltagsgeschäft einzuführen.

Zusammenfassend ist festzuhalten, dass diese Rede der Beginn einer neuen Auseinandersetzung mit dem Vatikan als internationale Größe war, die allerdings außen- und innenpolitisch in die Grundtendenzen der DDR-Politik eingeordnet war. Das Problem »katholische Kirche« und dessen immanente außenpolitische Konnotation wurde immer virulenter. Die getroffenen Aussagen müssen im Kontext des nach dem Mauerbau in der DDR-(Außen-)Politik stark betonten internationalen Legitimierungsstrebens und der allgemeinen Verän-

---

246 A. a. O. (Bl. 128).
247 A. a. O. (Bl. 131).
248 A. a. O. (Bl. 129).

derung der politischen Lage in Europa und der Welt gesehen werden. Außenpolitisch waren, nicht zuletzt durch den Regierungswechsel in Bonn (1966), Veränderungen wahrnehmbar. Die Außenpolitik der großen Koalition von CDU und SPD unter Kiesinger und Brandt war weniger kompromisslos auf die Einhaltung der »Hallsteindoktrin« angelegt und gestattete der DDR-Führung einen etwas größeren Handlungsspielraum im internationalen Rahmen. Da gleichzeitig aus dem Vatikan im Zuge der Vatikanischen Ostpolitik der Versuch einer Entschärfung des Konfliktes mit den Ostblockstaaten wahrnehmbar war, kann es als geradezu zwangsläufig angesehen werden, dass die SED-Führung hiermit ein weiteres Betätigungsfeld ausmachte, das eigenen Interessen dienlich erschien und dessen Nutzen man sich nicht entgehen lassen wollte.

Zudem ist festzuhalten, dass, selbst wenn die DDR als Staat am Rande ihres zwanzigjährigen Bestehens relativ gefestigt erschien, innenpolitisch immer ein klares Absicherungsstreben in der Staats- und Parteiführung zu erkennen war. Die katholische Kirche galt geradezu als »geborene Opposition« der durch die SED angestrebten Durchherrschung der Gesellschaft. Die »Differenzierungspolitik« als Strategie in der Friktion mit der katholischen Kirche wurde daher weitergeführt und ausgebaut.

Materns »Neunundsechziger Rede« muss demnach auch als kirchenpolitisches Programm der SED-Führung für die nächsten Schritte in Bezug auf Vatikan und katholische Kirche in der DDR gelesen werden.

> »... Wieweit dabei [Matern-Rede] auch der Wunsch eine Rolle spielte, im Vatikan einen guten Eindruck zu machen, um eines Tages eher kirchenpolitische Konzessionen erwirken zu können, sei dahingestellt.«[249]

7.2.4 »Frieden als Waffe« – Paul Verner zur Kirchenpolitik der DDR

Paul Verner war einer der wichtigsten Kirchenpolitiker in der DDR. Er war von 1963–1984 Mitglied des Politbüros, unter anderem für die Kirchenpolitik zuständig. Mithin waren seine Äußerungen in den späten sechziger bis in die Mitte der achtziger Jahre von besonderer Relevanz für die Kirchenpolitik der DDR. Er steckte mit seinen Verlautbarungen den politischen Rahmen ab, in dem sich die Protagonisten der DDR-Kirchenpolitik zu bewegen hatten. Den wesentlichen politischen Grundvorgaben der SED-Führung unter der Maßgabe der »Entwicklung der sozialistischen Menschengemeinschaft« und den wichtigen Politbürobeschlüssen zur Kirchenpolitik folgend, entwarf Verner ein internes Kampfszenario gegen die katholische Kirche, was in den Mitteln differierte, aber

---

249 »Kirchenpolitische Vorstellungen in der DDR«. In: »Herder-Korrespondenz«. Jhrg. 24. Hft. 4. 1970. (S. 150–152). (S. 152).

dem Ziel folgte: Religion als gesellschaftliches Phänomen obsolet werden zu lassen. Die Anerkennung des Vatikans als Gesprächspartner war taktischer Natur und dem Erreichen dieses Ziels untergeordnet.

Bei der Betrachtung der Referate und Reden, die Paul Verner zur Kirchenpolitik hielt, fällt ein Referat als Erstes ins Auge und kann als ein wesentliches Statement zur Auseinandersetzung mit dem Vatikan und der katholischen Kirche im Allgemeinen angesehen werden. Diese »Lektion« bündelte die bisherigen wissenschaftlichen Analysen und semiöffentlichen Auseinandersetzungen in der »begegnung«, hob sie auf eine grundsätzlich ideologische Ebene und erweiterte sie um die tagespolitische Implementierung. Er referierte auf einer Schulung, gerichtet an eine der wichtigsten Adressatengruppen für die Kirchenpolitik der SED: Funktionäre, die im Partei- und Staatsapparat für Kirchenfragen zuständig waren. Dieses Referat konnte Verner wesentlich freier und pointierter gestalten, als Matern dies in seiner teilweise zur Veröffentlichung vorgesehenen Rede ein halbes Jahr später tun konnte. Er war mithin in der Lage, Kirchenpolitik der SED ohne Umschweife denen nahe zu bringen, die in der praktischen Auseinandersetzung mit den Kirchen standen[250].

Auch Verner stellte die Kirchenpolitik in den Kontext der »Entwicklung der sozialistischen Menschengemeinschaft« und umriss zu Beginn die Rolle der Kirchenpolitik grundsätzlich:

> »... Grundlage für diese Gemeinschaft ist nicht das Verkleistern der Weltanschauungen, sondern vielmehr die Verbreitung unserer Weltanschauung in allen Schichten der Bevölkerung. Damit ich richtig verstanden werde: Das heißt nicht, dass sich die für Kirchenfragen verantwortlichen Genossen mit den Pastoren darüber streiten, ob es einen Gott gibt oder nicht. [...] Ihre Tätigkeit ist darauf gerichtet, den Einfluss religiöser Vorstellungen und kirchlicher Bindungen von Teilen unserer Bevölkerung, besonders der Arbeiterklasse und der Jugend, systematisch einzuschränken.«[251]

Verner machte weiterhin die Bedeutung der Friedenspolitik in dieser Auseinandersetzung klar. In fast zynischer Art und Weise stellt er eine Dialektik heraus, die zwar die kirchlich gebundenen und religiösen Menschen und Amtsträger als Objekte der Friedenspolitik anerkannte, aber deren Organisationen und Glaubensgrundsätze dem forcierten Verschwinden anheimstellte:

> »... Die Gewinnung der kirchlich gebundenen Kreise, einschließlich ihrer Amtsträger für die Friedenspolitik unserer Regierung und ihre Einbeziehung in die Gestaltung der sozialistischen Gesellschaftsordnung und Menschengemeinschaft einerseits und die Einengung der Wirksamkeit kirchlicher Institutionen, des Einflusses der Kirchen und

---

250 »Referat auf dem Lehrgang zur Qualifizierung der für Kirchenfragen verantwortlichen Genossen des Partei- und Staatsapparates am 7. April in Brandenburg«. Vgl.: Höllen, M.: »Loyale Distanz«. Bd. 3/1. Dok. Nr. 689. (S. 168–171).
251 A. a. O. (S. 168).

Religionsgemeinschaften andererseits, das ist kein Widerspruch, das sind zwei Seiten ein und derselben Aufgabenstellung. Wir wissen alle, dass das komplizierte Aufgaben sind, die wir noch nicht immer richtig in den Griff bekommen, aber es sind die Probleme und Aufgaben, mit denen wir uns in Zukunft noch stärker beschäftigen müssen.«[252]

An dieser Stelle wurde die einseitige Ausrichtung der DDR-Propaganda auf »Frieden« deutlich, ließ die vollkommen verzerrte und nachgerade teleologische Wahrnehmung und Auswertung apostolischer Verlautbarungen erkennen und reihte sie sogar in die propagandistische Bekämpfung der Religionen und Kirchen ein.

Verner sprach vor dem Plenum der mehreren hundert Funktionäre so offenherzig, sogar mit einem leichten Anflug selbstkritischer Reflexion, wie selten ein Parteifunktionär in den sechziger Jahren. Trotz der veränderten Auseinandersetzung mit den Kirchen, die nach der offen feindlichen und kämpferischen Propaganda der fünfziger Jahre nun analytischer und weniger aggressiv ausgerichtet war, stellte Verner unmissverständlich dar, welches die Ziele der Konfrontation mit den Kirchen blieben und ein wesentliches Propagandaelement im Kampf um die »entwickelte sozialistische Menschengemeinschaft« hielt auch in die Kirchenpolitik Einzug: Der mit »Friedenspolitik« umschriebene und in der internationalen Auseinandersetzung im Rahmen der »Friedlichen Koexistenz« erprobte Kampf um die ideologische Vorherrschaft im internationalen politischen Raum. Auf dieser Grundlage erläuterte Verner anschließend die Ablehnung des angebotenen Dialogs »Zwischen Christen und Marxisten«. Indem er diesen Dialog mit Schlagwörtern wie »ideologische Diversion« oder »Import imperialistischer Ideologien«[253] diffamierte, griff er auf Propagandabegriffe zurück, die größte Gefahr für den Kommunismus suggerieren sollten. Das stellte einen frontalen Angriff auf die vatikanische, nachkonziliare Dialogbereitschaft mit Marxisten dar und zwar mit aller Wucht kommunistischer Propaganda. Dialog erschien ihm überflüssig:

»Es führt doch zu nichts, abstrakte Debatten zu führen, ob das marxistische oder das christliche Weltbild, ob die marxistische oder christliche Ethik vollkommen und besser sei. Darüber hat die Entwicklung bei uns und in der Welt entschieden.«[254]

Beispielhaft wurde das Wirken des Sekretariats für die Nichtglaubenden und der Paulusgesellschaft in einen direkten Zusammenhang mit den Ereignissen in der ČSSR 1968 gestellt – wieder ein propagandistischer Angriff mit größtmöglicher Schlagkraft, da die Ereignisse in der ČSSR im Rahmen des Prager Frühlings in

---
252 A. a. O. (S. 168 f.).
253 A. a. O.
254 a. a. O. (S.169 f.).

der öffentlichen DDR-Lesart als Konterrevolution gedeutet wurden. Letztlich wurde die Dialogeröffnung der katholischen Kirche als unterstützende Maßnahme zur Konterrevolution umgedeutet und Verner schwor die Funktionäre geradezu auf die Ablehnung des Dialogs ein.

Durch die namentliche Bezugnahme auf katholische Organisationen muss die Rede Verners aber auch als eine programmatische Stellungnahme zur Vatikanischen Ostpolitik gelesen werden. Die direkte Auseinandersetzung mit der vatikanischen Politik war für den Großteil der anwesenden Funktionäre, von hohen Partei- und Staatsfunktionären abgesehen, eher zweitrangig, aber deren Auswirkungen auf die katholische Kirche und deren Wirken in die Gesellschaft sorgte für Verunsicherung im Umgang mit diesem neuen Phänomen unter den »Praktikern« der Kirchenpolitik. Dieser offenbar fehlenden Orientierung trat Verner unmissverständlich entgegen. Er verdeutlichte die offizielle Linie im Umgang mit dem Vatikan. Dem geschulten Zuhörer konnte während der Lektion nicht entgehen, dass die Dialogbereitschaft nach dem II. Vaticanum als gefährlich angesehen wurde, selbst wenn eine Auseinandersetzung mit ihr nicht vollständig zu umgehen war. Diese explizite Ablehnung stellte einen zentralen Punkt in den Ausführungen dar, um so eine zwangsläufige Infragestellung der bisherigen Politik im Umgang mit Religion und Kirchen zu entgehen. Diesbezüglich sollte keiner der Zuhörer den Tagungsort mit Unsicherheit oder gar Zweifeln verlassen:

> »… Wir können jedoch nicht übersehen, dass einige Intellektuelle in manchen kommunistischen Parteien diese Vorgänge unmarxistisch deuten und sich dazu versteigen, sie gewissermaßen als eine Art Fortschrittsideologie zu charakterisieren. […] und die Protestfunktion hervorheben. […] Bei der Marxschen Definition handelt es sich um eine einheitliche Definition und wir halten es für falsch, die eine oder andere Seite dieser Definition zu verselbstständigen, weil das zu falschen Schlussfolgerungen führt.«[255]

Von Bedeutung erscheint in diesem Zusammenhang zudem, dass mit dieser Rede Verners die Ebene der Diskussion verändert und eine neue Qualität der Öffentlichkeit und Verbindlichkeit erreicht wurde. Die getätigten Aussagen waren nicht nur eine Zusammenfassung und gewissermaßen eine Auswertung der im wissenschaftlichen Raum erarbeiteten Einschätzungen. Vielmehr waren sie deren Einführung in das politische Tagesgeschäft und damit ihre Kanonisierung und somit Anwendbarkeit in der Auseinandersetzung mit dem »Gegner«. Dass dies als Erstes unter den Genossen im internen Kreis erfolgte, war dem grundsätzlichen Verständnis der SED als Speerspitze des Klassenkampfes geschuldet. Mit der ein knappes halbes Jahr später gehaltenen Rede Materns vor

---

255 a. a. O. (S. 170).

CDU-Kadern vollzog die SED-Führung nur noch den Schritt, die Grundzüge der Auseinandersetzung in den Beziehungen zum Vatikan in eine weitere, wenn auch politisch randständige, Öffentlichkeit zu tragen.

Auch vor einer 1971 von Verner gehaltenen Rede auf einer Tagung der Ost-CDU, hielt er zunächst partei- und führungsintern ein kirchenpolitisches Referat[256] vor Funktionären der SED. Diese neuerliche Schulung orientierte sich vor allem an den veränderten außenpolitischen Bedingungen für die DDR. Der »Moskauer Vertrag« war unterzeichnet worden und der »Warschauer Vertrag« bekam immer deutlichere Konturen. Diese neue Situation stellte für die Partei- und Staatsführung in der DDR einen generellen politischen Stimulus dar. Die DDR war in die Entstehung dieser Vertragswerke nicht einbezogen und hatte von Seiten der sowjetischen Regierung erst sehr spät und auch nur wenige Informationen erhalten, wollte aber unverzüglich auf diese Herausforderung reagieren, um Verunsicherung und Fehlinterpretation des Vertragswerkes im Inneren der SED zu vermeiden.

Diese neue und akute Situation auf die Kirchenpolitik in der DDR zu übertragen war die Herausforderung, die Paul Verner mit diesem Referat anging:

»… In der DDR hat es in der Politik gegenüber den Kirchen weder eine sogenannte weiche noch eine harte Linie gegeben, sondern nur eine auf dem Marxismus-Leninismus beruhende, von der Partei- und Staatsführung ausgearbeitete wissenschaftliche Konzeption in Kirchenfragen.«[257]

Die darauf folgenden Tiraden gegen die Sozialdemokratie zeugten davon, dass es mit der deutlich beschleunigten Ostpolitik der sozial-liberalen Regierung in Bonn einen neuen Gegner gab, der nicht einfach nur mit dem Verweis auf die »Ultras in Bonn« deklassiert werden konnte. Die Bemühungen der neuen Bonner Regierung um einen innerdeutschen und europäischen Dialog, wurde mit dem Verweis auf die »Sozialdemokratisierung« und Aufgabe marxistischer Herangehensweise, als Klimax dargestellt, an deren Ende für die DDR nur Entwicklungen wie in der ČSSR 1968 stehen könnten. Die anwesenden Funktionäre sollten so für die Gefahren der Dialogbereitschaft sensibilisiert werden. Unmissverständlich machte Verner klar, dass die Politik der DDR-Führung kein Zugehen auf die westlichen Staaten und im Besonderen die BRD bedeutete, sondern eine flexible Reaktion auf die neuen Umstände in der internationalen Politik darstellte. Für den Umgang mit den Kirchen in der DDR bedeutete dies, dass die offenere – selbstverständlich nicht nur uneigennützige – Dialogbe-

---

256 »Referat Paul Verners zum Lehrgang vor Mitarbeitern für Kirchenfragen aus dem Partei- und Staatsapparat (30.10.1970)«. Vgl.: Höllen, M.: »Loyale Distanz«. Bd. 3/1. Dok. Nr. 731. (S. 241–247).
257 A.a.O. (S. 241).

reitschaft kirchlicher Leitungsgremien als unehrlich denunziert wurde und es mithin zu keinerlei Aufweichung der politischen Linie kommen durfte.

Wenn Verner sich die Umsetzung der »neuen Realitäten in Europa und der Welt« in der Tagespolitik auf dem Gebiet der Kirchenfragen vorgenommen hatte, so war die Hauptforderung an die katholische Kirche dabei die kompromisslose Abkopplung aus gesamtdeutschen Organisationsverbund, d. h. die endgültige Herauslösung der Ordinarien auf dem Gebiet der DDR aus der Deutschen Bischofskonferenz und die Anpassung der Grenzen der kirchlichen Jurisdiktionsbezirke an die Staatsgrenzen der DDR. Mit diesem Referat wurde die Forderung nach Verselbstständigung der katholischen Kirche auf dem Staatsgebiet der DDR unmissverständlich auf die politische Agenda gesetzt. In der Dienststelle des Staatssekretärs für Kirchenfragen, der AG Kirchenfragen des ZK und der HA XX/4 des MfS[258] war diese Forderung seit geraumer Zeit virulent. Jedoch wurde die Forderung nach der Verselbstständigung der katholischen Kirche in der DDR noch nie so explizit und konkret in den erweiterten Machtapparat der SED hineingetragen wie in diesem Referat. Verner bündelte, nun für alle Ebenen in der SED einheitlich, die bisherigen Erkenntnisse und politischen Ansätze zu einer Forderung:

> »... Das Hinauszögern der vollen kirchenorganisatorischen und kirchenrechtlichen Verselbstständigung der betreffenden Diözesangebiete entsprechend den Staatsgrenzen, wie auch das Festhalten des Vatikans am Konkordat mit Hitler als gültiger Rechtsgrundlage stößt in zunehmendem Maße auf das Unverständnis der Katholiken in der DDR und anderer sozialistischer Staaten. Nicht wenige friedliebende und verantwortungsbewusste Katholiken werten diese Haltung des Vatikans als Unterstützung der Rechtskräfte in der Bundesrepublik und deren unrealistischer Politik, durch die Fortschritte auf dem Wege zur europäischen Sicherheit torpediert werden.«[259]

Er schloss eine Ansicht an, deren Aussage für die Kirchen- und Religionspolitik der SED-Führung fortan im Wesentlichen bestimmend blieb:

> »... [Wir (d. Verf.)] verschließen aber nicht die Augen vor der realen Lage, dass es auch unter den Bedingungen der sozialistischen Gesellschaft noch religiösen Glauben und Institutionen auf lange Zeit gibt und dass die Kirche noch ein bestimmter gesellschaftlicher Faktor ist. Es ist weder unsere Sache, um die Zukunft der Kirche besorgt zu sein, noch ist es unsere Art, bei der Diskussion um die Stellung der Kirche im gesellschaftlichen System des Sozialismus zu schweigen. Hier geht es um ganz konkrete organisatorische und institutionelle Veränderungen, um Orientierungen, die christli-

---

258 Die im Mai 1970 verfasste und von Verner eindeutig wahrgenommene »konzeptionelle Einschätzung« aus der HA XX/4 (»Die Ostpolitik des Vatikans und die Voraussetzungen zur Verselbstständigung der katholischen Kirche in der DDR« (a. a. O.) verdeutlichte, wie weit die Überlegungen an einzelnen Stellen des Partei- und Staatsapparates gediehen waren.
259 A .a. O. (S. 242).

chen Bürgern der DDR hinsichtlich ihres Verhaltens und ihrer Mitarbeit im gesellschaftlichen Leben gegeben werden.«[260]

Verner löste sich mit dieser Aussage nicht grundsätzlich von der bisherigen Forderung an die Kirchenpolitik in der DDR, dass Religion und Kirche in der sozialistischen Gemeinschaft keinen Platz habe und verdrängt werden müssten. Er gestand den Kirchen lediglich ein Existenzrecht auf längere Zeit zu. Gleichzeitig machte er klar, dass, wenn die Kirche schon als gesellschaftlicher Faktor anerkannt wurde, dies nur möglich war, wenn die Kirchen sich zur Mitarbeit in der Gesellschaft verpflichteten.

Das wichtige Ziel Verners in dieser Lektion war somit erkennbar, vor allem die anwesenden Funktionäre an ihre Wirkungsstätten im Staats- und Parteiapparat mit der Anweisung zu entlassen, ihr Wirken daraufhin aus zu richten, dass aus »der katholischen Kirche *in* der DDR« die »katholische Kirche *der* DDR« wurde.

Die Jahre zwischen 1969 und 1972 waren für die kirchenpolitische Neujustierung der SED entscheidend, im Besonderen im Umgang mit der global aufgestellten katholischen Kirche in der DDR.

Paul Verner hielt am 8. Februar in Berlin eine weitere Rede auf der Tagung »Christen und Marxisten gemeinsam für Frieden und Sozialismus – 10 Jahre 9. Februar«[261]. Sie trug den Titel »Schöpferische Mitarbeit zur Stärkung der DDR und Festigung der sozialistischen Menschengemeinschaft – unser Beitrag im Ringen um Frieden und europäische Sicherheit«[262] und kann als ein vorläufiger Endpunkt der kirchenpolitischen Entwicklungen in der SED-Führung gelesen werden, soweit sie den außenpolitischen (katholischen) Kontext betrafen.

Diese Tagung – in enger Absprache mit der AG Kirchenfragen des ZK der SED vorbereitet – sollte grundsätzlichen Charakter tragen und unter anderem zwei wesentliche Punkte herausarbeiten:

»… Die Übereinstimmung zwischen den humanistischen Zielen des Sozialismus und den gesellschaftlichen Grundforderungen, die sich für den Christen aus dem Evangelium ergeben und die er in der DDR erstmalig im Einvernehmen mit den Interessen der gesamten Gesellschaft verwirklichen kann.«

---

260 A. a. O.
261 Am 9. Februar 1961 trafen mehrere evangelische Theologen unter Leitung des Leipziger Theologieprofessors Emil Fuchs mit Walter Ulbricht in dessen Amtssitz in Berlin zusammen. Der Ost-CDU galt dieses Datum als Wendepunkt in der Zusammenarbeit von Marxisten und Christen in der DDR.
262 »Beschlussvorschlag der Abt. Kirchenfragen für das Sekretariat des Präsidiums des Hauptvorstandes der CDU vom 10.11.1970«. In: Archiv für Christlich-Demokratische Politik (ACDP) (Sankt Augustin). Bestand: Ost-CDU. Sig.: VII–013–3253. (unpag.).

Zudem sollte Sorge getragen werden:

> »... für die entschiedene Zurückweisung und Auseinandersetzung mit imperialistischen und revisionistischen Theorien in Kirche und Theologie (Sozialdemokratismus, Konvergenztheorie, Linksradikalismus).«[263]

Die Rede bot wenig Neues. Das Wesentliche war bereits in den erheblich offener und aggressiver vorgetragenen Lektionen 1969 und 1970 gesagt, aber dieses Referat war in seiner Art die bis dahin öffentlichste Stellungnahme zur Implementierung der weltpolitischen und innenpolitischen Turbulenzen und Veränderungen der späten sechziger und frühen siebziger Jahre in die Kirchenpolitik. Zudem wurde in diesem Zusammenhang der Vatikan letztendlich als Verhandlungspartner, wenn auch nur zwangsläufig, akzeptiert.

Der Schlusspunkt einer internen Diskussion im inneren Machtzirkel der SED war erreicht und stellte gleichzeitig auch einen Anfangspunkt dar: Den Beginn einer neuartigen, auch für die SED-Führung unbekannten Herausforderung im angestrebten direkten Kontakt mit dem Vatikan und dem Papst als dem Oberhaupt der katholischen Kirche.

7.2.5 »... Die materialistische Weltanschauung und die materialistische Methode sind die einzig wirksamen.« Theorie vor der Praxis – Eine Zusammenfassung

Professor Olof Klohr wurde 1963 auf den DDR-weit einmaligen Lehrstuhl für »wissenschaftlichen Atheismus« an die Universität in Jena berufen. Kurz nach seiner Berufung von der sowjetischen Zeitschrift »Naukia i Religija« im Interview nach den »... Hauptaufgaben, die die Atheisten in der Deutschen Demokratischen Republik sich stellen«[264] befragt, antwortete Klohr, seinen inhaltlich-methodischen Ansatz für die bevorstehende Jenaer Zeit umreißend:

> »... Die Hauptsache, das ist die Vereinigung aller Bürger – sowohl der Gläubigen als der Ungläubigen – zur Lösung der politischen und ökumenischen Aufgaben, die unserem Lande bevorstehen. Danach die konsequente Kritik des politischen Klerikalismus, was uns die Möglichkeit gibt, die Gläubigen vom Einfluss der aus- wie auch inländischen reaktionären kirchlichen Kreise zu isolieren.

---

263 A. a. O.
264 Interview mit Olof Klohr in: »Naukia i Religija«. 12. (1963). (S. 41 ff.). Zit. nach: Evangelische Zentralstelle für Weltanschauungsfragen [Hrsg].: »Marxistischer Atheismus und Christentum. Auf dem Weg zum Dialog? Materialien. EZW – Information Nr. 14«. Stuttgart. 1965. (pdf-Datei: www.ekd.de/download/EZWINF14.pdf). (S. 18). (Letzter Zugriff: 29.10.2010).

Vor allem die Erklärung der objektiven Gesetze der gesellschaftlichen Entwicklung, die die Gesetzmäßigkeit der Stärkung und des völligen Sieges des Sozialismus beweisen. [...]
Der zweite Fragenkreis sind die atheistischen Schlussfolgerungen aus den Errungenschaften der zeitgenössischen Wissenschaft.«[265]

Klohr war in die ab 1963 an den Universitäten der DDR als »Jenaer Modell«[266] bekannt gewordene versuchte Reform der »... Lehr- und Forschungstätigkeit im Rahmen der neuen Anforderungen des gesellschaftlichen Lebens in der DDR«[267] eingebunden. Er war gleichzeitig (1963–1964) Prorektor für »Marxismus-Leninismus« an der FSU Jena. Ziel des »Jenaer Modells« war eine neue Struktur der »Marxismus-Leninismus-Ausbildung« an der Hochschule. Nach anfänglichem »Originalitätsbonus«[268] bei den Studenten verebbte dieses Modell zusammen mit dem Lehrstuhl für »wissenschaftlichen Atheismus« im Sande[269].

Professor Klohr war in dieser Zeit und im Weiteren ein wichtiger Protagonist der wissenschaftlichen Auseinandersetzung mit Religion im Allgemeinen. Er war neben Eduard Winter und Hubertus Mohr einer der wichtigen Wissenschaftler, die atheistische Forschungsvorhaben bearbeiteten und denen diese Forschungen in den sechziger und siebziger Jahren erlaubt waren. Dem »DDR-Handbuch«, herausgegeben vom Bundesministerium des Inneren[270], ist bei heutigem Forschungsstand zu widersprechen, wenn dort, unter Zuhilfenahme der damals bekannten Materialien, festgehalten wurde: »... Der wiederum unter der Führung von Klohr betriebene wissenschaftliche Atheismus wirkt sich jedoch nicht kirchenpolitisch und nicht in der öffentlichen Propaganda aus.«[271] Die maßgeblichen Forschungen zum »wissenschaftlichen Atheismus« oder zur Religionswissenschaft auf marxistischem Fundament erreichten die wirkungsmächtigen Funktionäre und Politiker, aber auch die »Praktiker« auf Bezirks- und Kreisebene und hatten unverkennbaren Einfluss auf die Kirchenpolitik der DDR-Führung. Auch im MfS waren diese Forschungen einer intensiven Exploration unterzogen und beeinflussten Entscheidungen der eingebundenen Abteilungen.

Der Versuch, den »wissenschaftlichen Atheismus« in der Wissenschaftswelt der Hochschulen in der DDR zu etablieren, war nur scheinbar gescheitert, auch wenn das »Jenaer Modell« scheiterte. An der Pädagogischen Hochschule in

---

265 A. a. O. (S. 18 f.).
266 Zum sog. »Jenaer Modell« vgl.: Ploenus, M.: »›... so wichtig wie das täglich Brot‹ Das Jenaer Institut für Marxismus-Leninismus 1945–1990«. Köln/Weimar/Wien. 2007. (S. 173–178).
267 A. a. O. (S. 173).
268 A. a. O. (S. 179).
269 Klohr verließ die FSU Jena 1968.
270 Bundesministerium des Inneren [Hrsg.]: »DDR-Handbuch«. Bonn. ³1984. Zit. nach: »Digitale Bibliothek«. Bd. 32. »Enzyklopädie der DDR«.
271 A. a. O. (S. 3664).

Potsdam, an der Humboldt Universität in Berlin und der Universität Rostock wurden in unterschiedlichen Organisations- und Forschungsstrukturen religionspolitische Fragestellungen analysiert und auf dieser Basis die Partei- und Staatsführung mit Material versorgt und auch für die Wahrnehmung des Vatikans im Führungszirkel der SED dürfen sie nicht unterschätzt werden, da sie über das MfS und die Dienststelle des Staatssekretärs für Kirchenfragen mittelbar an die wichtigsten Personen der Kirchenpolitik in der DDR herangetragen wurden.

Es war daher nicht ungewöhnlich, dass sich vor allem in den Jahren 1968–1971 grundlegende Äußerungen zur Kirchenpolitik in der DDR häuften und eine wichtige Wende in der Kirchenpolitik der DDR markierten. Diese Änderungen waren theoretisch und wissenschaftlich begleitet. Die Analysen und Forschungen zu Kirchen und Religionen in den Forschungsinstitutionen der DDR wurden ausdifferenzierter, qualitativ hochwertiger und das thematische Tableau wurde stetig erweitert. Der Wandel in der politischen Betrachtung der Religionen darf nicht als grundsätzliche ideologische Wende verstanden werden. Die Ziele blieben dieselben, nur wurde auf die »Neuen Realitäten«, die sich in den sechziger Jahren innen- und außenpolitisch ergaben, mit anderen Mitteln reagiert. Dieser Umstand musste an die Verantwortlichen weitergegeben werden, sodass Diskussionen vermieden werden konnten, die unweigerlich auftreten würden, wenn auf der einen Seite die Gegnerschaft gegenüber der katholischen Kirche aufrechterhalten wurde und andererseits eine erkennbar flexiblere Linie in der Auseinandersetzung mit dem Vatikan gefahren würde.

In den wichtigen Verlautbarungen der einschlägigen Kirchenpolitiker in der DDR von SED-Seite wurde die Veränderung deutlich. Die unmissverständlichsten und aggressiven Äußerungen wurden von Paul Verner zwar nicht öffentlich getätigt, jedoch fanden seine Grundaussagen auch in seine Reden Eingang, die für ein am Thema interessiertes Publikum gehalten und veröffentlicht wurden. Es kann an dieser Stelle zusammengefasst werden, dass
– die vor Partei- und Staatsfunktionären am 7. April 1969 gehaltene Lektion Verners einen wichtigen Fixpunkt in der analytischen Auseinandersetzung mit den Kirchen in der DDR darstellte,
– die Rede Materns vom 25. September 1969 die erste öffentliche Auseinandersetzung mit der katholischen Weltkirche unter veränderten Bedingungen der Innen- und Außenpolitik enthielt,
– das Referat Verners (Oktober 1970), vor ähnlichem Publikum und im gleichen Rahmen gehalten wie im April 1969, hingegen eine Bündelung der Analysen und Forschungen zu politischen Anweisungen und Rechtfertigungen war,
– die öffentliche Verner-Rede von 1971 die Quintessenz all dieser vorgelagerten Äußerungen zu einer kirchenpolitischen Konzeption referierte, die derart

ausgereift und dem außen- und innenpolitischen Umfeld angepasst war, dass sie der Öffentlichkeit vorgetragen werden konnte.

Vor allem im Umgang mit dem Vatikan und die Wahrnehmung des Vatikans als keineswegs mehr monolithischem Block und als Moralinstanz im weltpolitischen Gefüge war neu. Nicht nur quantitativ war eine Veränderung wahrzunehmen, vielmehr war erkennbar, dass sich die Qualität der Auseinandersetzung stetig verbesserte. Kirchenpolitik erforderte »das Kennenlernen« des Gegners. Apostolische Äußerungen mussten in ihrer Gesamtheit und kontextbezogen analysiert werden, um sie marxistisch auswerten zu können und in der innenpolitischen Friktion mit der katholischen Kirche nutzbar zu machen. Begleitet wurde diese intensive Beschäftigung durch die Einsicht in die Notwendigkeit unter den führenden Funktionären, dass die eingeforderte Veränderung der Jurisdiktionsbezirke der katholischen Kirche in der DDR nur auf diplomatischem Parkett zu erreichen war; denn die Forderung nach Neuordnung der kirchlichen Verhältnisse in der DDR war eng mit dem forcierten Streben nach internationaler Anerkennung verbunden.

Die Ostpolitik des Vatikans war unter Johannes XXIII. offensiv vorangetrieben worden, Paul VI. setzte diese Politik in ihren Grundzügen fort, wenngleich weniger spontan, dafür aber systematisierter. Monsignore Casaroli hatte 1961 schon erste inoffizielle Gespräche am Rand der UNO-Konferenz über die diplomatischen und konsularischen Beziehungen in Wien geführt und seine Vorgesetzten im Vatikan, namentlich die Kardinäle Samorè und Tardini, von diesen Gesprächen in Kenntnis gesetzt. 1963 wurden aus diesen inoffiziellen und von keiner Seite bestätigten Konversationen offiziöse Gespräche, die nicht mehr dementiert wurden.

Casaroli reiste erstmals in kommunistische Länder. In Ungarn und Jugoslawien erreichte man erste Verhandlungsergebnisse. Es war unverkennbar und wurde im Führungszirkel der SED wahrgenommen, dass eine als vermeintlich schwerfällig geltende Organisation wie der apostolische Stuhl als Leitungszentrale der katholischen Weltkirche im Vatikan zu einer flexiblen, aktiven und auch reaktiven Politik imstande war.

Die diplomatische und politische Friktion der DDR mit dem Vatikan war nun, nach einem knappen Jahrzehnt der intensiven theoretischen Auseinandersetzung, im Inneren gegenüber den eigenen Genossen begründbar und die politische Führung der DDR war gewillt, dieses Thema erst von der Agenda zu nehmen, wenn ein befriedigendes Ergebnis erzielt wurde.

7.2.6 Der Beginn der diplomatischen Kontakte zwischen dem Vatikan und der DDR

»... Während Erzbischof Casaroli heute Verhandlungen mit Prag führt [...] ist man sich im römischen Staatssekretariat darüber klar, dass eine ganz heikle Frage demnächst ansteht: Was wird mit der katholischen Kirche in der DDR?«[272]

Dieser Artikel in der »Rheinzeitung« erschien zwei Jahre vor dem ersten direkten Kontakt zweier hochrangiger Vertreter des Vatikans und der DDR in Rom[273]. Es hatte vorher schon Kontakte auf Botschafterebene (Belgrad, Helsinki) gegeben. Auch auf dem diplomatischen Parcours kamen DDR und Vatikan anderweitig, mit kleinen Schritten, aufeinander zu.

Dass die Verhandlungen mit der DDR von besonderer Natur waren, wurde auch daran deutlich, dass der Vatikan mit allen Ländern des Ostblocks in Europa Verhandlungen führte – außer mit der DDR. Bei den meisten dieser Gesprächen gab es Ergebnisse, wie z. B. die Protokolle zwischen dem Vatikan und Ungarn, mit Jugoslawien, die Verhandlungen um die Freilassung Slipyjs und Berans, die intensive diplomatische Auseinadersetzung mit Polen und die zu Quasi-Arbeitsgesprächen gediehenen Kontakte mit sowjetischen Offiziellen.

Die DDR war im vatikanischen Staatssekretariat noch nicht dringlich auf die politische Agenda gelangt, mit den Gesprächen um die Neuzirkumskription der ehemals deutschen Ost- und nun polnischen Westgebiete aber nicht mehr lange von ihr herunterzuhalten. Zudem kam es mit dem »Moskauer Vertrag« und dem »Warschauer Vertrag« zu Vereinbarungen zwischen der BRD und der Sowjetunion beziehungsweise Polen[274], die aus Sicht der bundesdeutschen Politik allerdings keine Anerkennung der DDR implizierten, was Bundeskanzler Willy Brandt im sogenannten »Brief zur Deutschen Einheit« zur Unterzeichnung des »Moskauer Vertrags« deutlich machte.

In welch schwierige diplomatische Gefilde sich der Vatikan bei etwaigen direkten Verhandlungen begab, wurde deutlich, wenn nur die wichtigsten der unterschiedlichen Protagonisten betrachtet werden, die neben den direkten Verhandlungspartnern Vatikan und DDR mit einbezogen werden mussten:

---

272 Leicher, H.: »Diplomaten des Vatikans auf Osterkundung«. In: »Rheinzeitung«. 13.1.1971. (Bei diesem Artikel handelt es sich um den frühesten Artikel, der in der Pressesammlung im Nachlass Casaroli zur Ordnung »Germ. O.« vorhanden ist. Die Artikel sind in den meisten Fällen von ihm oder seinen Mitarbeitern durchgesehen.)
273 Treffen Casaroli – Lamberz am 24.1.1973 in Rom, das Treffen fand nicht im Vatikan, sondern in einer Wohnung, die dem Vatikan gehörte, statt.
274 »Moskauer Vertrag« (12.8.1970), »Warschauer Vertrag« (7.12.1970); beide ratifiziert am 17.5.1972.

- die Bundesregierung in Bonn
- der westdeutsche Episkopat
- die ostdeutschen Ordinarien.

Die Forderungen der Bundesregierung waren am »Portone di Bronzo« schon zu hören. Bei einem Gespräch mit einem hohen Diplomaten aus der deutschen Botschaft beim Heiligen Stuhl und wenige Monate vor der Unterzeichnung des Grundlagenvertrags machte sich Agostino Casaroli, mittlerweile Sekretär des Rates für die öffentlichen Angelegenheiten der Kirche, handschriftliche Notizen, die die ihm überbrachten Forderungen der bundesdeutschen Regierung darlegten:

> »... Dichiarazione *Governo RFT* [Hervor. i. Org.]:
> – Non potremo mai considerare DDR come paese straniero.
> – Il trattato di Mosca non è in contrasto con fini politici RFT di lavorare per una Fase in Europa che permette al popolo Tedesco di restaurare un'unità nazionale per libera autonomia
> – Crediamo di sapere che la S. Sede lo [das Reichskonkordat] considera in vigore per l'intere Germania.
> Il governo pensa che il mantenimento dall'attuale circoscrizione ecclesiastica in RFT e DDR corrisponderebbe perfettamente al carattere di Modus Vivendi e preferiate delle nostre soluzioni con DDR. Il mantenimento di tali circoscrizioni corrisponderebbe per noi, perfettamente alle tradizioni della S. Sede di non conferire prima del trattato di pace o trattato intermondiale accettato da tutti gli interessati.«[275]

Von diesem diplomatischen Korsett konnte sich die vatikanische Diplomatie nicht vollständig befreien. Zwar war eine Justierung, Anpassung oder Lockerung möglich, die drei wesentlichen Forderungen der Bundesregierung an den Vatikan blieben allerdings:
1. Die Nichtakzeptanz der DDR als (vollständig) souveränes Völkerrechtssubjekt
2. Die Erklärung der weiteren Gültigkeit des Reichskonkordats von 1933
3. Damit verbunden die de jure Unverletzlichkeit der Grenzen der kirchlichen Jurisdiktionsbereiche in der DDR.

---

275 »Handschriftliche Notiz Casarolis mit einem Vertreter der deutschen Botschaft beim Heiligen Stuhl (o. Dat [nach dem 23. 6. 1972 und vor dem 21. 12. 1972])«. In: ACSCB. Cart.: Manoscritti. (unpag.). (»... Erklärung der *Regierung der BRD:* – Wir werden die DDR nie als Ausland ansehen. – Der Vertrag von Moskau steht nicht im Gegensatz zum politischen Ziel der BRD, ein Klima in Europa zu erreichen, das die Wiederherstellung der deutschen Einheit in uneingeschränkter Autonomie erlaubt. – Wir glauben zu wissen, dass der Hl. Stuhl die Gültigkeit des Reichskonkordats für ganz Deutschland anerkennt. – Die Regierung denkt, dass die Beibehaltung der momentanen kirchlichen Jurisdiktionsbezirke in der BRD und der DDR perfekt mit einem Modus Vivendi und unseren bevorzugten Lösungen für die DDR korrespondiert. Die Beibehaltung dieser Zirkumskriptionen entspricht für uns eindeutig der Tradition des Hl. Stuhls, erst den Abschluss eines Friedensvertrages oder eines internationalen Vertrages abzuwarten, der von allen Beteiligten akzeptiert wird.«)

Die DDR-Führung stand diesen Forderungen feindlich gegenüber. Das bedeutet, gerade in Abgrenzung zur BRD, dass direkte Beziehungen der DDR zum Vatikan angestrebt wurden. Das bis dato ausschließlich verbal erfolgte Zugehen auf den Vatikan musste nun der realen und inhaltlichen Auseinandersetzung im diplomatischen Tagesgeschäft folgen.

Es galt Lösungen zu finden, die allen Seiten gerecht werden konnten und akzeptabel, vor allem ohne »Gesichtsverlust« vonstatten gehen würden.

Der Vatikan hatte in diesem Zusammenhang keine germanozentrierte Sichtweise, sondern war auf das »Wohl der Gläubigen« ausgerichtet, das von politisch-ideologischen Erwägungen im Idealfall unabhängig zu sein hatte. Weiterhin befand sich der Vatikan nach der erklärten Bereitschaft, aktiv bei einer Europäischen Sicherheitskonferenz mitzuwirken, in einer selbst gewählten Rolle, die eine relative Unabhängigkeit von den Blöcken erforderte. Nur so bestand eine realistische Möglichkeit, ernst genommen zu werden und nicht als Anhängsel des Westens zu gelten.

An der Nahtstelle des Kalten Krieges in Deutschland war ein Problemkreis evident geworden, dessen Bearbeitung nicht mehr aufgeschoben werden konnte. Die Forderungen der Bundesregierung an den Vatikan waren auf dem Tisch, die der DDR ebenfalls – und so begann ein Prozess, der im Wesentlichen Provisorien hervorbrachte.

7.2.7 Die Administratur Görlitz entsteht – Ein Überbleibsel der Verhandlungen des Vatikans mit Polen

Die ersten Entscheidungen des Vatikans, die für die DDR von Relevanz waren, wurden im Rahmen der Entwicklungen an der polnischen Ostgrenze getroffen. Die Lösung des Problems der polnischen Jurisdiktionsbereiche war dem der Klärung der Diözesangrenzziehung in der DDR vorgelagert. Eine Klärung dieser Verhältnisse war von herausgehobener Bedeutung, da es in den ehemals deutschen Gebieten Polens drängendere Problemlagen in der Seelsorge gab als in der DDR. Bei der anvisierten Veränderung der Jurisdiktion in Polen, damit auch auf ehemals deutschem Reichsgebiet, musste die DDR als Problem auch in das Sichtfeld vatikanischer Diplomatie rücken, da auch auf deren Staatsgebiet Fragen der Jurisdiktionsbezirke der katholischen Kirche berührt wurden, zum einen musste das Bistum Berlin einen neuen Zuschnitt erhalten und zum anderen lagen kleinere Teile des Erzbistums Wrocław (Breslau) auf dem Staatsgebiet der DDR. Mithin waren die Beziehungen des Vatikans zu Polen auch für die gegenseitigen Beziehungen der DDR zum Vatikan von Bedeutung und standen von DDR-Seite unter intensiver Beobachtung.

Die Verhältnisse in Polen waren jedoch entscheidend anders gelagert als in der DDR:
1. Die katholische Kirche in Polen war keine Diasporakirche und hatte eine traditionsreiche, nahezu vollkommene Verankerung in der Bevölkerung. Nach der Flucht der zum Teil protestantischen Deutschen aus den ehemals deutschen Ostgebieten und deren Ersetzung durch katholische Polen aus den nun unter sowjetischer Besatzung und Verwaltung stehenden ehemaligen polnischen Ostgebieten, betrug der Anteil der Katholiken an der Gesamtbevölkerung mehr als 90 Prozent[276]. Somit war eine wichtige Machtposition in der Friktion mit der kommunistischen Staatsführung gegeben.
Zudem hatten katholische Politiker in der VR Polen noch einen Resteinfluss auf die Tagespolitik (so zum Beispiel – ohne deren politische Bedeutung zu überschätzen – die Parlamentsgruppe der katholischen Abgeordneten ZNAK).
2. Die katholische Kirche in Polen war Nationalkirche. Die Ordinarien konnten die »polnische Nation« als Positividentifikation nutzen. In der DDR war für die Kirchenleitung diese Mobilisierungs- und Identifikationskomponente als »deutsche Nation« (offiziell) nicht politisch nutzbar und stellte sich eher als propagandistisches Druckmittel der Staatsführung gegen die Kirchen heraus.
3. Polen genoss – wie Italien und Spanien zu den »katholischsten Nationen« Europas gezählt – im Vatikan herausragendere Beachtung als die Diasporakirche der DDR.
4. Die kirchenrechtlichen Probleme in Polen waren von deutlich höherer Dringlichkeit für die Ordinarien und Gläubigen. Es ging um die Gewährleistung der Seelsorge in der Landessprache. Das Reichskonkordat sah für die Kandidaten vakanter Bischofsstühle Bürger des Deutschen Reichs vor. Da die BRD die völkerrechtliche Nachfolge des Deutschen Reichs übernommen hatte, waren diese Bestimmungen weiterhin in Kraft[277]. Im Besonderen der zweite Absatz des Artikels 14 des Reichskonkordats[278] führte unter den herrschenden Umständen zu großen Schwierigkeiten.

---

276 Adriányi, G.: »Die Weltkirche im 20. Jahrhundert. Die Kirche in den einzelnen Ländern: Polen«. In: Jedin, H. [Hrsg.]: »Handbuch der Kirchengeschichte«. Digitalisierte Ausgabe. In: »Digitale Bibliothek«. Bd. 35. Berlin 2000. (S. 1575–15082). (S. 15079).
277 Preußenkonkordat (1929) – wichtige Bestimmungen durch Reichskonkordat abgelöst – blieb formal gültig.
278 Artikel 14 besagte u. a.:
»… 2. Die Bulle für die Ernennung von Erzbischöfen, Bischöfen, eines »Koadjutors cum jure successionis« oder eines »Praelatus nullius« wird erst ausgestellt, nachdem der Name des dazu Ausersehenen dem Reichsstatthalter in dem zuständigen Lande mitgeteilt und festgestellt ist, dass gegen ihn Bedenken allgemeiner politischer Natur nicht bestehen.« In: Reichsgesetzblatt von 1933. Bd. 2. (S. 679 f.).

Durch die traditionell starke katholische Kirche in Polen und die damit verbundenen herausgehobene Stellung des (Kardinal-)Primas von Polen[279] war der Vatikan, bei allen Vorbehalten, die man in der römischen Kurie gegenüber etwaigen Verhandlungen Wyszynskis mit der kommunistischen Regierung Polens hatte, zwar informiert, jedoch oftmals nicht aktiv in die Verhandlungen mit der polnischen Staatsmacht eingebunden. Spätestens seit 1963 war jedoch Bewegung in die Frage direkter Verhandlungen zwischen dem Vatikan und Polen gekommen.

Die Beschäftigung im Staatssekretariat bestand zunächst aus der Analyse der Situation und der Erarbeitung und Abwägung verschiedener Lösungsansätze für dieses komplexe Problem. Durch die regelmäßige Anwesenheit Kardinal Wyszynskis und eines Teils des polnischen Episkopats in Rom während des II. Vaticanums waren zudem direkte Verhandlungen der beteiligten Personen möglich.

Im Mai 1963 begann die polnische Regierung den Versuch, das Verhältnis zum Vatikan zu stabilisieren. Dem waren mehrere Gespräche Kardinal Wyszynskis mit Regierungs- und Parteifunktionären vorausgegangen, unter anderem:
– 1957 mit dem Premierminister Polens (Cyrankiewicz)
– 1958 mit dem Parteichef Gomułka
und
– kurz vor Wyszynskis Eintreffen in Rom im Mai 1963 erneut mit Gomułka.

Am 21. Mai 1963 entwickelte der Sekretär für die Außergewöhnlichen Angelegenheiten der Kirche, Erzbischof Antonio Samorè, von Kardinalstaatssekretär Cicogniani bestätigt[280], ein mögliches Szenario, das zu Verhandlungen mit der polnischen Regierung führen könnte[281]. Unmittelbar vorausgegangen war ein Gespräch mit Wyszynski, in dem dieser Samorè von einem Gespräch mit Gomułka informierte. Bei diesem Treffen hatte der polnische Parteichef seine Bereitschaft zu Verhandlungen mit dem Vatikan unterbreitet.

Der Vatikan war folglich schon 1963 zu Verhandlungen mit der polnischen Führung bereit und es gab eine Vorstellung, wie diese Kontakte aussehen sollten.

Es stand außer Frage, dass etwaige Gespräche nur in enger Absprache mit Kardinal Wyszynski erfolgen sollten. Der polnische Purpurträger war es, der bis

---

279 Bis 1948 A. Card. Hlond, im Anschluss bis 1981 Stefan Wyszynski (seit 1953 im Kardinalskollegium).
280 »Desiderio del Governo di Varsavia di avere contatti con la Santa Sede (16.10.1963)«. In: ASP. Fond. Cas. Ser.: P.d.est. SoSer.: Polonia. (Cart.1). (unpag.) (prov.Sig.). (Notiz Samorès: »mit Staatssekretär abgesprochen.«)
281 »Riassunto (21.5.1963)«. In: ASP. Fond. Cas. Ser.: P.d.est. SoSer.: Polonia. (Cart.1). (unpag.) (prov.Sig.).

dahin die Verhandlungen mit dem polnischen Staat führte und im vatikanischen Staatssekretariat war man bereit, seine gewichtige Rolle zu akzeptieren: Laut Samorès Vorschlag sollten Verhandlungen nur dann stattfinden, wenn Kardinal Wyszynski anwesend wäre. Mit »Anwesenheit« war aber nicht gemeint, dass der Kardinal bei den Gesprächen unmittelbar »anwesend« sei, sondern der Kardinal sollte am Verhandlungsort (sowohl Rom als auch Warschau kamen in Betracht) präsent sein, um für Beratungen bereitzustehen.[282] Diese Herangehensweise verriet erstmals die Verhandlungsstrategie des Staatssekretariats bei derartigen Verhandlungen mit den Machthabern kommunistischer Regime: Das nationale Episkopat und dessen Führung wurde intensiv in den Verhandlungsprozess eingebunden, die direkten Gespräche sollten jedoch bilateral zwischen dem Vatikan und der jeweiligen Regierung geführt werden. Selbst wenn es in Einzelfragen zu Gesprächen zwischen dem nationalen Episkopat und der Regierung kommen konnte, wollte der Vatikan die Verhandlungshoheit für Polen zurückgewinnen, was nicht selten zu Unstimmigkeiten mit den Ortsordinarien führte.

Paul VI. ließ sich kurz nach seiner Inthronisation 1963 von Erzbischof Samorè über den Verlauf der Beziehungen zu Polen informieren[283]. Auffällig war, dass als Ziel der Verhandlungen nicht zwangsläufig ein Konkordat angestrebt wurde:

> »... I contatti o conversazioni non possono prefiggersi in anticipo la scopo preciso di arrivare ad un Concordato. Ci sono parecchi stadi intermedi: per esempio l'invio in Polonia di un Visitatore, di un Delegato; un Modus Vivendi di fatto, un accordo, ecc.«[284]

An dieser Stelle wurden zwei Determinanten sichtbar, die für die Vatikanische Ostpolitik im Zeitraum des Pontifikats Pauls VI. bestehen bleiben sollten:
1. Die Verantwortlichen im Staatssekretariat des Vatikans waren bereit und in der Lage, flexibel mit dem Tableau vatikanisch-diplomatischer Handlungsalternativen umzugehen und darüber hinauszugehen, was an der Erwägung abzulesen war, einen nicht abgesicherten, aber faktisch gegebenen Modus Vivendi in Betracht zu ziehen.
2. Die Verhandlungen sollten nicht in Umgehung des jeweiligen nationalen Episkopats, sondern mit dessen intensiver Vorbereitung und Begleitung geführt werden. Im Regelfall strebten die vatikanischen Diplomaten jedoch direkte Kontakte mit Regierungsvertretern an.

---

282 »Protokoll des Gesprächs Samorè/Wyszynski (Rom 20. 5. 1963)«. In: ASP. Fond. Cas. Ser.: P.d.est. SoSer.: Polonia. (Cart.1). (unpag.) (prov.Sig.).
283 »... Visto S. Padre 28. 10. 1963«: »Desiderio del Governo di Varsavia di avere contatti con la Santa Sede«. (A. a. O.)
284 A. a. O. (»... Ein Konkordat kann nicht als Ziel der Gespräche fixiert werden. Es gibt genügend Zwischenstadien, so die Entsendung eines Visitators oder Delegaten; einen faktischen ›Modus Vivendi‹, ein Abkommen etc.«)

Das Vorgehen, von Cicogniani und Paul VI. abgesegnet, war dahingehend richtungweisend, als sich bei den handelnden Personen im Staatssekretariat die politische Linie abzeichnete, auf »neue Machthaber« nicht nur mit traditionellen – wenn auch an manchen Stellen bewährten – Aktionen zu reagieren.

Agostino Casaroli hatte als Untersekretär des Rates für die Außergewöhnlichen Aufgaben der Kirche am 5. April und 7. Juli 1965 erstmals Kontakt mit dem polnischen Botschafter auf dem Quirinal und fortan mehrere Treffen mit polnischen Offiziellen in Rom. Bei diesen Gesprächen wurde, neben der Festlegung der Verhandlungsbedingungen, von der polnischen Regierung die Neuzirkumskription der katholischen Jurisdiktionsbezirke eingefordert.

Die bevorstehende Tausendjahrfeier der Christianisierung Polens im Mai 1966 wurde vom polnischen Botschafter ausgeklammert[285], war aber virulent, da eine Einladung des polnischen Episkopats an Paul VI. vorlag. Einen ersten Tiefpunkt erlebten die Beziehungen zu Polen, als die Hoffnungen Pauls VI. zerstoben, an diesen Feierlichkeiten in Tschenstochau teilzunehmen, da es zu Verwerfungen zwischen dem polnischen Episkopat und der Regierung gekommen war, als die polnischen Bischöfe im November 1965 ihre Versöhnungsbotschaft an ihre deutschen Mitbrüder sandten. Die Beziehungen waren allerdings nur kurzzeitig beeinträchtigt. Kardinal Wyszynski sandte ein Jahr später schon wieder eine Aufstellung maximaler Forderungen an das Staatssekretariat im Vatikan, die von der polnischen Regierung erfüllt werden müssten, um zu Vereinbarungen zu gelangen[286]. Er übermittelte damit erstmals die potenziell zu behandelnden Problemfelder an das Staatssekretariat. Sowohl für die Protagonisten im Vatikan als auch für den Kardinalprimas Polens war klar, dass es sich um Maximalforderungen handelte. Dennoch stellten diese Forderungen einen wichtigen Schritt zu direkten Gesprächen auch über die Diözesangrenzen dar. Die Forderungen, von Monsignore Andrzej Deskur an Casaroli in italienischer Übersetzung gesandt, umfassten 31 Punkte. Es waren neben generellen und speziellen Forderungen auch sieben Forderungen aufgelistet, die die West- und Ostgebiete Polens betrafen. Wyszynski behandelte die Staatsgebietsteile zunächst gesondert, forderte im Anschluss jedoch, dass in Verhandlungen mit der polnischen Regierung das ganze polnische Staatsgebiet zur Grundlage der Gespräche gemacht werden müsse. Er formulierte noch recht vorsichtig, wenn er forderte:

»... Si dovrebbe prevedere la possibilità di un'organizzazione diocesana e parrocchiale nei territori occidentali e settentrionali. Lo stato attuale non corrisponde alle esigenze

---

285 Mehrere Protokolle der Treffen Casarolis mit polnischen Regierungsvertretern in: ASP. Fond. Cas. Ser.: P.d.est. SoSer.: Polonia. (Cart.1). (unpag.) (prov.Sig.).
286 »Proposte riguardanti la chiesa e lo stato«. (29.11.1966). In: ASP. Fond. Cas. Ser.: P.d.est. SoSer.: Polonia. (Cart.1). (unpag.) (prov.Sig.).

pastorali post-conciliari. (Breslavia conta 3 milioni fedeli; Gorzow 2 milione e mezzo, su un territorio immenso; sono necessarie nuove diocesi, nuove curie e nuovi seminari).«[287]

Indem Wyszynski ausschließlich seelsorgerisch argumentierte und so strukturellen Handlungsbedarf signalisierte, versuchte er, die ungelöste Jurisdiktion rein kirchenrechtlich zu optionieren und aus dem Dunstkreis politischer Argumentation herauszuhalten.

Mit dem Tod des Titularbischofs in Allenstein (Olsztyn), Tomasz Wilczynski, im August 1965 war schon 16 Monate vor diesen Forderungen akuter Handlungsbedarf zur Sicherung der Seelsorge in einem polnischen Gebiet entstanden, das formal immer noch in den Gültigkeitsbereich des Reichskonkordates fiel. Der Zwang zu einer Reaktion des Vatikans auf diese neue Situation wurde verstärkt durch die Vakanzerklärung der Domkapitularstellen von ehemals deutschen Angehörigen des Domkapitels und deren eigenmächtige Neubesetzung von polnischer Seite sowie der anschließenden Wahl eines neuen Kapitularvikars. Mit dieser Neuwahl war eine Stellungnahme der Bundesregierung nicht mehr zu verhindern und sie erfolgte freilich mit einer Argumentation, die das Reichskonkordat als gültige Rechtsgrundlage hervorhob und somit den Vatikan zumindest zu einer Stellungnahme drängte[288].

Der apostolische Nuntius in Deutschland, mit Sitz in Bonn-Bad Godesberg, entwarf im April 1966 ein vorläufiges Konzept für eine Lösung bezüglich der ungeklärten Situation in den ehemals deutschen Ostgebieten. Corrado Bafile betonte den provisorischen Charakter einer solchen Maßnahme, die mehr zu einer atmosphärischen Verbesserung beitragen sollte, um sich auf diesem Weg für die zur Versöhnung ausgestreckte Hand der polnischen Bischöfe erkenntlich zu zeigen[289]. In diesem Zusammenhang spielte der behelfsmäßige Charakter der geplanten Veränderung eine gewichtige Rolle, da vermutet wurde, dass im Gefolge einer Herauslösung der bisher deutschen Diözesen und Prälaturen aus dem Verbund der katholischen Kirche Deutschlands die DDR-Führung ähnliche Lösungen für die Jurisdiktionsbezirke auf ihrem Staatsgebiet einfordern würde.

Agostino Casaroli befasste sich intensiv mit Polen als einem der wichtigsten Problemkreise Vatikanischer Ostpolitik. Im Jahr 1967 kam es zum ersten Besuch

---

287 A. a. O. (»... Man sollte die Möglichkeit einer besseren Organisation der Diözesen und der Pfarreien in den westlichen und nördlichen Gebieten in Betracht ziehen. Der aktuelle Status entspricht nicht den nachkonziliaren seelsorgerischen Bedürfnissen. (Breslau zählt 3 Millionen Gläubige; Gorzow 2,5 Millionen auf einem sehr großen Territorium; es sind neue Diözesen, neue Kurien und neue Seminare notwendig.«)
288 Zu grundsätzlichen Fragen der Reaktion der Bundesregierung auf die kirchenrechtlichen Veränderungen in Polen, vgl. Morsey, R.: »Die Haltung der Bundesregierung zur vatikanischen Kirchenpolitik«. A .a. O. (S. 30–78).
289 Vgl. Morsey, R.: »Die Haltung der Bundesregierung«. (S. 45 f.).

eines hohen vatikanischen Diplomaten in Polen (Februar – März, je drei Reisen zu je etwa zwei Wochen). Vor allem galt dieser Besuch der engen Abstimmung mit dem polnischen Episkopat bei den zu lösenden Problemen. Die Reisen dienten auch der Kontaktaufnahme mit Regierungsvertretern und waren mit dem Kardinalstaatssekretär und den maßgeblichen Personen im Staatssekretariat (Erzbischof Samorè und Erzbischof dell'Acqua) laufend abgestimmt. Paul VI. begleitete die Reise Casarolis mit großem Interesse und den besten Segenswünschen:

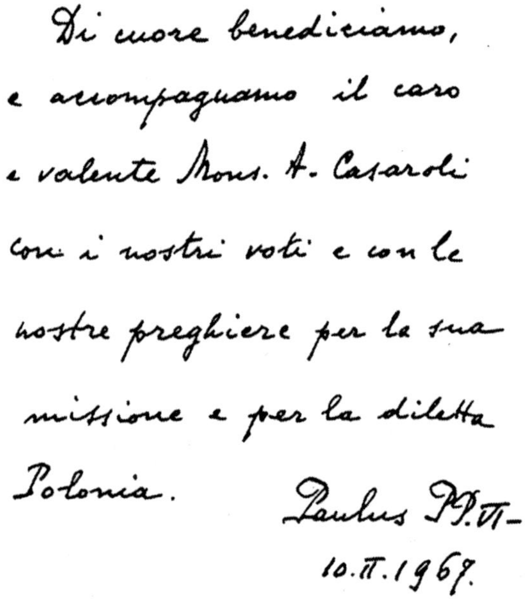

Di cuore benediciamo, e accompagnamo il caro e valente Mons. A. Casaroli con i nostri voti e con le nostre preghiere per la sua missione e per la diletta Polonia. Paulus PP. VI. 10.II.1967.

Abbildung 2: Handschriftliche Bemerkung Pauls VI. zur geplanten Polenreise Casarolis [»... Di cuore benediciamo, e accompagnamo il caro e valente Mons. A. Casaroli con i nostri voti e con le nostre preghiere per la sua missione e per la diletta Polonia. Paulus PP. VI. 10.II.1967.« (»... Von Herzen segnen und begleiten wir den teuren und tüchtigen Mons. A. Casaroli mit unseren besten Wünschen und Gebeten für seine Mission und für das geliebte Polen.«)]

Casaroli hatte sich auf dieser Reise außer mit dem erkrankten Auxiliarbischof von Warschau, Modzelewski, mit allen residierenden Bischöfen, Auxiliar- und Titularbischöfen sowie mit vielen Ordensoberen und einigen anderen Ordinarien, Laien mit politischem Gewicht und Intellektuellen beraten. Die Territorien des polnischen Staatsgebietes, die kirchenrechtlich noch nicht dem polnischen Episkopat unterstanden, waren bei den Gesprächen sowohl mit den Ordinarien als auch mit den Regierungsoffiziellen integraler, thematischer Bestandteil, und der vorgeschlagenen »Administratorenlösung« wurde von Seiten des Episkopats zugestimmt[290]. Am 27. Mai 1967 kam es, nach zähem Ringen in den Gesprächen mit dem polnischen Episkopat und der polnischen Regierung, und ebenso intensiven Verhandlungen mit der bundesdeutschen Regierung, zur Ernennung apostolischer Administratoren »ad nutum Sanctae Sedis« in Gorzów, Olsztyn, Wrocław und Oppeln. Augenfällig in diesem Zusammenhang war, dass die DDR, sowohl von Seiten des Vatikans als auch der polnischen Seite (kirchliche und staatliche Stellen) während des Prozesses der zur Änderung der kirchenrechtlichen Situation in Westpolen führte, an keiner Stelle Erwähnung fand.

Eine endgültige Lösung aber wurde aufgrund des bundesdeutschen Widerstandes nicht in Angriff genommen und wurde von Seiten des Vatikans auf die Zeit nach Abschlüssen völkerrechtlicher Verträge verschoben.

Der Widerstand der Bundesregierung war es auch, der letzen Endes dazu führte, dass die DDR-Führung, die sich gut zwei Jahre nach der Ernennung der Administratoren immer noch jeglicher Kommentare zu den Veränderungen und Diskussionen an der »Oder-Neiße-Linie (Grenze)« enthalten hatte, ihr offizielles Schweigen aufgab. Zwischen Ende Dezember 1969 und Anfang Januar 1970 erreichte ein Schreiben des Außenministeriums der DDR das Staatssekretariat in Rom durch Vermittlung des apostolischen Delegaten in Belgrad[291]. In diesem Schreiben sah sich die DDR-Führung veranlasst, zur kirchenrechtlichen Situation hinter und an ihrer Ostgrenze Stellung zu nehmen. Die Ausfertigung des »Aide-Mémoire« wurde auf der Sitzung des Politbüros am 25. November 1969 beschlossen und Paul Verner aufgetragen, der es in Zusammenarbeit mit der Dienststelle des Staatssekretärs für Kirchenfragen zu erstellen hatte. Ziel des Schreibens war die Erklärung der Ungültigkeit des Reichskonkordats[292]. Der erste direkte, inhaltlich ausgefüllte Kontakt mit dem Vatikan war hergestellt und bemerkenswert war, dass der Vatikan eine Antwort gab[293]. Die bisher erfolgten Glückwunschadressen und Ähnliches stellten zwar keine zu unterschätzenden diplomatischen Austausche von Nettigkeiten dar, hatten jedoch keine politisch-inhaltliche Zielstellung, wenn auch einen konkreten Anlass. Mit dem nun vorliegenden »Aide-Mémoire« wurde von Seiten der DDR-Führung ein erster Versuch getätigt – auf dem niedrigen diplomatischen Niveau des formlosen

---

290 Vgl.: »Polonia – Conclusione della mia visita agli Ecc.mi Vescovi (8.4.1967)«. In: ASP. Fond. Cas. Ser.: P.d.est. SoSer.: Polonia. (Cart.2). (unpag.) (prov.Sig.) und Morsey, R.: »Die Haltung der Bundesregierung«. (S. 51 ff.); Barberini, G.: »L'Ostpolitik«. (S. 297 ff.).
291 »Aide-Mémoire (16.12.1969)«. In: SAPMO. Bestand: Arbeitsgruppe Kirchenfragen beim ZK der SED (AG.KF.ZK d. SED) (vor 1971). Sig.: DY 30 IV A 2/14 32. (Bl. 81–83).
292 »Protokoll Nr. 46/69 vom 25.11.1969«. In: SAPMO. Bestand: Protokolle d. PB SED 1960–1989. Sig.: DY 30 J IV 2/2 1254. (Bl. 4).
293 »Schreiben Casarolis an den Außenminister der DDR (8.5.1970)«. In: SAPMO. Bestand: AG.KF.ZK d. SED (vor 1971). Sig.: DY 30 IV A 2/14 32. (Bl. 79).

»Aide-Mémoire«[294] –, den Vatikan als Verhandlungspartner in die Diplomatie der DDR einzuführen. Die Zeit hierfür war für die DDR-Führung offenbar aus mehreren Gesichtspunkten heraus günstig und von Vorteil:

1. Die Kontaktaufnahme erfolgte in einer Zeit, in der der Vatikan – nicht zuletzt im Rahmen der im Entstehen begriffenen »Europäischen Sicherheitskonferenz« – seine Bereitschaft zeigte, aktiv und offiziell in die Verhandlungen mit den Ostblockstaaten einzutreten.
2. Die Frage der Diözesangrenzen hinter der »Oder-Neiße-Linie (Grenze)« war nach der Bekanntgabe der »Administratorenlösung« nur kurzzeitig in etwas ruhigeres Fahrwasser geraten. Das polnische Episkopat übte weiterhin enormen Druck auf den Vatikan aus, zu einer endgültigen Lösung zu gelangen.
3. Mit dem Machtwechsel in Bonn kam es zu einer offensichtlich weniger harten Haltung der Bundesregierung in Bezug auf die kirchenrechtlichen Fragen der ehemals deutschen Ostgebiete, was zum Beispiel bei dem Romaufenthalt von Georg Leber erkennbar wurde[295].

In dieses Umfeld war die ungefragte Stellungnahme der DDR zu den relevanten Problemlagen einzuordnen. Die Motive des »Aide-Mémoire« verdeutlichte das Außenministerium gleich zu Beginn:

»... Es erscheint [...] notwendig, die Position der Regierung der Deutschen Demokratischen Republik zu diesen Problemen [...] darzulegen. Es steht völkerrechtlich außer jedem Zweifel, dass auf dem Gebiet des ehemaligen Deutschen Reichs zwei souveräne deutsche Staaten entstanden sind, die Jurisdiktion und Hoheitsgewalt auf

---

294 In der Sitzung des Politbüros am 25.11.1969 nur als »Schreiben des Ministers für Auswärtige Angelegenheiten an den Vatikan« bezeichnet (a. a. O.).
295 Vgl. Morsey, R.: »Die Haltung der Bundesregierung«. (S. 63 ff.).
Inwieweit allerdings der erste Romaufenthalt Lebers als Minister ein Misserfolg war, wie von dem damaligen deutschen Botschafter beim Heiligen Stuhl Hans Berger festgehalten [a. a. O. (S. 65)], muss unter dem Vorbehalt betrachtet werden, dass Berger der Wendung in der Ostpolitik der Bundesregierung und den damit implizit verbundenen etwaigen Änderungen der kirchlichen Organisationsgrenzen sehr skeptisch gegenüberstand: »... Er [Berger] hielt inzwischen die Ostpolitik der Regierung Brandt, mit der These von den zwei deutschen Staaten‹ für, geradezu verhängnisvoll‹ und vermochte sie nur noch schwer ›mit Überzeugung zu vertreten‹.« (A. a. O. [S. 66]). Mit dem Besuch Lebers und dessen Gesprächen u. a. mit Casaroli (am 18.11.1969, zusammen mit Herbert Wehner) war im Staatssekretariat der Wandel in der Sichtweise auf die Frage der Diözesangrenzen in Polen erkennbar. Selbst wenn den beiden Politikern keine Zusagen für ihre Vorschläge gemacht wurde, so muss doch in Betracht gezogen werden, dass allein der Umstand, dass nun das vatikanische Staatssekretariat von der veränderten Ansicht in der Bundesregierung aus erster Hand in Kenntnis gesetzt war, ein politisches Ereignis war, dessen Wirkung im Gesamtzusammenhang nicht unterschätzt werden darf.

»... Im Sinne einer zielstrebigeren Aufklärungsarbeit«   **135**

ihrem Territorium ausüben. Entsprechend der UN-Charta sind ihre Souveränität und territoriale Integrität, d. h. auch ihre Grenzen zu achten.«[296]

Aus dieser grundlegenden Darlegung und dem danach erwähnten »Vertrag von Zgorzelec«[297] folgten zwei Forderungen an den Vatikan:
1. Die Bundesregierung in Bonn aus den Verhandlungen herauszuhalten und damit die Gültigkeit des Reichskonkordats auszusetzen
2. Die Anerkennung der Grenzen der DDR als Staatsgrenzen.[298]

Selbst wenn sich die Darlegungen als ideologisch-politische Allgemeinplätze der begehrlich auf die internationale Legitimation hinarbeitenden DDR-Führung lesen lassen, so waren doch grundsätzlich neue Fragen berührt:
– Die polnische Neuzirkumskription betraf das Gebiet der DDR nur am Rande und in einem wenig ideologisch belasteten Rahmen, aber die DDR-Führung war nicht mehr bereit, den ihr Staatsterritorium betreffenden Verhandlungen nur als stiller Beobachter beizuwohnen.
– Die Einschaltung der Bundesregierung in die Verhandlungen und deren sogar von der polnischen Regierung akzeptiertes Mitspracherecht stellte für die DDR einen Eingriff in ihre Souveränität dar. Dieser Umstand war der auslösende Moment dieser Stellungnahme.
– Im Gegensatz zur inhaltlichen Forderung des Politbüros vom November 1969, das Reichskonkordat für die DDR ungültig zu erklären, wurde nun der völkerrechtlichen Souveränität in hohem Maß Raum eingeräumt, um so auf »gleicher Augenhöhe« verhandeln zu können.
– Mit diesem Schreiben »hinterlegte« die DDR nicht nur ihre Vorstellungen und Forderungen offiziell und in unverkennbarer Deutlichkeit im vatikanischen Staatssekretariat, sondern auch die Bedingungen für mögliche Verhandlungen.

Der Vatikan reagierte auf dieses Schreiben mit Zurückhaltung und allgemein gehalten. In diesem Fall muss jedoch schon die erfolgte Antwort als Erfolg der DDR-Diplomatie gewertet werden. Der Vatikan hatte reagiert, er war offenbar bereit die DDR als Verhandlungspartner nicht mehr zu übergehen:

> »... Empfangen Sie meinen besten Dank für Ihre Darlegungen. Ich habe sie mit der schuldigen Aufmerksamkeit zur Kenntnis genommen und in entsprechende Erwägung gezogen. Dazu darf ich Ihnen die Versicherung abgeben, dass sich der Heilige Stuhl in seiner Haltung zu dieser Frage seit jeher nicht von Überlegungen leiten lässt, die von

---

296 A. a. O. (Bl. 82).
297 6.7.1950 (Die DDR akzeptierte die polnische Westgrenze an der »Oder-Neiße-Linie« als Staatsgrenze).
298 »Aide-Mémoire (16. 12. 1969)«. A. a. O. (Bl. 83).

politischen Interessen und Bevorzugungen bestimmt werden, sondern sich in unvoreingenommener Weise um die Einhaltung der allgemein anerkannten Rechtsgrundsätze bemüht, die das Leben und die Beziehungen der Völkergemeinschaft regeln.«[299]

Die intelligente Übermittlung des Antwortschreibens ließ die Deutung nicht zu, es handle sich um einen normalen Akt diplomatischer Gepflogenheiten. Eine faktische Anerkennung der DDR und deren diplomatische Bemühungen, als eigenständig und souverän zu gelten, war durch die Zustellung der Antwort an die DDR-Führung ausgeschlossen: Casaroli hatte sein Antwortschreiben »… An den Herrn Außenminister Otto Winzer; Berlin«[300] adressiert und es damit geschickt vermieden, sowohl die DDR selbst, als auch deren Hauptstadt zu erwähnen. Zudem bat er Kardinal Bengsch, das Schreiben an den Außenminister weiterzuleiten, und übersandte es nicht direkt. Kardinal Bengsch schickte das Schreiben lediglich an den Staatssekretär für Kirchenfragen und bat Seigewasser, das Schreiben an den Außenminister Winzer zu senden; er entledigte sich so »… des hohen Auftrags«[301].

Es blieb aber der Fakt, dass Casaroli zum einen die DDR als Determinante bei der Frage der Neuzirkumskription von Diözesangrenzen und als Verhandlungspartner überhaupt wahrnahm und er zum anderen bestätigte, dass die Darlegungen der DDR-Führung bei ihm angekommen waren und in Konsideration gezogen wurden. Daher ist der Darstellung zu widersprechen, dass dieser Notenwechsel letztendlich nur ein »… nichtssagendes diplomatisches Schreiben«[302] hervorbrachte. Die Wirkung des Antwortschreibens – selbst auf diesem verschlungenen Weg an den Außenminister herangetragen – sollte in seiner Bedeutung für den Prozess der Wandlung in der gegenseitigen Wahrnehmung der ungleichen Partner DDR und Vatikan nicht unterschätzt werden.

Nachdem die Verhandlungen der BRD mit Polen zum »Status quo« der Nachkriegsordnung im Dezember 1970 mit der Unterzeichnung und der eineinhalb Jahre später erfolgenden Ratifizierung des »Warschauer Vertrags« zu einem erfolgreichen Ende geführt worden waren, war der Weg für die Herstellung endgültiger Verhältnisse in Polen frei.

Mit der am 28. Juni 1972 erfolgten umfassenden Veränderung der Jurisdiktionsbezirke in Polen und der damit verbundenen Gründung der apostolischen Administratur Görlitz (1. August 1972) und der Exemtion des Bistums Berlin aus dem Erzbistum Wrocław (29. September 1972) hatte Vatikanische Ostpolitik nun erstmals auch direkten Einfluss auf die kirchliche Organisationsstruktur auf

---

299 A. a. O.
300 A. a. O.
301 »Schreiben Kardinal Bengschs an Staatssekretär Seigewasser (10.6.1970)«. In: SAPMO. Bestand: AG.KF.ZK d. SED (vor 1971). Sig.: DY 30 IV A 2/14 32. (Bl. 80).
302 Schäfer, B.: »Der Vatikan und die DDR (1962–1989)«. A. a. O. (S. 259).

dem Staatsgebiet der DDR ausgeübt. Kardinal Bengsch teilte im Namen des Papstes der Regierung der DDR am 27. Juni 1972 mit, dass diese Veränderungen auch die DDR selbst beträfen[303].

In der AG Kirchenfragen beim ZK der SED wurde dieses Schreiben einer reichlich optimistischen Bewertung unterzogen: »... Der Vatikan hat es für notwendig gehalten, die Regierung der DDR vor der Veröffentlichung der Verlautbarung offiziell über Bengsch zu informieren.«[304] Die Wertung als Erfolg war, wenn sie auch deutlich zu optimistisch ausfiel, richtig, denn der Vatikan hatte erneut die Regierung der DDR als unumgängliches Faktum anerkannt. Dass Kardinal Bengsch dieser Konsultationspflicht, der sich der Vatikan offenbar auch für die DDR aussetzte, erst einen Tag vor der öffentlichen Bekanntmachung entledigte, muss jedoch als geglückter Versuch angesehen werden, die Achtung der Regierung der DDR so gering wie möglich zu halten.

Es waren nicht die faktischen Veränderungen an der »Oder-Neiße-Linie (Grenze)«, die für die SED-Führung bedeutsam waren, sondern vielmehr die erzwungene Beteiligung an diesem Prozedere, selbst wenn dies nur auf Umwegen geschah. Die langwierigen Verhandlungen um die ehemals deutschen polnischen Westgebiete hatten ab 1969 die DDR ins »Spiel« gebracht und deren Positionen sichtbar werden lassen. Auch wenn keine direkte Anerkennung der DDR erfolgte, war nun nicht nur intern das Feld für etwaige Verhandlungen mit dem Vatikan bestellt, sondern es wurden erste praktisch-inhaltliche Schritte durch die Diplomatie vollzogen. Der Vatikan hatte sich, was die DDR anbelangte, eher abwartend verhalten, zumal zunächst andere Probleme drängten. Dem päpstlichen Staatssekretariat war jedoch die besondere Bedeutung der DDR klar, selbst wenn es keine aktiven diplomatischen Handlungen in Richtung der DDR gab. Implizit war sie Thema, sowohl bei den Vorschlägen des Nuntius in Bonn 1966 als auch bei den unter seelsorgerischen Gesichtspunkten schon 1967 notwendig gewordenen Eingriffen in die Organisationsstruktur in Polen, die nicht zuletzt mit dem eindeutigen Hinweis auf ein Provisorium ausgeführt wurden, um der DDR-Führung so wenig Anlass zur Reaktion zu geben wie nur irgend möglich. Auch die beharrliche Haltung der Bundesregierung bezüglich des Reichskonkordats muss in diesem Kontext gesehen werden, denn der so gegebene politische Zugriff auf die gesamtdeutsche Organisation der katholischen Kirche war ein wichtiger Argumentationsstrang in der Auseinandersetzung.

Es waren die faktischen Gegebenheiten am Ende der Dekade nach dem Mauerbau, die alle beteiligten Parteien zum Handeln zwangen und/oder er-

---

303 »Schreiben Kardinal Bengschs an StSek.f.KF. vom 27.12.1972«. In: SAPMO. Bestand: AG.KF.ZK d. SED (ab 1972). Sig.: DY 30 IV B2/14 38. (Bl. 1–2).
304 »Anmerkungen Fritz Naumann (Mitarbeiter der AG Kirchenfragen) zum Schreiben Bengschs (27.12.1972)«. In: SAPMO. Bestand: AG.KF.ZK d. SED (ab 1972). Sig.: DY 30 IV B2/14 164. (Bl. 27–29). (Bl. 27).

mutigten. Für die vatikanischen Diplomaten stellte sich hier kein innerdeutsches oder gesamteuropäisches Problem, selbst wenn die Problemlagen mit diesen Kategorien beschreibbar waren. Der Vatikan hatte Millionen Gläubige zu betreuen und musste nach eigenen Leitlinien zunächst Seelsorge in den Bistümern sichern. Den vatikanischen Vertretern waren z. B. die Hände gebunden, wenn in den ehemals deutschen Ostgebieten Polens ein Geistlicher an entscheidender Stelle verstarb. De jure durften nur deutsche Ordinarien berufen werden. Dieser Umstand wurde weder von der kommunistischen Regierung Polens noch vom polnischen Episkopat akzeptiert. Es mussten intelligente Lösungen gesucht werden, die diesen gegensätzlichen Forderungen gerecht wurden und die Entwicklungen in der europäischen Politik mit einbezogen.

An den politischen Nachkriegsentwicklungen kam keine der beteiligten Parteien mehr mit dem alleinigen Hinweis auf deren provisorischen Charakter vorbei und auch im Vatikan setzte sich eine pragmatischere Sichtweise auf die evidenten Problemfelder durch.

Die DDR-Führung musste sich in die Verhandlungen hineinzwängen, aus denen sie von der Bundesregierung herausgehalten werden sollte. Spätestens mit dem Notenwechsel Winzer – Casaroli (1969) war dies gelungen und mit dem Abschluss der kirchenrechtlichen Entwicklung in Polen stand die Aufnahme von Verhandlungen mit der DDR auf der Agenda des vatikanischen Staatssekretariats, denn es gab, außer an der sowjetischen Westgrenze zu Polen, keinen derart evidenten strukturellen Konfliktstoff mehr wie bei der Grenzziehung der deutschen Diözesen an der innerdeutschen Grenze.

Am 28. Oktober 1972 griff ein Westberliner Priester zur Feder und teilte dem Nuntius in Bonn seine Bedenken mit, dass nach der Angleichung der Diözesangrenzen in Westpolen nun eine vergleichbare Maßnahme in der DDR kommen könnte[305]. Nuntiaturrat Prälat Mario Carlomagno antwortete ihm:

> »... Entgegen manchen anders lautenden Pressemeldungen sehen wir derzeit keinen triftigen Grund zu solcher Befürchtung. Die Situation und vor allem die seelsorgerischen Belange der beiden Gebiete sind so verschiedenartig, dass sie sich nicht miteinander vergleichen lassen.«[306]

Eine Kopie des Schreibens ging an das Ordinariat (Ost) des Bistums Berlin, dort wurde das Wort »derzeit« farbig hervorgehoben[307].

---

305 »Schreiben der Nuntiatur an Wendelin S. (3.11.1972)«. In: DAB. Bestand: NL Bengsch. Signatur: Staat und Kirche (V/5-7-5 1965-1970, 1972, 1977). (unpag.).
306 A. a. O.
307 A. a. O.

7.3 »... Für uns gelten die Verträge« – Epochenwechsel 1972

Das Jahr 1972 stellte in vielerlei Hinsicht einen Wendepunkt in den Beziehung des Vatikans zur DDR dar.
1. Die DDR wurde nach der Unterzeichnung des Grundlagenvertrages von sehr vielen nicht sozialistischen Staaten, vor allem aber den westlichen Siegermächten des Zweiten Weltkriegs, anerkannt. Daraus leitete die DDR eine unumschränkte Souveränität ab, die auch mit der Aufnahme in die UNO völkerrechtlich noch nicht gegeben war, was vor allem für die »Deutsche Frage« von gehobener Bedeutung blieb.
2. Die Verhandlungen in Genf und Helsinki zur Europäischen Konferenz für Sicherheit und Zusammenarbeit in Europa (KSZE) waren in vollem Gange und die DDR gleichberechtigter Partner. Da auch der Vatikan mit diplomatischen Vertretern in Genf anwesend war, konnten auf dieser Ebene erste Verhandlungen geführt werden und die gegenseitige Akzeptanz wurde durch die beiderseitige Teilnahme gestützt.
3. Durch diese Faktoren sah sich die SED-Führung ermutigt, offensiver und fordernder auf den Vatikan zu zugehen, was dieser nicht mehr unkompliziert ablehnen konnte.

Dieses Jahr stellte den Abschluss eines Prozesses dar, der die DDR in der kurzen Zeit der Détente zu einem Mitglied der internationalen Gemeinschaft werden ließ, wenngleich dieser Statuswechsel der DDR nicht zu einer Vollsouveränität im Konzert der Staaten führte, was vor allem durch die bundesdeutsche Politik, meist im Einklang mit den Westalliierten, forciert wurde. Dennoch hatte der Umstand der internationalen (Teil-)Anerkennung, durch mehrere faktische und völkerrechtliche Ereignisse begleitet, sui generis Auswirkungen auf das Verhältnis des Vatikans zur DDR. 1972 war somit auch das Jahr von erstmals qualitativ und quantitativ intensiven Kontakten von Diplomaten des Vatikans und der DDR.

Die politische Stoßrichtung der DDR-Führung war dabei klar und deutlich erkennbar. In einem Memorandum aus dem August 1972 bekräftigten die handelnden Personen der DDR gegenüber dem Vatikan vor allem, dass der Alleinvertretungsanspruchs der Bonner Bundesregierung in der Deutschlandpolitik grundsätzlich und letztendlich abzulehnen sei.

Zwei kirchenpolitische relevante Konstellationen standen dabei im Focus des Interesses. Am wichtigsten war von Beginn an die Überschneidung von Diözesangrenzen durch die innerdeutsche Grenzlinie. Die kirchenrechtliche Situation in der DDR war dabei weitaus weniger kompliziert als wenige Jahre zuvor in Polen, da die Seelsorge zu keinem Zeitpunkt ernsthaft gefährdet schien. Dennoch war durch die Ergebnisse des Zweiten Weltkrieges ebenfalls eine

Trennung von Jurisdiktionsbezirken der katholischen Kirche durch Staatsgrenzen entstanden:
- die Diözese Fulda erstreckte sich über weite Teile auf das Staatsgebiet der DDR (südlich des Harzes, die Gebiete um Erfurt, Eisenach und Jena)
- der Bischof von Würzburg war neben seinen Diözesanteilen in der BRD auch noch für einen kleinen Landstrich im südlichen Thüringer Wald um Meiningen zuständig
- der größte Teil Sachsen-Anhalts war kirchenrechtlich der (Erz-)Diözese Paderborn zugehörig (um Stendal, Magdeburg, Halle und Halberstadt)
- ein großer Anteil Mecklenburgs um die Städte Schwerin und Rostock, aber auch bis Neubrandenburg war in die Diözese Osnabrück eingegliedert.

Verbunden mit diesem Problemkreis war die Zugehörigkeit der Ordinarien auf ostdeutschem Staatsgebiet zur Deutschen Bischofskonferenz (DBK), was einen weiteren, nachgeordneten Kritikpunkt der DDR-Führung gegenüber dem Vatikan darstellte.

Die außergewöhnlichen politischen Verhältnisse in der DDR waren dem Vatikan freilich bewusst und auch die Notwendigkeit, in dem Spannungsfeld der Beziehungen Vatikan – DDR; Vatikan – BRD; Vatikan – Episkopat (West und Ost) mit außergewöhnlichen und teilweise sensiblen Maßnahmen reagieren zu müssen. Die Flexibilität in seinen Entscheidungen stellte der Vatikan z. B. schon 1970 unter Beweis, indem er den Weihbischöfen (!) der (Erz-)Bischöflichen Kommissariate in Magdeburg und Schwerin Adjutor-Bischöfe anbeistellte. Dieser Vorgang stellte kirchengeschichtlich eine Besonderheit dar. Das Kanonische Recht kannte diese Konstruktion bis dato noch nicht, lediglich die Anbeistellung von Koadjutorbischöfen für einen Diözesanbischof war in Sondersituationen im CIC von 1917 vorgesehen. Die Adjutoren Braun (Magdeburg) und Theissing (Schwerin) waren mit dem Recht der Nachfolge für den Fall der Vakanz der Stellen des (erz-)bischöflichen Kommissars ausgestattet und nicht mehr den Diözesanbischöfen unterstellt. Diese Sonderkonstruktion wurde in der Dienststelle des Staatssekretärs für Kirchenfragen und der AG Kirchenfragen beim ZK der SED wohlwollend aufgenommen[308]. Die Bekanntgabe dieser Lösung direkt durch den »DDR-Kardinal«[309] im Auftrag Kardinalstaatssekretärs Villot, und nicht durch den apostolischen Nuntius wurde zudem als protokollarisches Zugeständnis an die DDR gewertet.

Zudem gab es verschiedene Informationen aus dem Vatikan, die in der HA

---

308 »Information über die Einsetzung von Adjutor-Bischöfen in der DDR«. (o. Dat. März 1970). In: SAPMO. Bestand: AG.KF.ZK d. SED (bis 1971). Sig.: DY 30 IV A 2/14 30. (Bl 42–45). (Bl. 44).
309 »Entwurf zur Beschlussvorlage bezüglich der Verselbständigung der katholischen Kirche in der DDR (19.6.1972)«. In: BA. Bestand: StSek.f.KF. Sig.: DO4 1302. (Bl. 86–95). (Bl. 91).

XX/4 des MfS unter anderen von einer der schillerndsten und undurchsichtigsten Personen zusammengetragen wurden, die für das MfS im Bereich der katholischen Kirche arbeiteten: Hans-Joachim Seydowski alias »IM-Gerhard«[310]. So erreichten Informationen die Parteiführung[311], die den Vatikan als verhandlungsbereit und die Wahrnehmung der DDR im Vatikan als außerordentlich positiv darstellten. So habe man im Vatikan registriert, dass die DDR bis dato (April 1971) die Einheit der katholischen Kirche in Deutschland offiziell noch nicht angetastet habe, die DDR durch ihre Handlungen das Konkordat anerkenne und keine Justizmaßnahmen gegen mittlere und höhere Hierarchie angewandt habe. Des Weiteren sähe der Vatikan die Lage der katholischen Kirche in der DDR als am unkompliziertesten im Ostblock an. Allerdings wurde festgehalten, dass eine Kontaktaufnahme seitens des Vatikans erst nach der bevorstehenden Einigung mit Polen, der BRD und der ČSSR in Angriff genommen würde – voraussichtlich 1972.

Es waren derartige Informationen, die das MfS an die wichtigsten Kirchenpolitiker der SED-Führung weiterleitete und die so deren politisches Verhalten mitbeeinflusste. Die direkte Beeinflussung durch derartige Meldungen und In-

---

310 Hans-Joachim Seidowsky (* 3.10.1932) war ab spätestens 1957 bis 1974 als IM für die HA XX/4 tätig. Er galt von Beginn an als Spezialist für die katholische Kirche. Er war 1957–1961 beim Staatssekretär für Kirchenfragen tätig, zuletzt als dessen persönlicher Referent; von 1961–1965 als wissenschaftlicher Mitarbeiter an der philosophischen Fakultät der HU Berlin und promovierte dort bei Prof. Eduard Winter (1965) mit einer Arbeit zum Reichskonkordat von 1933 (Seidowsky, H.-J.: »Das Reichskonkordat vom 20.7.1933 als Beitrag der politisch-klerikalen Kräfte der katholischen Kirche in Deutschland und des Vatikans zur Stabilisierung der faschistischen Diktatur in Deutschland«. Berlin 1965. Berlin. Humboldt-Universität. Phil. Fak. Diss. v. 31. März 1965). 1974 ging er in den Anleitungsbereich des ZK der SED über und wurde daher nicht mehr als IM geführt (Treffberichte mit Hansjacob Stehle wurden noch nach 1974 an die HA XX/4 weitergeleitet). Seidowsky war für die Informationsgewinnung bezüglich des Vatikans von besonderer Bedeutung, da er persönlich mit dem Vatikan- und Polenexperten Hansjacob Stehle bekannt war. Stehle wurde im MfS, ohne sein Wissen, als »IM Jacob« geführt. Er wurde zu politischen Entwicklungen im Vatikan von Seidowsky »abgeschöpft«. Seidowsky hatte als Mitarbeiter des DDR-Fernsehens eine gute »Reiselegende«. Aus diesen Treffen entstanden Berichte, die in Informationen des MfS an die Parteiführung einflossen. Seidowsky selbst geriet ab 1984 ins Visier der HA II und HA XX des MfS, von denen er ab dieser Zeit operativ überwacht wurde. Es ist schwer nachzuvollziehen, inwieweit die operative Überwachung Seidowskys der Legendenbildung innerhalb des MfS diente, oder ob die Überwachung ernstlich in Erwägung gezogen und aufgrund verschiedener Verdachtsmomente eingeleitet wurde. Auch der bundesdeutsche Verfassungsschutz hatte Seidowsky ab 1986 in der Flug- und Grenzfahndung.

311 Im Verteiler (Anfang der 70er Jahre) der Informationen zum Vatikan waren – neben dem MfS internen Verteiler – immer das Politbüromitglied Verner und der ZK-Abteilungsleiter für Kirchenfragen, Barth. Einige Male wurden die Informationen auch an Außenminister Winzer und die Politbüromitglieder Axen, Honecker und Lamberz weitergeleitet.

formationen ist an dieser Stelle nicht messbar, aber es ist naheliegend, dass sie Entscheidungsfindungen beeinflussten.

In das nun entstandene politische Umfeld in Europa hinein lancierte das Politbüro ein Memorandum an den Vatikan. Dieses wurde erneut von der Dienststelle des Staatssekretärs für Kirchenfragen, der AG-Kirchenfragen beim ZK der SED, dem Außenministerium und dem zuständigen Politbüromitglied (Verner) vorbereitet. Darin war eine bis dahin ungekannte diplomatische und inhaltliche Klarheit eingebunden, die sowohl für den Vatikan als auch für den gesamtdeutschen Episkopat hohes Beunruhigungspotenzial besaß: Die Forderung nach uneingeschränkter Verselbstständigung der katholischen Kirche in der DDR.

7.3.1 Der Politbürobeschluss zur Erstellung des Memorandums

In der Zeit vom 7. bis 16. Februar 1972 weilte Kardinal Bengsch zur Sitzung des Sekretariats für die Einheit der Christen in Rom. Dort soll er, laut Information des MfS vom 9. Februar, auch vielfältige Gespräche in der Römischen Kurie geführt haben[312]. Dabei wurde dem MfS vermeintlich bekannt, dass der Vatikan gewillt wäre, die »Ostverträge« als Friedensverträge zu akzeptieren. Zudem dachte man, Bengsch habe in Rom schon die Neugliederung der Jurisdiktionsbezirke im Staatssekretariat im Sinne der DDR vorgeschlagen, wonach eine Verselbstständigung der Bistumsbereiche auf dem Staatsgebiet der DDR mit residierenden Bischöfen in der BRD zu vollziehen sei. Die inhaltliche Qualität dieser Information war schlecht. So wurde als einer der neu zu regelnden Punkte festgehalten: »... Meißen wird ebenfalls ein selbständiges Bistum«[313] – das war es schon seit 1921, nur der Bischofssitz befand sich in Bautzen. Die Zielsetzung des MfS war schon 1970 klar formuliert, als es um die anstehenden Aufgaben bezüglich der katholischen Kirche in der DDR ging:

> »... Die Schaffung einer eigenen – von der BRD getrennten – nationalen Bischofskonferenz sowie die volle Verselbstständigung der Bistümer Erfurt-Meiningen, Magdeburg und Schwerin sind unsere wichtigsten politischen Ziele. Hier geht es nicht schlechthin um die Trennung der katholischen Kirche in der DDR von der BRD, sondern darum, dem Alleinvertretungsanspruch der Bonner Regierung auf kirchlichem Gebiet wirksam zu begegnen.«[314]

---

312 »Information über Romreise Kardinal Bengschs vom 7.2.1971 – 16.2.1972 vom 9.2.1972«. In: BStU. Bestand: HA XX/4. Sig.: HA XX/4 1259. (Bl. 243–246).
313 A. a. O. (Bl. 245).
314 »Konzeptionelle Einschätzung: Die Ostpolitik des Vatikans und die Voraussetzung zur Verselbstständigung der katholischen Kirche in der DDR (21.5.1970)«. In: BStU. Bestand: HA XX/4. Sig.: HA XX/4 1259. (Bl. 94).

Nach der Ratifizierung der »Ostverträge« durch den Deutschen Bundestag war auch für die Dienststelle des Staatssekretärs für Kirchenfragen die Ausgangslage gesichert und klar:

> »... Die Verträge zwischen der SU, der VRP und der BRD sind ratifiziert. In diesen Verträgen ist festgelegt, dass die Grenzen zwischen der DDR und der BRD unverletzlich (unabänderlich) sind. Jetzt müssen wir uns überlegen, was sich davon, ausgehend von der Ratifizierung der Verträge, für die Regelung der Diözesangrenzen der katholischen Kirche ergibt.«[315]

Da die Dienststelle des Staatssekretärs aus den »Ostverträgen« die vollständige Anerkennung der Westgrenze Polens interpretierte, wurde dies einer völkerrechtlichen Anerkennung der DDR durch die BRD gleichgesetzt. So ganz sicher war man sich bei dieser Frage jedoch nicht, denn zumindest erkannten die Mitarbeiter des Staatssekretärs für Kirchenfragen, dass zu diesem völkerrechtlich komplizierten Problem auch andere Interpretationen möglich waren: »... Die Juristen im Vatikan werden wahrscheinlich die gemeinsame Resolution des Bundestages heranziehen, aber das interessiert uns nicht. Für uns gelten die Verträge.«[316] An einen schnellen Erfolg glaubten man noch nicht: »... Dabei muss man ausgehen von der Tatsache, dass dies ein langer Prozess werden wird.«[317] Neben dem Ausgangspunkt wurden die zwei wichtigsten Aufgaben, die zeitnah mit den Völkerrechtsexperten des Außenministeriums abzustimmen waren, festgehalten:

1. Die Erarbeitung eines Schreibens an den Vatikan, in dem der Problemkreis der Diözesangrenzen dargelegt, die Unabhängigkeit von der BRD postuliert und Lösungen eingefordert wurden.
2. »... Was machen wir mit Westberlin? [...] Es verspricht wahrscheinlich wenig Erfolg, mit Bengsch darum zu kämpfen. Er kann stets auf die Zuständigkeit des Vatikans für diese Frage verweisen. Außerdem erscheint es besser, den Kardinal hier in der Hauptstadt der DDR als in Westberlin zu haben. Es werden keine Möglichkeiten gesehen, hier juristisch oder kirchenrechtlich etwas zu verändern.«[318]

Der in auffallender Schnelligkeit erstellte Entwurf einer Beschlussvorlage für das Politbüro war am 19. Juni 1972 samt Begründung fertig. Die Abstimmung der wichtigsten Beteiligten begann, und am 6. Juli 1972 war die endgültige Be-

---

315 »Festlegung der Diözesan-Grenzen der katholischen Kirche in der DDR nach Ratifizierung der Verträge der Sowjetunion und der VR Polen mit der BRD«. (o. Dat., aber nach dem 3. 6. 1972 und vor dem 14. 6. 1972). In: BA. Bestand: StSek.f.KF. Sig.: DO4 1302. (Bl. 94 f.). (Bl. 94).
316 A. a. O.
317 A. a. O. (Bl. 95).
318 A. a. O.

schlussvorlage für die Sitzung des Politbüros am 18. Juli vom Staatssekretär für Kirchenfragen (Hans Seigewasser), dem Staatssekretär und stellvertretenden Außenminister (Peter Florin), dem Leiter der Arbeitsgruppe Kirchenfragen (Willi Barth) und dem zuständigen Politbüromitglied (Paul Verner) unterzeichnet. Innerhalb eines Monats waren eine qualitativ durchaus hochwertige Beschlussvorlage nebst Begründung und das Memorandum selbst erstellt. Diese kurze Zeitspanne machte die Dringlichkeit dieses Problems in der SED-Führung sichtbar. Der Titel, unter dem dieses Kompendium im Politbüro behandelt werden sollte, war:

> »... Maßnahmen zur Regelung der Diözesangrenzen der katholischen Kirche entsprechend den Staatsgrenzen als notwendige Konsequenz nach der Ratifizierung des Vertrages der UdSSR mit der BRD.«[319]

Mit dieser Maßnahme sollten endlich Ergebnisse erreicht werden auf einem Gebiet, das bisher abseits der »Großen Politik« lag, aber mit dem Legitimations- und Unabhängigkeitsstreben der SED-Führung nun in den Mittelpunkt der Behandlung gerückt war. Auf diesem Weg sollte eine Institution zur Anerkennung der DDR bewegt werden, deren weltweites Ansehen in dieser außenpolitischen Lage klar unterstützend wirken würde.

In der Begründung der Vorlage an das Politbüro wurde das entscheidende Paradoxon und Dilemma in der Politik der DDR-Führung erkennbar. Als oberstes Ziel wurde die internationale und völkerrechtliche Anerkennung der DDR als souveräner Staat postuliert. Damit verbunden war das eigentliche Endziel der DDR-Führung: die völlige Unabhängigkeit von der BRD. Das Verhalten gegenüber dem Vatikan war daher vordergründig nicht von kirchenpolitischen Erwägungen determiniert, sondern durch außenpolitische Zielstellungen. Um diese Unabhängigkeit zu erreichen, war man jedoch gezwungen, in der politischen Argumentation erst einmal als Basis des Handelns die eigene Abhängigkeit der DDR von der Politik der BRD implizit zuzugeben. Das heißt, dass ein Handeln bezüglich der Veränderung der Diözesangrenzen erst möglich wurde, nachdem es zu völkerrechtlichen Verträgen der BRD mit anderen europäischen Staaten gekommen war (»Moskauer« und letztendlich der »Warschauer Vertrag«). Diese Verfahrensweise legte die objektiv eingeschränkte (außen-)politische Handlungsfreiheit offen. In allein fünf von sieben Punkten der Begründung der Vorlage ging man auf die Einflussnahme der BRD auf die Politik der DDR ein. Es war folglich hier nicht politische Aktion zu erkennen, sondern einzig Reaktion im Nachvollziehen der Vorgaben bundesdeutscher Außenpolitik. Paradoxerweise musste die DDR-Führung ihre internationale

---

319 »Vorlage an das Politbüro des ZK der SED«. In: SAPMO. Bestand: AG.KF.ZK d. SED (ab 1972). Sig.: DY 30 IV B2/14 164. (Bl. 79–84). (Bl. 79).

Unabhängigkeit erkämpfen, indem sie de facto eine Abhängigkeit von der BRD in ihr politisches Handeln gegenüber dem Vatikan einfließen ließ. Dieses Paradoxon stellte gleichzeitig das größte politische Dilemma der DDR-Führung dar: Nicht nur in der öffentlichen Propaganda, sondern auch im gesamten politischen Tagesgeschäft wurde immer Wert auf die Tatsache gelegt, dass die Realitäten nach dem Zweiten Weltkrieg zwei souveräne deutsche Staaten hervorgebracht hätten. Konsequent zu Ende gedacht hätte dies für die DDR-Führung bedeutet, dass jegliche Diskussion über die Souveränität der DDR obsolet sein müsste. Aber die objektive Macht des Faktischen zwang die DDR-Führung, mit dem Politbüro an der Spitze, immer wieder in diese paradoxe Situation.

7.3.2 Das Memorandum

Am 18. Juli 1972 fasste das Politbüro seinen ersten und einzigen direkten Beschluss, in dem eine diplomatische Initiative gegenüber dem Vatikan angeordnet wurde. Das Memorandum, das im Vorfeld des 18. Juli erstellt wurde, war zwischen Außenministerium und der Dienststelle des Staatssekretärs für Kirchenfragen abgesprochen, jedoch war die Handschrift der Abteilung Rechts- und Vertragswesen im Außenministerium deutlicher herauszulesen. Dieser Umstand mutet geradezu selbstverständlich an, betrachtet man die vordergründig außenpolitischen Zielsetzungen und Intentionen des Memorandums. Es ging im Kern nicht um kirchenrechtliche Fragen; diese waren nur der Transmissionsriemen für eine Anerkennung der innerdeutschen Grenze als Staatsgrenze der DDR. Es war daher folgerichtig, dass der erste Punkt des Politbürobeschlusses und das Memorandum selbst diese Frage in den Mittelpunkt stellte.

Im Beschluss wurde zunächst festgehalten:

> »... Ausgehend von der völkerrechtlich verbindlichen Ratifizierung des Vertrages der UdSSR mit der BRD wird der Vatikan ersucht, die Diözesangrenzen der katholischen Kirche in der DDR mit ihren Staatsgrenzen zur BRD in korrekte Übereinstimmung zu bringen.«[320]

Bei dem im Anschluss konkretisierten Anliegen des Memorandums kam es zu einer unmissverständlichen Offenbarung des Legitimationsstrebens, das in diesem Memorandum immer wieder zutage trat. In fast jedem Absatz des Memorandums fand sich der Hinweis auf die Souveränität der DDR.

Dieses Memorandum bildete für die gesamte Zeit der Verhandlungen der DDR und des Vatikans die Grundlage der Forderungen an den Vatikan. Hinter

---

320 »Anlage Nr. 13 zum Protokoll Nr. 28/27 vom 18.7.1972«. A. a. O. (Bl. 100).

diese Forderungen war die DDR nicht bereit zurückzugehen. Provisorien wurden von vornherein ausgeschlossen:

> »Provisorische Regelungen, die der Souveränität der Deutschen Demokratischen Republik nicht voll Rechnung tragen und in der Konsequenz auf eine Diskriminierung der Deutschen Demokratischen Republik hinauslaufen, sind nicht geeignet, die Probleme zu lösen.«[321]

Mit diesem Memorandum legte das Politbüro die Messlatte bewusst sehr hoch, womit es sich ausgesprochen konsequent zeigte und an dieser Vorgabe mussten das Politbüro und das von ihm kontrollierte Außenministerium letztlich die eigenen Handlungen und etwaigen Erfolge messen.

Eine versteckte Drohung an exponierter Stelle des Memorandums sollte als einzige kirchenpolitische Reminiszenz auch das einzige Druckmittel erhellen und der Forderung entsprechend Nachdruck verleihen: die katholische Kirche auf dem Staatsgebiet der DDR in Abhängigkeit von der Herrschaft der SED-Führung.

> »... Eine Regelung, wie sie auch gegenüber anderen souveränen Staaten gehandhabt wird, wird einem normalen Verhältnis zwischen der Deutschen Demokratischen Republik und der katholischen Kirche und auch den Interessen der Katholiken in der Deutschen Demokratischen Republik nur dienlich sein.«[322]

Der »Erfolg« sollte sich jedoch zu keiner Zeit einstellen. Die DDR-Führung erreichte es bis 1990 nicht, dass auf dem Staatsgebiet der DDR, diesem grenzkongruent, Bistümer entstanden. Die Forderung nach Grenzverschiebungen und deren Intentionen blieben allerdings bestehen. Das zeigte z. B. eine Ausarbeitung der Abteilung Katholische Kirche der Dienststelle des Staatssekretärs für Kirchenfragen aus dem Januar 1988, mit dem Titel: »Zur Politik des Vatikans gegenüber der DDR«. Darin wurde erneut die zentrale, aber auch zu diesem späteren Zeitpunkt noch ungelöste Frage der Zirkumskription der Diözesen an der innerdeutschen Grenze in den Mittelpunkt der Betrachtung gestellt:

> »... Eine noch immer offene kirchenpolitische Frage zwischen dem Vatikan und der DDR ist die Festlegung der Diözesangrenzen der katholischen Kirche in der DDR in Übereinstimmung mit den Staatsgrenzen der DDR und der BRD. Für die DDR steht dabei im Vordergrund, dass mit der Festlegung dieser Diözesangrenzen durch den Vatikan die Unantastbarkeit und Dauerhaftigkeit der Grenze zwischen beiden deutschen Staaten und zugleich der Grenze zwischen den beiden Systemen sanktioniert wird.«[323]

---

321 A. a. O. (Bl. 105).
322 »Memorandum (Anlage zur Anlage Nr. 13 zum Protokoll Nr. 28/27 vom 18.7.1972)«. A. a. O. (Bl. 105).
323 »Zur Politik des Vatikans gegenüber der DDR (Januar 1988)«. In: BA. Bestand: StSek.f.KF. Sig.: DO4 3575. (Bl. 120–138). (Bl. 120).

7.3.3 »... Man kann die Kuh nicht melken und zugleich schlachten wollen« – Das Spitzengespräch Bengsch – Stoph

Neben der Erarbeitung des Memorandums zu den Diözesangrenzen gab es ein weiteres Anliegen des Politbüro in seinem Beschluss vom 18. Juli: ein Spitzengespräch zwischen Kardinal Bengsch und Willi Stoph als Vorsitzendem des Ministerrates der DDR. Kurz nach der Übergabe des Memorandums an den Pro-Nuntius in Belgrad, Monsignore Mario Cagna, am 4. August 1972, fand dieses Treffen im Gebäude des Ministerrats statt. Diesem Gespräch konnte Bengsch nicht aus dem Weg gehen. Die DDR-Führung hatte es mit zu viel Nachdruck eingefordert und eine Brüskierung der SED-Oberen wollte Bengsch nicht riskieren. So kam es am 24. August 1972 zum zweiten und letzten offiziellen Gespräch Kardinal Bengschs mit einem höheren Regierungsmitglied als dem Staatssekretär für Kirchenfragen, Hans Seigewasser. Von Seiten der DDR-Führung sollte dem Vorsitzenden der BOK und ranghöchsten katholischen Kirchenmitglied in der DDR das Anliegen des Memorandums vorgetragen werden. Das zweite Ziel des Gesprächs war es, die Unterstützung des Purpurträgers für den Vorstoß des Politbüros gegenüber dem Vatikan einzufordern. Zusätzlich war von Bedeutung, die Unterstützung Bengschs dafür einzufordern, dass die kirchenrechtliche Situation Westberlins als Teil des Bistums Berlin unangetastet blieb und gefestigt wurde[324].

Das Gespräch dauerte knapp zwei Stunden. Von Seiten der DDR nahmen Willi Stoph, der Staatssekretär für Kirchenfragen Hans Seigewasser und dessen Stellvertreter Fritz Flint teil. Kirchlicherseits erschienen neben dem Kardinal, Prälat Otto Groß (Beauftragter des Vorsitzenden der BOK zu Verhandlungen mit Regierungsstellen der DDR) und der Sekretär der BOK, Paul Dissemond.

Im Rahmen des Gespräches, welches laut Prälat Groß in gelöst-lockerer Atmosphäre stattfand[325], wurde Kardinal Bengsch vom Inhalt des Memorandums der DDR an den Vatikan unterrichtet. Weiterhin wurde er mit der Bitte konfrontiert, er möge seinen Einfluss in Rom dahingehend einsetzen, eine positive Bewertung des Anliegens der DDR zu erreichen. Bengsch sagte dies zwar zu,

---

324 »Vorschlag einer Gesprächskonzeption des Vorsitzenden des Ministerrats Genossen Willi Stoph mit Kardinal Dr. Alfred Bengsch (2.8.1972)«. In: SAPMO. Bestand: AG.KF.ZK d. SED (vor 1971). Sig.: DY 30 IV A2/14 46. (Bl. 86–94).

325 »Aktennotiz zum Treffen: Kardinal Bengsch – Willi Stoph (24.8.1972)«. In: DAB. Bestand: NL Bengsch. Signatur: Neuzirkumskription der Jurisdiktionsbezirke in der DDR (V/5-7-3 1967, 1972-1974, 1979). (unpag.). Zum Ablauf des Gesprächs vgl. auch: »Vermerk über das Gespräch des Vorsitzenden des Ministerrats, Willi Stoph, mit dem Vorsitzenden der Ordinarienkonferenz der katholischen Kirche in der DDR, Kardinal Dr. Bengsch, am 24.8.1972«. In: SAPMO. Bestand: Büro Paul Verner. Sig.: DY 30 IV 2/2.036 49. (Bl. 14–20). Beide protokollarischen Notizen, staatlicherseits weit umfangreicher, zeichnen sich durch eine große Schnittmenge im Abriss des Gesagten aus.

jedoch mit der Einschränkung versehen, dass »... man sich natürlich in Rom [frage], ob er nicht ein behinderter Bischof sei«[326] und dementsprechend würden seine Chancen in Rom, mit der Staatsführung der DDR belastbare Ergebnisse zu erreichen, eher skeptisch gesehen. Schließlich habe er, so Bengsch, erst heute wieder beim Frühstück ein Beschlagnahmeprotokoll bezüglich seiner Post aus Köln entgegennehmen müssen[327]. Indem Bengsch derart argumentierte, stellte er seine Nichtzuständigkeit heraus; er wollte die uneingeschränkte Kompetenz des Vatikans bezüglich der grundsätzlichen Frage der Bistumsgrenzen in der DDR hervorgehoben wissen. Dass die DDR-Führung die Zuständigkeit des Vatikans in diesem Problemfeld nicht bestritt, war in den Augen des Kardinals der einzige Aspekt, der erfreulich sei. Gegenüber dem Nuntius in Bonn (Corrado Bafile) hob er in einem Schreiben zwei Tage später hervor, dass er davon überzeugt sei, dass dies auch so bleiben müsse und dass er als Verhandlungspartner in diesen Fragen keinerlei Verantwortlichkeit besitze. Bafile möge sich beim Staatssekretariat in Rom dafür verwenden, dass an dieser Verfahrensweise keinerlei Änderungen vorgenommen werden[328]. Weiterhin versuchte Bengsch die Grundsätze des Vatikans in solchen Fällen zu erläutern, nicht um Verständnis zu erreichen, sondern vielmehr, um Sachverhalte klarzustellen, die auch die DDR-Führung nicht ignorieren konnte:

1. Das Prinzip in der vatikanischen Politik, erst nach vertraglichen Regelungen, die allen Erfordernissen des Völkerrechts entsprechen, zu Veränderungen in der Diözesanstruktur zu kommen, zudem denke der Vatikan »...in seiner Politik ja in Jahrhunderten«[329]
2. Den Umstand, dass der Vatikan die ostdeutschen Gebiete noch als Konkordatsgebiet ansehe.
3. Die Verfahrensweise, mit der Neuschaffung von Bistümern auch darauf zu achten, dass mit ihrer Zahl an Gläubigen »lebensfähige Organismen« entstünden, was in der DDR schwierig wäre, hierbei käme es höchstens zur Errichtung von Administraturen.

So wollte Bengsch ein weiteres seiner Anliegen unterstützen: Er widersprach Stoph von Beginn an und ausdrücklich, dass Entscheidungen des Vatikans oder der BOK durch politische Einflussnahme aus der BRD zustande kämen.

Auch in diesem Gespräch, in dem die Gesprächskonzeption aus der AG Kirchenfragen des ZK der SED von Stoph nahezu »eins zu eins« umgesetzt

---

326 »Aktennotiz zum Treffen: Kardinal Bengsch – Willi Stoph (24.8.1972)«. A. a. O.
327 A. a. O.
328 »Schreiben Bengschs an Bafile (26.8.1972)«. In: DAB. Bestand: NL Bengsch. Signatur: V/ 5-7-3 1967, 1972–1974, 1979. (unpag.). S. auch: Pilvousek, J.: »Vatikanische Ostpolitik – Die Politik von Staat und Kirche in der DDR«. A. a. O. (S. 126).
329 »Aktennotiz zum Treffen: Kardinal Bengsch – Willi Stoph (24.8.1972)«. A. a. O.

wurde[330], war Bengsch bestrebt, die grundsätzliche Haltung beizubehalten, politische Statements gegenüber DDR-Offiziellen zu vermeiden. Es konnte allerdings nicht der Eindruck entstehen, dass Bengsch damit unpolitisch blieb oder sich nur auf kirchenpolitische Argumentationen zurückzog. Indem er seine Abstinenz staatlichen Stellen gegenüber auch auf höchster Ebene unmissverständlich begründete, entspann sich ein Gespräch mit deutlich mehr Gesprächsanteilen für Bengsch, in einer politischen Offenheit, wie sie wohl nur äußerst selten im Amtssitz des Vorsitzenden des Ministerrats der DDR zu erleben war. Mit überaus deutlichen Worten brachte der Berliner Kardinal zum Ausdruck, dass er außenpolitisch selbstverständlich nicht Fürsprecher für eine Politik sein könne, die ihn innenpolitisch zum Schweigen verurteile, Bengsch wörtlich:

»... Man kann die Kuh nicht melken und zugleich schlachten wollen«[331].

Abschließend zu den Ereignissen des Sommers 1972 (Politbürositzung, Memorandum an den Vatikan, Treffen Bengsch – Stoph) kann festgehalten werden, dass die DDR-Führung nach langer Vorbereitung dazu überging, die gesteckten Ziele (Neuzirkumskription der Jurisdiktionsbezirke, Erhebung der BOK zur Nationalen Bischofskonferenz und Unterstützung der internationalen Anerkennung der DDR) mit Nachdruck und selbstbewusst durchzusetzen.

Die Vorteile lagen eindeutig auf Seiten der DDR-Führung, die spürbar vor einem Durchbruch zur völkerrechtlichen und internationalen Anerkennung durch die Weltgemeinschaft stand. Mit diesem außenpolitischen Rückhalt und den Veränderungen katholischer Jurisdiktionsbereiche vom 28. Juni 1972 in Polen und damit explizit auch erstmals in der DDR, sah sich das Politbüro des ZK der SED veranlasst, die eigenen Forderungen mit Nachdruck vorzutragen. Das weitergeleitete Memorandum an das vatikanische Staatssekretariat war dabei nur der erste Schritt zu einer Reihe von Kontakten mit dem Vatikan.

Für Alfred Kardinal Bengsch stellte sich eine Situation ein, in der er zunächst nur auf die Forderungen der Staatsführung der DDR reagieren konnte. Der Bischof von Berlin hatte dem vatikanischen Staatssekretariat gegenüber bereits zu den unterschiedlichsten Anlässen verdeutlicht, dass Agieren gegenüber einem kommunistischen Staat wie der DDR nur schwer möglich war. Dies hätte

---

330 Vgl. »Vorschlag einer Gesprächskonzeption des Vorsitzenden des Ministerrats Genossen Willi Stoph mit Kardinal Dr. Alfred Bengsch (2.8.1972)«. A. a. O. und »Vermerk über das Gespräch des Vorsitzenden des Ministerrats, Willi Stoph, mit dem Vorsitzenden der Ordinarienkonferenz der katholischen Kirche in der DDR, Kardinal Dr. Bengsch, am 24.8.1972 (o. Dat.)«. A. a. O.

331 »Vermerk über das Gespräch des Vorsitzenden des Ministerrats, Willi Stoph, mit dem Vorsitzenden der Ordinarienkonferenz der katholischen Kirche in der DDR, Kardinal Dr. Bengsch, am 24.8.1972 (o. Dat.)«. A. a. O. (Bl. 17).

einen verlässlichen Verhandlungspartner vorausgesetzt. Er gab dem päpstlichen Staatssekretariat während der vierten Sitzungsperiode des Zweiten Vatikanischen Konzils in Rom in einem »Bericht über die kirchenpolitische Lage Ostdeutschlands im Rahmen der Ostblockstaaten«[332] schon unmissverständlich zu verstehen,

> »[...] dass ein konkordatäres Verhältnis mit einer Ostblockregierung im bisher üblichen Sinn des Wortes nicht zu erreichen ist. Von der kommunistischen Seite kann es nur Interimslösungen geben, die Festlegung eines Modus Vivendi für eine mehr oder weniger lange Phase der Entwicklung des Verhältnisses zwischen Staat und Kirche; diese Entwicklung muss aber unweigerlich zur Vernichtung der Religion führen.«[333]

Trotzdem hatte Bengsch

> »[...] bei Besuchen in Rom und in Briefen an den Nuntius immer wieder darauf hingewiesen, dass der Status quo für die katholische Kirche in der DDR befriedigend sei und man letztlich die Einhaltung einer vertraglichen Absicherung ohnehin nicht erzwingen könne.«[334]

Alfred Kardinal Bengsch verlor nicht den Blick für die politischen Gegebenheiten in dem von ihm zu verantwortenden Kirchenbereich:

> »... Gleichwohl müsse man sich in diesem Staat einrichten und durch die Entwicklung einer dialogischen Pastoral einen Modus Vivendi finden – im ›fremden Haus‹ der DDR.«[335]

Bengsch erreichte unter dieser Maßgabe in dem Gespräch zwei wesentliche Dinge:
1. Die seit Ende der sechziger Jahre geübte Praxis, dass für Entscheidungen, die die katholische Kirche in der DDR betreffen, der Vatikan sich bei »causae maiores« zuständig zeichnete und die BOK in »causae minores« ihre Zuständigkeiten sah[336], bestand an dieser Stelle eine wichtige Bewährungsprobe und war für das Erreichen des zweiten wichtigen Ergebnisses des Gesprächs bedeutsam[337].

---

332 »Bericht über die kirchenpolitische Lage Ostdeutschlands im Rahmen der Ostblockstaaten (27.10.1965)«. In: ASP. Fond. Cas. Ser.: P.d.est. SoSer.: Germ. O. (unpag.) (prov.Sig.).
333 A. a. O. Bengsch äußerte sich in ähnlicher Art und Weise in der 2. Hälfte der sechziger Jahre häufig diesbezüglich, z. B. in: »Pro-Memoria von Kardinal Bengsch vom 17.5.1968«. Zit. n.: Hummel, K.-J.: »Der Heilige Stuhl, die katholische Kirche in Deutschland und die deutsche Einheit«. A. a. O. (S. 95).
334 Pilvousek, J.: »Katholische Bischofskonferenz und Vatikan«. A. a. O. (S. 503).
335 Hummel, K.-J.: »Der Heilige Stuhl, die katholische Kirche in Deutschland und die deutsche Einheit«. A. a. O. (S. 95 f.).
336 A. a. O. (S. 96).
337 Bengsch schon im Lagebericht von 1965: »... Alle grundsätzlichen Verhandlungen mit Ostblockstaaten sollten vom Heiligen Stuhl geführt werden. Die Bischöfe des betreffenden Staates sind – unabhängig von ihrer persönlichen Einstellung – in jedem Fall behinderte

2. Es gelang Bengsch, das Gespräch mit Stoph für eine propagandistische Auswertung in der Öffentlichkeit nicht nutzbar zu machen[338].

Sich in dem »fremden Haus DDR« einzurichten bedeutete für Bengsch, 1972 keine Grundsatzopposition gegenüber den machtvoll eingeforderten Veränderungen zu üben, sondern durch eine geschickte Verhandlungsstrategie »dem Unausweichlichen auszuweichen«. Es war für alle Beteiligten ersichtlich, dass die DDR-Führung »gute Karten« hatte und gewillt war, diese auch bestmöglich auszuspielen. Der Beschluss des Politbüros war nach diesem Gespräch umgesetzt, das Memorandum hatte seinen Adressaten erreicht und die Kirchenführung in der DDR war informiert. Aber das war kein durchweg erfolgreicher Beginn für die Parteiführung bei dem Vorstoß zur Anpassung der Diözesangrenzen an die Staatsgrenzen. In dem Gespräch mit Stoph gelang es Kardinal Bengsch vielmehr, durch die Klärung der kirchenpolitischen Kompetenzen den staatlichen Druck auf die Kirchenführung in der DDR abzulenken. Der Erfolg, die Propagandamaschinerie der DDR-Führung nicht mit auswertbaren Äußerungen versorgt zu haben, sollte zudem nicht unterschätzt werden, da somit ein weiterer Versuch der Parteiführung gescheitert war, die katholische Kirche in der DDR öffentlichkeitswirksam als Teilverbündeten zu präsentieren. Zwar waren schon viele solche Bestrebungen gescheitert, in diesem Fall misslang der Versuch aber auf höchster politischer Ebene. Die politische Distanz der katholischen Kirchenführung in der DDR wurde zwar auch weiterhin in der Dienststelle des Staatssekretärs für Kirchenfragen und der AG Kirchenfragen thematisiert und eine Veränderung eingefordert, aber die Erkenntnis, dass das Schweigen von Kardinal Bengsch umfassenden Äußerungen durch ihn und anderer Ordinarien zu *allen* politischen Themen vorzuziehen wäre, hatte sich zweifelsfrei in den engeren, mit der Sachlage vertrauten Organisationseinheiten von Partei und Regierung durchgesetzt. Bengschs Auftreten bei diesem Gespräch trug hierzu eindeutig bei.

Verhandlungspartner. Denn sie können in keinem Falle das tun, was dem Heiligen Stuhl möglich und für Verhandlungen auf dieser Ebene unabdingbar ist: Die eigenen Intentionen öffentlich deklarieren, Missdeutungen abwehren, der Propaganda entgegentreten, Vertragsbrüche anklagen.« A. a. O.

338 Auch zu dieser Frage Bengsch schon 1965: »... Es muss also der kommunistischen Propaganda unmöglich gemacht werden, das Minimum als Optimum darzustellen.« A. a. O.

7.4 Die DDR bringt sich in Stellung – Die ersten direkten Kontakte

Die katholische Kirche als Weltkirche war am Ende der Dekade der sechziger Jahre und am Beginn der neuen Dekade staatlicherseits in den Mittelpunkt der politischen Auseinandersetzung gerückt. Die Äußerungen Ulbrichts im Friedrichstadtpalast 1968, aber in jedem Fall die hochoffiziellen Statements Verners und Materns offenbarten die neue Herangehensweise an wesentliche Fragen.

Drei weitere Ereignisse ließen die geänderte politische Herangehensweise unverkennbar werden und verdeutlichten den Willen, die DDR als Verhandlungspartner gegenüber dem Vatikan auf höchster Ebene zu positionieren:
1. Der Versuch Verners, bei seinem Romaufenthalt 1969 Casaroli zu treffen
2. Die Einbeziehung des Vatikans im Rahmen des Versuches der Warschauer Vertragsstaaten, eine europäische Sicherheitskonferenz zu installieren
3. Allgemeiner Natur war in diesem Zusammenhang die propagandistische Offensive zur internationalen Anerkennung der DDR im Rahmen der Vorbereitungen zum 20. Jahrestag der DDR-Gründung 1969.

Was nun noch fehlte, waren reale Kontakte auf diplomatischer Ebene. Es gab frühe Ansätze diesbezüglich, aber erst im Jahr 1972 kam es zu den ersten Treffen auf diplomatischem Parkett, die keinen spontanen Charakter mehr hatten. Selbst wenn man sich vorher schon begegnete, sprach man erst zu diesem Zeitpunkt inhaltlich und problemorientiert miteinander. Die vorherigen Treffen, der lose »Kondolenz-Kontakt« ab 1963 und die immer häufiger werdenden Versuche, Zusammenkünfte zu erreichen, waren jedoch nicht ziellos, folgten sie doch auch der Logik der außenpolitischen Anerkennungsmaschinerie. Nach deren konzeptioneller Ausgestaltung wurde beinahe jedes Gespräch mit Partnern außerhalb des sozialistischen Lagers als wertvoller und die DDR aufwertender Kontakt interpretiert.

7.4.1 Wilhelm Piecks Tochter und der Vatikan – Die ersten Annäherungen

Im Jahr 1963 wurde zum ersten Mal die absolute Sprachlosigkeit auf diplomatischer Ebene zwischen der DDR und dem Vatikan überwunden: Walter Ulbricht sandte in seiner Funktion als Staatsratsvorsitzender ein Telegramm an Kardinalstaatssekretär Cicogniani und Otto Grotewohl tat dasselbe als Vorsitzender des Ministerrats. Es handelte sich um Kondolenzschreiben mit Datum 4. Juni 1963. Ulbricht brachte sein Mitgefühl[339] und Grotewohl seine Anteilnahme[340]

---

339 »Telegramm Walter Ulbrichts an Kardinalstaatssekretär Amleto Cicogniani (4.6.1963)«. In: PAAA (Berlin). Bestand: MfAA. Sig: MfAA B 96. (unpag.).

zum Ableben Johannes' XXIII. zum Ausdruck. Als am 21. Juni 1963 Giovanni Battista Montini zum Papst gewählt wurde, sandten die beiden formell höchsten Politiker der DDR am 22. Juni an Paul VI. ein Glückwunschtelegramm[341]. Fortan kam es in unregelmäßigen Abständen zum Versuch, diplomatische Nettigkeiten auszutauschen, so beispielsweise zum Jahreswechsel 1963/64. Auch wenn der Vatikan reagierte und über Kardinal Bengsch Dank ausrichten ließ, sollte dieser indirekte Austausch von Grußadressen – auch der über den CDU-Vorsitzenden Gerald Götting – nicht überbewertet werden, auch wenn in den Antwortschreiben des Vatikans freundliche, aber deutliche Mahnungen an den jeweiligen Adressaten enthalten waren. So geschehen zum Beispiel 1961, als Gerald Götting als CDU-Vorsitzender der DDR[342] Johannes XXIII. zu dessen 80. Geburtstag gratulierte. Kardinalsstaatssekretär Cicognani bedankte sich und fügte dem Schreiben hinzu:

> »… Der Heilige Vater erfleht Ihnen Gottes Segen und gibt dem innigen Wunsch Ausdruck, dass die Rechte Gottes und der Kirche in Ihrer Heimat gebührend geachtet werden.«[343]

Auch wenn solcherlei Kondolenz- und Grußadressen atmosphärische Verbesserungen zwischen Staaten befördern, so waren sie doch keine bedeutsamen diplomatischen Ereignisse. Der Weg der Übermittlung zeugte zudem von einem deutlichen Desinteresse des Staatssekretariats in Rom, die Regierung der DDR als Partner anzuerkennen: Die Antworten erfolgten nicht auf direktem Weg, sondern nur über Kardinal Bengsch beziehungsweise den Nuntius in Bad Godesberg. Eine klare diplomatische Nichtachtung der DDR.

Bis 1968 kam es zu keinem ernsthaften Versuch der beiden Parteien, ins Gespräch zu kommen, weder schriftlich noch mündlich. Aber es gab in der Dienststelle des Staatssekretariats für Kirchenfragen zu unterschiedlichen Anlässen Ideen, sich mit dem Vatikan ins Benehmen zu setzen. Im Jahr 1961 wurden Überlegungen angestellt, wie die Neubesetzung des Bischofsstuhls von Berlin durch Alfred Bengsch in der DDR für nutzbringende diplomatische Kontakte mit dem Vatikan dienen könnte[344]. Im Jahr 1964 hielt Horst Hartwig vom Arbeitsgebiet »Katholische Kirche« in der Dienststelle des Staatssekretärs für Kirchenfragen die Zeit reif für eine theoretische Beschäftigung mit einer mög-

---

340 »Telegramm Otto Grotewohls an Kardinalstaatssekretär Amleto Cicognani (4.6.1963)«. A. a. O.
341 Die Entwürfe der Telegramme vom 22.6.1963. A. a. O.
342 Es war demnach kein staatlicher Gruß, dieser erfolgte erstmals 1963.
343 »Abschrift eines Schreibens des Staatssekretariats an Gerald Götting (4.12.1961)«. In: DAB. Bestand: NL Bengsch. Signatur: V/5-7-5 1961-1964. (unpag.).
344 »Gedanken über die Möglichkeit, anlässlich der eventuellen Umbesetzung des Berliner Bischofsstuhls mit dem Vatikan bzw. der katholischen Kirche in juristischen oder anderweitigen Kontakt zu kommen«. A. a. O.

lichen Kontaktaufnahme zum Vatikan[345]. Ermutigt wurde er durch die Unterzeichnung des Protokolls zwischen dem Vatikan und der ungarischen Regierung am 15. September 1964 in Budapest. Dies kam jedoch, wie alle anderen Überlegungen diesbezüglich auch, nicht über das Entwurfsstadium hinaus.

Einer der wichtigsten Hinderungsgründe für eine eventuelle Kontaktaufnahme zwischen der DDR und dem Vatikan war im Grunde ein logistischer: In keinem Land, zu dem die DDR diplomatische Beziehungen unterhielt, gab es einen ständigen vatikanischen Vertreter. Eine Ausnahme bildete Kuba. So war es ausgesprochen schwierig, Kontakt herzustellen.

Bei einem derart delikaten Thema, wie den Beziehungen zum Vatikan war die Inanspruchnahme sogenannter »guter Dienste sozialistischer Bruderländer« in der Außenpolitik nicht möglich. Das lag nicht zuletzt darin begründet, dass nahezu alle kommunistischen Länder bis Ende der sechziger Jahre nur sporadische Beziehungen zum Vatikan unterhielten. In Europa kam es 1966 jedoch zu einer nur auf den ersten Blick unbedeutenden[346] diplomatischen Veränderung: Mario Cagna wurde am 3. September zum apostolischen Delegaten und päpstlichen Gesandten bei der jugoslawischen Regierung in Belgrad ernannt. Cagna war nach dem am 25. Juni 1966 zwischen dem Vatikan und Jugoslawien vereinbarten »Protokoll« der Leiter der kleinen, drei Personen umfassenden Gesandtschaft in Belgrad geworden. Dieses »diplomatische Fenster« wurde von den Verantwortlichen in der Dienststelle des Staatssekretärs für Kirchenfragen in Berlin schnell erkannt. Noch bevor sich die Ankunft Mario Cagnas in Belgrad zum ersten Mal jährte, kam es zu einem persönlichen Gespräch zwischen ihm und Eleonore Staimer, ihres Zeichens Botschafterin der DDR in Belgrad und Tochter von Wilhelm Pieck. Wann genau dieses Treffen stattfand, ist nicht mehr rekonstruierbar, aber es fand vor dem 31. August 1967 in Belgrad statt und wurde von der Dienststelle des Staatssekretärs in Berlin als »diplomatischer Kontakt« eingeordnet:

> »… Der Bericht der Belgrader Botschaft zum Gespräch der Genossin Staimer mit dem Vertreter des Vatikans wurde beraten als Ausgangspunkt für weitere diplomatische Kontakte.«[347]

Mit diesem Kontakt war erstmals ein Treffen auf diplomatischer Ebene dokumentiert. Die Umstände dieses Treffens sind ebenfalls nicht mehr genau re-

---

345 »Überlegungen zur Möglichkeit von Kontaktaufnahmen zwischen der DDR und dem Vatikan (19.10.1964)«. In: BA. Bestand:StSek.f.KF. Sig.: DO4 1302. (Bl. 263–270).
346 Unbedeutend, da ein »apostolischer Delegat« einem unteren diplomatischen Rang entsprach.
347 »Vermerk zu einem Gespräch mit einem Vertreter der DDR-Botschaft in Belgrad am 31.8.1967«. In: BA. Bestand: Dienststelle des Staatssekretärs für Kirchenfragen. Sig.: DO4 1315. (Bl. 1286 f.). (Bl. 1286).

konstruierbar, mithin kann es sich auch um ein Treffen auf einem Empfang oder ähnlichen Anlasses gehandelt haben. Es ist sicher davon auszugehen, dass es nicht von einer Seite anvisiert oder gar in beiderseitigem Einvernehmen im Vorhinein fixiert wurde. Zum Inhalt des Gespräches erschließt sich aus dem Bericht des Botschaftsrats Richter, dass es bei dem Gespräch von Staimer mit Cagna auch um kirchenpolitische Fragen in der DDR ging.

Zwar hatte dieses Treffen in keiner Weise offiziellen oder auch nur offiziösen Charakter und war mit an Sicherheit grenzender Wahrscheinlichkeit spontan, aber es muss auch konstatiert werden, dass Eleonore Staimer und Mario Cagna beide nach den internationalen Gepflogenheiten als Diplomaten zu bezeichnen waren. So ist Schäfer unter diplomatiegeschichtlichen Gesichtspunkten immer noch zuzustimmen, wenn er schreibt:

»... Am 9. Oktober 1972 kam es schließlich in Belgrad zum ersten diplomatischen Direktkontakt zwischen Vertretern des Vatikans und der DDR.«[348] Aber die Kontakte zwischen der DDR und dem Vatikan hatten zumindest fünf Jahre vor dem ersten »diplomatischen Direktkontakt« ein kurzes Vorspiel, in einem persönlichen Kontakt unter Diplomaten, aus dem sogar noch weitere Kontakte hervorgingen:

»... Genosse Richter bewertete die gegebenen Hinweise [kirchenpolitische Anleitung durch die Dienststelle des Staatssekretärs] als sehr nützlich, um die von ihm persönlich geknüpften Kontakte zu einem der diplomatischen Vertreter des Vatikans ausbauen zu können und insgesamt die Kontakte der Botschaft der DDR zur vatikanischen Vertretung kontinuierlich zu entwickeln.«[349]

Derartige Annäherungsversuche hat es auch an anderer Stelle gegeben:

»... Er [Richter] warnte jedoch davor, die jetzt bestehenden Kontakte überzubewerten. Die vatikanischen Diplomaten sind insgesamt sehr korrekt. Von Seiten Westdeutschlands oder der USA unter Druck gesetzt, könne es wie bereits in anderen Fällen geschehen, dass sie eine größere Zurückhaltung an den Tag legen, falls nicht ein direkter Auftrag und Plan für derartige Kontakte vorliegen.«[350]

In diesem Zusammenhang war zweitrangig, ob die BRD oder die USA tatsächlich Druck ausübten, vielmehr war die Aussage wichtig, dass es derartige Versuche schon gegeben haben muss[351], die jedoch kaum von Erfolg gekrönt waren. Am

---

348 Schäfer, B.: »Staat und katholische Kirche in der DDR«. (S. 313).
349 »Vermerk zu einem Gespräch mit einem Vertreter der DDR-Botschaft in Belgrad«. A. a. O. (Bl. 1286).
350 A. a. O. (Bl. 1286 f.).
351 Da die DDR bis dato nur mit 13 Ländern diplomatische Beziehungen aufnehmen konnte und hierbei nur einen apostolischen Vertreter in einem gemeinsamen Gastland vorfand, liegt der Verdacht nahe, dass es sich bei den »anderen Fällen« um Gespräche in Kuba handelte. Der dort nach dem Weggang des Nuntius Luigi Centoz 1962 als Geschäftsführer der Nuntiatur verbliebene Cesare Zacchi stand in den sechziger Jahren der kommunisti-

ehesten Erfolg versprechend erschienen die Kontakte über Jugoslawien. In dem Politbürobeschluss vom 18. Juli 1972 wurde explizit der Weg über den apostolischen Pro-Nuntius in Belgrad gewählt und nicht eine etwaige Weitergabe über die Gesandtschaft in Kuba. Hierbei spielte 1972 aber noch ein anderer Grund eine wichtige Rolle: In Havanna gab es »nur« einen Geschäftsträger der Nuntiatur, in Belgrad jedoch einen vollständig akkreditierten Diplomaten im Botschaftsrang. Mario Cagna war der ranghöhere Diplomat und damit im diplomatischen Kontakt der »bedeutendere« Gesprächspartner.

Die Kontakte waren nach dem kurzen Intermezzo in Belgrad wieder eingeschlafen beziehungsweise wurden, wenn sie stattfanden, nicht nach Berlin weitergeleitet. Aber mit der auch für die DDR-Führung immer offensichtlicher in Gang kommenden Vatikanischen Ostpolitik war der Wille in der DDR-Führung gereift, in direkten Kontakt mit dem Vatikan zu treten.

Zunächst versuchte man, ein Treffen auf unterer, vordiplomatischer Ebene zu arrangieren: Otto Hartmut Fuchs, der Chefredakteur der »begegnung« und Präsidiumschef der BK, weilte im Mai 1968 in Rom und versuchte vergeblich, ein Treffen mit Casaroli zu erreichen. Auch Paul Verner weilte im Frühjahr 1968, gemeinsam mit dem Sektionsleiter für Italien im Außenministerium der DDR (Weser), in Rom. Im Rahmen dieses Besuches sollte es zu einem Treffen zwischen Casaroli und Verner kommen. Als Mittler dieses Treffens[352] fungierte die kommunistische Partei Italiens. Die direkten Kontakte in Rom sollten dann über einen Mitarbeiter des Radio Vaticano mit westdeutscher Staatsbürgerschaft (Dr. Kusen) laufen. Dabei kam es offenbar zu Unstimmigkeiten, wie der Besuch Verners bei Casaroli zustande kommen könnte. Verner weigerte sich einen gesonderten Antrag zu stellen, der einen Besuch bei Casaroli unter Umständen möglich gemacht hätte. Bei einem späteren Gespräch mit Weser in Rom gab Kusen allerdings zu verstehen:

»[…] dass Casaroli nach wie vor bereit sei, Gespräche mit beauftragten Persönlichkeiten der DDR zu führen. Er betonte in diesem Zusammenhang, dass zur Vorbereitung eines solchen Gesprächs keine schriftliche Antragstellung (wie irrtümlich unsererseits aufgefasst worden sei) notwendig sei, sondern dass genüge, wenn beispielsweise durch einen Mitarbeiter unserer Vertretung mündlich unser Wunsch überbracht und ein Termin vereinbart würde.«[353]

---

schen Bewegung öffentlich nicht feindlich gegenüber. Somit wären derlei Kontakte in Havanna möglich gewesen. Vgl. zu Kuba: Cannelli, R.: »Il viaggio a Cuba di monsignore Casaroli«.A. a. O. (S. 218).

352 »Lagebericht zur Religionspolitik der DDR gegenüber den christlichen Kirchen (14.02.1969)«. In: DAB. Bestand: NL Bengsch. Signatur: V/5-7-1 1961-1979. (unpag.).

353 »Vermerk über ein Gespräch mit dem Mitarbeiter von Radio Vatikan, Herr Kusen, am 8.7.1968«. In: BA. Bestand: Dienststelle des Staatssekretärs für Kirchenfragen. Sig.: DO4 1304. (Bl. 732 f.). (Bl. 732).

Kusen hatte im Frühsommer 1968 die DDR besucht, und war so, auch nach dem gescheiterten Vermittlungsbesuch eines Treffens zwischen Verner und Casaroli in Rom, wieder in das Blickfeld der Dienststelle des Staatssekretärs geraten. Die verantwortlichen Kirchenpolitiker der DDR waren gewillt jede Möglichkeit zu ergreifen, um in Kontakt mit vatikanischen Stellen zu kommen, selbst wenn die Aussicht auf Erfolg gering erschien. In einem ausführlicherem Gespräch, das Sektionsleiter Weser mit Horst Hartwig in der Dienststelle des Staatssekretärs am 2. Oktober 1968 führte, hielten beide fest, dass Kusen zwar Verbindungen zu Casaroli habe und schon einige Reisen in sozialistische Länder zu Sondierungszwecken unternommen habe, jedoch dessen Beziehungen zu Casaroli nicht eng genug erschienen. Trotzdem sollte der Kontakt nicht abgebrochen werden.[354]

Nach den folgenlosen Kontakten in Belgrad waren auch diese Kontakte nicht erfolgreich. Aber durch die Versuche der Kontaktaufnahme, die sich Ende der sechziger Jahre häuften, wurde auch der Wunsch der DDR-Führung deutlich, in das diplomatische Netzwerk, das im Rahmen der Legitimations- und Anerkennungspolitik der DDR in dieser Zeit geknüpft werden sollte, den Vatikan einzubeziehen. Nur der Weg zu diesem Ziel war keineswegs klar. Schon 1964 waren in der Dienststelle des Staatssekretärs für Kirchenfragen Überlegungen angestellt worden, an der Erreichung von Kontakten mit dem Vatikan zu arbeiten. Diese zeugten jedoch von Einfalls- und Hilflosigkeit. Die Umstände, die die außenpolitische Isolierung der DDR 1964 noch bedingten, mussten akzeptiert werden. In internen Papieren kam in den gemachten Vorschlägen die Machtlosigkeit zum Ausdruck, die sich durch die außenpolitischen Umstände – vor allem durch die Hallstein-Doktrin – ergab. Diese Isolierung sollte durch verschiedene Maßnahmen durchbrochen werden:
1. Die Inanspruchnahme guter Dienste befreundeter Staaten,
2. angesichts der Verhandlungen zwischen Polen und dem Vatikans entsprechende Verhandlungen mit der DDR einzufordern,
3. einzelne Anlässe von gegenseitigem Interesse, wie die Millenniumsfeier des Bistums Meißen 1968, als Aufhänger für punktuelle Verhandlungen zu nutzten[355].

In diesen Vorschlägen, die beispielsweise erst nach vier Jahren Möglichkeiten zur Intervention boten (Tausendjahrfeier des Bistums Meißen), kam die Aner-

---

354 »Vermerk über ein Gespräch mit Gen. Weser, Sektionsleiter für Italien beim MfAA am 2.10. 1968«. In: BA. Bestand: Dienststelle des Staatssekretärs für Kirchenfragen. Sig.: DO4 1304. (Bl. 735 f.). (Bl. 735).
355 »1. Entwurf zu Überlegungen zur Möglichkeit von Kontaktaufnahmen zwischen der DDR und dem Vatikan vom 19.10.1964«. In: BA. Bestand:StSek.f.KF. Sig.: DO4 1302. (Bl. 263 – 270). (Bl. 268 f.).

kennung der Unfähigkeit zur Aktion zum Ausdruck. Es zeigte ganz deutlich die Schwäche der DDR-Politik, wenn es um außenpolitisch determinierte Problemstellungen ging.

Dieser Mangel an Alternativen war zwar 1968 noch nicht beseitigt, aber ein stärkeres Eigenbewusstsein war durchaus erkennbar, und die erwähnten ersten persönlichen Kontakten zwischen offiziellen Vertretern des Außenministeriums der DDR und des Vatikans trugen ebenfalls zur Steigerung des Selbstbewusstseins in der DDR-Diplomatie bei. Es gab mittlerweile noch andere Gelegenheiten im unmittelbaren Umfeld des Vatikans zu Kontakten zu gelangen: Die DDR begann, auf einer vordiplomatischen, wirtschaftlich-kulturellen Ebene in Italien Fuß zu fassen. Begünstigt wurde dieser Umstand durch die sich wandelnde Rolle und den Einflusszugewinn der kommunistischen Partei in der italienischen Politik sowie durch Kontaktmöglichkeiten der PCI zu vatikanischen Stellen.

Der Kontakt zur PCI wurde allerdings nicht nur von der DDR-Seite bemüht, wie zum Verner-Besuch in Rom 1968. Noch vor dieser Reise wandte sich Sergio Serge, der Leiter der Auslandsabteilung im ZK der PCI, an die Abteilung Internationale Beziehungen beim ZK der SED, mit dem Ansinnen, drei Redaktionsmitgliedern des »Osservatore Romano« eine Reise durch die DDR zu ermöglichen. Die Vertreter der vatikanischen Tageszeitung traten an Serge mit der Bitte um die Vermittlung einer solchen Reise heran.

> »… La cosa ci sembra interessante, e ci permettiamo di raccomandarvela. Don Levi e i suoi amici sarebbero interessati a prendere conoscenza della vita religiosa nella RDT, sia per quel che concerne la confessione cattolica che per quel che riguarda le altre confessioni, nonché a studiare, nei limiti di un viaggio, i problemi dello sviluppo e degli orientamenti delle nuove generazioni e dello sviluppo culturale del vostro paese. Hanno anche interesse ad avere un contatto con esponenti della CDU della RDT. «[356]

Diese Reise fand zu diesem Zeitpunkt allerdings so nicht statt. Das Ansinnen zeugte jedoch davon, dass auch im Vatikan das Interesse an den Zuständen in der DDR zu wachsen schien. Auf alle Fälle war man im Vatikan auch bereit, die Vermittlungsdienste der PCI zu beanspruchen.

---

356 »Schreiben der PCI an das ZK vom 08.01.1968 (08.1.1968)«. In: SAPMO. Bestand: Abteilung Internationale Verbindungen beim ZK der SED (vor 1971). Sig.: DY 30 IV A 2/20 512. (unpag.). (»… Die Sache scheint interessant und wir erlauben uns sie zu empfehlen. Don Levi und seine Begleiter wären daran interessiert, das religiöse Leben in der DDR, sowohl was die katholische Religion betrifft, aber auch bezüglich anderer Konfessionen, kennen zu lernen, außerdem um im Rahmen der Möglichkeiten einer Reise die Probleme der Entwicklung und Ausrichtung der jungen Generation und die kulturelle Entwicklung in Eurem Land zu studieren. Sie haben zudem Interesse an Kontakt mit Vertretern der CDU der DDR.«)

7.4.2 Die »Berliner Konferenz« als Türöffner?

Der unmittelbare Weg zur Kontaktaufnahme über Italien und ein direktes Herantreten an den Vatikan rückte in den Bemühungen der DDR-Führung Anfang der siebziger Jahre in den Vordergrund. Da es zu diplomatischen Kontakten noch nicht kam, wurde der vordiplomatische Bereich gestärkt und dabei spielte die BK eine wichtige Rolle.

Schon 1968 hatte Otto H. Fuchs versucht, Zutritt durch die »Porta Angelica« beziehungsweise die »Porta Cavalleggeri« zu erreichen, aber erst Hubertus Guske und seiner Begleitung gelang im Juli 1970 der Eintritt in den Vatikan. Es kam dort zu den ersten Gesprächen zwischen katholischen Laien, die »Bürger der DDR« waren, und vatikanischen Vertretern. Diese Gespräche waren lediglich informeller Natur, wurden durch die Teilhabenden der DDR jedoch überbewertet und als quasi diplomatische Gespräche deklariert. Hubertus Guske, der 1970 mit Angelo Sodano (Mitarbeiter Casarolis im päpstlichen Staatssekretariat), Joseph Gremillion (Sekretär der päpstlichen Kommission »Iustitia et Pax«) und Vicenzo Miano (Sekretär des päpstlichen Sekretariats für die Nichtglaubenden) zusammentreffen konnte, stellte zunächst die BK und ihre Tätigkeit vor und besprach mindestens mit Sodano auch die Frage der Diözesangrenzen und die Beziehungen der DDR zum Vatikan. Mit Miano erörterte er, neben der Frage der Zusammenarbeit von Marxisten und Christen, eine mögliche Einladung Kardinal Königs in die DDR[357]. Die Reise Guskes war im Sekretariat des ZK der SED festgelegt[358], durch das MfS gedeckt und in einer Koordinierungsgruppe vorbereitet worden. Mitglieder dieser Koordinierungsgruppe waren Vertreter der BK, der Dienststelle des Staatssekretärs für Kirchenfragen, der AG Kirchenfragen beim ZK der SED, des Nationalrates der Nationalen Front und des Friedensrates der DDR. Als Ziel der Reise wurde zunächst formuliert, Kontakt mit vatikanischen Vertretern zu erreichen. Daraufhin sollte die Haltung des Vatikans zu den relevanten Problemkreisen (Diözesangrenzen, Bischofskonferenz etc.) eruiert werden. Bei der zweiten Reise Guskes nach Rom, im April 1972, änderte sich der Auftrag für die BK-Vertreter nicht grundsätzlich.

Es gelang, den Kontakt mit Gremillion auszubauen und erneut ein Gespräch mit einem Mitarbeiter Casarolis zu führen (Nuntiaturrat Donato Squicciari-

---

357 »Chronologie der Gespräche im Vatikan«. Privatarchiv Hubertus Guske (Berlin); und Interview mit Hubertus Guske 17.11. 2005 (Berlin).
358 »Schreiben Rudi Bellmann an Paul Verner (11.5.1972)«. In: SAPMO. Bestand: Büro Paul Verner. Sig.: DY 30 IV 2/2.036 50. (Bl. 1) und »Bericht über die Teilnahme an einer Pressekonferenz zu Fragen der europäischen Sicherheit und über Gespräche mit vatikanischen Stellen (Ende April 1972)«. In: SAPMO. Bestand: Büro Paul Verner. Sig.: DY 30 IV 2/2.036 50. (Bl. 2–15).

ni)³⁵⁹. Obwohl die Gespräche diesmal nicht direkt im Vatikan, sondern im Collegium Germanicum et Hungaricum stattfanden, war allein die Tatsache, dass ein enger Mitarbeiter Casarolis die Gespräche führte, bemerkenswert. Die DDR-Vertreter machten bei diesem Zusammentreffen gleich zu Beginn des Gespräches das Hauptanliegen deutlich:

> »... Wir gaben dann der Hoffnung Ausdruck, dass der Vatikan baldmöglichst kirchenrechtliche Konsequenzen aus dem allgemein anerkannten Status quo in Europa ziehen möge, und verwiesen hier besonders auf die noch bestehenden Provisorien in der Kirchenverwaltung der DDR.«³⁶⁰

Laut Bericht der BK-Männer an Barth soll Squicciarini geantwortet haben: »... Sobald die zwischenstaatlichen Beziehungen nach internationalem Recht geregelt sind, wird der Hl. Stuhl entsprechende Konsequenzen ziehen.«³⁶¹ Ein weiterer Punkt der Unterredung war, mit Verweis auf die Gespräche des Vatikans mit anderen kommunistischen Ländern, der Versuch von Seiten der BK-Vertreter zu eruieren, inwieweit der Vatikan zu einer intensiveren Kontaktaufnahme mit der DDR bereit sei. Squicciarini habe sich bei dieser Frage offen gezeigt und nach etwaigen Gesprächspartnern erkundigt.

Die BK war zur Zeit fehlender diplomatischer Kontakte sowohl für das Staatssekretariat im Vatikan als auch für die maßgeblichen Stellen in der DDR eine wichtige Möglichkeit der Informationsbeschaffung. Angetrieben durch ein immanentes Eigeninteresse an Legitimation und Selbsterhaltung war die BK für diese Zwecke von Seiten der SED gut einsetzbar. Für den Vatikan war so eine Möglichkeit gegeben, die unausweichliche und merklich bevorstehende offizielle Kontaktaufnahme durch einen Zuwachs an Wissen um den baldigen Gesprächspartner vorzubereiten. Dies geschah trotz oder gerade wegen des Wissens um die Rolle der BK als staatsnahe, in ihren Verlautbarungen und ihrer Politik geradezu »staatliche« Organisation.

7.4.3 »... a bene sperare per l'avvenire dei rapporti« – Das Treffen Pro-Nuntius – Botschafter in Belgrad am 9. Oktober 1972

Die Wiedergabe des Gespräches der BK-Vertreter mit dem vatikanischen Vertreter in einem Bericht an die Arbeitsgruppe Kirchenfragen beim ZK der SED gab eine Gesprächssituation wieder, die durch ein evidentes gegenseitiges Interesse gekennzeichnet war. Allein die Gesprächsdauer von zwei Stunden kann

---

359 »Chronologie der Gespräche im Vatikan«. A. a. O.
360 »Bericht über die Teilnahme an einer Pressekonferenz zu Fragen der europäischen Sicherheit und über Gespräche mit vatikanischen Stellen (Ende April 1972)«. A. a. O. (Bl. 7).
361 A. a. O.

als Indiz gewertet werden, dass beiderseitig interessante Problemlagen erörtert wurden. Dass auch der Vatikan ein Interesse an diesen Gesprächen gehabt haben muss, ließ sich durch den Umstand erkennen, dass diese Gespräche auch mit offiziellen Vertretern des Rates für die öffentlichen Angelegenheiten der Kirche stattfanden.

Dieses gegenseitige Interesse konnte, bei einem konkreten Anlass, so wie der Übergabe des Memorandums zu den Diözesangrenzen, in direkte Kontakte umgewandelt werden. Zu einem ersten gesicherten Gespräch auf diplomatischer Ebene bot sich Anlass, als der Botschafter der DDR den Pro-Nuntius in Belgrad aufsuchte und in dem gewählten Gesprächsauftakt eine der wichtigsten Intentionen der DDR im Umgang mit dem Vatikan entlarvte:

»… Ich benutzte die Gelegenheit, um auf eine DPA-Meldung vom 27.9. hinzuweisen, laut welcher der Außenminister des Vatikans, Casaroli, angeblich Vertretern des sog. Zentralkomitees der deutschen Katholiken gegenüber Erklärungen zum Gegenstand der in unserem Brief aufgeworfenen Fragen gemacht haben sollte, bevor eine offizielle Beantwortung des Briefes erfolgte. Ich brachte mein Erstaunen zum Ausdruck.«[362]

Auch an dieser Stelle[363] war es der Regierung der DDR ein Bedürfnis, Beschwerde zu führen über eine etwaige Vorzugsbehandlung bundesdeutscher Gremien[364]. Der Anlass des Gesprächs war folglich auch, aber nicht nur, das Memorandum. Dieser Umstand stellte sich auch für Mario Cagna so dar, denn er schrieb an Casaroli kurz nach dem Gespräch mit Kormes:

»… Martedì scorso l'Ambasciatore della Germania Orientale in Jugoslavia è venuto in Nunziatura a manifestarmi lo stupore del suo governo per un colloquio che tu avresti avuto coi rappresentanti del Comitato centrale dei cattolici tedeschi della Germania federale in tema di riordinamento delle diocesi della Germania Orientale. Secondo le parole stesse dell'Ambasciatore Kormes, leggendo la notizia dell'agenzia in parola […] si ha l'impressione – donde lo stupore – che tu abbia anticipato ai suddetti rappresentanti la risposta alla lettera del Ministro degli Affari Esteri della DDR.«[365]

---

362 »Vermerk über ein Gespräch mit dem apostolischen Nuntius, Mario Cagna, am 9. Oktober 1972 (11.10.1972)«. In: PAAA (Berlin). Bestand: MfAA. Sig: MfAA C 3.820 »Beziehungen DDR – Vatikan«. (Bl. 69 f.). (Bl. 69).
363 Pro-Nutius Cagna wollte DDR-Botschafter Kormes das Antwortschreiben Casarolis auf das Memorandum vom 4.8.1972 übergeben.
364 »DPA-Meldung vom 27.9.1972: Neuregelung der DDR-Diözesen nicht so rasch«. In: ASP. Fond. Cas. Ser.: P.d.est. SoSer.: Germ. O. (Cart.12/1). (unpag.) (prov.Sig.).
365 »Schreiben des apostolischen Pro-Nuntius Mario Cagna in Belgrad an den Sekretär des Rates für die öffentlichen Angelegenheiten der Kirche Agostino Casaroli (12.10.1972)«. In: ASP. Fond. Cas. Ser.: P.d.est. SoSer.: Germ. O. (Cart.12/1). (unpag.) (prov.Sig.). (»… Letzten Dienstag kam der Botschafter der DDR in die Nuntiatur, um das Erstaunen seiner Regierung, über ein Gespräch mit Vertretern des ZdK über eine Neuordnung der ostdeutschen Diözesen zum Ausdruck zu bringen […] Der Botschafter las den Text der Agenturmeldung im Wortlaut vor […] Er hat den Eindruck, du hättest die Antwort aus dem Brief an den

Der Vermerk von Kormes zu dem Gespräch deckt sich in diesem Punkt mit dem von Cagna. Im Folgenden gab es jedoch auch wichtige Unterschiede in der Weiterleitung des Gesagten. Schon im Begleitschreiben zu dem Memorandum an den Botschafter der DDR in Belgrad hielt es Außenminister Winzer für angebracht, Kormes eine zusätzliche Anweisung zu übermitteln:

> »... In dem Übergabegespräch bitte ich zum Ausdruck zu bringen, dass es zur Vermeidung unnötiger Verzögerungen, unsererseits für zweckmäßig gehalten wird, diesen bisher genutzten diplomatischen Weg [über die Nuntiatur in Belgrad] auch künftig beizubehalten.«[366]

In dem Vermerk zu dem Gespräch ging Kormes auf diesen Umstand nicht ein, obwohl er Cagna gegenüber seine Zufriedenheit zum Ausdruck gebracht hatte, dass sich der Übermittlungsweg auf die üblichen diplomatischen Wege zwischen zwei Staaten beschränkte und nicht mehr über Kardinal Bengsch in Berlin lief. Cagna hingegen war diese Information wichtig genug an Casaroli weiterzuleiten.

> »... L'Ambasciatore [...] ha aggiunto che notava con soddisfazione che questa volta, a differenza della volta precedente, la risposta al Ministro degli Affari Esteri della DDR veniva fatta consegnare all'Ambasciatore della Germania Orientale a Belgrado dal rappresentante diplomatico della Santa Sede, e non direttamente alle autorità della DDR tramite il Card. Bengsch. [...] Questa confrontava il signor Kormes, come egli stesso mi ha dichiarato, a bene sperare per l'avvenire dei rapporti tra la Santa Sede e la DDR.«[367]

Während es Kormes also wichtig war, das vermeintliche Fehlverhalten des Vatikans »der souveränen DDR« gegenüber zu hinterfragen, hielt Cagna eher die Entwicklungen im gegenseitigen (diplomatischen) Kontakt für relevant.

Kormes interpretierte das Gesagte derart, dass im Vatikan der DDR gegenüber ein erkennbares, nicht spezifiziertes Wohlwollen herrsche, wohingegen Cagna Wert darauf legte, die Kritik an Casaroli deutlich zu entschärfen:

> »... Ho detto al signor Kormes: Conosco per prova la prudenza e la correttezza di Monsignore Casaroli. Se il colloquio [das Gespräch zwischen B. Vogel und Casaroli] c'é stato, egli avrà tutt'al più che la questione del riordinamento dello diocesi della DDR è una questione complessa e va studiata con calma. Monsignore Casaroli, ad ogni modo,

---

Außenminister der DDR den oben genannten Vertretern vorzeitig gegeben – daher das Erstaunen.«)

366 »Schreiben Außenministers Otto Winzer an Karl Kormes, Botschafter der DDR in Belgrad (1.8.1972)«. In: PAAA (Berlin). Bestand: MfAA. Sig: MfAA C 3.820 »Beziehungen DDR – Vatikan«. (Bl. 18).

367 »Schreiben des apostolischen Pro-Nuntius Mario Cagna in Belgrad (12.10.1972)«. A. a. O. (»... Der Botschafter hat zufrieden festgestellt, dass die Antwort an den Außenminister der DDR über den DDR-Botschafter in Belgrad vom diplomatischen Vertreter des Heiligen Stuhls übermittelt wurde und nicht über Kardinal Bengsch. [...] Das veranlasste Kormes, wie er mir erklärte, zu der Hoffnung auf einen gute Beginn der Beziehungen zwischen dem Heiligen Stuhl und der DDR.«)

non può essere tenuto responsabile se i rappresentanti dei cattolici della Germania Occidentale ›haben den Eindruck gewonnen ecc.‹, come ha scritto l'agenzia DPA.‹«[368]

Selbst wenn Cagna hier auf die Vorwürfe Kormes' eingeht, so ist an dieser Stelle auch der Hinweis erkennbar, dass eine schnelle Regelung des Sachverhaltes Neuzirkumskription der Jurisdiktionsbezirke der katholischen Kirche in der DDR nicht hastig und unüberlegt erfolgen werde. Kormes sah in dieser Äußerung lediglich die Zustimmung zur Sichtweise der DDR[369].

Mit beiden Vermerken über das Gespräch lassen sich Gewichtungen und Interpretationen gut erkennen und nachvollziehen. War der DDR-Seite der Kontakt als solches ohne Frage von Bedeutung, so sollte doch auch die Frage der vermeintlichen Nichtachtung der DDR – durch die angenommene Indiskretion Casarolis gegenüber den ZdK-Vertretern – zentral dargestellt werden. Erst nach der vermeintlichen Klarstellung des Sachverhaltes berichtete Kormes an das Außenministerium in Berlin über weitere Fragen, wie die erkennbare Wahrnehmung der DDR im päpstlichen Staatssekretariat. Lediglich in einem Nebensatz verlor er etwas über die Frage der Diözesangrenzen in der DDR.

Cagna hingegen sah hauptsächlich die Frage der Kontaktaufnahme mit der DDR als berichtenswert an und wollte mit seinen Äußerungen den von der DDR implementierten Zeitdruck aus der Problemlage der Neuordnung der Diözesen in der DDR herausnehmen.

Dass Kormes von Cagna den Brief[370] erhielt, mit dem Casaroli dem Außenminister der DDR den Eingang des Memorandums bestätigte, war für beiden Seiten nur eine Formsache.

Trotz der unterschiedlichen Wichtungen des Besprochenen und der verschiedenen Intentionen, war dieses Gespräch mehr als ein spontanes Treffen. Die Vertreter beider Seiten waren zu diesem Gespräch beauftragt und führten es mit gutem Willen. Es kann somit inhaltlich weiterhin als das »erste diplomatische Gespräch« beider Seiten gewertet werden, was die Protagonisten des Gesprächs ähnlich sahen.

In dem Gespräch wurde auch deutlich, dass der Vatikan mittlerweile ein gesteigertes Interesse an Kontakten zur DDR hatte und so wurde diese Zusam-

---

368 A. a. O. (»... Ich habe Herrn Kormes gesagt: Ich kenne die Umsicht und Korrektheit von Mons. Casaroli aus Erfahrung. Wenn das Gespräch stattgefunden hat, wird er bestenfalls gesagt haben, dass die Frage der Neuordnung der Diözesen in der DDR eine komplexe Frage ist und mit Bedacht bearbeitet wird. In jedem Fall kann man Mons. Casaroli nicht dafür verantwortlich machen, wenn die Vertreter der westdeutschen Katholiken ›den Eindruck gewonnen haben‹ etc., so wie es die DPA geschrieben hat.«)
369 »Vermerk über ein Gespräch mit dem apostolischen Nuntius, Mario Cagna, am 9. Oktober 1972«. A. a. O. (Bl. 69 f.).
370 »Schreiben Casaroli an Außenminister Fischer vom 28. 9. 1972«. In: ASP. Fond. Cas. Ser.: P.d.est. SoSer.: Germ. O. (Cart.12/1). (unpag.) (prov.Sig.).

menkunft zum Beginn des nun folgenden intensiven diplomatischen Kontakts des Vatikans mit der DDR. Für die DDR-Außenpolitik stellte dieses Gespräch einen Erfolg dar und das in zweierlei Hinsicht.
1. Der Vatikan nahm die DDR auf diplomatischer Ebene de facto als Gesprächspartner wahr, zudem war die vatikanische Diplomatie zu weiteren direkten Gesprächen bereit.
2. Der Übermittlungsweg von gegenseitigen Schreiben hatte sich verändert. Kardinal Bengsch fungierte nicht mehr als Vermittler zwischen Vatikan und DDR-Regierung.

7.4.4 »... Stiamo facendo storia« – Die KSZE als diplomatische Drehscheibe

So schnell Belgrad als Schaltstelle der vatikanisch-ostdeutschen Beziehungen installiert worden war, so schnell lief ein anderer Ort der jugoslawischen Hauptstadt diesen Rang wieder ab.

Helsinki war der Verhandlungsort, in dem die Verhandlungen zur KSZE vonstatten gingen, und somit gab es auch dort die Möglichkeit, direkte Kontakte zu knüpfen. Sowohl der Vatikan als auch die DDR waren vollwertige Mitglieder dieser Konferenz. Für die DDR war dies einer der größten Erfolge ihrer Außenpolitik. Zwischen beiden Delegationen gab es im letzten Viertel des Jahres 1972 und darüber hinaus in Helsinki intensive Kontakte. Die handelnden Personen auf vatikanischer Seite waren: der Delegationsleiter und Pro-Nuntius in Finnland Erzbischof Joseph Zabkar als Vertreter des Staatssekretariats, die Monsignori Achille Silvestrini und Faustino Sainz Muñoz und von DDR-Seite der Leiter der Abteilung Grundsatzfragen im Außenministerium Siegfried Bock und als Delegationsleiter Heinz Oelzner. Oelzner und Zabkar waren beide diplomatische Vertreter ihres Landes im Botschafterrang in Finnland, Zabkar seit 1969 und Oelzner ab 1973 (zuvor Leiter der Handelsmission der DDR in Finnland).

Der Kontakt begann eher formal diplomatisch. Erzbischof Zabkar führte nach seiner Ankunft in Helsinki als Delegationsleiter zunächst mit allen 26 anwesenden Vertretern der Delegationen zur KSZE auf Initiative des vatikanischen Staatssekretariats Gespräche. In dem diesbezüglichen Nuntiaturbericht[371] war zu einem der Begrüßungsgespräche zu lesen:

> »... L'ultimo che visitai – perchè ultiomo sulla Lista del Corpo Diplomatico accreditato a Helsinki – fu l'Ambasciatore Heinz Oelzner, capo della Rappresentanza Commerciale della Repubblica Democratica Tedesca, ora pure Capo della Delegazione che rappre-

---

371 »Nuntiaturbericht (Helsinki) Nr. 075/H/72 vom 29.11.1972«. In: ASP. Fond. Cas. Ser.: P.d.est. SoSer.: Germ. O. (Cart.12/4). (unpag.) (prov.Sig.).

senta tale Repubblica alle consultazioni di Helsinki. (Egli vi siede, com'è – suppongo – noto, in tutto equiparato ai Capimissione degli altri Stati d'Europa).«[372]

Die Atmosphäre, in der dieses Gespräch am 21. November 1972 in den Räumen der Handelsvertretung der DDR in Helsinki stattfand, war sehr offen, freundlich und es war von langer Dauer. Das Gespräch begann tastend auf beiden Seiten. Die Erörterung der gegenseitigen Haltung zur laufenden Konferenz war nur der Einstieg in die Konversation. Es folgte die vorsichtige Hinwendung zu einem brisanteren Thema: »[...] poi parlammo in termini accademici della questione tedesca nel passato (risalendo addirittura al Medio Evo) [...]«[373]. Zabkar nahm den Faden auf: »... Evocai, quindi, anche la speranza che del movimento distensivo possa gioire dovunque anche la Chiesa.«[374]

Oelzner entgegnete, dass er kein Experte in Kirchenfragen sei und somit auch keine »konkrete Meinung« zu diesem Thema haben könne. Am Ende des Gespräches bemerkte Oelzner jedoch beiläufig:

»... A proposito delle questioni ecclesiastiche. Ultimamente si è trovato qui di passaggio un eminente democratico cristiano (della Repubblica Democratica Tedesca). Disse che un giorno si dovrà pure pensare anche ai confini delle circoscrizioni ecclesiastiche nella RDT.«[375]

Zabkar verabschiedete sich mit den Worten: »[...] gli strani casi della storia, i quali riuniscono attorno allo stesso tavola la Stanta Sede e la RDT.«[376] und fügte lachend hinzu: »...Wir sind dabei, Geschichte zu machen«[377]. Oelzner kündigte zum Abschied einen Gegenbesuch an und fügte hinzu: »... Eh sì, proprio così: stiamo facendo storia.«[378]

Auf einem Empfang zur Eröffnung der Konsultationen in Helsinki am 22. November 1972 stellte Oelzner dem Pro-Nuntius den Leiter der Abteilung für Grundsatzfragen im Außenministerium Siegfried Bock vor. Diese Abteilung

---

372 A. a. O. (»... Den Letzten, den ich besuchte – da der Letzte auf der Liste der akkreditierten Diplomaten –, war Botschafter Heinz Oelzner, Chef der Handelsvertretung der DDR, nun auch Chef der Delegation in Helsinki. [Er ist – wie ich vermute ist das bekannt – allen anderen europäischen Staaten gleichgestellt].«)
373 A. a. O. (»[...] danach sprachen wir akademisch über die ›deutsche Frage‹ in der Vergangenheit (sogar bis ins Mittelalter zurückgehend) [...]«)
374 A. a. O. (»... Ich brachte die Hoffnung zum Ausdruck, dass Entspannung auch für die Kirche erfreulich sei.«)
375 A. a. O. (»... Apropos Kirchenfragen, letztens war ein bedeutender Christdemokrat (DDR) auf der Durchreise hier und sagte, dass man eines Tages nun auch an die kirchliche Zirkumskription in der DDR denken müsse.«)
376 A. a. O. (»[...] eigenartigen Zufälle der Geschichte sind es die DDR und Heiligen Stuhl an einen Tisch zusammenführen.«)
377 A. a. O. Das Gespräch wurde in Deutsch geführt, in Italienisch nach Rom berichtet und einzelne pointierte Aussagen deutsch an Casaroli, der gut Deutsch verstand, weitergeleitet.
378 A. a. O. (»Ja, das ist wirklich so, wir sind dabei, Geschichte zu machen.«)

wurde Zabkar als »... il cervello del nostro Ministero degli Esteri [...] è quello che praticamente fa tutto.«[379] vorgestellt. Bock bekundete sogleich sein Interesse, an zukünftigen Gesprächen teilzunehmen: »... Dovremmo vederci e parlare«[380]. Worüber Bock mit Zabkar zu sprechen gedachte, erklärte die Wichtigkeit und die Umfänglichkeit des Nuntiaturberichts vom 29. November an Casaroli. Bock wollte über nichts Geringeres als die Errichtung von »diplomatischen Beziehungen« zwischen der DDR und dem Vatikan sprechen:

> »[...] Parleremmo anche dello stabilimento dei rapporti diplomatici tra la Santa Sede e la Repubblica Democratica Tedesca. Faremo insieme storia. Perchè, infatti, la RDT non dovrebbero avere rapporti diplomatici con la Santa Sede? Ce li hanno pure altri Stati socialisti!«[381]

Zum besseren Verständnis dieser Gespräche und um den Versuch zu unternehmen, die Atmosphäre dieser Unterredungen einzufangen, sei an dieser Stelle ein Teil dieses Nuntiaturberichtes eingefügt, in dem Zabkar ein weiteres, auf seine Initiative hin stattgefundenes Gespräch wiedergab. Am 24. November 1972 traf er Oelzner zwischen zwei Sitzungsperioden. Das Gespräch zeugte vor allem von der Vorsicht, gegenseitige Missverständnisse zu vermeiden und es wurde deutlich, dass sich beide sehr bemüht zeigten, den Gesprächen inhaltliche Substanz zu geben:

> »... Due giorni dopo (24. 11.) incontrai l'Ambasciatore Oelzner tra due sedute [...]. Questa volta lo avvicinai io. Gli dissi ›Le dispiace ripetermi la proposta di due giorni fa?‹ L'Ambasciatore Oelzner: ›Le avevo proposto di far Le visita assieme all'Ambasciatore Bock‹. Io: ›Null'altro?‹ Lui: ›Io non Le ho proposto altro. Un'altra proposta Le ha fatto però il Direttore Generale alla Pianificazione del nostro Ministero degli Esteri‹. Io ›Mi ha proposto forse di stabilire rapporti diplomatici con la Santa Sede?‹ Lui: ›No. Le ha proposto un colloquio sullo stabilimento die rapporti diplomatici tra la RDT e la Santa Sede. Noi non possiamo proporre lo stabilimento dei rapporti diplomatici fino a quando non siamo sicuri che la nostra proposta sarà accettata.‹ Io: ›Quindi Lei, Signor Ambasciatore, ha fatto soltanto da Notaro?‹ Lui: ›Si, io ho fatto soltanto da notaro. Badi però: Bock è abilitato di fare la proposta che ha fatto. Noi, quindi, ci teniamo a Sua disposizione. La prego anzi di riferirne – se può – al Papa.‹ Io: ›Riferirò ai Superiori.‹«[382]

---

379 A. a. O. (»[...] das Gehirn unseres Außenministeriums [...]es ist die Abteilung, die im Grunde alles macht.«)
380 A. a. O. (»... Wir sollten uns sehen und [miteinander] sprechen.«)
381 A. a. O. »[...] Wir sollten über diplomatische Beziehungen sprechen. Wir werden Geschichte machen und warum sollte die DDR eigentlich keine diplomatischen Beziehungen zum Heiligen Stuhl unterhalten? Schließlich gibt es diese auch mit anderen sozialistischen Staaten!«)
382 A. a. O. (»... Zwei Tage danach traf ich Botschafter Oelzner zwischen zwei Sitzungsperioden. Diesmal begann ich und sagte: ›Würden Sie mir Ihren Vorschlag von vor zwei Tagen wiederholen?‹ Der Botschafter: ›Ich hatte vorgeschlagen, Sie gemeinsam mit Botschafter Bock zu besuchen‹ Ich: ›Nichts anderes?‹ Er: ›Ich habe Ihnen nichts weiter vorgeschlagen.

Die DDR bringt sich in Stellung – Die ersten direkten Kontakte

Unverzüglich setzte sich Zabkar mit Monsignore Achille Silvestrini, einem der engsten Mitarbeiter Casarolis, in Verbindung (Silvestrini war Delegationsmitglied des Vatikans bei der KSZE). Silvestrini, mit den Problemen der »deutschen Frage« vertraut, hielt die Probleme, die zu Erreichung diplomatischer Beziehungen mit der DDR zu überwinden wären, für sehr kompliziert und komplex. Trotz dieser auch Zabkar geläufigen Problemlage lieferte Zabkar, aus den Gesprächen mit Bock und Oelzner schöpfend, dem Staatssekretariat im Vatikan fünf Argumente, die für eine Aufnahme von Verhandlungen mit der DDR sprächen.

1. Eine Ablehnung würde den kommunistischen Staaten nur eine propagandistisch verwertbare Waffe gegen den Vatikan liefern.
2. Beide Teilnehmer waren, nach Zabkars Auffassung, gleichberechtigte Teilnehmer der Konferenz, mithin sei ein Ablehnen des Gesprächsangebotes auf einer Konferenz zur Sicherheit und vor allem Zusammenarbeit in Europa inopportun.
3. Es könnte eine einzigartige Möglichkeit sein, und »... Può darsi anche che, chi non rischia, facilmente perde.«[383]
4. Wenn die DDR-Führung bereit wäre, dem vatikanischen Vertreter dieselben üblichen Rechte zu gewähren, wie sie ein Nuntius oder Pro-Nuntius genießt – eingeschlossen selbstverständlich das Recht, uneingeschränkt mit den Ordinarien Kontakt zu halten –, sollte das Angebot der DDR angenommen werden. Zabkar legte Wert auf die Möglichkeit, dass, nach Aufnahme diplomatischer Beziehungen, in speziellen kirchlichen Fragen der Vatikan direkt mit der Regierung in Berlin verhandeln könne.

Der fünfte Punkt, den Zabkar anfügte, offenbarte eine grundsätzliche Wandlung der vatikanischen Diplomatie, die nach dem Pontifikat von Pius XII. erfolgte.

Er hielt eine Ablehnung der Gespräche zur etwaigen Aufnahme von diplomatischen Beziehungen mit der DDR für unangebracht, da anderenfalls von Seiten des Vatikans nicht die nötige Unabhängigkeit im internationalen Raum zum Ausdruck gebracht werden könnte:

> Der Direktor der Abteilung Grundsatzfragen des Außenministeriums hat einen Vorschlag gemacht.‹ Ich: ›Hat er eventuell vorgeschlagen, diplomatische Beziehungen zwischen der DDR und dem Heiligen Stuhl aufzunehmen?‹ Er: ›Nein. Er hat ein Gespräch über die Aufnahme von diplomatischen Beziehungen zwischen der DDR und dem Heiligen Stuhl vorgeschlagen. Wir können die Aufnahme diplomatischer Beziehungen solange nicht vorschlagen, bis wir sicher sind, dass unser Vorschlag akzeptiert werden wird.‹ Ich: ›Somit haben Sie, Herr Botschafter lediglich eine Andeutung gemacht?‹ Er: ›Ja, so ist es ich habe nur eine Andeutung gemacht. Aber beachten Sie: Bock ist in einer Stellung, die es ihm erlaubt, solche Vorschläge zu machen. Also, wir halten uns zu Ihrer Verfügung. Ich bitte Sie dies, wenn Sie können – dem Papst zu berichten.‹ Ich: ›Ich werde meinen Vorgesetzten Bericht erstatten.«)

383 A. a. O. (»... Es kann auch sein, dass wer nichts riskiert, leicht verliert.«)

»… Occorre, ad ogni modo, evitare l'impressione che le nostre decisioni dipendono, praticamente, dalle decisioni del Patto Atlantico. Sarebbe pericoloso stabilire l'apparenza di qualche legame tra le sorte dei cattolici negli Stati comunisti e le decisioni del Patto Atlantico.«[384]

Mit dem Entschluss des Vatikans, an der KSZE als Vollmitglied mit Stimmrecht teilzunehmen, war endgültig mit der etwa hundertfünfzigjährigen Tradition gebrochen worden, sich von internationalen Konferenzen fernzuhalten. Mit der Teilhabe an dieser Konferenz wollte der Vatikan sich noch deutlicher in die Rolle des »moralischen Mittlers« – auch zwischen den Blöcken – etablieren.

Es war kein unbedeutender Diplomat, der hier sprach, sondern der Kopf der vatikanischen Delegation bei den Vorverhandlungen zur KSZE in Helsinki. Dass dieser Aspekt vatikanischer Diplomatie im Zusammenhang mit der Teilnahme an der KSZE endgültig Eingang in die internationale Politik des Vatikans fand, bewies Zabkar schon in seiner ersten ausführlicheren Rede zur Eröffnung der Vorverhandlungen am 4. Dezember 1972 in Helsinki. Er hob die besondere Rolle des Vatikans bei dieser Konferenz hervor, die sich im Besonderen auszeichnete durch

»[…] il significato e la portata della partecipazione della Santa Sede e particolarmente la natura speciale della sua missione e della sua sovranità; il suo desiderio di contribuire nelle forme e nella misura che Le sono propri alla causa della pace, bene supremo per tutti gli uomini; l'esigenza che Le è connaturale di astenersi dal prendere posizione in problemi concreti di carattere politico nello stesso tempo in cui Essa si rende disponibile a dare un apporto affinché eventuali punti di vista diversi possano ravvicinarsi e convergere insieme.«[385]

Erzbischof Zabkar forderte die Vermittlerrolle geradezu ein und stellte sie als genuin vatikanisch in den Mittelpunkt. Ein halbes Jahr später manifestierte Erzbischof Casaroli in Helsinki in seiner Rede zur Eröffnung der KSZE dieses Ansinnen. Er hob den Anspruch der Unparteilichkeit, der uneingeschränkten Zuständigkeit in moralischen (Grund-)Fragen der Europa- und Weltpolitik

---

384 A. a. O. (»… Es ist in jedem Fall wichtig den Eindruck zu vermeiden, dass unsere Entscheidungen von den Entscheidungen der NATO abhängen. Es wäre gefährlich, den Eindruck zu erwecken, es gäbe irgendwelche Verbindung zwischen dem Los der Katholiken in kommunistischen Ländern und Entscheidungen der NATO.«)

385 »Progetto riservato: Consultazioni di Helsinki in preparazione alla conferenza sulla sicurezza e cooperazione in Europa«. In: ASP. Fond. Cas. Serie: Viaggi. SoSer.: Viaggio a Parigi (CSCE 19.–21.11.1990). (unpag.) (prov.Sig.). (»… die Bedeutung und die Reichweite der Teilnahme des Heiligen Stuhls und im Besonderen durch den speziellen Charakter seiner Mission und Souveränität; seinen Wunsch, in eigener Art und Weise dem Frieden zu dienen, dem höchsten Gut aller Menschen; durch seinen geborenen Anspruch, sich bei konkreten politischen Problemen einer Position zu enthalten und gleichzeitig seinen Beitrag zu leisten, bis sich eventuelle unterschiedlicher Sichtweisen annähern und einer gemeinsamen Lösung zugeführt werden können.«)

hervor und bot so erneut unüberhörbar den Vermittlerstatus des Vatikans an[386]. Paul VI. befasste sich am 30. Juni 1973 mit dem Redemanuskript Casarolis und formulierte lediglich zwei Verbesserungswünsche.

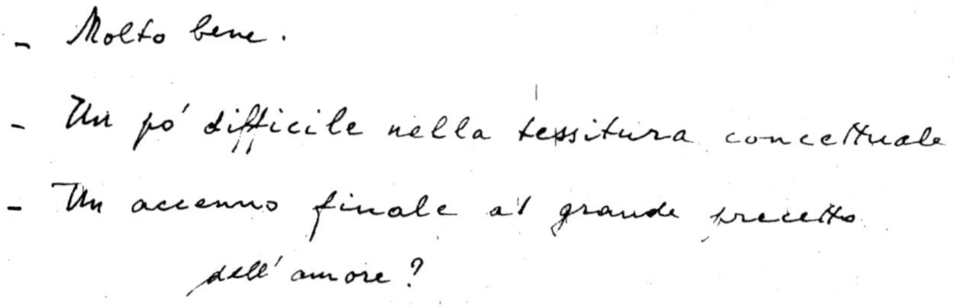

> – Molto bene.
> – Un po' difficile nella tessitura concettuale
> – Un accenno finale al grande precetto dell'amore?

Abbildung 3: Handschriftlicher Vermerk Pauls VI. auf der ersten Seite von Casarolis Redemanuskript [»...Molto bene [Sehr gut] / Un po' difficile nella tessitura concettuale [Etwas schwierig im textlichen Aufbau] / Un accenno finale al grande precetto dell'amore? [Akzentsetzung auf das bedeutende Gebot der Liebe?]«]

Von Johannes XXIII. begonnen, durch Paul VI. weitergeführt und systematisiert, hatte hier die Neuausrichtung der vatikanischen (Außen-)Politik ihren vorläufigen Höhepunkt auf internationalem Parkett erreicht. In der Ostpolitik des Vatikans hatte das Konzept der weitestgehenden Unparteilichkeit und der dialogischen Durchsetzung eigener globaler (moralischer) Vorstellungen von Beginn an eine wichtige Rolle gespielt. Ohne diese konzeptionelle Ausprägung, wäre der Vatikan nicht als Mittler im KSZE-Prozess wahrgenommen worden. Dieser Prozess war noch nicht abgeschlossen, zeitigte aber erste Ergebnisse, die keinem international agierender Partner, ob Staat, Block oder Institution, verborgen blieben.

Dies galt freilich auch für die DDR, die nun mit den Gesprächen in Helsinki, erstmals in den Beziehungen zwischen der DDR und Vatikan, einen inhaltlich-diplomatischen Dialog erreichte und somit einen evidenten Nutzen aus der Neuakzentuierung der vatikanischen Politik ziehen konnte. Die Plattform für weitere Gespräche war geschaffen. Der Dialog war noch nicht regelmäßig, aber er war unweigerlich eröffnet und – auch das war von großer Bedeutung – er war beiderseits willkommen und gewollt.

---

386 »Progetto di intervento (30.6.1973)«. In: ASP. Fond. Cas. Serie: CSCE. SoSer.: I. Fase e Helsinki. (unpag.) (prov.Sig.).

7.5 »... gli interessi si equilibrino« – Regelmäßige Kontakte zwischen der DDR und dem Vatikan

Die inhaltlichen Überlegungen der Gespräche waren schon so weit gediehen, dass Verhandlungen über diplomatische Beziehungen in Betracht gezogen wurden. Selbst auf höchster Ebene waren sich beide Parteien einig, dass der Kontakt auf eine andere Stufe gehoben werden musste. Freilich sollten die Verhandlungen zur eventuellen Aufnahme diplomatischer Beziehungen nicht derart eng gefasst werden, dass es schon ernsthaft um den Austausch von Botschaftern ginge, selbst wenn das zu diesem Zeitpunkt nicht ausgeschlossen wurde. So wie am 8. Dezember 1972, beim ersten Gespräch eines hohen vatikanischen Vertreters und dem Außenminister der DDR. Joseph Zabkar und Otto Winzer trafen sich in Helsinki. Winzer wollte in Erfahrung bringen, wie weit die Antwort auf das Memorandum der DDR gediehen sei, und er fragte explizit nach Neuregelung der Diözesangrenzen in der DDR. Winzer hatte sich in einem Schreiben vom 1. Dezember 1972[387] schon bei Casaroli erkundigt, nutzte nun aber die Möglichkeit des persönlichen Gesprächs zur Nachfrage. Gleichsam sprach er Zabkar auf den schwebenden Vorschlag zu »diplomatischen Beziehungen« an. Der vatikanische Vertreter meldete dieses Gespräch unverzüglich nach Rom weiter[388] und erhielt ebenso unverzüglich am 11. Dezember von Kardinalstaatssekretär Villot Antwort (siehe Abbildung 4):

Den Inhalt dieses Schreibens teilte Zabkar dem DDR-Botschafter Oelzner am nächsten Tag mit und bat ihn, diese Informationen der Regierung der DDR vertraulich zu überbringen. Zudem bat er um ein weiteres Gespräch, ausdrücklich auch mit Siegfried Bock. Diese Zusammenkunft fand am 14. Dezember 1972 im Tagungsort in Helsinki statt.[389] Im Gesprächesverlauf wurde erstmals deutlich, dass man sich sehr weit vorgewagt hatte, die Frage etwaiger diplomatischer Beziehungen aber mit der gebotenen Vorsicht anzugehen sei. Es war zudem von beiden Seiten in Betracht zu ziehen, dass noch in einer Grauzone verhandelt wurde, da die höchsten Gremien der jeweils eigenen Regierung weder abgelehnt noch zugestimmt hatten. Mithin befanden sich beide Seiten auf einem diffus ausgeprägten Gesprächsparcours. Das Telegramm Villots an Zabkar

---

387 »Schreiben von Außenminister Winzer an Erzbischof Casaroli (1.12.1972)«. In: ASP. Fond. Cas. Ser.: P.d.est. SoSer.: Germ. O. (Cart.12/1). (unpag.) (prov.Sig.). In einem Neujahrsschreiben an Winzer bestätigte Casaroli den Empfang dieses Schreibens. »Schreiben des Sekretärs des Rates für die öffentlichen Angelegenheiten der Kirche (1.1.1973)«. In: ASP. Fond. Cas. Ser.: P.d.est. SoSer.: Germ. O. (Cart.12/1). (unpag.) (prov.Sig.).
388 »Telegramm Zabkars an das Staatssekretariat des Vatikans (9.12.1972)«. In: ASP. Fond. Cas. Ser.: P.d.est. SoSer.: Germ. O. (Cart.12/4). (unpag.) (prov.Sig.).
389 »Schreiben Zabkars an Oelzner (12.12.1972)«. In: PAAA (Berlin). Bestand: MfAA. Sig: MfAA C 3.820. (Bl. 76 f.).

```
                                                            12/
                                                             /4
         SEGRETERIA DI STATO    Telegramma per    Helsinki
                                Spedito il       11 Dicembre 1972

UFFICIO CIFRA

  N. 58                         COPIA UNICA


           Ricevuto Rapporto N.75 et successivo Cifrato N.22.
           Per personale et riservata conoscenza di Vostra Eccellenza
           significo che delicato problema dell'atteggiamento della
           Santa Sede di fronte al riconoscimento internazionale della
           DDR é già allo studio e sono in corso consultazioni a tale
           riguardo. Per ora voglia Vostra Eccellenza assicurare rap-
           presentanti di Berlino Est che Santa Sede ha preso nota con
           vivo interesse della proposta fattale per il tramite di
           Vostra Eccellenza et che sarà data al Governo della DDR una
           risposta appena possibile.

                                  Cardinale Villot
```

Abbildung 4: Telegramm Kardinalstaatssekretärs Kardinal Villot an Pro-Nuntius Zabkar (11. 12. 1972) [(»... Bericht Nr. 75 und darauf folgendes Telegramm Nr. 22 erhalten. Zur persönlichen und vertraulichen Kenntnisnahme Eurer Exzellenz: Das delikate Problem des Verhaltens des Heiligen Stuhls bezüglich der internationalen Anerkennung der DDR wird bereits bearbeitet und Gespräche zu diesem Thema sind im Gange. Zum jetzigen Zeitpunkt wollen Eure Exzellenz den Vertretern Ost-Berlins versichern, dass der Heilige Stuhl den ihm über Eure Exzellenz gemachten Vorschlag mit lebhaftem Interesse wahrgenommen hat und der DDR-Regierung baldmöglichst Antwort geben wird.«)]

verdeutlichte dies und besagte letztlich nichts anderes als: Freundlich den Kontakt aufrechterhalten, keine verbindlichen Zusagen machen, aber die Vorschläge auch nicht ablehnen. Zabkar meldete zu dieser vagen Anweisung nach Rom: »... Egli feci tuttavia osservare che allo stadio attuale tali colloqui potrebbero forse causare mutui malintesi.«[390]

Ähnlich sah man dies mittlerweile im Außenministerium der DDR und auch Oelzner plädierte für eine ruhigere Gangart. Diese Entschleunigung bedeute aber keinesfalls, dass auch die Kontakte wieder minimiert wurden. Und so meldete Zabkar, Siegfried Bock zitierend, nach Rom:

---

390 »Telegramm Zabkars an Staatssekretariat (19. 12. 1972)«. In: ASP. Fond. Cas. Ser.: P.d.est. SoSer.: Germ. O. (Cart.12/4). (unpag.) (prov.Sig.). (»... Ich wies ihn darauf hin, zu beachten, dass es bei dem jetzigen Stand der Gespräche zu gegenseitigen Missverständnissen kommen könnte.«)

»... Certo, noi in questa vicenda come del resto in altri casi ci si agisce per interesse. D'altra parte nell'interesse vostro siete giudici voi soltanto. [...] Potrebbe quindi darsi che gli interessi nostri e i vostri si equilibrino.«[391]

Da der Brief Außenministers Winzers an Casaroli vom 1. Dezember in Belgrad an Pro-Nuntius Cagna ebenfalls übergeben worden war, kam es – fast gleichzeitig – auch zu einem Treffen in Belgrad. Botschafter und Pro-Nuntius trafen sich am 13. Dezember 1972 auf Wunsch des DDR-Botschafters Kormes in der Nuntiatur. Bei diesem Gespräch war hauptsächlich die Diözesangrenzenangleichung in der DDR Thema. Kormes meldete nach Berlin weiter:

»... Im weiteren Verlauf des Gespräches ließ Cagna erkennen, dass der Vatikan im Prinzip sowohl diesen Wunsch (Neuzirkumskription der Diözesen) als auch die Herstellung normaler Beziehungen zur DDR für möglich halte.«[392]

Mario Cagna gab auch dieses Mal zu verstehen, dass der Vatikan in seinen Entscheidungen wohlüberlegt vorgehe, nichts überstürze und sich an völkerrechtliche wie auch vatikaninterne Traditionen halte.

In dieser Phase der Gespräche waren die bestimmenden Meinungsverschiedenheiten erkennbar, aber kurz vor der Jahreswende 1972/73 war der Kontakt unwiderruflich etabliert. Mit der DDR war der letzte Staat des »Ostblocks« aktiv in die Vatikanische Ostpolitik eingebunden. Die Forderungen der DDR lagen auf dem Tisch und für den Vatikan war zunächst wichtig, dass Gespräch nicht abreißen zu lassen. Damit wurde einen Dialog möglich, in dessen Verlauf auch Forderungen zum »Wohlergehen der Gläubigen« aufgemacht werden konnten. Diese Begehren sollten wichtige Bestandteile eines angestrebten Modus Vivendi zwischen Staat und Kirche werden.

7.5.1 Denkpause zwischen den Gesprächen – Konzepte wurden erstellt

Das Jahr nach dem Sommer 1972 war der Zeitabschnitt, in dem die Kontakte zwischen Vatikan und DDR am rasantesten vonstatten gingen. Die Gespräche in Belgrad und im besonderen Maße die Treffen in Helsinki führten in beiden Lagern zu einer deutlichen Annäherung.

Die Geschwindigkeit, mit der dieser Dialog mit der DDR installiert wurde, war für die Vatikanische Ostpolitik durchaus ungewöhnlich. Die zeitlich vorgelagerten Kontakte mit Polen, Ungarn und der Sowjetunion hatten längere

---

[391] A. a. O. (»... sicher, es ist so, dass wir, wie auch in anderen Fällen eigene Interessen folgen. Auf der anderen Seite seid auch ihr Richter eigener Interessen. Es könnte aber auch sein, dass sich die Interessen ausgleichen.«)
[392] »Vermerk Kormes' über ein Gespräch mit dem apostolischen Nuntius, Mgr. Cagna am 13. 12.1972«. In: PAAA (Berlin). Bestand: MfAA. Sig: MfAA C 3.820. (Bl. 79).

Zeitabschnitte in Anspruch genommen, um einen belastbaren Dialog zu eröffnen. Mit der DDR geschah dies innerhalb von wenigen Wochen. Zwischen dem Treffen in Belgrad am 9. Oktober und dem 14. Dezember 1972 waren die Kontakte derart weit gediehen, dass selbst diplomatische Beziehungen ernsthaft nicht ausgeschlossen wurden. Eingedenk der offenen Atmosphäre, die in Helsinki herrschte, kann ohne Frage auch eine gewisse Euphorie in den Gesprächen vorausgesetzt werden. So hatten diese eine Eigendynamik, die bei Gesprächen beider Parteien im normalen Rahmen der Kontaktmöglichkeiten über ortsgleiche diplomatische Vertretungen wahrscheinlich nicht entstanden wäre. In Helsinki war der Kontakt wesentlich direkter möglich. Man traf sich unkompliziert zwischen den Sitzungen, auf dem Gang oder zu Empfängen.

Diese besonderen Umstände am Tagungsort der KSZE beförderten die Intensivierung der Kontakte und zudem trafen DDR und Vatikan in Helsinki erstmals als de facto gleichberechtigte Partner aufeinander. Das Vermeiden direkter Kontakten war demnach nur noch schwer mit einer völkerrechtlich geführten Argumentation möglich.

Beide Seiten waren jedoch auch relativ unvorbereitet in diese Gespräche gegangen, und die inhaltliche Ausgestaltung der Kontakte oblag zunächst den Verhandlungsführern, auf vatikanischer Seite Monsignore Zabkar und Achille Silvestrini und für die DDR Delegationsleiter Heinz Oelzner und, immerhin der Direktor der Abteilung Grundsatzfragen im Außenministerium der DDR, Siegfried. So waren zwar hohe Diplomaten mit den Verhandlungen beauftragt, aber die Ergebnisse der Gespräche mussten in den jeweiligen Schaltzentralen der Macht nun einer Auswertung unterzogen werden. Dies geschah über den Jahreswechsel 1972/1973. Zusätzlich leitete, kurz vor Weihnachten 1972, die Unterzeichnung des Grundlagenvertrags zwischen der BRD und der DDR eine neue Entwicklung ein, deren Bedeutung für etwaige weitere Kontakte mit der DDR auch im vatikanischen Staatssekretariat analysiert werden musste. Weiterhin war kurz vor Silvester 1972 noch die Anfrage bezüglich eines etwaigen Besuches eines hohen Repräsentanten aus der DDR im Vatikan eingegangen[393]. Eine zügige Systematisierung des bisher Geschehenen und die Erarbeitung von daraus abzuleitenden Schlussfolgerungen wurden notwendig.

Die Position des Vatikans stellte sich in diesem Zusammenhang in für die Vatikanische Ostpolitik ungekannter Weise kompliziert dar: War man bis dato gewöhnt, schwierige und langwierige Verhandlungen zu führen, wenn es um das Wohl der Gläubigen »oltrecortina« ging, so waren es doch überschaubare Themenfelder und ein klar umschriebener Pool an Verhandlungspartnern. Dies bedeutete, es gab Ansprechpartner in den jeweiligen Machtapparaten und

---

393 »Telegramm des Gesandten Bibow an Markowski (29.12.1972)«. In: SAPMO. Bestand: Büro Verner Lamberz. Sig.: DY 30 IV 2/2.033. 80. (Bl. 4).

Episkopaten. Es gab demnach in den meisten Fällen, maximal trilaterale Verhandlungen in Form einer Dreiecksbeziehung zu bewältigen: Staat ↔ Vatikan/Vatikan ↔ nationales Episkopat/nationales Episkopat ↔ Staat.

Die besondere Beziehung zur globalen kommunistischen Hegemonialmacht Sowjetunion war zwar auch trilateral, wenngleich das »nationale Episkopats« der katholischen Kirche hier durch die Vertretung der Russisch Orthodoxen Kirche ersetzt wurde und einen deutlich anderen Einfluss auf die Verhandlungen hatte.

Für die Verhandlungen mit der DDR stellte sich das wesentliche Beziehungsgeflecht bedeutend vielschichtiger dar:

DDR[394] ↔ Vatikan/BRD[395] ↔ Vatikan/DDR ↔ BRD/DBK ↔ Vatikan/BOK ↔ Vatikan/DDR ↔ BOK/BRD ↔ DBK/DBK ↔ BOK. Bei diesem Schema nicht einbezogen sind die vielfältigen Einzelbeziehungen und Initiativen z. B. von Politikern und Bischöfen gegenüber dem Vatikan. Das stellte folglich einen der kompliziertesten, wenn nicht gar den kompliziertesten Teilbereich der Vatikanischen Ostpolitik dar und bedurfte, nach derart fortgeschrittenen Gesprächen und Ereignissen Ende 1972, fundierter Analysen und Konzepte.

7.5.1.1 »... tali colloqui potrebbero svolgersi nel prossimo mese di febbraio« – Konzeptionelle Vorbereitung der Gespräche im Vatikan

Im Umgang mit der DDR war der Vatikan bereit zu weiteren Gesprächen und andersartigen Kontakten. Zudem begann er, genau wie die DDR-Führung, die bisherigen Kontakte als Anlass zu nehmen, die Beziehungen zu systematisieren.

Weiterhin kam kurz vor Weihnachten 1972 im Staatssekretariat in Rom ein Gerücht auf, das der Botschafter der BRD beim Heiligen Stuhl auslöste: Der Staatssekretär für Kirchenfragen der DDR, Hans Seigewasser, würde nach Rom kommen, um im Vatikan im Namen seiner Regierung Verhandlungen zu führen. Der damals im Staatssekretariat tätige Karl-Josef Rauber verfasste eine Information, nach der der deutsche Botschafter aus glaubhafter Quelle an diese Information gelangt sei. Demnach wolle Seigewasser mit dem Vatikan über die in Helsinki und Belgrad intensiv besprochenen Themen verhandeln und konkrete Fragen klären:

> »... separazione totale delle diocesi della Germania Orientale da quelle della Germania Occidentale/erezione formale dei territori di Magdeburg, Erfurt ecc. a diocesi indipendenti/denominazione dell'attuale Conferenza di Berlino degli Ordinari della Ger-

---

[394] »DDR« meint: die zuständigen Regierungsstellen, aber vor allem die politisch wirkungsmächtige Parteieinheit (Politbüro des ZK der SED).

[395] »BRD« meint: die zuständigen Regierungsstellen, aber auch die politische Öffentlichkeit (z. B. CDU-Fraktion im Bundestag).

mania Orientale in Conferenza Episcopale della Repubblica Democratica Tedesca/allacciamento di rapporti ufficiali tra la Santa Sede ed il Governo della RDT.«[396]

Inhaltlich waren diese Forderungen zu erwarten und für den Vatikan nichts Neues, jedoch kam es mit dieser Nachricht nach dem jetzigen Quellenstand zu der bisher umfassendsten Information aller Hierarchieebenen im Vatikan. Im Vatikan waren vor allem der Sekretär des Rates für die öffentlichen Angelegenheiten und dessen Mitarbeiterstab als ausführende und konzipierende Schaltstelle involviert. Bis zu diesem Datum kann davon ausgegangen werden, dass Paul VI. über grundlegende Gespräche informiert war, Kardinal Villot als Kardinalstaatssekretär zweifelsohne auch, nur inwieweit die gesamten Forderungen und inhaltlichen Aspekte der Gespräche explizit bekannt waren und diskutiert wurden, konnte nicht nachgewiesen werden. Seit dem 14. Dezember 1972 waren sowohl Papst Paul VI. als auch das Kollegium der Kardinäle im Rat der öffentlichen Angelegenheiten der Kirche vollständig über die Forderungen der DDR informiert. Die erwartete Ankunft eines DDR-Offiziellen, zumal eines maßgeblichen Kirchenpolitikers, veranlasste das Staatssekretariat zu schnellem Handeln: Der Bericht Raubers wurde noch am selben Tag von Kardinal Villot an den Papst und den Rat für die öffentlichen Angelegenheiten der Kirche weitergeleitet[397].

Unabhängig von der Person Seigewasser war demnach im Vatikan bekannt, dass die DDR-Führung gewillt war, in Rom in direkten Kontakt zu treten, und mit einer Initiative dahingehend zu rechnen war.

Im Staatssekretariat wurde konzeptionell an einem Verhältnis zur DDR gearbeitet. Gleichsam kam es am 21. Dezember 1972 zu einem international sehr beachteten Ereignis, der Unterzeichnung des »Grundlagenvertrags« zwischen der DDR und der BRD. Dieser Umstand wurde im Staatssekretariat in Rom mit außerordentlichem Interesse zur Kenntnis genommen, was die umfangreiche Pressesammlung zu diesem Thema belegt. Dies galt nicht nur für die Fragen des Grundlagenvertrags, vielmehr lag im Fokus der Betrachtung auch die sich im Umfeld der Unterzeichnung intensivierende Bereitschaft nichtsozialistischer Staaten und einiger NATO-Mitglieder wie Italien und Belgien, diplomatische Beziehungen zur DDR zu eröffnen. Auch die Bereitschaft Frankreichs als Sie-

---

396 »Assunto Riservato zur Vorlage an Kardinalstaatssekretär und den Papst (14.12.1972)«. In: ASP. Fond. Cas. Ser.: P.d.est. SoSer.: Germ. O. (Cart.12/3). (unpag.) (prov.Sig.). (»... vollständige Trennung der Diözesen in Ostdeutschland von Westdeutschland/Errichtung unabhängiger Diözesen Magdeburg, Erfurt etc./Umbenennung der BOK in Bischofskonferenz der DDR/Herstellung offizieller Kontakte Heiligen Stuhl – DDR.«)
397 Stempelaufdruck »Visto dal Santo Padre 14. Dic.1972«. (»Gesehen vom Heiligen Vater 14. 12.1972«) und »Em.mo Cardinal Segretario di Stato 14. Dic. 1972 al Consiglio«. (»Kardinalstaatssekretär 14.12.1972 an den Rat [»Rat für die öffentlichen Angelegenheiten der Kirche«]). A. a. O.

germacht des Zweiten Weltkriegs, nach der Unterzeichnung des Grundlagenvertrags diplomatische Beziehungen mit der DDR zu errichten, wurde ausgewertet.[398] Es kann davon ausgegangen werden, dass zur Jahreswende und in den ersten Wochen des Jahres 1973 die bis dato intensivste Phase der internen Auseinandersetzung mit der DDR im Staatssekretariat in Rom erfolgte.

Am 11. Januar 1973 erarbeitete Angelo Sodano, als enger Mitarbeiter Casarolis, eine Konzeption für das weitere Vorgehen im Hinblick auf die DDR. Der Auslöser dafür war, ein geplantes Schreiben an Zabkar nach Helsinki, welches Handlungsanweisungen enthalten sollte, die Anfrage Siegfried Bock bezüglich diplomatischer Kontakte betreffend. Sodano zählte in diesem Entwurf vier Punkte auf, die für den Fortgang der Gespräche von Bedeutung waren:

>»… la Santa Sede è disposta ad avviare i colloqui richiesti dal Governo della DDR, in vista dell'eventuale stabilimento di relazioni diplomatiche fra le due parti/la medesima Santa Sede preferirebbe, a tale fine, che tali incontri avvenissero qui a Roma, fra […] Monsignore Casaroli […] ed un rappresentante od una rappresentanza della Repubblica Democratica tedesca/se il Governo tedesco-orientale ritiene di potersi servire della sua Rappresentanza in Italia, la Santa Sede non ha difficoltà in merito;/tali colloqui potrebbero svolgersi nel prossimo mese di febbraio, nella sede della Nunziatura Apostolica in Italia.«[399]

Von Seiten des Vatikans war der Weg grundsätzlich frei für noch intensivere Verhandlungen mit Repräsentanten der DDR. Die Eckpunkte, die hier festgehalten waren, sahen keine Eingrenzung für die Verhandlungen vor, und zusätzlich wurde festgehalten:

>»… che si é naturalmente sempre pronti ad esaminare eventuali *altre proposte* [handschriftlich eingefügt von Casaroli] che il governo della Repubblica Democratica Tedesca volesse *presentare* in merito.«[400]

Diese Ausarbeitung erfolgte knapp einen Monat, nachdem Paul VI. und ein Teil des Kardinalskollegiums über die inhaltlichen Aspekte der Kontakte mit der DDR ausführlich informiert wurden. Folglich kann davon ausgegangen werden,

---

398 Das belegen vielzählige, handschriftlich gekennzeichnete Presseartikel zur DDR. In: ASP. Fond. Cas. Ser.: P.d.est. SoSer.: Germ. O. (Cart.Stampa). (unpag.) (prov.Sig.).

399 »Konzept eines Schreibens an den apostolischen Pro-Nuntius in Finnland (11.1.1973)«. In: ASP. Fond. Cas. Ser.: P.d.est. SoSer.: Germ. O. (Cart.12/4). (unpag.) (prov.Sig.). (»… der Heilige Stuhl ist bereit, in Gespräche um die eventuelle Errichtung diplomatischer Beziehungen einzutreten/der Heilige Stuhl würde Verhandlungen zwischen […] Mons. Casaroli […] und einem Repräsentanten der DDR in Rom präferieren/wenn die ostdeutsche Regierung ihre Botschaft in Italien nutzen möchte, hat der Heilige Stuhl diesbezüglich keine Probleme/derartige Gespräche könnten nächsten Monat in der apostolischen Nuntiatur in Italien stattfinden.«)

400 A. a. O. (»… dass man natürlich auch bereit ist andere Vorschläge der DDR in Betracht zu ziehen.«)

dass die weiteren Planungen mit Billigung des Papstes und des Rates für die öffentlichen Angelegenheiten der Kirche erfolgten.

7.5.1.2 »... die politische und völkerrechtliche Bestandsaufnahme für eine beweiskräftige Untermauerung unserer Position« – Das »Kröger-Gutachten« und dessen Bedeutung in der Politik der DDR gegenüber dem Vatikan

Auch in der DDR-Führung wurden neue Überlegungen angestellt, die sich mit dem Verhältnis zur katholischen Weltkirche befassten. Diese waren nach dem Politbürobeschluss zum Memorandum an den Vatikan und dem damit verbundenen Spitzengespräch »Stoph – Bengsch« im August 1972 zeitlich vorgelagert und Ende 1972/Anfang 1973 inhaltlich schon sehr dezidierter. Grundlage bildete die neue Situation, in der sich die DDR Ende 1972 befand. Das weitaus höhere internationale Prestige führte zu einem Umdenken in der Betrachtung der Beziehungen zum Vatikan.

Am 28. August 1972 fand in der Dienststelle des Staatssekretärs für Kirchenfragen ein erstes Arbeitsgespräch »[...] zu den Diözesen in der DDR« statt[401]. Neben der inhaltlich bekannten Forderung nach Neuzirkumskription der Diözesangrenzen auf dem Staatsgebiet der DDR und der damit verbundenen Verselbstständigung der katholischen Kirche wurde die völkerrechtliche Anerkennung der DDR als das zu erreichende »Hauptziel«[402] bezeichnet und dafür sollte erneut eine wissenschaftliche Argumentation erarbeitet werden. Der neu eingesetzten »Arbeitsgruppe Diözesangrenzen in der DDR« wurde:

»[...] als jetzt zu behandelnde Teilabschnitte die politische und völkerrechtliche Bestandsaufnahme für eine beweiskräftige Untermauerung unserer Position zur Aufgabe gemacht.«[403]

Grundsätzliche Fragen der wissenschaftlichen Bearbeitung waren:
1. Die Nachweisführung über die »... Nichtigkeit des Konkordats für die DDR«.
2. Die Praxis des Vatikans »... Staatsgrenzen = Kirchengrenzen« sei als »... Völkerrechtsprinzip [...] anschaulich zu belegen«.
3. Die Beweisführung für mögliche Varianten zur vollständigen Lösung Westberlins aus der katholischen Kirche in der BRD sollte erarbeitet werden:
   »... Begründung eines Kompromisses für die Kirchenamtsausübung des für die DDR zuständigen Kardinals in Westberlin, oder Begründung einer direkt

---

401 »Aktenvermerk Arbeitsgespräch (28.8.1972)«. In: BA. Bestand: StSek.f.KF. Sig.: DO4 1302. (Bl. 109–111).
402 A. a. O. (Bl. 109).
403 A. a. O.

dem Vatikan unterstehenden selbständigen (exemten) Kirchenleitung für Westberlin.«[404]

Die Tatsache, dass eine Verquickung der Neuzirkumskription der Diözesen in der DDR mit der kirchenrechtlichen Stellung Westberlins den Fortgang der Verhandlungen eventuell erschweren könnte, war den Mitgliedern der Arbeitsgruppe dabei bewusst und in weiteren Arbeitsgesprächen der Arbeitsgruppe verlor die Betrachtung der Situation Westberlins immer mehr an Bedeutung, bis sie in der vierten Besprechung ohne Erwähnung blieb[405].

Das wissenschaftliche Gutachten sollte Professor Herbert Kröger[406] erstellen, der Ende November 1972 begann und am 28. Dezember 1972 den ersten Teil fertigstellte[407]. Es ragte aus den bis dato zum Thema erarbeiteten Analysen heraus: Kröger wählte bewusst einen rechtspositivistischen Ansatz und trennte daher, soweit möglich, den politischen vom juristischen Blickwinkel, um die politische Konnotation des Gesamtthemas für seine Stellungnahme zu minimieren. Er lieferte, aus der »kirchenrechtlichen Literatur und in der Neuzeit abgeschlossenen Vereinbarungen und Konkordaten zwischen einem Staat und dem Vatikan« herleitend, die Untermauerung der Argumentation, dass bei der Errichtung, Veränderung oder Auflösung von Diözesen ein Mitspracherecht staatlicherseits bestünde und der Vatikan die Veränderung von Diözesen vor allem dann vornehme, wenn sich Diözesenteile in unterschiedlichen Staaten befinden oder die Kommunikation des Bischofs für Teile seines Bistums gestört sei[408]. Er sah dies als:

---

404 A. a. O. (Bl. 110)
405 »Aktenvermerk 4. Arbeitsgespräch ›Diözesangrenzen‹ (20.11.1972)«. In: BA. Bestand: StSek.f.KF. Sig.: DO4 1302. (Bl. 107).
406 Herbert Kröger (*15.7.1913) war einer der wichtigsten Völkerrechtler der DDR, seit 1948 SED-Mitglied und juristischer Berater für das ZK der SED. Bekannt wurde er, als Verteidiger der KPD im Verbotsverfahren vor dem Bundesverfassungsgericht. Seit 1955–1964 war er Rektor der Deutschen Akademie für Staats- und Rechtswissenschaft in Potsdam-Babelsberg, 1965–1989 Vizepräsident der »Gesellschaft für Völkerrecht«, Präsident der »Liga für die Vereinten Nationen der DDR«. Kröger war wegen seines beruflichen Engagements und Mitgliedschaften in NS-Organisationen im Dritten Reich umstritten (z. B. 1941 Ernennung zum Landgerichtsrat, 1933 bis 1936 SA, 1938 Übertritt zur SS als Oberscharführer). In sowjetischer Gefangenschaft schloss er sich dem »Nationalkomitee Freies Deutschland« an. Er war Assistent Wilhelm Zaissers (1. Minister für Staatssicherheit). (Vgl.: »Biographisches Handbuch der SBZ/DDR«. In: »Enzyklopädie der DDR« (Digitale Bibliothek Bd. 32). S. 13549.
407 Das gesamte, zweiteilige Gutachten in: »Gutachterliche Stellungnahme zu rechtlichen Problemen der Beziehungen zwischen der DDR und der katholischen Kirche (28.12.1972)«. In: PAAA (Berlin). Bestand: MfAA. Sig: MfAA C 3.820 »Beziehungen DDR – Vatikan«. (Bl. 82–133). (1. Teil Bl. 82–113) (2. Teil Bl. 114–133).
408 »Gutachterliche Stellungnahme«. In: BA. Bestand: StSek.f.KF. Sig.: DO4 4930. (Bl. 2015–2046).

> »[...] generelles, vom Heiligen Stuhl anerkanntes und von ihm in zahlreichen Konkordaten und anderen Vereinbarungen mit Staaten ausdrücklich formuliertes Rechtsprinzip [...] Es kann keinem Zweifel unterliegen, dass der Verlauf von Staatsgrenzen – insbesondere von solchen zwischen Staaten mit unterschiedlicher Gesellschaftsordnung und unterschiedlicher Bündniszugehörigkeit – durch eine kirchliche Territorialeinheit [...] die Kommunikationsmöglichkeiten innerhalb dieser kirchlichen Einheit wesentlich erschwert. Daher ist im Kirchenrecht auch ausdrücklich anerkannt worden, dass die territoriale Erstreckung einer Diözese auf Gebietsteile zweier verschiedener Staaten es rechtfertigt, diese Diözese entsprechend den Staatsgrenzen zu teilen.«[409]

Kröger kam in seiner Abhandlung zu einem weiteren bedeutsamen Schluss, indem er ein Interesse der DDR an der damaligen kirchenrechtlichen Situation in Westberlin herausstellte. Er machte den Vorschlag, diesen Zustand zu erhalten und den Einfluss des in der DDR residierenden Bischofs von Berlin auf den Kirchenbereich »Westberlin« zu erweitern. Es sei

> »[...] zu erwägen, die Ausübung der Tätigkeit des Bischofs von Berlin [...] im Westberliner Kirchenbereich im Rahmen des Vertretbaren zu erleichtern (erweiterte Reisemöglichkeiten nach Westberlin u. dergl.)«[410]

In diesem Zusammenhang wurde zum ersten Mal das Interesse an der Jurisdiktion über Westberlin fundiert. Die DDR-Führung erkannte die kirchenrechtliche Regierung Kardinal Bengschs als Bischof von Berlin über Westberlin unaufgeregt und ohne größeres propagandistisches Gebaren an. So entstand ein »fait accompli«, der für die Auffassung der DDR-Führung, Westberlin nicht als Teil der BRD anzusehen, von Bedeutung war.

Und da sich die Situation formal so darstellte, dass Westberlin nicht zu einer Diözese in der BRD gehörte, kam Kröger zu dem Schluss:

> »... Es gibt folglich gegenwärtig kein Interesse der DDR, die Frage einer Veränderung dieses Zustandes oder überhaupt des Bestehens und der Begrenzung des Bistums Berlin gegenüber dem Heiligen Stuhl aufzuwerfen.«[411]

Bedenkt man, dass das komplexe Problemfeld Westberlin eine der wesentlichen Fragen im politischen Alltagsgeschäft der DDR-Führung ausmachte, wird die Bedeutung dieser Aussage erkennbar. Westberlin gerät zwar in den darauf folgenden Verhandlungen nie ganz aus dem Blickfeld, jedoch wird es sehr selten auf das Tapet der Verhandlungen gehoben, und auch in der konzeptionellen Vorbereitung der Gespräche spielte Westberlin eine immer unwichtigere Rolle. Zwischen der DDR und dem Vatikan herrschte Einigkeit, dass es sich zwar um

---

409 A. a. O. (Bl. 2026 f.).
410 A. a. O. (Bl. 2035).
411 A. a. O. (Bl. 2034).

ein schwieriges und komplexes Thema handelte, allerdings ein gelassener Umgang wenigstens bei diesem Thema im Interesse beider Seiten lag. Dass sich diese Sichtweise durchsetzte und bis ins Politbüro und in dessen politische Entscheidungen durchgedrungen war, zeigte sich im Sommer 1974, als am 25. Juni das Politbüro eine »... Direktive für die Weiterführung der Gespräche zwischen der DDR und dem Vatikan« behandelte und beschloss.[412] Die kirchenrechtliche Situation Westberlins wurde in dieser Direktive keines Wortes gewürdigt.

Mehrere Sachverhalte ließen deutlich zu Tage treten, dass diese »gutachterliche Stellungnahme« für die DDR-seitige inhaltliche Untermauerung der Argumentation von herausragender Bedeutung war:

– Sie war mit Politbürobeschluss eingefordert worden und unmittelbar nach ihrer Ausfertigung bei den thematisch mit den Beziehungen der DDR zum Vatikan befassten Organisationseinheiten bekannt[413]. Das hieß, Krögers Ergebnisse fanden sowohl in die politischen Beweisführungen der Dienststelle des Staatssekretärs für Kirchenfragen[414], des Außenministeriums[415], der Arbeitsgruppe Kirchenfragen beim ZK der SED als auch bei dem zuständigen Politbüromitglied, Paul Verner[416], und in die HA XX/4 des MfS[417] Eingang.
– Der Zeitdruck, in dem dieses Gutachten erstellt wurde, war enorm (Mitte November – Ende Dezember). Dieser Zeitraum ist kongruent mit der Intensivierung der Kontakte in Belgrad und Helsinki.
– Durch die »Arbeitsgruppe Diözesangrenzen« wurde ein derart versierter Völkerrechtler wie Herbert Kröger ausgewählt, der auch über die Staatsgrenzen der DDR hinaus bekannt war.

---

412 »Anlage 7 zum Protokoll Nr. 27/74 vom 25.6.1974«. In: SAPMO. Bestand: Protokolle d. PB SED 1960–1989. Sig.: DY 30 J IV 2/2 1513. (Bl. 79–85).
413 Dies galt für den 1. Teil des Gutachtens, der 2. Teil lag nur dem MfAA vor.
414 »Gutachterliche Stellungnahme«. In: BA. Bestand: StSek.f.KF. A. a. O.
415 Die »Stellungnahme der Abteilung Rechts- und Vertragswesen an Minister Winzer (29.1.1973)«, leitete deren Leiter (Herbert Süß) mit den Worten ein: »... Der beträchtliche Umfang ergibt sich daraus, dass wir wunschgemäß den wesentlichen Inhalt des Ihnen bekannten Gutachtens von Prof. Dr. Kröger zugrunde gelegt haben.« In: PAAA (Berlin). Bestand: MfAA. Sig: MfAA C 3.820 »Beziehungen DDR – Vatikan«. (Bl. 134ff).
416 Am 15.2.1973 sandte der Leiter der AG Kirchenfragen, Willi Barth, an Paul Verner eine teilweise aus dem Gutachten resultierenden Stellungnahme: »Zu außenpolitischen und völkerrechtlichen Fragen im Zusammenhang mit den Beziehungen der DDR und der katholischen Kirche (14.2.1973)«. In: SAPMO. Bestand: Büro Paul Verner. Sig.: DY 30 IV 2/2.036 50. (Bl. 36–46).
417 »Gutachterliche Stellungnahme«. In: BStU. Bestand: Hauptabteilung XX/4. Sig.: HA XX/4 1199. (Bl. 144–175). (Eine Kopie des Exemplars der Dienststelle des Staatssekretärs für Kirchenfragen.)

Die in diesem Gutachten vor allem kirchenrechtlich vorgetragene Beweisführung war fachlich fundiert, aber in der Absolutheit, mit der die Rechtsvorschriften angewandt wurden, wurde die Teleologie deutlich, die auf eine verbesserte politische Durchsetzung der DDR-seitigen Forderungen abzielte. Beachtenswert in diesem Zusammenhang war eine der Abhandlung vorangestellte Ausführung Krögers. Er stellte heraus, dass auch unter den Maßgaben der abzuhandelnden Problemfelder keine »unbedingte und generelle« Notwendigkeit zur »Klärung und Regelung der Beziehungen der DDR zum Heiligen Stuhl« entstünde. Das veranlasste ihn zu der bemerkenswerten Feststellung:

> »... Bereits das derzeitige vertraglich nicht geklärte Verhältnis der DDR zur katholischen Kirche (Heiliger Stuhl) wirft eine Reihe rechtlicher – und zwar völkerrechtlicher, wie staatsrechtlicher und kirchenrechtlicher – Fragen auf, deren Beantwortung und baldige praktische Lösung im Interesse der DDR geboten sind und die nicht unbedingt und generell Klärung und Regelung der Beziehungen der DDR zum Heiligen Stuhl erfordern.«[418]

Diese Aussage war insofern außergewöhnlich, als hier erstmals eine klare Trennlinie zwischen der Frage der Verhandlung mit dem Vatikan um Sachfragen und der etwaigen Aufnahme diplomatischer Beziehungen gezogen wurde. Die Anerkennung der DDR von Seiten des Vatikans wurde demnach a priori nicht an der diplomatischen Anerkennung festgemacht, sondern an der territorialen Anerkennung des Staatsgebietes der DDR durch den Vatikan. Das konnte letztlich einzig und allein durch die kompromisslose Abtrennung der Diözesananteile auf dem Gebiet der DDR von der jeweiligen Mutterdiözese in der BRD erfolgen. Die direkte Verbindung dieser Grundforderung mit der Frage von offiziellen und institutionellen Kontakten mit dem Vatikan, speziell in Bezug auf die eventuelle Eröffnung von Verhandlungen zum Abschluss diplomatischer Beziehungen, war zwar bis dato noch nicht koaxial. So hatte Horst Hartwig noch Ende September 1972 in einem Arbeitspapier der Dienststelle des Staatssekretärs für Kirchenfragen die Frage der diplomatischen Kontakte und der Errichtung von diplomatischen Beziehungen als Einzelpunkt herausgestellt und als einzeln verhandelbar dargestellt[419]. Aber erst mit Krögers Gutachten ging diese Trennung in die allgemeine politische Argumentation über. So wurde aus dem ersten Entwurf der Konzeption für das anvisierte Gespräch Werner Lamberz' mit Casaroli im Januar 1973 in Rom der Absatz über die Frage etwaiger diplomati-

---

418 »Gutachterliche Stellungnahme«. In: BA. Bestand: StSek.f.KF. A. a. O. (Bl. 2015).
419 »Konzeption zur Staatspolitik in Kirchenfragen gegenüber dem Vatikan (28.9.1972)«. In: SAPMO. Bestand: AG.KF.ZK d. SED (vor 1971). Sig.: DY 30 IV A2/14 46. (Bl. 96–112).

scher Beziehungen von Abteilungsleiter Herbert Süß, kurz nach Eingang des Gutachtens im Außenministerium, herausgestrichen[420].

In Helsinki und Belgrad wurde bis dahin sehr offen über diplomatische Beziehungen beziehungsweise über die eventuelle Institutionalisierung der bilateralen Beziehungen gesprochen. Dieser Themenkomplex wurde in folgenden Gesprächen von Seiten der DDR nur noch zweitrangig behandelt. Das Primat, dass Kontakte zur Errichtung diplomatischer Beziehungen der Neuzirkumskription der Diözesen eindeutig nachrangig waren, war nun wissenschaftlich-juristisch etabliert. Mehr noch, es entstand ein politisches Junktim, das bestimmend für die Beziehungen der DDR zum Vatikan wurde.

7.5.2 »... wie die DDR sich die Gestaltung der Beziehungen zum Vatikan vorstelle« – Das Gespräch Lamberz – Casaroli

Der vorgestellte Entwurf eines Schreibens an den Pro-Nuntius in Helsinki – durch Angelo Sodano erstellt – wurde nicht an den vatikanischen Vertreter in Finnland versandt. Erzbischof Casaroli deklarierte es selbst, am 14. Januar 1973, als »... sospeso« (»eingestellt«)[421]. Der handschriftliche Vermerk Casarolis war aber nicht als Ablehnung in der Sache zu werten, sondern offensichtlich gab die Fixierung eines Gesprächs zwischen einem Spitzenpolitiker der DDR und ihm in Rom den Ausschlag. Der Gesprächspartner war nicht, wie die Gerüchte im vorweihnachtlichen Rom besagten, Hans Seigewasser, sondern der Leiter der Abteilung Agitation im ZK der SED und Mitglied des Politbüros, Werner Lamberz. Lamberz galt als eines der einflussreichsten Mitglieder der Führung der SED und stand einem Schlüsselressort im ZK der SED vor. Er sollte zu Gesprächen nach Italien reisen, um die bevorstehende Aufnahme diplomatischer Beziehungen zwischen der Republik Italien und der DDR zu besprechen. Lamberz wurde von Paul Markowski, Leiter der ZK-Abteilung für internationale Verbindungen, begleitet.

Federführend bei der Vorbereitung des Besuchs im Vatikan war die PCI und vorerst ein letztes Mal als Vermittler zwischen der DDR und dem Vatikan tätig. Ende 1972 waren die Planungen für den Besuch nahezu abgeschlossen und als Anlass der Reise galt die Teilnahme Lamberz' an Gesprächen mit der PCI am 30. Januar[422]. Am 29. Dezember 1972 erreichte Markowski ein weiteres Tele-

---

420 »Konzeption für ein Gespräch mit dem Staatssekretär im Vatikan Casaroli (5.1.1973)«. In: PAAA (Berlin). Bestand: MfAA. Sig: MfAA C 3.820. (Bl. 134–137). (Bl. 137).
421 »Konzept eines Schreibens an den apostolischen Pro-Nuntius in Finnland (11.1.1973)«. A. a. O.
422 »Telegramm des Gesandten Eckhard Bibow an Markowski (8.11.1972)«. In: SAPMO. Bestand: Büro Werner Lamberz. Sig.: DY 30 IV 2/2.033. 80. (Bl. 2).

gramm des Gesandten Eckhard Bibow, das unverzüglich an Werner Lamberz zur Kenntnisnahme weitergeleitet wurde. In der Mitteilung aus Rom wurden unter anderem die Bemühungen des Vizepräsidenten der PCI (Sergio Serge) geschildert, ein Treffen zwischen Lamberz und Casaroli zu erreichen[423]. Die Kontakte über Belgrad und mittlerweile auch über Helsinki waren zwar in vollem Gange, aber auch die Kontakte über die PCI waren gefestigt und offenbar schneller zu aktivieren und in diesem Zusammenhang auch naheliegend. Kurz nach der Jahreswende 1972/73 war das Gespräch zwischen dem Rat für die öffentlichen Angelegenheiten der Kirche und Politbüromitglied Werner Lamberz vereinbart. Es wurde letztendlich durch einen Journalisten der Tageszeitung »L'Unità« (Alceste Santini[424]), der sich persönlich an Casaroli gewandt hatte, vermittelt[425]. Das Außenministerium der DDR erstellte eine Konzeption zu diesem Gespräch am 5. Januar 1973. Laut dieser Konzeption, die zum einen eine Informationsgrundlage über die bisherigen Kontakte war und zum anderen Gesprächshinweise enthielt, war das entscheidende Ziel, von Casaroli eine Antwort auf das Memorandum vom 4. August 1972 und das Schreiben von Außenminister Winzer vom 1. Dezember 1972 zu erhalten. Dabei ging man natürlich von einer für die DDR positive Antwort aus. Eine nicht zufriedenstellende Antwort wurde zumindest in Betracht gezogen und eine Gegenstrategie erstellt: Die Lösung von kirchenpolitischen Einzelfragen sollte eindeutig erst nach einer Lösung der Frage der Neuzirkumskription in der DDR besprochen werden.

Am 24. Januar 1973 fand das Gespräch außerhalb des Vatikans, aber in einer »... dem Vatikan gehörenden Wohnung«[426] statt. Es dauerte eine Stunde und zehn Minuten. Für die DDR nahmen neben dem Politbüromitglied Werner Lamberz und Paul Markowski noch Eckhard Bibow, Leiter der Vertretung der Kammer für Außenhandel in Italien, und Eberhard Heinrich, Sekretär der Agitationskommission beim Politbüro des ZK der SED, teil. Erzbischof Casaroli wurde von einem seiner Mitarbeiter begleitet. Laut Aktenvermerk des Gesandten Bibow galt die erste Frage Casarolis dem Fortgang der diplomatischen Anerkennung der DDR vor allem durch NATO-Staaten. Nach einer kurzen Erläuterung durch Lamberz wurde schnell die entscheidende Frage von Casaroli aufgeworfen: »... Wie die DDR sich die Gestaltung der Beziehungen zum Vati-

---

423 »Telegramm des Gesandten Bibow an Markowski (29.12.1972)«. In: SAPMO. Bestand: Büro Werner Lamberz. Sig.: DY 30 IV 2/2.033. 80. (Bl. 3).
424 Santini verband eine lange persönliche Bekanntschaft mit Casaroli, er schrieb die erste umfassende Biografie des Kardinals: Santini, A.: »Agostino Casaroli. Uomo del dialogo«. Cinisello Balsamo. 1993.
425 »Notiz Casarolis zu Rep. Democratica Tedesca e Santa Sede (18.1.1973)«. In: ASP. Fond. Cas. Ser.: P.d.est. SoSer.: Germ. O. (Cart.12/14). (unpag.) (prov.Sig.).
426 »Aktenvermerk über ein Gespräch mit dem Sekretär des Rates für die öffentlichen Angelegenheiten der Kirche am 24.1.1973 (29.1.1973)«. In: SAPMO. Bestand: Büro Werner Lamberz. Sig.: DY 30 IV 2/2.033 80. (Bl. 29–32). (Bl. 29).

kan vorstelle«[427]. Lamberz antwortete zunächst in stereotypen Floskeln und ging nicht direkt auf die Frage ein, was dem Politbüro am 6. Februar 1973 auch mitgeteilt wurde: »... Auf diese Frage wurde von der Delegation nicht direkt eingegangen.«[428]

In der ersten Zusammenfassung des Gesprächs durch Eckhard Bibow wurde der Fortgang des Gesprächs dargestellt:

> »... Ausgehend von der neuen Situation in Europa erläuterte Genosse Lamberz, dass die Herstellung von normalen Beziehungen mit der DDR seitens der Staaten der NATO u. a. Länder ein Beitrag zum Frieden und zur Sicherheit in Europa darstelle. Die Anerkennung der DDR zeuge davon, dass die Zeit reif sei, die in Europa bestehenden Realitäten anzuerkennen und dass nur eine reale Politik zum Frieden und zur Sicherheit in Europa beitragen könne.«[429]

Ziel dieser ersten Bemerkungen war, dem Grundanliegen der DDR gegenüber dem Vatikan entsprechend, die Klärung der Diözesangrenzen in der DDR im Sinne der Staatsführung der DDR einzufordern. Das Gespräch wurde nach diesen Äußerungen sehr sachorientiert geführt, sodass Casaroli auch die Beweggründe des Vatikans zu der uneindeutigen und abwartenden Haltung zu dieser Frage herausstellte:

> »... Der Vatikan jedoch müsse behutsam vorgehen, schrittweise, er strebe eine friedliche Lösung an und wolle keinen Streit heraufbeschwören. Angesichts der Haltung und der Reaktion öffentlicher Kreise in der BRD sei das für den Vatikan auch ein psychologisches und politisches Problem. Dass der Vatikan an der Lösung des Problems interessiert sei, zeige sich in seinem Vorgehen gegenüber Jugoslawien, der ČSSR und Polen.«

Zudem deutete er eine Lösungsmöglichkeit an:

> »... Der Vatikan sei an der Lösung des Problems interessiert. Er [Casaroli] wolle laut denken. In den vier betreffenden Gebieten, in denen katholische Gläubige wohnen, könnten zunächst als erster Schritt apostolische Administratoren ernannt werden. Damit würde der Vatikan zu verstehen geben, dass er diese Gebiete als selbstständig betrachtet, und damit bereitet der Vatikan die völlige Selbstständigmachung dieser Gebiete vor.«[430]

Zur Frage der diplomatischen Beziehungen verloren beide Seiten, obwohl im Vorfeld des Treffens noch als Verhandlungsgegenstand angesehen, kein Wort. Aber man sprach über die Situation der Kirche in der DDR. Casaroli bewertete

---

427 A. a. O. (Bl. 30).
428 »Anlage 5 zum Protokoll zur Sitzung des Politbüros vom 6. 2. 1973«. In: SAPMO (Berlin). Bestand: Protokolle d. PB SED 1960–1989. Sig.: DY 30 J IV 2/2 1433. (Bl. 43–46). (Bl. 43).
429 »Aktenvermerk über ein Gespräch mit dem Sekretär des Rates für die öffentlichen Angelegenheiten der Kirche«. A. a. O. (Bl. 30).
430 A. a. O. (Bl. 30 f.).

diese als positiv. Er führte weiter aus, dass die DDR einer intensiven Beobachtung von Seiten des Vatikans unterlag, wobei auch Papst Paul VI. und Kardinalstaatssekretär Villot reges Interesse zeigten und dass weiteren Gesprächen nichts im Wege stünde. Es wurde zudem vereinbart, dass die Botschaft der DDR in Italien fortan die Kontakte mit dem Vatikan pflegen sollte. Dieser Umstand war durchaus bemerkenswert, da dieses Vorgehen der üblichen Verfahrensweise des Vatikans einer strikten Trennung zwischen den diplomatischen Vertretern im Vatikan und den in Italien akkreditierten Diplomaten entgegenstand, aber bei den Vertretern mit Staaten des Ostblocks keine Anwendung fand.

Das Politbüro, das sich am 6. Februar mit diesem Gespräch befasste, erhielt eine Ausarbeitung des Gesprächs, die in wesentlichen Fragen auf der Zusammenfassung Bibows fußte, jedoch im Ton weitaus aggressiver war. Zudem waren einige Aspekte, die Bibow noch nicht in seiner Abfassung wenige Tage nach dem Treffen protokolliert hatte, in der Fassung für das Politbüro enthalten. Es handelte sich im Wesentlichen um ideologisierte Darstellungen zu einzelnen Aspekten der Unterhaltung, so z. B. der Anerkennung der DDR, die wesentlich ausführlicher dargestellt wurde. Es kamen aber auch einige Bemerkungen Casarolis, die erst zur Sitzung des Politbüros eingearbeitet wurden, hinzu. Bemerkenswert war die Erwähnung, dass Casaroli darauf hingewiesen habe, »... dass der Vatikan für die Regelung normaler Beziehungen zu den Staaten nicht eines Konkordates bedürfe.«[431]

Die Bedeutung dieses Gesprächs lag formal zunächst erst einmal darin, dass der bis dahin höchsterangige vatikanische Diplomat mit einem ranghohen Vertreter der Parteiführung der SED in Kontakt getreten war. Es hatte vorher schon Gespräche gegeben, die aber, von einem Gespräch apostolischer Pro-Nuntius in Finnland mit dem Außenminister der DDR abgesehen, auf einer mittleren diplomatischen Ebene geführt wurden. Casaroli war der ranghöchste Gesprächspartner bis zu diesem Zeitpunkt und er war die entscheidende Person für die Verhandlungen des Vatikans mit den Ländern des Ostblocks. Demnach kam es hier zu einem Gespräch des vatikanischen Außenministers, der sowohl de jure als auch de facto ein mächtiger Protagonist in der Hierarchie des Vatikans darstellte, mit einem de facto mächtigen Mitglied der Führung des Staates DDR. Dieses Gespräch war ein wichtiges Ereignis in den Beziehungen zwischen der DDR und dem Vatikan, weil es hier ein »De-facto-Entscheidungsträger« war, der mit Billigung und im Auftrag des faktisch höchsten politischen Gremiums der DDR, des Politbüros, in Verhandlungen eintrat. Somit war, unter Umgehung aller staatlichen Institutionen, eine Verbindung mit den eigentlichen Entscheidungsträgern der DDR hergestellt. Diese Möglichkeit war zum einen eine Gefahr für den Vatikan, es konnte ihm als Kontakt mit einer kommunistischen Partei

---

431 »Anlage 5 zum Protokoll zur Sitzung des Politbüros vom 6. 2. 1973«. A. a. O. (Bl. 44).

ausgelegt werden. Im Normalfall verfuhr der Vatikan bei politischen Gesprächen nach der Richtlinie: »... La Santa Sede, d'altronde, tratta sempre con organi dello Stato, non con organi di partito.«[432] Aber andererseits war bei einem solchen Gespräch damit zu rechnen, dass die geäußerten Vorstellungen das Politbüro direkt erreichten und damit auch unmittelbar in eventuelle Entscheidungen einfließen konnten. Casaroli taktierte bei diesem Gespräch in dem Rahmen, der ihm durch die Auseinandersetzung mit diesem Thema gesteckt war: Er musste auch auf die katholische Kirche und Öffentlichkeit in der BRD Rücksicht nehmen. Die öffentliche Meinung in der BRD war schwer zu beeinflussen und für beide Seiten, bei realistischer Sicht der Dinge, zunächst als gegeben hinzunehmen. Indem Casaroli die Erennung von apostolischen Administratoren als Verhandlungsoption aufmachte, gab er kein nützliches Pfand für die Verhandlungen preis. Nach den Ereignissen in Polen war diese Ernennung nur noch Formsache und im Vatikan die mit Kardinal Bengsch abgesprochene Handlungsoption, die ohne Gesichtsverlust des Vatikans nicht verweigert werden konnte. Die Ankündigung dieser Maßnahme war demnach nur die Bestätigung der im Moment für den Vatikan möglichen Maximalvariante, die im Politbüro hingenommen, aber dort freilich nur als Übergangslösung angesehen wurde. Da Erzbischof Casaroli bei diesem Gespräch noch zusätzlich darauf hinwies, dass der Vatikan nicht mehr zwingend »normale Beziehungen« mit Staaten mittels eines Konkordates institutionalisiere, entgrenzte er das Portfolio möglicher Verhandlungen geschickt.

Werner Lamberz als Leiter der DDR-Delegation referierte letztlich nur altbekannte Sichtweisen, Probleme und Forderungen der DDR. In diesem Gespräch wurde aber auch erstmals für die vatikanische Seite deutlich, dass die Klärung der Verwaltungsgrenzfragen in der Verhandlungsposition der DDR *absolut* vorrangig geworden war.

Mit diesem Gespräch waren die Beziehungen der DDR und des Vatikans erstmals auf einer sehr hohen Ebene angelangt, die, trotz aller ideologischen Verbrämtheit seitens der DDR-Verhandlungsführer, sachorientiert blieb und nun auch systematisiert war. Das bedeutete, dass erstmals Lösungsvorschläge in die Verhandlungen eingebracht wurden und Sachverhalte durch den Vatikan als ungeklärt anerkannt wurden.

---

432 »Udienza di S. E. Mons. Casaroli a Mons. Homeyer (4.6.1975)«. In: ASP. Fond. Cas. Ser.: P.d.est. SoSer.: Germ. O. (Cart.42/21). (unpag.) (prov.Sig.). (»... Der Heilige Stuhl verhandelt, im Übrigen, immer mit Staatsorganen und nicht mit Parteiorganen.«)

7.5.3 Das erste »Außenministertreffen« – Cocktails und Diplomatie

Mit dem Gespräch Lamberz – Casaroli war eine Grundlage geschaffen, mit der die Kontakte auf einer tragfähige Basis angelangt waren.
- Es war, mit Billigung des Papstes und seines Kardinalsstaatssekretärs, vereinbart worden, dass die Verhandlungen über die DDR-Botschaft in Rom weitergeführt werden sollten. Auch die politisch wirkungsmächtigste Institution der DDR hatte weiteren Verhandlungen keine Steine in den Weg gelegt, freilich mit der Maßgabe einer Unterordnung aller Probleme unter eine Klärung der offenen Grenzfragen.
- Mit dieser Entscheidung waren die diplomatischen Kanäle in Helsinki und Belgrad nicht mehr vonnöten, was zwischen Pro-Nuntius Zabkar und Siegfried Bock in Helsinki gegenseitig bestätigt wurde[433]. Das bedeutete jedoch nicht, dass an diesen Orten zu gegebenen Anlässen nicht doch Verhandlungen stattfinden konnten.
- Erste Ergebnisse waren in den Bereich des Möglichen gerückt. Von der DDR-Führung zwar als unzureichend, da provisorischer Natur, abgelehnt, stellten diese Lösungsangebote aber eine Verhandlungsgrundlage dar.

Die Fortsetzung der Kontakte erfolgte am 13. Februar 1973 durch ein Schreiben des Außenministers der DDR an den Vatikan, in dem das Außenministerium in sehr moderatem Ton erneut auf die Frage der Diözesangrenzen hinwies. Mit dem Rückhalt der vielfältigen diplomatischen Anerkennungen der DDR in den vorausgegangenen Monaten schrieb Winzer, es wäre:

»… ein hoch zu würdigender Beitrag zur Stabilisierung dieser für den europäischen Frieden günstigen neuen Tatsachen und deren logische Konsequenz, wenn die Diözesangrenzen der katholischen Kirche in der Deutschen Demokratischen Republik mit den Staatsgrenzen in Übereinstimmung gebracht werden, so wie es der Vatikan in Gegenwart und Vergangenheit auch bei jedem anderen souveränen, unabhängigen Staat getan hat.«[434]

Dieses Schreiben stellt nur auf den ersten Blick eine pure Wiederholung der Forderungen der DDR dar. Vielmehr wurde hier, durchaus geschickt, die mit den deutlich geänderten Bedingungen in Bezug auf die Anerkennung der DDR entstandene neue Verhandlungsgrundlage der DDR im Vatikan dargestellt.

Auf Wunsch Casarolis kam es am 30. April 1973 zu einem ersten Gespräch in

---

433 »Schreiben Bocks an stellv. Außenminister der DDR Ernst Scholz (27.2.1973)«. In: PAAA (Berlin). Bestand: MfAA. Sig: MfAA C 3.820. »Beziehungen DDR – Vatikan«. (Bl. 168 f.).
434 »Schreiben des Außenministers Otto Winzer an Erzbischof Casaroli (13.2.1973)«. In: PAAA (Berlin). Bestand: MfAA. Sig: MfAA C 3.820 »Beziehungen DDR – Vatikan«. (Bl. 161–163). (Bl. 162 f.).

der apostolischen Nuntiatur in Italien, zwischen Eckhard Bibow und Erzbischof Casaroli. Eigentlich sollte das Gespräch zwischen dem frisch akkreditierten Botschafter der DDR, Klaus Gysi, und Casaroli stattfinden. Gysi war jedoch verhindert. Die Grundaussage des Gesprächs bestand darin, dass Casaroli darum warb, keinen zeitlichen Druck aufzubauen und die schwierige Situation des Vatikans zu akzeptieren. »… Man müsse also geduldig sein und sorgfältig alles abwägen.«[435] Die Herangehensweise wurde immer deutlicher erkennbar: Es sollten Verhandlungen geführt werden. Aber der Vatikan setzte eindeutig auf die Option, einen Zeitgewinn zu erreichen. Da die Verhandlungen weitergeführt werden sollten, entspann sich eine Folge von Verhandlungen, deren nächster Höhepunkt wieder in Helsinki war. Nicht weil das Verfahren in Rom nicht sinnvoll gewesen wäre, das hatte sich durchgesetzt, aber bei der Eröffnung der KSZE in Helsinki waren unzählige Außenminister anwesend. Bei dieser Gelegenheit ergriff der Außenminister der DDR erneut die Gelegenheit und suchte das Gespräch mit dem vatikanischen »Amtskollegen«.

Ein Aspekt der Betrachtung war für die DDR-Führung in die Gesamtbehandlung des Themas jedoch noch zusätzlich einzubeziehen: die Reaktion der sowjetischen Führung. Schon am 8. Januar 1973 kam es zu Konsultationen zwischen den beiden Außenministern, Winzer und Gromyko, bei denen Winzer den sowjetischen Kollegen ins Benehmen setzte, was die laufenden Verhandlungen der DDR mit dem Vatikan betraf. Er informierte sowohl über die Frage der Jurisdiktionsbezirke als auch über das schwebende Verfahren zu etwaigen diplomatischen Beziehungen. Nachdem die Beziehungen zum Vatikan ein Teil geordneter Außenpolitik waren, kam es zu einer expliziten Anfrage des Außenministers der DDR bei Gromyko, wie weiter zu verfahren sei. Es wurde von Winzer vorgeschlagen, die Verhandlungen weiterzuführen, um zu den gewünschten Ergebnissen zu gelangen[436]. Erst eineinhalb Monate später und zwei Tage nach der Ernennung der apostolischen Administratoren auf dem Gebiet der DDR ließ Gromyko telefonisch über den sowjetischen Botschafter in der DDR (Michail T. Jefremow) mitteilen:

»[…] dass die Darlegungen in Ihrem Brief vom 16. Mai 1973 bezüglich der Möglichkeit der Normalisierung der Beziehungen zwischen der Deutschen Demokratischen Republik und dem Vatikan unter der Bedingung der gleichzeitigen Festlegung der Diözesangrenzen in Übereinstimmung mit dem Fakt der Existenz zweier souveräner deutscher Staaten und auch den vertraglichen Regulierungen, die zwischen der UdSSR,

---

435 »Aktenvermerk über ein Gespräch mit dem Sekretär des Rates für die öffentlichen Aufgaben des Vatikans am 30.4.1973«. In: PAAA (Berlin). Bestand: MfAA. Sig: MfAA C 3.820 »Beziehungen DDR – Vatikan«. (Bl. 176–178). (Bl. 177).
436 »Schreiben des Ministers für Auswärtige Angelegenheiten der DDR an den Minister für Auswärtige Angelegenheiten der UdSSR (16.5.1973)«. In: PAAA (Berlin). Bestand: MfAA. Sig: MfAA C 3.820 »Beziehungen DDR – Vatikan«. (Bl. 179–184).

VRP und DDR und der BRD zur territorialen Frage abgeschlossen worden sind, begründet scheinen. Im Zusammenhang damit, und unter Berücksichtigung des besonderen Charakters der von den deutschen Freunden entworfenen Aktion und auch des Vorhandenseins der bekannten Vereinbarungen der sozialistischen Staaten zur Frage der Ebene der Kontakte zum Vatikan, wäre es zweckmäßig, dass Sie diese Frage auch mit den anderen Teilnehmern dieser Vereinbarung beraten.«[437]

Die angesprochenen Vereinbarungen bezogen sich auf eine Tagung der »Leiter der Staatsämter für Kirchenfragen der sozialistischen Länder« vom 23. bis 26. Oktober 1972 in Sofia[438]. Bei dieser Tagung wurde kein ausdrückliches Verbot von diplomatischen Beziehungen ausgesprochen, wenngleich der sowjetische Staatsamtsleiter Wladimir A. Kurojedow diesen in seinem Wortbeitrag skeptisch gegenüber stand:

»... Was aber die Herstellung von diplomatischen Beziehungen zum Vatikan anbetrifft, so sind wir tief überzeugt, dass solche Beziehungen nur dem Vatikan von Nutzen sein könnten.«[439]

Dieser abschließenden Bemerkung hatte er jedoch die Aussage vorangestellt:

»... Wir leugnen nicht die Nützlichkeit von Kontakten zum Vatikan auf der staatlichen Ebene in Fragen seiner Teilnahme an der Lösung internationaler Probleme, die auf die Festigung des allgemeinen Friedens und auf internationale Entspannung gerichtet sind, und wir wollen Möglichkeiten für eine effektivere Beeinflussung der Politik des Vatikans in diesem Sinne suchen.«[440]

Die sozialistische Staatengemeinschaft befand sich in einem Dilemma: Einerseits sollte der Vatikan für ihre Zwecke ausgenutzt werden, und dieser politische »Ertrag« auf dem internationalen Feld der Diplomatie maximiert werden, und andererseits sollte der reziproke Einfluss des Vatikans auf die sozialistischen Staaten minimiert werden. Es war offensichtlich, dass hier widerstreitende Interessen innen- und außenpolitischer Natur eine absolute Festlegung verhinderten. Wie sollte der Vatikan im KSZE-Prozess für die Sichtweise des Ostblocks gewonnen werden, wenn gleichzeitig eine brüske Ablehnung des Vatikans erfolgte. Unabhängig von der Frage, ob es diplomatische Beziehungen in der klassischen Form geben solle oder nicht, war auf der auch von sowjetischer Seite »erlaubten« und betriebenen diplomatischen Arbeitsebene sehr viel möglich,

---

437 »Abschrift eines Telefonats aus der sowjetischen Botschaft in der DDR mit dem Außenministerium der DDR (25.7.1973)«. In: PAAA (Berlin). Bestand: MfAA. Sig: MfAA C 3.820 »Beziehungen DDR – Vatikan«. (Bl. 185).
438 »Information über die Tagung der Leiter der Staatsämter für Kirchenfragen der sozialistischen Länder in Sofia (23.–26.10.1972)«. In: SAPMO. Bestand: AG.KF.ZK d. SED (ab 1972). Sig.: DY 30 IV B2/14 72. (Bl. 75–80).
439 A. a. O. (Bl. 80).
440 A. a. O. (Bl. 79).

was die Wirkungsmächtigkeit und Durchschlagskraft dieser Festlegung deutlich einschränkte.

In der abschließenden Erklärung zu dieser Tagung hieß es demnach, weitaus weniger aggressiv: »… Die Beratung habe gezeigt, dass die Herstellung von diplomatischen Beziehungen mit dem Vatikan, gleich in welcher Form, nicht zweckmäßig sei.«[441] »Nicht zweckmäßig« konnte nicht als »ausgeschlossen« interpretiert werden und gab damit den handelnden Staaten eine gewisse Autonomie in den Beziehungen mit dem Vatikan. Verhandlungen mit dem Vatikan waren auch für die UdSSR nicht ausgeschlossen, aber, und das war ein wichtiges Postulat Korujedows während der Sitzung in Sofia: »… Es hat das Problem der Beziehungen zum Vatikan eine gleiche Bedeutung für uns alle, und unsere Positionen in dieser Frage müssen äußerst klar sein.«[442] Geschlossenheit wurde trotz allem eingefordert.

In der Aussage zu den laufenden Kontakten DDR – Vatikan aus dem sowjetischen Außenministerium im Juni 1973 waren drei wesentliche Aspekte erkennbar, die für die Beziehungen der DDR zum Vatikan von Bedeutung waren. Aber auch schon kurz nach dem Treffen in Sofia verdeutlichten die Ereignisse, wie wenig eine absolute Linie gegenüber dem Vatikan, vor allem durch die unterschiedlichen Gegebenheiten in den betreffenden Ländern, durchzuhalten war. Der sowjetische Außenminister reagierte dementsprechend:

1. Die UdSSR hatte zu diesem Zeitpunkt keine grundlegenden Einwände.
2. Der Außenminister der UdSSR erkannte die besondere Sachlage bei der Klärung der Fragen zwischen der DDR und dem Vatikan an.
3. Diese Zusage war kein Freibrief für weitere Verhandlungen: Durch die Formulierung »scheinen begründet« wurde die Möglichkeit einer Revidierung der Unterstützung der Verhandlungen impliziert.
4. Es wurde die Abstimmung mit den Staaten des kommunistischen Machtblocks in dieser Frage eingefordert.

Alles in allem muss an dieser Stelle festgehalten werden, dass die Sowjetunion den Kontakten der DDR mit dem Vatikan »nicht ablehnend beobachtend« gegenüberstand. Die Sonderrolle der DDR im Hegemonialbereich der Sowjetunion war nicht wegzudiskutieren und daher mussten auch Herangehensweisen an dieses Problem in Betracht gezogen werden, die in anderen Staaten des Ostblocks nicht von Relevanz waren.

Weiteren Kontakten, sowohl in Rom als auch in Helsinki und Genf, stand die sowjetische Führung erklärtermaßen nicht im Weg. So war es nur folgerichtig, dass es am 4. Juli 1973 zum ersten Aufeinandertreffen des Außenministers der

---
441 A. a. O. (Bl. 76)
442 A. a. O. (Bl. 79).

DDR und des »Außenministers« des Vatikans kam. Erzbischof Casaroli erhielt eine Einladung zu einem Cocktailempfang, die er wahrnahm.

Konferenz über Sicherheit und Zusammenarbeit in Europa

Der Minister für Auswärtige Angelegenheiten der Deutschen Demokratischen Republik Herr OTTO WINZER und Frau geben sich die Ehre

S. Exc. Mgr. Agostino Casaroli

zu einem Cocktail-Empfang einzuladen, der am 4. Juli 1973 um 19.00 Uhr in der Botschaft der Deutschen Demokratischen Republik stattfindet.

00570 Helsinki 57, Vähäniityntie 7—9

Abbildung 5: Einladung des Außenministers der DDR an Casaroli zu einem Cocktailempfang am 4.7.1972

Der Cocktailempfang der DDR-Botschaft war der Empfang während Casarolis Anwesenheit in Helsinki, auf dem er am längsten verweilte[443]. Er nahm sogar eine halbstündige Verspätung zum Empfang der österreichischen Botschaft in Kauf, die am selben Tag einen Empfang um 20.30 Uhr gab, bei dem Casaroli erst um 21.00 Uhr erschien[444].

Auf dem Empfang vereinbarten Casaroli und Winzer ein weiteres Treffen zwei Tage später. Dieses Gespräch, das im Sitzungsgebäude der KSZE um 9.15 Uhr stattfand, war von einer großen Offenheit gekennzeichnet. Casaroli machte deutlich, dass er den Grundlagenvertrag als internationales Vertragswerk ansah, das die Existenz der beiden deutschen Staaten bestätigte. Er vermied jedweden Hinweis darauf, dass es sich um einen Friedensvertrag handeln könnte[445]. In einer handschriftlichen Notiz zu diesem Treffen vermerkte er zusätzlich noch den Hinweis an Winzer, dass der Grundlagenvertrag von Seiten des Vatikans auch mit den zusätzlichen Verlautbarungen der Bundesregierung (»Brief zur deutschen Einheit«) wahrgenommen werde[446]. Dieser Hinweis fehlte in dem

---

443 Vgl.: »Handschriftliche Notizen Casarolis zu seinem Aufenthalt zur Eröffnung der KSZE in Helsinki«. In: ASP. Fond. Cas. Serie: CSCE. SoSer.: I. Fase e Helsinki. (CSCE). (unpag.) (prov.Sig.).
444 A. a. O.
445 »Vermerk über ein Gespräch des Ministers Winzer mit Erzbischof Casaroli (6.7.1973)«. In: PAAA (Berlin). Bestand: MfAA. Sig: MfAA C 3.820 »Beziehungen DDR – Vatikan«. (Bl. 186–191).
446 »Handschriftliche Notizen Casarolis zu seinem Treffen mit Minister Winzer am 6.7.1973 in

Vermerk auf DDR-Seite[447]. Zudem machte Casaroli während des Gespräch erneut und unmissverständlich deutlich, dass der Vatikan zwar gewillt war, die Existenz der DDR anzuerkennen, jedoch für weitere Lösungen Zeit vonnöten sei, denn:

> »… Wenn der Heilige Stuhl die Wünsche der Bischöfe, Priester und Gläubigen beider deutscher Staaten berücksichtige, komme er zu der Auffassung, dass sie vom Gefühl her noch nicht reif für eine Trennung sind. […] Der Heilige Stuhl meint in dieser Frage nicht das staatliche, sondern das nationale Gefühl.«[448]

Hier floss erstmals und sehr deutlich die Einlassung gegenüber der DDR ein, dass die Entscheidungen des Vatikans von den Bedenken und Hinweisen der Bischöfe, Priester und Gläubigen der BRD und der DDR getragen wurden und dass bei einer Änderung von Grenzen kirchlicher Jurisdiktionsbezirke Staatsgrenzen nicht immer und automatisch die Richtschnur darstellen[449].

Casaroli gab Winzer daraufhin bekannt, dass die Ernennung der apostolischen Administratoren unmittelbar bevorstand und dies auch nur als erster Schritt angesehen werde. Winzer zeigte sich bezüglich dieses Schrittes nicht sonderlich erfreut und erklärte: »[…] dass die Beschlussfassung des Heiligen Stuhls bezüglich der Einsetzung von Administratoren als ein erster Schritt zu betrachten sei, der noch nicht ausreiche«[450]. Sein Gesprächspartner sah dies naturgemäß anders: »… Man gehe davon aus, dass der erste Schritt der wichtigste ist«[451].

Mit diesem Gespräch waren die Gespräche zwischen dem Vatikan und der DDR in eine entscheidende Phase getreten. Für die Kontakte auf Arbeitsebene wurde Rom als Ort und die DDR-Botschaft als Verhandlungspartner nochmals festgelegt. Es wurde aber auch deutlich, dass der Druck aus den Verhandlungen genommen wurde, indem der Vatikan eine Entscheidung getroffen hatte, die DDR als Staat anerkannte und weitere Veränderungen in der Organisationsstruktur der katholischen Kirche in der DDR zumindest nicht ausschloss (so z. B. die Erhebung der BOK zu einer eigenständigen Bischofskonferenz). All dies geschah allerdings nicht ohne darauf hinzuweisen, dass eventuelle Entscheidungen erst nach und nach und ohne Zeitdruck erfolgen würden.

Die DDR-Führung verlor zudem etwas das Interesse an der Anerkennung

---

Helsinki«. In: ASP. Fond. Cas. Serie: CSCE. SoSer.: I. Fase e Helsinki. (CSCE). (unpag.) (prov.Sig.).
447 »Vermerk über ein Gespräch des Ministers Winzer mit Erzbischof Casaroli (6.7.1973).« A. a. O.
448 A. a. O. (Bl. 188).
449 »Handschriftliche Notizen Casarolis: Treffen mit Winzer (6.7.1973)«. A. a. O.
450 »Vermerk über ein Gespräch des Ministers Winzer mit Erzbischof Casaroli (6.7.1973)«. A. a. O. (Bl. 190).
451 A. a. O.

durch den Vatikan. Verantwortlich hierfür zeichnete sich die internationale Anerkennungswelle gegenüber der DDR, wie es in einem der letzten Gespräche zwischen dem Pro-Nuntius in Finnland und Siegfried Bock in Helsinki am 29. Januar 1973 deutlich wurde, was dem päpstlichen Staatssekretär nicht entging[452].

Bedenkt man den Umstand, dass eines der wichtigen Motive der DDR, mit dem Vatikan Gespräche zu intensivieren, der internationale Anerkennungsdrang war, und dass mit dem Jahreswechsel 1972/73 dieses lange gehegte Ziel in Erfüllung zu gehen schien, waren diplomatische Beziehungen mit dem Vatikan nicht mehr derart wertvoll, wie sie vielleicht Monate vorher noch erschienen. Mit dem Gutachten von Professor Kröger als Argumentationsgrundlage und diesem »Wertverlust« des Vatikans als Partner diplomatischer Beziehungen blieb noch das zentrale und drängende Problem für die DDR-Führung, eine Klärung der Diözesangrenzen zu erreichen.

Mit dem Gespräch Winzer – Casaroli vom 6. Juli 1973 waren die Beziehungen zwischen der DDR und dem Vatikan – nach einer knapp einjährigen Phase intensivster Auseinandersetzungen auf dem diplomatischen Parkett Europas – auf einer Ebene angelangt, die Arbeitskontakte in Rom entstehen ließ, die regelmäßigen Charakter annahmen. Nur noch durch besondere Einzelereignisse sollten diese Kontakte wieder intensiviert werden.

7.5.4 »... Das hat perspektivischen Charakter. Im Augenblick läuft es gut« – Die Administratorenlösung

Am 23. Juli 1973 ernannte der Vatikan, wie in Helsinki angekündigt, drei der vier in der DDR amtierenden (erz-)bischöflichen Kommissare zu apostolischen Administratoren »permanenter constitutus et ad nutum Sanctae Sedis«. Das bedeutete, dass die Adjutorbischofe in den jeweiligen (erz-)bischöflichen Kommissariaten – Hugo Aufderbeck (Titularbischof von Arca in Phoenicia, Erfurt), Johannes Braun (Titularbischof von Putia in Byzacena, Magdeburg) und Heinrich Theissing (Titularbischof von Mina, Schwerin) – mit diesem Schritt nun:
– dem Heiligen Stuhl direkt unterstellt waren (»ad nutum Sanctae Sedis«)
– auf Dauer mit dem Titel bekleidet waren (»permanenter constitutus«)
– alle Rechte eines residierenden Bischofs besaßen.

---

452 »Telegramm des Pro-Nuntius Zabkar an das päpstliche Staatssekretariat (30.1.1973)«. In: ASP. Fond. Cas. Ser.: P.d.est. SoSer.: Germ. O. (Cart.12/14). (unpag.) (prov.Sig).

Zudem wurde mit dieser Entscheidung die Jurisdiktion der Diözesanbischöfe[453] in den Sprengeln der neu ernannten apostolischen Administratoren suspendiert – eine Folge der kirchenrechtlichen Konstruktion »ad nutum Sanctae Sedis«. Der Sitz der Administratoren war jeweils Erfurt, Magdeburg und Schwerin. Der Sprengel des ehemaligen bischöflichen Kommissariats Meiningen wurde dem bischöflichen Amt Erfurt eingegliedert. Der vormalige bischöfliche Kommissar, Prälat Christian Ebert, wurde zum Weihbischof des apostolischen Administrators von Erfurt und zum Titularbischof von Duras ernannt. Für die katholische Kirche auf dem Gebiet der DDR war somit, zusammen mit den beiden Bistümern Berlin und Meißen und der apostolischen Administratur Görlitz, ein gut funktionierendes Konstrukt geschaffen, das de facto von den »Westdiözesen« unabhängig existieren konnte und gut regierbar war – de jure gehörten die drei bischöflichen Ämter aber immer noch zu den Mutterdiözesen.

Gleichzeitig zur Ernennung von apostolischen Administratoren erfolgte die Umbenennung der Sprengel. Diese waren bisher als »(Erz-)Bischöfliches Kommissariat« benannt und hatten nun die Bezeichnung »Bischöfliches Amt«. Mit dieser Veränderung brachte der Vatikan seine Bereitschaft zum Ausdruck, die von Seiten der DDR-Führung eingeforderten Veränderungen anzugehen. Es wurde jedoch auch klar, dass der Vatikan, wie immer angekündigt, nicht bereit war, überstürzte Handlungen zu vollziehen.

Am 11. Mai 1973 wurde durch den deutschen Bundestag und am 13. Juni 1973 durch die Volkskammer der DDR der »Grundlagenvertrag« ratifiziert. Das bedeutete eine völkerrechtliche Veränderung von exorbitantem Ausmaß. Im vatikanischen Staatssekretariat wurde das Vertragswerk zunächst einer intensiven Betrachtung unterzogen.

Der Vatikan hatte mit diesem Schritt drei wesentliche Dinge erreicht. Die öffentliche Kritik katholischer Laienorganisationen in der BRD (vor allem des ZdK), des westdeutschen Episkopats und der bundesdeutschen Regierung konnte abgeschwächt werden, da keine endgültige Abtrennung der Sprengel auf DDR-Gebiet von den jeweiligen Heimatdiözesen erfolgte. Der DDR-Führung konnte signalisiert werden, dass man die mit Nachdruck vorgetragene Forderung nach Errichtung von Diözesen ernst nahm. Außerdem gab der Vatikan mit

---

453 Bischöfliches Amt Schwerin (ca. 90.000 Katholiken) zur Diözese Osnabrück (Bischof: Helmut Hermann Wittler [ab 1987 Ludwig Averkamp 1987])/bischöfliches Amt Magdeburg (ca. 240.000) zur (Erz-)Diözese Paderborn (Erzbischof: Lorenz Kardinal Jaeger [ab 1974 Johannes Joachim Degenhardt])/bischöfliches Amt Erfurt-Meiningen (ca. 250.000) zu den Diözesen Fulda (Bischof: Adolf Bolte [ab 1974 Eduard Schick, ab 1983 Johannes Dyba]) bzw. Würzburg (Bischof: Josef Stangl [ab 1979 Paul-Werner Scheele]). Sechs kleinere, zum Bistum Hildesheim (Bischof: Heinrich-Maria Janssen [ab 1983 Josef Homeyer]) gehörende und auf DDR-Gebiet liegende Gemeinden wurden Schwerin, Erfurt bzw. Magdeburg zugeordnet.

dieser Entscheidung nicht gleich alle »Trümpfe« aus der Hand und die Forderungen Kardinal Bengschs wurden einbezogen.

Die Ernennung apostolischer Administratoren wurde von Seiten des Vatikans als ein erster Schritt angesehen[454], auch um den Effekt der Beruhigung durch das »Auf-die-DDR-Zugehen« nicht verpuffen zu lassen. Erzbischof Casaroli betonte dies in einem Gespräch mit Botschafter Klaus Gysi in Rom am 26. Juli 1973. Für die DDR-Führung stellte dieser Schritt in erster Linie keine konsequente und endgültige Lösung dar, sondern entsprach eher den im Memorandum vom 4. August 1972 ausgeschlossenen Provisorien, die nicht zur Normalisierung der Beziehungen beider Seiten beitragen würden[455].

Mittlerweile hatte sich erwiesen, dass die Beziehungen schon weitaus mehr normalisiert waren, als noch ein Jahr vor dem 23. Juli 1973 für beide Seiten absehbar war. Der Schritt des Vatikans erlaubte eine Verschnaufpause in dem umkämpften Bereich der Jurisdiktionsbezirke in der DDR, und die DDR-Führung ließ es zu, dass noch nicht alle Ziele erreicht waren. Die Aufgaben für die DDR-Führung waren zwar die gleichen geblieben, aber es war eine Bewegung hin zum Erreichen der gestellten Forderungen erkennbar: Eine »eigene« Bischofskonferenz und eine Erweiterung der Autonomie der katholischen Kirche in der DDR war, aus Sicht der DDR-Führung, wahrscheinlicher geworden. Botschafter Gysi meldete nach dem Gespräch mit Casaroli zuversichtlich nach Berlin: »… Das hat perspektivischen Charakter. Im Augenblick läuft es gut, soweit hier übersehbar.«[456]

7.6 Die Bundesregierung und die katholische Kirche Deutschlands wehren sich gegen eine Trennung der Kirche

In den Beziehungen der DDR zum Vatikan gab es innerhalb kürzester Zeit rasante Entwicklungen, die die naturgemäß damit verbundenen Protagonisten in die Situation versetzten, eigene Standpunkte zu entwickelt und zu vertreten.

Der Vatikan war die letztendlich bestimmende Institution, die mit ihrer alleinigen Entscheidung, die von der DDR geforderte Abtrennung der katholischen Kirche in der DDR von den historisch entstandenen Diözesen und Erzdiözesen bestimmen konnte. Da sich der Vatikan aber nicht im politisch leeren Raum befand und als internationaler Akteur Verantwortungen wahrnehmen

---

454 »Schreiben Botschafters Gysi an den Außenminister Winzer (31. 7. 1973)«. In: SAPMO. Bestand: Büro Paul Verner. Sig.: DY 30 IV 2/2.036 50. (Bl. 57 f.).
455 »Memorandum (Anlage zur Anlage Nr. 13 zum Protokoll Nr. 28/27 vom 18. 7. 1972)«. A. a. O. (Bl. 105).
456 »Schreiben Botschafters Gysi an den Außenminister Winzer (31. 7. 1973)«. A. a. O. (Bl. 58).

wollte und musste, war klar, dass die Entscheidungen des Vatikans beeinflussbar waren. Diese Beeinflussung hatte die DDR mit ihrem Memorandum vom August 1972 und der damit verbundenen Argumentation versucht zu forcieren, in dem der Vatikan an seine internationale und nationale Verantwortung erinnert wurde. Der Zeitpunkt war erst 1972 günstig, da von diesem Zeitpunkt an die DDR internationale Anerkennung erfuhr.

Von Seiten der westdeutschen Protagonisten stellte sich die Argumentation im Grunde derart dar, dass die DBK und die wichtigste katholische Laienorganisation, das ZdK, an das Verantwortungsbewusstsein des Vatikans gegenüber der gesamtdeutschen katholischen Kirche appellierten. Dabei spielte die internationale Sichtweise keine wesentliche Rolle.

Die Bundesregierung wiederum berief sich weniger auf kirchliche Problemstellungen dieses Sachverhaltes, sondern argumentierte staatspolitisch mit einem von beiden Partnern (der BRD und dem Vatikan) immer noch anerkannten und damit gültigen Reichskonkordat von 1933, auf dessen Einhaltung die Bundesregierung beharrte. Mit diesem Standpunkt sollte, zumindest öffentlich, die Verantwortung für Gesamtdeutschland demonstriert werden.

Kardinal Bengsch hingegen hatte die undankbarste Rolle aller Betroffenen: Er stand zwischen den Fronten, er musste schwerwiegende Verantwortung wahrnehmen und konnte sie an niemanden delegieren. Er sah sich in der DDR selbst, zusammen mit seinen ostdeutschen Bischofskollegen, »seinen« Gläubigen und Priestern, der Aufgabe des religiösen Überlebens in einer religionsfeindlichen Umwelt gegenüber. Mithin waren seine Stellungnahmen aus dieser Sichtweise heraus begründet.

Mit dem Problem der Veränderung der Diözesen an der innerdeutschen Grenze, war eines der brisantesten politischen Themen zwischen beiden deutschen Staaten virulent.

Für den Vatikan und dort für das päpstliche Staatssekretariat, unter reger Beobachtung des Papstes, war eine kontinuierliche und intensive Bewertung der Sachverhalte, Standpunkte, Angebote, Drohungen und Vorschläge in dieser Auseinandersetzung unerlässlich. Um nach einer solchen Bewertung eventuell anliegende Entscheidungen, die in diesem Fall letztinstanzlich waren, treffen zu können, bedurfte es einer großen Fülle von Informationen.

Es gab sechs wesentliche Informationsstränge, die den Vatikan von Seiten der katholischen Kirche beziehungsweise der katholischen Öffentlichkeit in Deutschland erreichten:

1. Die Informationen von Kardinal Bengsch, der seine Sichtweise und die Linie der BOK an das vatikanische Staatssekretariat weiterleitete, entweder während seiner Romaufenthalte oder durch Pro-Memoria an das Staatssekretariat.

2. Die Informationen des Nuntius in Deutschland, Erzbischof Corrado Bafile[457], der in Nuntiaturberichten an das Staatssekretariat in Rom die Sachlage und den Diskussionsstand unter den deutschen Bischöfen weiterleitete.
3. Die in der Deutschen Bischofskonferenz versammelten Bischöfe mit dem Vorsitzenden Kardinal Döpfner an der Spitze, die in Pro-Memoria und Gesprächen versuchten, auf die Entscheidungen in Rom Einfluss zu nehmen.
4. Westdeutsche Einzelbischöfe, meist die der betroffenen Diözesen, die persönlich ihre Sichtweise an den Papst weiterleiteten.
5. Die in der BRD mit einer starken Stimme sprechenden und sehr gut organisierten katholischen Laien, unter der Führung des Zentralkomitees der deutschen Katholiken (ZdK).
6. Das Auswärtige Amt und die CDU-Opposition im Deutschen Bundestag waren ebenfalls durch regelmäßige Gesprächen im Staatssekretariat präsent, nicht zuletzt durch personelle Überschneidungen (z. B. Bernhard Vogel als Kultusminister in Rheinland-Pfalz und als ZdK-Präsident)

7.6.1 »... Es war zu erwarten, dass dieser Schritt kommen würde« – Erste Abstimmungen der beiden deutschen Episkopate nach dem Memorandum

».... Aber Bewegungen im politischen Raum erzeugen gewöhnlich Gegenbewegungen, die die Handelnden zum Zögern, zum Einlenken, oft zum Umdenken veranlassen. Dies lässt sich heute vor allem für den entscheidenden Abschnitt der Jahre 1972 bis 1978 mit größerer Deutlichkeit nachzeichnen.«[458]

Da die katholische Kirche in Deutschland, trotz allen Widrigkeiten als Ergebnis des Zweiten Weltkriegs, an ihrer gesamtdeutschen Organisationseinheit festhielt, war es nur verständlich, dass sie sich gegen die drohende territoriale und organisatorische Trennung zu Wehr setzte. Naturgemäß war der Widerstand in der BRD lauter und kompromissloser und in der DDR von leisen Tönen und »Nicht-anecken-Wollen« geprägt. Aber die gesamte Kirchenleitung war im Grundsatz der Meinung, dass eine Trennung der katholischen Kirche in Deutschland abzulehnen war. Pastoral war eine solche Trennung nach Meinung der DBK und BOK nicht zu rechtfertigen, da es kirchenrechtliche Instrumentarien gab, die eine funktionierende Organisationseinheit »katholische Kirche in der DDR« unter dem Dach der »katholischen Kirche Deutschlands« gewährleistete. Politisch war eine Trennung von der Mehrheit der Kirchenführer in

---
457 Corrado Kardinal Bafile (*4. 7. 1903 †3. 2. 2005), Titularerzbischof von Antiochia in Pisidia, ab 1976 Kardinal, 1960–1975 apostolischer Nuntius in Deutschland mit Sitz in Bonn (Bad Godesberg).
458 Hallier, H.-J.: »Der Heilige Stuhl und die deutsche Frage«. A. a. O. (S. 238).

Deutschland nicht gewollt, da somit die deutsche Teilung akzeptiert worden wäre und praktisch barg sie für das Überleben der katholischen Kirche in der DDR ein Risiko unkalkulierbaren Ausmaßes: Die Alimentierung der ostdeutschen Gemeinden durch die westdeutsche Kirche stellte eine wichtige Säule für das Überleben der katholischen Gemeinden in der DDR dar und eine organisatorische Trennung hätte, sowohl auf das Verhalten der SED in Bezug auf sogenannte »Kirchengeschäfte«[459] als auch auf das Spendenverhalten der westdeutschen Gemeindemitglieder nicht vorhersehbaren Einfluss gehabt.

Dass diese Sichtweise lange Zeit im Vatikan geteilt wurde[460], war allerdings kein Garant dafür, dass die teilweise rasanten Veränderungen in der europäischen Nachkriegspolitik auch in vatikanische Bewertungen Eingang fanden und es so zu neuen Justierungen in der Politik des Vatikans kam. Die Entscheidung der DDR-Führung, dem Vatikan eine Grenzverschiebung der Diözesen abzufordern, wurde demnach zu diesem Zeitpunkt von Kardinal Bengsch ohne große Überraschung zur Kenntnis genommen: »… Es war zu erwarten, dass nach der Errichtung von Bistümern in Polen dieser Schritt kommen würde.«[461]

Die Vatikanische Ostpolitik war, von Papst Paul VI. gedeckt, in vollem Gange. Mit Erzbischof Casaroli war zudem der »Architekt« dieser Politik in vielen Ländern Ost-Mitteleuropas unterwegs. Seine Wege hatten ihn unter anderem schon nach Warschau, Budapest und Moskau geführt. Es war auch keine Seltenheit mehr, wenn Staatschefs, Außenminister und Beauftragte kommunistischer Staaten das »Portone di Bronzo« durchschritten. Dass diese Wandlung vatikanischer Diplomatie eine Gesamtbetrachtung der Lage der katholischen Kirche »oltrecortina« zu Grunde lag, verstand sich von selbst, genau wie die Ordinarien aus der BRD und der DDR aus einer Binnenperspektive heraus argumentierten, wobei das Problem der »deutschen Frage« freilich eine entscheidende Rolle spielte. Unter diesen Gegebenheiten musste es zu Entscheidungen beziehungsweise Vorschlägen im vatikanischen Staatssekretariat kommen, die teilweise mit massiver Kritik aus dem katholischen Klerus und der katholischen Öffentlichkeit in der BRD bedacht wurden und von der Kirchenführung in der DDR einige Male mit Unverständnis zur Kenntnis genommen wurden. Zwar gab es unter den Bischöfen in der BOK nicht bei jeder Entscheidung einen uneingeschränkten Konsens, aber die grundsätzliche Linie Kardinal Bengschs, der auch mit Nachdruck auf deren Einhaltung drang, wurde nach

---

459 Vgl. zusammenfassend: Schäfer, B.: »Staat und katholische Kirche in der DDR«. A. a. O. (S. 323–330).
460 Pilvousek, J.: »Katholische Bischofskonferenz und Vatikan«. A. a. O. (S. 497).
461 »Schreiben Bengschs an Döpfner (26.8.1972)«. In: DAB. Bestand: NL Bengsch. Signatur: V/5–7-3 1967, 1972–1974, 1979. (unpag.).

außen nicht verlassen. So sprach die BOK, vor allem bei grundsätzlichen Fragen und gegenüber dem Staat, weiterhin mit einer Stimme[462].

Nach dem Gespräch zwischen Willi Stoph und dem Bischof von Berlin am 24. August 1972, zu dem Bengsch sehr nachdrücklich eingeladen wurde und in dem ihm erstmals die Forderungen der DDR gegenüber der katholischen Kirche in der DDR auf höchster Ebene überbracht wurden, setzten sich die Bischöfe sowohl in der DDR als auch in der BRD sehr rege mit diesem Thema auseinander. Dabei war die Einflussnahme auf den Vatikan von besonderer Bedeutung. Es war erkennbar geworden, dass sich mit der Abänderung der Diözesangrenzen in Westpolen und der Veränderung der Jurisdiktion an der »Oder-Neiße-Linie« die Bereitschaft im römischen Staatssekretariat durchgesetzt hatte, die faktischen Veränderungen in Mitteleuropa anzuerkennen und entsprechende Handlungen daraus abzuleiten. Der Vatikan folgte seinen diplomatischen Grundgepflogenheiten, erst nach bi- oder multilateralen Vertragswerken zu handeln, was ihn zu einem verlässlichen Partner machte. Aber die Schnelligkeit, mit der die Veränderungen durch den Vatikan unmittelbar nach den Unterschriften unter den Moskauer und den Warschauer Vertrag in Angriff genommen wurden, ließ den westdeutschen Episkopat die Entwicklungen bezüglich der Jurisdiktionsbezirke in der DDR einer intensiven und sensiblen Beobachtung unterziehen. Schnell war erkennbar, dass einer etwaigen Veränderung der Diözesangrenzen in der DDR entschiedener Widerstand entgegengesetzt werden sollte.

Kardinal Bengsch informierte unmittelbar nach dem Gespräch mit Willi Stoph sowohl den apostolischen Nuntius in Bonn als auch Kardinal Döpfner[463] und sandte zur fundierten Auswertung Prälat Groß nach München, um das weitere Vorgehen mit Kardinal Döpfner abstimmen zu können[464].

Bei diesem Gespräch wurden fünf grundlegende Punkte übereinstimmend erörtert:
1. Kardinal Bengsch bestand darauf, auch gegenüber dem Vatikan, »auf Zeit zu arbeiten«, da er keineswegs an einer schnellen Lösung interessiert war.
2. Die DBK möge die Zwänge, unter denen die Bischöfe in der DDR stehen, anerkennen, was Döpfner gegenüber seinem Kardinalskollegen aus Berlin als selbstverständlich erachtete.

---

462 Pilvousek, J.: »Katholische Bischofskonferenz und Vatikan«. A. a. O. (S. 492 f.).
463 »Schreiben Bengschs an Nuntius Bafile (26. 8. 1972)« und »Schreiben Bengschs an Döpfner (26. 8. 1972)«. In: DAB. Bestand: NL Bengsch. Signatur: V/5-7-3 1967, 1972-1974, 1979. (unpag.).
464 »Aktennotiz zu einem Gespräch von Otto Groß mit Kardinal Döpfner am 4. 9. 1972 (7. 9. 1972)«. In: DAB. Bestand: NL Bengsch. Signatur: V/5-7-3 1967, 1972-1974, 1979. (unpag.).

3. Die finanzielle Absicherung der Kirche in der DDR durch die Hilfe aus der BRD solle, selbst bei einer Abtrennung der Diözesangebiete in der DDR, erhalten bleiben.
4. Die Einheit des Bistums Berlin sollte erhalten bleiben. An diesem Punkt äußerte Döpfner, dass er dies auch wolle, wenngleich er »[...] das schlimme Spiel der Kommunisten«, das dort vonstatten ginge, erkennen würde.
5. Die Kommunikation müsse deutlich intensiviert werden[465].

Am 3. Oktober teilte Kardinal Döpfner seinem Kardinalskollegen in Berlin sein Einverständnis mit dessen Line noch einmal schriftlich mit[466]. In diesem Schreiben bezog er sich auch auf ein Pro-Memoria, in dem sein Kardinalskollege aus Berlin die grundsätzliche Linie und die Forderungen der BOK bei eventuellen Änderungen der Jurisdiktion für die Kirchenbezirke in der DDR an das Staatssekretariat in Rom übermittelt hatte. Das waren:
– freie Bischofsernennung durch den Heiligen Stuhl
– Garantie der kirchlichen Tätigkeit im Rahmen des Status quo
– Garantie des kirchlichen Besitzes im jetzigen Umfang
– freier Verkehr zwischen der katholischen Kirche in der DDR und dem Heiligen Stuhl
– mehr Freizügigkeit für Besuche des Bischofs von Berlin im Westteil der Stadt
– die Rechte der Verfassung sollen auch den Katholiken in der DDR voll eingeräumt werden, insbesondere in Berufswahl und Ausbildung[467].

Auch die politisch engagierten katholischen Laien in der BRD sahen sich von der Intensität, mit der das Politbüro in der DDR nun auch offiziell an den Vatikan herantrat, um Veränderungen in der kirchenrechtlichen Situation in der DDR zu erreichen, zur Reaktion gezwungen. Bei einem Treffen mit Erzbischof Casaroli in Rom Ende September 1972 brachten Bernhard Vogel und seine Begleiter vom Präsidium des ZdK ihre eindeutige Ablehnung etwaiger Veränderungen im Diözesangefüge auf dem Gebiet der DDR zum Ausdruck.

Im päpstlichen Staatssekretariat waren alle Vorbehalte gegen Verhandlungen mit der DDR demnach bekannt, als die Gespräche mit DDR-Diplomaten in Belgrad und vor allem in Helsinki sowohl qualitativ als auch quantitativ immer intensiver wurden und man ging vatikanischerseits sogar so weit, dass für den Kontakt mit der DDR eine brisante Ausnahme in Kauf genommen wurde: Normalerweise traf man sich nicht mit Repräsentanten kommunistischer

---

465 A. a. O.
466 »Schreiben Kardinal Döpfners an Bengsch (3.10.1972)«. In: DAB. Bestand: NL Bengsch. Signatur: V/5-7-3 1967, 1972-1974, 1979. (unpag.).
467 »Pro-Memoria Kardinal Bengschs an das Staatssekretariat (Rom) (20.09.1972)«. In: DAB. Bestand: NL Bengsch. Signatur: V/5-7-3 1967, 1972-1974, 1979. (unpag.).

Staaten, die nicht auch ein staatliches Amt neben ihren oftmals machtpolitisch entscheidenderen Ämtern innehatten. So sollte vermieden werden, dass in offiziellen Gesprächen der Eindruck entstand, der Vatikan würde als Völkerrechtssubjekt mit international nicht legitimierten Körperschaften in politische Gespräche eintreten, zumal wenn es sich um kommunistische Parteien handelte. Das hätte letztlich bedeutet, kommunistische Parteien des Ostblocks öffentlich als Gesprächspartner anzuerkennen. Bei dem vorgesehenen Treffen mit Werner Lamberz war man hingegen bereit, diesen Grundsatz zu durchbrechen: Lamberz hatte kein (relevantes) staatliches Amt inne.

Diese politischen Bewegungen im Staatssekretariat in Rom, die in ihrer ganzen Bedeutung erst zeitversetzt und oftmals auch nur als Gerücht das deutsche Episkopat erreichten, führten zu einem bis dahin beispiellosen Widerstand gegen den Vatikan von Seiten des westdeutschen Episkopats. In Absprache mit Kardinal Bengsch versuchte man vor allem im ersten Halbjahr 1973 nachdrücklich, auf den Papst und dessen Staatssekretariat in Rom und die dort offensichtlich anstehenden Entscheidungen Einfluss zu nehmen.

7.6.2 Dem Unausweichlichen ausweichen – Kardinal Bengschs Kampf gegen die Vereinnahmung der katholischen Kirche in der DDR durch Staat und Partei

Der Berliner Kardinal, der mit 38 Jahren Weihbischof von Berlin wurde und gerade einmal drei Jahre später eines der wichtigsten Kirchenämter in Ost-Mitteleuropa übernahm, gilt als »... Schlüsselfigur des DDR-Katholizismus«[468]. Angesichts der politisch-territorialen Beschaffenheit seines Bistums, der globalen Aufmerksamkeit, die somit auf seiner Bischofsstadt lag und der daraus erwachsenden Komplexität der Aufgaben, ist es folglich gerechtfertigt, in der Auseinandersetzung der katholischen Kirche in der DDR mit dem Staat DDR, Bengsch als personalisierte Schaltstelle der Verhandlungen nach allen Seiten zu betrachten:
– Als Mitglied des Kardinalskollegiums der katholischen Kirche hatte er gute Verbindungen in den Vatikan.
– Im Rahmen der Doppelmitgliedschaft in der Deutschen Bischofskonferenz und der Berliner Ordinarienkonferenz kam es zu vielfältigen Kontakten, entweder in Rom oder in Westberlin.
– Die persönliche, nicht immer ungetrübte Freundschaft zu Kardinal Döpfner ermöglichte es, auf unkomplizierten Kommunikationswegen um Verständnis für die schwierige Position der katholischen Kirche in der DDR zu werben.
– Das Bistum Berlin mit seinem Teil Westberlin bot einen wichtigen Freiraum für relativ ungehinderten Verkehr mit politischen und kirchlichen Gesprächs-

---
468 Vgl. zusammenfassend: Jung, R.: »Politik der Skepsis«. A. a. O. Zitat: (S. 148).

partnern, sowohl persönlich als auch fernmündlich und postalisch. Westberlin war somit die wichtigste Kommunikationsbasis der katholischen Kirche in der DDR.

Und als Vorsitzender der BOK/BBK und als Bischof mit der kirchenrechtlich höchsten Stellung in der katholischen Kirche in der DDR war er unangefochtener Sprecher und Ansprechpartner in allen wesentlichen Fragen, die die katholische Kirche in der DDR betrafen. Punktuell traten einige Unstimmigkeiten auch in der BOK zutage, die jedoch zugunsten einer Geschlossenheit nach außen in diesem Fall keine Wirkungsmächtigkeit erlangten.

Auch die Quellen sprechen hierzu eine eindeutige Sprache: Bengsch und wenige Mitarbeiter des Berliner Ordinariats waren die handelnden Personen im Rahmen des Problemkreises der Beziehungen der DDR zum Vatikan. Daher ist eine »Bengsch-zentrierte« Betrachtung dieses Thema sinnvoll.

Kardinal Bengsch, als Vorsitzender der BOK, hatte sich mit zwei Pro-Memoria (20. September und 27. Oktober 1972) an das Staatssekretariat in Rom gewandt. Allerdings waren in den letzten beiden Monaten des Jahres 1972 derart viele politisch relevante Veränderungen vonstatten gegangen, dass er sich am 15. Januar 1973 genötigt sah, Erzbischof Casaroli erneut zu informieren[469]. Dieser hatte den Vorsitzenden der BOK zuvor angefragt, welche Hinweise ihm dieser für die Beantwortung des Memorandums der DDR geben könne und wolle. Die Anfrage wurde Bengsch am 5. Januar 1973 vom apostolischen Nuntius in Deutschland persönlich bei einem Treffen in Westberlin überbracht[470]. Casaroli bat Bengsch um seine Meinung bezüglich zweier Punkte:
1. Das Problem der kirchlichen Zirkumskriptionen
2. Die Frage der diplomatischen Beziehungen.

Dem ersten Fragenkomplex wandte sich Bengsch in dem Schreiben an Casaroli vom 15. Januar 1973[471] zu. Ein zweiter Bezugspunkt dieses Schreibens war eine inoffizielle Information die Bengsch erhalten hatte, dass die DDR eine zweite, schärfere Note an den Vatikan plane. In dieser sollte die Neuzirkumskription der Jurisdiktionsbezirke der katholischen Kirche in der DDR mit noch mehr Nachdruck eingefordert werden. Laut Bengsch fühle sich die DDR-Führung offenkundig dazu ermutigt:

---

469 »Schreiben Kardinal Bengschs an den Sekretär des Rates für die öffentlichen Angelegenheiten der Kirche Erzbischof Casaroli (15.1.1973)«. In: ASP. Fond. Cas. Ser.: P.d.est. SoSer.: Germ. O. (Cart.12/7). (unpag.) (prov.Sig.).
470 »Nuntiaturbericht aus der apostolischen Nuntiatur in Deutschland (Nr. 38.525/IX) (20.1.1973)«. In: ASP. Fond. Cas. Ser.: P.d.est. SoSer.: Germ. O. (Cart.12/8). (unpag.) (prov.Sig.).
471 A. a. O.

»[...] weil die politischen Entwicklungen nach jener ersten Note [Memorandum (4. August 1972)] (und ebenfalls nach meinen beiden Promemorien vom 20.9. und 27.10 1972) ihr internationale Anerkennung in einem Ausmaß und einer Schnelligkeit eingebracht haben, womit sie selber nicht gerechnet hat.
Hier ist zu erinnern an den Abschluss des Grundvertrages, an die zahlreichen Verhandlungen über diplomatische Beziehungen, und zwar auch mit neutralen und westlichen Staaten, an die Aufnahme in die UNESCO und die demnächst folgende Aufnahme in die UNO, aber auch an das Ergebnis der Bundestagswahlen vom 19.11.1972.«[472]

Bengsch wies den Heiligen Stuhl mit Nachdruck darauf hin, dass es sinnvoll wäre, in dieser Situation auf das Memorandum der DDR vom August 1972 zu antworten oder wenigstens einen verbindlichen Antworttermin bekannt zu geben. Er sah in der drohenden neuen Note der DDR an den Vatikan die Gefahr:

»... dass der Handlungsspielraum des Heiligen Stuhles für die Zukunft immer enger wird, was zugleich bedeutete, dass der politische Druck auf die Kirche in der DDR wesentlich verstärkt wird.«[473]

Als möglichen Angriff auf die Bischöfe der katholischen Kirche in der DDR sah Bengsch den Vorwurf von staatlicher Seite, dass sich nur noch die Bischöfe und der Heilige Stuhl gegen die internationale, auch von den Siegermächten akzeptierte Anerkennung der DDR stellen würden. Bei allen bevorstehenden Entscheidungen sah Bengsch jedoch einen Faktor als wesentlich an, den er schon in dem Gespräch mit Willi Stoph im August 1972 stringent durchgesetzt hatte: Er wollte nicht als Initiator einer etwaigen Änderung erscheinen. Das war durch die direkten Kontakte der DDR zum Vatikan mittlerweile zur Tatsache geworden, nur durften Bengsch und die BOK der DDR-Regierung auch nicht als Hindernis erscheinen. Diese Kontradiktion war im Grunde nicht aufzulösen. In Bengschs Linie, der Erklärung, für »causae majores« keine Zuständigkeit zu besitzen, konnte ein Ausweg liegen, der aber nicht unbedingt zur gewünschten Lösung – der Beibehaltung der Situation – führte. Diese Herangehensweise erlaubt es wenigstens, das eigene Handlungsfeld zu begrenzen und die Errichtung vollständig unabhängiger Bistümer in der DDR von Seite der Kirchenleitung in der DDR hinauszuzögern. Zudem war zu diesem Zeitpunkt nicht ausgeschlossen, dass dies unter Umständen noch zu verhindern war.

Diese Nichtzuständigkeit galt freilich nur gegenüber dem staatlichen Verhandlungspartner in der DDR und nicht gegenüber dem Vatikan und dem westdeutschen Episkopat. Bei den Verhandlungen und Gesprächen mit diesen Institutionen warf Kardinal Bengsch all seine Bedeutung als wichtigster Kirchenführer in der DDR und als einer der vier deutschen Kardinäle in die

---

472 A. a. O.
473 A. a. O.

Waagschale und übte so einen sehr bedeutsamen Einfluss auf die Entwicklung der Ereignisse aus.

Am 27. Oktober 1972 hatte Bengsch in seinem Pro-Memoria die Meinung der BOK zur Errichtung von apostolischen Administraturen dem Vatikan schon überbracht. Mit diesem Statement versuchte er klarzustellen welche politische Auswirkung ein solcher Schritt hätte:

> »... La conferenza Episcopale di Berlino é convinto che mediante l'eventuale erezione di Amministrature Apostoliche si possa ovviare alla pressione politica del Governo senza con ciò soddisfarne pienamente i desideri.«[474]

Apostolische Administraturen zu errichten, war eine Möglichkeit, die sich unter kirchenrechtlicher Betrachtung in einer solchen Situation geradezu aufdrängte. In der Pro-Memoria vom 27. Oktober 1972 nahm Bengsch, auch im Namen der BOK, zu diesem Problem Stellung. Er machte klar, dass unter den damals (Oktober 1972) herrschenden Bedingungen nicht an die Errichtung von Administraturen zu denken war: »... Perchè é parimenti chiaro che *per il momento* [Hervor. i. Org.] l'erezione di Amministratore Apostoliche non può essere presa in considerazione.«[475] Er äußerte hier grundsätzliche Bedenken gegen die Errichtung von Administraturen, wenngleich eine Errichtung sicherlich geholfen hätte, den politischen Druck von Seiten des Staates auf die Kirche zu verringern.

Mit dem Ausgang der Bundestagswahl vom 19. November 1972, bei der die Politik der sozial-liberalen Koalition bestätigt wurde, verschwand allerdings die offensichtliche Hoffnung im deutschen Episkopat, dass es mit einer eventuellen Regierungsbeteiligung der CDU zu einer Verlangsamung der deutschen Ostpolitik kommen könnte. Die auf diese Wahl folgenden Ereignisse bestätigten die Befürchtungen Bengschs bezüglich einer Beschleunigung der Ostpolitik und einer vertraglichen Vereinbarung zwischen der DDR und der BRD. Dementsprechend kam es bei seiner Politik gegenüber der Regierung der DDR zum Umdenken. In den Hinweisen, die Casaroli von Bengsch erbeten hatte, war dieser Prozess erkennbar. Bengsch bezog die Errichtung von Administraturen gezwungenermaßen in die Konzeption zum Vorgehen gegenüber der DDR-Führung als eine Alternative ein. Mit der absehbaren, baldigen Ratifizierung des »Grundlagenvertrages« und der bevorstehenden Aufnahme der DDR als Vollmitglied in die UNO würden keinerlei völkerrechtliche Hindernisse mehr be-

---

[474] Bengsch zitierte in seinem Schreiben vom 15.1.1972 das Pro-Memoria vom 27.10.1972. A.a.O. (»... Die BOK ist überzeugt, dass durch Errichtung apostolischer Administraturen dem politischen Druck der Regierung zu begegnen ist, ohne aber deren Wünsche ganz zu erfüllen.«)

[475] A.a.O. (»... Weil klar ist, dass *für den Moment* die Errichtung von apostolischen Administraturen nicht in Erwägung gezogen werden kann.«)

stehen, die dem Vatikan verboten hätten, nach seinen eigenen politischen Maßstäben zu handeln.

Die für ihn immer noch beste Möglichkeit zur Reaktion gegenüber dem Staat DDR erschien Bengsch die Ernennung von Administratoren. Schon in dem Pro-Memoria vom 27. Oktober 1972 hielt er dazu fest: »... Con questa soluzione interlocutoris si potrebbe guadagnare tempo senza una determinazione che comprometta il futuro.«[476]

Die von Bengsch verfasste Anlage[477], in der er offenbar versuchte, die eventuelle Antwort des Vatikans an die DDR teilweise schon vorzuformulieren, ist ein beredtes Zeugnis von der Herangehensweise des Purpurträgers an die Lösung des Problems der drohenden und ungewollten Abspaltung der katholischen Kirche in der DDR von der katholischen Kirche in der BRD. Er wollte das Heft des Handelns nicht aus der Hand geben, selbst wenn er versuchte, sich aus dem Politischen zurückzuziehen; er musste agieren und durfte nicht nur reagieren. Seine Aufmerksamkeit musste der Regierung der DDR zwangsläufig in sehr großem Maße gelten und er durfte das westdeutsche Episkopat nicht »verprellen«.

In dieser entscheidenden Phase der Verhandlungen zwischen der DDR und dem Vatikan richtete er das Wort persönlich an Erzbischof Casaroli. Lösungen Anfang des Jahres 1973 musste die Vorgehensweise an das Problem bezüglich der Jurisdiktionsbezirke in der DDR politisch neu justiert werden, da für den politisch aufmerksamen Zeitgenossen erkennbar war, dass der Entspannungsprozess in Europa weiter an Fahrt gewann und die Rückwirkungen auf die DDR sehr bedeutsam waren. Zu diesem Umstand kam noch die sich rasant entwickelnde internationale Anerkennungswelle zu Gunsten der DDR. Diese Neujustierung brachte auch eine Neugewichtung der Mittel mit sich: Die Verzögerung der Entscheidung über eine letztendliche Trennung der beiden Kirchen war nun das Ziel. Bengsch versuchte, dem Vatikan diese Strategie des größtmöglichen Zeitverzugs verständlich zu machen, zu begründen und zu untermauern.

Für Kardinal Bengsch stellte die Nominierung von apostolischen Administratoren eine unausweichliche, wenn auch sinnvolle und unter pastoralen Gesichtspunkten sogar nützliche Maßnahme dar. Zudem unterstrich eine solche Entscheidung den provisorischen Charakter der Maßnahme. Bengsch war aber auch bewusst, dass dies zweifelsohne die Forderung staatlicherseits nach der Errichtung apostolischer Administraturen nach sich ziehen würde. Er war nicht sicher, ob die Zustimmung des Vatikans zu einer solchen Vorgehensweise nicht

---

476 A. a. O. (»... Mit dieser vorläufigen Lösung ist Zeit gewonnen, ohne Lösungen für die Zukunft zu verstellen.«)
477 »Anlage zum Schreiben Kardinal Bengschs an Erzbischof Casaroli (15. 1. 1973)«. In: ASP. Fond. Cas. Ser.: P.d.est. SoSer.: Germ. O. (Cart.12/7). (unpag.) (prov.Sig.).

sogar das kleinere Übel wäre. Gegenüber Nuntius Bafile äußerte sich Bengsch unsicher in Bezug auf die Errichtung von Administraturen in der DDR. Diese Unsicherheit resultierte nicht zuletzt aus der intern nicht einheitlichen Sichtweise der in der BOK versammelten Ordinarien. Bafile berichtete nach Rom:

> »... Sua Eminenza [Kardinal Bengsch] non si sente in grado di sostenere in merito una chiara posizione. Egli personalmente sarebbe per la soluzione minima, e così anche altri membri della Conferenza degli Ordinari; altri membri però sarebbero favorevoli all'erezione di Amministrazioni Apostoliche.«[478]

Eine Aufgabe seines Widerstrebens gegen die Errichtung von Administraturen bedeutete das keinesfalls, Bengsch zeigte sich hier lediglich als Kirchenpolitiker mit großem Realitätssinn, der zudem noch unterschiedlichste Interessen zu berücksichtigen hatte.

Als zweiter Schritt sollte, laut Bengsch, die Zusage des Vatikans erfolgen, die BOK in eine nationale Bischofskonferenz umzuwandeln. Auch dies wäre wieder mit einem Zeitgewinn verbunden, um einer Präjudizierung der Trennung der Katholischen Kirche durch die Errichtung von Administraturen auszuweichen.

Neben den eher staatspolitischen Überlegungen Bengschs gegenüber Casaroli gab es jedoch auch kirchenpolitische Einlassungen. Der Kardinal stellte Forderungen auf, von denen er wusste, dass sie in der DDR mit der SED als Machtzentrum nicht durchsetzbar waren: Wenn er Gewissens- und Glaubensfreiheit im Bildungs- und Berufswesen forderte, stieß er eindeutig an die Grenzen des durch einen kommunistisch regierten Staat Zulassbaren, der die Bildungshoheit als eines der wichtigsten Herrschaftsinstrumente begriff. Auch die Forderung nach mehr Publikationsmöglichkeiten war ein Angriff auf die zur Herrschaftsausübung notwendige Deutungshoheit der Partei in allen öffentlichen Belangen der DDR. Er richtete diese Forderungen nicht nur an die DDR-Regierung. Indem er sie dem Vatikan vorschlug und gleichzeitig an bereits Bestehendem festhielt, versuchte er den handelnden Personen im päpstlichen Staatssekretariat zu verdeutlichen, dass die Situation der katholischen Kirche in der DDR nicht vergleichbar war mit der in anderen Staaten des Ostblocks, wie der ČSSR, Bulgarien, Rumänien oder auch Ungarn und Polen. In der DDR gab es im Tagesgeschäft auch relativ wenig umstrittene Fragen zwischen Staat und Kirche, deren Lösung in anderen Ländern erst hart und oftmals mit schmerzhaften Kompromissen verbunden erkämpft werden musste. Eine bloße Beharrung auf der Beibehaltung des für die katholische Kirche in einem Staat des Ostblocks günstigen Status quo stellte folglich – sowohl im Rahmen der Vati-

---

[478] »Nuntiaturbericht (Nr. 38.525/IX)«. A. a. O. (»... Seine Eminenz sieht sich nicht in der Lage, diesbezüglich eine klare Position zu beziehen. Er persönlich wäre für die Minimallösung, wie andere Mitglieder der BOK auch; andere Mitglieder stünden der Errichtung von apostolischen Administraturen allerdings positiv gegenüber.«)

kanischen Ostpolitik als auch für die Selbstbehauptung der katholischen Kirche in der DDR – keine Handlungsoption dar. Da Bengsch jedoch in dieser »causa majora« jede Verhandlungskompetenz ablehnte, versuchte er, die Analyse der Zustände und die sich daraus ergebenden Forderung im Vatikan zu platzieren. Gleichzeitig gelang es ihm auf diesem Weg, eine Anklage zu lancieren, indem er noch nicht erfüllte Forderungen einklagte, die für die gute und umfassende Pastoral in der DDR nötig waren. Diese unzureichenden Bedingungen maß er an der Verfassung der DDR und der Menschenrechtskonvention der UNO. Er schlug Casaroli demnach vor, die DDR an ihren eigenen Maßstäben zu messen, wobei die DDR als ein Staat erkennbar wäre, der demnächst als Vollmitglied der UNO aufgenommen würde, deren Menschenrechtsvorstellung aber offensichtlich nicht teilte.

In der klaren und deutlichen Ablehnung der Errichtung diplomatischer Beziehungen zwischen der DDR und dem Vatikan gegenüber Nuntius Bafile kam Bengschs Verurteilung der Kirchenpolitik der DDR-Führung weiterhin zum Ausdruck: Er scheute nicht einmal den indirekten Vergleich des Regimes der DDR mit dem des Nationalsozialismus:

> »… L'Em.mo vedrebbe vari svantaggi, ma nessun vantaggio. Uno svantaggio inevitabile egli vedrebbe nel fatto che un Nunzio Apostolico non potrebbe non prendere parte all'omaggio del Corpo Diplomatico al Capo dello Stato e non esibire riverenza alle Autorità di Governo, cosa che gli Ecc.mi Vescovi hanno finora evitato, per quanto è stato possibile. Inoltre il Governo prevedibilmente si servirebbe della presenza del Nunzio Apostolico per dimostrare che nella DDR tutto è in regola nel campo ecclesiastico, guardandosi bene, però dal fare delle concessioni. Il Cardinale ha presente al riguardo l'immagine del Nunzio Apostolico in tempi del regime nazionalsocialista, il quale si trovava nella necessità di rendere omaggio al Capo del Governo di allora.«[479]

Seine ablehnende Haltung zur Errichtung diplomatischer Beziehungen vertrat Bengsch noch einmal in einem Schreiben an Casaroli einen Monat nach dem Gespräch mit Bafile in Westberlin und etwa drei Wochen nach dem Schreiben an Casaroli zum Problemkreis einer etwaigen Neuzirkumskription der Jurisdiktionsbezirke. Zusätzlich kritisierte Bengsch nun grundsätzlich die Vatikanische Ostpolitik, indem er die Hoffnungen, die er an diplomatische Beziehungen mit

---

479 »Nuntiaturbericht (Nr. 38.525/IX)«. A. a. O. (»… Der Kardinal sieht viele Nachteil und keinen Vorteil. Einen unvermeidbaren Nachteil sieht er darin, dass ein Nuntius – als Teil des diplomatischen Corps – Reverenzbezeugung gegenüber dem Gastland oder anderen Autoritäten nicht vermeiden könnte. Das haben die Bischöfe bis heute, soweit es möglich war, aber getan. Es ist auch voraussehbar, dass die Regierung die Anwesenheit eines Nuntius ausnutzen würde, um zu zeigen, für die Kirche in der DDR sei alles in Ordnung, ohne Konzessionen zu machen. Der Kardinal denkt da an die Zeit des Nationalsozialismus, in der die Notwendigkeit für den Nuntius bestand, dem damaligen Staatsoberhaupt Ehrbezeugungen entgegenzubringen.«)

der DDR geknüpft sah, den seiner Meinung nach realen Umständen in einem Ostblockstaat gegenüberstellte:

>»... Man könnte an sich die These vertreten, dass diplomatische Beziehungen *eine Hilfe für die unter kommunistischer Herrschaft lebenden Katholiken bringen könnte,* [Hervor. i. Org.] weil die Präsenz eines vatikanischen Vertreters mindestens die Erhaltung eines Status quo garantierte. Ferner könnte man hoffen, dass die Befriedigung des Anerkennungsstrebens, das Gefühl unbestrittener Souveränität eine Milderung – wenigstens auf lange Sicht – der religionsfeindlichen Grundeinstellung des Staates mit sich brächte. *Diese auch in der Politik des Westens oft ausgesprochene Hoffnung ist aber nicht begründet.* [Hervor. i. Org.]. Denn sie setzt stillschweigend voraus, dass zwischen Staatsapparat und marxistischer Parteiideologie unterschieden werden könnte. Und das trifft nicht zu.

> Alle Konzessionen kirchlicher Gemeinschaften gegenüber einem Ostblockstaat haben letztlich keine Erleichterungen gebracht. [...] Jeder Kompromiss kann unter der ideologischen Perspektive nur als Ausgangspunkt weiteren Vordringens beurteilt werden.

> Aus diesem Grunde sind auch Konkordate ungeeignete Mittel der Stabilisierung im Ostblock.«[480]

Kardinal Bengsch sah bei etwaigen diplomatischen Beziehungen die relative Unabhängigkeit, die sich die katholische Kirche in der DDR im Laufe der ersten zwei Jahrzehnte der Existenz der DDR im politischen Alltagsgeschäft erkämpft hatte, in Gefahr. Er kam gegenüber Casaroli und Bafile zu dem Schluss:

>»[...] dass unter den Bedingungen eines Parteistaates der vatikanische Vertreter mit Sicherheit benutzt wird, die örtliche Hierarchie zu isolieren und den Druck zur politischen Vereinnahmung der ganzen Kirche zu verstärken.«[481]

Da Bengsch in vollem Umfang bewusst war, dass die vatikanische Sichtweise eine andere war als seine Binnensicht auf die Verhältnisse, äußerte er sich auch zu den seiner Meinung nach relevanten Auswirkungen diplomatischer Beziehungen zwischen Vatikan und DDR auf andere Ostblockstaaten. In der Errichtung einer Nuntiatur in Ostberlin sah Bengsch das Problem, dass andere Staaten wie Polen, Ungarn oder die ČSSR auch diplomatische Vertreter einfordern könnten, dies jedoch unter den jeweiligen Bedingungen, die Bengsch als deutlich negativer ansah als in der DDR. Das hätte seiner Meinung nach: »... die Unterschrift unter eine Kirchenverfolgung bedeutet.«[482]

Im Gegensatz zu seinen westdeutschen Bischofskollegen, bezog Bengsch aber, trotz all seinen Vorbehalten, in diesem Zusammenhang eine insgesamt kompromissbereitere Stellung. Er tat dies trotz seiner grundsätzlichen und scharfen

---

480 »Schreiben Bengschs an Casaroli (3.2.1973)«. In: ASP. Fond. Cas. Ser.: P.d.est. SoSer.: Germ. O. (Cart.12/11). (unpag.) (prov.Sig.).
481 A. a. O.
482 A. a. O.

Ablehnung von diplomatischen Beziehungen, wieder in dem Sinne, dass kleine Schritte, die zu Provisorien führen, eher dazu beitragen könnten, dass diese Provisorien langfristig erhalten bleiben könnten, um so dem *Ungewollten* auszuweichen: Er schlug vor, wenn auch in diesem Fall mit immer noch schweren, aber wenigstens absehbaren Konsequenzen, einen Bischof aus der DDR als päpstlichen Legat in der DDR zu installieren. Dies hätte seiner Meinung nach zwei mögliche Nachteile zur Folge gehabt: Diese Person wäre unter Umständen vatikanischer Staatsbürger und würde der Gefahr anheim fallen, als »Ausländer« von seinen ostdeutschen Bischofskollegen isoliert zu werden. Oder aber, wenn er DDR-Bürger bliebe, wäre er in seiner Bewegungs- und Meinungsfreiheit gegenüber der Regierung massiv beschränkt[483].

Einem zweiten von ihm geäußerten Vorschlag war Bengsch offenbar unter den gegebenen Umständen nicht abgeneigt: Der Nuntius in Wien könne, über die mittlerweile in Wien eröffnete Botschaft der DDR[484], als offizieller Verhandlungspartner für die DDR nominiert werden.

> »... Damit hätte man die Möglichkeit, die Situation und die Bedingungen für eine direkte diplomatische Vertretung in völliger Unabhängigkeit und ohne Zeitdruck zu prüfen. Zumindest sollte diese Lösung sorgfältig erwogen werden, ehe definitive Schritte übernommen werden.«[485]

Die Informationen, die Nuntius Bafile nach Rom weitergeben konnte, und auch der Inhalt der Briefe mit dazugehöriger Anlage und deren Abfassung weisen darauf hin, dass Bengsch in dieser Zeit seine Stellungnahme gegenüber Casaroli ohne Absprache mit dem westdeutschen Episkopat tätigte. Auch wenn in Bezug auf die konsequente Ablehnung von diplomatischen Beziehungen seine Argumentation der von Kardinal Döpfners und anderer Kardinäle aus der DBK glich, war er bereit Kompromisse zuzulassen. So stimmte seine Meinung bezüglich der Errichtung apostolischer Administraturen nicht mit der Meinung der westdeutschen Kardinäle überein. Auch bei der Frage der diplomatischen Beziehungen machte er Vorschläge jenseits einer totalen Verweigerungshaltung, die nicht rein taktischer Natur waren und ihm selbst teilweise missfielen. Sollte es aber unbedingt zu Änderungen kommen, erschienen ihm diese als mögliche Alternative zur Totallösung des Auseinanderbrechens gesamtdeutscher Zusammenhänge in der katholischen Kirche.

Bei seinen Schreiben an Casaroli handelte es sich meist nicht um Pro-Memoria oder offizielle Stellungnahmen, die mit der DBK abgesprochen oder wenigstens in Kopie zugestellt worden wären, sondern um persönliche, von ihm

---
483 A. a. O.
484 Seit 21.12.1972 existierten diplomatische Beziehungen zwischen der Republik Österreich und der DDR.
485 A. a. O.

unterzeichnete Schreiben an den Sekretär des Rates für die öffentlichen Angelegenheiten der Kirche auf dessen ausdrückliche Bitte hin. Er bezog sich zwar auf die Pro-Memoria, die in der DBK bekannt waren, und blieb auch in seinen Forderungen gegenüber der Regierung der DDR stringent. Aber er zeigte sich wesentlich weniger aufgeregt und musste, ob er wollte oder nicht, auch die Möglichkeiten in seine Überlegungen einbeziehen, die einer allmählichen Abtrennung der katholischen Kirche in der DDR und damit dem Willen des Staates entsprochen hätten. In einer Anlage zu seinem Schreiben an Erzbischof Casaroli vom 15. Januar 1973 formulierte Bengsch (s)eine eventuelle Antwort des vatikanischen Staatssekretariats auf das Memorandum der DDR vom 4. August 1972.

»...
Erwägungen zum Inhalt der Antwortnote des Heiligen Stuhles an die Regierung der DDR.
1. Soweit die Anerkennung der politischen Selbständigkeit des Staates berechtigterweise auch eine zweckmäßige Anpassung der kirchlichen Organisation an die politischen Grenzen als notwendig und wünschenswert erscheinen lässt, hat der Heilige Stuhl bereits in den vergangenen Jahren diesem Anliegen Rechnung getragen. Er hat die Verlegung des Berliner Bischofssitzes in die DDR bereits 1961 veranlasst. Ferner haben die Jurisdiktionsträger in der DDR seit Jahren ihre Vollmachten, die denen eines residierenden Bischofs gleichwertig sind, direkt vom Heiligen Stuhl erhalten.
2. Neben den politischen Aspekten, die naturgemäß seitens der Regierung der DDR für eine volle kirchenrechtliche Verselbständigung der Jurisdiktionsgebiete in der DDR vorgebracht werden, muss der Heilige Stuhl seinerseits die pastoralen Gegebenheiten und Notwendigkeiten als erstrangig betrachten, die ihrer Natur nach nicht einfachhin identisch mit den politischen sein können. Speziell für die kirchliche Verwaltung in der DDR bedeutet das einerseits, dass die betreffenden Gebiete sich im Laufe der letzten 23 Jahre zu eigenständigen pastoralen und verwaltungsmäßigen Einheiten entwickelt haben, sodass sich rigorose Eingriffe ohne Rücksicht auf die historisch gewachsenen Zusammenhänge, auf die Mentalität der Priester und Gläubigen, aus der pastoralen Perspektive des Heiligen Stuhles von selbst verbieten. Dies gilt umso mehr, als die genannte Entwicklung ohne jeden Einspruch und ohne jede Kritik seitens der Regierung der DDR vor sich ging. Andererseits aber sind die genannten Gebiete zum Teil nicht sogleich, zum Teil überhaupt nicht als eigene Diözesen zu errichten, da ihnen bezüglich der Gebietsausdehnung, der Gläubigenzahl und der institutionellen Ausrüstung die Voraussetzungen dafür fehlen.
3. In dieser Lage möchte der Heilige Stuhl den Wünschen der Regierung der DDR nach Möglichkeit entsprechen, indem er die Jurisdiktionsträger in der DDR, die nicht residierende Bischöfe oder apostolische Administratoren sind, zu apostolischen Administratoren ernennt, womit ihre Zuordnung zum Heiligen Stuhl und ihre jurisdiktionelle Selbständigkeit öffentlich anerkannt wird. Jene Gebiete, die in der jetzigen Situation nicht Diözesen werden können, sollen als apostolische Administraturen errichtet werden, sobald die seitens des Heiligen Stuhles immer als unerlässlich betrachtete Voraussetzung der Ratifizierung der entsprechenden politischen Verträge

gegeben ist. Die anderen Gebiete werden in einer noch zu bestimmenden Form den genannten Administraturen zugeordnet werden. Der Heilige Stuhl ist überzeugt, dass er mit dieser Lösung den zu respektierenden Wünschen der Regierung der DDR Rechnung trägt und das nach den pastoralen Gegebenheiten Mögliche veranlasst.
4. Der Heilige Stuhl geht dabei davon aus, dass die Regierung der DDR eine Reihe unerlässlicher Voraussetzungen, die erfreulicherweise in den vergangenen Jahren nicht strittig waren, da sie gemäß der Verfassung und den Gesetzen der DDR dem Prinzip entsprachen, dass die Kirche ihre Angelegenheiten selbst regelt, auch weiterhin als gegeben ansieht. Darunter ist zu rechnen:
– die freie Ernennung der Bischöfe, der apostolischen Administratoren und der Auxiliarbischöfe durch den Heiligen Stuhl
– die Respektierung des kirchlichen Eigentums
– die freie Ausbildung von Priestern
– die Möglichkeit der pastoralen Arbeit der Kirche im bisherigen Umfang
– die freie Verbindung der Bischöfe zum Heiligen Stuhl
– die Möglichkeit finanzieller Unterstützung durch den Heiligen Stuhl
(Vgl. zu diesem Punkt das Pro-Memoria vom 20. 9. 1972, Nr. 5).
5. Der Heilige Stuhl glaubt, das Interesse der Regierung der DDR nach verwaltungsmäßiger Selbständigkeit der kirchlichen Bezirke in der DDR in Verbindung mit der Bereitschaft sehen zu dürfen, dem kirchlichen Leben auch jene Wirk- und Entfaltungsmöglichkeiten zu gewähren, die selbst bei unüberbrückbaren ideologischen Gegensätzen gewährt werden können und im wohlverstandenen Interesse des Staates liegen. Dazu gehört, dass ein Katholik nicht im Bildungswesen oder im Berufsleben benachteiligt wird, wenn er aus Glaubens- und Gewissensgründen keine offenen oder getarnten Bekenntnisse zum Atheismus ablegen kann, ferner,
– dass die Publikationsmöglichkeiten, die zum pastoralen Auftrag der Kirche gehören, nicht behindert werden,
– dass als Ausdruck der Zusammengehörigkeit der Ortskirche mit dem Heiligen Stuhl die Möglichkeit von Studien für Priester in Rom gewährt wird,
– dass in Neubaugebieten die räumlichen Möglichkeiten für die Ausübung der Seelsorge gewährt werden,
– dass der Bischof von Berlin für die Ausübung seiner Tätigkeit in Westberlin eine angemessene Bewegungsfreiheit erhält.
Der Heilige Stuhl geht davon aus, dass sich die Politik der Entspannung, die in allen Ländern verschiedenster gesellschaftlicher Prägung immer mehr Zustimmung findet, auch in den erwähnten Punkten zeigen müsste, zumal sie den edlen Prinzipien entsprechen, die in der Deklaration der Menschenrechte der UNO enthalten und dem Geiste der Verfassung der DDR konform sind.«[486]

Drei Punkte sind bei der Bewertung der Haltung Bengschs in der von Casaroli erbetenen Stellungnahme wichtig und in die Überlegungen einzubeziehen. Sie waren wesentlich für die Abfassung des Schreibens und die Äußerungen gegenüber Nuntius Bafile und führten mit zu der vorliegenden inhaltlichen Ausrichtung.

---

486 »Anlage zum Schreiben Kardinal Bengschs an den Sekretär des Rates für die öffentlichen Angelegenheiten der Kirche Erzbischof Casaroli (15. 1. 1973)«. A. a. O.

1. Es wäre ein grundsätzliches Versäumnis, würde man nicht die Papsttreue des Bischofs von Berlin, Erzbischof[487] und Kardinal Alfred Bengsch, als eine seiner Motivationen in die Überlegungen zu der von ihm betriebenen Kirchenpolitik einbeziehen. Selbst wenn diese Treue zum Oberhaupt der katholischen Kirche nicht ungetrübt war und an manchen Stellen offensichtlich auch zu Unverständnis bei Bengsch führte, so akzeptierte er die Sichtweise des Papstes und der Kurie in Rom als Koordinatensystem seiner Argumentationen. Aus dieser Akzeptanz heraus entwickelte er Vorschläge mit Kompromisscharakter. So waren seine Korrespondenzen mit Casaroli Anfang 1973 zwar von einer erkennbaren Distanz gegenüber den Lösungsansätzen aus Rom geprägt, aber auch von dem Willen, nicht als Blockierer zu erscheinen. Er hatte folglich die Sorge um die Kirche in der DDR im Auge, gleichwohl war ihm seine Verantwortung als wichtiger Protagonist der Universalkirche bewusst.
2. Am Ende eines Gespräches mit Bafile brachte er diese Papsttreue beispielhaft zum Ausdruck, indem er klar Verständnis für die Sichtweise des Papstes als Oberhaupt der Weltkirche äußerte, wie Bafile Kardinal Villot mitteilte:

»… Il Card. Bengsch teneva a sottolineare che questa è l'opinione di lui, che vede le cose dal punto di vista della chiesa locale. Si rende conto che la Santa Sede possa vedere le cose diversamente, da un punto di vista più ampio ed in vista di futuri sviluppi.«[488]

3. Bengsch wollte unter allen Umständen die Errichtung eigenständiger Diözesen in der DDR verhindern, zumindest deren Entstehung so lange nur irgend möglich aufschieben. Die Errichtung von apostolischen Administraturen wäre ohne Frage ein Schritt in Richtung Verselbstständigung gewesen, stellte allerdings auch eine Zwischenetappe dar, die kirchenrechtlich eigenständig und unbegrenzt hätte existieren können. Daher bestand auch Hoffnung, dass sie als Provisorien bestehen blieben.
4. Bengsch war um die Wahrung der öffentlich-politischen Abstinenz, als wesentlicher Bestandteil seiner Politik gegenüber staatlichen Stellen der DDR bemüht, daher z. B. die strikte und vehemente Ablehnung von diplomatischen Beziehungen. Der Berliner Purpurträger sah die Gefahr der Aufwertung des DDR-Regimes durch einen päpstlichen Vertreter und die damit verbundene, zwangsläufige Änderung der Haltung des Episkopats: Es wäre

---

487 Bengsch hatte den Titel Erzbischof von Johannes XXIII. als persönliche Ehrung verliehen bekommen (1962).
488 »Nuntiaturbericht (Nr. 38.525/IX)«. A. a. O. (»… Der Kardinal legt Wert darauf zu unterstreichen, dass es sich um seine persönliche Meinung handelte, die durch den Blick der lokalen Kirche geprägt ist. Ihm ist bewusst, dass der Heilige Stuhl die Dinge aus einem weiteren Blickwinkel und auf zukünftige Entwicklungen hin sieht.«)

für einen Kardinal oder die Bischöfe der katholischen Kirche schwerlich begründbar, dass ein offizieller Vertreter des Oberhauptes dieser Kirche als akkreditierter Diplomat in der Hauptstadt eines Landes regen Kontakt mit den Machthabern pflegt, wohingegen sich die Leitung der Ortskirche derartiger Kontakte bewusst verweigert. Abstinenz war als politische Linie der BOK mit Kardinal Bengsch an der Spitze, im Umgang mit Staat und Partei in der DDR durchgesetzt worden. Bengsch hielt sie nicht nur für das Ziel seiner Politik, sondern für eine wichtige Waffe in der tagespolitischen und grundsätzlichen Auseinadersetzung mit dem Staat zum Erreichen der größtmöglichen Unabhängigkeit der katholischen Kirche in der DDR.

Die Korrespondenz zwischen Casaroli und Bengsch Anfang 1973 war auch ein Ideenpool für eine Antwort des vatikanischen Staatssekretariats auf das Memorandum der Regierung der DDR. Zusammen mit den Informationen aus dem Gespräch des apostolischen Nuntius mit dem Berliner Kardinal erreichten das vatikanische Staatssekretariat so Nachrichten, die wesentlich in die Betrachtung der Sachlage durch das päpstliche Staatssekretariat einbezogen wurden.

Kardinal Bengsch war gegenüber der DDR und dem Vatikan gezwungen, eine kompromissbereite Haltung zu beziehen. Er konnte sich einen offenen Antikommunismus wie sein Vorgänger im Bischofsamt, der in Berlin und nun in München residierende Erzbischof Kardinal Döpfner, nicht leisten, und er musste auf die intern nicht immer einheitliche Haltung der Mitglieder der BOK achten. Ihm war letztlich bewusst, dass eine Total-Verhinderung der Abspaltung der Jurisdiktionsbezirke von ihren Heimatdiözesen keine realistische Option mehr war. Er wollte jedoch nur Minimallösungen zugelassen wissen, die Ernennung von apostolischen Administratoren war dabei die bestmögliche und sinnvollste aller Alternativen. Nach dieser Ernennung hätte es weitere Möglichkeiten des Handelns gegeben, um die Errichtung von neuen Diözesen in der DDR deutlich zu verzögern.

Gleiches versuchte er bei der Frage von eventuellen diplomatischen Beziehungen zwischen dem Vatikan und der DDR. Ihm wäre das Ausschließen einer solchen Möglichkeit am liebsten gewesen, aber er hätte sich mit einem Provisorium, der Nominierung des Nuntius in Wien als Beauftragter für die DDR, abfinden können. Die Regelmäßigkeit, mit der der Purpurträger auf provisorische Lösungen drängte, erfolgte derart stringent und nachhaltig, dass es für die Durchsetzung seiner Ziele – Verhinderung der endgültigen Trennung der Jurisdiktionsbezirke in der DDR von ihren Mutterdiözesen und Wahrung der politischen Abstinenz der katholischen Kirche und all ihrer Mitglieder auf jeder Hierarchieebene, zu deren Selbstschutz und zur Verwirklichung der Pastoral – geradezu als zentrale Handlungskonzeption erschien. Bengsch wollte mit allen ihm zur Verfügung stehenden Mitteln, »dem Unausweichlichen ausweichen«.

7.6.3 »… i buoni cattolici, fedeli alla Santa Sede, sostenitori dei partiti CDU/CSU«– Die katholische Kirche der BRD und der Vatikan

Kardinal Bengsch waren bei einer eventuellen Eröffnung diplomatischer Beziehungen des Vatikans mit der DDR aus westdeutscher Perspektive zwei Probleme (neben den staatspolitischen Fragen, die das Reichskonkordat in dieser Beziehung aufwarf) gewahr:

1. Der zu erwartende Prestigeverlust des Heiligen Stuhls, da dieser bei der Aufnahme diplomatischer Beziehungen moralische Beweggründe nicht außer Acht lassen dürfe, vielmehr müsse er sich diesen verpflichtet fühlen.
2. Mit Blick auf die Situation in Westberlin und die Befindlichkeiten der dortigen Katholiken hätte ein diplomatischer Vertreter des Vatikans in Ostberlin, da auch für das Bistum Berlin zuständig, Kompetenzen für den Westteil der Stadt. Dies bedeutete zweierlei. Zum einen bedeutete bei der intensiven Westbindung Westberlins eine Jurisdiktion aus der Hauptstadt der DDR heraus ein Affront gegen die dortigen Gläubigen, und es gäbe so de facto nur zwei diplomatische Vertreter, die Kompetenzen für Westberlin besäßen, aber mit ihrem Amtssitz in Ostberlin ansässig wären: der Botschafter der Sowjetunion UND ein eventuell zu nominierender vatikanischer Vertreter. Diese Faktoren dienten gemäß Bengsch, zu einer weiteren Herauslösung des Westberliner Teils aus dem Bistum Berlin[489]. Das wollte Bengsch unter allen Umständen vermeiden.[490]

Zwar referierte Bengsch mit dem ersten Punkt eine bekannte Problemlage, die sowohl in der DBK als auch der BOK so gesehen wurde, der zweite zielte allerdings auf den unumstößlichen Willen Kardinal Bengschs ab, auch gegen die Meinung einiger Bischöfe in der DBK, die Einheit des Bistums Berlin zu erhalten. Dieser Faktor in der Politik Kardinal Bengschs war ein wichtiger Hinweis darauf, dass die Führung der katholischen Kirche in Deutschland, bei aller Einigkeit, auch mit unterschiedlichen Akzentsetzungen antrat. Der Widerstand, den Kardinal Bengsch einer Veränderung im Diözesangefüge in der DDR entgegenbrachte, einte ihn zwar im grundsätzlichen Anliegen mit dem Episkopat in der BRD, aber zusätzliche Parameter bei der Ausformung seines Widerstandes müssen in Betracht gezogen werden. Er musste aus einem Überwachungsstaat heraus agieren, der in seiner Unberechenbarkeit gegenüber der Kirche auch vor Drohungen und Repressionen nicht haltmachte und dessen Medienmacht je-

---

489 Vgl. zu internen Auseinandersetzungen um eine etwaige Herauslösung Westberlins aus dem Bistum Berlin: zusammenfassend: Jung. R.: »Politik der Skepsis«. A. a. O.; umfassend: dies.: »Ungeteilt im geteilten Berlin?«. A. a. O.
490 zu 1. und 2.: »Schreiben Bengschs an Casaroli (3.21973)«. A. a. O.

derzeit propagandistische Angriffe auf die katholische Kirche erlaubte. In diesem Zusammenhang verteidigte er die klare Abgrenzung gegenüber dem Politischen. Er hatte sich in diesem Kampf für die Taktik stiller Verhandlungen mit Staatsinstitutionen und gegen jeden Kontakt mit Parteiinstitutionen entschieden. Punktuell wurde diese Herangehensweise durch die Verlesung von Hirtenworten aller Bischöfe in den Predigten durchbrochen. Diese öffentlichen Proteste blieben die Ausnahme und waren dann für die Bischöfe in der DDR unvermeidbar, wenn es um grundsätzliche Fragen ging, durch die das christliche Menschenbild massiv angriffen wurde. So geschehen 1974 im Hirtenwort zum neuen »Jugendrecht in der DDR«[491].

Die in der DBK versammelten Bischöfe, deren Vorsitzender und kirchenpolitische Leitfigur Julius Kardinal Döpfner war, hatten derartige Problemfelder nicht vordergründig in ihre Strategie der Auseinandersetzung mit der DDR einzubeziehen. Für die DBK war ein anderes Problem, das Bengsch in dem Schreiben an Casaroli vom 3. Februar als »Prestigeverlust«[492] gekennzeichnet hatte, bedeutsamer: Die katholische Kirche in der BRD war traditionell politisch mehrheitlich eher der CDU/CSU zugewandt, die in den Jahren ab 1969 in die Opposition gedrängt war und deren Auffassung zur Ostpolitik grundverschieden von der des sozialdemokratischen Kanzlers Willy Brandt war. Die Ablehnung der Unterzeichnung des Grundlagenvertrages zwischen der BRD und der DDR sowie die Konfrontation im Vorfeld der Ratifizierung des Vertragswerkes fielen mitten in die Auseinandersetzungen um bevorstehende Veränderungen in der Organisation der katholischen Kirche in der DDR. Der Grundlagenvertrag, der Mitauslöser und beschleunigender Faktor dieser Umgestaltungen in der katholischen Kirche Deutschlands war, stellte ein schwerwiegendes Problem für die katholische Kirchenführung in der politischen Auseinandersetzung in der BRD dar. Die Unterstützung des Vatikans in dieser Auseinandersetzung wurde von Seiten der DBK immer wieder eingefordert. Schon in zwei Gesprächen, die Döpfner mit dem apostolischen Nuntius in Deutschland geführt hatte (am 20. Dezember 1972 in der Nuntiatur in Bad Godesberg und in München am 10. Januar 1973), zeigte sich Döpfner zutiefst besorgt. Er machte sich vor allem Sorgen bezüglich der Wirkung der laufenden Verhandlungen des Vatikans mit der DDR auf die politische Allianz mit der CDU/CSU. Bafile meldete an den Kardinalstaatssekretär Villot:

»... Al riguardo [Casarolis Frage bezüglich etwaiger diplomatischer Beziehungen DDR – Vatikan] il Cardinale si è mostrato subito assai preoccupato e si è espresso in senso sfavorevole: egli pensa che non soltanto le organizzazioni degli esuli dai territori oltre

---

491 Vgl. hierzu: Schäfer, B.: »Katholische Kirche in der DDR«. (S. 377–381).
492 A. a. O.

Oder-Neisse, ma in generale i buoni cattolici, fedeli alla Santa Sede, sostenitori dei partiti CDU/CSU, se ne sentirebbero penosamente colpiti.«[493]

Ähnlich äußerte sich Döpfner auch in einem Aide-Mémoire vom 25. Januar 1973 an das Staatssekretariat des Vatikans. Er sprach diesen möglichen Konfliktpunkt als Vorsitzender der DBK offen an:

»... Die Opposition lehnt den Grundvertrag ab. Das Verhältnis dieser Partei, insbesondere ihrer Katholischen Vertreter, zur Kirche würde schwerstens, wahrscheinlich unheilbar gestört, wenn ihnen von der Regierung entgegengehalten würde, dass der Hl. Stuhl die DDR anerkannt und mit ihr ein Abkommen vorbereitet habe. [...] In der augenblicklichen Situation muss alles unterlassen werden, was die Opposition, der die meisten überzeugten katholischen Abgeordneten angehören, desavouieren könnte.«[494]

Er drohte sogar mehr oder minder offen an, dass so »... der Heilige Vater in die zu erwartenden harten Auseinandersetzungen im Deutschen Bundestag hineingezogen«[495] würde.

Es zeigte sich, dass zwischen DBK und BOK Einigkeit herrschte, diplomatische Beziehungen grundsätzlich abzulehnen und den Druck, den die DDR auf den Vatikan ausübte, mit der Lösung »apostolische Administratoren« zu verringern. Genauso wurde von beiden Seiten die Schaffung neuer Diözesen in der DDR abgelehnt. Auch in einigen Punkten der Fundierung der Ablehnung waren große Gemeinsamkeiten zu erkennen, so in dem vorhergesagten Glaubwürdigkeitsverlust des Vatikans als »... moralische Macht«[496] oder in der Frage der nicht zu erwartenden Vorteile für die katholische Kirche in der DDR.

Aber Kardinal Döpfner stellte auch weitere Argumente heraus, die zur Ablehnung jeden Kontaktes mit der DDR führen müssten:
1. Die Rücksichtnahme auf die papsttreuen Katholiken, vor allem wenn sie politisch engagiert waren.
2. Die (finanzielle) Unterstützungsbereitschaft der deutschen Katholiken für die ostdeutschen Gläubigen könnte sinken, im Fall der Anerkennung der DDR durch den Vatikan, einen neuralgischen Punkt, den Kardinal Bengsch nur sehr selten anführte, da hier ein überlebenswichtiger, aber eher konspirativer Problemkreis tangiert wurde.

---

493 »Nuntiaturbericht (Nr. 38.525/IX)«. A. a. O. (»... Der Kardinal zeigt sich sehr besorgt und ablehnend: er denkt, dass nicht nur die Vertriebenenorganisationen, sondern, dass allgemein die guten Katholiken, die treu zum Papst stehen und Unterstützer der CDU/CSU sind, schmerzlich betroffen wären.«)
494 »Aide-Mémoire des Vorsitzenden der DBK Döpfner an das Staatssekretariat Seiner Heiligkeit (25. 1. 1973)«. In: ASP. Fond. Cas. Ser.: P.d.est. SoSer.: Germ. O. (Cart.12/10). (unpag.) (prov.Sig.).
495 A. a. O.
496 A. a. O.

3. Die, laut Döpfner, »... in den zunehmend wachsenden linksextremen Flügeln der beiden Regierungsparteien«[497] entstehende Auffassung, dass mit der Ratifizierung des Grundlagenvertrages das Reichskonkordat ungültig werde, sollte sich nicht in der gesamten Bundesregierung durchsetzen. Daher mahnte Döpfner eine umfassende Konsultation der Bundesregierung durch das vatikanische Staatssekretariat an.

Kardinal Döpfner nahm im Namen der in der DBK versammelten Bischöfe in einem weiteren Aide-Mémoire (3. Februar 1973) erneut zu den zu erwartenden Veränderungen Stellung. Die grundsätzlichen Bedenken blieben bestehen, jedoch wurde die Ernennung von apostolischen Administratoren als Handlungsalternative anerkannt[498]. In diesem Aide-Mémoire war ein weiterer Punkt ausdrücklich hervorgehoben: Die nachdrückliche Bitte, den pastoralen Charakter der Ernennung apostolischer Administratoren deutlich zur Geltung zu bringen. Das bedeutete, dass unter keinen Umständen eine Entscheidung vor der Ratifizierung des Grundlagenvertrages erfolgen durfte, da dies die CDU/CSU-Opposition im Deutschen Bundestag während der parlamentarischen Auseinandersetzung zu diesem Vertragswerk entscheidend geschwächt hätte.

Diese beiden Stellungnahmen, vor allem vom 25. Januar, wiesen zudem eine klar erkennbare aggressive Grundhaltung gegenüber der Meinung des päpstlichen Staatssekretariats bei den zu erörternden Sachverhalten auf. Selbst vor impliziten Drohungen schreckte Döpfner nicht zurück. In den Äußerungen zeigte sich zudem deutlich und offen ein ausgeprägter Antikommunismus:

»... Wird nicht zu befürchten sein, dass viele eine solche Entscheidung des Hl. Stuhls als Billigung des Unrechtssystems der DDR missverstehen? Viele sehen dann eine Wiedervereinigung Deutschlands im Zeichen des Sozialismus kommen. Damit wäre ihrer Ansicht nach nicht zu verhindern, dass die Sowjetunion auf einen großen Teil Europas einen maßgeblichen Einfluss gewinnt, der bei der langfristigen Strategie des Weltkommunismus eine große Gefahr für Europa und die Kirche werden könnte.«[499]

Das Aide-Mémoire Döpfners vom 25. Januar 1973 veranlasste den Kardinalstaatssekretär, auch im Namen Pauls VI., zu einer – wenn auch sanften – Zurechtweisung des Kardinals.

Auf die Bedenken des Erzbischofs von München-Freising eingehend, dass man die Politik des Vatikans gegenüber der katholischen Öffentlichkeit in

---

497 A. a. O.
498 »Aide-Mémoire des Vorsitzenden der DBK Döpfner an das Staatssekretariat Seiner Heiligkeit (3.2.1973)«. In: ASP. Fond. Cas. Ser.: P.d.est. SoSer.: Germ. O. (Cart.12/11). (unpag.) (prov.Sig.).
499 »Aide-Mémoire des Vorsitzenden der DBK (25.1.1973)«. A. a. O.

Deutschland nicht vertreten könne, machte Villot deutlich, dass er erwarte, dass sich Döpfner für die Vermittlung der Anliegen des Vatikans stark mache:

> »… Gli eventuali provvedimenti riguardati la vita della Chiesa nella Repubblica Democratica Tedesca sono certamente destinate ad avere profonde ripercussioni fra i cattolici affidati alle vostre cure pastorali, ma si confida che i Pastori, servendosi anche dei mezzi di comunicazione sociale a loro disposizione, potranno adeguatamente illustrare i motivi ecclesiali degli eventuali provvedimenti che la Santa Sede giudicasse necessario prendere per assicurare un più ordinato sviluppo della vita ecclesiale nella DDR e per garantire più stretti contatti di quei cattolici con il Sommo Pontefice.«[500]

Dass der Kardinalsstaatssekretär im Namen des Papstes von einem Kardinal dessen Bewusstsein für die Sorge um alle Glieder der Weltkirche einforderte, stellte einen bemerkenswerten Vorgang dar, der hilft, das Ausmaß der Missverständnisse und Verwerfungen zwischen Papst und Vorsitzendem der DBK zu erkennen.

Im Staatssekretariat in Rom wurde der Haltung des Episkopats in der BRD trotzdem große Aufmerksamkeit geschenkt, im Besonderen der Sichtweise der Bischöfe mit Bistumsanteilen in der DDR, und den drei (nach dem 5. März 1973 vier) Kardinälen aus der BRD. Erzbischof Casaroli hatte den Nuntius gebeten, neben den hauptsächlich zu führenden Gesprächen mit den Kardinälen Bengsch und Döpfner, auch mit den direkt betroffenen Bischöfen zu sprechen. So führte Bafile am 7. Januar 1973 mit Bischof Wittler (Osnabrück) und am 15. Januar mit Bischof Bolte (Fulda) in der Nuntiatur Gespräche. Noch am 15. Januar begab er sich nach Paderborn, um dort mit Kardinal Jäger zu sprechen, und am nächsten Tag war er in Königstein im Taunus zu einer Unterhaltung mit Bischof Stangl aus Würzburg[501].

In diesen Gesprächen zeigte sich, dass diese Bischöfe den zu erörternden Sachverhalten nicht von vornherein kompromisslos gegenüberstanden. Alle vier zeigten nach Bafiles Aussagen Verständnis für die Situation des Vatikans:

> »… Sostanzialmente essi si rendono conto della necessità di fare concessioni nel senso dell'autonomia dei territori delle loro Diocesi siti nella DDR, per quanto ciò possa loro riuscire doloroso. Tutti, naturalmente, preferirebbero che la Santa Sede si limitasse alla

---

500 »Brief Kardinalsstaatssekretär an Kardinal Döpfner (1.2.1973)«. In: ASP. Fond. Cas. Ser.: P.d.est. SoSer.: Germ. O. (Cart.12/14). (unpag.) (prov.Sig.). (»… Die etwaigen Maßnahmen, die Kirche in der DDR betreffend, können sicherlich tiefe Auswirkungen auf die Eurer pastoralen Fürsorge anvertrauten Katholiken haben, aber der Papst ist zuversichtlich, dass die Priester die Ihnen zur Verfügung stehenden Mittel der »sozialen Kommunikation« nutzen, um so die kirchlichen Motive der eventuellen Maßnahmen illustrieren zu können, die der Heilige Stuhl als notwendig erachtet, um eine geordnetere Entwicklung im kirchlichen Leben in der DDR zu sichern und einen engeren Kontakt dieser Katholiken mit dem Papst zu garantieren.«)

501 »Nuntiaturbericht der apostolischen Nuntiatur in Deutschland (Nr. 38.588/IX) (20.1.1973)«. In: ASP. Fond. Cas. Ser.: P.d.est. SoSer.: Germ. O. (Cart.12/8). (unpag.) (prov.Sig.).

nomina di Amministratori Apostolici; comprendono però che vi può essere la necessità di erigere Amministrazioni Apostoliche, distaccando i territori interessati dalle loro Diocesi.«[502]

Allen vier war zudem wichtig, dass die vor dem Mauerbau in die entsprechenden Diözesenteile entsandten Priester nach ihrer Pensionierung oder Dienstuntauglichkeit in die BRD zurückkommen könnten.

Eine besondere Situation stellte sich in dem bischöflichen Kommissariat Meiningen dar. Bischof Stangl wandte sich entschieden gegen eine Abtrennung dieses Teils von seiner Diözese, da in dem Gebiet ein besonderer Zusammenhalt unter den Priestern und Gläubigen geherrscht habe. Gleiches hatte Prälat Ebert Nuntius Bafile schon am 2. Advent 1972 in einem Brief mitgeteilt. Er gab so seiner Sorge Ausdruck, dass dieses besondere Mikroklima, das durch die Kleingliedrigkeit dieses Gebietes entstanden war und zu einer besonderen Frömmigkeit geführt hatte, verloren gehen könnte[503].

Das Gespräch, das Bafile mit dem Paderborner Kardinal Jäger führte, schilderte er sehr ausführlich, nicht zuletzt da Jäger die besondere Verbindung in Bezug auf die finanzielle Absicherung der katholischen Kirche in der DDR ansprach. Jäger war eine der Personen, die die finanzielle Situation der katholischen Kirche in der DDR am besten kannten. Der Kardinal hatte 1951 mit der damaligen Landesregierung von Sachsen-Anhalt und der damaligen »Hauptabteilung Verbindung zu den Kirchen« beim stellvertretenden Ministerpräsidenten Otto Nuschke die Verhandlungen zur finanziellen Dotation der katholischen Kirche in der DDR geführt. Jäger war sich offensichtlich der Situation bewusst, dass es ganz ohne Kompromisse nicht mehr vonstatten gehen konnte. Kardinal Jäger wandte sich, als Sprecher der direkt betroffenen Bischöfe, in einem Aide-Mémoire an den Papst. In einem handschriftlichen Brief an Paul VI. machte er auf einen weiteren Umstand aufmerksam, dessen Beachtung er erbat:

»... Die alleinige Zuständigkeit des apostolischen Stuhles bei der Neuordnung der kirchlichen Verhältnisse in der DDR steht unbezweifelt fest. Aber es ist peinlich für den Bischof und wirkt wenig glaubwürdig auf Presse- und Rundfunkreporter, wenn dieser auf die immer drängender werdenden Rückfragen, ob in dieser Angelegenheit mit ihm

---

502 »Nuntiaturbericht (Nr. 38.525/IX)«. A. a. O. (»... Grundsätzlich ist ihnen bewusst, dass sie bezüglich der Autonomie ihrer in der DDR gelegenen Diözesanterritorien Konzessionen machen müssen, auch wenn ihr Rückzug schmerzlich wäre. Alle würden natürlich bevorzugen, dass sich der Heilige Stuhl auf die Ernennung apostolischer Administratoren beschränkt, gleichzeitig verstehen sie aber auch, dass es sein kann, dass apostolische Administraturen errichtet werden und so die Gebiete von ihren Diözesen getrennt würden.«)
503 »Brief Prälat Eberts an Bafile (10. 12. 1972) als Anlage zu Nuntiaturbericht (Nr. 38.525/IX)«. A. a. O.

von Rom aus schon irgendeine Fühlungnahme erfolgt ist, mit einem Nein antworten muss.«[504]

Das an den Brief angefügte Aide-Mémoire sprach eine deutliche Sprache, schloss aber, im Gegensatz zu den Äußerungen Kardinal Döpfners, Kompromisse nicht kategorisch aus. Vielmehr erwog Jäger sehr hohe Hürden für eine eventuelle Zusage zur Änderung der Jurisdiktion in der DDR. Das bedeutete, wenn die DDR-Führung der Wahrung des Besitzstandes der katholischen Kirche in der DDR und deren schriftlicher Fixierung zugestimmt hätte, wäre eine Zustimmung zu Veränderungen bei den Jurisdiktionsbezirken möglich. Im Einzelnen bedeutete das für den Kardinal aus Paderborn:

1. garantierte Weiterzahlung der staatlichen Gelder an die katholische Kirche in der DDR
2. garantierte Wahrung des finanziellen Besitzstandes und freier Subventionstransfer an die Kirche in der DDR
3. garantierte Sicherung des personellen Bestandes in den Jurisdiktionsbezirken der DDR
4. garantierte Sicherung des sachlichen Besitzstandes, also die Sicherung des Eigentums, vor allem Immobilien, im damaligen Umfang und die Zusage, notwendige Neubauten zu genehmigen.[505]

Jäger schloss das Schreiben, indem er seine Ressentiments gegen Verhandlungen mit der DDR außer Zweifel ließ, war jedoch unter bestimmten Gesichtspunkten bereit einzulenken.

> »… Ich fasse zusammen: *Keine* irgendwie gearteten *Verhandlungen*, da die DDR nichts zu geben hat. Sie ist die Empfangende. Die von ihr verlangten Jurisdiktions-Bezirke dürfen nicht ausgeliefert werden ohne Sicherung ihres derzeitigen, oben angegebenen *vierfachen* [Hervor. i. Org.] Besitzstandes.«[506]

Die apodiktische Forderung »keine Verhandlungen« konnte in diesem Zusammenhang nur als rhetorische Aussage gelten, da letztlich die Frage zu stellen war, wie man ganz ohne Verhandlungen die Fixierung des Besitzstandes erreichen wollte. Vielmehr wollte Jäger zum Ausdruck bringen, dass er die Frage von Gesprächen mit DDR-Offiziellen nicht über eine sachlich-technische Ebene hinaus zulassen wollte, genau wie er 20 Jahre zuvor mit Regierungsstellen der DDR verhandelte. Für Jäger war die Wahrung des Besitzstandes der katholischen Kirche kein abstrakter Kampfbegriff. Er sah darin die Erhaltung eines Teils

---

504 »Brief Kardinal Jägers an Paul VI. (17.1.1973)«. In: ASP. Fond. Cas. Ser.: P.d.est. SoSer.: Germ. O. (Cart.12/8). (unpag.) (prov.Sig.).
505 »Aide-Mémoire von Kardinal Jäger an Papst Paul VI. (15.1.1973)«. In: ASP. Fond. Cas. Ser.: P.d.est. SoSer.: Germ. O. (Cart.12/8). (unpag.) (prov.Sig.).
506 A. a. O.

seines Lebenswerkes. Er hatte ihn mit ausgehandelt, war der katholische Bischof der BRD mit dem größten Anteil seiner Diözese in der DDR und koordinierte in Paderborn zu einem beträchtlichen Teil über das »Bonifatiuswerk der deutschen Katholiken« die finanzielle und sachbezogene Hilfe für die katholische Kirche in der DDR, er hatte wie die anderen direkt betroffenen Bischöfe persönliche Bindungen in den abgeriegelten Teil seiner Diözese und trug für diese Verantwortung. Dem Schreiben fügte Jäger noch eine Aufstellung der finanziellen Hilfen für die katholische Kirche in der DDR für das Jahr 1972 bei. An dieser Stelle wurde dieser schon oft akzentuierte Aspekt inhaltlich und sachlich untermauert, um so den Entscheidungsträgern im Vatikan einen Hinweis darauf zu geben, welche Tragweite ihre Entscheidung haben könnte. Zwar war nicht absehbar, dass man in der DDR-Führung die Devisengeschäfte mit der katholischen Kirche zu verringern gedachte, dazu waren sie viel zu einträglich, aber eine Abtrennung von den Mutterdiözesen hätte trotzdem unvorhersehbare Folgen haben können. Diese Einwände hatte auch Kardinal Bengsch im Staatssekretariat in Rom hinterlegt. Mit der Übersendung der Details an Paul VI. räumte der Paderborner Purpurträger diesem Aspekt der Betrachtung eine wesentliche Stellung in dem Problemfeld Neuzirkumskription der Jurisdiktionsbezirke ein.

Kardinal Villot verfasste am 1. Februar 1973 einen Brief an seinen Kardinalskollegen aus Paderborn, in dem er ihm versicherte, dass die Interessen der betroffenen Bischöfe im Vatikan in Betracht gezogen würden, darum wissend, dass dieselben Bischöfe aber die pastoralen Beweggründe des Handelns im päpstlichen Staatssekretariat verständnisvoll aufnehmen würden[507].

Mit den Stellungnahmen der vier direkt involvierten Bischöfe, der ausführlichen Abhandlung Kardinal Jägers zu dem Sachverhalt der beginnenden Kontakte Vatikan – DDR und den erhobenen Forderungen gewann der Widerstand gegen die Abkoppelung der Jurisdiktionsbezirke in der DDR eine weitere Facette. Diese war weniger aggressiv als die Döpfners, nicht so kompromissbereit wie die Kardinal Bengschs. Aber die Stellungnahmen waren in hohem Maße sachorientiert.

---

507 »Brief des Kardinalsstaatssekretärs an Kardinal Jäger (1.2.1973)«. In: ASP. Fond. Cas. Ser.: P.d.est. SoSer.: Germ. O. (Cart.12/8). (unpag.) (prov.Sig.).

>   - 3 -
>
> Nur zur privaten Unterrichtung:
> Die bischöflichen Kommissariate in der DDR haben erhalten
> lt. Etat für 1972:
>
> a) vom Bonifatiuswerk der deutschen Katholiken,(Sitz in
>   Paderborn) insgesamt DM 23.900.000,--, davon DM 17.300.000,
>   im Bartransfer im Verrechnungswert 1:1; der Rest in Sach-
>   leistungen, vornehmlich über "Gennex" (Einfuhren mit Waren-
>   Begleitschein)
>
> b) von der Deutschen Bischofskonferenz (bischöfliche Sonder-
>   hilfe) DM 7.000.000,--; ferner DM 1.600.000,-- für carita-
>   tive Zwecke und DM 700.000,-- für verschiedene kleinere
>   Aufgaben, dazu landwirtschaftliche Hilfen für die Güter
>   des Bistums Meißen.
>
>   Insgesamt also DM 35 Millionen.
>
> Dazu kommt die Bonner (Regierungs-) Hilfe, die über den
> Deutschen Caritasverband, Freiburg, läuft: Sachleistungen
> und Finanzhilfe für Ausstattung und Modernisierung der ka-
> tholischen Krankenhäuser in der DDR sowie für Heilbehand-
> lungen und Kuraufenthalte für Priester, Ordensleute, Pfarr-
> helferinnen u.s.f. - Zur rechten Würdigung dieser Finanz-
> hilfe aus dem Westen ist zu beachten, daß das Kirchensteuer
> aufkommen in den katholischen Gemeinden der DDR insgesamt
> nur DM 10 Millionen beträgt.
>
> Ein Abdrosseln des finanziellen Zustroms aus dem Westen
> würde einer Katastrophe gleichkommen.
>
> Als Übergangshilfe habe ich für den Fall, daß die finan-
> zielle Hilfe bei einer Neuordnung der kirchlichen Struk-
> turen in der DDR behindert wird, durch das Diasporakommis-
> sariat der Deutschen Bischöfe bereitgestellt DM 8.660.000,-
> die als Minimum pro Jahr benötigt werden, um die Gehalts-
> zahlungen für Priester und kirchliche Angestellte zu sicher
> Ich werde für den Notfall den gleichen Betrag noch für ein
> weiteres Jahr auf einem Berliner Bankkonto bereithalten.

Abbildung 6: Seite 3 des Aide-Mémoire Kardinal Jägers an Papst Paul VI. vom 15. Januar 1972

7.6.4 »... Vedere bene! Prego riferire« – Die Reaktion des Vatikans auf den Widerstand der katholischen Kirche Deutschlands

Kardinal Jägers Stellungnahme wurde vom Papst mit hoher Aufmerksamkeit bedacht und er übergab sie zur weiteren Bearbeitung an sein Staatssekretariat:[508]

Die große Beachtung, die dem Thema im Vatikan beigemessen wurde, erstreckte sich vor allem von der Zeit des Eingangs des Memorandums der DDR-

---

508 (»... Von Kardinal Jaeger/Bezüglich eventueller Vereinbarungen zwischen dem Heiligen Stuhl und der DDR/Aufmerksam durchschauen!/Bitte berichten.«)

22 Gennaio 1973

- Dal Card Jaeger

- Circa eventuali accordi della Santa Sede con la Repubblica Democratica Tedesca

- Vedere bene!

- Prego riferire   P.

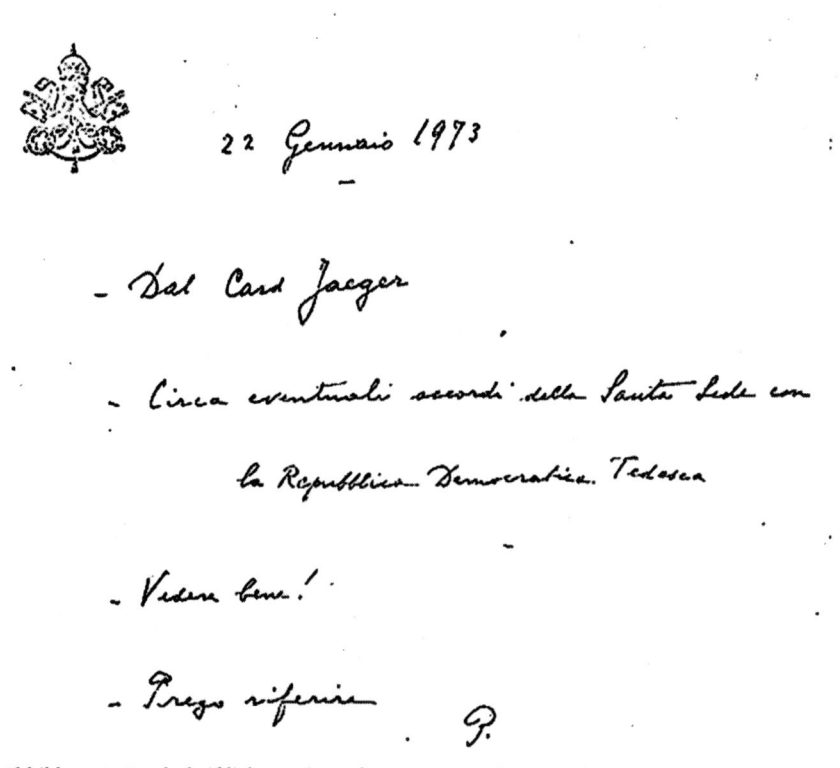

Abbildung 7: Handschriftliche Notiz Pauls VI. an Casaroli zum Aide-Mémoires Kardinal Jägers vom 15. Januar 1972

Führung im Staatssekretariat bis zur Ernennung der apostolischen Administratoren. Eine besondere zeitliche Konzentration, die zu intensiviertem Verhalten auf allen Seiten führte, lag auf dem Abschnitt zwischen Oktober 1972 (dem Kontakt von Pro-Nuntius Cagna mit dem DDR-Botschafter Kormes in Belgrad) und März 1973 (dem Treffen der fünf deutschen Kardinäle in Rom).

Anfang März 1973 waren nun alle maßgeblichen Personen, die mit der Frage der Verhandlungen DDR – Vatikan kirchlicherseits beschäftigt waren, in Rom.

Anlass war das Konsistorium, in dem unter anderem der Mainzer Bischof Hermann Volk in das Kardinalskollegium aufgenommen wurde. Im Rahmen des Aufenthaltes hatten alle fünf deutschen Kardinäle Audienzen bei Paul VI. Die wichtigsten waren die Gespräche mit den Kardinälen Bengsch, Döpfner und Jäger. Alle drei hatten nicht nur eine Papstaudienz, während der die Frage der Jurisdiktion auf dem Gebiet der DDR eine wichtige Rolle spielte, sondern führten auch Gespräche im päpstlichen Staatssekretariat mit Erzbischof Casaroli. Kurz vor einem Gespräch zwischen Kardinal Döpfner und Casaroli im Staatssekretariat am Abend des 1. März 1973 übergab Döpfner noch ein neues

Aide-Mémoire als Vorbereitung für seine Audienz am nächsten Tag. Hier griff Döpfner noch einmal in verschärfter Art und Weise die Politik des Vatikans gegenüber der DDR an. Inhaltlich stellte dieses Schreiben eine Zusammenfassung der beiden vorangegangenen Erklärungen dar, die jedoch geradezu kämpferisch vorgetragen wurde. So warf Döpfner, auch in diesem Fall als Vorsitzender der DBK, dem Vatikan sogar Betrug vor: Durch eine etwaige Anerkennung der DDR würde deren Sichtweise unterstützt, nicht in der Nachfolge des Deutschen Reiches zu stehen. Das hätte Anspruchsteller auf Reparationsleistungen um ihre Rechtsansprüche betrogen. Zudem hielt er dem Papst vor, mit seiner Politik die deutsche Teilung zu unterstützen. Neben den schon bekannten Vorwürfen waren diese beiden neu und ließen in ihrer Deutlichkeit keinen Zweifel an der Gegnerschaft Döpfners bezüglich der Vatikanischen Ostpolitik[509]. Auch das Gespräch mit Casaroli brachte kein Einlenken gegenüber der päpstlichen Politik. Eine Bemerkung Casarolis war während des Gespräches von großer Wichtigkeit. Casaroli bemerkte: »[…] che la Santa Sede deve, in ogni caso, tener maggiormente in conto il parere dell'Episcopato della Germania Orientale che quello della Germania Occidentale.«[510] Diese Aussage war insofern bedeutsam, als hier, nicht zuletzt mit Blick auf die folgenden Ereignisse, eine offensichtliche Richtlinie ausgesprochen wurde, die bei den betreffenden Personen, allen voran Kardinal Bengsch, nicht primär wahrgenommen wurde: Der Vatikan räumte, neben der Sorge um die Gesamtkirche, den Befindlichkeiten der direkt Betroffenen einen höheren Stellenwert ein als den Bedenken des Vorsitzenden der DBK. Die Anweisung Casarolis an den Nuntius, die Meinung aller direkt betroffenen Bischöfe einzuholen, zeugte von dieser Herangehensweise des vatikanischen Chefdiplomaten.

Nach den Audienzen kam es zu einem »Gipfeltreffen« aller deutschen Kardinäle (zwischen dem 5. und 7. März 1973) in Rom. Diese Beratung, bei der die Anwesenden »… ihre tiefe Sorge um die Zukunft der Kirche in der DDR« zum Ausdruck brachten »… und ihre Vorstellungen dazu gründlich bedacht«[511] hatten, stellte ein wichtiges Ereignis in der Auseinandersetzung der katholischen Kirche in Deutschland mit der DDR dar. Bei diesem Treffen wurden die Audienzen ausgewertet und eine gemeinsame Stellungnahme beraten sowie die

---

509 »Aide-Mémoire von Kardinal Döpfner an Papst Paul VI. (23.2.1973)«. In: ASP. Fond. Cas. Ser.: P.d.est. SoSer.: Germ. O. (Cart.12/14). (unpag.) (prov.Sig.).
510 »Appunto sul colloquio che ha avuto luogo oggi, giovedì 1. marzo fra il Card. Döpfner e S. E. Mons. Casaroli«. In: ASP. Fond. Cas. Ser.: P.d.est. SoSer.: Germ. O. (Cart.12/14). (unpag.) (prov.Sig.). (»[…] dass der Heilige Stuhl die Meinung des ostdeutschen Episkopats mehr in Betracht ziehen muss als die des westdeutschen Episkopats.«)
511 »Schreiben Döpfners an Paul VI. (7.3.1973)«. In: Bestand: NL Bengsch. Signatur: Neuzirkumskription der Jurisdiktionsbezirke in der DDR (V/5 – 7 – 3 1967, 1972 – 1974, 1979). (unpag.).

teilweise unterschiedlichen Herangehensweisen der beiden Bischofs(Ordinarien-)konferenzen koordiniert. Am 7. März 1973 schrieb Döpfner an Paul VI. einen Brief, in dem er die Ergebnisse des Treffens referierte. Alle Kardinäle lehnten diplomatische Beziehungen kompromisslos ab und in der Frage der angekündigten Jurisdiktionsveränderung war erkennbar, dass sich die Anwesenden auf die Minimallösung der Ernennung apostolischer Administratoren geeinigt hatten und etwaige Meinungsverschiedenheiten zugunsten einer geschlossenen Stellungnahme hintanstellten. Die Meinungen der Kardinäle in der Sache lagen nicht weit auseinander, letztlich war man sich bezüglich des zu erreichenden Ziels einig, von einzelnen abweichenden inhaltlichen Akzentsetzungen abgesehen. Lediglich die Wege, die zum Erreichen dieses Zieles führen sollten, waren unterschiedlich.

Zudem hatte sich Döpfner mit der Forderung durchgesetzt, die Ernennung der Administratoren erst nach der Ratifizierung des Grundlagenvertrages zu vollziehen. Hier hatte Bengsch die Bedenken geltend gemacht, dass die DDR in diesem Fall den Druck erhöhen würde. Dem sollte durch eine einseitige Ankündigung des Vatikans entgegengewirkt werden, dass unmittelbar nach der Ratifizierung des Grundlagenvertrags die Erhebung der betreffenden Ordinarien in der DDR zu apostolischen Administratoren erfolgen werde.

Mit diesem Gespräch gelang es den wichtigsten Protagonisten auf deutscher kirchlicher Seite, in der Auseinandersetzung um die weitere Entwicklung der katholischen Kirche in der DDR ein Mindestmaß an Einigkeit herzustellen und diese Minimallösung, an der allen gelegen war, im Vatikan gemeinsam zu vertreten. Die unterschiedlichen Meinungen waren damit nicht aus der Welt geschafft, da man an Paul VI. lediglich den Konsens weitergeleitet hatte.

Im Staatssekretariat des Vatikans waren diese Gemeinsamkeiten schon früh erkannt worden, genau wie die unterschiedlichen inhaltlichen Akzente und Verfahrensweisen, und Casaroli meldete an Kardinal Villot schon am 18. Januar 1973, neben den Punkten über die Einigkeit unter den deutschen Bischöfen herrschte auch die offensichtlichen Unterschiede: »... Il Card. Bengsch appare invece di diverso parere per la prima questione [Neuzirkumskription Diözesangrenzen].«[512]

Die Wortmeldungen, Forderungen und Informationen der Bischöfe aus der DDR und der BRD, deren Audienzen und Gespräche in Rom, die Gespräche der deutschen Kardinäle untereinander und die Übermittlung der Ergebnisse dieses Zusammentreffens an den Papst, aber auch das Verhalten der bundesrepublikanischen Diplomatie übten auf den Vatikan erheblichen Druck aus, dem standzuhalten schwer war. Aber mit den Informationen zu den internen Dis-

---

512 »Notiz Casarolis zu RDT e Santa Sede (18.1.1973)«. A. a. O. (»... Kardinal Bengsch scheint bezüglich der ersten Frage anderer Meinung zu sein.«)

kussionen und den Hinweisen des Nuntius aus Deutschland, die den Vatikan erreichten, waren auch die unproblematischeren Sachverhalte erkennbar: Die Ernennung von apostolischen Administratoren, am besten nach der Inkraftsetzung des Grundlagenvertrags zwischen beiden deutschen Staaten, und die Nichtaufnahme diplomatischer Beziehungen. Beides wurde durch den Vatikan in dem Verhältnis zur DDR durchgesetzt:

1. Die Ernennung von apostolischen Administratoren am 23. Juli 1973 (einen Monat nach der Ratifizierung des Grundlagenvertrags) verdeutlichte den guten Willen des Vatikans und bedeutete für die DDR, dass sie ohne Gesichtsverlust keinen Abbruch der Gespräche und/oder intensivere Repressionen gegen die katholische Kirche in der DDR vornehmen konnte.
2. Die Frage etwaiger diplomatischer Beziehungen mit der DDR wurde auf Eis gelegt. An diesem Thema hatte auch die DDR kein gehobenes Interesse mehr.

Der Vatikan hatte sich Luft verschafft und die Intensität war aus den Verhandlungen heraus, es gab zwar Treffen (Lamberz – Casaroli, Winzer – Casaroli, die Treffen in Genf und die neue und direkte Möglichkeit zu Gesprächen in Rom), aber die unüberschaubare Dynamik aus den Monaten Oktober – Dezember 1972 war aus den Gesprächen verschwunden und einer unaufgeregteren Systematik gewichen. Für die katholische Kirche in der DDR und der BRD bedeutete das den gewünschten Zeitgewinn, wenngleich man wusste, dass es jederzeit zur erneuten Intensivierung vor allem der Forderung zu einer Grenzregelung kommen konnte.

Betrachtet man die Verfahrensweise des Vatikans, so wird deutlich, dass bei allen internen Diskussionen die Linie Kardinal Bengschs voll unterstützt wurde und letztendlich in den Entscheidungen ihre Bestätigung fand. Es wurde zudem erkennbar, dass der Vatikan nicht gewillt war, explizit gegen das westdeutsche Episkopat zu handeln. Schon Nuntius Bafile hatte in seinem Nuntiaturbericht vom 16. (18.) Januar aus den Gesprächen mit den betreffenden Bischöfen auf westdeutscher Seite und mit Kardinal Bengsch einen umfangreichen Lösungsvorschlag an den Vatikan gesandt, in dem er zu beiden relevanten Fragen (Grenzziehung und diplomatische Beziehungen) Vorschläge übermittelte. Mit diesen Vorschlägen erreichte das Staatssekretariat in Rom eine äußerst wichtige Stellungnahme: Der Nuntius war als Angehöriger des vatikanischen Diplomatencorps der offizielle Vertreter des Papstes sowohl in politischen als auch in kirchlichen Belangen. Das bedeutete, dass er in dieser Stellung auch eine Vermittlerposition innehatte, die gespeist war aus der Verantwortung für die Weltkirche und der Sorge um die nationale katholische Kirche. Gegenüber dem deutschen Episkopat musste er die Sichtweise des Vatikans und dessen Anweisungen und Forderungen vertreten, aber er konnte auch in vielen Einzelgesprächen zur Klärung von Sachverhalte beitragen, deren Bewertung als gewichtige Argumentation im Vatikan aufgefasst wurde. Wäre der Nuntius und dessen Sichtweise in der Auseinandersetzung um die Jurisdiktion in der DDR nicht von Belang gewesen, hätte er von Casaroli nicht den Auftrag erhalten, unverzüglich und intensiv mit den betroffenen Bischöfen (Kardinälen) zu konferieren, und er hätte ihn auch nicht, nur für diesen Sachverhalt, für einige wenige Stunden von Bonn nach Rom beordert. Es existierte die eindeutige Aufforderung des Kardinalsstaatssekretärs Villot, in diesem Fall als Präfekt des Rates für die öffentlichen Angelegenheiten der Kirche, sowie des Sekretärs dieses Rates, Erzbischof Casaroli, das Thema DDR – Vatikan mit hoher Priorität zu verfolgen. Bafile bündelte seine Observationen zu Empfehlungen, denen man im Vatikan ebenfalls große Beachtung schenkte. Zur Frage der kirchlichen Zirkumskription riet Bafile:

> »...[...] oltre alle ovvie ragioni di carattere nazionale e sentimentale, va anche tenuto presente che i cattolici della Repubblica Federale sovvenzionano generosamente l'attività della Chiesa nella DDR [...]. Senza tali generosi aiuti, l'attivata della Chiesa nella DDR dovrebbe limitarsi alla pura e semplice cura d'anime e rinunciare a tutte le forme d'attività pastorale e caritativa che ancora svolge, nonché ad ogni nuova costruzione. Non intendo con ciò dire che non si debba, se necessario, giungere all'erezione d'Amministrazioni Apostoliche. Ciò dovrebbe però avvenire, a mio sommesso avviso, senza fretta. Nel caso, infatti, che si concedessero sin d'ora le Amministrazioni Apostoliche, il Governo della DDR ben difficilmente si mostrerebbe soddisfatto, e prevedibilmente insisterebbe nel chiedere l'erezione di Diocesi. Nel caso, invece, che la Santa Sede offra la sola nomina di Amministratori Apostolici, il Governo, vedendo non poter ottenere l'erezione di Diocesi, si sentirà probabilmente indotto a chiedere l'erezione di Amministrazioni Apostoliche. Passerebbe, così, del tempo durante il quale si quieterebbe l'ondata dei riconoscimenti della DDR; in tal modo la Santa Sede, si eviterebbe di dar l'impressione di partecipare a questa gara. Inoltre, dato il grande rilievo della richiesta governativa, la Santa Sede potrebbe connetterne l'accettazione con qualche condizioni, ossia con la garanzia che vengano rispettate anche in futuro le limitate libertà di cui la Chiesa attualmente gode, e con miglioramenti, eventualmente anche nel campo economico, che sarà possibile ottenere.«[513]

---

513 »Nuntiaturbericht (Nr. 38.525/IX)«. A. a. O. (»... neben den offensichtlichen, nationalen und emotionalen Ursachen, ist auch zu bedenken, dass die Katholiken in der BRD die Aktivitäten der Kirche in der DDR großzügig unterstützen [...] Ohne diese großzügigen Hilfe wäre die Kirche in der DDR auf reine und einfache Seelsorge zu beschränken und auf alle aktiveren Formen der Pastoral und Caritas, die noch stattfinden, müsste verzichten werden, ganz zu schweigen von jedem [Kirchen-]Neubau. Ich will damit jedoch nicht sagen, dass, wenn notwendig, nicht doch apostolische Administraturen errichtet werden müssten. Trotzdem darf das, meiner Meinung nach, nur sehr langsam passieren. In dem Fall, dass man zum jetzigen Zeitpunkt apostolische Administraturen errichtet, wäre die DDR-Regierung schwerlich damit zufrieden und würde weiterhin Diözesen verlangen. Wenn der Heilige Stuhl aber nur apostolische Administratoren vorschlägt, könnte die Regierung erkennen, dass sie die Errichtung von Diözesen nicht erreicht und würde die Errichtung von apostolischen Administraturen einfordern. So wäre es möglich, in eine Phase zu kommen in

In Bezug auf die Frage der diplomatischen Beziehungen war die Stellungnahme viel unkomplizierter, da sich Bafile hier nur den Vorstellungen aller seiner Gesprächspartner anschließen konnte und eine grundsätzlich ablehnende Haltung weiterleitete.

Mit diesem Hinweis des Nuntius aus Deutschland wurde klar, dass die Argumentation von Kardinal Bengsch, angereichert um einen wichtigen Aspekt, den Kardinal Jäger in die Diskussion eingeworfen hatte (die Alimentierung der Kirche in der DDR durch die Kirche der BRD), Eingang in die Entscheidungsfindung des Staatssekretariats finden musste und fand. Der Nuntius machte mit diesem Vorschlag überdeutlich, dass es so lange irgend möglich zu keiner vollständigen Loslösung der katholischen Kirche in der DDR aus dem gesamtdeutschen Bezug kommen dürfe. Denn anders als bei den vielen Nationalkirchen im Ostblock mussten die großzügigen finanziellen Hilfen der westdeutschen Katholiken in der Evaluierung der Gesamtsituation einbezogen werden. Dies stellte ein vor allem im Ausmaß vollständig einzigartiges Finanzierungsmodell dar. Bei allen Überlegungen musste dieser Umstand auch im Vatikan bedacht werden. Dies hätte zum Beispiel auch bedeuten können, dass die Möglichkeit zu Neubauten von katholischen Kirchengebäuden in der DDR, zusätzlich zu den massiven staatlichen Beschränkungen, noch durch finanzielle Einschränkung behindert worden wäre. So wäre die bescheidene Möglichkeit zur Mission in der DDR, vor allem in den Neubaugebieten, aufs Spiel gesetzt worden. Die unkalkulierbare Veränderung der Finanzierungsgrundlage in der DDR hätte auch die Aufgabe des Anspruches der katholischen Kirche bedeutet, als Gesprächs- und Interventionsfaktor in einer Gesellschaft zu fungieren und die kritische Begleitung der Entwicklungen in originär »katholischen« Themenfeldern, wie Familie, Jugend und Frieden, wäre deutlich erschwert worden. Die Abwendung von dieser an vielen Stellen auch politischen Ambition hätte den Vatikan auf dem internationalen Parkett unglaubwürdig erscheinen lassen, da er gerade im Begriff war, sich als Moralinstanz im internationalen Maßstab neu zu positionieren. Die Frage war: Wollte der Vatikan dieses Risiko eingehen oder nicht? Mit der Entscheidung, keine Administraturen zu errichten wurde die Frage zu diesem Zeitpunkt erst einmal beantwortet.

Zusammenfassend lässt sich feststellen, dass in den Beziehungen des Vatikans zu den beiden deutschen Staaten von Seiten Roms der Meinung und der Sichtweise Kardinal Bengschs die weitaus größte Beachtung geschenkt wurde, gefolgt

---

der die Anerkennungswelle der DDR abschwächt ist und der Heilige Stuhl könnte vermeiden, dass der Eindruck entsteht, dass er sich an der Anerkennungswelle beteiligt. Darüber hinaus könnte der Heilige Stuhl an die Anerkennung [der DDR] Bedingungen binden und die Garantie erreichen, dass die beschränkten Freiheiten, die die Kirche zur Zeit genießt, auch weiterhin und mit Verbesserungen, eventuell auch auf ökonomischem Gebiet, weiter gelten.«)

von jener der betroffenen Diözesanbischöfe in der Bundesrepublik. Die Sichtweise des Vorsitzenden der Deutschen Bischofskonferenz wurde diesen untergeordnet. Es entstand demnach ein Handlungsdreieck aus Staatssekretariat (Erzbischof Casaroli), ostdeutschem Episkopat (Kardinal Bengsch) und den betroffenen Diözesanbischöfen (Kardinal Jäger)[514], in dem Nuntius Bafile als (Ver-)Mittler vor Ort und im Vatikan eine wichtige Funktion innehatte. Kardinal Döpfner war zwar immer präsent, aber dessen Meinung, wenn abweichend von den Protagonisten an den Eckpunkten des »Handlungsdreiecks«, fand nur am Rande in die Lösungsstrategie Eingang.

7.6.5 »... il concetto di Germania è tuttora in vigore« – Die Bundesregierung und der Vatikan

Der Vatikan befand sich in Bezug auf die »deutsche Frage« Ende der sechziger und zu Beginn der siebziger Jahre in einer komplizierten Situation. Die Argumentation während des Pontifikats Pius' XII. war darauf ausgerichtet, dass die politisch-territorialen Ergebnisse des Zweiten Weltkriegs noch nicht durch multi- und bilaterale Vereinbarungen nach der Maßgabe des Völkerrechts abgesichert waren. So gab es im Besonderen bis Anfang der siebziger Jahre keinen Friedensvertrag zwischen den einstigen Kriegsgegnern Deutschland, Sowjetunion und Polen. Erst mit den Verträgen von Moskau und Warschau (1970) und dem »Viermächte-Abkommen über Westberlin« (1971) konnte es, auch im Staatssekretariat des Vatikans, zu einer Neubewertung der Situation kommen. Zwar war in den Pontifikaten Johannes' XXIII. und Pauls VI. und bei dem kirchlichen Großereignis »II. Vaticanum« zu einer konzeptionellen Wandlung in der internen Betrachtung des Problemkreises der »Chiesa oltrecortina« gekommen, was zum Beispiel im Kontakt mit Jugoslawien, Kuba, Polen und der Sowjetunion zu atmosphärischen und realen Veränderungen der Politik gegenüber den kommunistischen Ländern geführt hatte. Mit der Unterzeichnung der Verträge von Moskau und Warschau durch die ehemaligen Kriegsgegner erreichten die Beziehungen des Vatikans zu diesen Ländern, im Besonderen zu Polen, jedoch eine erkennbar neue Quantität und Qualität.

Einen wesentlichen Marker der gesamtpolitischen Situation in Europa stellte aber immer noch die sogenannte »deutsche Frage« dar. Diese war nach Ansicht der bundesdeutschen Politik in den Verträgen mit der Sowjetunion und Polen nur für die ehemaligen Ostgebiete (Schlesien und Ostpreußen) relevant. Somit blieb die politische Landkarte Europas weiterhin dadurch gekennzeichnet, dass die Teilung Deutschland in zwei Staaten mit unterschiedlicher Gesellschafts-

---

514 In Klammern jeweils die wichtigsten Protagonisten.

ordnung in der Mitte des Kontinents einen Zustand geschaffen hatte, der vielfältig interpretierbar war und blieb. Die BRD sah sich als rechtmäßiger Nachfolger des Deutschen Reichs und wurde international auch als solcher anerkannt. In der DDR-Führung wurde die Nachfolgerschaft des Deutschen Reiches grundsätzlich abgelehnt. Für die BRD stellte die DDR weiterhin bis zum Ende ihres Bestehens einen Teil Deutschlands dar, der administrativ zwar getrennt war, aber als Teil einer Nation existierte.

Für die vatikanische Außenpolitik waren somit verschiedenste Faktoren zu beachten, die die Gesamtlage verkomplizierten und den immer unausweichlicheren Verhandlungen mit der DDR ein enges politisches Korsett anlegten. In keinem (kirchen-)politischen Problemkreis gab es für den Vatikan eine derartige Komplexität:

– Bei den Kontakten mit der DDR war immer mindestens trilateral zu denken.
– Die Interessen der Verhandlungspartner des Vatikans waren diametral.
– Es existierte ein Konkordat, das als Rechtsgrundlage vom Vatikan und der BRD anerkannt, von der DDR jedoch negiert wurde.
– Die relative Größe der Territorien, die zur Verhandlung anstanden (nahezu die Hälfte eines Staatsgebietes), war außergewöhnlich.
– Bis 1972 (1973 Ratifizierung) gab es kein als Friedensvertrag interpretierbares Vertragswerk zwischen der DDR und der BRD. Somit war nach der Verfahrenspraxis des Vatikans keine Handlungsmöglichkeit zur Umgestaltung gegeben. Die DDR drängte aber schon vor dem Abschluss des Vertrages auf massive Veränderungen.
– Die praktische internationale Anerkennung der DDR nach 1972 führte zu einer De-facto- und De-jure-Anerkennung der DDR, deren Verweigerung immer schwerer begründbar wurde, nicht zuletzt, da sich dieser auch die Siegermächte des Zweiten Weltkriegs nicht entzogen.
– Beide Verhandlungspartner des Vatikans standen kurz davor, vollwertige und gleichberechtigte UNO-Mitglieder zu werden, und nahmen schon vollwertig am KSZE-Prozess teil.
– Mit Westberlin war eine Enklave im Staatsgebiet der DDR existent, die politisch und kirchenorganisatorisch eine Herausforderung darstellte.

In diesem schwierigen Terrain bewegte sich die vatikanische Politik. Die Erfahrungen, die man bis dato mit der Bundesregierung sammeln konnte, als die Neuordnung der polnischen Westgebiete anstand, waren wenig hilfreich, da in diesem Fall hinter und an der Oder-Neiße-Linie(-Grenze) die Einsicht in die Notwendigkeit obsiegt hatte:

– Dort lebte eine ungleich größere Anzahl von Katholiken als in der DDR.
– Die Seelsorge war evident und massiv beeinträchtigt, da bei einer konkor-

datstreuen Neubesetzung von Seelsorgestellen eine Sprachbarriere existiert hätte.
- Das polnische Episkopat war sich in diesem Punkt mit der Staatsführung einig, was man von der BOK unter der Führung von Kardinal Bengsch nicht behaupten konnte.

Der Nuntius in Deutschland formulierte diese Unterschiede in einem Bericht nach Rom:

»… Nel caso, per altro, delle nuove Diocesi oltre Oder-Neisse esistevano gravi interessi pastorali ed una forte pressione da parte dell'Episcopato polacco, per cui era difficile alla Santa Sede il differire quei provvedimenti.«[515]

Bei einer Veränderung der Diözesangrenzen in der DDR kündigte das Auswärtige Amt gegenüber dem apostolischen Nuntius in Bonn Widerstand an. Am 19. Januar 1973 kam es diesbezüglich im Auswärtigen Amt in Bonn zu einer Zusammenkunft zwischen dem Staatssekretär Paul Frank und dem Nuntius in Deutschland[516]. Nuntius Bafile warnte das Staatssekretariat und berichtete aus dem Gespräch mit Frank, dass dieser:

»… […] ha insisto anche sulla grave preoccupazione, che anima il Governo federale, di non ricadere nella penosa situazione, in cui, in seguito al riordinamento delle circoscrizioni ecclesiastiche oltre Oder-Neisse, esso è venuto a trovarsi di fronte all'opinione pubblica ed al Parlamento per il fatto di non aver elevato formale protesta per la mancata consultazione.«[517]

Frank stellte heraus, dass eine erneut unterlassene Konsultation – zumal in einem weitaus brisanteren Fall – zu einem formellen Protest der Bundesregierung führen würde. Bafile fügte hinzu: Zusätzlich zu den wahrscheinlichen Protesten und spürbaren Verstimmungen in der katholischen Öffentlichkeit in der BRD könnte es diesmal auch zu einer weitaus intensiveren Polemik gegen

---

515 »Nuntiaturbericht des apostolischen Nuntius in Deutschland (Nr. 38.581/IX) (20.1.1973)«. In: ASP. Fond. Cas. Ser.: P.d.est. SoSer.: Germ. O. (Cart.12/8). (unpag.) (prov.Sig.). (»… Im Fall der Diözesen hinter der Oder-Neiße-Linie, gab es schwerwiegende pastorale Gründe und hohen Druck des polnischen Episkopats, weswegen es für den Heiligen Stuhl schwierig war, diese Maßnahmen aufzuschieben.«)
516 Vgl. hierzu das Konzept der Einlassungen Franks zu diesem Gespräch in: Institut für Zeitgeschichte i. A. des Auswärtigen Amtes [Hrsg.]: »Akten zur Auswärtigen Politik der Bundesrepublik Deutschland (AAPD) 1973«. Bd. 1. München 2004. Dok. 14. S. 53–58. (S. 54–56).
517 »Nuntiaturbericht (Nr. 38.581/IX). A. a. O. (»… darauf bestand, der großen Besorgnis der Bundesregierung Ausdruck zu verleihen, nicht wieder in die peinliche Situation zu kommen, die der Neuordnung der kirchlichen Jurisdiktion hinter der Oder-Neiße-Linie folgte. Damals musste sich die Bundesregierung gegenüber der öffentlichen Meinung und dem Parlament rechtfertigen, weil sie keinen formalen Protest erhoben hatte, als der Heiligen Stuhl sie nicht konsultiert hatte.«)

das Reichskonkordat als Ganzes kommen. Der Nuntius war überzeugt, dass eine Konsultation der Bundesregierung sinnvoll und unschädlich sei. Er legte hier jedoch einen der wichtigsten Konfliktpunkte zwischen der Bundesregierung und dem vatikanischen Staatssekretariat offen: Die Frage, ob es sich bei den Regelungen des Reichskonkordats um ein »reines Konsultationsrecht« oder ein darin impliziertes »Mitwirkungsrecht« der (bundes-)deutschen Regierung handelte. Das Rechtsverständnis hierzu machte der deutsche Botschafter beim Heiligen Stuhl am 8. Februar 1973 im Namen der Bundesregierung deutlich:

> »... Es gilt bis heute nicht nur im Hoheitsgebiet der Bundesrepublik Deutschland, sondern grundsätzlich auch auf dem Gebiet der DDR, wenngleich dort hinsichtlich seiner Anwendung andere Verhältnisse gegeben sind als in der Bundesrepublik Deutschland.«[518]

Daraus leitete die Bundesregierung die Konsultationspflicht nach § 11 des Reichskonkordats im Fall von Veränderungen der Diözesangrenzen in der DDR ab. Ein weiteres diesbezügliches Anliegen war der Hinweis auf den Umstand, dass nach § 33 Absatz 2 des Reichskonkordats im Falle von Meinungsverschiedenheiten beider Partner eine einvernehmliche Lösung zu erzielen sei. Das legte letztlich die Sichtweise der Bundesregierung offen, dass Konsultationspflicht auch bedeutete, eine gemeinsame Lösung zu erarbeiten, was im Endeffekt ein Mitwirkungsrecht darstellte. Der deutsche Botschafter (Alexander Böker) führte im Fortgang der Note zusätzlich noch die Auffassung der Bundesrepublik zum Grundlagenvertrag aus:

> »... Nicht Teilung und Trennung, sondern geregeltes Zusammenleben der beiden Staaten in Deutschland, solange die Deutsche Frage nicht ihre angemessene Lösung gefunden hat, sind für die Bundesrepublik Deutschland Sinn und Ziel des Grundvertrags.«[519]

Mit dieser Auffassung legte Böker zudem dar, dass der »Konsultationspflicht« auch rechtzeitig Genüge zu leisten sei, sodass Reaktionen möglich waren und im gegenteiligen Fall käme das einem Konkordatsbruch gleich[520].

Diese Rechtsposition hatte die Bundesregierung schon im Gespräch von Nuntius Bafile mit Staatssekretär Frank verdeutlicht, was Bafile umgehend nach Rom weitermeldete:

> »... [...] ad un'eventuale modifica delle circoscrizioni, il Governo Federale ha vivo interesse e – suo giudizio – il diritto ad essere consultato. La mancata consultazione

---

518 »Verbalnote der Botschaft der BRD beim Heiligen Stuhl vom 8.2.1973 an das Staatssekretariat Seiner Heiligkeit«. In: ASP. Fond. Cas. Ser.: P.d.est. SoSer.: Germ. O. (Cart.12/12). (unpag.) (prov.Sig.).
519 A. a. O.
520 A. a. O.

verrebbe considerata dal Governo Federale come una violazione del Concordato, le cui conseguenze non sarebbe facile prevedere.«[521]

Die von der Bundesregierung auch schon im Fall der Veränderung der kirchlichen Verwaltungsbezirke in Polen postulierte Gültigkeit des Reichskonkordats für das Gesamtterritorium des ehemaligen Deutsche Reichs stand innenpolitisch, spätestens nach dem Urteil des Bundesverfassungsgerichts vom 26. März 1957 zum Reichskonkordat, außer Frage, selbst wenn das Reichskonkordat, nicht zuletzt wegen seiner Entstehungsgeschichte, in der Öffentlichkeit nicht unkritisch gesehen wurde. Für die Bundesregierung galt jedoch

1. »… che il Concordato col Reich ha valore per tutta la Germania«
2. »… che il concetto di Germania è tuttora in vigore, anche se in essa esistono due Stati.«[522]

Auch der Vatikan stellte das Reichskonkordat nicht grundsätzlich in Frage, allerdings interpretierte das päpstliche Staatssekretariat sowohl dessen territoriale Gültigkeit als auch die Konsultationspflicht verschieden und hatte einen anderen Blick auf den Grundlagenvertrag. Der Rat für die öffentlichen Angelegenheiten der Kirche beauftragte zur Frage der Gültigkeit des Reichskonkordats einen der damals anerkanntesten Völkerrechtsgelehrten – Alfred Verdross[523] – mit der Ausarbeitung einer Stellungnahme zu vier zentralen Fragen:

1. Gilt das Konkordat nach Abschluss des Grundlagenvertrages nur noch für die BRD?
2. Hat die BRD Anspruch, als Verhandlungspartner auch bezüglich der DDR zu gelten?
3. Gilt das Konkordat auch für die DDR?
4. Gilt das Preußenkonkordat für die DDR?[524]

Die erste Frage verneinte Verdross: Er sah zudem die alleinige Gültigkeit des Reichskonkordats für die BRD schon vor dem Abschluss des Grundlagenvertrags als gegeben an.

---

521 »Nuntiaturbericht (Nr. 38.581/IX)«. A. a. O. (»… bei einer etwaigen Veränderung der Zirkumskription, hat die Bundesregierung, ihrer Meinung nach, ein originäres Interesse und das Recht, konsultiert zu werden. Unterlassene Konsultationen würde von der Bundesregierung als eine Verletzung des Konkordats aufgefasst, mit unvorhersehbaren Konsequenzen.«)
522 A. a. O. (1. »[…] dass das Reichskonkordat für ganz Deutschland Gültigkeit hat 2. […] dass das »Konzept Deutschland« Gültigkeit besitzt, auch wenn in ihm zwei Staaten existieren.«)
523 Richter am Europ. Gerichtshof für Menschenrechte und Alterspräsident des »Instituts de droit international«.
524 »Gutachten A. Verdross' für den Rat der öffentlichen Aufgaben der Kirche (12.3.1973)«. In: ASP. Fond. Cas. Ser.: P.d.est. SoSer.: Germ. O. (Cart.12/15). (unpag.) (prov.Sig.).

»… Vor allem hat das Bundesverfassungsgericht in Übereinstimmung mit der Bundesregierung ausgesprochen, dass die Bundesrepublik mit dem Deutschen Reich ›identisch‹ ist. Daher hat das Reichskonkordat seit dem Zusammenbruch des Hitler-Regimes *nur in der Bundesrepublik* [Hervor. i. Org.] weiter gegolten.«[525]

Verdross argumentierte weiter, dass mit der Aufgabe des Alleinvertretungsanspruches der BRD gegenüber der DDR in Artikel 4 des Grundlagenvertrags jegliche Interpretation des Reichskonkordats als »nicht ausschließlich die BRD betreffend« obsolet wurde und:

»… Diese klare Rechtslage kann nicht dadurch erschüttert werden, dass die Bundesrepublik, im Gegensatz zur DDR, behauptet, dass beide Staaten Teil einer Nation sind.«[526]

In seiner Zusammenfassung zu den ersten beiden Fragen hielt Verdross fest, dass somit die BRD:
1. den alleinigen Vertragspartner gegenüber dem Heiligen Stuhl in Bezug auf das Reichskonkordat darstellte und
2. keinen Anspruch mehr auf die Vertretung der DDR gegenüber dem Heiligen Stuhl hatte, wenn Vertragsgegenstände des Reichskonkordats verhandelt wurden[527].

Bezüglich der Gültigkeit der angesprochenen Konkordate für die DDR ging das Gutachten davon aus, dass die DDR ein neuer Staat war, aber der Gutachter ging zunächst von einer möglichen einvernehmlichen Weitergültigkeit des Reichskonkordats auch für die DDR aus, da sie sich auf dem Gebiet des ehemals abschließenden Vertragspartners befand. Allerdings machte er, im Gegensatz zur Auffassung des Auswärtigen Amtes[528], deutlich, dass im Falle dieses neuen Staates DDR eine beiderseitige Aufhebung des Reichskonkordates, unter der Maßgabe des völkerrechtlich seit 1969 fixierten[529] Grundsatzes der »clausula rebus sic stantibus« in Betracht zu ziehen war, die besagte, dass eine Vertragsänderung oder -aufhebung möglich ist, wenn eine den Vertrag betreffende wesentliche Veränderung eintrat, die bei Abschluss des Vertrages für die Vertragsparteien nicht absehbar war. Das sah Verdross in diesem Fall als gegeben an, da: »[…] die Klausel auch auf einseitige *fundamentale innerpolitische Veränderungen* [Hervor. i. Org.] Anwendung finden kann.«[530] Bei der DDR war dieser Umstand für ihn zweifelsfrei als vorausgesetzt anzusehen, da mit der

---

525 A. a. O.
526 A. a. O.
527 A. a. O.
528 Vgl. AAPD. 1973. Bd. 1. Dok. 14. (S. 57).
529 »Wiener Übereinkommen über das Recht der Verträge (1969)«.
530 »Gutachten A. Verdross'«. A. a. O.

Gründung der DDR ein erklärt »kommunistisch-atheistischer Staat« entstanden war[531]. Das war ohne Zweifel eine massive Veränderung bei einer der Vertragsparteien: Der Vatikan hatte das Reichskonkordat mit einem der christlichen Religion theoretisch nicht feindlich gesinnten Staat abgeschlossen und sah sich mit der DDR einem erklärt religionsfeindlichen Staat gegenüber. Mit der gleichen Begründung erkannte das Gutachten die Weitergültigkeit des Preußenkonkordats ebenfalls nicht an[532]. Mit dieser Sichtweise war es, sogar unilateral, möglich, die Gültigkeit des Reichskonkordats für die DDR zu negieren. Im Grunde wurde der »Wegfall der Geschäftsgrundlage« des Reichskonkordats durch »einseitige fundamentale innerpolitische Veränderungen« seitens der DDR vorausgesetzt. Die Ergebnisse des Gutachtens flossen im Fortgang der Ereignisse klar erkennbar in die Rechtsauffassung des Staatssekretariats bezüglich der Gültigkeit des Reichskonkordats ein.

Papst Paul VI. forderte nun für die bevorstehende Audienz mit Bundespräsidenten Gustav Heinemann am 26. März 1973 knapp zwei Wochen zuvor einige aktuelle Notizen an, unter anderem zur Gültigkeit des Reichskonkordats und zur Frage der Zirkumskription in Ostdeutschland[533]. Schon in den von Angelo Sodano zusammengetragenen Informationen fand die Rechtsauffassung von Professor Verdross für die Beantwortung beider Fragen explizit Eingang[534]. In der Zuarbeit für Paul VI. stellte Sodano heraus, dass die DDR das Reichskonkordat, wie alle anderen Vertragswerke, die durch das Dritte Reich abgeschlossen wurden, als »res inter alios acta« ansehe. Begründet lag diese Sichtweise darin, dass sich die DDR als souveräner Staat begriff, der die Nachfolge des Dritten Reiches nicht anerkannte. Dieser Herangehensweise neigten die Protagonisten im päpstlichen Staatssekretariat zu, vorausgesetzt, der Grundlagenvertrag trat in Kraft. Das deutete Erzbischof Casaroli schon im Oktober 1972 gegenüber dem deutschen Botschafter beim Heiligen Stuhl an:

> »… Man müsse klar unterscheiden zwischen den heutigen Verhältnissen und dem Zustand, der nach dem Inkrafttreten eines eventuellen Grundvertrages zwischen beiden Teilen Deutschlands bestehen werde.«[535]

Nach der Unterzeichnung des Grundlagenvertrags war der »Zustand nach dem Inkrafttreten« absehbar und die Auffassung diesbezüglich im Vatikan verändert:

---

531 A. a. O.
532 A. a. O.
533 »Informationen für Paul VI. zur Vorbereitung der Audienz für Gustav Heinemann (14.3. 1973)«. In: ASP. Fond. Cas. Ser.: P.d.est. SoSer.: Germ. O. (Cart.12/16). (unpag.) (prov.Sig.).
534 »Visita al Santo Padre del Presidente Heinemann al 26 marzo 1973 (März 1973)«. In: ASP. Fond. Cas. Ser.: P.d.est. SoSer.: Germ. O. (Cart.12/16). (unpag.) (prov.Sig.).
535 AAPD. 1972. Bd. 3. Dok. 324. S. 1506–1512. (S. 1509).

»... Con la prossima entrata in vigore del Trattato fondamentale fra i due Stati tedeschi, la Germania Federale rinunzierà solennemente alla sovranità (od almeno al suo esercizio) sulla DDR; riconoscerà quello Stato come autonomo e sovrano in campo interno ed estero e non pretenderà più di rappresentarlo internazionalmente. Nascerà così una nuova situazione giuridica internazionale, di cui la Santa Sede non potrà non tenerne conto.«[536]

Im Rat für die öffentlichen Angelegenheiten der Kirche wurde eine weitere Hintergrundinformation für die Audienz als wichtig angesehen:

»... Non si conosce bene se quest'atteggiamento (voler difendere i diritti della Germania Federale ad essere consultata dalla Santa Sede anche per provvedimenti da adottarsi nella DDR) provenga solo dal Dipartimento giuridico del Ministero degli Esteri o sia veramente condiviso dal Governo.«[537]

Sodano formulierte an dieser Stelle in einer Information für den Papst Misstrauen gegenüber der Rechtsabteilung des Auswärtigen Amtes der BRD, kam allerdings zu dem Schluss, dass dieses nicht auf die Regierung zu übertragen sei:

»... Credo però che quel Governo vada poco a poco comprendendo la logicità della posizione della Santa Sede e non voglia insistere troppo sulle sue pretese di essere consultato e di avere poi il suo consenso per provvedimenti eventuali da adottarsi nella DDR, da parte della Santa Sede.«[538]

In der Audienz für Heinemann sprach Paul VI. demnach zentrale Probleme der aktuellen Politik gegenüber beiden deutschen Staaten an, und er wurde darauf nicht nur von seinen Mitarbeitern hingewiesen, sondern er forderte diese Informationen zu seiner eigenen Vorbereitung aktiv ein. Das Problem der Beziehungen zur DDR und damit auch zur BRD war immer noch »Chefsache« im Vatikan und blieb es auch für die weiteren Monate.

Staatssekretär Paul Frank hatte im Verlauf der Diskussion schon vor Heinemanns Papstaudienz vorgeschlagen, eine kleine Expertengruppe zu intensiveren

---

536 »Visita al Santo Padre del Presidente Heinemann«.A. a. O. (»... Mit dem bald in Kraft tretenden Grundlagenvertrag beider deutscher Staaten wird die BRD auf ihre Souveränität (mindestens die Durchsetzung) in der DDR verzichten; sie wird diesen Staat auf innenpolitischem wie außenpolitischem Gebiet als autonom und souverän anerkennen und nicht mehr auf dessen internationaler Vertretung bestehen. So wird eine neue völkerrechtliche Situation entstehen, der sich der Heilige Stuhl nicht entziehen kann.«)
537 A. a. O. (»... Es ist schwierig zu erkennen, ob dieses Verhalten [die Rechte der Bundesrepublik verteidigen zu wollen, auch bei der die DDR betreffenden Maßnahmen, vom Heiligen Stuhl konsultiert zu werden] nur aus der Rechtsabteilung des Außenministeriums herrührt, oder ob es wirklich von der Regierung geteilt wird.«)
538 A. a. O. (»... Ich glaube jedoch, dass diese Regierung nach und nach die Folgerichtigkeit der Position des Heiligen Stuhls nachvollzieht und nicht allzu sehr auf ihrer Auffassung bestehen will, auch bei eventuellen Maßnahmen des Heiligen Stuhls bezüglich der DDR konsultiert zu werden und diese von ihrer Zustimmung abhängig zu machen.«)

Gesprächen auf hoher diplomatischer Ebene nach Rom zu senden[539]. Inwieweit dieser Vorschlag Casaroli unangenehm war[540] kann angesichts der Schnelligkeit, mit der die Gespräche zustande kamen (das erste Treffen erfolgte gerade einmal einen Monat später, am 10. April 1973, in Rom), und der Intensität, mit der sie geführt wurden, nur vermutet werden. Wie sehr jedoch das Auswärtige Amt in Bonn, in Verschränkung mit der deutschen Botschaft im Vatikan, auf den ihm seiner Meinung nach zustehenden Rechten beharrte und somit freilich das Misstrauen im Staatssekretariat nährte, verdeutlichte die letzte Bemerkung Bökers in seinem Bericht an das Auswärtige Amt:

> »... Für uns scheint mir die beste Methode die zu sein, den Vorschlag Staatssekretärs Frank mit Energie weiter zu betreiben und baldmöglichst einen oder zwei Völkerrechtsexperten nach Rom zu entsenden, um auf diese Weise Casaroli zu zwingen, noch rechtzeitig vor der Ratifizierung des Grundvertrages seine Karten aufzudecken. Casaroli spielt offensichtlich auf Zeitgewinn [...] um uns am Tage nach der Ratifizierung des Grundvertrages klipp und klar sagen zu können, dass wir nunmehr keinerlei Mitspracherecht mehr hätten. Diesen Weg sollten wir ihm verbauen.«[541]

In dieser Bemerkung traten die offensichtlichen Bedenken bezüglich der eigenen Rechtsauffassung zu Tage: Warum sollte man, bei der Überzeugung zu dieser Position, derart auf schnelle Konsultationen drängen? Es sei denn, dass vermutet würde, mit der Ratifizierung des Grundlagenvertrags die eigene Situation innerhalb kurzer Zeit deutlich geschwächt zu sehen. Was nützte die intensive Konsultation, wenn mit der Ratifizierung des Grundlagenvertrages offensichtlich auch im Auswärtigen Amt ein Einfordern dieser nicht mehr gut möglich schien? Der prinzipielle Charakter der Haltung des Auswärtigen Amtes, das »Nichtaufgebenwollen« eigener Rechte wurde hier evident.

Trotz des offensichtlich begründeten Misstrauens im Staatssekretariat des Vatikans war Erzbischof Casaroli bereit, die Auseinandersetzungen in Bezug auf das Reichskonkordat weiterzuführen. So kam es zu zwei weiteren Gesprächen zwischen ihm, seinem Mitarbeiter Angelo Sodano und zwei hohen Ministerialbeamten des Auswärtigen Amtes (Ministerialdirigenten Dedo von Schenk und Hans Treviranus[542]), begleitet von Botschafter Alexander Böker, im apostolischen Palast im Vatikan. Die beiden Vertreter aus Bonn (Treviranus nur am 18. Mai) waren die führenden Persönlichkeiten der Rechtsabteilung beziehungsweise der Gruppe Völkerrecht im Auswärtigen Amt. Casaroli begrüßte seine Gesprächspartner am 10. April 1973 sehr freundlich und brachte seine

---

539 AAPD. 1973. Bd. 1. Dok. 79. S. 371–374. (S. 372).
540 A. a. O.
541 A. a. O. (S. 374).
542 Dedo von Schenk: Völkerrechtsberater im Auswärtigen Amt und Leiter der Rechtsabteilung. Hans Treviranus: Leiter des Referats Völkerrechtliche Verträge im Auswärtigen Amt.

Freude zum Ausdruck, dass es zu diesen Gesprächen gekommen war. Als Ziel dieses Gespräches sah er zunächst:

> »... Esso servirà certamente a conoscere meglio i rispettivi punti di vista ed a dissipare malintesi, che potrebbero nuocere alla cordialità dei rapporti esistenti fra la Santa Sede e la Bundesrepublik.«[543]

Des Weiteren herrschte zwischen beiden Gesprächsparteien von Beginn an Einverständnis darüber, dass das Reichskonkordat als Geschäftsgrundlage der Beziehungen zwischen der BRD und dem Vatikan anzusehen war. In einem Gespräch mit Außenminister Walter Scheel hatte Casaroli am 27. März 1973 schon klargestellt, dass der Vatikan das Reichskonkordat nicht in Frage stellte. Dieses Gespräch hatte zudem dazu beigetragen, dass das Misstrauen auf Seiten des Vatikans abgebaut werden konnte.

Die inhaltliche Frage hatte sich konkretisiert, es ging nicht mehr nur um das Konsultationsrecht, das die Bundesregierung aus dem Reichskonkordat ableitete, sondern um die Gültigkeit dieses Rechtes nach der etwaigen Ratifizierung des Grundlagenvertrages. Mit dieser Konkretisierung wurde nun deutlich, dass es nicht nur Teile des Auswärtigen Amtes waren, die Besitzstände zu wahren suchten, sondern diesem Problemkreis eine weiterführende politische Dimension inhärent war. Es war zu erkennen, dass Casaroli als Erstes ein lebhaftes Interesse daran hatte, eine Klärung der Frage herbeizuführen, was sich hinter dem »Konzept Konsultation« verberge. Entscheidenden Klärungsbedarf sah er bei dem Punkt, ob die Konsultationen zu einer »... necessaria intesa« oder einer »... auspicata intesa«[544] führen sollten, zumal die Begrifflichkeit »Konsultation« nicht im Text des Reichskonkordates zu finden war. Dedo von Schenk machte daraufhin noch einmal die Sicht der Bundesregierung deutlich, indem er darauf hinwies, dass sich die Notwendigkeit der Konsultationen aus den Artikeln 11 und 33 des Reichskonkordats ableiten ließ. Das bedeutete laut von Schenk:

> »... Se ci deve essere un'intesa (,Verständigung‹) [handschriftliche Einfügung Casaroli i. Org.] con il governo per cambiamento di confini diocesani, vi deve essere una consultazione. Se si deve procedere di comune intelligenza ad un'amichevole soluzione delle divergenze d'interpretazione o d'applicazione del Concordato, ci deve essere una consultazione.«[545]

---

543 »Breve sintesi delle conversazioni (10.4.1973)«. In: ASP. Fond. Cas. Ser.: P.d.est. SoSer.: Germ. O. (Cart.12/13). (unpag.) (prov.Sig.). (»... Das Treffen kann dazu beitragen, die gegenseitigen Sichtweisen besser kennenzulernen und Missverständnisse zu zerstreuen, die dem freundschaftlichen Verhältnis zwischen dem Heiligen Stuhl und der Bundesrepublik schaden könnten.«)
544 A. a. O. (»... notwendigen Verständigung«)/(»... wünschenswerten Verständigung.«)
545 A. a. O. (»... Wenn es eine Verständigung mit der Regierung bei den Diözesangrenzen geben soll, so muss es eine Konsultation geben. Wenn man zudem in gemeinsamem

Casaroli sah dieses Problem bis zu einer eventuellen Unterzeichnung des Grundlagenvertrages ähnlich, wenngleich er keinen Rechtstitel zur Verständigung anerkannte. Für ihn war allerdings das bisherige Verhalten des Vatikans gegenüber der BRD auf der Basis freundschaftlicher Beziehungen erklärtermaßen die Richtschnur des Handelns. Daher wurde die Bundesregierung in die Entscheidungen zu kirchenrechtlichen Fragen auf dem Gebiet des ehemaligen Deutschen Reiches in den meisten Fällen einbezogen. Mit dem unter Umständen bevorstehenden Inkrafttreten des Grundlagenvertrages jedoch sah Casaroli jeglichen Anspruch auf Konsultationen und damit selbstredend auch nach einer Verständigung mit der Bundesregierung als verwirkt an. Ausschlaggebend waren in diesem Zusammenhang für den Vatikan die Artikel 4 und 6 des Grundlagenvertrages. Er interpretierte diese Artikel als gegenseitige Anerkennung der jeweiligen staatlichen Souveränität und kam so für die vatikanische Politik zu dem Schluss:

»... Crediamo, quindi, che la logica comporti che la Repubblica Federale di Germania non possa chiedere alla Santa Sede di essere consultata per provvedimenti da adottare in uno Stato quando esso – probabilmente – sarà riconosciuto fuori del proprio ambito di sovranità.«[546]

Casaroli wollte in diesem Zusammenhang nicht die Frage der Bedeutung des Grundlagenvertrages für die Aufrechterhaltung des Konzeptes »deutsche Einheit« erörtern und akzeptierte in diesem Zusammenhang die Formulierung, dass der Grundlagenvertrag lediglich einen Modus Vivendi darstellte, der die deutsche Teilung nicht zementiere. Der Vatikan müsse diese Frage jedoch unter völkerrechtlichen und internationalen Gesichtspunkten bewerten und so kam man im Vatikan zu einer anderen Bewertung als in der Verbalnote der Bundesregierung vom 8. Februar 1973: »... Il fatto però é che il Modus Vivendi sarebbe fra <u>due Stati tedeschi</u> [Hervor. i. Org.], con le sue inevitabili conseguenze giuridiche.«[547]

Die Sichtweise des Vatikans untermauerte Casaroli, indem er darauf verwies, dass sich der Vatikan dabei mit anderen internationalen Partnern im Einklang befand:

»... La Santa Sede ha notato con attenzione la tesi da alcuni sostenuta che la DDR, non è stato sovrano, ma ha la piena autorità di uno stato sovrano, nei suoi affari interni e esteri. È questa la tesi, alla quale si è attenuta la Gran Bretagna (Potenza vincitrice della

---

Einverständnis zu einer freundschaftlichen Lösung bei unterschiedlichen Interpretationen oder Anwendung des Konkordats kommt, muss es Konsultation geben.«)
546 A. a. O. (»... Wir glauben, dass es die Logik gebietet, dass die Bundesrepublik Deutschland den Heiligen Stuhl nicht zu Konsultationen auffordern kann, wenn es sich um Maßnahmen handelt, die in einem Staat vorgesehen sind, der – eventuell – als außerhalb der bundesdeutschen Souveränität anerkannt wird.«)
547 A. a. O. (»... Der Fakt ist jedoch der, dass es ein Modus Vivendi zwischen <u>zwei deutschen Staaten</u> wäre, mit allen unvermeidlichen rechtlichen Konsequenzen.«)

guerra) ed alla quale mi ero riferito, nel colloquio con il Ministero Scheel, il 27 marzo scorso. Ed il Ministro aveva soggiunto ›Questa è proprio la nostra tesi‹.«[548]

In seiner Antwort machte von Schenk deutlich, dass er den Darstellungen seines Gegenübers zu folgen bereit war, solange es um die Jurisdiktionsbezirke innerhalb der DDR ging. Er war damit bereit, entgegen der Sichtweise der Bundesregierung bei der vorläufigen Regelung der kirchlichen Jurisdiktion in West- und Ostpolen 1967 und abgeschwächt auch noch bei deren endgültiger Regelung 1972, auf die Vollstreckung der Titel des Reichskonkordats zu verzichten. Ein neuer Aspekt in der Argumentation aus dem Auswärtigen Amtes bezüglich des Reichskonkordats. Er bestand gegenüber Casaroli allerdings weiterhin auf der Konsultationspflicht des Vatikans, wenn Diözesen in der BRD betroffen wären. Das sah von Schenk bei einer Neuzirkumskription der Jurisdiktionsbezirke in der DDR als gegeben an. Dem gab Casaroli zwar nicht statt, aber um die freundschaftlichen Beziehungen beider Staaten nicht zu belasten, war er zu politischen Konsultationen bereit. Eine notwendige Zustimmung der BRD zu den Maßnahmen des Vatikans in diesem Punkt, wie von Schenk ausführte, sah Casaroli in keinem Fall als notwendig an. Am Ende des Gespräches kündigte Casaroli die schriftliche Beantwortung der Note vom 8. Februar an, die allerdings keine anderen Akzente setzen werde, als zuvor mündlich geschehen. Zudem wurde ein weiteres Treffen für den Folgemonat vereinbarte, um dem Auswärtigen Amt Gelegenheit zu geben, sich zur Antwort des Vatikans zu verhalten und eventuelle neue Entwicklungen zu besprechen. In der Tat war diese Note eine Zusammenfassung des am 10. April durch Casaroli gegenüber Dedo von Schenk Dargelegten und wurde am 16. Mai 1973 dem deutschen Botschafter übergeben[549].

Am 18. Mai fand das vereinbarte Gespräch zwischen Erzbischof Casaroli, Angelo Sodano und den Vertretern des Auswärtigen Amtes (Dedo von Schenk, Alexander Böker und Hans Treviranus) in Rom statt[550]. Zunächst diente es der Präzisierung der Antwortnote des Vatikans vom 16. Mai. Von Schenk legte Wert auf seine Stellungnahme zur Annahme des Vatikans, die Bundesregierung würde auf die Rechte verzichten, die ihrer Meinung nach aus dem Reichskonkordat

---

548 A. a. O. (»… Der Heilige Stuhl sieht die These, die von einigen unterstützt wird, dass die DDR kein souveräner Staat ist, aber die volle Autorität eines souveränen Staates bei inneren und äußeren Belangen hat, mit Interesse. Auf diese Sicht, die Großbritannien (Siegermacht des Zweiten Weltkrieges) vertritt, habe ich mich gegenüber Minister Scheel am 27. März bezogen. Der Minister bestätigte: ›Das ist genau unsere These.‹«)
549 zur Antwort des Vatikans auf Verbalnote vom 8. Februar 1973 siehe Text der Note: »Observations relatives à la Note Verbale de l'Ambassade de la RFA près le Saint-Siege, Nr. 506.01 – 19/73, 8. 2. 1973«. In: ASP. Fond. Cas. Ser.: P.d.est. SoSer.: Germ. O. (Cart.12/12). (unpag.) (prov.Sig.)
550 »Breve sintesi delle conversazioni (18.5.1973)«. In: ASP. Fond. Cas. Ser.: P.d.est. SoSer.: Germ. O. (Cart.12/13). (unpag.) (prov.Sig.).

erwuchsen und das Territorium der DDR betrafen. Der Völkerrechtsberater des Auswärtigen Amtes erklärte zu diesem Umstand: »... Avevo parlato di non opposizione da parte del Governo Federale in tal caso.«[551] Daraufhin machte er am Beispiel des Bischöflichen Kommissariats Meiningen die zu erwartende Reaktion der Bundesregierung deutlich: Es wäre möglich, dass die BRD akzeptiert, dass die Grenzen der Diözese Würzburg den Staatsgrenzen der BRD angepasst werden, und ihre Zustimmung nicht verweigert. Er sah darin allerdings keine Zustimmung für die Gebiete westlich der innerdeutschen Grenze. Mit dieser Argumentation verband von Schenk die eventuelle vatikanische Entscheidung unauflöslich mit einer Zustimmung der Bundesregierung, da diese Veränderung der Diözesangrenzen auch einen Eingriff in die Jurisdiktion in der BRD bedeutete. Somit sah er die Zustimmungspflichtigkeit als gegeben an. Das unbedingte Zustimmungsrecht der Bundesregierung sollte auf diesem Weg »durch die Hintertür« gesichert werden. Diese Entscheidung stellte weiterhin nur einen Verzicht auf die Ausübung eines Aktes von Hoheitsgewalt auf dem Territorium der DDR dar und war mit keinen grundsätzlichen Verzicht auf die Hoheitsgewalt über das Territorium der DDR von Seiten der Bundesregierung verbunden.

Diesen ausgefeilten und detailreichen Ausführungen setzte Casaroli die gegenteiligen Auffassungen des Vatikans ohne Umschweife entgegen: »... Non si tratta più di territorio concordatario.«[552]

Ein erneutes Gespräch am 13. Juni 1973 brachte weitere Annäherung und mehr Verständnis der gegenseitigen Positionen, ohne jedoch eine grundsätzliche Einigung über die schon intensiv diskutierten Problemfelder zu erreichen[553].

Diese De-facto-Konsultationen – unzweifelhaft waren die Gespräche und Notenwechsel in den Monaten Januar bis Juli 1973 als solche interpretierbar – bewiesen jedoch auch, dass das Verhältnis zwischen der BRD und dem Vatikan belastbar war und blieb und es auch bei Konflikten nicht zu einer dauerhaften Eintrübung des Verhältnisses kommen musste. Der Vatikan erkannte die Notwendigkeit eines gegenseitigen politischen Austausches auch für die Zukunft an, selbst wenn es nach vatikanischer Auffassung dafür nach dem Inkrafttreten des Grundlagenvertrages keine Rechtstitel mehr gab und die Bundesregierung ihrerseits verzichtete auf die Vollstreckung des Reichskonkordats auf dem Territorium der DDR. Nach der Ratifizierung des Grundlagenvertrags waren die Vertreter des Auswärtigen Amtes folgerichtig bereit, die Frage der vermeintlichen Konsultationspflicht des Vatikans als Meinungsaustausch ohne ein Veto-

---

551 A. a. O. (»... Ich hatte nur davon gesprochen, dass die Bundesregierung in dem Fall keinen Widerstand leisten wird.«)
552 A. a. O. (»... Es handelt sich nicht mehr um Konkordatsgebiet.«)
553 Vgl. hierzu u. a.: »Schreiben des Staatssekretärs Hans Georg Sachs an Botschafter Böker (20.7.1973)«. In: AAPD. 1973. Bd. 1. Dok. 226. S. 1160–1165.

recht zu interpretieren⁵⁵⁴. Die Bundesregierung wollte sich erklärtermaßen, wie in dem Gespräch vom 18. Mai 1973 verdeutlicht, nur nicht vor ein »fait accompli« gestellt sehen. Sie fühlte sich berufen, zu dem jeweiligen Sachverhalt bezüglich der DDR Stellung zu nehmen, was auch für den Themenkomplex eventueller diplomatischer Beziehungen zwischen der DDR und dem Vatikan galt⁵⁵⁵. Zudem waren sich beide Partner einig, dass das Reichskonkordat für das Territorium der DDR lediglich als »sospeso«⁵⁵⁶ (ausgesetzt) angesehen wurde, um eine eventuelle Wiedereinsetzung im Falle einer etwaigen Wiedervereinigung nicht unnötig zu behindern.

Diese »politischen Konsultationen« hatten bewiesen: Das Verhältnis zwischen dem Vatikan und der BRD war freundschaftlich und gut und das sollte so bleiben, was sich beide Partner, ungeachtet aller anderen Fragen (zum Beispiel dem Schulstreit in einigen deutschen Bundesländern), gegenseitig versicherten. Staatssekretär Hans Georg Sachs verursachte bei Erzbischof Casaroli mit der Mitteilung der Stellungnahme des Auswärtigen Amtes zur Ernennung der apostolischen Administratoren in der DDR sogar ein Gefühl der Freude und Erleichterung⁵⁵⁷, indem er keine Einwände erhob, als er festhielt:

> »... Die Bundesregierung dankt dem Heiligen Stuhl aber dafür, dass er sie im Geiste der guten konkordatären Beziehungen unterrichtet hat, bevor die getroffenen Maßnahmen wirksam und der Öffentlichkeit bekannt gegeben werden.«⁵⁵⁸

Bei diesen Gesprächen wurde auch klar, dass von Seiten der Bundesregierung bei den verhandelten Problemfeldern nur noch wenig Widerstand zu erwarten war. Eine formale Reaktion müsse der Vatikan in Bezug auf das Gebiet der DDR akzeptieren, denn die »deutsche Frage« stellte eines der sensibelsten Themen auf der politischen Agenda einer jeden deutschen Bundesregierung dar.

Erzbischof Casaroli machte die Rechtsposition des Vatikans zu den behandelten Fragen unmissverständlich klar und war nicht bereit diese aufzugeben. Er verwies diesbezüglich ausdrücklich darauf, dass die internationale Anerkennungswelle der DDR diese Sicht bestärkte. Er war aber auch bereit, die besondere Situation Deutschlands und des Verhandlungspartners BRD in die Lösung der Probleme einzubeziehen.

---

554 »Breve sintesi delle conversazioni (18.5.1973)«. A. a. O.
555 A. a. O.
556 »Breve sintesi delle conversazioni (10.4.1973)«. A. a. O.
557 AAPD. 1973. Bd. 1. Dok. 226. (S. 1165). (Fußnote 14).
558 A. a. O. (S. 1164).

7.7 Die Beziehungen zwischen der DDR und dem Vatikan von 1973 bis zum Tod Pauls VI.

Mit dem Erreichen der Hochphase der Verhandlungen zwischen der DDR und dem Vatikan im Sommer 1973 waren die inhaltlichen Fragen offengelegt und die gegenseitigen Standpunkte ausgetauscht. Die DDR war nicht bereit, hinter die Forderung neuer Diözesangrenzen zurückzugehen und der Vatikan war noch nicht bereit, diese Forderung zu erfüllen. Mit der Ernennung von drei apostolischen Administratoren »ad nutum Sanctae Sedis« gelang es jedoch, die Verhandlungen in der Schwebe zu halten und die Grundlage für die Fortführung des Dialogs zu schaffen. Die DDR-Führung musste die Teillösung akzeptieren, da zum einen die intensive internationale Anerkennung des Staates DDR noch nicht abgeschlossen war und zum anderen die erreichten Fortschritte noch sehr frisch waren. Irritationen auf dem internationalen Parkett sollten von DDR-Seite verhindert werden und bei einem Bruch mit dem Vatikan konnten solcherlei internationale Verstimmungen nicht ausgeschlossen werden.

Die Verhandlungen waren somit zu diesem Zeitpunkt in einem Stadium der Erstarrung und Offenheit zugleich. Es waren zu jeder Zeit Gespräche möglich und sie fanden auch weiterhin statt. Die Inhalte dieser Gespräche waren aber bekannt und von Seiten der DDR in keiner Weise variabel. Der Vatikan setzte auf Zeit, um die wertvollen Verhandlungspositionen der für die DDR unliebsam zugeschnittenen Jurisdiktionsbezirke so lange wie möglich als Druckmittel zu erhalten. Dabei sah sich das vatikanische Staatssekretariat mit Kardinal Bengsch auf einer Linie – auch wenn dem Kardinal dieser Umstand nicht immer bewusst war.

Nachdem die diplomatischen Beziehungen weitestgehend von der Agenda der Verhandlungen verschwunden waren, blieben noch zwei zu klärende Probleme, die im Rahmen der Beziehungen zur DDR von Relevanz waren:
1. die Forderung der DDR-Führung, die Berliner Ordinarienkonferenz in den Status einer nationalen Bischofskonferenz zu erheben
2. der immer weiter schwelende Konflikt um die Neuzirkumskription der Jurisdiktionsbezirke auf dem Staatsgebiet der DDR.

Mittlerweile waren jedoch auch im Vatikan Begehrlichkeiten gegenüber der DDR entstanden: Dem Einsatz für Religionsfreiheit als Menschenrecht und dem Erfolg des Vatikans, dieses Grundrecht bei den Verhandlungen um die Schlussakte von Helsinki, sollten Taten folgen. Zumindest wurden diese vom Episkopat beider deutscher Staaten eingefordert und wurden auch vatikanischerseits vorsichtig unterstützt.

Es setzte eine Phase der Verhandlungen ein, in der der Vatikan seine Forderungen konkretisierte und die DDR-Führung auf diese zu reagieren hatte. Es zeigte sich, dass der handelnde Institutionenkreis in der DDR-Führung offenbar bereit war, zum Erreichen des Ziels einer den Staatsgrenzen angepassten Grenzziehung der kirchlichen Verwaltungsbereiche kirchenpolitische Konzessionen an den Vatikan zu machen. Dass die Beziehungen zwischen der DDR und dem Vatikan mittlerweile als relativ gefestigt anzusehen waren, bewies der Umstand, dass ab Dezember 1973 die Fortsetzung der Gespräche auf höchster Ebene geplant wurde.

7.7.1 Wieder im Politbüro – Die Direktive von 1974

Auch wenn beide Parteien festgelegt hatten, die Gespräche in Rom zu führen, kam es in Genf im Dezember 1973 zu einem weiteren entscheidenden Gespräch. Inhaltlich wurde wenig Neues besprochen, aber die pastoralen Gründe, die der Vatikan für die Verhandlungen mit der DDR anführte, wurden konkretisiert, wenngleich auch diese schon in der einen oder anderen Form in den Gesprächen virulent waren. Aber diese Forderungen wurden nun erstmals gebündelt an die Staatsführung der DDR weitergeleitet. In Genf trafen sich am 4. Dezember 1973 »alte Bekannte« bei einem Essen: Siegfried Bock, der Delegationsleiter der DDR in Genf, und dessen Gegenüber auf vatikanischer Seite, Achille Silvestrini.

> »... Herr Silvestrini war in der Zwischenzeit einige Tage in Rom und hatte, wie aus seinen Bemerkungen zu schließen war, ein Gespräch mit Herrn Casaroli auch über die Fragen der weiteren Normalisierung der Beziehungen des Vatikans mit der DDR.«[559]

Das Gespräch beider Delegationsleiter gab den Ausschlag für das Zustandekommen eines nächsten Treffens, das den Charakter eines Arbeitstreffens hatte. Die Wiederaufnahme der Arbeitsgespräche nach einer etwa sechsmonatigen relativen Ruhephase, was nach Bock dem Wunsch Erzbischof Casarolis entsprach, erfolgte am 14. Dezember 1973 in der Vertretung der DDR in Genf. Bei dieser Zusammenkunft berichtete Silvestrini von einem Gespräch mit Casaroli in Rom, und Bock meldete nach Berlin:

> »... Herr Casaroli könne sich vorstellen, dass es günstig wäre, die Gespräche zwischen den beiden Staaten weiter zu verbessern und zu normalisieren. Gegenstand dieser Gespräche könnten Fragen sein, die mit der Stellung und der Tätigkeit der katholischen Kirche in der DDR im Zusammenhang stehen. [...] Es sei dabei nicht an die Erörterung solch weitreichender Fragen gedacht, wie sie in einem Konkordat niedergelegt werden. Es gehe mehr um die Bestätigung dessen, was in der DDR bereits Praxis sei.«[560]

---

559 »Vermerk über ein Gespräch mit Herrn Silvestrini, Mitglied der Delegation des Vatikans bei der Europäischen Sicherheitskonferenz am 14.12.1973«. In: PAAA (Berlin). Bestand: MfAA. Sig: MfAA C 3.820 »Beziehungen DDR – Vatikan«. (Bl. 210–213). (Bl. 210).
560 A. a. O. (Bl. 211).

Bei diesen Forderungen handelte es sich im Wesentlichen um die, die Kardinal Bengsch dem Vatikan im Zuge der in Gang gekommenen Kontakte im Januar 1973 vorschlug[561]. Der Bericht fand im Außenministerium in Ostberlin große Beachtung und wurde in ein Arbeitspapier eingearbeitet, das mit dem Staatssekretär für Kirchenfragen abgestimmt wurde. Am 2. Januar 1974 erreichte die Ausarbeitung des Außenministeriums, unter Federführung von Herbert Süß (Leiter der Abteilung Rechts- und Vertragswesen) erstellt, die Dienststelle des Staatssekretärs für Kirchenfragen[562]. Neben der Information über das Gespräch Bock – Silvestrini vom 14. Dezember in Genf enthielt es erstmals eine Variantenabwägung bezüglich möglicher Vorgehensweisen gegenüber des Vatikans. Dabei ging Süß von bald folgenden Gesprächen zweier Delegationen entweder in Berlin oder Rom aus. Bedeutsam und von der bisherigen Linie etwas abweichend war dabei die Eingangsfeststellung:

> »… In den Gesprächen können auch Fragen berührt werden, die die Stellung und Möglichkeiten der katholischen Kirche in der DDR betreffen. Dabei sollte den vatikanischen Vertretern Gelegenheit gegeben werden, ihre Vorstellungen darzulegen.«[563]

Alle drei folgenden vorgeschlagenen Varianten waren jedoch mit dem kompromisslosen Junktim versehen, Zusagen erst nach der Klärung der Frage der Diözesangrenzen zu geben. Somit handelte es sich streng genommen nicht um Varianten, sondern nur um die Wiedergabe von Altbekanntem, nun allerdings wesentlich konkreter. Die Forderungen beziehungsweise Verhandlungsvorschläge, die der Vatikan an die DDR-Führung herangetragen hatte, wurden in dieser Ausarbeitung aufgenommen und wortgleich in die am 25. Juni 1974 im Politbüro beschlossene Direktive »Über die Weiterführung der Gespräche zwischen der DDR und dem Vatikan« eingefügt[564].

Die von Seiten des Vatikans vorgeschlagenen Verhandlungsthemen waren:
- Prozedur der Bestellung von Bischöfen und Priestern
- Kontaktmöglichkeiten zwischen Bischöfen und Vatikan
- Zugang der Bischöfe, Priester und Gläubigen zu religiösen Informationen
- Eigentum der Kirche
- Möglichkeit des Studiums am Priesterseminar in Rom
- Gewährung der Kommunion.

---

561 »Anlage zum Schreiben Kardinal Bengschs (15.1.1973)«. A. a. O.
562 »Schreiben des stellv. Außenministers mit Anlagen (28.12.1973)«. In: BA. Bestand: StSek.f.KF. Sig.: DO4 4930. (Bl. 1951–1959).
563 A. a. O. (Bl. 1956).
564 Vgl.: »Schreiben des stellv. Außenministers der DDR mit Anlagen (28.12.1973)«. A. a. O. (Bl. 1956) und »Anlage 7 zum Protokoll Nr. 27/74 vom 25.6.1974«. A. a. O. (Bl. 83).

Nachdem diese Probleme vom Vatikan an die DDR herangetragen worden waren, kam es zu einer Abstimmung der Positionen im inneren Staatsapparat der DDR. Am Ende der Abstimmung war die Erarbeitung einer Vorlage zur Behandlung im Politbüro des ZK der SED vorgesehen.

Da die Federführung der Verhandlungen beim Außenministerium lag, erfolgte nur eine Stellungnahme der Dienststelle des Staatssekretärs für Kirchenfragen. Diese enthielt eine Auseinandersetzung mit den Verhandlungsvorschlägen des Vatikans, die grundsätzlich auch nur dann substantiell werden sollte, wenn erkennbare Fortschritte bei den Diözesangrenzen gemacht worden wären.

> »... Es ist unser Ziel, Übereinkommen nur insoweit herbeizuführen, als sie für die Bereitschaft des Vatikans zur Erfüllung unserer Hauptforderung unbedingt notwendig sind.«[565]

Die Dienststelle des Staatssekretärs für Kirchenfragen präzisierte für jede der vatikanischen Übereinkommenswünsche ihre kirchenpolitische Sichtweise und stellte bei gleichzeitiger Klärung der »Hauptforderung« eine schriftliche Fixierung eines Übereinkommens nach dieser Maßgabe in Aussicht.

> »... Dabei geht es im Wesentlichen um die Bestätigung einer bereits bestehenden Praxis in Einzelfragen, die keine Ausweitung des kirchlichen Einflusses ermöglicht. [...] Ferner sind die Fragen, in denen es im Ergebnis der Verhandlungen zu Festlegungen kommt, in ihrer Anzahl möglichst gering zu halten.«[566]

Der in der Zuarbeit der Dienststelle des Staatssekretärs für Kirchenfragen aufgenommene Katalog stellte demnach die Maximalvariante des zu Verhandelnden dar[567]:
- Bei der Ernennung der Bischöfe wurde ein Mitsprache- und Einspruchsrecht des Staates eingefordert, wobei als Argumentationshilfe § 14 des Reichskonkordats herangezogen wurde [sic!].
- Für alle anderen Kirchenämter sollte eine freie Besetzung möglich sein, die allerdings voraussetzte, dass der Kandidat DDR-Bürger war und an einer Lehranstalt in der DDR ausgebildet worden war.
- Der Verkehr der Bischöfe mit dem Vatikan sollte weiterhin ungestört möglich sein.
- Vatikanische Vertreter sollen die DDR unkompliziert aufsuchen dürfen, wenn es für das Hirtenamt notwendig ist.
- Die seit 1973 geltende monatlich auf zehn Tage begrenzte Aufenthaltsgenehmigung für Kardinal Bengsch in Westberlin sollte unangetastet bleiben.

---
565 »Zuarbeit zur Vorlage des MfAA zu Verhandlungen mit dem Vatikan (18.2.1974)«. A. a. O. (Bl. 220).
566 A. a. O. (Bl. 220).
567 A. a. O. (Bl. 220–222).

- Kirchliche Vertreter sollten an internationalen Konferenzen teilnehmen dürfen, solange sie dort als loyale DDR-Bürger auftreten.
- Die Bischöfe, der Klerus und die Gläubigen sollten zu kirchlichen Informationen, Anweisungen, Amtsblättern der Bistümer und Kirchenleitungen ebenso Zugang haben wie zu theologischer und religiöser Literatur, die der St. Benno Verlag herausgab. Dies sollte jedoch hundert Titel im Jahr nicht überschreiten.
- Die Nutzung des staatlichen Rundfunks für kirchliche Feiern im bisher gewährten Rahmen.
- Der Empfängerkreis des »Osservatore Romano« könnte auf alle Bischöfe ausgeweitet werden und zusätzlich noch je ein Ordinariatsrat hätte mit dem zentralen Presseorgan des Vatikans beliefert werden können. Mit dieser Erweiterung dürfe nach Ansicht der Dienststelle jedoch keine Erweiterung von »Druckerzeugnissen« aus der BRD einhergehen.
- Vier bis sechs Theologiestudenten sollte die Möglichkeit gegeben werden, an der »Gregoriana« in Rom zu studieren, solange der Staat bei der Auswahl der Kandidaten ein Mitspracherecht habe und die jeweiligen Studenten mit der Botschaft der DDR in Rom regelmäßigen Kontakt pflegten.
- Das kirchliche Eigentum sollte auch weiterhin nicht angetastet werden und bei staatlicherseits als notwendig erachteten Baumaßnahmen sollte die Kirche, wie in anderen Fällen auch, eine Entschädigung nach gesetzlichen Bestimmungen erhalten.
- Die etwa eine Million DDR-Mark, die der katholischen Kirche als Zuwendung gewährt wurde, sollte unangetastet bleiben.
- Die Kommunion sollte weiterhin im bisherigen Rahmen erlaubt bleiben, wobei ausdrücklich hervorgehoben wurde:

»... Irgendwelche Abstriche an der Verbreitung und Vertiefung der Kenntnisse des Marxismus-Leninismus in der Erziehung von Kindern und Jugendlichen kann es nicht geben.«[568]

In Erweiterung der Vorschläge des Vatikans wurden noch vier weitere mögliche Verhandlungspunkte[569] genannt, deren Verhandlung nur vordergründig einem Entgegenkommen gegenüber der katholischen Kirche entsprach, bei genauerer Betrachtung jedoch der Sicherung von staatlicher Kontrolle über die Kirche diente. Wobei der erstgenannte Vorschlag den schwerwiegendsten Eingriff in die Unabhängigkeit der Kirche darstellte. Zwar sollte die bisherige Praxis der Ausbildung des Priesternachwuchses bestätigt werden, aber: »[...] im Interesse unseres Staates präzisiert durch die Feststellung der Möglichkeit, Einfluss auf die

---
568 A. a. O. (Bl 221 f.).
569 A. a. O. (Bl. 222).

Auswahl der Studenten und Teilbereiche des Lehrinhaltes zu nehmen.«[570] Diesen Einfluss übte der Staat bis dato noch nicht aus. Eine schriftliche Fixierung der bisherigen Vorgehensweise, zuzüglich des Ausbaus der staatlichen Kontrolle auf die Ausbildung des Klerus, hätte zu einer wesentlichen Verschlechterung der Priesterausbildung in der DDR geführt, da sie so, mit dem Segen des Vatikans als Vertragspartner, ihrer noch bestehenden partiellen Unabhängigkeit beraubt worden wäre. Des Weiteren sollte die Möglichkeit zur Durchführung von Prozessionen, Synoden, Wallfahrten und anderen Großveranstaltungen gegeben sein, die jedoch unter dem »Schutz« des Staates zu vollziehen waren. Freilich all dies nur, wenn das Verhalten der Teilnehmer und Organisatoren der Veranstaltung loyal gegenüber dem Staat war. Zwei weitere Punkte bezogen sich auf das karitative Engagement der Kirche in der DDR und in »jungen Nationalstaaten«, das, solange es rein kirchlicher Natur war und mit staatlichen Interessen abgestimmt wurde, nicht ohne staatliches Eigeninteresse geduldet blieb.

In allen wichtigen Punkten des Gesamtkatalogs galt allerdings der »Loyalitätsvorbehalt«, dessen Auslegung im Einzellfall regionalen staatlichen Behörden oblegen hätte, was mit massiver Einflussnahme und Kontrolle einhergegangen wäre. Dieser Verhandlungs- und Forderungskatalog fand fast ungekürzt Aufnahme in die Vorlage des Außenministeriums für den Beschluss und die Direktive des Politbüros des ZK der SED zu dessen Sitzung am 24. Juni 1974.

Der Prozess der Entstehung dieser Vorlage mit den vorgenommenen Abstimmungen der Regierungsstellen Außenministerium und Dienststelle des Staatssekretärs für Kirchenfragen war unter Kenntnisnahme von Willi Barth (Leiter der AG Kirchenfragen beim ZK) und des zuständigen Politbüromitglieds Paul Verner vonstattengegangen[571].

Der Beschluss des Politbüros zur weiteren Verfahrensweise gegenüber dem Vatikan stellte ein wichtiges Ereignis für die Beziehungen zwischen der DDR und dem Vatikan dar, da er

– eine erstmalige Konkretisierung der möglichen Verhandlungspunkte auf der höchsten politischen Entscheidungsebene der DDR darstellte,
– das Junktim »erst Diözesangrenzen, dann Zugeständnisse« auf höchster Ebene fixierte,
– Verhandlungen entweder in Berlin oder Rom zeitnah vorsah,
– das Außenministerium als federführende Institution bestätigte,
– die Möglichkeit einer schriftlichen Übereinkunft der Regierung der DDR mit dem Vatikan über die Stellung der katholischen Kirche in der DDR explizit beinhaltete.

---

570 A. a. O.
571 Vgl.: »Informationen des MfAA an Barth (o. Dat.)«: In: SAPMO. Bestand: AG.KF.ZK d. SED (ab 1972). Sig.: DY 30 IV B 2/14 166. (Bl. 1–6).

Gleichsam legte dieser Beschluss die primär außenpolitische Zielsetzung der Verhandlungen der DDR mit dem Vatikan offen. In der Begründung zu dem Beschluss war festgehalten:

> »... Die Aufnahme von Gesprächen zwischen der DDR und dem Vatikan mit dem Ziel, eine Übereinstimmung der Diözesangrenzen mit den Staatsgrenzen der DDR zu erreichen, würde nicht nur der Abgrenzung zur BRD und darüber hinaus der internationalen Stellung der DDR förderlich sein, sondern auch die klerikal-reaktionären Kräfte in der BRD schwächen und die Widersprüche zwischen diesen und dem Vatikan fördern.«[572]

Die Konkretisierung, die an vielen Stellen von allen Beteiligten auf staatlicher Seite der DDR als die Konstituierung der »bisherigen Praxis« in einem »Gentlemen's Agreement«[573] beschrieben wurde, legte den Schluss nahe, dass es sich hierbei um mögliche Zugeständnisse der DDR-Führung gegenüber der katholischen Kirche in der DDR handelte. Das war ohne Frage nicht der Fall und es handelte sich auch nicht um die Verfestigung des bisherigen Standards, der in der Tat, gemessen an den Zuständen in anderen Ländern des Ostblocks, für das Überleben der katholischen Kirche erträglicher war. Vielmehr versuchte hier die politische Führung in der DDR den faktisch etablierten Modus Vivendi mit der katholischen Kirche zum eigenen Vorteil insofern zu verändern, als versucht wurde, den Einfluss auf diese Kirche erheblich zu erweitern.

7.7.2 Buchenwald und Gottesdienst – Der »Casaroli-Besuch« in der DDR 1975

Nach der Verabschiedung des Beschlusses und der Direktive durch das Politbüro ging die DDR-Führung in die Offensive. Über die Botschaft der DDR in Rom (persönlich durch Botschafter Klaus Gysi) wurde ein Verhandlungsangebot an Erzbischof Casaroli weitergeleitet. Diese erneute Verhandlungsinitiative der DDR führte zu einer raschen Reaktion im päpstlichen Staatssekretariat. Achille Silvestrini, Unterstaatssekretär im Rat der öffentlichen Angelegenheiten der Kirche und damit praktisch Erzbischof Casarolis Stellvertreter, aber auch vatikanischer Verhandlungsführer bei den Konsultationen zur Europäischen Sicherheitskonferenz in Genf, verdeutlichte dem Leiter der DDR-Delegation in Genf, Siegfried Bock, bei einem Gespräch Ende September 1974 die ersten Gedanken von Seiten des Vatikans zu den vorgeschlagenen Gesprächen. Demnach hatte Casaroli keine grundsätzlichen Probleme, der Initiative der DDR zu folgen

---

572 »Entwurf der Vorlage für das Politbüro des ZK der SED. Betreff: Weiterführung der Gespräche DDR/Vatikan (o. Dat.)«. In: PAAA (Berlin). Bestand: MfAA. Sig: MfAA C 3.820 »Beziehungen DDR – Vatikan«. (Bl. 230–240). (Bl. 235).
573 »Anlage 7 zum Protokoll Nr. 27/74 vom 25.6.1974«. A. a. O. (Bl. 85).

und in zwischenstaatliche Kontakte einzutreten, wenngleich er mitteilen ließ, dass er bei einem Besuch seiner Person in der DDR zunächst Probleme erwarten würde[574]. Der Vatikan müsse in diesem Zusammenhang auch die Meinung der Bundesregierung in Bonn und die öffentliche Meinung in der BRD in seine Überlegungen einbeziehen.

7.7.2.1 »... in diesen Fragen überempfindlich« – Verzögerungen des Besuchs Casarolis in der DDR

Es war mittlerweile erneut zu einem diplomatischen Konflikt zwischen der Bundesregierung und dem Vatikan bezüglich der DDR gekommen, der auch in der bundesdeutschen Öffentlichkeit Auswirkungen zeigte. Am 27. September 1974 begann in Rom die 4. Bischofssynode und der Vatikan hatte sich entschlossen, die bisherige Praxis der persönlichen Ernennung eines Bischofs aus der DDR zur Bischofssynode in Rom zu suspendieren und ein anderes Verfahren zu wählen. Es kam zu einer Wahl des Vertreters der BOK (Kardinal Bengsch) und dessen Stellvertreters (Bischof Schaffran) aus der BOK heraus. Diese Wahl war nicht der hauptsächliche Grund der Kritik, sondern die Art und Weise, in der sie veröffentlicht wurde. Hierbei rückte erneut der Status von Westberlin in den Fokus. Es gab mehrere Kategorien, unter denen die Teilnehmer der Bischofssynode in Rom bekannt gegeben wurden, unter anderem »Vertreter der (nationalen) Bischofskonferenzen« und »vom Papst ad personam benannte Vertreter«. Am 11. September 1974 meldete der deutsche Botschafter beim Heiligen Stuhl, Böker, an das Auswärtige Amt diese Bekanntgabe auch für die kurz vor dem Beginn stehende 4. Bischofssynode[575]. Die Bekanntgabe »Deutsche Demokratische Republik: Kardinal Bengsch, Erzbischof, Bischof von Berlin«[576] erregte dabei das besondere Aufsehen von Böker. Nicht dass der Purpurträger unter der Staatsbezeichnung »Deutsche Demokratische Republik« aufgeführt wurde, stellte dabei den problematischen Sachverhalt dar, sondern die Tatsache, dass er unter dieser Staatsbezeichnung als »Bischof von Berlin« geführt wurde. In der Tat war mit diesem Vorgehen des Vatikans, das von Erzbischof Casaroli mit Papst Paul VI. intensiv besprochen worden war[577], die Deutung nicht ausgeschlossen, dass Berlin kirchenrechtlich der DDR zugeschlagen wurde. Dagegen verwehrte sich die Bundesregierung in einer sehr deutlichen Note am

---

574 »Abschrift eines Telegramms von S. Bock an den stellv. Minister Nier (25. 9. 1974)«. In: BA. Bestand: StSek.f.KF. Sig.: DO4 1304. (Bl. 745).
575 AAPD. 1974. Bd. 2. Dok. 260. S. 1145–1148. (S. 1145).
576 A. a. O. (S. 1146).
577 Vgl. hierzu: »Meldung Bökers zu einem Gespräch mit Casaroli (4.10. 1974)«. In: AAPD. 1974. Bd. 2. Dok. 291. S. 1261–1263. (S. 1262).

4. Oktober 1974[578]. Dass es erneut zu Verstimmungen gekommen war, legte die Bemerkung Casarolis offen, die Böker dem Auswärtigen Amt weiterleitete: »[...] er [Casaroli] hätte den Eindruck, wir [die Bundesregierung] seien – genau wie der deutsche Episkopat – in diesen Fragen überempfindlich.«[579] Neben diesem für die bundesdeutsche Seite gravierenden Problem, zu dem von DDR-Seite keinerlei Stellungnahme erfolgte, war aber zusätzlich die Frage des zukünftigen Status der BOK berührt. Schon im Mai 1974, bei Bengschs Rom-Besuch und den bei diesem Anlass geführten Gesprächen mit Casaroli und Paul VI., hatte diese Frage eine Rolle gespielt. Gegenüber Kardinal Bengsch hatte Erzbischof Casaroli am 9. Mai 1974 zwei wesentliche Dinge betont:

– Es werde etwas geschehen müssen, was bei der komplizierten Situation, nicht zuletzt wegen des Berlinstatus, keine leichte Lösung sei und wahrscheinlich am ehesten einer »auctoritas territorialis« (wie zum Beispiel in Großbritannien: »zwei Bischofskonferenzen – ein Staat«) entsprechen werde[580].
– Casaroli erkannte an, dass es sich nicht um eine Nationalkonferenz handeln solle, sondern »[...] irgendetwas dazwischen«[581].

Dieses Problem verschwand erst einmal wieder von der Tagesordnung, da es als Verhandlungsgegenstand der anvisierten Kontakte galt. Zum damaligen Zeitpunkt mussten aber Gedanken zu diesem Sachverhalt angestellt werden, da das Verfahren, das zur Teilnahme Bengschs an der Bischofssynode in Rom führte, den Status der BOK als Bischofs- oder Ordinarienkonferenz existenziell berührte. Ein weiterer Faktor war in diesem Zusammenhang von erheblicher Bedeutung: Der Vatikan äußerte sich erstmals öffentlich zu der Frage der beiden deutschen Staaten. Auf der Liste der Teilnehmer wurde Kardinal Bengsch
1. unter »Deutschland« genannt,
2. dort aber gleichberechtigt neben der »Bundesrepublik Deutschland« unter der Bezeichnung »Deutsche Demokratische Republik« geführt.

Die Aufregung über den »Bengsch-Status« war noch nicht abgeebbt, da brach ein zusätzlicher Konfliktherd auf. Der regierende Bürgermeister von Berlin, Klaus Schütz, sagte eine Romreise und eine für den 30. Oktober 1974 anvisierte Papstaudienz ab. Ursächlich war, dass die geplante Begleitung Schütz' durch den deutschen Botschafter unter protokollarischen Gesichtspunkten vom päpstlichen Staatssekretariat abgelehnt wurde. Der Vatikan wollte dabei die bisher geübte Praxis nicht verändern: Schon bei zwei vorangegangenen Besuchen des

---
578 A. a. O. (S. 1261).
579 A. a. O.
580 »Information zum Status der BOK (15.6.1974)«. In: DAB. Bestand: NL Bengsch. Signatur: V/5–7-1 1961–1979. (unpag.).
581 A. a. O.

regierenden Bürgermeisters von Berlin im Vatikan waren die damaligen Botschafter nicht mit anwesend[582]. In der damaligen Situation war in diesem vom Vatikan als rein protokollarisch bezeichneten Vorgehen jedoch von Seiten der Bundesregierung ein Affront gesehen worden. Das brachte der zuständige Minister, Hans Dietrich Genscher, in einem Gespräch mit Nuntius Bafile am 5. November 1974 in Bonn zum Ausdruck[583]. Genscher hielt es für möglich, dass der Vatikan der Verfahrensweise der Länder des Ostblocks nahe sei, die Außenvertretung Westberlins durch die Bundesregierung abzulehnen[584]. Dem Nuntius war bei diesem Gespräch daran gelegen, die Rechtmäßigkeit des Handelns des Vatikans zu bekräftigen, wenngleich er unter dem Deckmantel der Diskretion mitteilte, dass er persönlich dem päpstlichen Staatssekretariat eine Ablehnung der Begleitung Schütz' durch den deutschen Botschafter nicht geraten hätte[585].

Der Vatikan erklärte in diesem Zusammenhang erneut, dass Berlin nicht als integraler Bestandteil des Staates BRD angesehen werde. Dieser Vorgang legte, wie schon bei dem weniger intensiv geführten, aber im Kern der Sache denselben Sachverhalt berührenden Streit um den Status Kardinal Bengschs bei der Bischofssynode in Rom, die explizite Sichtweise des Vatikans in Bezug auf den Status Berlins und die darin implizierte Völkerrechtauffassung offen: Die Besonderheit des Status von Westberlin wurde ausdrücklich anerkannt und Westberlin nicht vorbehaltlos als Teil der Bundesrepublik angesehen. Die Brisanz lag hierbei in der kirchenrechtlichen Zugehörigkeit Gesamtberlins zum Bistum Berlin, mit einem residierenden Bischof in Ostberlin und dem größten Anteil des Bistums auf dem Staatsgebiet der DDR. Diese Kumulation von kirchen- und völkerrechtlichen Belangen wurde bei den meisten Fragen, die auf der Agenda der Verhandlungen mit der DDR-Führung standen, direkt oder indirekt berührt. Dies trug, wie sich immer wieder zeigte, zur Verkomplizierung der Verhandlungen bei und erschwerte die Lösung des realexistierenden Konfliktes um die Diözesangrenzen in Mitteldeutschland, der nach der politischen und territorialen Neuordnung Deutschlands entstanden war. Berlin blieb als Problemkreis sowohl völkerrechtlich als auch politisch-ideologisch und emotional von weltpolitisch herausragender Bedeutung und musste bei jedem Versuch der Klärung des Zuschnitts der Jurisdiktionsbezirke in der DDR geradezu zwangsläufig mitgedacht werden.

Die kurz aufeinander folgenden Ereignisse im September und Oktober 1974 mit ihren Nachwirkungen warfen diesbezüglich Schlaglichter auf die jeweiligen

---
582 AAPD. 1974. Bd. 2. Dok. 322. S. 1424–1431. (S. 1425) (Fußnote 3).
583 A. a. O. (Bl. 1426 f.).
584 A. a. O.
585 A. a. O. (S. 1429 f.).

Positionen. Die Position der Bundesregierung war insofern klar, als dass Berlin Teil der Bundesrepublik war, wenngleich auch mit besonderem Status. Die Position der DDR-Führung war ebenso klar und verhielt sich diametral zur bundesdeutschen. Westberlin wurde in keinem Fall als Teil der BRD angesehen, sondern als eigenständiges Territorium betrachtet. Es stellte sich nur die Frage, im Besonderen für die Bundesregierung, wie sich der Vatikan zur Berlinfrage verhielt? Das war von besonderer Bedeutung, da dem auch ein weiteres Mal eine Stellungnahme zur »deutschen Frage« innewohnte. In der Politik des Vatikans zeichnete sich, gestützt auf die völkerrechtlichen Entwicklungen in der ersten Hälfte der Dekade der 1970er Jahre, eine Sichtweise ab, die der bundesdeutschen entgegenstand.

Bei der Diskussion um die Teilnahme Kardinal Bengschs an der Bischofssynode wurde dies erstmals offenbar. Da die Liste der Teilnehmer im »L'Osservatore Romano« veröffentlicht wurde, kam sie einer offiziellen, wenn auch nicht rechtsverbindlichen Äußerung des Vatikans gleich[586]. Sie kann aber durchaus als öffentliche Stellungnahme des Vatikans gewertet werden. In dem Gespräch zwischen Botschafter Böker und Erzbischof Casaroli am 4. Oktober 1974 bezog Casaroli eindeutig Stellung und verdeutlichte, dass diese Position auch den Intentionen des Papstes entsprach:

> »[...] er [Casaroli] habe die Liste seinerzeit mit dem Papst genau besprochen und man sei sich darüber einig gewesen, dass es nun an der Zeit sei, dass auch der Vatikan wie alle Welt von den beiden deutschen Staaten spreche und diese getrennt aufführe. Der Papst habe ihm gesagt, der Eintritt der beiden deutschen Staaten in die VN [Vereinten Nationen] sei für ihn der entscheidende Wendepunkt, das damit geschaffene Völkerrecht habe den höchsten Rang und sei auch für den Vatikan verbindlich. Man sei sich dabei klar gewesen, dass dies für viele Deutsche zunächst ein Schock sein werde. Aber irgendwann sei dieser Schock unvermeidlich. Im Übrigen sei das Völkerrecht ein Gebot ersten Ranges.«[587]

Die Aufregung um den »Bengsch-Status« und die Verwerfungen um die nicht zustande gekommene Audienz des regierenden Bürgermeisters von Berlin brachte erneut Unruhe in das nicht vollends entspannte Verhältnis zwischen dem Vatikan und der BRD. Das machte einen zeitnahen Besuch Casarolis in Ostberlin unmöglich. Für den November war laut italienischen Pressemitteilungen (4. November 1974 »Il Messaggero«[588]) eine Reise des Erzbischofs Luigi Poggi in seiner Funktion als Sondernuntius vorgesehen, um einen Besuch von Casaroli für den Beginn des Jahres 1975 in der DDR vorzubereiten. Diese Reise

---

586 AAPD. 1974. Bd. 2. Dok. 291. S. 1261–1263. (S. 1262).
587 A. a. O.
588 Vgl.: AAPD. 1974. Bd. 2. Dok. 322. A. a. O. (S. 1430) (Fußnote 11).

kam, falls sie geplant war⁵⁸⁹, nicht zustande. Im Zuge dieser Auseinandersetzungen wurde das vatikanische Staatssekretariat erstmals gezwungen, zur »Berlinfrage« gegenüber der Bundesregierung eine eigene völkerrechtliche Position zu beziehen. Diese bestand in erster Linie in der völkerrechtlichen Anerkennung der DDR als »zweiter deutscher Staat« und der Anerkennung eines international einmaligen Sonderstatus von Berlin, der jedoch aus Sicht des Vatikans einen Zugriff der Bundesrepublik auf Westberlin als Bestandteil der BRD nicht rechtfertigte.

Die DDR-Führung verhielt sich zu diesen Auseinandersetzungen sehr zurückhaltend, letztlich entsprach das Gesehene ihrer Auffassung der »Realitäten«.

7.7.2.2 »... Es versteht sich von selbst, dass die DDR dabei nicht das geringste Interesse hat, etwas für die Kirche zu tun« – Kardinal Bengschs Analyse der bevorstehenden Verhandlungen DDR – Vatikan

Die Gefahr, die in dem Beschluss des Politbüros für die Stellung der katholischen Kirche in der DDR lag, war beträchtlich. Gemessen an dem bisherigen Modus Vivendi wäre die Annahme der Angebote der DDR-Führung, diesen Status quo schriftlich festzuhalten, ein empfindlicher Rückschritt für die bestehende relative Freiheit der katholischen Kirche in der DDR gewesen. Bei der angebotenen Übereinkunft als »Gentlemen's Agreement« wäre es nach den Vorstellungen der DDR-Seite faktisch nicht zu einer Fixierung, sondern zu einer Modifizierung des Status der katholischen Kirche in der DDR gekommen. Das verdeutlichte Kardinal Bengsch gegenüber Erzbischof Casaroli in einer Handreichung zu den bevorstehenden Verhandlungen des Vatikans mit der DDR, in der er den bestehenden Status quo darstellte und im Anschluss daran die Gefahren aufzeigte, denen dieser ausgesetzt war⁵⁹⁰. Die von ihm dargestellten Gefährdungen, vordergründig allgemeiner Natur, entsprachen im Wesentlichen den in der Verhandlungsofferte der DDR gemachten Angeboten. Was Bengsch hier tat, war, gegenüber Casaroli zweifelsfrei offenzulegen, dass es sich bei den Angeboten der DDR-Führung an den Vatikan nicht um Zugeständnisse handelte, sondern um eine extreme Verschlechterung des bisherigen Status der katholischen Kirche in der DDR. Er sah zudem die Möglichkeit, dass die Kontakte mit dem Vatikan von DDR-Seite übermäßig zur innerdeutschen und internationalen Selbstlegitimation benutzt werden könnten. Kardinal Bengsch nahm hierzu gegenüber Erz-

---

589 Kardinal Poggi verneinte in dem mit dem Verfasser geführten Interview, dass er in seiner Funktion nach Ostberlin reisen sollte. (Interview des Verfassers mit Luigi Cardinale Poggi, Rom 19.3.2006).

590 »Schreiben zu der Vorbereitung der Verhandlungen Vatikan – DDR von Kardinal Bengsch an Casaroli (o. Dat., aber nach dem 17.11.1974, vor Mai 1975)«. In: ASP. Fond. Cas. Ser.: P.d.est. SoSer.: Germ. O. (Cart.12/23). (unpag.) (prov.Sig.).

bischof Casaroli, von diesem dazu aufgefordert, vor den anvisierten Kontakten in Ostberlin sehr umfangreich Stellung. In großer analytischer Klarheit legte er dem päpstlichen Staatssekretariat in Rom aus seiner Sicht die offensichtlichen und verdeckten Verhandlungsziele der DDR-Führung dar und unterteilte sie in kurzfristige und mittelfristige Ziele. Das Motivgeflecht, dass der Berliner Kardinal hier entwarf, ist stellenweise herausragend kongruent mit dem heutigen Wissensstand zur Motivlage der DDR bei den Kontakten zum Vatikan. Dabei stand für Bengsch fest:

> »... Es versteht sich von selbst, dass die DDR dabei nicht das geringste Interesse hat, etwas für die Kirche zu tun. Vielmehr ist ihr einziges Interesse, die Kirche für ihre politischen Ziele zu gewinnen. Diese politischen Ziele sind indes immer den ideologischen untergeordnet. Das ideologische Fernziel ist die Durchsetzung der kommunistischen Gesellschaft, was die Abschaffung der Religion bedeutet. Daran hat sich nichts geändert, im Gegenteil [...]«[591]

Bengsch nannte »politische Nahziele«, für die die DDR-Seite den Vatikan zu missbrauchen gedachte:
- die Abtrennung der Kirche in der DDR von der Kirche in der BRD
- die Einbeziehung der katholischen Kirche in ihre »Friedens- und Sicherheitspolitik«
- die etwaigen Beziehungen zum Vatikan sollten als Druckmittel gegen die von der Kirchenleitung in der DDR eingeforderte und praktizierte »politische Abstinenz« der Kleriker und Gläubigen eingesetzt werden und helfen, diese zu durchbrechen.

So zutreffend der inhaltliche Gehalt dieser Feststellungen Bengschs war, so wenig traf deren alleinige Klassifizierung als »Nahziele« zu. Vielmehr hatten diese Ziele der DDR-Führung, selbst wenn sie zeitnah erreicht werden sollten, grundsätzlichen politischen Charakter und stellten damit »grundsätzlich-politische Ziele« dar.

Kardinal Bengsch ließ dieser Analyse der Politik der DDR-Führung eine Handreichung möglicher Gegenpositionen bzw. -forderungen für die Verhandlungen folgen. Wichtig erschien ihm dabei herauszustellen, dass die Forderung der DDR-Führung nach Eigenständigkeit der katholischen Kirche in der DDR faktisch durch die Ernennung von apostolischen Administratoren erfüllt wurde und jede weitere Entscheidung nicht pastoral begründet werden könnte. Die wenigsten der Jurisdiktionsbezirke auf dem Gebiet der DDR erfüllten, laut Bengsch, die formalen Voraussetzungen zur Diözesenbildung. Er untermauerte diese Argumentation mit der Ausführung:

---

591 A. a. O.

>»... Eine Bemühung des Hl. Stuhles um Abgrenzung, die nicht pastoral einsichtig begründet werden kann, entspricht nicht dem katholischen Kirchenbild. Die katholische Kirche ist vom Wesen her grenzüberschreitend, nicht Grenzen aufrichtend. Darin unterscheidet sie sich von der protestantischen Kirche, die seit eh und je sich als Landeskirche versteht.«[592]

In Bezug auf die Erhebung der BOK zu einer Nationalkonferenz machte Kardinal Bengsch auf das Grundproblem dieser Frage aufmerksam: »... Man kann vom Vatikan nicht verlangen, dass er sich in die umstrittene Frage des Begriffes Nation einmischt.«[593] Gemeint war die virulente Frage nach der existierenden oder nicht existierenden »deutschen Nation«.

In dieser Frage ließ Bengsch jedoch auch ein wenig Verhandlungsspielraum erkennen, indem er die Möglichkeit offenhielt, der BOK in liturgischen Fragen die Entscheidungskompetenzen einer »auctoritas territorialis« zu übertragen. Eine solche Verfahrensweise wäre seiner Meinung nach unschädlich, da man sich so oder so nicht von den liturgischen Normen des deutschsprachigen Raums (BRD, Österreich, Schweiz und Luxemburg) entfernen könnte. Von besonderer Bedeutung für die vatikanische Argumentation erschien es dem Purpurträger aus der DDR, die Argumentation der Staaten des Ostblocks bezüglich ihrer angeblichen Friedenspolitik aufzubrechen:

»... Selbstverständlich ist der Hl. Stuhl bereit, alle Aktionen zu unterstützen, die dem Frieden, der Sicherheit und der Entspannung dienen. Aber er kann nicht darauf verzichten, seine Neutralität festzuhalten und darzustellen. Er kann das primitive Schema ›imperialistische Kriegshetzer – sozialistische Friedenspolitik‹ nicht übernehmen.«[594]

Bemerkenswert war in diesem Zusammenhang, dass Bengsch die Unmöglichkeit der Unterstützung des Vatikans für die Friedenspolitik von Regimes, die Gläubige unterdrückten, aufzeigte. Er stellte in dieser Beziehung Religionsfreiheit als elementares Menschenrecht dar, das keiner Abwägung gegenüber anderen Menschenrechten unterlag. Damit begab er sich auf die Argumentationslinie des II. Vaticanums und des Vatikans bei der Europäischen Sicherheitskonferenz. Bei der Schärfe und Prägnanz dieser Handreichung an Casaroli muss davon ausgegangen werden, dass dies einen sehr bewussten Hinweis, wenn nicht gar eine unterschwellige Aufforderung an den »vatikanischen Außenminister« darstellte, dieses Menschenrecht auch in den Verhandlungen mit der DDR als unveräußerliches Recht anzusehen und sich in dieser Frage kompromisslos zu zeigen. Der Bischof von Berlin schloss seine Ausführungen zu diesem Punkt mit dem

---

592 A. a. O.
593 A. a. O.
594 A. a. O.

Postulat: »... Man kann nicht unter Absehung von den Menschenrechten für den Frieden eintreten wollen.«[595]

7.7.2.3 Die Position Kardinal Döpfners zum »Casaroli-Besuch« in der DDR

Auch Kardinal Döpfner griff in die wieder in Bewegung geratenen Beziehungen zwischen der DDR und dem Vatikan in die Diskussionen ein. Möglichkeiten dazu boten sich vor allem während seiner Anwesenheit zur Bischofssynode in Rom im Oktober 1974. Bei dieser Gelegenheit führte er Gespräche mit Kardinalstaatssekretär Villot und den Erzbischöfen Benelli und Casaroli im Staatssekretariat und hatte zum Abschluss der Synode noch die Gelegenheit, seine Sichtweise dem Papst vorzutragen[596]. In einem anschließenden Gespräch Döpfners mit dem deutschen Botschafter unterrichtete er diesen über die deutschlandpolitisch relevanten Passagen der Audienz. Döpfner hatte dem Papst seine Skepsis gegenüber der seines Erachtens nicht hinreichend erfolgreichen Ostpolitik des Vatikans dargelegt. Paul VI. reagierte direkt:

> »... Er bat den Kardinal eindringlich, nicht zu glauben, dass er, der Papst, die Gefährlichkeit des Kommunismus verkenne. Wenn er sich dennoch auf Verhandlungen mit Kommunisten einlasse, so nur deshalb, weil er das Wohl der Gesamtkirche im Auge haben müsse.«[597]

Kardinal Döpfner richtete nach seiner Rückkehr und nach dem Vorfall um den regierenden Bürgermeister von Berlin noch einmal das Wort an Paul VI., um aus der (bundes-)deutschen Binnensicht für seine Position zu werben[598]. Dieses Schreiben war in einer grundsätzlichen Frage sehr widersprüchlich zur Haltung Kardinal Bengschs: Kardinal Döpfner bat Paul VI. eindringlich, das Episkopat in der DDR in die direkten Verhandlungen des Vatikans mit der DDR-Führung einzubeziehen. Er schrieb:

> »... Darf ich noch einmal in aller Offenheit darauf hinweisen, welche Bedeutung es für die Bischöfe der Jurisdiktionsbezirke in der DDR hat, dass sie nicht von direkten Verhandlungen des Vatikans mit der Regierung der DDR ausgeschaltet werden.«[599]

Die Argumentation, die ihn dazu bewegte, war durchaus schlüssig: Er sah ein großes Pfand in der »Internationalität der katholischen Kirche«, was die katholische Kirche in der DDR gegenüber der Staatsführung interessant als Ver-

---

595 A. a. O.
596 »Bericht Botschafter Bökers aus Rom (28.10.1974)«. In: AAPD. 1974. Bd. 2. Dok. 310. (S. 1346 f.).
597 A. a. O. (S. 1347).
598 »Schreiben Döpfners an Paul VI. (24.11.1974)«. In: ASP. Fond. Cas. Ser.: P.d.est. SoSer.: Germ. O. (Cart.42/23). (unpag.) (prov.Sig.).
599 A. a. O.

handlungspartner machte. Wenn nun, so Döpfner, die Verhandlungen direkt zwischen dem Vatikan und dem Staat geführt würden, wäre die Nutzbarkeit dieser Internationalität als interessierendes Moment für die Bischöfe in der DDR verringert. So konsistent diese Darlegung auf den ersten Blick war, so sehr widersprach sie der grundsätzlichen und expliziten Politik der von Bengsch geübten »politischen Abstinenz« und deren Grundlage, dem »Döpfner-Erlass«. Döpfner übertrug hier, offenkundig nicht in Abstimmung mit Kardinal Bengsch, die Art und Weise der politischen Wirkung des Episkopats in der BRD, mit all seiner Freiheit und Wirkungsmacht, auf die Zustände in einem kirchen- und religionsfeindlich regierten Land, die er selbst als Bischof von Berlin kannte.

Vollständig im Gegensatz dazu war Kardinal Bengsch darauf bedacht, die Verhandlungen Vatikan – Staat strikt von den Verhandlungen Episkopat – Staat zu trennen. So lehnte er z. B. auch ganz bewusst die Wahl eines kirchlichen Feiertages als Anlass für Casarolis bevorstehenden Besuch in der DDR ab, da er darin eine Verbindung der staatlichen Gespräche mit der katholischen Kirche in der DDR sah.

7.7.2.4 Der Besuch findet statt – Die Vorbereitungen

> »… Die bereits für 1974 vorgesehene Reise Casarolis in die DDR hat sich infolge des Drucks der BRD-Regierung und von einflussreichen Klerikern in der BRD und im Vatikan bis jetzt verzögert.«[600]

Noch am 17. April 1975 war für die DDR-Führung nicht klar, wann Erzbischof Casaroli die DDR besuchen würde. Andernfalls hätte Werner Lamberz keine »vertrauliche Mitteilung« an Casaroli gesendet, in der er eine offizielle Einladung der Regierung der DDR anbietet, um so die direkten Verhandlungen beginnen zu können[601]. Dass ein solcher Besuch in der nächsten Zeit stattfinden würde, war im Vatikan Anfang April beschlossene Sache[602], und dass dieser Besuch zeitnah

---

600 »Arbeits- und Informationsmaterial für den Besuch Casarolis in der DDR (o. Dat, nach 26.2.1975, vor 28.5.1975)«. In: BA. Bestand: StSek.f.KF. Sig.: DO4 4930. (Bl. 1980–1985). (Bl. 1985).
601 Stehle, H.: »Geheimdiplomatie im Vatikan«. (S. 396). Warum gerade Werner Lamberz diese Mitteilung sandte, bleibt unklar. Die Behauptung Stehles »… Besonders Lamberz betrieb die Annäherung an den Vatikan« (Stehle, H.: »Geheimdiplomatie im Vatikan«. [S. 335]) kann nicht als Begründung dafür herangezogen werden, dass es Lamberz war, der die Mitteilung an Casaroli sandte. Lamberz hatte nach seinem Treffen mit Casaroli kaum noch Berührung mit diesem Thema und war auch in keinem der betreffenden Verteiler aufgenommen worden. Einen Quellenbeleg bezüglich der Mitteilung Lamberz' an Casaroli vom 17.4.1975 bleibt Stehle leider auch schuldig.
602 AAPD. 1975. Bd. 1. Dok. 119. (S. 528–533). (S. 528 – Fußnote 2).

geschehen würde, wahrscheinlich vor dem 15. Juni 1975, war Anfang Mai beiden Seiten bekannt[603].

Da der Termin konkreter wurde, sah sich die Bundesregierung, genau wie das bundesdeutsche und ostdeutsche Episkopat, genötigt in die inhaltlichen und formalen Vorbereitungen des Besuches einzugreifen. Am 28. Mai vereinbarten der deutsche Botschafter beim Heiligen Stuhl, Böker, und Erzbischof Casaroli, dass es noch vor dem Besuch in Ostberlin zu Gesprächen in Rom kommen sollte. Diese wurden für den 4. Juni vereinbart und von dem Völkerrechtsberater im Auswärtigen Amt, Fleischhauer, in Rom mit Casaroli geführt. Dieses Treffen stellte für die vatikanische Seite den Beweis dar, dass die Konsultationspflicht gegenüber der BRD erfüllt wurde und auch wenn es im juristischen Sinne nicht mehr um Konsultationen ging, so waren beide Seiten doch bemüht die viel gerühmte »freundschaftliche Lösung« zu finden: »... Ed in realtà é così: é da più di due anni che ci si incontra per trovare questa ›freundschaftliche Lösung‹!«[604]

Angelo Sodano, der im Staatssekretariat in Rom für Deutschland zuständig und folglich mit der Vorbereitung des Besuchs Casarolis in der DDR beauftragt war, verfasste eine Zusammenstellung des bisher Geschehenen, und erstmals fand sich auch eine umfassende Ansammlung der Motive, die den Heiligen Stuhl zu den Verhandlungen mit der DDR veranlassten[605]. Dabei war es von besonderer Bedeutung, den pastoralen Charakter jedweder Planung herauszustellen. Mit der Formulierung der Motive für die bevorstehenden Gespräche mit der DDR-Führung, waren – kurz vor dem Besuch – auch die angestrebten Verhandlungsgegenstände offengelegt:

»...
1. una situazione oggettiva di cleri e fedeli che da più di 30 anni [...] non hanno contatti con il vescovo della diocesi in Germania Federale
2. una necessità oggettiva che un dato territorio abbia la sua piena e completa organizzazione eccl. come è quelle della diocesi, con tutti i poteri che competono ad una diocesi (tribunali, seminari, uffici, possibilità d'erigere parrocchie o sopprimerle, possibilità di incardinare dei sacerdoti). [...]
3. un'irregolarità oggettiva di due di quei territori (e cioè dei territori di Magdeburgo e Schwerin) che non confinano con la diocesi-madre, anzi ne sono separati dallo spazio di più di cento chilometri di larghezza, qual è quello costituito dalla diocesi di Hildesheim. Si tratti di veri grandi ›enclave‹, che anche in periodi normali, dovrebbero modificati, *tanto più dopo che il Concilio Ec. Vat. II. ha stabilitoche il territori diocesano*

---

603 A. a. O. (S. 529).
604 »Appunto circa la prossima conversazione con il Sig. Fleischhauer«. In: ASP. Fond. Cas. Ser.: P.d.est. SoSer.: Germ. O. (Cart.42/23). (unpag.) (prov.Sig.). (»... Es ist in der Realität so, dass es seit mehr als zwei Jahren Zusammenkünfte gibt, um diese ›freundschaftliche Lösung‹ zu erreichen.«)
605 »Appunto circa la prossima conversazione con il Sig. Fleischhauer«.A. a. O.

deve sempre essere ininterrotto [handschriftlich von Sodano eingefügt⁶⁰⁶]

4. una oggettiva possibilità di erigere tre diocesi a Magdeburgo, Erfurt-Meiningen ed a Schwerin (sufficiente numero di clero e fedeli), con innegabile rafforzamento dell'unità ecclesiastica e della cita cattolica

5. oggettivo peggioramento della situazione che vi sarebbe nella DDR, se la S. Sede non accogliesse tali aspirazioni del Governo di Berlino-Est; infatti, molti problemi sono là irrisolti, anche perché legati alla soluzione di tale problema

   a. così è del problema di costruzione di chiese locali per ecclesiastici
   b. così è per il problema di invio di letteratura religiosa
   c. così è per il problema di invio di studenti nelle Facoltà Pontificie, ad esempio

6. oggettiva impossibilità di negare al Governo della DDR che la situazione di quelle diocesi è molto strana: *quasi la meta* [Hervor. i. Org.] dei territori ecclesiastici di uno stato dipende da Vescovi di altro Stato; è un caso forse unico nella storia recente dell'organizzazione ecclesiastici

7. oggettiva convenienza di accogliere l'invito del Concilio a far coincidere i confini delle diocesi con quelli civili (Christus Dominus § 23).«⁶⁰⁷

Es ging vor allem um die Sicherung und Erstellung von ordnungsgemäßen kirchlichen Organisationsstrukturen. Mit der Sicherung respektive der Errichtung von geregelten Strukturen war nach Auffassung des Vatikans das Fundament dafür gelegt, eine normale kirchliche Entwicklung zu erreichen. Norma-

---

606 Sodano berief sich auf das Konzilsdekret »Christus Dominus« § 23 1: »… uniuscuiusque dioecesis territorium nonnisi continuum pateat«. (http://www.vatican.va/arch.ive/hist_councils/ii_vatican_council/documents/vat-ii_decree_19651028_christus-dominus_lt.html). (Letzter Zugriff: 2. 5. 2010).

607 »Appunto circa la prossima conversazione con il Sig. Fleischhauer«.A. a. O. (»… 1. die Situation, dass Klerus und Gläubige seit 30 Jahren von der Heimatdiözese getrennt sind, ist real, 2. die Notwendigkeit, dass ein Territorium eine vollständige kirchliche Organisation hat, wie eine Diözese, mit allen Befugnissen und Kompetenzen [Gerichte, Seminare, Verwaltung, die Möglichkeit Kirchen zu errichten und die Möglichkeit, Priester in die Diözese einzugliedern], 3. die Unregelmäßigkeit von zwei Territorien [Magdeburg und Schwerin], die nicht an die Mutterdiözese angrenzen, das heißt, sie sind durch einen ca. 100 Kilometer großen Zwischenraum, der zur Diözese Hildesheim gehört, getrennt. Es handelt sich um sehr große ›Enklaven‹, die auch in normalen Zeiten modifiziert werden müssten, *besonders nachdem das II. Vatikanische Konzil festgelegt hat, dass das Diözesanterritorium immer zusammenhängend sein muss*, 4. die Möglichkeit, drei Diözesen zu errichten: Magdeburg, Erfurt-Meiningen und Schwerin (ausreichende Anzahl von Klerikern und Gläubigen), mit der unbestreitbaren Stärkung der kirchlichen Einheit und katholischen Gemeinschaft, 5. die objektive Verschlechterung der Situation, wie sie in der DDR ist, wenn der Hl. Stuhl nicht dem Streben der DDR-Regierung entgegenkäme; denn in der Tat sind viele Probleme ungelöst, so z. B. a) das Problem des Kirchenbaus und der Gebäude für Kleriker b) das Problem der Einfuhr religiöser Literatur c) das Problem der Entsendung von Studenten an päpstliche Ausbildungsstätten, 6. die Unmöglichkeit, gegenüber der Regierung der DDR zu bestreiten, dass die gegenwärtige Situation der Territorien ungewöhnlich ist: *fast die Hälfte der kirchlichen Territorien in einem Staat sind abhängig von Bischöfen in einem andern Staat. Das ist vielleicht einmalig in der jüngeren Geschichte der kirchlichen Organisation*, 7. die vernünftige Möglichkeit, die Aufforderung des II. Vaticanums, staatliche Grenzen denen von Diözesen anzugleichen, umzusetzen [Christum Dominum § 23].«)

lität definierte sich demnach über die weitestgehend uneingeschränkt gewährleistete Durchführung der Hirtenaufgaben des Bischofs. Dazu zählten vor allem die unterschiedlichen Aufgaben zur Sicherung der Seelsorge, der Ausbildung von Priestern, der Verwaltung und Gerichtsbarkeit in dem jeweiligen kirchlichen Territorium. Die Aufrechterhaltung beziehungsweise die Erstellung einer geregelten, ordnungsgemäßen Struktur war anzustreben, nicht zuletzt, da nach einem zentralen Dekret des II. Vaticanums – »Christus Dominum« (Über die Hirtenaufgabe der Bischöfe) – die Organisationsstrukturen der katholischen Kirche im internationalen Bezugsrahmen modifiziert werden sollten, jedoch nicht, wie Sodano schrieb, geregelt werden mussten.

Mit dieser vatikaninternen Argumentation als Hintergrund musste die Errichtung von Diözesen in der DDR geradezu als Option einbezogen werden. Offensichtlich war der Vatikan bereit, die Neuregelung der kirchlichen Territorien in der DDR auch über eine neue Diözesanstruktur zu lösen. Das stellte allerdings keinen erkennbaren Handlungszwang dar, aber die Möglichkeit wurde erstmals nachweisbar als reale Handlungsoption in die interne Diskussion eingeführt.

Die Sichtweise der betroffenen Bischöfe und apostolischen Administratoren Hugo Aufderbeck (Erfurt), Johannes Braun (Magdeburg), Bernhard Huhn (Görlitz) und Gerhard Schaffran (Dresden) entsprach nicht der vatikanischen Sicht der Dinge. Die Bischöfe waren im Grundsatz mehrheitlich gegen die Errichtung von Diözesen[608]. Ihre Binnensicht vermittelten sie letztmalig vor dem Besuch Casarolis in der DDR sowohl dem Sekretär für die öffentlichen Aufgaben der Kirche persönlich als vor allem auch Papst Paul VI. Ende April/Anfang Mai 1975 waren sie zu Gesprächen in Rom und konnten die Standpunkte der BOK zu den Verhandlungen des Vatikans mit der DDR noch einmal nachdrücklich zum Ausdruck bringen. Diese entsprachen im Wesentlichen denen aus dem Schreiben Kardinal Bengschs an Casaroli geäußerten Bedenken und Hinweisen zu den Kontakten Vatikan – DDR[609].

Auch Kardinal Döpfner sandte den Sekretär der DBK, Josef Homeyer, mehrmals nach Rom, um Gespräche bezüglich der Reise Casarolis in die DDR zu führen. Das letzte Gespräch dieser Art fand am 4. Juni 1975 in den Amtsräumen Casarolis statt. Neben den bekannten Problemkreisen der Verhandlungen (Neuzirkumskription und Nationale Bischofskonferenz) war das Ansinnen der DDR, mit dem vatikanischen Vertreter auch über die KSZE in Helsinki reden zu wollen, bekannt geworden und Döpfner ließ Homeyer die Bedenken äußern,

---

608 Lediglich Braun und Theissing zeigten sich »eigenen Diözesen« gegenüber aufgeschlossener, als die übrigen BOK-Mitglieder.
609 »Schreiben zu Vorbereitung der Verhandlungen Vatikan – DDR von Kardinal Bengsch an Casaroli«. A. a. O.

dass die DDR in der Frage der »Unverletzlichkeit der Grenzen« versuchen könnte, einen Keil zwischen die Länder des Westens und den Vatikan zu treiben.

> »... I comunisti vogliono sancire il principio secondo cui non dovrebbero avvenire mutamenti di confini ›assolute‹, mentre la posizione dei Paesi occidentali è che eventuali mutamenti non debbono avvenire con impegno di violenza o di minacce. Il cardinale prega di non voler consentire ad eventuali proposte di comunicati congiunti, che portino pregiudizio a questa posizione dei Paesi occidentali, che è di essenziale interesse per la RFG.«[610]

Die hier von Homeyer weitergegebene Bitte war politischer Natur und regte bei seinem Gegenüber eine ebensolche Antwort an. Casaroli zielte auf die grundsätzliche Stellung des Vatikans im Staatengefüge ab und er machte deutlich, dass eine kategorische Verweigerung von Verhandlungen oder Themen nicht ohne den Vorwurf von »... illogicità e di atteggiamonto discriminante nei confronti della RDT«[611] geschehen könnte. Erzbischof Casaroli offenbarte eine weitere Motivation, die den Vatikan zu derartigen Gesprächen mit der DDR drängte:

> »... La posizione della chiesa nella RDT è di fatto, abbastanza buona, ma non gode di garanzia giuridica ed è pertanto facilmente vulnerabile. Un domani le Autorità della RDT potrebbero assumere un atteggiamento più ostile verso la chiesa e a nostre proteste obiettare: noi vi abbiamo offerto di regolare le cose di comune accordo, ma voi non avete voluto.«[612]

Es ging um die Sicherung von Besitzständen, zumindest jedoch um die Sicherung eines Mindeststandards als Existenzgrundlage der katholischen Kirche in der DDR. Das Problem dabei lag paradoxerweise darin, dass die gesellschaftliche Situation der katholischen Kirche in der DDR gegenüber anderen Ortskirchen in den Ländern des Ostblocks deutlich besser war. In der DDR ging es um einen Modus Vivendi auf hohem Niveau, wohingegen zum Beispiel in der ČSSR eher von einem Modus non Moriendi oder Modus Existendi zu sprechen war. In keinem kommunistisch regierten Staat behielt sich die Staats- und Parteiführung derart geringen Einfluss auf die katholische Kirche vor wie in der DDR.

---

610 »Udienza di S. E. Mons. Casaroli a Mons. Homeyer (4.6.1975)«. A. a. O. (»... Die Kommunisten stellen das Prinzip der Unverletzlichkeit der Grenzen gegen die westliche Position, dass es zu keiner Veränderung von Grenzen kommen darf, die gewaltsam oder unter Androhung von Gewalt zustande kommt. Der Kardinal bittet, keinen gemeinsamen Verlautbarungen zuzustimmen, die dem Anliegen der westlichen Länder, welches von essenziellem Interesse für die BRD ist, schaden könnte.«)
611 A. a. O. (»[...] nicht nachvollziehbaren und diskriminierenden Verhaltens gegenüber der DDR.«)
612 A. a. O. (»... Die Situation der Kirche in der DDR ist, de facto, einigermaßen gut, aber sie genießt keine juristische Garantie und ist deshalb leicht verwundbar. In der Zukunft könnte die DDR-Führung ein feindlicheres Verhalten gegenüber der Kirche einnehmen und unseren Protesten entgegenhalten: Wir haben euch angeboten, die Dinge in gegenseitigem Einvernehmen zu regeln, aber ihr wolltet nicht.«)

Allein der Aspekt, dass eine mögliche Einflussnahme des Staates auf die Bischofsernennungen faktisch nicht wahrgenommen wurde, sondern lediglich eine Information der Dienststelle des Staatssekretärs für Kirchenfragen erfolgte, offenbarte die Unterschiede zu anderen »Staat-Kirche-Verhältnissen« im Ostblock. Dass dabei selbst diese Verfahrensweise nur eine nicht eingeforderte Geste der Kirchenführung darstellte, unterstrich diesen außergewöhnlichen Modus Vivendi nur noch zusätzlich.

Die vatikanischen Verhandlungsführer standen vor dem Problem, die rechtliche Situation der Kirche in der DDR unangetastet zu lassen, wie es Kardinal Bengsch und sein Kardinalskollege Döpfner forderten, oder die (teilweise) Erfüllung der Forderungen der DDR in Erwägung zu ziehen. Bei der Betrachtung des Katalogs der als Konzessionen an die Kirche angesehenen Vorschläge des Politbüros[613] zu den Verhandlungen mit dem Vatikan wurde klar, dass es sich dabei um eine objektive Verschlechterung der Bedingungen der katholischen Kirche in der DDR handelte. Diese Vorschläge hätten, dazu waren die DDR-Verhandlungsführer bereit, im Rahmen eines Protokolls schriftlich festgehalten werden können. Dieser Umstand stellte, trotz der dadurch wachsenden möglichen Einflussnahme des Staates auf die katholische Kirche in der DDR, eine Offerte dar, die der Vatikan nicht vorbehaltlos ausschlagen wollte. In den Verhandlungen mit der DDR schien ein wichtiges Ziel vatikanischer (Ost-)Politik erreichbar: Rechtssicherheit, vor allem für das Bestehen und Ausbilden der Kirchenhierarchie in der DDR. Solche Abkommen hatte es schon mit Ungarn, Jugoslawien und Polen gegeben, aber keine dieser Übereinkünfte war derart weitreichend und der darin gewährte Freiraum für die katholische Kirche war für einen Staat kommunistischer Prägung bis dato einzigartig. Aus vatikanischer Sicht stellte es sich demnach als ein gutes Angebot dar, die Kirchenführung in der DDR jedoch musste es, auf Grundlage der bis dahin gemachten Erfahrungen, als geradezu enormen Rückschritt in der Gewährung von Freiheiten und Entwicklungschancen sehen.

Bei den bevorstehenden Verhandlungen aber war der Vatikan der Verhandlungspartner der DDR. Die politische Führung in der DDR hatte es geschafft, das Junktim konsequent durchzuhalten, wonach sie erst nach Zugeständnissen bezüglich der Grenzverläufe in der DDR bereit war auf die Forderungen des Vatikans einzugehen. Und der Vatikan konnte, gemessen an bisherigen Abkommen mit anderen kommunistischen Staaten, mit positiven Verhandlungsergebnissen rechnen, so man die Bereitschaft zur Neuorganisation der Jurisdiktionsbezirke in der DDR zeigte.

Selbstverständlich beeinflusste die Analyse und Bewertung der Kirchenführung in der DDR die Haltung des Vatikans. Aber auch die global wahrzuneh-

---

613 »Anlage 7 zum Protokoll Nr. 27/74 vom 25. 6. 1974«. A. a. O.

mende Verantwortung der Kirche war Teil der Richtschnur vatikanischen Handelns, was sowohl der Papst als auch dessen diplomatischer Vertreter gegenüber den unterschiedlichsten Verhandlungsparteien deutlich gemacht hatte.

In den Diskussionen um das Zustandekommen des Besuches von Erzbischof Casaroli in der DDR war aber auch zu erkennen, dass die besondere Situation in den beiden deutschen Staaten stetig wahrgenommen und in die Überlegungen einbezogen wurde. Casaroli fuhr ohne die feste Absicht nach Ostberlin, die angebotene schriftliche Fixierung auch wirklich abzuschließen. Vielmehr versicherte er Kardinal Döpfner noch kurz vor seiner Abreise, dass es sich nicht um Verhandlungen handelte, sondern um Arbeitsgespräche. Kardinal Döpfner äußerte sich erleichtert: »… Ganz besonders danke ich Ihnen für Ihre Versicherung, dass es um Gespräche und nicht um Verhandlungen geht.«[614]

Auch die strikte Trennung des Besuchs in einen offiziellen Teil und einen Pastoralteil zeugte von der vorhandenen Sensibilität im Vatikan, mit der diese Reise geplant wurde.

Am 28. Mai 1975 wurde der für Deutschland zuständige Monsignore und einer der wichtigsten Mitarbeiter Casarolis zur Klärung von Detailfragen wie Unterbringung, Reiseroute und Programm nach Ostberlin gesandt. Wichtig war dabei, den doppelten Charakter der Reise herauszuarbeiten und die Reise gegenüber der DDR-Führung unter keinen Umständen als offiziellen Staatsbesuch erscheinen zu lassen. Sodano führte Gespräche mit Kardinal Bengsch und mit Vertretern des Außenministeriums der DDR und er kam mit kirchlichen Vertretern in Westberlin zusammen. Dabei wurde die Frage eines eventuellen Westberlinbesuchs von Casaroli im Rahmen seiner Anwesenheit in Ostberlin besprochen und verworfen, nicht zuletzt, weil die Bundesregierung Bedenken geäußert hatte, dass so implizit die Zugehörigkeit Westberlins zum Territorium der DDR hätte angenommen werden können.[615]

Die mit den Gesprächen beauftragten Personen im päpstlichen Staatssekretariat, die für die Reise vorgesehen waren (Erzbischof Casaroli und die Monsignori Sodano und Zur), hatten eine ausgesprochen sensible Sichtweise auf den Charakter der Reise und verloren den Grundcharakter der DDR als Staat nicht aus den Augen. Ein Detail in der Vorbereitung der Reise legte das offen: Im öffentlichen Teil der Reise war DDR-seitig eine Kranzniederlegung an der »Neuen Wache« Unter den Linden in Berlin vorgeschlagen worden. In Absprache mit Kardinal Bengsch lehnte Angelo Sodano während des Vorbesuchs in Berlin (Ost) dieses Ansinnen ab und schlug vor, einen Blumenstrauß, keinen Kranz, an

---

614 »Brief Kardinal Döpfners an Erzbischof Casaroli (2.6.1975)«.In: ASP. Fond. Cas. Ser.: P.d.est. SoSer.: Germ. O. (Cart.12/19). (unpag.) (prov.Sig.).

615 Zu der vorbereitenden Reise Angelo Sodanos nach Ostberlin vgl. verschiedene Notizen zum »Progetto di viaggio (24.5.1975 u. a.)«. In: ASP. Fond. Cas. Ser.: P.d.est. SoSer.: Germ. O. (Cart.14/B/8). (unpag) (prov.Sig.).

der Gedenkstätte des ehemaligen Konzentrationslagers Buchenwald abzulegen. In einer Notiz an Casaroli machte Sodano die Beweggründe klar:

> »[...] ho insistito è il carattere non ufficiale della visita; non sembrerebbe, quindi, conveniente venire a dargli un carattere ufficiale con la solenne deposizione della corona di fiori (accompagnata inevitabilmente dagli onori militari, ecc.).«[616]

Noch deutlicher wurde Sodano, als er Casaroli die Bedenken Kardinal Bengschs bezüglich einer etwaigen Kranzniederlegung verdeutlichte:

> »... Il Cardinale mi diceva che una simile fotografia avrebbe fatto il giro di tutti i paesi socialisti, che avrebbe fatto del male alla chiesa, che è una farsa rendere omaggio alle vittime del militarismo in uno Stato che è il più militarista del est.«[617]

Sodano argumentierte der DDR-Seite gegenüber mit dem nichtoffiziellen Charakter des Besuches und die Verhandlungsführer der DDR verzichteten auf die Kranzniederlegung. Die öffentliche Bekanntgabe der Reise Casarolis in die DDR wurde für den 6. Juni 1975 vereinbart[618].

Die Wogen waren soweit irgend möglich geglättet worden. Die Gespräche wurden als »nichtoffiziell« deklariert, die Bundesregierung beharrte nicht mehr auf ihrer vermeintlich durch das Reichskonkordat vorgegebenen Konsultationspflicht, was Nuntius Bafile am 6. Juni 1975 in einem Nuntiaturbericht an Erzbischof Casaroli weiterleitete[619]. Kardinal Döpfner fühlte sich in die Vorbereitungen des Besuchs eingebunden und Kardinal Bengsch sah seine Forderungen, im Besonderen die Zweiteilung in Regierungsgespräche und Gespräche mit Kirchenvertretern, weitestgehend erfüllt.

Die politische Führung der DDR hatte am 20. Mai 1975 in der Sitzung des Politbüros, den Besuch des »Sekretärs für die öffentlichen Angelegenheiten der Kirche in der DDR« abgesegnet[620] und die »Direktive für die Weiterführung der Gespräche zwischen der DDR und dem Vatikan vom 25. Juni 1974«[621] bestätigt

---

616 »Notiz Mons. Sodanos an Erzbischof Casaroli (o. Dat nach dem 28.5.1975, vor dem 2.6. 1975)«. In: ASP. Fond. Cas. Ser.: P.d.est. SoSer.: Germ. O. (Cart.14/B/8). (unpag.) (prov.Sig.). (»Ich bestand auf dem nichtoffiziellen Charakter der Reise; es scheint ungünstig, dem Besuch mit einer feierlichen Kranzniederlegung [unweigerlich von militärischen Ehren usw. begleitet] einen offiziellen Charakter zu geben.«)
617 A. a. O. (».... Der Kardinal sagte mir, dass ein solches Foto [der Kranzniederlegung an der Neuen Wache] in allen sozialistischen Ländern die Runde machen würde und so der Kirche schaden würde. Und es wäre eine Farce, in einem der militaristischsten Staaten des Ostens den Opfern von Militarismus zu gedenken.«).
618 »Ergebnisprotokoll der Gespräche mit Nuntiaturrat Sodano (29.5.1975)«. In: PAAA (Berlin). Bestand: MfAA. Sig: MfAA C 3.820 »Beziehungen DDR – Vatikan«. (Bl. 249).
619 »Nuntiaturbericht Nr. 48.013/IX (6. Juni 1975)«. In: ASP. Fond. Cas. Ser.: P.d.est. SoSer.: Germ. O. (Cart.12/20). (unpag.) (prov.Sig.).
620 »Anlage 8 zum Protokoll Nr. 21/75 vom 20.5.1975«. In: SAPMO. Bestand: Protokolle d. PB SED 1960–1989. Sig.: DY 30 J IV 2/2 1563. (Bl. 73).
621 »Anlage 7 zum Protokoll Nr. 27/74 vom 25.6.1974«. A. a. O.

und ergänzt. In dem Beschluss des Politbüros vom 20. Mai 1975 war die Federführung des Außenministeriums – nun unter Führung von Oskar Fischer, Otto Winzer war kurz zuvor am 3. März gestorben, – erneut hervorgehoben. Im Politbüro war die außenpolitische Gewichtung des Besuches derart eindeutig, dass ein Gespräch mit dem Staatssekretär für Kirchenfragen zunächst nicht vorgesehen war, erst eine Woche später, am 27. Mai, wurde in einer Ergänzung zu dem vorausgegangenen Beschluss ein Gespräch mit dem Staatssekretär für Kirchenfragen, Hans Seigewasser, in dessen Dienstsitz eingeplant[622]. Zudem wurde ein Zusatz zu der Direktive vom Juni 1974 beschlossen, die durch die Verschiebung des Besuches provoziert wurde. In dieser Verschiebung sah das Außenministerium der DDR eine erneute Einmischung der BRD in die inneren Angelegenheiten der DDR, die es abzuwehren galt[623]. Diese Erweiterung der Direktive um verbindliche Aussagen zum Reichskonkordat und dessen Gültigkeit für das Gebiet der DDR war insofern beachtenswert, als es die erste explizite Stellungnahme des Politbüros des ZK der SED zu diesem Vertragswerk darstellte und damit erstmals offiziell die Nichtgültigkeit des Reichskonkordats für die DDR auf höchster politischer Ebene manifestierte:

> »… Sollte seitens des Vertreters des Vatikans die Frage der Gültigkeit oder der Anwendung des Konkordates für die DDR gestellt werden, dann ist darauf zu verweisen, dass das Konkordat für die DDR keine Gültigkeit besitzt.«[624]

Bis dato galt bei den Verhandlungen und Gesprächen, aber auch im internen Diskussionsprozess immer die Feststellung, dass die DDR sich nicht als Nachfolgestaat des Deutschen Reiches verstand und damit die Frage der Gültigkeit des Reichskonkordats nicht gestellt zu werden brauchte. In Fragen, die das Konkordat jedoch berührten, wie zum Beispiel die Besetzung des Bischofsstuhls von Berlin mit Alfred Bengsch, analysierten die Mitarbeiter in der Dienststelle des Staatssekretärs für Kirchenfragen die Situation auch auf der Grundlage des Reichskonkordats, lehnten jedoch in jedem Fall dessen Relevanz für die DDR ab. Es wurde allerdings bis zu der vorliegenden Richtlinie des Politbüros keine speziell das Reichskonkordat betreffende allgemein gültige und verbindliche Festlegung getroffen. Man argumentierte lediglich mit der allgemeinen Floskel, »nicht Nachfolgestaat des Deutschen Reichs« zu sein. Erst mit dem Gutachten Krögers und dessen Rezeption 1972/73 kam diese Frage auf die politische

---

622 »Protokoll Nr. 22/75 vom 27.5.1975«. In: SAPMO. Bestand: Protokolle d. PB SED 1960–1989. Sig.: DY 30 J IV 2/2 1563. (Bl. 7).
623 »Entwurf der Ergänzung der Direktive für die Weiterführung der Gespräche mit dem Vatikan«. In: »Ergebnisprotokoll der Gespräche mit Nuntiaturrat Sodano (29.5.1975). In: PAAA (Berlin). Bestand: MfAA. Sig: MfAA C 3.820 »Beziehungen DDR – Vatikan«. (Bl. 257 f.). (Bl. 257).
624 »Anlage 1 zum Protokoll Nr. 22/75 vom 27.5.1975«. In: SAPMO. Bestand: Protokolle d. PB SED 1960–1989. Sig.: DY 30 J IV 2/2 1563. (Bl. 74 f.). (Bl. 74).

Agenda, freilich auch als verhandlungsrelevante Größe bei den angelaufenen Gesprächen mit dem Vatikan.

Zusätzlich zu den inhaltlichen Neuerungen zeigte sich hier auch wieder das Paradoxon der DDR-Außenpolitik in Bezug auf das Unabhängigkeitsdogma gegenüber der BRD. Letzten Endes wäre eine allgemeine Ablehnung mit der üblichen Begründung, im völkerrechtlichen Sinn mit dem Deutschen Reich keine Verbindung zu haben, möglich gewesen. Aber der Problemkreis »Reichskonkordat« war von westdeutschen (Kirchen-)Politikern so intensiv im Gespräch gehalten worden, dass die DDR-Führung zu einer Stellungnahme geradezu genötigt wurde.

Diese ergänzte Direktive stellte zusammen mit dem Beschluss des Politbüros zu dem Casaroli-Besuch die Eingrenzung der Handlungsfelder für das Außenministerium der DDR dar. Inhaltlich handelte es sich um eine klare und enge Grenzziehung. Für die formelle Ausgestaltung der Gespräche allerdings ließ sie einen gewissen Handlungsfreiraum für das Außenministerium erkennen. Die Dienststelle des Staatssekretärs für Kirchenfragen sollte dem Außenministerium dabei lediglich unterstützend zur Seite stehen, aber das Heft des Handelns lag weiterhin beim Außenministerium.

Nach der Klärung der grundlegenden politischen Fragen im Vorfeld des Besuches bestand für die DDR-Führung die unmittelbare Vorbereitung nur noch in der Herstellung von weitgehender Übereinstimmung in formellen Fragen. Die Forderungen des Vatikans wurden größtenteils erfüllt und der nichtoffizielle Charakter der Reise insofern anerkannt, als die Begrüßung Casarolis ohne den Regierungschef (Horst Sindermann Vorsitzender des Ministerrats) oder Staatsratsvorsitzenden (Erich Honecker) und ohne militärische Ehren an dem Flughafen Schönefeld vonstatten gehen sollte. Nur der Außenminister sollte mit einer kleinen Delegation anwesend sein. Die Unterbringung des Gastes erfolgte im Gästehaus der Regierung in Hohenschönhausen. Für den 11. Juni 1975 war vorgesehen, dass der vatikanische Gast die Unterkunft wechselt. Kardinal Bengsch hatte ebenso eine Einladung für Erzbischof Casaroli ausgesprochen, um damit die Trennung der Gespräche zu verdeutlich. Somit sollten die Gäste aus dem Vatikan im zweiten Teil des Besuches, dem »kirchlichen Teil«, im Ordinariat in Ostberlin untergebracht werden und bei der kurzen Pastoralreise durch die DDR (Dresden, Erfurt, Weimar) wurden sie im Priesterseminar in Erfurt einquartiert.

Mit diesem Besuch gab es nun eine neue Qualität der Beziehungen beider: Offizielle Arbeitsgespräche über gegenseitig berührende Themen, die im Vorfeld klar umrissen waren und auf höchster Ebene erfolgten. Die Beziehungen zwischen der DDR und dem Vatikan traten in eine neue Phase. In Ostberlin waren Gespräche geplant, die, als Meinungsaustausch deklariert, im Grunde ergebnisoffene Verhandlungen um klar definierte Problemfelder darstellten (Diözesangrenzen, nationale Bischofskonferenz und KSZE von DDR-Seite; die Sicherung und wenn möglich Vergrößerung der Freiräume der katholischen Kirche in der DDR von Seiten des Vatikans).

Die Entscheidung, »Klartext zu reden«, war gefallen und vom 9. bis 14. Juni 1975 gab es dazu die Gelegenheit.

Abbildung 8: Ankunft der Vatikanischen Delegation auf dem Flughafen Berlin Schönefeld am 9. Juni 1975 (Casaroli [vorne links] mit Außenmister Fischer, hinter Casaroli Mons. Georg Zur [rechts] und Mons. Angelo Sodano [links])

7.7.2.5 Die Gespräche mit der Staatsführung in Berlin

Die DDR-Führung ordnete die Beziehungen zum Vatikan in ihre grundsätzlichen Bemühungen um territoriale Integrität und die uneingeschränkte internationale Anerkennung ein. Das war kein Geheimnis und Oskar Fischer brachte dies in seiner ersten offiziellen Rede gegenüber den vatikanischen Gästen zum Ausdruck. Bei einem Toast zu Beginn eines Essen zu Ehren des »vatikanischen Außenministers« versuchte er die Bedeutung des Besuches für die DDR herauszustellen. Er sprach zunächst die gegenseitigen Verhandlungen und die von der DDR gewünschte Lösung der »… anstehenden Fragen«[625] an, ließ jedoch auch keinen Zweifel an der außenpolitischen Konnotation des Besuches aufkommen: Die Wichtigkeit der KSZE wurde ebenso hervorgehoben, wie er gleichwohl versuchte, die Bemühungen der DDR im weltweiten Entspannungsprozess herauszustellen:

> »… Die Regierung der Deutschen Demokratischen Republik tritt beharrlich dafür ein, die politische Entspannung durch Maßnahmen der militärischen Entspannung zu ergänzen. Sie setzt sich – wie kürzlich der Sekretär des ZK der SED, Erich Honecker, feststellte – ebenso für die Beseitigung internationaler Konfliktherde auf dem Verhandlungswege ein.«[626]

Mit der Erwähnung Erich Honeckers und dessen Funktion im realen Machtgefüge der DDR war dem aufmerksamen Zuhörer auch der Hintergrund der DDR-Verhandlungsführer bewusst: Außenpolitik auch als Systemstabilisierung, nach der Vorgabe der herrschenden Partei.

Der bevorstehende Besuch des Sekretärs des Rates für die öffentlichen Angelegenheiten der Kirche in der DDR war ein Besuch, den der Architekt der Vatikanischen Ostpolitik uneingeschränkt im Rahmen dieser grundsätzlichen politischen Linie vatikanischer Politik und Diplomatie einordnete. Das machte er in seiner Antwort auf Oskar Fischer am selben Abend unmissverständlich deutlich. Zwar hatten beide Politiker schon ein zweistündiges Gespräch absolviert, in dem die Situation der katholischen Kirche in der DDR im Allgemeinen besprochen wurde und das dem gegenseitigen »Kennenlernen« galt, aber Casaroli hatte bei der Vorbereitung des Besuches darauf gedrungen, die Möglichkeit zu einer grundsätzlichen Stellungnahme, wenn auch in ungezwungenem Rahmen, zu haben[627]. Diese kurzen Reden wurden nicht im Verlauf von intensiven Arbeitsgesprächen gehalten, sondern vor allen Delegationsmitgliedern und den anwesenden Gästen der Kirchenleitung der DDR und waren so als eine Standortbestimmung zu Beginn des Besuches zu verstehen. Sie stellten ein »allgemeines politisches Programm« für die bevorstehenden Gespräche dar. Bei dieser Gelegenheit ließ es Erzbischof Casaroli nicht zu, dass die vatikanische Politik und die Verlautbarungen des Papstes zur Friedenssicherung und Abrüstung durch die DDR-Politik vereinnahmt würden. Vielmehr entwarf er ein zweigeteiltes Bild des »Friedens«, der auf der Erde zur damaligen Zeit (teilweise) herrschte. Auf der einen Seite die »… negative Seite des Friedens«, die abschreckende Wirkung der Aufrüstung, vor allem aber die Drohung der totalen atomaren Zerstörung. Demgegenüber stellte er die »… positiven Aspekte des

---

625 »Toast Oskar Fischers am Abend des 9. Juni 1975 im Berliner Hotel Stadt Berlin«. In: ASP. Fond. Cas. Ser.: P.d.est. SoSer.: Germ. O. (Cart.14/8/B (unpag.) (prov.Sig.).
626 A. a. O.
627 »Ergebnisprotokoll der Gespräche mit Nuntiaturrat Sodano (29. 5. 1975)«. A. a. O.

Friedens«[628], den Kampf gegen Hunger, Unterentwicklung und Unwissenheit, als noch zu verwirklichen heraus, da diesen Punkten von den treibenden Kräften des weltweiten Wettrüstens nicht genügend Beachtung geschenkt würde. Er war in diesem Zusammenhang, dem Grundcharakter der Vatikanischen Ostpolitik entsprechend, nicht gewillt Partei zu ergreifen oder einen der beiden Machtblöcke als verantwortlich respektive schuldig für die drohende Vernichtung herauszustellen. Vielmehr entwickelte der (Titular-)Erzbischof von Karthago eine ganz eigene Betrachtung der Ursachen der globalen atomaren Bedrohung und sah in deren Beseitigung eine Möglichkeit, der Vernichtungsdrohung entgegenzuwirken:

> »… Auf dem Grunde all dessen liegt ein völliger Mangel an Vertrauen in die gegenseitigen Absichten und Pläne. Es handelt sich also um eine grundsätzlich psychologische und moralische Haltung. Gerade hier glaubt der Heilige Stuhl – als eindeutig und ausschließlich moralische Kraft – seinen wertvollen Beitrag, so bescheiden er auch erscheinen mag, für die Sache des Friedens leisten zu können. Aber um zur Bekämpfung des Misstrauens unter den Völkern und Mächten beizutragen, braucht er seinerseits das aufrichtige Vertrauen der einen wie der anderen, damit auf der einen Seite seine dringlichen Aufrufe zur Achtung der moralischen Gesetze und Bedürfnisse im nationalen Leben der Völker und in den internationalen Beziehungen besser gehört werden und er andererseits wirksamer dazu beitragen kann, ein besseres Klima gegenseitigen Vertrauens unter den Staaten zu schaffen.«[629]

Dies als Willen zur Neutralität zu verstehen würde dem Kern des Anliegens nicht gerecht werden. Vielmehr verband er mit der Darstellung dieser Unabhängigkeit des Vatikans im internationalen Machtgefüge ein weiteres elementares Charakteristikum der Politik gegenüber den Staaten des Ostblocks:

> »… Dies erklärt die Offenheit des Heiligen Stuhls zum Dialog mit jenen, die ihn wünschen, was natürlich nicht heißt, dass er die Fragen der ideologischen und doktrinären Unterschiedlichkeiten vernachlässige oder sie für minder wichtig anschaue. Und ebenso wenig heißt dies, dass er damit einverstanden sei, im Besonderen die Fragen bezüglich des Lebens der Kirche und der Katholiken in den Ländern, mit denen über die Probleme des Friedens und der internationalen Zusammenarbeit ein Dialog begonnen worden ist, nicht genügend zu beachten oder sie ohne Lösung zu lassen. Im Gegenteil ist der Heilige Stuhl überzeugt, je größer seine Glaubwürdigkeit in den seine Verantwortung berührenden Fragen sein wird, umso besser wird es um sein moralisches Ansehen gegenüber der Welt der Glaubenden und der Nicht-Glaubenden bestellt sein, und umso wirksamer wird sein Einsatz als moralischer Faktor im Gebiet der Friedensbemühungen und für die Zusammenarbeit unter den Völkern sein.«[630]

---

628 »Toast Erzbischof Casarolis am Abend des 9. Juni 1975 im Berliner Hotel Stadt Berlin«. In: ASP. Fond. Cas. Ser.: P.d.est. SoSer.: Germ. O. (Cart.14/8/B (unpag.) (prov.Sig.).
629 A. a. O.
630 A. a. O.

Frieden in der Welt und die Verhandlungen darüber stellte für den Vatikan kein singuläres und partielles Argument beziehungsweise Ereignis dar. Es gab für den Vatikan eine untrennbare Verbindung zwischen den Gesprächen zur Friedenssicherung und der Sicherung der Lebensgrundlage der katholischen Kirche in der Welt und den jeweiligen Staaten. Diese Lebensgrundlage war eingebettet in das Bestreben des Vatikans, Religionsfreiheit als Menschenrecht definiert zu sehen. Die Aufnahme der Religionsfreiheit als einziges konkret benanntes Menschenrecht in den Korb III der Schlussakte von Helsinki wenige Wochen nach dieser Rede sprach eine deutliche Sprache: Die westlichen Staaten setzten diesem Ansinnen keinen wesentlichen Widerstand entgegen und auch die Staaten des Ostblocks akzeptierten die Katalogisierung dieses Rechtes. Ein wichtiger Erfolg des Vatikans, der, auf die jeweiligen Staaten und die Verhandlungen mit diesen heruntergebrochen, immer auch einen wichtigen Faktor als Maßstab der Kontakte mit kommunistischen Staaten darstellte. Gegenüber der DDR machte Casaroli hier nicht mehr und nicht weniger deutlich, als dass nur das Ausbalancieren der gegenseitigen Interessen zu einer befriedigenden Lösung der Probleme im bilateralen Kontakt führen könnte und dass die vatikanische Seite nicht zu einseitigen Zugeständnissen bereit war. Klarer war es nicht möglich, Kompromissbereitschaft einzufordern, ohne die Grenzen der diplomatischen Höflichkeit zu überschreiten. Auch die Besonderheiten der »deutschen Frage« machte er zum Thema. In diesen Äußerungen war erkennbar, dass sich die Zweistaatentheorie im Vatikan durchgesetzt hatte, aber dass diese Staaten immer noch zwei Teile einer Nation seien. Somit stellte er implizit die Kompliziertheit des Beziehungsgeflechtes der bevorstehenden Verhandlungen in den Mittelpunkt der Betrachtungen:

> »... Noch etwas möchte ich beifügen, wenn Sie es mir gestatten, Herr Minister. Der Heilige Stuhl, aufgrund seiner ihm eigenen Sendung, fühlt sich dazu berufen, als Element der Verständigung und der Mitarbeit zu dienen. Dies hat seine besondere Bedeutung im Falle Deutschlands, dessen Söhne – unabhängig von den vielen Ereignissen, die dieses schöne Land im Laufe seiner langen und nicht immer leichten Geschichte durchgemacht hat – Träger von so vielen gemeinsamen Werten und bewunderungswürdigen Überlieferungen auf dem Gebiet der Kultur, der Kunst und des Geistes sind.«[631]

Als der Gast aus dem Vatikan diese kurze Rede hielt, hatte er schon ein erstes Treffen mit dem Außenminister der DDR hinter sich, ein weiteres, in dem es erneut um die Lage der katholischen Kirche in der DDR ging, stand am nächsten Morgen bevor, und erst in dem dritten Gespräch, am Dienstag, dem 10. Juni, kam es zur Besprechung konkreter Fragen (Diözesangrenzen und Status der

---

631 A. a. O.

BOK). Insgesamt hatten der Außenminister der DDR und der »Außenminister« des Vatikans sechs Stunden miteinander konferiert.

In dem ersten Gespräch führte Casaroli nach einer Begrüßung durch Außenminister Fischer in die allgemeine Problematik ein, die aus seiner Sicht zwischen dem Vatikan und »..la parte del mondo che si chiama socialista«[632] zu beachten war. Die ideologischen Differenzen stellte er als gegeben dar, erkannte aber auch die Zusammenarbeit in sozialen Fragen und auf dem Gebiet der Friedenssicherung an. Er machte darauf aufmerksam, dass die Unterstützung, die der Vatikan bei gleicher oder ähnlicher Sichtweise in Friedensfragen bereit ist zu gewähren, wovon die intensive Zusammenarbeit im Rahmen der KSZE zeugte, nicht bedeutete, dass die Probleme auf anderen Gebieten weniger würden[633]. Er machte gleich zu Beginn deutlich, dass er nicht gewillt war, diese Probleme einer Debatte um Abrüstung und Friedenssicherung unterzuordnen und sagte: »[...] e tali difficoltà su altri piani possono appesantire e impedire l'opera della Santa Sede«[634]. Das Protokoll der DDR-Seite verlor zu diesen Zusammenhängen kaum ein Wort, lediglich eine kurze Bemerkung wurde eingefügt: »... Zusammenarbeit zur Vertiefung des Friedens sei zum Teil erschwert durch gegensätzliche Konzeptionen.«[635] Erzbischof Casaroli hatte nicht von »gegensätzlichen Konzeptionen« gesprochen, vielmehr lag ihm das Wohl der Kirche am Herzen. Die Darstellung des Gesagten von DDR-Seite verzeichnete eher die allgemeinen Gegensätze, um im Anschluss die Ausführungen Casarolis zu Friedensfragen in den Mittelpunkt zu rücken. Dieser Umstand machte im Nachhinein sehr klar, was den jeweiligen Protagonisten wichtig war. Für die DDR waren der Vatikan und der Papst im internationalen Raum ein »Verbündeter«, wenn es um die Diskussionen im Rahmen der Abrüstungsdebatte ging. Innenpolitisch verbat man sich jede Einmischung. Beschwerden zur Lage der Kirche waren in diesem Zusammenhang aus Sicht der DDR-Führung nicht angezeigt, da innenpolitisch konnotiert.

Selbstredend war Casaroli interessiert, auch über Friedensfragen zu debattieren, sogar über ideologische Verschiedenheit, aber dazu hätte er nicht nach Ostberlin zu fahren brauchen, das hätten er oder seine Mitarbeiter auch in Genf oder Helsinki im Rahmen des KSZE-Prozesses tun können und taten es dort

---

[632] »Primo colloquio con Il Ministro degli Esteri (9.6.1975 (Protokoll)«. In: ASP. Fond. Cas. Ser.: P.d.est. SoSer.: Germ. O. (Cart.12/20 (unpag.) (prov.Sig.). (»... der Teil der Welt, der sich [den man] sozialistisch nennt.«)
[633] A. a. O.
[634] A. a. O. (»[...] und diese Schwierigkeiten auf anderen Gebieten können die Arbeit des Heiligen Stuhls erschweren oder sogar behindern.«)
[635] »Niederschrift der Verhandlungen zwischen Genossen Minister Oskar Fischer und Erzbischof Casaroli am 9. Juni 1975«. In: SAPMO. Bestand: AG.KF.ZK d. SED (ab 1972). Sig.: DY 30 IV B2/14 166. (Bl. 36–44). (Bl. 36 f.).

auch intensiv. Für ihn war die Lage der Kirche in der DDR von absoluter Vorrangstellung in den Gesprächen und ob das für sein Gegenüber eine Störung darstellte spielte dabei keine Rolle.

Kurz nach den Gesprächen in Berlin schrieb Kardinal Döpfner an Casaroli eine Stellungnahme, die von einer gewissen Hochachtung gegenüber dem Erzbischof zeugte: »... Ich [...] habe den Eindruck gewonnen, dass Sie die Gespräche sehr entschieden geführt haben. Dafür möchte ich Ihnen aufrichtig danken.«[636]

Selbst wenn die DDR-Führung die Probleme der Kirche in der DDR nicht als Problem ansah, die Lage der katholischen Kirche in der DDR sogar als gut darstellte und immer wieder auf die verfassungsmäßig verbürgten Rechte aller »loyalen« (Staats-)Bürger hinwies und so stetig versuchte, die Prioritäten auf allgemeinere Problemlagen zu verschieben, kam der vatikanische Gast jedes Mal auf die konkreten Probleme der katholischen Kirche in der DDR zurück. Deutlich umriss er die Problemlage in seinem ersten Statement gegenüber Außenminister Fischer am 9. Juni 1975:

> »... Questa è la sfida del momento presente: trovare un onesto e soddisfacente ›Modus Vivendi‹ fra Chiesa e Stato, nella RDT, come negli altri Paesi socialisti. È certo un compito difficile; anzi alcuni considerano addirittura impossibile. Ma appunto per le difficoltà d'una soluzione, ci vuole buona volontà de entrambe le Parti ed anche una visione politica del futuro.«[637]

Diese Herausforderung fand in der DDR-seitigen Auswertung keine Erwähnung, sondern der kurze Hinweis Casarolis, man habe auf dem Feld der Friedensverhandlungen und bei der KSZE einiges erreicht und gut zusammengearbeitet, wurde zu einer Eloge der KSZE-Delegation der DDR ausgebaut, die in die retrospektiven Betrachtungen des vatikanischen Staatssekretariats nur als eine Hervorhebung des sachlichen Dialogs mit der DDR-Delegation Eingang fand.

Das erste Gespräch mit Oskar Fischer wurde weiterhin von Casaroli genutzt, um seine Sichtweise auf die Lage der Kirche und der Gläubigen in der DDR darzustellen, die er offen und schonungslos vortrug. Er sprach zwar von der Anerkennung der Trennung von Kirche und Staat, die er in Ländern wie der DDR für eine gesunde Basis erachtete. Er machte aber klar, dass diese Trennung in der DDR nicht real vollzogen sei, da der Staat die Kirche und die Gläubigen be-

---

636 »Schreiben Kardinal Döpfners an Casaroli (27.6.1975)«. In: ASP. Fond. Cas. Ser.: P.d.est. SoSer.: Germ. O. (Cart.12/22) (unpag.) (prov.Sig.).
637 »Primo colloquio con Il Ministro degli Esteri«.A. a. O. (»... Die aktuelle Herausforderung ist: Einen ehrlichen und zufriedenstellenden »Modus Vivendi« zwischen Kirche und Staat zu finden, in der DDR wie in den anderen sozialistischen Staaten. Das ist ohne Frage eine schwierige Aufgabe, einige halten es sogar für unmöglich. Aber gerade bei Schwierigkeiten eine Lösung zu finden, braucht es guten Willen von beiden Seiten und eine politische Vision der Zukunft.«)

hindere und teilweise diskriminiere. Nach Casaroli bedürfe es zu einer wirklichen Trennung von Staat und Kirche der freien Entfaltung der katholischen Kirche im seelsorgerischen Bereich ohne Einschränkungen durch den Staat. Zudem erfordere es die Einsicht der Staatsführung, die Kirche nicht als negativen Gesellschaftsfaktor aufzufassen, sondern als Bereicherung des sozialen Lebens. Gläubige dürften nicht als Bürger zweiter Klasse behandelt werden, selbst wenn de jure eine Gleichstellung gegeben sei, sie sich im gesellschaftlichen Alltag jedoch benachteiligt fühlten. Beispiele wie Benachteiligung bei der Studienwahl sowie die Diskriminierung von Jugendlichen (Stichwort Jugendweihe – Konfirmation) belegten für Casaroli, dass es faktisch eine schlechtere Behandlung von Gläubigen in der DDR gab. Auch er hob auf die Verfassung der DDR ab, in dem er in der Fassung von 1949 die katholische Kirche und deren Stellung im Staat erwähnt sah, aber in den Fassungen von 1968 und 1974 keinerlei Erwähnung mehr fand, was eine juristische Unsicherheit darstelle. Diese zeigte sich in der praktischen und alltäglichen Auseinandersetzung von Staat und Kirche zwar noch nicht, aber das bedeutete auch, dass es keine staatlichen Garantien für das Wirken der katholischen Kirche in der DDR gab. Die Lösung dieser Probleme verband Casaroli mit der Zusammenarbeit im internationalen Rahmen, die bei einer zufriedenstellenden Lösung der bilateralen Probleme dementsprechend verbessert werden könnte.

Oskar Fischer führte in seiner Erwiderung aus, dass alle Bedenken Casarolis unbegründet seien und in der alltäglichen politischen Praxis der DDR irrelevant wären. Es gäbe keine Diskriminierung und wenn sich die Bürger katholischen Glaubens als Bürger zweiter Klasse fühlten, so wäre das nicht das Problem des Staates. Bezüglich der Verfassung legte er nur kurz dar, dass auch hier die Bedenken Casarolis unbegründet seien. Er blieb vollständig unkonkret, was die Lage der katholischen Kirche in der DDR anging und führte aus, dass ein Modus Vivendi bei der Anerkennung der Grenzen der DDR nicht möglich wäre: »... entweder die Grenze existiert und wird anerkannt oder nicht. Halbheiten können nicht geduldet werden.«[638] Das Gespräch war von gegenseitiger Offenheit gekennzeichnet und so verbarg Casaroli auch nicht seine Bedenken bezüglich des grundsätzlichen Charakters der kommunistischen Ideologie:

> »... È noto che una parte dell'opinione pubblica mondiale insista nel dire che la politica religiosa degli Stati socialisti sia diretta, in realtà, verso la sparizione della Chiesa e che certe manifestazioni positive non sono che un mezzo tattico verso tale fine, mentre la strategia rimarrebbe immutata.«[639]

---

638 »Niederschrift der Verhandlungen zwischen Genossen Minister Oskar Fischer und Erzbischof Casaroli am 9. Juni 1975«. A. a. O. (Bl. 41).
639 »Primo colloquio con Il Ministro degli Esteri«. A. a. O. (»... Bekanntlich sieht ein Teil der weltweiten öffentlichen Meinung die Religionspolitik der sozialistischen Staaten, in der

Casaroli forderte daraufhin, dass sich die DDR-Führung zu dieser Frage verhalte: »… Per questo, dicevo prima, non so se anche una dichiarazione del Signor Ministro sia sufficiente e rassicurare l'opinione pubblica in merito.«[640] Diese Offenheit war nicht nur von Seiten Casarolis erkennbar, sondern auch Fischer nahm kein Blatt vor den Mund:

> »… Anch'io vorrei essere molto franco. Se le dichiarazioni fatte non bastassero, vorrei soggiungere ancora che i fatti stessi dimostrano che noi non abbiamo nessun interesse nel sopprimere la Chiesa, che non vogliamo un nuovo ›Kulturkampf‹.«[641]

Fischer brachte an dieser Stelle zum Ausdruck, dass man in dieser Situation noch nicht bereit war, über eine Fixierung der praktizierten Politik gegenüber der katholischen Kirche in der DDR zu verhandeln. Die Direktive des Politbüros stand dem entgegen: Es war noch keine Entscheidung zu den Grenzen der Jurisdiktionsbezirke gefallen. Zudem war in den Anlagen zu den verschiedenen Direktiven festgehalten, dass der Modus Vivendi in der DDR nicht so fixiert werden sollte, wie er praktiziert wurde. Er sollte – das war der Preis der Fixierung – eingeschränkt werden und an einigen Stellen ein ausdrückliches Mitspracherecht des Staates festgeschrieben werden, das bis dato praktisch nicht existierte. Das Gespräch wurde an diesem Punkt auf den nächsten Tag vertagt.

Casaroli eröffnete das Gespräch am Morgen des 10. Juni 1975 mit einer hochinteressanten Darlegung zu der Vorstellung des Konzeptes »Modus Vivendi« als Basis und Rahmen einer angestrebten Vereinbarung. Er beruhigte Außenminister Fischer, der am vorherigen Tag schon bei der Erwähnung der Wortgruppe »Modus Vivendi« »… una specie di reazione instintiva«[642] gezeigt hatte, indem er zunächst hervorhob, »Modus Vivendi« nicht so zu verstehen wie die BRD »Modus Vivendi« im Zusammenhang mit dem Grundlagenvertrag gegenüber der DDR verstehe. Vielmehr sehe der Vatikan darin nicht per se das Provisorische, sondern »… la non completezza«[643]. An dieser Stelle erläuterte Casaroli, die dabei für den Vatikan tragbare Abweichung von der üblichen

---

Realität als direkt gegen die Kirche gerichtet an und einige positive Äußerungen sieht man als taktische Mittel, die dem Ziel, des Verschwindens der Kirche, entsprechen. Die grundsätzliche Strategie aber bleibe unverändert.«)

640 A. a. O. (»… Ich bin mir, wie schon gesagt, nicht sicher, ob eine Erklärung des Herrn Minister diesbezüglich ausreichend ist, um die öffentliche Meinung in diesem Zusammenhang zu beruhigen.«)

641 A. a. O. (»… Auch ich möchte sehr offen sein. Wenn die gemachten Erklärungen nicht ausreichen sollten, möchte ich noch einmal hinzufügen, dass die Fakten für sich sprechen und beweisen, dass wir kein Interesse haben, die Kirche abzuschaffen. Wir wollen keinen neuen ›Kulturkampf‹. Wir haben hier 1,3 Millionen Katholiken und die müssen keinerlei Angst haben. Die Beweise, die wir geben, müssen ausreichen.«)

642 »Secondo incontro con Il Ministro degli Esteri (10. 6. 1975) (Protokoll)«. In: ASP. Fond. Cas. Ser.: P.d.est. SoSer.: Germ. O. (Cart.12/20 (unpag.) (prov.Sig.). (»… eine befremdliche instinktive Reaktion.«)

643 A. a. O. (»… die Nicht-Vollständigkeit.«)

Verfahrensweise, ein Konkordat erreichen zu wollen. Gleichsam schloss er die Möglichkeit eines Konkordats nicht aus:

>»…[…] se per il momento non è possibile trovare una soluzione soddisfacente per tutti i problemi di comune interesse, cerchiamo intanto un ›modo di vivere insieme‹. Ciò sarebbe già una grande cosa.«[644]

Den Anfang sähe Casaroli gemacht, wenn die DDR-Führung eine öffentliche Erklärung abgeben würde, die den Status quo zwischen Kirche und Staat zum Thema hätte und diesen bestätigte. Zu einem solchen Verfahren erklärte sich Oskar Fischer nicht bereit, er überging den Hinweis Casarolis, sprach vielmehr ausschweifend über das Verhältnis der DDR zur BRD und äußerte sich allerdings wohlwollend zur Anerkennung der DDR als Staat im internationalen Raum durch den Vatikan.[645] Am Abschluss dieses zweiten Gesprächs wurde von Fischer dann der Rahmen für das dritte anvisierte Gespräch abgesteckt:
1. Die Angleichung der Diözesangrenzen an die Staatsgrenzen der DDR
2. Die Veränderung des Status der BOK.

Es fand am 10. Juni nachmittags statt und es ging unverzüglich in medias res. Zunächst stellte Casaroli heraus, dass er zum Zeitpunkt des Gespräches keine definitive Aussage treffen könne, da er dies erst mit dem Papst, dem Kardinalsstaatssekretär und den Kardinälen des Rates für die öffentlichen Angelegenheiten der Kirche abstimmen müsse. In Folge dieser Aussage machte er klar, dass es nach dem kanonischen Recht mit der Verschiebung von Staatsgrenzen vormals existierender Staaten keine zwangsläufige Veränderung von Diözesangrenzen gäbe. Dies sei lediglich in bilateralen Verhandlungen mit dem Vatikan relevant. Auch aus der Empfehlung des II. Vaticanums, die Diözesangrenzen den jeweiligen Verwaltungsgrenzen anzupassen, leite sich kein verbindlicher Charakter ab. Die Möglichkeit, dass etwas Derartiges in einem neu zu fassenden CIC Eingang finden könnte, schloss Casaroli zwar nicht aus, aber: »… Per ora però tale obbligo non esiste. Non esiste, quindi, la necessità d'un automatico adeguamento di confini diocesani ai confini statali.«[646]

---

[644] A. a. O. (»… Wenn es im Moment nicht möglich ist, für alle Probleme von gegenseitigem Interesse eine zufriedenstellende Lösung zu finden, suchen wir demgegenüber eine Möglichkeit ›zusammen zu leben‹. Damit wäre schon viel erreicht. […] Es wäre möglich, einen solchen ›Modus Vivendi‹ für einige Punkte zu erreichen, um im Folgenden an die Komplettierung zu gehen.«)

[645] »Niederschrift der Verhandlungen zwischen Genossen Minister Oskar Fischer und Erzbischof Casaroli am 10. Juni 1975«. In: SAPMO. Bestand: AG.KF.ZK d. SED (ab 1972). Sig.: DY 30 IV B2/14 166. (Bl. 45–50).

[646] »Terzo ed ultimo colloquio con Il Ministro degli Esteri (10.6.1975) (Protokoll)«. In: ASP. Fond. Cas. Ser.: P.d.est. SoSer.: Germ. O. (Cart.12/20 (unpag.) (prov.Sig.). (»… Bisher ist

Vatikanischerseits war die Situation kompliziert, wenn es kein konkordatäres Verhältnis mit einem Staat gab und daher keine belastbare Rechtsgrundlage existierte, auf deren Grundlagen eine Entscheidung getroffen werden konnte, wie sie hier gefordert war:

> »... Se non vi sono tali impegni concordatari, la Santa Sede valuta il problema caso per caso, unicamente secondo motivi pastorali e seguendo poi sempre il consueto procedimento canonico.«[647]

Dass im Rahmen des konkret vorliegenden Problems die betreffenden Bischöfe und die zuständige Bischofskonferenz konsultiert werden müssten und einzubinden seien – das hieß auch die Mutterdiözesen in der BRD und die DBK –, verstand sich für Casaroli von selbst, und das verdeutlichte er seinem Gegenüber unmissverständlich.

Einen wesentlichen Aspekt in der Gesprächsführung Casarolis stellte die Hervorhebung der ausschließlich pastoralen Begründung für jede Handlung des Vatikans auf diesem Gebiet dar. Vor allem verwahrte er sich dagegen, dass, egal von wem, derartige Entscheidungen in das Feld der politischen Auseinandersetzung gedrängt würden:

> »... Le decisioni della Santa Sede circa i confini diocesani non debbono mai essere viste con significato politico, non sono mai prese dette decisioni né a favore né contro una determina tesi politica. Esse obbediscono solo a motivi pastorali: e ciò fu detto chiaramente anche nel caso del mutamento dei confini diocesani dei territori oltre l'Oder-Neisse. Purtroppo ora tanto nella Bundesrepublik come nella DDR si vuole vedere un aspetto politico in ogni decisione della Santa Sede a tale riguardo. Ora, sottolineando troppo tali aspetti politici, si rischia di complicare le cose, di far emergere posizioni istintive pro o contro una determinata soluzione.«[648]

Aus diesem Statement des vatikanischen Gastes war unterschwellig sogar die Drohung herauszuhören, dass Politisierung zur einer Verschlechterung der Situation bei der Suche nach Lösungsmöglichkeiten führen würde. Da die DDR-Führung diese Frage uneingeschränkt als politisch determiniert ansah – in den

---

eine solche Verbindlichkeit nicht existent. So ist auch nicht notwendig, die Diözesangrenzen den staatlichen Grenzen anzupassen.«)

647 A. a. O. (»... Wenn es solche konkordatären Verbindlichkeiten nicht gibt, so bewertet der Heilige Stuhl das Problem von Fall zu Fall, einzig aus pastoralen Motiven und dem üblichen kirchenrechtlichen Verfahren.«)

648 A. a. O. (»... Die Entscheidungen des Heiligen Stuhls bezüglich Diözesangrenzen dürfen nie mit politischen Blick gesehen werden, die besagten Entscheidungen sind nicht pro noch contra einer politischen Meinung getroffen worden. Sie folgen nur pastoralen Motiven, das wurde deutlich im Falle der Veränderung der Diözesangrenzen hinter der Oder-Neiße. Leider wird in der BRD und der DDR momentan jede Entscheidung des Heiligen Stuhls unter politischen Aspekten gesehen. Wenn man dies zu sehr hervorhebt, riskiert man das Anwachsen der Positionen für bzw. gegen eine endgültige Lösung und kompliziert die Sache.«)

Gesprächen mit Casaroli in Berlin trat dies erneut sehr deutlich zu Tage –, galt diese Drohung, wenngleich auch in Richtung Bundesrepublik ausgesprochen, eher in Bezug auf die DDR-Verhandlungsposition. Die Drohung wurde auch als solche aufgefasst, wie aus der entsprechende Passage der Niederschrift des Gespräches von DDR-Seite ersichtlich war: »... Er [Casaroli] befürchte eine Verschlechterung der Situation, wenn die DDR zu sehr auf politische Aspekte bauen würde.«[649]

In Bezug auf das zweite Problem, das der Außenminister der DDR in die Betrachtung einführte, die Veränderung des Status der BOK, äußerte sich Casaroli relativ wohlwollend. Dieses Problem erachtete er als weniger schwierig als die Anpassung der Diözesangrenzen. Die Begrifflichkeit »nationale Bischofskonferenz« schloss er allerdings eindeutig aus. Aber auch dieses Problem erforderte zunächst Beratungen mit allen Beteiligten in Rom. Zu den in diesem Fall Betroffenen zählten originär auch die Mitglieder der BOK und der DBK.

Diese Äußerungen veranlassten Oskar Fischer zu der optimistischen Annahme, dass Lösungen nicht ausgeschlossen wären, forderte aber nachdrücklich einen Zeitplan ein, den ihm sein Gegenüber nicht geben konnte, aber Casaroli versicherte Fischer: »... Una cosa posso però assicurare: che non si perderà tempo nell'iniziare tale studio.«[650] So sagte er lediglich die Analyse der Sachverhalte zu, aber ließ den Zeitpunkt einer etwaigen Entscheidung weiterhin offen.

Am nächsten Tag, dem 11. Juni 1975, kam es zu einem Gespräch zwischen dem Staatssekretär für Kirchenfragen, Hans Seigewasser, und Agostino Casaroli. Bei diesem Gespräch sollte es um konkrete die katholische Kirche betreffende Fragen gehen. Es dauerte zwei Stunden und fand in den Räumen der Dienststelle des Staatssekretärs für Kirchenfragen statt.

Casaroli führte fünf Probleme auf, die dem Vatikan für eine bessere seelsorgerische Betreuung und ein freieres Wirken der Kirche in der DDR wichtig waren:
1. erweiterte Möglichkeiten zum Neubau von Kirchen in Neubaugebieten und Neubauten kirchlicher Gebäude im Allgemeinen
2. die Entsendung von Priesterstudenten nach Rom zur Komplettierung ihrer Ausbildung
3. weiterhin freier Kontakt der Bischöfe mit Rom und erweiterter Zugang zu kirchlichen Druckerzeugnissen, vor allem des »L'Osservatore Romano« und der »Acta Apostolicae Sedis«
4. die ungeklärte Frage von Krankenseelsorge und Gefängnisseelsorge.

---

649 »Niederschrift der Verhandlungen zwischen Genossen Minister Oskar Fischer und Erzbischof Casaroli am 10. Juni 1975 (nachmittags)«. In: SAPMO. Bestand: AG.KF.ZK d. SED (ab 1972). Sig.: DY 30 IV B2/14 166. (Bl. 51–55). (Bl. 52).
650 »Terzo colloquio con Il Ministro degli Esteri«. A. a. O. (»... Ich kann Ihnen jedoch versichern, dass man keine Zeit verlieren wird, mit dem Studium der Sachverhalte zu beginnen.«)

Als wichtigste Frage für den Vatikan stellte er die ungestörte religiöse Unterweisung der Jugend durch die Kirche selbst heraus. Mit dieser Aufzählung »übergab« der vatikanische Verhandlungsführer den Forderungskatalog des Vatikans an die DDR; an ihrer Erfüllung sollte ein erfolgreicher Abschluss weiterer Verhandlungen gemessen werden.

Dass die Direktive des Politbüros uneingeschränkt auch für den Staatssekretär für Kirchenfragen Gültigkeit hatte, bewiesen seine Stellungnahmen zu den von Casaroli genannten Punkten. Nicht jeder Punkt des aufgestellten Forderungskatalogs allerdings eignete sich zur Verknüpfung mit den Diözesangrenzen, ohne unglaubwürdig zu erscheinen. Die Frage von Kirchenbauten in Neubaugebieten war schwerlich grundlegend abzulehnen, auch nicht mit der Begründung der Vatikan würde die Staatsgrenzen der DDR nicht anerkennen. Die DDR würde in gut sechs Wochen die Schlussakte von Helsinki unterschreiben und im Korb III war die Religionsfreiheit ausdrücklich enthalten. Die Ermöglichung der Ausübung von Religion war eine logische Folge dessen und deren Versagen hätte erhebliche Folgen für die Glaubwürdigkeit der DDR auf dem internationalen Parkett. Folglich konnte Seigewasser nur die schleppende Bearbeitung und die langen Genehmigungsverfahren rechtfertigen, indem er diese als durch objektive und nicht subjektiv-politische Gründe hervorgerufen darstellte: Es fehle an Mitteln und Arbeitskräften. Im Subtext dieser Aussage, war die niedrige Prioritätssetzung bezüglich des Kirchenbaus in der DDR zu erkennen.

Zum zweiten Problem führte Seigewasser aus, dass nach der Klärung der anliegenden Fragen eine Verhandlung zu den geforderten Verbesserungen möglich sei. Zur Frage der Seelsorge in Krankenhäusern und Gefängnissen zog er sich auf die bestehenden Rechte in der DDR zurück. Formell waren diese durch Ministererlasse geregelt und ermöglicht; in der Praxis jedoch essenziell behindert, vor allem was die Gefängnisseelsorge betraf, was Seigewasser freilich nicht ausführte. Diese Äußerung zu dem speziellen Sachverhalt ließ geradezu beispielhaft die grundlegende Strategie der DDR-Führung zu Tage treten: Die Verhandlungspartner auf allen Ebenen zogen sich auf die vermeintlich verbürgten Rechte der Bürger zurück. Demnach hätten alle dieselben Rechte, egal ob Gläubige oder Atheisten. Laut der Verfassung der DDR sei eine vollständige Trennung zwischen Religion und Staat erreicht, alles Weitere könne die Kirche auf dem Boden der Gesetze der DDR allein regeln.

Die Praxis sah demgegenüber weitaus schwieriger für die Kleriker und Gläubigen aus, so kam es z. B. bei der Erziehung der Jugendlichen immer wieder zu Konflikten. Besonders deutlich wurde dies an der Auseinandersetzung um die Jugendweihe gegenüber der Kommunion für die gläubigen Familien in der DDR. Casaroli wusste selbstverständlich um diese »De-facto-Konflikte. Auch Seigewasser und dessen Mitarbeiter waren sich der Diskriminierung der Gläubigen bewusst. Die vielfach vorgenommene willkürlichen Veränderungen des bestehenden Modus Vivendi, sowohl zum Nachteil als auch zum Anreiz für die katholische Kirche in der DDR im Laufe der regelmäßigen Kontakte Kirchenleitung – Dienststelle des Staatssekretärs für Kirchenfragen, waren dafür ein deutlicher Beweis. Freilich interpretierten die Mitarbeiter der Dienststelle des Staatssekretärs diese nicht als Willkür, sondern vor allem als Reaktion auf angenommenes Fehlverhalten der Kleriker.

Zu erwarten war die vollständige Zurückweisung des Anliegens der vatikanischen Seite, Einfluss auf die Erziehung von Jugendlichen im außerkirchlichen Bereich zu erhalten, zum Beispiel im Rahmen von Religionsunterricht. »... Evidentemente, lo scopo della nostra scuola è di formare delle personalità socialiste, che abbiano in sé tutte le doti dell'umanismo socialista.«[651]; hier war kein Platz für christliche Werte, außer sie wären im Wertekatalog des »sozialistischen Humanismus« kanonisierbar.

Es gab keine weiteren Gespräche mehr zwischen beiden Verhandlungspartnern, aber es hatte ein kurzes Gespräch unter »vier Augen« zwischen Erzbischof Casaroli und Staatssekretär Seigewasser gegeben. In diesem Gespräch hatte Seigewasser als »... Antifaschist und Opfer des deutschen Faschismus« den vatikanischen Vertreter gebeten sich für den chilenischen Kommunisten Luis Corvalán[652] einzusetzen, der in Chile in Haft war. Casaroli nutzte diese Gelegenheit seinerseits, nachdem er der Prüfung des Sachverhaltes zugesagt hatte, dazu, Seigewasser persönlich und unter »vier Augen« zur Diskriminierung von jungen Katholiken in der DDR zu befragen[653].

Die Beratung mit dem Staatssekretär für Kirchenfragen der DDR und dem Erzbischof aus dem römischen Staatssekretariat verlief in sachlicher Atmosphäre. Dieser Umstand wurde deutlich bei der Durchsicht der Protokolle beider Seiten, die sich in diesem Fall nur unwesentlich voneinander unterschieden, da alles in allem Sachfragen und die entsprechende Antwort darauf protokolliert

---

651 »Incotro con il Segretario di Stato per gli Affari Eccl. (Sig. Hans Seigewasser) Berlin 11.6. 1975«. In: ASP. Fond. Cas. Ser.: P.d.est. SoSer.: Germ. O. (Cart.12/20 (unpag.) (prov.Sig.). (»... Eindeutig ist, dass das Ziel in unseren Schulen die Herausbildung sozialistischer Persönlichkeiten ist, die mit allen Werten des sozialistischen Humanismus ausgestattet sind.«)
652 Generalsekretär der Kommunistischen Partei Chiles, inwieweit dessen Austausch mit Vladimir Bukovski am 18. Dezember 1975 in der Schweiz auch auf Drängen des Vatikans zu Stande kam, ist (noch) nicht hinreichend klärbar, da momentan belastbare Quellen fehlen. Paul VI. hatte sich jedoch bei seinem Treffen mit dem sowjetischen Außenminister am 28. Juni 1975 unter anderem auch für Bukovski eingesetzt (s. o.). Zudem hatte Erzbischof Casaroli nach dem Gespräch mit Seigewasser zugesagt, dem Papst von den Bedenken der DDR zu berichten, und hatte hinzugefügt, dass die Entwicklungen in Chile von Seiten des Vatikans unter aufmerksamer und bedenkenvoller Beobachtung stünden.
653 »Information (11.6.1975)«. In: SAPMO. Bestand: AG.KF.ZK d. SED (ab 1972). Sig.: DY 30 IV B2/14 166. (Bl. 74–76). (Bl. 74 f.).

wurden[654]. Das Gespräch wurde genutzt, um die gegenseitigen Sichtweisen und Argumente auszutauschen. Diese Zusammenkunft des vatikanischen Vertreters mit dem Vertreter der DDR-Regierung, der für die praktische Ausgestaltung des Verhältnisses der katholischen Kirche mit dem Staat zuständig war, war beispielhaft für die Verhandlungsführung Casarolis, die ein Teil der Konzeption der Vatikanischen Ostpolitik ausmachte: Der vatikanische Diplomat war bestrebt, ein offenes und ehrliches Gespräch zu führen. Die Situationsbeschreibung und -bewertung der Regierungsstellen für Kirchenfragen in sozialistischen Ländern war ein essenzieller Teil für die Analyse der Problemlagen im Vatikan. Das setzte voraus, im Gespräch zu sein. Mit diesem Dialog war gleichwohl auch die Gewissheit verbunden, an die Lösung bilateraler Probleme gehen zu können, und dass der Gegenseite die vatikanische Sicht der Dinge bekannt wurde. Dieser Austausch von Informationen war als Basishandlung ein wichtiger Bestandteil der Vatikanischen Ostpolitik. Mit diesem Gespräch war der offizielle Teil des Besuches im Wesentlichen beendet. Am 10. Juni 1975 fand bei dem damaligen Vorsitzenden des Ministerrats der DDR, Horst Sindermann, nur noch ein Höflichkeitsbesuch statt. Man traf sich in freundlicher Atmosphäre in dessen Amtssitz.

Nach dem Abgleich der Gesprächsprotokolle beider Seiten kann festgestellt werden: Die Äußerungen des Münchner Erzbischofs nach dem Besuch[655] erwiesen sich schon nach dem ersten Gespräch und für alle weiteren Gespräche mit Staatsvertretern als absolut zutreffend. Es waren keine Verhandlungen, an deren Ende als Ziel eine Vereinbarung vorgesehen war, sondern der Besuch war ein direkter Austausch der gegenseitigen Meinungen und Forderungen, auch, um so Missverständnisse vermeiden zu können. Beide Seiten verhandelten offen und so war es auch möglich, einzelne Sachverhalte pointiert und eindringlich zum Vortrag zu bringen. Es wurde deutlich: Die Atmosphäre der Gespräche war gut, gegenseitige Akzeptanz vorhanden und die Basis der Gespräche stellte einen respektvollen Umgang miteinander dar. Beide Seiten schenkten sich nichts, waren aber, jeweils im abgesteckten Rahmen, kompromissbereit. Für das Außenministerium der DDR waren es die engen, explizit politischen Vorgaben der Direktive des Politbüros, die Außenminister Fischer versuchte voll auszuschöpfen, womit er zumindest aufzeigen wollte, welche Perspektiven für weitere Verhandlungen bestanden.

Für den Vatikan war der Verhandlungsrahmen die Bereitschaft, keine Entscheidungen gegen das Ortsepiskopat mit Kardinal Bengsch an der Spitze zu

---

654 »Incotro con il Segretario di Stato per gli Affari Eccl.«. A. a. O. und »Information zu den Verhandlungen (11. Juni 1975)«. In: SAPMO. Bestand: AG.KF.ZK d. SED (ab 1972). Sig.: DY 30 IV B2/14 166. (Bl. 79–84).
655 S. o. (»Schreiben Kardinal Döpfners an Casaroli [27. 6. 1975]«. A. a. O.)

Abbildung 9: Treffen Erzbischofs Casaroli (links) mit Horst Sindermann (Mitte), Außenminister Fischer (rechts)

treffen und die Sichtweise des westdeutschen Episkopats wenigstens in die Betrachtung der Sachlage einzubeziehen. Aber nicht nur diese, das bilaterale Verhältnis deutsche(s) Episkopat(e) – Vatikan betreffenden Fragen waren entscheidungsleitend, auch die Gesamtverantwortung des Vatikans in der Weltkirche und für multilaterale Beziehungen gab die Richtung für die vatikanische Delegation vor. Wichtig war in diesem Zusammenhang die Zusicherung Casarolis, dass der Vatikan die DDR als eigenständigen Staat im internationalen Rahmen ansah. Das kam einer De-facto-Anerkennung gleich, was für die DDR von einiger Bedeutung war. Die Versicherung gegenüber Kardinal Döpfner und Kardinal Bengsch, keine Verhandlungen, sondern nur Gespräche zu führen, wurde im Wesentlichen eingehalten. Was nicht bedeutet, dass sich beide Verhandlungspartner nicht doch näher kamen. Zumindest hatten dieser Besuch und die Gespräche mit Regierungsvertretern das Verhältnis zwischen der DDR und dem Vatikan gefestigt und Verständnis erzeugt und der Weg für weitere Schritte war weiterhin geebnet.

Casaroli musste in Berlin (Ost) keine Direktiven oder Konzeptpapiere abarbeiten, vielmehr bewegte er sich methodisch und inhaltlich in einem System, was zu einem großen Teil von ihm (mit-)entwickelt worden war und dass in seiner elementaren und speziellen Charakteristik im Einklang mit den Vorstellungen des Papstes stand.

Bezüglich konkreter Ergebnisse gab es zwar keine Vereinbarungen, aber die Umwandlung der BOK in eine Bischofskonferenz wurde angedeutet und eine Lösung bezüglich der Jurisdiktionsgrenzen nicht ausgeschlossen, sondern nur, der Kompliziertheit der Situation geschuldet, weiter verschoben. Aber auch die Frage einer nicht vollständigen Lösung, die nicht provisorisch sein musste, sondern »nur« von beiden Seiten eine Kompromissbereitschaft erforderte, war auf der Agenda und selbst wenn von der DDR-Führung ungeliebt, nicht ohne weiteres zu verwerfen.

Der vatikanischen Seite war klar, dass ein konkordatäres Verhältnis mit der DDR nicht zu erreichen war, und das wurde auch nicht angestrebt. Für Erzbischof Casaroli erschien eher die Fixierung des Modus Vivendi sinnvoll.

Näher kamen sich die Verhandlungspartner aus der DDR und dem Vatikan nie wieder. Zu keinem Zeitpunkt wurde auf solch hoher diplomatischer Ebene derart Klartext geredet und ohne Umschweife die gegenseitigen Meinungen ausgetauscht. Insofern können diese Gespräche mit den staatlichen Vertretern ohne Frage als erfolgreich gelten, nicht so sehr auf inhaltlicher Ebene, aber für die atmosphärische Ausgestaltung des bilateralen Verhältnisses.

Im Grunde war am Ende des Staatsbesuches des vatikanischen »Außenministers« in der DDR auf diplomatischer Ebene ein Modus Vivendi errichtet. Keiner der Beteiligten hätte dies bestätigt, aber de facto verhielt man sich so. Die DDR-Führung hielt ihren Druck auf den Vatikan in Grenzen, wenngleich er in Bezug auf die ungeklärten Probleme weiterhin aufrechterhalten wurde, aber auf einem Niveau, das keine ernsthaften Verstimmungen heraufbeschwor. Von Seiten des Vatikans wurde anerkannt, dass die DDR im Konzert der internationalen Staatengemeinschaft mitwirkte und dass die Lösung einzelner bilateraler Problemfelder nicht ausgeschlossen war und in absehbarer Zeit erfolgen würde.

Und nicht zuletzt, weil Konsens darüber bestand, dass es in einigen Fragen Uneinigkeit herrschte, war für beide Gesprächsparteien die Möglichkeit zu Folgegesprächen jederzeit gegeben.

Nach dem Besuch war demnach nicht nur das Verhältnis zwischen Staat und katholischer Kirche in der DDR in der Art eines »Modus Vivendi« ausgestaltet, sondern gleiches galt faktisch auch für das Verhältnis des Staates DDR zum Völkerrechtssubjekt Heiliger Stuhl beziehungsweise zum Staat Vatikan. Es war eine Möglichkeit gefunden worden, miteinander leben zu können.

7.7.2.6 Der Verlauf der Pastoralreise

Erzbischof Casaroli verließ das Gästequartier der Regierung der DDR (Schloss Niederschönhausen) am 11. Juni und war fortan Gast des Episkopats, zunächst von Kardinal Bengsch, danach von Bischof Schaffran (Bistum Meißen – wobei Casaroli in Dresden kein Quartier nahm [12. Juni 1975]) und Bischof Aufderbeck (apostolischer Administrator von Erfurt [12./13. Juni 1975]).

Die Pastoralreise diente Casaroli vor allem zur Erkundung des kirchlichen Lebens in der DDR. Das wichtigste Vorhaben dabei war es, Gespräche mit Klerikern zu führen. Er feierte in Dresden und in Erfurt die Heilige Messe in übervollen Kirchen (Schlosskirche in Dresden und Dom zu Erfurt).

Bei dieser Reise konnte sich der vatikanische »Außenminister« von der Ausgestaltung des Modus Vivendi in der DDR überzeugen und die Meinung der Gläubigen und Kleriker zu ihrem Alltag erfahren, freilich nicht aus der einseitigen Sicht, wie er sie in den offiziellen Gesprächen erfuhr, sondern auch in der differenzierteren Betrachtung der Geistlichen vor Ort.

Abbildung 10: Casaroli (Mitte) im Gespräch mit Ottomar Rothmann (Leiter der Pädagogischen Abteilung der damaligen Nationalen Mahn- und Gedenkstätte Buchenwald) (rechts) und Vertretern der Stadt Weimar vor dem »Glockenturm« 13. Juni 1975

Abbildung 11: Casaroli (Mitte, mit Pileolus), Bischof Schaffran (Mitte, hinter Casaroli stehend), Kardinal Bengsch (links, halbverdeckt mit Pileolus) und Generalvikar für den Ostteil Berlins Prälat Theodor Schmitz (links vor Kardinal Bengsch) nach der Heiligen Messe in der Schlosskirche Dresden unter Messebesuchern am 12. Juni 1975

Die Pastoralreise Casarolis durch die DDR war unterbrochen von wenigen diplomatischen Verpflichtungen, wie der Aufwartung gegenüber dem Oberbürgermeister von Dresden und Weimar. In Weimar war ein weiterer Aspekt von Belang, der von Beginn an in das Besuchsprogramm des Erzbischofs mit aufgenommen worden war. Anstatt der Kranzniederlegung an der »Neuen Wache« Unter den Linden in Berlin war der Besuch des ehemaligen Konzentrationslagers und der damaligen »Nationalen Mahn- und Gedenkstätte Buchenwald« vorgesehen. Auf Anraten Kardinal Bengschs und nach darauf erfolgten Hinweisen seines zuständigen Mitarbeiters hatte Casaroli diese Entscheidung mitgetragen und besuchte am 13. Juni 1975 die Gedenkstätte auf dem Ettersberg bei Weimar. Bei dieser Gelegenheit legte er nicht wie vorgesehen am »Glockenturm«, dem Herzstück der DDR-Propaganda der Nationalen Mahn- und Gedenkstätte, ein Blumengebinde ab, sondern im »Bunker«, dem ehemaligen Lagergefängnis. Ein durchaus beachtenswerter Vorgang, da in dieser Ausgestaltung des Besuchs bei den vatikanischen Gästen die Erkenntnis hervortrat, in welch hohem Maß auch der »Ort Buchenwald« durch die DDR-Führung propagandistisch aufgeladen war.

Die Inhalte der Gespräche mit den Ortsbischöfen sind nicht überliefert, was nicht bedeutete, dass es zu keinen inhaltlichen Gesprächen kam. Erzbischof Casaroli sprach mit den Bischöfen über die anstehenden Probleme (er traf auf alle Fälle die Bischöfe Theissing, Schaffran, Aufderbeck, Braun und natürlich Bengsch), aber das Territorium der DDR sollte nicht der Verhandlungsort für derlei Fragen sein, sondern die inhaltlichen Fragen konnten auch in Rom besprochen werden.

Für den Besuch Casarolis in Ostberlin hatte Kardinal Bengsch nur einen wichtigen Hinweis, den er von dem vatikanischen Vertreter bei den Gesprächen mit DDR-Offiziellen in Ostberlin bedacht wissen wollte:

»... Da parte del Card. Bengsch non v'è desiderio di ottenere nuove concessioni o promesse da parte del Governo della RDT: egli teme che esse possano venire collegate con richieste di collaborazione col regime. Il Card. Bengsch desidera solo che non si metto in pericolo l'attuale stato della Chiesa, ed auspicherebbe semmai una dichiarazione del Governo, nella quale questi si impegni a rispettare l'attuale stato della chiesa.«[656]

Diesen Hinweis Bengschs nahm Casaroli schon während der Gespräche mit Außenminister Fischer auf und bat um diese Erklärung, die ihm freilich nicht zugesagt wurde. Bengsch wurde nicht müde zu erklären, dass er die politische Unabhängigkeit der katholischen Kirche in der DDR als einen wesentlichen Garant für deren Überleben als Diasporakirche in feindlichem Terrain ansah, und Casaroli folgte diesem Ansinnen, indem er zum einen versuchte den Modus Vivendi zu fixieren und indem er sehr deutlich den vollständig unpolitischen Charakter einer jeden Entscheidung des Vatikans in Bezug auf die Jurisdiktion in der DDR hervorhob. Casaroli hatte allerdings einen vollkommen anderen Hintergrund bei seinen zu treffenden Entscheidungen als Kardinal Bengsch. Im Gegensatz zu diesem handelte er aus dem Blickwinkel der Weltkirche. Kardinal Bengsch agierte aus Sicht einer kirchenpolitischen Führungsperson der Ortskirche und aus einer Situation, die anerkanntermaßen höchst kompliziert war. Casaroli drang auf fixierte Garantien, um so eine international wahrnehmbare Druckkulisse bei Verletzungen der getroffenen Vereinbarungen aufbauen zu können. Bengsch hingegen war sich aus seiner Binnenperspektive darüber im Klaren, dass die DDR jedes Abkommen so oder so brechen würde, wenn dem möglichen Druck von außen ein höher bewerteter Gewinn im Inneren gegen-

---

656 »Colloqui di S. E. Rev.ma Mons. Casaroli con Mons. Homeyer (o. Dat. aber nach dem 15.6. und vor dem 27.6.1975) (Rom)«. In: ASP. Fond. Cas. Ser.: P.d.est. SoSer.: Germ. O. (Cart.12/21) (unpag.) (prov.Sig.). (»... Kardinal Bengsch hat nicht den Wunsch nach neuen Zugeständnissen der Regierung: Er fürchtet, dass diese an die Forderung gebunden sind, mit staatlichen Organen zusammenzuarbeiten. Er möchte nur, dass der aktuelle Status der Kirche in der DDR nicht in Gefahr gerät. Er würde sich, wenn überhaupt, wünschen, dass es eine Erklärung der Regierung gibt, in der die Bereitschaft erklärt wird, den aktuellen Status zu respektieren.«)

überstünde. Im vatikanischen Staatssekretariat waren diese Bedenken Teil der Analyse und die stetige Verzögerung endgültiger Entscheidungen legte davon beredt Zeugnis ab. Der Vatikan aber musste sein Tun, im Gegensatz zur Ortskirche in der DDR, in ein Koordinatensystem international vergleichbarer Entscheidungen einpassen. In dem Verhalten gegenüber Staaten konnte zwar »von Fall zu Fall« entschieden werden, aber wenn der Vatikan als glaubwürdiger Verhandlungspartner auftreten wollte, so musste zumindest eine relative, wenn auch im Einzelfall nicht immer vollständige Vergleichbarkeit des Handelns in bilateralen Kontakten mit Staaten erkennbar sein.

7.7.2.7 Nach dem Besuch und vor der Errichtung von Diözesen? – Die Auswertung der Gespräche durch das Staatssekretariat

Zurückgekehrt nach Rom, erarbeitete Angelo Sodano eine kurze Zusammenfassung des Besuches für das päpstliche Staatssekretariat[657].

Eine unverzügliche Reaktion zeigte auch das westdeutsche Episkopat. Kardinal Döpfner entsandte den Sekretär der DBK (Josef Homeyer) nach Rom. Erzbischof Casaroli hatte die Information Homeyers zugesagt, bevor er nach Ostberlin aufgebrochen war[658]. Homeyer sollte den Verlauf der Gespräche in Erfahrung bringen und die weitere Vorgehensweise des Vatikans eruieren. Sein Gesprächspartner gab ihm bereitwillig und ungeschönt Auskunft über das Erreichte. Er legte Homeyer die Beweggründe des Vatikans für die Kontaktnahme und das Aufrechterhalten der Gespräche dar. Zwar habe die DDR keinerlei Anspruch auf die Veränderung der Jurisdiktionsbezirke, aber es gäbe, vor allem mit den Empfehlungen des II. Vaticanums zur Angleichung kirchlicher an zivile Grenzen, starke pastorale Beweggründe, die einer Beibehaltung des gegenwärtigen Zustandes entgegenstünden. Der Vatikan könne und wolle sich hierbei nicht von politischem Tagesgeschäft und der politischen Bewertung, entweder von der einen Seite (DDR) oder von der anderen Seite (BRD), leiten lassen. Er verurteilte ausdrücklich die heftige Kritik des ZdK und dessen Vorsitzenden Bernhard Vogel (damals Kultusminister in Rheinland Pfalz [CDU]). Casaroli erklärte, dass die DDR-Führung ihm in Berlin sehr deutlich vor Augen geführt hatte, dass die Anpassung der Diözesangrenzen eine »... conditio sine qua non«[659] darstellte, ohne deren Erfüllung nicht über irgendwelche Zugeständnisse für die Kirche in der DDR verhandelt würde.

---

657 »Colloqui di S. E. Rev.ma Mons. Casaroli con il Ministro degli Esteri e con il Segretario di Stato per gli Affari Eccl. (9.–11.6.1975)«. In: ASP. Fond. Cas. Ser.: P.d.est. SoSer.: Germ. O. (Cart.12/21) (unpag.) (prov.Sig.).
658 »Udienza di S. E. Rev.ma Mons. Casaroli con Mons. Homeyer (4.6.1975)«. In: ASP. Fond. Cas. Ser.: P.d.est. SoSer.: Germ. O. (Cart.12/21) (unpag.) (prov.Sig.).
659 A. a. O.

Gegenüber dem Sekretär der DBK entwarf der vatikanische Chefdiplomat aber auch eine mögliche Handlungsalternative. Bis zu diesem Gespräch war lediglich im Raum, dass die Anpassung der Diözesangrenzen das Hauptproblem der Beziehungen zwischen der DDR und dem Vatikan darstellte. Lösungsmöglichkeiten wurden jedoch nie explizit geäußert. Gegenüber Homeyer ging Erzbischof Casaroli erstmals mit einem Variantenvorschlag in den internen Diskussionsprozess:

> »…. La Santa Sede non ha ancora un progetto definito su come regolare le questioni aperte con la RDT. Un'ipotesi di studio consisterebbe nell'incominciare a regolare una circoscrizione dove vi siano motivi pastorali che lo consiglino in maniera più evidente (per es. a titolo puramente esemplificativo, erigere una diocesi di Magdeburgo). Nelle sue conversazioni con i Vescovi della RDT, Monsignore Casaroli ha potuto osservare che essi, nel complesso, non sono contrari ad una tale soluzione.«[660]

Dieser Vorschlag war offensichtlich mit den Bischöfen in der DDR erörtert worden und Casaroli hatte den Eindruck mitgenommen, dass sich deren Widerstand gegen die Errichtung zunächst einer Diözese in Grenzen hielt. Er betonte, dass er aber die Diskussion im Rat für die öffentlichen Aufgaben der Kirche erst abwarten wolle, ehe er dem Papst Vorschläge machte. Wenn dies der Fall sei, sagte er eine unverzügliche Information von Kardinal Bengsch und Kardinal Döpfner zu. Zusätzlich machte Casaroli den Gast aus der BRD noch auf einen bis dahin vollständig unbeachteten Faktor aufmerksam, der als mögliche Positiventwicklung entstehen könnte, wenn der Vatikan in der Diözesangrenzenfrage der DDR-Führung entgegenkam. Auf den Modus Vivendi in der DDR zwischen Kirche und Staat Bezug nehmend, sah er eine eventuell zu erwartende Entwicklung, die im Interesse beider deutscher Episkopate wäre:

> »… La cercherà di ottenere anche qualcosa più positivo: in primo luogo la possibilità di contatti tra i Vescovi delle due Germanie, soprattutto per le questioni che sono di interesse comune (per esempio: libri liturgici); inoltre la possibilità per i Vescovi di inviare seminaristi da compiere gli studi religiosi a Roma; la possibilità di pellegrinaggi a Roma; il permesso per nuove costruzione, etc.«[661]

---

660 »Colloqui di S. E. Rev.ma Mons. Casaroli con Mons. Homeyer (o. Dat.)«. A. a. O. (»… Der Heilige Stuhl hat noch keinen endgültigen Plan, was die offenen Fragen in der DDR betrifft. Eine Hypothese wäre, dass zunächst eine Diözese errichtet wird, bei der die pastoralen Gründe am wenigsten von der Hand zu weisen sind [nur als Gedankenspiel z. B. eine Diözese Magdeburg]. In den Gesprächen mit den Bischöfen in der DDR hat Mons. Casaroli beobachtet, dass die Bischöfe einer solchen Lösung nicht grundsätzlich ablehnend gegenüber stehen.«)
661 A. a. O. (»… Der Heilige Stuhl ist darauf aus, mehr zu erreichen: An erster Stelle der Kontakt zwischen den Bischöfen aus beiden Teilen Deutschlands, in Belangen, die von gemeinsamem Interesse sind (z. B. liturgische Bücher); zudem die Möglichkeit, Seminaristen nach Rom zu senden, die dort ihre religiösen Studien vollenden können; die Möglichkeit von Pilgerfahrten nach Rom; die Erlaubnis für neue Bauten etc.«)

Casaroli brachte in diesem Zusammenhang einen vollständig neuen Aspekt in die Betrachtung ein: Er nahm offenbar an, dass wenn die Frage der Anpassung der Diözesangrenzen erreicht wäre, für die DDR-Führung ein wesentliches Argument wegfiele, die Einreise der westdeutschen (Erz-)Bischöfe weiterhin zu beschränken. Mit der Schlussakte von Helsinki und den dort festgeschriebenen Reiseerleichterungen unter den Unterzeichnerstaaten sah Casaroli – nach einer Klärung des Grundproblems mit der DDR – offenbar die Möglichkeit, wesentlich bessere Kontaktmöglichkeiten aller deutschen Bischöfe untereinander zu gewährleisten.

Demgegenüber stand, dessen war sich Erzbischof Casaroli bewusst, dass, wenn es zu inhaltlichen Verhandlungen mit der DDR-Führung kommen würde, diese eine größere Mitwirkung der Katholiken in der DDR-Gesellschaft als Forderung auf das Verhandlungstapet bringen würde. Gegen derartige Ansinnen hatte sich Kardinal Bengsch mit aller Vehemenz gewehrt. Aber auch bei dieser zweiseitigen Betrachtungsweise wurde deutlich, dass Casaroli bei seiner Argumentation zusätzliche Bezugsrahmen hatte:

»… Resta, però, che la posizione della chiesa è esposta a pericoli, e la Santa Sede ha il dovere di fare quanto è in suo potere per togliere pretesto ad azioni dannose per la chiesa.«[662]

Wieder argumentierte der vatikanische Chefdiplomat für die politischen Beziehungen mit den Ländern des Ostblocks mit der Gesamtverantwortung der vatikanischen Politik gegenüber der Weltkirche und er verortete die Problemlage der katholischen Kirche in der DDR, in die allgemeine Lage der Kirchen in den Ländern des Ostblocks. Selbst wenn die Bedingungen vergleichsweise gut waren, so Casaroli, waren sie doch denen der anderen Ortskirchen äquivalent, da sich die Regime wenig unterschieden. Er hob grundsätzlich hervor:

»[…] le difficoltà dei rapporti tra Chiesa e Stato nella RDT, non derivano tanto da divergenze su singoli punti, ben più sono insite nella natura stessa del Comunismo e più ancora che nel suo ateismo, nel suo totalitarismo.«[663]

Diese Aussage Casarolis bezüglich der DDR war in dieser Schärfe neu. Offensichtlich hervorgerufen durch die direkten Erfahrungen und die Gesprächen mit der Staatsführung. Zudem ordnete er mit dieser Bemerkung die DDR als den übrigen Ostblockstaaten in politischen Grundzügen äquivalent ein. Gleichwohl

---

662 A. a. O. (»… Es bleibt jedoch so, dass die Position der Kirche der DDR gefährdet ist und der Heilige Stuhl die Pflicht hat, alles zu tun, was in seiner Macht steht, um Vorwände zu beseitigen, der Kirche schaden könnten.«)
663 A. a. O. (»[…] die Probleme zwischen Kirche und Staat in der DDR sind nicht so sehr den Meinungsverschiedenheiten im Einzelnen geschuldet, vielmehr sind sie in der Natur des Kommunismus verwurzelt und dabei nicht so sehr in seinem Atheismus wie in seinem Totalitarismus.«)

rechtfertigte er damit auch das Vorgehen gegenüber der DDR, mithin konnten, oder mussten sogar, die gleichen Maßstäbe angelegt werden, wie jedem anderen kommunistischen Staat gegenüber. Casaroli ordnete so die DDR in das Gesamtkonzept der Vatikanischen Ostpolitik ein. Er sah folglich auch ähnliche Maßnahmen angezeigt, wie beispielsweise in Ungarn, Jugoslawien oder Polen.

Homeyer nahm die ihm dargelegten Informationen und Argumentationen mit nach München, wo er Kardinal Döpfner ausführlich über das Gespräch mit Erzbischof Casaroli informierte. Der Vorsitzende der DBK teilte die grundsätzlichen Ergebnisse der Verhandlungen und die daraus resultierenden Handlungsalternativen dem ständigen Rat der DBK mit. Nachdem er die neue Sachlage mit Kardinal Bengsch besprochen hatte, verfasste er als Vorsitzender der DBK ein neues Pro-Memoria: »Zur Frage von Verhandlungen zwischen dem Heiligen Stuhl und der DDR-Regierung«[664]. Er hatte den Inhalt mit seinem Berliner Amtskollegen in einer ausführlichen Unterredung abgestimmt. Dieses Pro-Memoria unterschied sich sowohl in der Form als auch im Inhalt deutlich von den Stellungnahmen Döpfners zu Beginn der Kontakte des Vatikans mit der DDR. Von einem rein ideologisch geprägten Antikommunismus, wie in den vorausgegangenen Darstellungen der Standpunkte, war dieses Pro-Memoria weit entfernt. Es wies zwar auch klar auf die ideologisch motivierten Zielsetzungen der DDR-Führung hin und brandmarkte diese, zudem kamen die grundsätzlichen Bedenken zum Ausdruck, die die DBK gegenüber Verhandlungen des Vatikans mit der DDR-Führung hegte, und es legte die zu erwartenden Verwerfungen in der öffentlichen Meinung, vor allem unter den Katholiken in Deutschland offen, aber in der DBK und bei ihrem Vorsitzenden hatte sich die Einsicht wahrnehmbar durchgesetzt, dass Verweigerung als Handlungsalternative mittlerweile ausschied, um zu einer für die Kirche zufriedenstellenden Lösung der offenen Fragen zu kommen. Demzufolge war das vorliegende Pro-Memoria von einer klar erkennbaren Sachorientiertheit gekennzeichnet. Dem Kardinal aus München muss deutlich geworden sein, dass mit einer ideologisierten Argumentation der Einfluss auf die Entscheidungen des Vatikans in diesen Fragen immer mehr entschwand. Dazu war ihm vernehmlich bewusst geworden, dass im vatikanischen Staatssekretariat seine Meinung in den die DDR betreffenden Fragen zwar wahrgenommen wurde und Beachtung fand, aber die Stellungnahmen von Kardinal Bengsch deutlich mehr in die Erarbeitung von Lösungsmöglichkeiten einflossen. So war in vorherigen Schreiben sichtbar, dass er zwar auf die Zusammenarbeit mit seinem Kardinalskollegen aus Berlin hinwies. Aber erst in dem Begleitschreiben zu diesem Pro-Memoria wies

---

664 »Pro-Memoria zur Frage von Verhandlungen zwischen dem Heiligen Stuhl und der DDR-Regierung (27.6.1975)«. In: ASP. Fond. Cas. Ser.: P.d.est. SoSer.: Germ. O. (Cart.12/22) (unpag.) (prov.Sig.).

Döpfner derart explizit auf die inhaltliche Übereinstimmung und Kooperation beider Kardinäle hin: »... Im Übrigen habe ich das Pro-Memoria nach einer ausführlichen Besprechung mit Herrn Kardinal Bengsch formuliert, der seinem Inhalt zustimmt.«[665]

Eingeleitet wurde das sehr umfangreiche Pro-Memoria (18 Seiten) mit versöhnlicheren Tönen als jedes vorherige Pro-Memoria Döpfners diesbezüglich:

> »... Die Deutschen Bischöfe anerkennen durchaus das unermüdliche Bestreben des apostolischen Stuhles, für die Kirchen und die Katholiken auch in kommunistisch regierten Ländern die notwendigen Existenzvoraussetzungen zu schaffen, zu erhalten und nach Möglichkeit zu verbessern. Sie sind überzeugt, dass solche Bemühungen zur Hirtenaufgabe des apostolischen Stuhls gehören.«[666]

Die grundsätzlichen Bedenken wurden im Anschluss und im ersten Abschnitt des Pro-Memoria sehr deutlich dargelegt. Diese bezogen sich vor allem auf den grundsätzlich religionsfeindlichen Charakter des SED-Regimes und dessen Totalitätsanspruch, der im Gesellschaftssystem der DDR verankert war. Vor allem in der Gefahr des Missbrauchs einer eventuellen Abmachung mit dem Vatikan durch Staatsseite sah Döpfner einen wesentlichen Vorbehalt gegen Verhandlungen im Allgemeinen. An dieser Stelle wurde der Einfluss von Kardinal Bengsch auf das Pro-Memoria überdeutlich. Hatte Döpfner vor dem Casaroli-Besuch in der DDR noch für eine Einbeziehung der Bischöfe auch in die Gespräche mit dem Staat plädiert, so war er nun wieder vollständig auf der Linie der absoluten Trennung. Das entsprach dem Ansinnen Kardinal Bengschs und auch dieser Umstand fand sich so hervorgehoben in noch keinem Pro-Memoria Döpfners zu dieser Problematik:

> »... Muss nicht ernsthaft befürchtet werden, dass Verhandlungen und ggf. Abmachungen von vornherein von der DDR-Regierung darauf angelegt werden, die Kirche in der DDR mehr in ihr System einzubeziehen und zu vereinnahmen? Sollte nicht vielmehr der erreichte Modus Vivendi der Kirche in der DDR mit ihrer im Vergleich zu anderen kommunistisch regierten Ländern großen Bewegungsfreiheit [...] unangetastet bleiben und nicht durch irgendwelche Abmachungen langfristig gefährdet werden?«[667]

Eines der wesentlichsten Probleme jedoch sah Döpfner im Zusammenhang mit den anstehenden Verhandlungen mit der DDR in einer möglichen Präjudizierung der deutschen Teilung und der damit verbundenen Widersprüchlichkeit zum Grundgesetz, sollte es zu einer Anpassung der Jurisdiktionsbezirke an die Staatsgrenzen der DDR kommen. Damit verbunden sah Döpfner eine moralische Aufwertung der DDR im internationalen Maßstab, was seiner Meinung

---

665 »Begleitschreiben Kardinal Döpfners an Casaroli zum Pro-Memoria (27.6.1975)«. A. a. O.
666 »Pro-Memoria (27.6.1975)«. A. a. O.
667 A. a. O.

nach gleichzeitig bedeuten würde, dass sozialistische und kommunistische Bewegungen und Parteien weltweit Auftrieb bekämen. In dieser Argumentation wurde erkennbar, dass Döpfner versuchte, die internationale Verantwortung, die der Vatikan für sich in Anspruch nahm, aufzunehmen. Er interpretierte diese dahingehend, dass Rom auch Verantwortung für die katholischen Parteien der Welt trage, da diese Parteien in politischen Zusammenhängen die moralischen und ethischen Werte und Vorstellungen der katholischen Kirche in den politischen Raum hineintragen, verteidigen und durchsetzen könnten. Dafür sah er die Unterstützung Roms als entscheidend an.

> »… Ohne Zweifel wird eine Vereinbarung der DDR-Regierung mit dem apostolischen Stuhl eine moralische Aufwertung der DDR-Regierung bedeuten. Das wird zusammen mit den Bemühungen des apostolischen Stuhls um ähnliche Abmachungen mit den übrigen kommunistischen Regierungen langfristig den Kommunismus hoffähiger machen und zugleich die nicht zuletzt durch päpstliche Äußerungen begründete und genährte Reserve der Katholiken gegenüber marxistisch orientierten Gruppen und Parteien mindern. Die bewusst christlich ausgerichteten Parteien Westeuropas und in Südamerika werden sich noch schwerer tun und sich von Rom vernachlässigt oder gar aufgegeben fühlen. Ihre Zugkraft bei katholisch ausgerichteten Wählern könnte nicht unerheblich reduziert werden. [...] Was dieser Trend für so entscheidende Fragen wie Abtreibung und Ehescheidung, aber auch für das freie Wirken der Kirche und kirchlicher Organisationen bedeutet, liegt auf der Hand.«[668]

Diese neue Argumentationsstruktur Döpfners erscheint in diesem Zusammenhang sehr aufschlussreich. Er hatte die Neuakzentuierung des Vatikans im internationalen Raum offensichtlich erkannt. Man muss davon ausgehen, dass diese Erklärung Döpfners vertraulich war und er demnach auf keinerlei öffentliche Meinung Rücksicht nehmen musste. Daher fanden seine politischen Überzeugungen in das Pro-Memoria Eingang. Der kämpferische Antikommunist Döpfner, der einer der wenigen Bischöfe in Westdeutschland war, der die Repressalien und die Kirchen- und Religionsfeindlichkeit des DDR-Regimes aus eigener Erfahrung kannte, wollte die kommunistischen Regime und Bewegungen weltweit gerade vom Papst verdammt wissen, musste sich aber auch den realen Gegebenheiten beugen, die der Vatikanischen Ostpolitik als Richtlinie galten. Dass er beides tat, seine antikommunistische Grundeinstellung zu verteidigen und die Augen nicht mehr vor den alltagspolitischen Gegebenheiten in den kommunistisch regierten Ländern und im Besonderen der DDR verschloss, davon zeugte dieses Pro-Memoria, in dem die Handschrift Kardinal Bengschs unverkennbar war, das aber der Vorsitzende der DBK und Erzbischof von München-Freising mit seinem Namen unterschrieb. Vorherige Pro-Memoria von Döpfner zu dieser Problematik kamen zu dem Schluss, dass Verhandlungen

---

668 A. a. O.

mit kommunistischen Ländern aus grundsätzlichen Erwägungen heraus unmöglich seien. Nun war der Münchner Kardinal erstmals bereit Verhandlungen mit der DDR-Führung als Option in seine Überlegungen einzubeziehen. Damit reagierte er auf die unverkennbare Bereitschaft des Vatikans, ernsthaft mit der DDR-Führung über eine Lösung der offenen Fragen zu verhandeln. Die vielfältigen Beeinträchtigungen und Verletzungen des Grundrechtes auf Religionsfreiheit akzeptierte Döpfner als hinreichenden Zwang, mit der DDR-Führung in Kontakt oder gar Verhandlungen zu treten. Die vollständige Tragweite des Erkenntnisprozesses, den Kardinal Döpfner durchmachen musste, wurde in der Äußerung deutlich, die er der Darstellung hintanstellte, dass durch die de jure und de facto internationale Anerkennung der DDR eine vollständige Versagung des Kontakts mit der DDR von Seiten des Vatikans der katholischen Kirche in der DDR schaden würde:

> »... Da die DDR-Regierung Interesse bekundet an bestimmten Maßnahmen, die nur der apostolische Stuhl treffen kann, der apostolische Stuhl seinerseits diese Maßnahmen aber nur ergreifen kann, wenn von Seiten der DDR-Regierung bestimmte und unverzichtbare Voraussetzungen geschaffen worden sind, erscheinen ernsthafte Verhandlungen möglich.«[669]

Kardinal Döpfner hatte zu noch keinem Zeitpunkt vorher »ernsthafte Verhandlungen« mit der DDR in seine Betrachtungen einbezogen. Die Forderung, dass keinerlei Verhandlungen mit der DDR zu führen wären, ohne dass diese ihrerseits öffentliche ein Bekenntnis zur Sicherung des vorhandenen Modus Vivendi abgibt, blieb sowohl für Döpfner als auch für Bengsch aber essenziell. Beide sahen allerdings die fehlende Vertragstreue der DDR als wahrscheinlich an, da der Vatikan, wenn er in Vorleistung ginge, auch gleichzeitig seine Druckmittel aus der Hand gäbe. Nach Döpfners Meinung, und auch hier war wieder eindeutig die Sichtweise Kardinal Bengschs erkennbar, würde die DDR-Führung, wenn sie ihre Ziele einmal erreicht habe, nicht an die Umsetzung des Beschlossenen gehen.

> »... Zusammenfassend kann gesagt werden: Wenn die gegebene Lage trotz der gewichtigen Bedenken dennoch Verhandlungen nahelegen sollte, dann müssen solche Verhandlungen in Zielsetzung und Durchführung von vornherein so angelegt werden, dass die bestehenden Befürchtungen so weit wie möglich abgefangen werden.«[670]

Die Forderungen, die an die DDR-Führung zu stellen seien, waren sechs wesentliche und glichen im Wesentlichen den schon bekannten, waren aber allgemeiner formuliert:

---

669 »Pro-Memoria (27.6.1975)«. A. a. O.
670 A. a. O.

1. keine Zwangserziehung zum atheistischen Gesellschaftssystem und freie Religionserziehung
2. das Recht, ungehindert Kirchen in Neubaugebieten zu errichten
3. freier, internationaler und ungehinderter Kontakt unter Klerikern und Gläubigen
4. Zulassung von Studenten an der Gregoriana in Rom und deren freie Auswahl durch die Kirchenleitung in der DDR.
5. Zulassung von Seelsorge in staatlichen Krankenhäusern und in Gefängnissen
6. keinerlei Diskriminierung von Gläubigen im gesellschaftlichen Leben der DDR

Nur bei Erfüllung dieser Forderungen dürften Verhandlungen mit der DDR-Führung geführt werden. Da aber ein weiteres Problem bestand, das Döpfner, aber auch Bengsch schon oft zu früheren Zeitpunkten in die Betrachtungen eingeführt hatte, stellten sie eine weitere Bedingung bezüglich der Durchführung der Verhandlungen: Die Forderungen der DDR waren mit einmaligen und realistisch nicht umkehrbaren Rechtsakten verbunden, wohingegen die Anliegen der Kirchenleitung ihrer Natur nach stetigen Charakter hatten. Das hieß konkret, dass Religionsfreiheit langfristig gewährleistet werden musste und nicht einmalig in einem Rechtsakt vollzogen werden konnte. Da sowohl Döpfner als auch Bengsch erklärtermaßen kommunistische Staaten zu keinem Zeitpunkt für konkordatsfähig hielten, mussten die Maßnahmen des Vatikans gegenüber der DDR in einem größtmöglichen Zeitkorridor geschehen.

> »… Deswegen wird der apostolische Stuhl seine beabsichtigten Maßnahmen zeitlich und sachlich aufgliedern und die Verwirklichung auf einen möglichst langen Zeitraum verteilen und die einzelnen Maßnahmen mit einer entsprechenden Maßnahme der DDR-Regierung koppeln, d. h. von einer vorausgehenden Erleichterung seitens der DDR-Regierung wie auch von der Einhaltung früherer Zusagen abhängig machen müssen.«[671]

Unter der Erfüllung dieser Parameter teilte Kardinal Döpfner dem vatikanischen Staatssekretariat erstmals seine Bereitschaft mit, der Errichtung einer Administratur und darauf folgend der Errichtung einer Diözese und sogar einer Neuzirkumskription aller Jurisdiktionsbezirke in der DDR keinen Widerstand mehr entgegenzusetzen.

Er knüpfte seine Aufgabe des Widerstandes an hohe Hürden, deren Überwindung offensichtlich unmöglich war, wie zum Beispiel die freie und ungehinderte Religionserziehung. Das war ihm, nicht zuletzt durch die Zusammenarbeit mit seinem Berliner Kardinalskollegen bewusst. So wurde ein Teil der

---

[671] A. a. O.

Verhandlungsstrategie deutlich: mit bewusst hohen Forderungen Ergebnisse blockieren. Aber entscheidend ist die Wendung zur Möglichkeit »Verhandlung zwischen Vatikan und DDR« und es war Döpfner und seinem Amtsbruder aus Berlin klar vor Augen, dass es sich bei diesen Hinweisen für die von vatikanischer Seite verhandelnden Diplomaten nur um Maximalforderungen handeln konnte, die diese mit ihrem Handlungshorizont abgleichen mussten und nach Bewertung und Analyse der Lage in ihre Entscheidungen einbeziehen mussten. Das konnte dementsprechend auch bedeuten, von einigen Forderungen absehen zu müssen, um zu einem Verhandlungsergebnis zu gelangen.

Die Aussage dieses Pro-Memoria war folglich vor allem: Verhandlungen sind möglich und eine Neuordnung der Jurisdiktionsbezirke in der DDR wurde nicht mehr kategorisch ausgeschlossen. Deutlich wurde auch, der Kontakt der Kurie in Rom mit den beiden maßgeblichen Kardinälen blieb intensiv. Wichtige Gespräche führte Kardinal Bengsch allerdings fast ausschließlich in Rom, da er befürchtete, dass in Ostberlin der Gesprächsinhalt durch »operative Maßnahmen« der Staatssicherheit abgeschöpft wurde[672]. Zur Eile musste zudem nicht gedrängt werden. Der Sommer 1975 war sowohl für die DDR als auch für den Vatikan mit anderen politischen Prioritäten versehen: Die KSZE fand ihren Abschluss in Helsinki.

Am 13. und 19. Oktober 1975 kam es in Rom zu einer Vereinbarung zwischen Kardinal Bengsch und Erzbischof Casaroli, die den Fortgang der Verhandlungen betraf[673]. Darin wurde deutlich, dass die Entscheidung im päpstlichen Staatssekretariat gefallen war, den Wünschen der DDR-Führung teilweise zu entsprechen. Bengsch und Casaroli sahen vier Faktoren, die zur Handlung zwängen:

1. Der Vatikan war überzeugt, dass das Drängen der DDR-Führung nicht mehr unbeantwortet bleiben könne, ohne Schaden für die katholische Kirche in der DDR zu provozieren.
2. Teillösungen, wie zum Beispiel die Errichtung nur eines Bistums, könnten den Druck der DDR-Führung nur erhöhen und wären den Gläubigen und Klerikern beider deutscher Staaten nur schwer zu vermitteln.
3. Eine Totallösung wäre aber nicht denkbar, solange sie ohne Gegenleistung der DDR-Führung erfolge.

---

672 »Interview des Verfassers mit Prälat Paul Dissemond (Sekretär der BOK/BBK und deren Beauftragter zu Verhandlungen mit der Staatssicherheit) (Berlin 19.4.2005)« und »Interview des Verfassers mit Prälat Gerhard Lange (Mitarbeiter des Berliner Ordinariats und Beauftragter Kardinal Bengschs zu Verhandlungen mit staatlichen Stellen, vor allem der Dienststelle des Staatssekretärs für Kirchenfragen) (Berlin 20.4.2005)«.
673 »Aktennotiz für Erzbischof Casaroli (23.10.1975)«. In: Philosophisch-Theologisches Studium Erfurt. Seminar für Zeitgeschichte. Sammlung BOK/BBK (PTS-SfZ-SB). Bestand: III Verhandlungen DDR – Vatikan. (unpag.).

4. Der Vatikan strebte danach, einen Modus Vivendi für die Kirche in der DDR durch die politische Führung in der DDR grundsätzlich garantiert zu sehen, und die BOK strebte nach der inhaltlich bestmöglichen Ausgestaltung dieses Modus Vivendi.

Bedeutsam war dabei, dass die BOK zunächst verselbstständigt werden sollte, bevor, wie in dem Pro-Memoria von Kardinal Döpfner vorgesehen, etwaige Veränderungen in der Grenzziehung der Diözesen vonstatten gehen sollten. Die BOK sollte in den Status einer selbstständigen Bischofskonferenz erhoben werden, aber keinesfalls zur Nationalkonferenz. Gleichsam blieb die kirchenrechtlich komplizierte Doppelmitgliedschaft des Berliner Bischofs in der zukünftigen Bischofskonferenz und der DBK nahezu unverändert. Bengsch sollte faktisch und kirchenrechtlich sowohl in der zu gründenden Bischofskonferenz in der DDR als auch in der DBK Mitglied bleiben. Dieser Schritt sollte indes nicht ohne Gegenleistung durch die DDR-Führung erfolgen. Bemerkenswert bei dieser Vereinbarung zwischen Bengsch und Casaroli war, dass erstmals zwischen »unverzichtbaren« und »wünschenswerten«[674], von der DDR zu erfüllenden Voraussetzungen unterschieden wurde. Zur Definition dieser Voraussetzungen wurde vereinbart, eine Arbeitsgruppe zu installieren, die sich mit dieser Problematik befassen sollte und die aus einem Vertreter der DBK (Prälat Homeyer), der BOK (Monsignore Lange) und zwei Vertretern des Vatikans (Monsignori Sodano und Zur) bestand[675].

Auffällig war in diesem Zusammenhang, dass explizit auf die Schlussakte von Helsinki und die dort festgeschriebene Religionsfreiheit als Menschenrecht Bezug genommen wurde. Die vatikanische Strategie, dieses Menschenrecht in der Schlussakte zu verankern, fand hiermit auch in die alltägliche Politik gegenüber den Ländern des Ostblocks Eingang und wurde als ausdrückliche Grundlage der Forderungen fixiert. Schließlich hatte die DDR die Festlegungen in der Schlussakte von Helsinki vor aller Welt akzeptiert.

Einen Monat später waren die Forderungen, die als »unverzichtbar« bezeichnet wurden, schon herausgearbeitet, wobei Kardinal Bengsch persönlich, der Arbeitsgruppe vorgreifend, an Casaroli schrieb. Er sah in die Schlussakte von Helsinki als zentrales Dokument an, das bei der Durchsetzung der Forderungen der katholischen Kirche in der DDR hilfreich sein konnte: »... Die Forderungen der Schlussakte von Helsinki sollten im vollen Umfang eingebracht werden.«[676] Aber »... der gegenwärtige Status quo darf nicht Verhandlungsge-

---

674 A. a. O.
675 »Ergebnisprotokoll Jurisdiktionsbezirke in der DDR (1.12.1975)«. In: PTS-SfZ-SB. Bestand: III Verhandlungen DDR – Vatikan. (unpag.)
676 »Stellungnahme Bengschs an Casaroli: Verhandlungen zwischen Hl. Stuhl und der DDR

genstand werden.«[677]. Diese Forderungen wurden präzisiert, indem Bengsch die Achtung der Menschenrechte eines jeden Einzelnen, wie in der Schlussakte von Helsinki beschrieben, den realen Gegebenheiten in der DDR gegenüberstellte und es zeichnete sich für die spezielle Situation in der DDR eine deutlich erkennbare Diskrepanz ab. So versuchte Bengsch hintergründig, den vatikanischen Chefunterhändler in Helsinki, Erzbischof Agostino Casaroli, daran zu erinnern, dass dieser den Ostblockstaaten in Helsinki die Religionsfreiheit als einziges ausdrücklich genanntes Grundrecht des Einzelnen abgerungen und dafür das ganze internationale Gewicht des Vatikans in die Waagschale geworfen hatte. Es schien somit schwerlich möglich, nicht einmal ein halbes Jahr nach der Unterzeichnung der Schlussakte, schon auf die Erfüllung dieses Grundrechtes zu verzichten. Zudem akzeptierten beide die Schlussakte von Helsinki in ihrer Vereinbarung vom 19. Oktober 1975 explizit als Grundlage der Verhandlungen mit der DDR.

Im März 1976 wurden die bislang allgemein gehaltenen Forderungen durch die Arbeitsgruppe konkretisiert[678]:
1. ungehinderte Seelsorge und freier Religionsunterricht
2. ungehinderter Betrieb karitativer Einrichtungen
3. die ungehinderte Verlagstätigkeit des St. Benno Verlags sollte garantiert werden
4. die Hilfsmöglichkeiten der westdeutschen Kirche für den ostdeutschen Zweig der gesamtdeutschen Kirche sollten mindestens im bisherigen Ausmaß gesichert sein
5. die Priesterausbildung einiger Studenten in Rom sollte gewährleistet werden
6. Nach einer Errichtung neuer Diözesen mussten die jeweiligen Diözesen respektive Kirchgemeinden formell Eigentümer des kirchlichen Eigentums werden, was vorher der Mutterdiözese zugeordnet war. Mithin musste eine Eigentumsgarantie erfolgen.

Mit diesen Forderungen, die die von Kardinal Bengsch grundsätzlich formulierten Bedingungen implizit enthielten (Ermöglichung der Seelsorge, Priesterausbildung, ungehinderte Verlagstätigkeit, Religionsunterricht), wurde die Wendung in der Diskussion deutlich: Es stand nicht mehr das »Ob« der Entsprechung DDR-seitiger Forderungen auf der Tagesordnung, sondern nun das

---

(25.11.1975)«. In: ASP. Fond. Cas. Ser.: P.d.est. SoSer.: Germ. O. (Cart.12/22) (unpag.) (prov.Sig.).
677 A. a. O.
678 »Bedingungen und Garantien vor der Errichtung neuer Diözesen in der DDR (16.3.1976)«. In: PTS-SfZ-SB. Bestand: III Verhandlungen DDR – Vatikan. (unpag.).

funktionale »Wie«. Von herausgehobener Bedeutung waren der Arbeitsgruppe die Lebensgrundlagen der katholischen Kirche in der DDR[679]:
- Hilfeleistungen der Westkirche für die ostdeutschen Kirchgemeinden
- die Eigentumsfrage musste formell geklärt werden.

Selbst wenn die Gespräche in Berlin »nur« als Meinungsaustausch definiert wurden, so wurde im Nachhinein deutlich, dass der Vatikan nun bereit war, den Forderungen der DDR teilweise nachzukommen. Die Ortskirche wurde dabei mit einbezogen, wobei im Vatikan den Stellungnahmen der Vertreter des ostdeutschen Episkopats klar das größere Gewicht zukam.

Als eine der schärfsten Waffen stellte sich in der Argumentation die Schlussakte von Helsinki dar, die in der Auseinandersetzung Kardinal Bengschs sowohl mit dem Vatikan als auch mit der DDR eine zentrale Rolle einnahm. Zudem wurden nun auch immer mehr die elementaren Forderungen deutlich, ohne die ein Überleben der Kirche in der DDR nicht möglich war. Die Verhandlungsführer der Ortskirche (DDR) zogen sich gegenüber dem vatikanischen Staatssekretariat erkennbar immer mehr auf eine »conditio sine non qua« zurück.

Es war zudem augenfällig, dass Erzbischof Casaroli die Durchführung der Maßnahmen so weit hinauszögerte, wie es der Druck der DDR-Führung zuließ. Dabei gab es unterschiedliche Interpretationen, wann der Druck gefährlich werden würde. Bengsch war aus seiner Binnensicht wesentlich leidensfähiger als Casaroli und traute »seiner Kirche« zu, auch schwierige Situationen zu überstehen. Erzbischof Casaroli hingegen wollte die Sicherung der Seelsorge und der Hierarchie als wesentliche Elemente garantiert sehen und war dafür auch bereit, Kompromisse einzugehen, die für die Gliedkirche in der DDR eine teilweise Verschärfung der Situation hätten bedeuten können. Selbst wenn diese angenommene Verschlechterung im Voraus nicht eindeutig quanti- und qualifizierbar war. Aber diese Vorgehensweise hätte nach Ansicht Casarolis und des Gros der Protagonisten im vatikanischen Staatssekretariat, mit der Rückendeckung des Papstes, einer langfristigen Sicherung der Lebensgrundlage der katholischen Kirche den Weg bereitet.

Dieser Dualismus der Gedankengänge war nicht aufzulösen und die letztendlichen Entscheidungen mussten im Vatikan getroffen werden, der in Form einer päpstlichen Entscheidung die alleinige Handlungsgewalt in diesem Sachverhalt innehatte. Damit musste er aber auch die Verantwortung für diese Entscheidungen auf sich nehmen. Der Versuch, diese Verantwortung zu schultern und das Vorgehen von Beginn an zu rechtfertigen, war in der Betonung der

---

679 »Interview des Verfassers mit Prälat Gerhard Lange«. A. a. O.

ausschließlich pastoralen Erwägungen und der damit erfolgenden Entpolitisierung etwaiger Entscheidungen deutlich erkennbar.

Die katholische Kirche der DDR musste sich nach dem Besuch Casarolis in der DDR und nach den Verhandlungen der Kirchenführung der DDR und der BRD mit dem vatikanischen Staatssekretariat erklärtermaßen auf Veränderungen einstellen. Zunächst sollte die Verselbstständigung der BOK betrieben werden. Im Anschluss daran war die Veränderung der Jurisdiktionsbezirksgrenzen vorgesehen. Es war aber nicht absehbar, auf welche Weise und zu welchem Zeitpunkt dieses Vorhaben umgesetzt werden sollte. Das Tableau der Lösungen war zudem weit gefächert und Verzögerung war eine der wichtigsten Handlungsoptionen. Es wurde also immer offensichtlicher, dass die Neuordnung der Jurisdiktion im Osten Deutschlands nur noch eine Frage der Zeit im eigentlichen Wortsinn war und darin lag wohl auch die größte Chance zur Behinderung endgültiger Lösungen.

7.7.2.8 Die Reaktion der DDR nach dem Besuch des vatikanischen »Außenministers«

Am 1. August 1975 kam es am Rande des Treffens der Staatsoberhäupter in Helsinki auch zu einem Treffen zwischen Erich Honecker und Erzbischof Casaroli. Dieses Treffen war vor allem für die Atmosphäre zwischen beiden Staaten wichtig. Beide sprachen über die Bedeutung der Ergebnisse der KSZE und es blieb nicht aus, dass auch die problematischen Fragen, die zwischen beiden Parteien ungeklärt waren, zur Sprache kamen[680]. Die Bedeutung, die von DDR-Seite diesem Treffen zugeschrieben wurde, bemaß sich aber eher an der Wirkung im internationalen Raum: Der Staatsratsvorsitzende Erich Honecker traf den vatikanischen »Außenminister«. Dieser Umstand war es Erich Honecker sogar wert, dieses Gespräch in seiner offiziellen Biografie als Foto festhalten zu lassen[681].

Über den Sommer kam es zu keinen weiteren inhaltlichen Gesprächen. Dies hatte zwei Ursachen:
1. Der Abschluss der Verhandlungen im Rahmen der KSZE band wesentliche diplomatische Kapazitäten auf beiden Seiten.
2. Der Vatikan hatte kein Interesse an weiteren Gesprächen mit der DDR-Seite, bevor nicht zumindest mit den betroffenen Partnern, den Episkopaten in

---

680 »Handschriftlicher Vermerk Casarolis über ein Gespräch mit dem Geschäftsträger der Botschaft der DDR in Rom (22.10.1975)«. In: ACSCB. Documentazione Manoscritti Casaroliani. (unpag.).
681 Honecker, E.: »Aus meinem Leben«. Berlin 1980. S. 464.

Ost- und Westdeutschland, aber am Rande auch mit der Bundesregierung in Bonn ein Austausch über die weitere Verfahrensweise erfolgt war.

Im August 1975 kam es jedoch trotzdem zu einem wichtigen Ereignis, was die Sichtweise des Vatikans auf die neue völkerrechtliche Situation nach der Ratifizierung des Grundlagenvertrags erneut und nun für alle öffentlich sichtbar machte: Erzbischof Corrado Bafile, der bisherige Nuntius in Deutschland, wurde nach fünfzehnjähriger Tätigkeit abberufen und zum Pro-Präfekten (ab 1976 Präfekt) der »Kongregation für die Selig- und Heiligsprechungsprozesse« bestellt. Sein Nachfolger wurde der bis dahin als Pro-Nuntius in Kanada tätige Titularerzbischof von Tuscamia, Guido del Mestri[682]. Es handelte sich nicht um einen diplomatisch besonders hervorhebenswerten Vorgang, aber in diesem Zusammenhang sah sich das vatikanische Staatssekretariat vor zwei delikate Probleme gestellt, die erneut die Kernpunkte der deutschen Frage berührten:
1. die diplomatische Kompetenz des Nuntius für Westberlin
2. die Zuständigkeit des vatikanischen diplomatischen Vertreters in der BRD für das Staatsgebiet der DDR.

Angelo Sodano erarbeitete zu dieser Frage kurz nach der Ernennung del Mestris den mit seinem Vorgesetzten (Erzbischof Casaroli) abgestimmten Standpunkt des päpstlichen Staatssekretariats zu diesen beiden Fragen. Zu Westberlin war die Antwort unerwartet unkompliziert. Der Vatikan war bereit, die außenpolitische Vertretung Westberlins durch die Bundesregierung anzuerkennen und sah sich dabei mit dem Viermächteabkommen zu Berlin im Einklang, woraus sich demzufolge auch eine Zuständigkeit des in Bonn akkreditierten diplomatischen Vertreters für Westberlin ableiten ließ. Von besonderem Interesse muss hierbei die kurze Schlussbemerkung Sodanos sein: »… La competenza diplomatica del nuovo Nunzio A. per Berlino-Ovest può, quindi, essere espressamente riconosciuta dalla Santa Sede (del resto, è nel suo interesse).«[683] Das Interesse des Heiligen Stuhls an der Zuständigkeit für Westberlin leitete sich aus mehreren Punkten ab:
– Der relativ ungehinderte Kommunikationsweg Bengsch – Vatikan via Nuntiatur über den Postweg von Westberlin blieb uneingeschränkt bestehen, von Kardinal Bengsch ausdrücklich gewünscht, da anderweitig die Spionagetätigkeit des MfS vorauszusetzen war.

---

682 *13.1.1911; † 2.8.1993.
683 »Ausarbeitung Sodanos für Casaroli (30.8.1975)«. In: ASP. Fond. Cas. Ser.: P.d.est. SoSer.: Germ. O. (Cart.12/23) (unpag.) (prov.Sig.). (»…Die diplomatische Kompetenz des neuen apostolischen Nuntius kann also ausdrücklich vom Heiligen Stuhl anerkannt werden (es ist ja im Übrigen in seinem Interesse).«)

- Die kirchenrechtliche Zuständigkeit für das Bistum Berlin blieb erhalten und somit auch der indirekte Zugriff bezüglich pastoraler Sachfragen auf dem Territorium der DDR.
- Die öffentliche Meinung in der Bundesrepublik würde auf eine Abtrennung Westberlins von der Bundesrepublik im kirchenrechtlichen Sinne in hohem Maße sensibel reagieren, was mit der Anerkennung der Zuständigkeit des Nuntius für Westberlin ausblieb.

So delikat die Probleme auch waren, so eindeutig war das vatikanische Staatssekretariat bereit, Stellung zu beziehen; in der Frage Westberlins im Sinne der Bundesregierung. Bei der Frage der Zuständigkeit des Nuntius für die DDR beendete Sodano seine Ausführungen ebenso klar: »... Per questo, forse converrebbe dire ›semel per semper‹ al Governeo di Bonn: Monsignore del Mestri è Nunzio per la Bundesrepublik e basta.«[684]. Im »Annuario Pontificio«[685] von 1976 fand dies seinen Niederschlag, indem Nuntius del Mestri nicht mehr unter der Länderkategorie »Germania«, sondern unter »Germania (Rep. Federale di)« geführt wurde; analog verfuhr man bei der Nennung des Botschafters Alexander Böker[686]. Im diplomatischen Verkehr verfuhr die Nuntiatur unverzüglich in dieser Art und Weise.

APOSTOLISCHE NUNTIATUR
· =IN DEUTSCHLAND=

N. 1781
Bonn - Bad Godesberg, 22 giugno 1976

Oggetto: Conferenza Episcopale in D.D.R.

Abbildung 12: Briefkopf der Nuntiatur kurz nach Antritt Erzbischofs Guido del Mestris als Nuntius

Diese Verfahrensweise führte zu einem formalen, mündlichen Protest von Botschafter Böker, den Sodano leicht entkräftete:

»[...] alla strana osservazione che il Concordato con il Reich parla di ›Nuntio A. presso il Reich Germanico‹ [...] basterebbe rispondere che anche l'Ambasciatore dovrebbe

---

684 A. a. O. (»... Daher würde ich vorschlagen der Regierung in Bonn, ein für allemal‹ zu sagen: Mons. del Mestri ist Nuntius für die Bundesrepublik und basta.«)
685 Päpstliches Jahrbuch.
686 Höllen, M.: »Loyale Distanz«. Bd. 3/I. (S. 384).

allora continuare a denominarsi ›Botschafter des Deutschen Reiches beim Heiligen Stuhl‹!!!«[687]

Für die DDR-Führung stellte dies eine weitere De-facto-Anerkennung durch den Vatikan dar. Auffallend war, dass sie diesen Vorgang lediglich zur Kenntnis nahm und keiner öffentlichen Bewertung unterzog. Das Verhalten des Vatikans wurde nach dem Besuch Casarolis nur randständig und wenn, dann eher wohlwollend zur Kenntnis genommen. Das MfS informierte die maßgeblichen Personen im Führungszirkel der SED und Außenminister Fischer regelmäßig von der Haltung des Vatikans nach dem Besuch und konnte vermeintlich Beruhigendes berichten, so zum Beispiel am 14. Juli 1975:

> »… Zu der vom Vatikan beabsichtigten Änderung der Diözesangrenzen in der DDR ist von den vatikanischen Vertretern in den Gesprächen mit den BRD-Vertretern erklärt worden, dass die Kirche durch den Grundlagenvertrag gezwungen sei, auch ihrerseits eine Politik der Anpassung der Kirchengrenzen an die gegebene Lage zu betreiben. Der Grundlagenvertrag berechtige den Vatikan, davon auszugehen, dass es zwei voneinander unabhängige deutsche Staaten gebe.«[688]

Paul Verner als zuständiges Politbüro-Mitglied und Oskar Fischer waren folglich im Bilde über die laufenden Entwicklungen. Betrachtet man die Verhandlungen, die mit der BRD und den betreffenden Bischöfen diesbezüglich geführt wurden, war der Kenntnisstand des MfS und damit auch der handelnden Personen im Partei- und Regierungsapparat in diesem Fall erstaunlich wenig abweichend vom Sachstand[689]. Die Informationen gingen im Wesentlichen von der Annahme aus, dass die Entscheidung zur »Verselbstständigung der katholischen Kirche in der DDR« im Vatikan auf der Agenda stand. Mit diesen Informationen im Hintergrund konnte die DDR-Führung beruhigt abwarten.

Am 20. November 1975 kam es in Rom zu einem Gespräch mit dem dortigen anwesenden Geschäftsträger (Botschafter Gysi war nicht im Haus). Das Gespräch kam auf Bitten Casarolis zustande. Er verdeutlichte den Willen des Vatikans, als nächsten Schritt die Statusänderung der BOK zu einer selbstständigen

---

687 »Ausarbeitung Sodanos für Casaroli (30. 8. 1975)«. A. a. O. (»[…] auf die eigenartige Stellungnahme, dass das Reichskonkordat von einem ›Nuntius beim Deutschen Reich‹ spricht, reicht es zu antworten, dass sich so auch der Botschafter weiterhin ›Botschafter des Deutschen Reiches beim Heiligen Stuhl‹ zu bezeichnen hätte.«)

688 »Information über die Haltung der BRD zur Entwicklung der Beziehungen zwischen der DDR und dem Vatikan (17. 7. 1975)«. In: BStU. Bestand: Hauptverwaltung Aufklärung. Sig.: HVA 116. (Bl. 17–19). (Bl. 17).

689 Z. B. »Information über die Haltung der westdeutschen Bischofskonferenz zur Ostpolitik des Vatikans (5. 8. 1975)«. In: BStU. Bestand: Hauptverwaltung Aufklärung. Sig.: HVA 117 (2/2). (Bl. 162–164); »Information: Vorhaben des Vatikans zur ›Verselbstständigung der katholischen Kirche in der DDR‹ (5. 8. 1975)«. In: BStU. Bestand: Hauptabteilung XX (Auswertungs- und Kontrollgruppe). Sig.: HA XX (AKG) 831. (Bl. 94 f.). Vgl. auch Schäfer, B.: »Katholische Kirche in der DDR«. (S. 317).

Bischofskonferenz voranzutreiben. Weiterhin brachte er eine Formalisierung der Kontakte ins Gespräch, wenngleich er einen Delegationsaustausch, wie zum Beispiel mit Polen oder Ungarn, nicht in Betracht zog, sondern die bestehenden Kontakte über die Botschaft in Rom favorisierte[690].

Auf Grundlage dieses Gespräches erarbeitete das Außenministerium der DDR einen Handlungsvorschlag, der den Politbüromitgliedern Honecker, Verner, Sindermann und Axen vorgelegt wurde. Außenminister Fischer informierte über das Gespräch und schlug vor, Casaroli weiterhin zu einer schnellen Regelung der offenen Fragen aufzufordern. Auch die DDR-Seite nutzte die Schlussakte von Helsinki für ihre Argumentation und forderte in diesem Sinne vom Vatikan endlich eine abschließende Regelung der Diözesangrenzenfrage. Solange dies nicht der Fall war, könnten alle anderen Schritte des Vatikans nur »[...] mit Interesse zur Kenntnis genommen werden.«[691] Wichtig in dem Zusammenhang war, dass so die Schlussakte von Helsinki auch im diplomatischen Verkehr als eine Art Geschäftsgrundlage bestätigt wurde. Die Formalisierung der Kontakte, die bisher schon praktisch auch über die Botschaft der DDR in Rom abgewickelt wurden, sollte bestätigt werden. Alle vier Politbüromitglieder, Erich Honecker voran, waren mit dieser Verfahrensweise einverstanden[692].

Nur Erich Honecker veränderte das Schreiben auf der zweiten Seite, indem er das Wort »schnell« herausstrich und somit die Forderung Fischers nach »schnellen Regelungen« deutlich abschwächte[693]. So wurden drei wesentliche Punkte deutlich:
1. Erich Honecker hatte, spätestens nach seinem Treffen mit Casaroli in Helsinki, ein gesteigertes Interesse an dem Fortgang der Verhandlungen mit dem Vatikan[694].
2. Er war an grundsätzlichen Lösungen interessiert, das bedeutete auch, ohne Zeitdruck.
3. Die Vorschläge des Außenministeriums wurden durch die zuständigen Politbüromitglieder (Honecker: Generalsekretär, Verner: Kirchfragen, Axen: Außenpolitik und Sindermann: Vorsitzender des Ministerrats) bestätigt.

---

690 »Äußerungen des Sekretärs für die öffentlichen Angelegenheiten der Kirche, Erzbischof Casaroli, gegenüber dem Geschäftsträger der DDR in Italien (20.11.1975)«. In: SAPMO. Bestand: Büro Paul Verner. Sig.: DY 30 IV 2/2.036 51. (Bl. 29–31).
691 »Schreiben des Außenministers Oskar Fischer an Erich Honecker, Horst Sindermann, Paul Verner und Hermann Axen (27.11.1975)«. In: SAPMO. Bestand: AG.KF.ZK d. SED (ab 1972). Sig.: DY 30 IV B 2/14 166. (Bl. 129 f.). (Bl. 130).
692 Vgl. hierzu die handschriftlichen Vermerke auf der ersten Seite des Schreibens von Oskar Fischer vom 27.11.1975. A. a. O.
693 Handschriftliche Veränderung Honeckers im Schreiben Oskar Fischers vom 27.11.1975. A. a. O.
694 Es war auffällig, in der Durchsicht der Bestände des BA und der SAPMO, dass Erich Honecker ab 1975 regelmäßig im Verteiler wichtiger Entscheidungen zum Vatikan zu finden war.

Erzbischof Casaroli hatte am 9. Dezember 1975 ein erneutes Gespräch mit dem Geschäftsträger der DDR-Botschaft in Rom. Es wurde die von Honecker geänderte Erklärung verlesen[695]. Casaroli reagierte und verdeutlichte erneut die geplante Vorgehensweise des Vatikans. Demnach wurde mittlerweile im vatikanischen Staatssekretariat nicht mehr über das »Ob« nachgedacht, sondern nur noch über das »Wie« und »Wann« der Statusänderung der BOK. In diesem Gespräch machte er auch erstmals den Namensvorschlag »Berliner Bischofskonferenz« oder »Bischofskonferenz der DDR« oder »in der DDR«[696]. Casaroli forderte, dass DDR-seitig eine verbindliche Zusage von Kontaktmöglichkeiten der neuen Bischofskonferenz mit der DBK gegeben würde. Zudem müsste die Frage der Vertretung des Westberliner Anteils der Diözese Berlin in der DBK geklärt werden und die Eigentumsfragen in den vorher westdeutschen Diözesen eindeutig geregelt sein. Diese Forderungen lehnte das Außenministerium der DDR wiederum ab, solange nicht die Grundfrage der Grenzanpassung geklärt war[697].

Es kam in der Folge zu häufigen Kontakten zum gegenseitigen Meinungsaustausch beider Verhandlungspartner in Rom. Alle diese Gespräche führten nicht zu wesentlichen inhaltlichen Veränderungen. Es wurde aber deutlich, dass die DDR-Führung bereit war, den Zeitdruck nicht weiter zu erhöhen, was der mächtigste Mann des Politbüros mit einem Federstrich letzten Endes verdeutlicht hatte. Die Ziele schienen erreichbar und vor allem war die Totallösung der Anpassung der Diözesangrenzen an die Staatsgrenzen absehbar.

Am Ende des Jahres 1975 war augenscheinlich, dass die Entscheidung, den vatikanischen »Außenminister« in die DDR einzuladen, für das Erreichen zufriedenstellender Lösungen der Anliegen der DDR-Führung förderlich gewesen war. Gegenüber Erzbischof Casaroli wurden letzte Zweifel ausgeräumt: Die Anpassung der katholischen Jurisdiktionsbereiche in der DDR blieb die »conditio sine qua non«. Das Junktim, dass alle Zugeständnisse oder vertraglichen Vereinbarungen mit dem Vatikan unausweichlich mit einer vollständigen Lösung dieses Grundproblems verbunden waren, erschien der DDR-Führung schlagkräftig. In diesem Punkt waren die DDR-Verhandlungspartner auf allen Ebenen in der Sache kompromisslos geblieben. Es kam jedoch nicht zu größere Verstimmungen, nicht zuletzt, weil die vatikanische Seite dieser Kompromiss-

---

695 »Wortlaut der gegenüber Erzbischof Casaroli gegebenen Erklärung (9.12.1975).« In: SAPMO. Bestand: Büro Paul Verner. Sig.: DY 30 IV 2/2.036 51. (Bl. 33 f.).
696 »Äußerungen des Sekretärs für die öffentlichen Angelegenheiten der Kirche im Gespräch mit dem Geschäftsträger der DDR in Italien (9.12.1975)«. In: SAPMO. Bestand: Büro Paul Verner. Sig.: DY 30 IV 2/2.036 51. (Bl. 35 f.).
697 »Schreiben Außenminister Oskar Fischer an Erich Honecker, Horst Sindermann, Paul Verner und Hermann Axen (17.12.1975)«. In: SAPMO. Bestand: Büro Paul Verner. Sig.: DY 30 IV 2/2.036 51. (Bl. 32).

losigkeit keine Erstarrung eigener Positionen entgegensetzte und die DDR auch zu einzelnen randständigen Konzessionen bereit war, wie eine Pilgerreise katholischer Gläubiger nach Rom. Die vatikanische Gegenstrategie – fortwährende Verzögerung und Angebot von Teillösungen – zeitigte Erfolg und Erich Honecker persönlich zeigte an einer Gesamt- und Totallösung des Grundproblems größeres Interesse als an schnellen Teillösungen. Der weitere Verlauf der Ereignisse gab dem Generalsekretär des ZK der SED vordergründig Recht.

7.7.3 Das letzte Ergebnis? – Die Erhebung der Berliner Ordinarienkonferenz (BOK) zur Berliner Bischofskonferenz (BBK)

Nach langen Diskussionen mit dem ostdeutschen und dem westdeutschen Episkopat hatte der Vatikan am 25. September 1976 beschlossen und am 26. Oktober 1976 verkündet, dass die bisher als »Berliner Ordinarienkonferenz« bekannte Versammlung der wichtigsten Würdenträger der Jurisdiktionsbereiche der katholischen Kirche auf dem Staatsgebiet der DDR von einer »auctoritas regionalis« der DBK zu einer »auctoritas territorialis« mit dem Namen »Berliner Bischofskonferenz« erhoben wurde[698].

Die Statusänderung und die neu zu regelnden Zuständigkeits- und Verfahrensfragen erforderten auch ein neues Statut für die DBK. Die beiden wichtigsten Probleme wurden vatikanischerseits in die Statuten der Bischofskonferenzen aufgenommen:
1. Der Bischof von Berlin blieb geborenes Mitglied der DBK und konnte sich im Verhinderungsfall von seinem Generalvikar aus Westberlin vertreten lassen.
2. Es handelte sich nicht um eine nationale Bischofskonferenz der DDR.

Mit der Entscheidung des Vatikans, die Statusänderung vorzunehmen (Ende 1975), war es die Klärung dieser beiden Punkte, die zur Verzögerung des Beschlusses führte. Grundsätzlich kam es jedoch auch fortwährend zu Bedenken, da der Vatikan diese Veränderung ohne konkrete Zusagen der DDR-Regierung vornahm: Letztmalig in einem von Resignation gekennzeichneten Schreiben des Ständigen Rates der DBK vom 21. Juni, in dem dessen Mitglieder ihr Unverständnis über die bevorstehende Beschlussfassung an Kardinalstaatssekretär Villot übermittelten[699]. Sie baten nur noch darum, dass die Verkündigung der Entscheidung nach der anstehenden Bundestagswahl in der BRD vollzogen

---
698 Pilvousek, J.: »Vatikanische Ostpolitik – Die Politik von Staat und Kirche in der DDR«. A. a. O. (S. 130).
699 »Brief des Ständigen Rates der DBK (21.6.1976)«. In: ASP. Fond. Cas. Ser.: P.d.est. SoSer.: Germ. O. (Cart.12/26) (unpag.).

werden sollte, das heißt nach dem 3. Oktober 1976. Andernfalls sahen die Bischöfe der BRD die Gefahr, dass die Bekanntgabe der Statusänderung der BOK als Wahlkampfhilfe für die Bundesregierung ausgelegt werden könnte:

> »... Ein solcher Schritt, mitten im Wahlkampf, würde als indirekte Anerkennung der Ostpolitik der derzeitigen Bundesregierung und damit als Stützung der Regierung durch den Heiligen Stuhl verstanden. Das würde zu einer Verbitterung vieler Katholiken führen.«[700]

Diesem Ansinnen entsprach das Staatssekretariat, nicht zuletzt auf Anraten des Nuntius del Mestri[701]. Einer erneuten Verschiebung allerdings, wie von Kardinal Bengsch und der Mehrheit der Bischöfe der BOK am 16. Juni 1976 in einem Schreiben an Kardinal Villot gefordert – in diesem Fall in dessen Funktion als Präfekt des Rates für die öffentlichen Angelegenheiten –, wurde nicht zugestimmt.

Die darauf folgende Erhebung der BOK in den Rang einer »auctoritas territorialis« war zu diesem Zeitpunkt kein überraschendes Ereignis mehr. Schon kurz nach dem Besuch Casarolis in der DDR kam der Plan im vatikanischen Staatssekretariat auf, die Teillösung – Erhebung der BOK zur Bischofskonferenz – der Veränderung der Diözesangrenzen vorzuschalten.

7.7.4 »... und dann starb Paul VI.« – Die Entwicklung bis 1978

Die Diskussion um Veränderung der Jurisdiktionsbezirke in Deutschland ging weiter und wurde vom vatikanischen Staatssekretariat dahingehend forciert, dass eine Umgestaltung vonstatten gehen sollte. Am 10. April 1976 übersandte Kardinalstaatssekretär Villot an den Vorsitzenden der BOK einen zehn Punkte umfassenden Entscheidungskatalog, der Grund- und Einzelprobleme der geplanten Veränderungen betraf. Er wurde am 11. Mai 1976 in der Sitzung der BOK besprochen und die anwesenden Bischöfe und apostolischen Administratoren Alfred Kardinal Bengsch (Berlin), Gerhard Schaffran (Meißen), Bernhard Huhn (Görlitz), Hugo Aufderbeck (Erfurt), Heinrich Theissing (Schwerin) und Johannes Braun (Magdeburg) sowie die Weihbischöfe Johannes Kleineidamm (Berlin), Georg Weinhold (Meißen), Joachim Meisner (Erfurt) und Theodor Hubrich (Magdeburg) stimmten fast allen Entscheidungsvorlagen zu[702]. So wurde von Seiten der BOK Einverständnis bekundet, die von apostolischen Administratoren verwalteten Gebiete in Bistümern umzuwandeln. Lediglich der

---

700 A. a. O.
701 »Nuntiaturbericht Nr. 1781 (22.6.1976)«. A. a. O.
702 »Sitzungsprotokoll der BOK (11.5.1976)«. In: ASP. Fond. Cas. Ser.: P.d.est. SoSer.: Germ. O. (Cart.12/25) (unpag.).

Jurisdiktionsbereich Meiningen sollte in eine zu schaffende Diözese Erfurt integriert werden. Somit wären drei neue Diözesen entstanden, die den bisherigen Sitz des jeweiligen apostolischen Administrators als Diözesanzentrum hätten. Wichtig war zudem noch die Zustimmung zur gleichzeitigen Errichtung aller drei Bistümer. Lediglich die Exemtstellung der neuen Bistümer wurde abgelehnt, indem die versammelten Bischöfe die Bildung eines Metropolitanverbands vorschlugen. Die Befürchtung der Bischöfe bei einer eventuellen Exemtion war, dass die staatliche Differenzierungspolitik gegenüber der katholischen Kirche dazu führen würde, die neuen Bistümer unterschiedlich zu behandeln. Damit verbunden war der Umstand, dass bei der Errichtung eines Metropolitanverbandes die Regelmäßigkeit einer solchen Entscheidung herausgestellt würde. Damit stünde sie im Einklang mit dem Konzilsdekret »Christus Dominus« (§ 40 Abs. 2) und hätte den uneingeschränkten pastoralen Charakter der Maßnahmen unterstrichen, eine sowohl vom Vatikan als auch der BOK und DBK gewollte Vorgehensweise und daher unstrittig.[703] Mit der Übermittlung dieser Abstimmung, die den Bischöfen schwerfiel[704], und den dazugehörigen Erläuterungen an den Kardinalstaatssekretär war eine wichtige Entscheidung gefallen: Die betreffende Ortskirche hatte einer Veränderung der Grenzziehung der Jurisdiktionsbezirke zugestimmt und der Errichtung von Bistümern keinen Widerstand mehr entgegengesetzt. Zu bedenken bleibt jedoch, dass die Mitglieder der BOK, die einheitlich, bei nur maximal zwei Enthaltungen in Einzelfragen, abstimmten, über Fragenkomplexe urteilten, die ihnen vom Vatikan zur Entscheidung vorgelegt wurden. Bei allen Aversionen gegen diese geplanten Veränderungen, vor allem von Kardinal Bengsch, kann diese Entscheidung nicht als Sinneswandel oder gar Opportunismus der Bischöfe ausgelegt werden, da hier ein wichtiges elementares und überlebensnotwendiges Charakteristikum der Weltkirche zum Ausdruck kam: die »Romzentriertheit« und damit verbundene Papsttreue der Bischöfe. Die Aussage, die die versammelten Bischöfe dem Protokoll der Sitzung vom 11. Mai 1976 voranstellten, sprach beredt davon, dass die Entscheidung des Papstes als die seine und damit bindende akzeptiert wurde:

> »... Die Berliner Ordinarienkonferenz sieht in dieser Entscheidung des Heiligen Vaters den Ausdruck seiner väterlichen Sorge um das Leben der Kirche in unserem Gebiet und möchte für diese persönliche Annahme ihren herzlichen Dank aussprechen.«[705]

Das Politbüro des ZK der SED sah die Entscheidung des Vatikans zur Umwandlung der BOK in eine Bischofskonferenz, im Gegensatz zur Auswertung in

---

703 »Sitzungsprotokoll BOK (11.5.1976)«. A. a. O.
704 Pilvousek, J.: »Vatikanische Ostpolitik – Die Politik von Staat und Kirche in der DDR«. A. a. O. (S. 130). Und im gleichen Tenor: »Interview mit Prälat Paul Dissemond«. A. a. O.
705 »Anlage zum Protokoll der Sitzung der BOK (11.5.1976)«. A. a. O.

der Dienststelle des Staatssekretärs für Kirchenfragen[706], zunächst als Schritt in die richtige Richtung[707]. Gleichzeitig wurde hervorgehoben, dass diese Vorgehensweise unzureichend war: »... Das ist ein positiver Schritt, der jedoch die Grundfrage [...] nicht löst.«[708] Der Beschluss des Politbüros war gekennzeichnet von einer entgegenkommenden Haltung gegenüber dem Vatikan. Die seit etwa einem Jahr geltende Reduzierung des Zeitdrucks wurde bei gleichbleibender Härte in der Grundfrage bestätigt und es wurden sogar Maßnahmen beschlossen, die als eindeutiges Entgegenkommen gegenüber dem Vatikan zu werten waren. So wollte das Politbüro dem Vatikan offensiv mit dem Angebot entgegentreten, diplomatische Beziehungen für den Fall aufzunehmen, dass die Grenzziehung wie gewünscht vorgenommen würde. Mehr noch, das mächtigste politische Entscheidungsgremium der DDR war bereit, der katholischen Kirche entgegenzukommen, indem finanzielle Hilfen für die karitativen Tätigkeiten der katholischen Kirche in der DDR vorgesehen wurden und sogar Finanzierungsmodelle für die Besoldung der Priester in Aussicht gestellt wurden. Zudem hielt es das Politbüro für opportun, der katholischen Kirche bei deren Bauwünschen entgegenzukommen und den Kontakt der Bischöfe mit deren Amtsbrüdern im Ausland weiter auszubauen[709]. Mit der Durchführung dieser Maßnahmen wurde, ohne Nennung der Dienststelle des Staatssekretärs für Kirchenfragen, das Außenministerium beauftragt; ein erneuter Hinweis darauf, dass die Dienststelle des Staatssekretärs für Kirchenfragen nicht mehr konzeptionell einbezogen war, solange es um die Beziehungen der DDR zum Vatikan ging.

Das Außenministerium hatte in Vorbereitung des Politbürobeschlusses eine Konzeption für das weitere Vorgehen gegenüber dem Vatikan erstellt[710] und ging in seinen Vorschlägen sehr viel weiter, als es sich dann im Beschluss des Politbüros widerspiegelte:

> »... Dem Vatikan sollte die Teilnahme von Kardinal Bengsch an der Bischofskonferenz der BRD in Fulda im Zusammenhang mit der Regelung der Frage der Diözesangrenzen in Aussicht gestellt werden.«[711]

In diesem Vorschlag waren zwei wichtige Aspekte enthalten:
1. Die ausführende Instanz bei den Beziehungen der DDR zum Vatikan, das Außenministerium, hatte, zumindest im internen Entscheidungsfindungs-

---

706 »Wie ist die Errichtung einer selbstständigen Bischofskonferenz einzuschätzen? (24.10. 1976)«. In: BA. Bestand: StSek.f.KF. Sig.: DO4 1302. (Bl. 81–83).
707 »Anlage 5 zum Protokoll Nr. 24/76 vom 9.11.1976«. In: SAPMO. Bestand: Protokolle d. PB SED 1960–1989. Sig.: DY 30 J IV 2/2 1643. (Bl. 39–41).
708 A. a. O. (Bl. 40).
709 A. a. O. (Bl. 41).
710 »Ausarbeitung zum Vorgehen der DDR gegenüber dem Vatikan (28.10.1976)«. In: PAAA (Berlin). Bestand: MfAA. Sig: MfAA C 3.820 »Beziehungen DDR – Vatikan«. (Bl. 338–340).
711 A. a. O. (Bl. 340).

prozess, die besondere Organisationsstruktur des gesamtdeutschen Episkopats anerkannt.
2. Der außergewöhnliche Status des Bistums Berlins wurde bejaht und es sollten keine Änderungen in der Frage der Zugehörigkeit Westberlins angestrebt werden.

Die Ausarbeitung des Außenministeriums wurde umfangreich in die Anlage des Beschlusses des Politbüros übernommen[712]. Der Vorschlag allerdings, Kardinal Bengsch eine persönliche Teilnahme an den Sitzungen der DBK anzubieten, war nicht mehr enthalten, er war jedoch nicht explizit ausgeschlossen, da ein generell besserer Kontakt der Bischöfe ins Ausland angeboten wurde.

Bezüglich des Angebots, dem Vatikan diplomatische Beziehungen vorzuschlagen, gab es noch ein Problem. Diese Linie musste mit dem sowjetischen Außenministerium abgestimmt werden. Die sowjetische Seite sah die auf der Tagung der Beauftragten für die Kirchenfragen der kommunistischen Länder in Sofia 1972 besprochene Vorbehalte immer noch als bedenkenswerte Hindernisgründe zu geregelten diplomatischen Kontakten mit dem Vatikan an. Dies wurde deutlich, als der Botschafter der DDR in Moskau (Harry Ott) das Ansinnen des Politbürobeschlusses im sowjetischen Außenministerium vorstellte[713]. Der Leiter der 3. Europäischen Abteilung (Alexander Bondarenko) wies es nicht zurück, jedoch bat zu bedenken, dass das sowjetische Außenministerium einem solchen Vorgehen nicht vorbehaltlos zustimmte. Das Problem sah Bondarenko in einer möglichen innenpolitischen Rückwirkung derartiger Beziehungen auf die ČSSR, Ungarn und Polen. Der Botschafter der DDR hatte, laut Politbürobeschluss, jedoch den Auftrag, darauf hinzuweisen, dass mit der Herstellung diplomatischer Beziehungen zwischen der DDR und dem Vatikan kein Präzedenzfall auftreten würde. Er verwies darauf, dass Kuba derartige Beziehungen schon unterhalte und Polen auf einer Arbeitsebene ebenso institutionalisierte Beziehungen mit dem Vatikan pflegte. Der Vorschlag sollte auf dem Arbeitstreffen der Außenminister der UdSSR und der DDR im ersten Quartal 1977 besprochen werden. Mit diesem Aufschub kam erneut Druck aus den Verhandlungen heraus, was im Vatikan durchaus wahrgenommen wurde, wie Bischof Johannes Braun in einem Gedächtnisprotokoll über ein Gespräch im vatikanischen Staatssekretariat am 23. November 1977 festhielt[714].

---

712 Vgl.: »Anlage 5 zum Protokoll Nr. 24/76 vom 9.11.1976«. A. a. O. und »Ausarbeitung zum Vorgehen der DDR gegenüber dem Vatikan (28.10.1976)«. A. a. O.
713 »Anlage zu einem Schreiben von Außenminister Fischer an Erich Honecker, Paul Verner und Hermann Axen (5.1.1977)«. In: SAPMO. Bestand: Büro Paul Verner. Sig.: DY 30 IV 2/ 2.036 51. (Bl. 46–48).
714 Pilvousek, J.: »Vatikanische Ostpolitik – Die Politik von Staat und Kirche in der DDR«. A. a. O. (S. 131).

Die Entscheidung des Vatikans, nun die Veränderungen so anzugehen, dass sie den Wünschen der DDR-Führung entsprachen, war grundsätzlich gefallen und die Mitglieder der BOK hatten sich entscheiden müssen. Der Zeithorizont wurde vom Staatssekretariat des Vatikans im März 1977 gegenüber der BBK in einem persönlichen Schreiben an deren Sekretär Paul Dissemond aufgemacht[715]: Bei den im November 1977 stattfindenden »Ad-limina«-Gesprächen der Bischöfe aus der DDR in Rom sollten die Mitglieder der BBK ihre Vorstellungen über die Verfahrensweise mitteilen. Dabei sollte es nicht mehr darum gehen, ob die Veränderungen der Jurisdiktionsbezirke überhaupt vonstatten gehen sollte, sondern nur darum, ob vorher noch apostolische Administraturen gewollt waren oder ob sofort Diözesen errichtet werden sollten. Angelo Sodano brachte gegenüber Paul Dissemond zum Ausdruck, dass die BBK zu jeder Zeit unterrichtet werden würde. Aber Sodano – immer noch der für Deutschland zuständige Mitarbeiter Casarolis – ging noch einmal auf die als Gegenleistung von der DDR einzufordernden Garantien für die katholische Kirche in der DDR ein. Diese waren von der Arbeitsgruppe bezüglich der Neuregelung der Jurisdiktion in der DDR herausgearbeitet worden:

> »… Auparavant, il faudra encore examiner attentivement les garanties formulées l'année dernière. Comme je vous l'ai déjà laissé entendre, certaines des ces garanties, bien qu'elles regardent des aspects très importants de la vie des diocèses, n'apparaissent pas essentielles pour leur érection et leur existence. Par exemple, peut-on considérer un élément **essentiel** [Hervor. i. Org.] pour la création d'un diocèse la garantie explicite de possibilité d'assistance pastorale aux détenus?«[716]

Mit der Aussage, dass die Bischöfe im November 1977 allerdings erst ihre Vorstellungen dem Papst unterbreiten sollten, war gleichzeitig verbunden, dass im gesamten Jahr 1977 keinerlei Veränderungen vorgenommen würden. Für die Mitglieder der BBK in ihrer Mehrheit und für Kardinal Bengsch im Besonderen war dies eine gute Nachricht, auch wenn die grundlegende Entscheidung missfiel.[717]

Demzufolge war das Jahr 1977 von einer relativen Ruhe von allen Seiten gekennzeichnet und die Bischöfe hatten sich bei den »Ad-Limina«-Gesprächen für die vorher zu errichtenden Administraturen entschieden. Erzbischof Casaroli unterbreitete diesen Vorschlag dem Botschafter der DDR in Italien am

---

715 »Schreiben von Angelo Sodano an Paul Dissemond (29.3.1977)«. (Im Besitz des Verfassers).
716 A. a. O. (»… Vorher allerdings müssten die im letzten Jahr formulierten Forderungen aufmerksam geprüft werden. Wie ich Ihnen bereits sagte, erscheinen einige als nicht wesentlich, obgleich sie wichtige Aspekte des Lebens in der Diözese betreffen. Kann man zum Beispiel das ausdrückliche Recht auf pastorale Fürsorge für Gefangene als eine wesentliche Voraussetzung zur Schaffung einer Diözese ansehen?«)
717 AAPD. 1977. Bd. 1. Dok. 118. (S. 612 f.).

27. Mai 1978[718]. Gleiches tat er am Rand der UNO-Vollversammlung im Gespräch mit Außenminister Fischer am 8. Juni 1978 in New York[719].

Der nächste Schritt stand fest: Die Errichtung von apostolischen Administraturen in den Jurisdiktionsbereichen, die den apostolischen Administratoren zugeordnet waren. Der Zeitpunkt für diese Maßnahme war jedoch wieder ungewiss.

Auch für die DDR-Führung ergab sich nicht die unmittelbare Möglichkeit, ihre Forderungen entweder mit mehr Nachdruck oder mit dem offensiven Angebot diplomatischer Beziehungen zu vertreten, da das sowjetische Außenministerium noch nicht bereit war, dem Angebot der DDR an den Vatikan zuzustimmen. So wurden in den weiterlaufenden Gesprächen[720] und den dazugehörenden Direktiven[721] keinerlei weitere Andeutungen zu diplomatischen Beziehungen mit dem Vatikan gemacht.

Kam es 1977 also zu einer Beruhigung in den Ereignissen um die Beziehungen DDR – Vatikan, begann das Jahr 1978 hingegen für Kardinal Bengsch allerdings mit einem Paukenschlag: Am 6. März 1978 kam es zur ersten offiziellen Begegnung zwischen Erich Honecker, in seiner Funktion als Staatsratsvorsitzender, und dem Vorstand des evangelischen Kirchenbundes der DDR. Der mächtigste Politiker der DDR erkannte in diesem Gespräch die positive Rolle der Kirche im sozialistischen Staat grundsätzlich an. Zudem verwies er auf das Recht der Kirche auf eigenständige Mitwirkung in Staat und Gesellschaft. Er zeigte sich für die Anliegen der Kirche offen und es kam zur Einigung über eine Reihe von seit Jahren schwelenden Problemkreisen, so zum Beispiel bei der Pachtzahlung für von Landwirtschaftlichen Produktionsgemeinschaften (LPG) genutztes Kirchenland, aber auch bezüglich der Verbesserung der Seelsorge für Strafgefangene. Ein wichtiges Zugeständnis der Parteiführung war, dass der Kirche das Recht auf von ihr selbst gestaltete Informationssendungen in Hörfunk und Fernsehen eingeräumt wurde – und dies zusätzlich zu der traditionellen sonntäglichen Gottesdienstsendung.

Kardinal Bengsch zeigte sich sehr besorgt über dieses Treffen, mehr noch: »[...] Bengsch ärgerte sich schwarz«[722]. Er sah deutliche Gefahren für die ka-

---

718 »Information zu einem Gespräch Casaroli – Gysi (27.5.1978)«. In: SAPMO. Bestand: Büro Paul Verner. Sig.: DY 30 IV 2/2.036 51. (Bl. 51 f.).
719 »Telegramm von Außenminister Fischer an Erich Honecker (9.6.1978)«. In: SAPMO. Bestand: Büro Paul Verner. Sig.: DY 30 IV 2/2.036 51. (Bl. 53).
720 »Information zu einem Gespräch Casaroli – Gysi (27.5.1978)«. A. a. O. »Telegramm von Außenminister Fischer an Erich Honecker (9.6.1978)«. A. a. O.
721 Für das Gespräch Fischer – Casaroli in New York: »Entwurf einer Direktive (Anlage zu Schreiben Fischers an Erich Honecker, Paul Verner und Herman Axen (1.6.1978)«. In: SAPMO. Bestand: Büro Paul Verner. Sig.: DY 30 IV 2/2.036 51. (Bl. 53).
722 »Interview des Verfassers mit Prälat Paul Dissemond (19.4.2005)«. A. a. O.

tholische Kirche in der DDR. Er informierte das vatikanische Staatssekretariat darüber, dass:

»[...] dieses Gespräch auf höchster Ebene exemplarische Bedeutung für alle nachgeordneten Ebenen hat und nun eine Welle von Gesprächen und unaufhörlichen Belästigungen über die kirchlichen Institutionen, die Pfarreien, die Kirchenvorstände und Pfarrgemeinderäte kommt. Es ist nicht abzusehen, in welcher Weise die Auswirkungen dieses Gespräches die katholische Kirche erfassen und ihren bisherigen, im Verhältnis zu anderen Ostblockstaaten relativ guten Status quo verschlechtern werden, während von außen her und vordergründig gesehen ein positiver Kontakt zwischen Kirche und Staat angenommen wird. Jede mögliche Änderung in der katholischen Kirche in der DDR steht daher seit dem 6. März 1978 in einem Kontext, der vorher nicht zu übersehen war, und muss deshalb in ihren kirchenpolitischen und pastoralen Konsequenzen erneut geprüft werden.«[723]

Der Berliner Kardinal sah seinen politischen Kurs der Beibehaltung der grundsätzlichen Trennung der katholischen Kirche in der DDR von der ideologisierten Politik des Staates massiv bedroht. Dieses Gespräch hatte jedoch, entgegen den Erwartungen Kardinal Bengschs, keine heraushebenswerten Auswirkungen für die katholische Kirche in der DDR, abgesehen von regionalen Einzelfällen, bei denen Funktionäre der SED auf Bezirksebene versuchten, die Linie Kardinal Bengschs zu durchbrechen. Demzufolge blieben auch die Auswirkungen auf die Entscheidung des Vatikans bezüglich der zu errichtenden Administraturen aus.

»... Es war eigentlich alles in Ordnung und lief. Und dann, dann starb Paul VI.«[724] Diese Aussage von Hans-Joachim Seydowski alias »IM Gerhard« steckt die Parameter ab, die für die Weiterentwicklung der Lösung der Grundfrage wichtig waren:
– Das Problem stand kurz vor der (Teil-)Lösung.
– Der Papst, der die Klärung des Grundproblems »Diözesangrenzen« bis zu diesem Punkt hat voranschreiten lassen, war am 6. August 1978 gestorben.

Die Bemerkung Seydowskis sollte jedoch um den Satz erweitert werden: »Und dann kam Johannes Paul II.«

Es steht außer Frage, dass der Pontifikatswechsel[725] zu Johannes Paul II. der Grund für die gleich nach der Wahl erkennbare weitere Verzögerung des Zustandekommens einer Jurisdiktionsveränderung in der DDR auf unabsehbare Zeit war. Es muss dabei, der Quellenlage geschuldet, bei Hypothesen bleiben,

---

723 »Schreiben Kardinal Bengschs an Nuntius del Mestri (21.4.1978)«. In: DAB. Bestand: NL Bengsch. Signatur: Nuntiatur (V/5–6–4 1974–1980). (unpag.).
724 »Telefoninterview des Verfassers mit Hans-Joachim Seydowski (21.3.2006)«.
725 Das Pontifikat Johannes Pauls I. war zu kurz, als dass wichtige Entscheidungen dieser Art hätten getroffen werden können.

warum dieser Papst nicht gewillt war, die vorbereiteten Entscheidungen zu Ende zu führen. Für die Zeit unmittelbar nach der Wahl erscheint ein Konglomerat aus drei Faktoren am wahrscheinlichsten, was Erzbischof Casaroli dem neuen Botschafter der DDR in Rom (Hans Voß), am 12. Dezember 1978 erläuterte und ankündigte, dass es zu nicht absehbaren Verzögerung in der Frage der Diözesangrenzen in der DDR kommen werde:

1. Der neue Pontifex war in seiner Ostpolitik Polen-zentriert.
2. Sofort der nach der Wahl Karol Wojtyłas zum Papst waren intensive Bemühungen von Kardinälen aus der BRD zu verzeichnen, die anstehenden Entscheidungen zur Neuordnung der kirchlichen Verwaltungsgrenzen in der DDR zu beeinflussen.
3. Der Papst ließ sich erst einmal alle Entscheidungen vorlegen, die zu treffen waren, und wollte sich in diese einarbeiten, wobei er sich, laut Casaroli, nicht drängen ließ, sondern mit Ruhe und Bedacht vorgehen wolle.[726]

Diese Punkte beeinflussten den Verlauf zur Klärung der offenen Fragen zwangsläufig und aus Sicht der DDR-Führung negativ. Für Kardinal Bengsch und die meisten Mitglieder der BBK und der DBK zeichnete sich hingegen ab, dass der Einfluss des gesamtdeutschen Episkopates auf die anliegenden Entscheidungen wieder deutlich anwuchs. Diesen Einfluss nutzten die Kardinäle aus Deutschland offenbar sehr geschickt.

Für die DDR-Führung begann nun eine Zeit der Beziehungen mit dem Vatikan, die von regelmäßigen Gesprächen in Rom gekennzeichnet war, die Frage der Diözesangrenzen allerdings keine entscheidende Rolle mehr spielte. Die DDR-Seite insistierte noch einige Zeit und das Thema blieb bis 1989 für die Beziehungen der DDR zum Vatikan mindestens im Subtext relevant, aber der Vatikan nahm diesen Themenkomplex vordergründig einfach von der Tagesordnung. Der wichtigste Umstand für das Leben der katholischen Kirche in der DDR war jedoch, dass sich keinerlei Änderung des Modus Vivendi mit der Staatsführung zum Schlechteren abzeichnete. Der ideologische Druck auf die Kleriker und Gläubigen blieb freilich grundsätzlich erhalten, es kam aber auch zu vereinzelten Verbesserungen und Zugeständnissen der politischen Führung der DDR-Führung gegenüber der katholischen Kirche:

---

726 »Telegramm des Botschafters der DDR in Italien an Erich Honecker, Hermann Axen und Oskar Fischer (12. 12. 1978)«. In: SAPMO. Bestand: Büro Paul Verner. Sig.: DY 30 IV 2/2.036 51. (Bl. 63 f.).

- Bauwünschen der Kirche wurde häufig stattgegeben[727]
- einige wenige Priesterkandidaten konnten an der Gregoriana in Rom ihr Studium verfeinern (erst in der zweiten Hälfte der achtziger Jahre)
- die Bischofsernennung blieb ebenso unabhängig wie die Priesterbestellung
- die unaufgeregte und vertrauliche Regelung von Einzelfragen auf dem »kleinen Dienstweg« zwischen Beauftragten des Berliner Ordinariats und der Dienststelle des Staatssekretärs für Kirchenfragen wurde beibehalten
- 1984 wurde die zweite Pilgerreise von Pilgern aus der DDR nach Rom gestattet (die erste fand 1975, kurz nach dem Besuch Casarolis in der DDR statt)
- der Bezieherkreis des »L'Osservatore Romano« wurde 1979 erweitert.

Der frühe Tod Kardinal Bengschs am 13. Dezember 1979 ließ ihn all dies nur in Ansätzen erkennen. Die Ergebnisse der vor allem von ihm vertretenen Strategie der distanzierten Haltung zum »politischen Teil des Staates« hatten jedoch einen wichtigen Beitrag zum Überleben der Kirche in der DDR geleistet.

7.8 »Il Tessitore« – Agostino Casaroli: Architekt der Vatikanischen Ostpolitik?

Der erste italienische Ministerpräsident (Camillo Benso Conte di Cavour), unter König Vittorio Emmanuele II. tätig, gilt in Italien unter anderem auch als »Il Tessitore«. Für diesen Begriff existieren einige Übersetzungen, unter anderem »Weber« aber auch »Ränkeschmied«. Im politischen Sinne war er einer der »Weber« des italienischen Risorgimentos, ohne Frage auch »Ränkeschmied«. Dies jedoch im negativen Sinne zu verstehen, wäre verfehlt. Der Begriff »Tessitore« ist im politischen Sinne mit Cavour aufs Engste verbunden, eher im Sinne einer vielverzweigten, komplexen und wenig transparenten Politik zu verstehen, die auf die Lösung komplizierter Sachverhalte ausgerichtet ist.

Legt man diese Definition eines »politischen Tessitore« an, kann Agostino (Kardinal) Casaroli ohne Frage ebenso als solcher bezeichnet werden.

Agostino Casaroli wurde 1914 am 24. November in Castel San Giovanni (Piacenza) geboren. Die ersten Jahre seiner Schulausbildung verbrachte er im Seminario Vescovile di Bedonia, bevor er auf das Collegio Alberoni in Piacenza wechselte. Dieses traditionsreiche Kolleg zur Klerikerausbildung hatte neben Casaroli noch andere Kardinäle der katholischen Kirche, die im politischen Tagesgeschäft der Kurie in Rom in der Nachkriegszeit von großer Bedeutung

---

727 Vgl. zu den sogenannten »Kirchengeschäften« und Devisentransfers: Schäfer, B.: »Katholische Kirche in der DDR«. A. a. O. (S. 323–330).

waren, hervorgebracht[728]. Im Jahr 1937 wurde er zum Priester ordiniert und er trat in die Lateran-Universität in Rom ein, die er 1939 im Fach Kirchenrecht abschloss. Seinen Dienst im päpstlichen Staatssekretariat begann er 1940 als Archivar, ab 1950 war er als Minutant im diplomatischen Dienst, wo er sich mit Lateinamerika und Spanien befasste. Ab 1958 lehrte er »Diplomatie« an der Lateran-Universität, bis ihm die Nominierung als Unterstaatssekretär im Rat für die außerordentlichen Aufgaben der Kirche keine Zeit mehr für diese Lehrtätigkeit ließ. Seine ersten Einsätze führten ihn auf die Konferenzen zu den internationalen diplomatischen und konsularischen Beziehungen (1961 und 1963) in Wien.

Das Jahr 1963 kennzeichnete auch die Eröffnung der Kontakte mit kommunistischen Ländern. Er reiste im direkten Auftrag von Johannes XXIII. von Wien nach Budapest und Prag. Die Unterzeichnung eines Protokolls zwischen der ungarischen Regierung und dem Vatikan 1964 stellte die erste schriftliche Übereinkunft mit einem kommunistischen Staat Europas nach dem Zweiten Weltkrieg dar. Die Ausreise des Prager Erzbischofs Josef Kardinal Beran half, die Seelsorge in Teilen der damaligen ČSSR auf sehr niedrigem Niveau zu sichern; durch die Erhebung von František Tomášek zum apostolischen Administrator »sede plena« konnte eine funktionsfähige Hierarchie in Prag aufrechterhalten werden.

Eines der bedeutendsten Ereignisse im gesamten zeitlichen Verlauf der Vatikanischen Ostpolitik stellten 1966 die Unterzeichnung einer Vereinbarung zwischen dem Vatikan und Jugoslawien und der darauf folgende Austausch von Bevollmächtigten dar. 1970 wurden diese im Botschafterrang in das diplomatische Corps aufgenommen.

Paul VI. nominierte ihn im Juni 1967 als »Sekretär des Rates für die außerordentlichen Angelegenheiten der Kirche« (ab 1968 »Rat für die öffentlichen Angelegenheiten der Kirche«). Im Herbst 1967 reiste Casaroli das erste Mal nach Polen, um die dortigen Verhältnisse zwischen Staat und Kirche vor Ort kennenzulernen sowie die Möglichkeiten zu Vereinbarungen von Seiten des Vatikans mit dem polnischen Staat auszuloten. Im Februar 1971 reiste Casaroli als erster offizieller Diplomat, zudem mit derartig hohem Rang (»Außenminister«), in die Sowjetunion, um die Unterschrift des Vatikans unter den Atomwaffensperrvertrag in Moskau zu hinterlegen. Bei dieser Gelegenheit führte er auch Gespräche mit staatlichen Vertretern.

Die Teilnahme des Vatikans an den Verhandlungen der Europäischen Si-

---

728 Z. B.: Opilio Cardinale Rossi (u. a. apostolischer Nuntius in Österreich, lange Jahre Kardinalprotodiakon); Antonio Cardinale Samorè (Vorgänger Casarolis im Amt des Sekretärs des Rates für die außergewöhnlichen Aufgaben der Kirche); Luigi Cardinale Poggi (langjähriger Mitarbeiter Casarolis im Bereich der Vatikanischen Ostpolitik als Sondernuntius und Beauftragter für die ständigen Kontakte mit Polen, später Nuntius in Italien).

cherheitskonferenz (KSZE), deren Delegationsleiter Casaroli war, stellte einen Einschnitt in das diplomatische Gebaren des Vatikans auf dem internationalen Parkett dar: Erstmals seit dem Wiener Kongress nahm der Vatikan in vollem Umfang an einer internationalen Konferenz teil. Der Vergleich mit dem Wiener Kongress ist jedoch nicht sehr belastbar, da die Machtgrundlage des Vatikans am Anfang des 19. Jahrhunderts eine vollständig andere war als zu Beginn des letzten Viertels des 20. Jahrhunderts.

Im Jahr 1974 kam es noch zu einem Übereinkunft mit Polen, die während eines offiziellen Staatsbesuchs Casarolis in Polen verabredet wurde: Es wurden ständige Beauftragte benannt, deren Aufgabengebiet die Führung der Kontakte und Arbeitsgespräche war. Im April desselben Jahres reiste der vatikanische »Außenminister« nach Kuba (Anfang April), wo er auch mit Fidel Castro zusammentraf.

Der Besuch in der DDR 1975 stellte den letzten Kontaktschluss mit einem kommunistischen Land dar. Außer mit Albanien waren mit allen Ländern des Ostblocks mehr oder weniger geregelte Kontakte hergestellt – diplomatische Beziehungen mit Jugoslawien und Kuba; regelmäßige Arbeitsgespräche mit Polen, der DDR und mit Ungarn; unregelmäßige Kontakte in Rom mit der ČSSR, Rumänien, Bulgarien und der UdSSR.

Nach dem Tod von Pauls VI. und Johannes Paul I. (1978) ernannte Johannes Paul II. Casaroli zunächst zum Pro-Staatssekretär und Pro-Präfekten des Rates für die öffentlichen Angelegenheiten der Kirche. Nach dem Konsistorium vom 30. Juni 1979 bekleidete er das Amt des Kardinalstaatssekretärs und Präfekten des oben genannten Rates bis zu seiner Demension am 1. Dezember 1990, nach Erreichen der Altersgrenze.

In diesen elf Jahren war er maßgeblich an der Neuerarbeitung des Konkordats mit Italien und des neuen CIC beteiligt. Auch der persönliche Kontakt mit Ländern des kommunistischen Machtblocks riss nicht ab. So war er päpstlicher Sondergesandter zu den Feierlichkeiten der tausendeinhundertjährigen Wiederkehr des Todestages des Heiligen Method 1985 in Jugoslawien und der ČSSR. Einen Höhepunkt seiner ostpolitischen Ambitionen stellte die Teilnahme an der Tausendjahrfeier der »Taufe des Kiewer Rus« 1988 in Moskau dar, nicht nur wegen der symbolischen und atmosphärischen Annäherung an die russisch-orthodoxe Kirche, sondern vor allem, da er am 13. Juni 1988 im Moskauer Kreml zu einem eineinhalbstündigen Gespräch mit dem Vorsitzenden der KPdSU Michail Gorbatschow zusammenkam.

Der Kardinal starb am 9. Juni 1998.

Agostino Casaroli kann ohne Frage als »Il Tessitore« der Vatikanischen Ostpolitik angesehen werden und verdient aus diesem Grund im Rahmen dieser Arbeit eine besondere Erwähnung.

Er handelte zwar nie allein, immer unterstützt von einigen wenigen wichtigen

Institutionen der Kurie, wie der Versammlung der Kardinäle in dem Rat, dessen Sekretär er zwischen 1967 und 1979 war. Aber auch das Sekretariat für die Einheit der Christen unter Kardinal Bea und dessen Nachfolger Kardinal Willebrands unterstützen ihn. Casaroli war aber *die* handelnde Person, die der Vatikanischen Ostpolitik auch konzeptionell ihren Stempel aufdrückte. Zu dieser Konzeption gehörten die Besonnenheit, mit der er vorging, und der immerwährende Versuch, keinen Zeitdruck aufkommen zu lassen. Der Versuch einer allumfassenden Informationsbeschaffung und vor allem die Erkundung der Lage der jeweiligen Gliedkirche, am besten vor Ort, waren Charakteristika dieser Politik. Er hatte dabei von Beginn an die Rückendeckung der Päpste Johannes XXIII. und vor allem die von Paul VI. Davon zeugen die vielfältigen Stellungnahmen des Papstes zu etwaigen Ausarbeitungen Casarolis, zum Beispiel seinen Reden vor der KSZE und zur Abrüstungskonferenz der UNO 1978, die der Papst als »sehr gut« einschätzte. Zudem wurde in den vielfältigen Reaktionen in der Öffentlichkeit zur Vatikanischen Ostpolitik immer auf die Person Casaroli Bezug genommen und auch seine Zeitgenossen sahen den damaligen (Titular-)Erzbischof von Karthago schon als die entscheidende Person der vatikanischen Diplomatie in Bezug auf den Ostblock an.

Aber auch bei internen Nachfragen, Hinweisen und Kritiken im innervatikanischen beziehungsweise im innerkirchlichen Diskussionsprozess war es immer wieder Casaroli, dessen Gesprächsbereitschaft gesucht oder eingefordert wurde. Egal ob die Kardinäle Bengsch, Döpfner, Bea oder König, alle suchten das Gespräch mit Casaroli. Entweder, um ihrer Kritik Raum zu geben und (oder) weitere Verfahrensweisen zu besprechen. Zwar war zum Beispiel Döpfner immer bemüht, den Papst informiert zu halten, jedoch verwies dieser ihn oftmals für derartige Fragen an seinen Sekretär für die öffentlichen Angelegenheiten der Kirche. Wenn Kardinal Wyszynski bei der Reise Casarolis nach Polen 1974 diesen mit demonstrativer Nichtachtung zu strafen versuchte, so lag gerade darin auch ein klares Bekenntnis zur Bedeutung dieser Person im Netz der Vatikanischen Ostpolitik. Ein Kardinal, zumal der Primas dieses Landes, überlegt es sich gut und musste wichtige Beweggründe haben, einen offiziellen päpstlichen Gesandten dieses Ranges derart zu brüskieren. In der Kritik, die offenkundig aus diesem Verhalten sprach, lag aber auch klar eine Art Ohnmacht der Handlungsvollmacht gegenüber, die dieser vatikanische Diplomat innehatte.

Im Windschatten dieser päpstlichen Unterstützung entwarf Erzbischof Casaroli die Vatikanische Ostpolitik maßgeblich mit. An einigen Stellen blieb nur die Reaktion auf Aktionen der gegnerischen Seite, so mussten zur Rettung der Hierarchie in der ČSSR sogenannte Friedenspriester akzeptiert werden. Aber in vielen Punkten ging der Vatikan, mit dem für diesen Bereich zuständigen Diplomaten Agostino Casaroli an der Spitze, sehr offensiv auf die Verhandlungspartner der gegnerischen Seite zu. Bei den Verhandlungen mit den Regierungsvertretern der kommunistischen Staaten nahm Casaroli nie ein Blatt vor dem Mund, egal ob in Moskau, Berlin (Ost), Budapest oder Sofia, immer suchte er nach der, aus dem römischen Blickwinkel und abgeglichen mit den Belangen der Ortskirche, besten Lösung zur Sicherung der Existenzgrundlage der jeweiligen Gliedkirche.

Unterstützt wurde er dabei von den Mitarbeitern des Rates für die öffentlichen Aufgaben der Kirche (Angelo Sodano, Achille Silvestrini, Audrys Juozas Bačkis, Luigi Poggi, Francesco Colasuonno und einige andere)[729].

---

729 Alle Genannten wurden von Johannes Paul II. zu Kardinälen kreiert.

8 Vatikanische Ostpolitik in den achtziger Jahren des 20. Jahrhunderts – Die Beziehungen zwischen der DDR und dem Vatikan im Pontifikat Johannes Paul II.

Mit dem Ende des Pontifikats Pauls VI. reißt auch die Quellenüberlieferung im »Fondo Casaroli« für die DDR ab. Das bedeutet, dass die bisher bekannten Ereignisse und Entwicklungen in den Beziehungen der DDR zum Vatikan im letzten Jahrzehnt des Bestehens der DDR[730] noch keiner wesentlichen Neubewertung unterzogen werden können. Aufgrund der für diese Zeit nicht nutzbaren Quellen bleibt die Erarbeitung dieses Jahrzehnts mit einer Fragestellung wie bei dieser Arbeit, vor allem was interne Abläufe im Vatikan anbelangt, späteren Forschergenerationen vorbehalten. So bleibt im Folgenden nur die Möglichkeit zu einem kurzen Abriss der wichtigsten Entwicklungen in den Jahren 1978–1989.

Mit dem Tod Pauls VI., dem darauf folgenden frühen Tod Johannes Pauls I. und der Wahl Johannes Pauls II. musste es zunächst zwangsläufig zu weiteren Verzögerungen in den Beziehungen zwischen der DDR und dem Vatikan kommen.

Für die weiteren Beziehungen war vor allem die offenkundige Polenzentriertheit des neuen Papstes bestimmend. Dass dies einem grundsätzlichen und plötzlichen Wandel in der Vatikanischen Ostpolitik gleichkam, kann bezweifelt werden. Diese Veränderung stellte eher eine Verschiebung der ostpolitischen Prioritäten dar. Die Vatikanische Ostpolitik erfuhr unter Johannes Paul II. eine Neuakzentuierung, blieb aber als eigenständiges Politikkonzept erhalten. Dieses unterlag jedoch einer stetigen Veränderung. Dialogbereitschaft blieb wesentlicher Bestandteil der Vatikanischen Ostpolitik, auch im Pontifikat Johannes Pauls II.

So kam es beispielsweise im Rahmen der Reise einer vatikanischen Delegation unter der Leitung von Agostino Kardinal Casaroli zur Tausendeinhundertjahrfeier des Todes der Apostel Method und Kyrill im Juli 1985 auch zu einem Treffen mit Regierungsoffiziellen in der ČSSR. An diesem Treffen nahmen der Vizepremierminister (Matej Lucan), der Kulturminister (Milan Klusak) und

---

730 Vgl.: Schäfer, B.: »Staat und Katholische Kirche in der DDR«. A. a. O. (S. 319–323).

einige hochrangige Vertreter des Außenministeriums teil. Am bedeutendsten war allerdings die Teilnahme des Beauftragten der Regierung für Kirchenfragen, Vladimir Janku.[731] Am selben Tag (6. Juli 1985) kam es auch zu einem Treffen zwischen dem Kardinalsstaatssekretär Casaroli und dem Staatspräsidenten und Generalsekretär der Kommunistischen Partei, Gustáv Husák[732].

Auch der Perestroika und Glasnost des neuen Generalsekretärs der KPdSU Michail Gorbatschow stand der Vatikan sehr offen gegenüber. Diese Offenheit stellte der Vatikan mit der Entsendung einer hochrangigen Delegation vatikanischer Kardinale, wieder unter Leitung des Kardinalstaatssekretärs Casaroli, zu den Feierlichkeiten der tausendjährigen Wiederkehr der Taufe des »Kiewer Rus« 1988 unter Beweis. Im Rahmen dieser Reise kam es zu einem Treffen von Michail Gorbatschow und Agostino Kardinal Casaroli, am 13. Juni 1988 im Kreml[733]. Die Rede Kardinal Casarolis, die der Architekt der Vatikanischen Ostpolitik am 10. Juni 1988 im Bolschoi-Theater in Moskau hielt, stellte ein herausragendes diplomatisch-kirchenpolitisches Ereignis dar: Ohne offen Kritik zu üben, forderte er, in Moskau und vor dem Generalsekretär der KPdSU, Religionsfreiheit in der UdSSR und deren gesetzliche Garantie ein[734].

Gegenüber der DDR kam es zu keiner inhaltlichen Weiterentwicklung der Beziehungen. Die Grenzfragen der kirchlichen Jurisdiktionsbezirke der katholischen Kirche an der innerdeutschen Grenze blieben bis zum Ende der DDR 1990 ungelöst.

Ein Dreivierteljahr nach der Erhebung Karol Wojtyłas zum Papst erarbeitete die politische Abteilung der Botschaft der DDR in Rom eine Information über die zu erwartenden Veränderungen in der Vatikanischen Ostpolitik. Darin wurden absehbare Änderungen in dem neuen Pontifikat festgehalten, bei ebenso angenommenen Konstanten:

> »... Ausgehend vom bisherigen konzeptionellen Wirken Johannes Pauls II. und dessen personal-politischen Entscheidungen (Casaroli, Silvestrini) wird sich prinzipiell die bereits eingeschlagene Richtung in der ›Ostpolitik‹ (Anpassung und Gegenoffensive) [...] durchsetzen. Dabei ist im Vergleich zur Politik von Papst Paul VI. unter Johannes Paul II. mit größerer Dynamik, offenerer Auseinandersetzung und weniger Diplomatie zu rechnen.«[735]

---

731 »Verbale dell'incontro dell' Em.mo Cardinale con il Signor Matej Lucan (6.7.1985)«. In: ASP. Fond. Cas. Ser.: P.d.est. SoSer.: Jugoslavia. (Cart.3). (unpag.). (prov.Sig.).
732 A. a. O.
733 Vgl.: »Incontro dell' Em.mo Cardinale Agostino Casaroli, Segretario di Stato col Sig. Mikhail Gorbaciov, Segretario Generale del PCUS (Kremlino) (13.6.1988) – Note riservate«. In: ASP. Fond. Cas. Ser.: P.d.est. SoSer.: Viaggio l'URSS (1988). (unpag.). (prov.Sig.).
734 »Rede des Kardinalsstaatssekretärs am 10.6.1988 im Bolschoi-Theater: Über Religions- und Gewissensfreiheit in der Sowjetunion«. In: Schambeck, H. [Hrsg.]: »Glaube und Verantwortung«. A. a. O. (S. 43–45).
735 »Information über erkennbare Wesenszüge der ›Ostpolitik‹ des Vatikans unter Papst Jo-

Zwar konnte Kardinalsstaatssekretär Casaroli dem DDR-Botschafter in Rom (Hans Voß) am 16. November 1979 noch die grundsätzliche Bereitschaft des Papstes mitteilen, die Grenzfragen der katholischen Jurisdiktionsbezirke in der DDR angehen zu wollen. Casaroli bat aber auch um Verständnis für weitere Verzögerungen. Er machte deutlich, dass die Bischöfe aus der BRD und das Auswärtige Amt in Bonn massiven Druck auf Johannes Paul II. ausübten, keinerlei Änderungen vorzunehmen.[736]

Es kam auch künftig zu unregelmäßigen Gesprächen zwischen Vertretern der Botschaft der DDR in Rom und Vertretern des Vatikans. Diese Gespräche kamen meist auf Betreiben der DDR-Seite zu Stande. Anfang 1983 musste der DDR-Führung klar gewesen sein, dass auch weiterhin keine Bewegung in Fragen der Verwaltungsgrenzen der katholischen Kirche in der DDR kommen werde. In einem Gespräch zwischen Botschafter Voß und Casaroli am 21. Februar 1983 äußerte Casaroli klar und deutlich, dass er wesentlich pessimistischer bezüglich einer Lösung dieses Fragenkomplexes sei als noch zu Beginn des Pontifikats.[737] Bei den zur Normalität gewordenen Gesprächen in Rom ging es im Wesentlichen um Friedensfragen, internationale Entwicklungen und besondere Ereignisse, wie zum Beispiel die Vorbereitung der Papstaudienz für Erich Honecker am 24. April 1985 und den ab 1986 auf der Tagesordnung stehenden Besuch von Papst Johannes Paul II. in der DDR. Die Diözesangrenzen wurden nicht mehr Verhandlungsgegenstand, sondern blieben nur Gesprächsthema.

Nachdem der Italienaufenthalt Erich Honeckers terminiert war, machte der Staatssekretär für Kirchenfragen (Klaus Gysi) den Vorschlag, eine Papstaudienz einzuplanen. Dem stimmte Honecker zu[738]. Die Audienz wurde für den 24. April vereinbart. In den Informationen des Außenministeriums für dieses Treffen wurden zwei Punkte angesprochen, die – wenn auch das nicht unbedingt zu erwarten war – von Johannes Paul II. angesprochen werden könnten:
1. ein möglicher Papstbesuch
2. die Situation der katholischen Kirche in der DDR.

Werner Jarowinsky, seit 1984 im Politbüro Nachfolger Paul Verners im Bereich Kirchenfragen, forderte zu einem eventuellen Papstbesuch in der DDR, dass auch der dem bekannten Junktim unterzuordnen sei: »... Jeder weitere we-

---

hannes Paul II.« In: SAPMO. Bestand: Büro Paul Verner. Sig.: DY 30 IV 2/2.036 51. (Bl. 65–73). (Bl. 73).
736 »Bericht Gespräch Voß – Casaroli im Vatikan (16.11.1979)«. In: SAPMO. Bestand: Büro Paul Verner. Sig.: DY 30 IV 2/2.036 51. (Bl. 83).
737 »Telegramm Botschafters Voß – Außenminister Fischer (21.2.1983)«. In: SAPMO. Bestand: Büro Paul Verner. Sig.: DY 30 IV 2/2.036 51. (Bl. 209 f.).
738 »Brief Gysi an Honecker (3.1.1985)«. In: SAPMO. Bestand: Büro Werner Jarowinsky. Sig.: DY 30 8937. (unpag.).

sentliche Fortschritt ist ohne die längst fällige Klärung der Grenzfragen auf Dauer nicht denkbar.«[739]

Am 30. Juni 1986 bekam die Frage des Papstbesuches in der DDR eine neue Dynamik. Peter Jochen Winters, Journalist der Frankfurter Allgemeinen Zeitung, schrieb in einem Artikel, dass ein Papstbesuch in der DDR möglich sei[740]. Dies brachte die Möglichkeit eines Papstbesuches in der DDR als Gegenbesuch zu Erich Honeckers Besuch im Vatikan auf die Tagesordnung. Wenn auch nicht drängend, so war doch von der Kirchenleitung und vor allem von Joachim Kardinal Meisner eine eventuelle Einladung Johannes Pauls II. zu dem in Vorbereitung befindlichen Katholikentreffen in Dresden 1987 ins Spiel gebracht worden. Für Mitte August 1986 war ein Treffen zwischen Kardinal Meisner und dem Staatssekretär für Kirchenfragen, Klaus Gysi, bezüglich der Vorbereitung des Katholikentreffens angesetzt. Da staatlicherseits angenommen wurde, dass es in diesem Rahmen auch konkreter um einen eventuellen Papstbesuch gehen sollte, wurde für das Politbüro eine Entscheidung hierzu vorbereitet[741] und das Politbüro stimmte am 12. August 1986 prinzipiell einem Papstbesuch in der DDR zu[742]. Tatsächlich wurde in dem Gespräch zwischen dem Vorsitzenden der BBK, Kardinal Meisner, und dem Staatssekretär für Kirchenfragen in der DDR am 21. August 1986 auch über einen Papstbesuch gesprochen. Der Kardinal äußerte seine Vorstellungen zu einem Besuch in Dresden, der einen Tag dauern und rein pastoralen Charakter tragen sollte. Dies war der hauptsächliche Streitpunkt, der sich in den darauf folgenden Gesprächen mit den Vertretern der katholischen Kirchenleitung der DDR ergab. Die DDR-Seite war nicht bereit, einem Papstbesuch zuzustimmen, wenn nicht auch ein Treffen mit Erich Honecker in Ostberlin vorgesehen würde[743]. Zudem zeigte sich in den darauf folgenden Gesprächen der kirchlicherseits Beauftragten in der Dienststelle des Staatssekretärs für Kirchenfragen, dass eine Einladung des Papstes für das Katholikentreffen 1987 zu kurzfristig wäre. Laut Kardinal Meisner, habe der Papst ihm im Oktober 1986 aber seine prinzipielle Bereitschaft erklärt, die DDR zu besuchen[744]. Mit dem Gespräch zwischen Kardinal Meisner und Staatssekretär Gysi vom 10. November 1986 war der Besuch des Papstes zum

---

739 »Informationen Werner Jarowinskys an Erich Honecker (18.4.1985)«. In: SAPMO. Bestand: Büro Werner Jarowinsky. Sig.: DY 30 8937. (unpag.).
740 Winters, P.-J.: »Der Papst in der DDR?«. In: FAZ vom 30.6.1986. (S. 1).
741 »Information Werner Jarowinsky an Erich Honecker (1.7.1986)«. In: SAPMO. Bestand: Büro Werner Jarowinsky. Sig.: DY 30 8937. (unpag.).
742 »Protokoll Nr. 17/86 vom 12.8.1986«. In: SAPMO. Bestand: Protokolle d. PB SED 1960–1989. Sig.: DY 30 J IV 2/2 2179. (Bl. 5).
743 »Einige Gedanken zum weiteren Vorgehen in Vorbereitung des Katholikentreffens Dresden 1987 und zum eventuellen Besuch des Papstes«. In: SAPMO. Bestand: Büro Werner Jarowinsky. Sig.: DY 30 8937. (unpag.).
744 »Vermerk über ein Gespräch zwischen Staatssekretär Gysi und Kardinal Meisner (10.11.1986)«. In: SAPMO. Bestand: Büro Werner Jarowinsky. Sig.: DY 30 8937. (unpag.).

Katholikentreffen 1987 vom Tisch. Das machte der neue Botschafter der DDR in Rom (Wolfgang Kiesewetter[745]) bei einem Gespräch auch Kardinalsstaatssekretär Casaroli deutlich[746].

Der grundsätzliche Wunsch Kardinal Meisners, einen DDR-Besuch des Papstes zu arrangieren, blieb allerdings bestehen. Er äußerte den Wunsch, eine kleine Arbeitsgruppe für einen Papstbesuch frühestens 1989 in der DDR zu installieren[747]. Am 18. Mai 1987 machte Kardinal Meisner dieses Ansinnen offiziell, indem er an die Dienststelle des Staatssekretärs eine schriftliche Anfrage sandte, in der er als Vorsitzender der BBK darum bat, in Vorgespräche für einen Papstbesuch im Rahmen einer Pastoralreise zu treten[748]. Damit war der offizielle Startschuss gegeben, einen Papstbesuch anzugehen. Dieser wurde von Seiten des Vatikans jedoch nicht für 1989 in das Besuchsprogramm des Papstes eingestellt, sondern für die Jahre 1990 oder 1991 vorgesehen. Das Politbüro beschloss im August 1988, dass ein Papstbesuch 1991 stattfinden könne[749]. Der Leiter der Sektion für die Beziehungen mit den Staaten im vatikanischen Staatssekretariat[750], Erzbischof Sodano, fasste in einem Gespräch mit dem Botschafter der DDR am 16. Dezember 1988 in Rom ebenfalls das Jahr 1991 als möglichen Termin ins Auge[751].

Die Bedingungen, unter denen ein solcher Papstbesuch stattfinden könnte, machte der Staatssekretär für Kirchenfragen, Kurt Löffler[752], Ende 1988 in einer Ausarbeitung für Werner Jarowinsky deutlich[753]:

1. Es müsste einen offiziellen Teil des Besuches als Staatsbesuch geben, bei dem es in Ostberlin zu einem Treffen mit Erich Honecker kommen könnte.
2. Die Frage der Diözesangrenzen müsste neu verhandelt werden.
3. Ein Besuch in Westberlin dürfte unter keinen Umständen Teil des Programms sein.

---

745 Seit 1985 Nachfolger von Hans Voß.
746 »Vermerk über ein Gespräch mit Genosse Wolfgang Kiesewetter (8.1.1987)«. In: SAPMO. Bestand: Büro Werner Jarowinsky. Sig.: DY 30 8937. (unpag.).
747 »Vermerk über ein Gespräch zwischen Staatssekretär Gysi und Kardinal Meisner (16.12.1986)«. In: SAPMO. Bestand: Büro Werner Jarowinsky. Sig.: DY 30 8937. (unpag.).
748 »Brief des Vorsitzenden der BBK an die Dienststelle des Staatssekretärs für Kirchenfragen (18.5.1987)«. in: SAPMO. Bestand: Büro Werner Jarowinsky. Sig.: DY 30 9045. (unpag.).
749 »Information über ein Gespräch Kurt Löfflers mit Kardinal Meisner (30.8.1988)«. in: SAPMO. Bestand: Büro Werner Jarowinsky. Sig.: DY 30 9045. (unpag.).
750 vormals Rat für die öffentlichen Angelegenheiten der Kirche.
751 »Telegramm des Botschafters Kiesewetter zu einem Gespräch mit Erzbischof Angelo Sodano (16.12.1988)«. in: SAPMO. Bestand: Büro Werner Jarowinsky. Sig.: DY 30 9045. (unpag.).
752 seit 1988 Nachfolger von Klaus Gysi.
753 »Abhandlung Kurt Löfflers über die Voraussetzungen zu einem Papstbesuch für Werner Jarowinsky (21.11.1988)«. In: SAPMO. Bestand: Büro Werner Jarowinsky. Sig.: DY 30 9045. (unpag.).

Mit der Diskussion um die Einladung des Papstes in die DDR wurden zwei wichtige Charakteristika in der Politik der DDR-Führung gegenüber des Vatikans in den achtziger Jahren deutlich: Die DDR-Führung war, bei allen Bedenken innenpolitischer Natur, vor allem nach dem Besuch Johannes Pauls II. 1987 in Polen, bereit einen Papstbesuch in Betracht zu ziehen. Das internationale Prestige eines solchen Besuches für die DDR war vor allem für Erich Honecker prioritär[754]. Der zweite wichtige Punkt war, dass sich das Junktim aufzuweichen begann, weitere inhaltliche Fortschritte uneingeschränkt an die Regelung der Diözesangrenzenfrage zu knüpfen. Mittlerweile wollte man dieses Problem »nur« wieder ernsthaft behandelt wissen. Auch auf die katholische Kirche in der DDR konnte und wollte die DDR-Führung keinen Druck ausüben, um eine Positiventscheidung des Papstes zu erreichen. Es hätte, nach internen Einschätzungen auf DDR-Seite, keinen Sinn gehabt, mit einer Verschlechterung des Modus Vivendi zwischen Staat und katholischer Kirche in der DDR zu reagieren. Zudem hätte so ein Unruheherd entstehen können, der bis dahin durch beiderseitige Akzeptanz der Distanz zueinander weitestgehend vermieden werden konnte. Der Modus Vivendi war nicht nur ein Entgegenkommen des Staates gegenüber der katholischen Kirche. Vielmehr war er für die DDR-Führung auch eine Möglichkeit, innenpolitisch etwas mehr Ruhe in die immer unruhiger werdenden Jahre der zweiten Hälfte der Dekade zu bringen.

Egon Krenz, als letzter Generalsekretär des ZK der SED und Vorsitzender des Politbüros, erinnerte sich Ende Oktober 1989 an diesen innenpolitischen Faktor »katholische Kirche«. In seinen Vorschlägen zu vordringlichen Maßnahmen, die vom Politbüro beraten werden sollten, schrieb er: »… Zügiger sollte Treffen mit Papst geprüft werden (er will doch in die DDR kommen!).« Eine Zeile darunter war der mit Tipp-Ex gelöschte Satz noch lesbar: »… Vorher hat es keinen Sinn, mit katholischer Kirche bei uns zu reden.«[755]

---

754 Schäfer, B.: »Staat und Katholische Kirche in der DDR«. A. a. O. (S. 321); zu der zentralen Rolle Honeckers in der DDR-Außenpolitik vgl.: Wentker, H.: »Außenpolitik in engen Grenzen«. A. a. O. (S. 346 ff.; 371–376).
755 »Vorschläge zu vordringlichen Maßnahmen (o. Dat.)«. In: SAPMO. Bestand: Büro Egon Krenz. Sig.: DY 30 IV. 2/2.039 342. (Bl. 221).

9 Schlussbetrachtungen

Nach den Jahren 1972/73, einer Zeit des Einschnitts in die Beziehungen beider deutscher Staaten, kam es auch in den Beziehungen des Vatikans mit der DDR zu einer Zäsur. Diese stellte nicht nur für die Beziehungen der DDR mit dem Vatikan einen Wendepunkt dar, sondern diese Kontakte waren eingebettet in die Politik des Vatikans auf dem internationalen Parkett. Die internationale Politik des Vatikans hatte sich in den Jahren des Pontifikats Johannes' XXIII. und vor allem Pauls VI. fundamental geändert. Sowohl im Verhältnis mit den Ortskirchen als auch in der internationalen Zusammenarbeit der Staaten, in die der Papst, als Staatsoberhaupt und Stellvertreter Christi, immer mehr eingriff, waren wichtige Wandlungen in der politischen Arbeit des Vatikans im globalen Maßstab erkennbar.

Die Beziehungen der DDR zum Vatikan waren ein Teil dieser Politik und ein Teil der Vatikanischen Ostpolitik. Das Verhältnis zwischen der DDR und dem Vatikan war dabei von der Sonderrolle beider deutscher Staaten in der europäischen Politik gekennzeichnet. Mithin bleibt das Eingangszitat Kardinal Königs uneingeschränkt relevant. Es gab nicht *die* Vatikanische Ostpolitik, die auf alle Staaten gleich anwendbar gewesen wäre. Was es jedoch gab, war ein deutlich erkennbares Grundkonzept der Politik des Vatikans gegenüber kommunistischen Staaten. Bestimmt war diese Konzeption vor allem durch drei wesentliche Charakteristika:
1. die Einbettung dieser Politik in die internationale Strategie des Vatikans
2. die kirchenrechtliche globale Verantwortungsnahme für die Ortskirchen durch die Kurie, mit dem Papst an der Spitze
3. den größtmöglichen Freiraum für die Gläubigen in den jeweiligen Ortskirchen, auf international vergleichbarem Niveau.

9.1 »... una delle caratteristiche del Pontificato del Santo Padre VI« – Der Vatikan als internationaler Akteur

Die Rolle des Heiligen Stuhls mit dem Papst als dessen Inhaber war von Beginn seiner Existenz als Großmacht verschiedensten Veränderungen ausgesetzt. Die Machtposition des Papstes wurde im Laufe der Geschichte häufig in Frage gestellt, sowohl von außen als auch von innen. Rom, die Stadt des Oberhauptes der katholischen Kirche, wurde belagert, geplündert und niedergebrannt. Päpste wurden abgesetzt, ermordet oder ins Exil getrieben, sie wurden gezwungen Kaiser zu krönen, sahen sich Gegenpäpsten gegenüber oder wurden erst nach jahrelangem Tauziehen gewählt, sodass die wählenden Kardinäle kurzerhand in ein dachloses Gebäude bei Wasser und Brot eingesperrt werden mussten, um schneller zu einem Ergebnis zu kommen – die Kardinäle brauchten weitere Monate zum Abschluss der Wahl. Aber nie war die reale Macht des Papstes fundamental gefährdet, nicht zuletzt weil es immer Schutzmächte gab, die den Vatikan politisch und militärisch unterstützten. Sie taten dies ohne Frage nicht nur aus ihrem religiösen Gewissen heraus, aber sie halfen die real existierende Machtposition des Papstes als Oberhaupt der katholischen Kirche »urbi et orbi« zu sichern. Zudem war der Papst mehr als tausend Jahre auch einer der mächtigen Feudalherren Europas, was die Macht per se sichern half.

Die zweite Säule päpstlicher Macht, ohne die die machtpolitische Verflechtung nicht denkbar gewesen wäre, stellte die Bedeutung als wichtigste religiöse Machtinstanz dar. Keine andere Weltreligion war (ist) derart straff und zentralisiert organisiert wie die katholische Weltkirche und als religiös determinierte Institution global derart wirkungsmächtig. Der Vatikan, der Papst, der Heilige Stuhl agiert(e) und reagiert(e) demnach auch immer aus institutionellen Beweggründen heraus und war (ist) bei allem theologisch begründeten und begründbarem Handeln auch eine »sich selbst erhaltende Körperschaft«.

Mit dem finalen Zusammenbruch des Machtgeflechts aus unterstützenden Großmächten und eigener Machtbasis als militärische und wirtschaftliche Macht in der Mitte Italiens, war ab 1870 der Papst nun jeglicher weltlicher Machtmittel beraubt. Die »Breccia Porta Pia« – ein etwa zehn Meter breiter Durchbruch in der Aurelianischen Mauer, durch den am 20. September 1870 die königlich-italienische Armee nach Rom eindrang – wurde zum Synonym des totalen päpstlichen Machtverlustes und der Zurückdrängung des Papstes in den Vatikan, nachdem Frankreich als letzte Schutzmacht seine Truppen aus Rom abgezogen hatte. Pius IX., Leo XIII. und Pius X. reagierten mit Selbstisolation in weltlichen Fragen und versuchten, die katholische Kirche durch Stringenz und Härte in theologischen Fragen geeint zu halten und politischen Einflussnahme von außen auf die katholische Kirche einzudämmen.

Mit dem Ausbruch des Ersten Weltkriegs und in dessen weiterem Verlauf während des Pontifikats Benedikts XV. kam es zu einer vorsichtigen Öffnung des Vatikans und ersten Bemühungen um eine internationale Neuausrichtung des Vatikans. Der gescheiterte Friedensplan des Papstes am dritten Jahrestag des Ausbruchs des Krieges markierte den ersten Schritt, um aus einer über fünfundvierzigjährigen, selbst gewählten Isolation auszubrechen. Einer friedlichen Beendigung des Krieges verpflichtet, stellte er aber auch eine Möglichkeit dar, wieder als Machtfaktor international wahrgenommen zu werden.

Die Situation nach dem Ersten Weltkrieg war paradoxerweise für dieses Ansinnen des Vatikans günstig, denn die Verwerfungen in allen Bereichen (Gesellschaft, Militär, Kultur und Religion) vieler europäischer Mächte boten neben großen Gefahren auch Möglichkeiten.

> »... Die Landkarte Europas war [...] tief greifend verändert worden. Aus der Konkursmasse des zaristischen Russlands und der Doppelmonarchie Österreich-Ungarn war eine große Zahl neuer Staaten entstanden. In anderen Ländern waren territoriale Wandlungen und Wechsel der Staatsformen vor sich gegangen. Der apostolische Stuhl suchte die Verhältnisse vor allem durch die Aufnahme diplomatischer Beziehungen mit den Staaten und durch den Abschluss von Vereinbarungen mit ihnen in den Griff zu bekommen.«[756]

Benedikt XV. verfolgte das Konzept der Entisolierung und hob zum Beispiel das Verbot für katholische Staatsmänner auf, dem italienischen König im Quirinalpalast einen offiziellen Besuch abzustatten[757]. Viele der Maßnahmen bezogen sich auf das Verhältnis zu Italien, aber waren insofern politische Achtungszeichen, als der Vatikan auf die internationale Bühne zurückkehrte. Das erklärte Benedikt XV. am 21. November 1921 auch dem Kardinalskollegium in einer Allokution.

> »... Tatsächlich löste die Allokution Benedikts XV. eine Welle von Konkordaten und anderen Verträgen aus, sodass es berechtigt ist, von einer Konkordatsära zwischen den beiden Weltkriegen und darüber hinaus zu sprechen.«[758]

Das Anliegen dieser Konkordatspolitik war das Bemühen um das Erreichen geordneter Verhältnisse der katholischen Kirche in den jeweiligen Staaten zu den Regierungen. Sie galt demnach vor allem als Ordnungsmaßnahme in den Beziehungen zu den Staaten, die das Leben und Überleben der katholischen Ortskirchen sichern sollte und die im Idealfalle den Einfluss der Kirche in der

---

756 May, G.: »Die Konkordatspolitik des Heiligen Stuhls von 1918 bis 1974«. In: Adriányi, G./Jedin, H./Repgen, K. [Hrsg.]: »Handbuch der Kirchengeschichte«. Bd. 7 (»Die Weltkirche im 20. Jahrhundert«). Freiburg i. Brg. ²1979. (S. 183).
757 In der Enzyklika »Pacem Dei mundus« vom 23. Mai 1920. Vgl.: May, G.: »Die Konkordatspolitik des Heiligen Stuhls von 1918 bis 1974«. A. a. O. (S. 190).
758 A. a. O. (S. 183).

Gesellschaft mehren sollte. Diese Art der internationalen vatikanischen Politik war im Regelfall trilateral – im Verhandlungsdreieck Vatikan, Staat, Ortskirche – und orientiert auf den Abschluss eines Konkordats oder anderweitigen Vereinbarungen. Mithin führte der Vatikan hier eine klar ergebnisorientierte Politik mit dem Ziel, die Machtstellung der katholischen Kirche in einer sich massiv und schell verändernden Welt zu sichern.

Mit der Unterzeichnung der Lateranverträge am 11. Februar 1929 entstand der »Staat der Vatikanstadt«, dessen Staatsoberhaupt der Papst war. Wenngleich dieses Territorium unwesentlich in seiner territorialen Ausdehnung war, so begründet es doch die formale Stellung des Papstes als gleichberechtigtes Mitlied im Reigen der Staatsoberhäupter der Erde. Das Pontifikat Pius' XII. war nach dem Zweiten Weltkrieg zum einen durch die Reorganisation der kirchlichen Strukturen und zum andern durch einen intensiven Kirchenkampf in den neu entstandenen kommunistischen Staaten Mittel-, Ost- und Südosteuropas gekennzeichnet. Dieser Kampf war in jedem einzelnen Fall ein Abwehrkampf. Diplomatische Beziehungen wurden abgebrochen und Konkordate außer Kraft gesetzt. Somit sah sich die päpstliche Diplomatie einer unbekannten und bedrohlichen Situation für die Kirche gegenüber. Schnell wurde im Vatikan erkannt, dass die Lösung nicht in Abschottung oder ausschließlicher Verdammung liegen konnte. Pius XII. war dabei bereit, eindeutig Stellung zu beziehen und sich parteilich zu verhalten. Er sah sich politisch der westlichen Welt näher, ohne die Verantwortung für die Kirche »oltre la cortina« außer Acht zu lassen. Für ihn stand fest, dass die katholische Kirche als Institution gegen jeden möglichen Einfluss des Kommunismus, der nun auch als Staatsform global wurde, verteidigt werden musste.

Grundsätzlich war die Sichtweise Johannes XXIII. auf den Kommunismus als Staatsform nicht anders, nur musste er, wenn das von ihm propagierte Konzept des »Aggiornamento« wirkungsmächtig werden sollte, mit anderen Mitteln vorgehen. Dieses Konzept konnte sich nur entfalten, wenn es sich der »ganzen Welt« zuwendete und nicht einen Teil dieser Welt verteufelte. Die Mittel der Hinwendung zur modernen Welt konnten nicht wirtschaftlicher, militärischer oder finanzieller Natur sein, sondern sie mussten aus einer international anerkannten Machtstellung in moralischen Fragen erwachsen. Diese Machtstellung war nicht nur durch theologische Bewertungen relevanter weltlicher Sachlagen zu erreichen, sondern musste sich auch aus entschiedenen Stellungnahmen zu politischen und kulturellen Fragen von globaler Relevanz speisen. Der wichtige Faktor hierbei war der Versuch, diese Äußerungen nicht von vornherein dem Vorwurf der Parteilichkeit auszusetzen und gleichzeitig nicht aus bewehrten Bündniskonstellationen auszuscheren.

Mit der Teilnahme an den UNO-Konferenzen 1961 und 1963 in Wien und im Besonderen mit der bedeutsamen Rolle bei der Organisation und Teilnahme am

KSZE-Prozess war der Vatikan für jeden sichtbar als »Global-Player« aufgetreten und untermauerte diesen Anspruch auch im Ostblock, und dass der Vatikan mit dem Papst an der Spitze gewillt war, diese neue Rolle auszufüllen, und sie auch als eine Triebfeder für die Vatikanische Ostpolitik gelten musste, charakterisierte die Politik für das Pontifikat Pauls VI.

Einhundert Jahre nachdem mit einer Bresche in der Aurelianischen Mauer die päpstliche Macht im globalen Maßstab paralysiert wurde und sich diese eines entscheidenden Teils ihrer bisherigen Existenzgrundlagen beraubt sah, war der Vatikan als politische Großmacht in die internationale Staatengemeinschaft eingetreten, nicht zurückgekehrt. Eine »Rückkehr« hätte bedeutet, dass alte Rechte wiederhergestellt und vormalige Machtpositionen revitalisiert worden wären, das war nicht der Fall. Der Vatikan hatte neue Fundamente seiner weltweiten Bedeutung erhalten, das hieß, die qualitative Veränderung in der vatikanischen Politik bezüglich der Auseinandersetzung mit der Welt außerhalb der katholischen Kirche war sichtbar geworden und wurde weltweit, wenn auch nicht immer im selben Ausmaß, nachgefragt.

Schon der Eintritt in die Verhandlungen in Wien zu den diplomatischen und konsularischen Beziehungen der Staaten untereinander bewies, dass der Vatikan auf dem modernen diplomatischen Parkett aktiv tätig sein wollte und dort eine Position unter den Staaten der Weltgemeinschaft zu festigen suchte. Die 1961/63 in Wien bestätigte völkerrechtliche Stellung des Vatikans als gleichberechtigter Teilnehmer bei internationalen Verhandlungen implizierte folgerichtig auch die Gleichwertigkeit in multi- bis bilateralen Gesprächen. Diese vom Vatikan angenommene völkerrechtliche Stellung war nicht das Neue – der Papst war schon (fast) immer auch Staatschef gewesen –, aber die aktive Annahme und Neuinterpretation dieser Position im weltpolitischen Gefüge war der Schritt ins Unbekannte. Die Mittel vatikanischer Politik waren im Wandel begriffen: Internationale, völkerrechtliche Bestimmungen galten immer mehr und bewusst auch für den Vatikan als Maßstab des Handelns gegenüber der internationalen Gemeinschaft. Nur so konnte eine Unabhängigkeit entstehen, die nicht im Sinne von Neutralität in der politischen Meinung zu verstehen war, aber im Sinne eines Versuchs von Seiten des Vatikans, internationale Partner gleichberechtigt zu behandeln.

So erbat Paul VI. für die Vorbereitung zur Audienz von Gustav Heinemann im Vatikan am 26. März 1973 auch Hinweise bezüglich der Argumentation bei einer möglichen Diskussion um etwaige diplomatische Beziehungen des Vatikans zur DDR. Die vom päpstlichen Staatssekretariat vorgeschlagene Argumentation für Paul VI. offenbarte diesen Gleichbehandlungsgrundsatz:

»… Circa il problema delle eventuali relazioni diplomatiche fra Santa Sede e DDR, è anche nota al Governo di Bonn la posizione della medesima Santa Sede. Essa non può rifiutare, in linea di principio, di esaminare la proposta che Le è stata fortemente presentata dal Governo della DDR [...]. La Germania Federale non può quindi, logicamente pretendere dalla Santa Sede che segua una linea diversa.«[759]

Auch in Auseinandersetzung mit einer Regierung – wie der in Bonn – zu der sich der Vatikan ohne Frage in freundschaftlichen Beziehungen befand, hielt der Vatikan mittlerweile an den Prinzipien fest, die Gleichbehandlung im internationalen Verkehr der Mächte auf diplomatischer Ebene als Richtschnur des Handelns anzusehen.

Das bedeutete in keiner Weise, dass jeweils schon politische Entscheidungen »pro« oder »contra« präjudiziert wurden, es ging lediglich darum, ein dialogisches und prinzipielles Verhandlungsgebot zu errichten. Einen Dialog wollte und konnte der Vatikan nicht mehr aus grundsätzlichen Erwägungen heraus ablehnen.

Die Politik im Vatikan war mittlerweile nicht mehr in erster Linie ergebnisorientiert, sondern vor allem zielorientiert. Ein Dialog musste folglich nicht zwangsläufig ein Endergebnis haben, das sich im Abschluss von Verträgen, Konkordaten oder der Fixierung diplomatischer Beziehungen manifestierte. Der Dialog war vielmehr dem Ziel verpflichtet, Kontakte herzustellen, diese Kontakte zu pflegen und so die Grundlage zu schaffen, auf der ein mehr oder weniger regelmäßiger Meinungsaustausch möglich war. In der Folge eines derartigen Dialogs konnte es selbstverständlich zu Ergebnissen im herkömmlichen Sinne kommen, wie beispielsweise bei den Verträgen mit Jugoslawien oder Kuba. Ein so geführter Dialog ermöglichte jedoch auch unkonventionelle Lösungen, wie die Beziehung mit der polnischen Regierung (Austausch gegenseitiger Beauftragter) oder auch die Lösung der Probleme, die in der Unbeugsamkeit einzelner herausragender kirchenleitender Personen verursacht lagen, wie zum Beispiel des Prager Erzbischofs Beran oder des ungarischen Kardinalprimas Mindszenty. Derartige Resultate waren vonnöten und stellten die bisherige Konkordatspolitik und den klassischen Austausch von diplomatischen Vertretern zur Regelung der gegenseitigen Verhältnisse nicht nur auf den Prüfstand, sondern auch grundsätzlich in Frage, da mit den allermeisten Staaten des Ostblocks derartige konventionelle diplomatische Modelle nicht möglich waren. Die Probleme der Ortskirchen unter kommunistischer Herrschaft waren real existierend und erheblich bis existenziell und so erschien die Suche nach neuen Wegen alternativlos. Diese Suche war allerdings nicht nur für das Verhältnis des Vatikans zu

---

759 »Visita al Santo Padre del Presidente Heinemann al 26 marzo 1973«. A. a. O. (»... Bezüglich eventueller diplomatischer Beziehungen zwischen dem Heiligen Stuhl und der DDR ist Bonn die Haltung des Heiligen Stuhls bekannt. Er kann das nachdrückliche Angebot der Regierung der DDR aus prinzipiellen Gründen nicht ablehnen [...] Die BRD kann vom Heiligen Stuhl nicht verlangen, eine andere Linie zu verfolgen.«)

Ländern, in denen die Gliedkirchen an ihrer Entwicklung behindert oder grundsätzlich bedroht waren, relevant. Vielmehr stellte sich diese Aufgabe auch im globalen Maßstab, da sich eine eventuelle totale Vernichtungsdrohung mit möglichen globalen, da atomaren Kriegen verband. Für eine Institution, deren oberstes Ziel erklärtermaßen ein weltweiter Frieden war, war die Möglichkeit einer vollständigen Zerstörung der Schöpfung Gottes erkennbar geworden und somit unter keinen Umständen mehr aus der Bewertung des eigenen politischen und moralischen Handelns in der Welt herauszuhalten. Auch diesem Umstand musste die vatikanische Politik Rechnung tragen. In der Logik einer konsequenten Politik zur Friedenswahrung, wie sie in »Pacem in Terris« beschrieben wurde, konnte sich der Vatikan nicht nur für die einseitige Bekämpfung einer der Mächte mit einem solchen Vernichtungspotenzialen entscheiden. Er musste die Schaffung und den fortgesetzten Ausbau der Möglichkeit dieser totalen Zerstörung weltweit ächten. Auf dieser Ebene war folglich auch ein Dialog über globale Fragen mit Großmächten wie der Sowjetunion möglich, ohne dass solche Gespräche durch Fortschritte in kirchenpolitischen Fragen in den gegenseitigen Beziehungen legitimiert sein mussten. In dieser geglückten Trennung von kirchenpolitischen Intentionen und internationalen Ambitionen in der Politik des Vatikans »in die Welt hinein« lag ein wesentlicher Erfolg der Neuorientierung in der Diplomatie des Vatikans.

Die Auflösung des Junktims, die Weiterführung von Verhandlungen von Erfolgen in der »nationale Kirchenpolitik« wesentlich abhängig zu machen, barg die Möglichkeit zu flexibler Reaktion auf dem diplomatischen Parkett. Zudem war so aber auch immer noch die Möglichkeit gegeben, internationale Problemlagen und den Dialog über diese als Türöffner für kirchenpolitisch interessierende Fragen in den jeweiligen Ländern anzusprechen und deren befriedigende Lösung einzufordern. Dieser grundsätzliche Schwenk in der Diplomatie des Vatikans war zu einem großen Teil auch in der Auseinandersetzung mit den kommunistischen Staaten der Erde bedingt. Für diese Staaten war der Vatikan nur dann interessant, wenn er »auch was zu bieten« hatte. Als Moralinstanz in Friedensfragen schien der Vatikan für die Propaganda dieser Staaten nutzbar und das hatte den Preis, sich den Forderungen der Gegenseite auszusetzen. Sehr gut sichtbar wurde dies an den Gesprächen, die sowjetische Politiker höchster Ebene im Vatikan führten (z. B. Gromyko und Podgorny): Paul VI. forderte eindeutig Verbesserungen in der Kirchenpolitik in der Sowjetunion ein, selbst wenn »Frieden« ein wichtiges Thema der Gespräche darstellte. Auch Gespräche, die der vatikanische »Außenminister« in Moskau führte, waren keineswegs nur dem »Frieden« und der »Abrüstung« gewidmet. Vatikanische Ostpolitik war folglich kein isolierter Teil vatikanischer Diplomatie, sondern vielmehr ein bestimmender, zentraler Bestandteil und die Bereitschaft zum Dialog war implizit mit dem Bekenntnis zu einer gegenseitige Grundakzeptanz verbunden. Für die handelnden Personen auf der Seite der kommunistisch regierten Staaten, die mit dem Vatikan in Verhandlungen eintraten und in einem System mit einem extrem hohen Ideologisierungsgrad tätig waren, stellte es eine klare politische und ideologische Konzession dar, eine Institution zu akzeptieren, die als Hort einer eigentlich zu bekämpfenden »Gegenideologie« galt und der ideologischerseits die Existenzberechtigung abgesprochen wurde. Somit war Vatikanische Ostpolitik zusätzlich ein Beitrag, Ideologiegrenzen im Tagesgeschäft praktisch zu überwinden, die theoretisch bestehen blieben.

Der Versuch des Heiligen Stuhls, politische Ungebundenheit zu demonstrieren, hatte folglich schon vor der Eröffnung der KSZE in Helsinki 1973 zu einer Neubewertung des Vatikans als internationaler Partner geführt. Das unterstrich die Anfrage an den Vatikan – trotz aller Eigeninteressen der Ostblockländer – als Mediator im Rahmen der Diskussion um das Zustandekommen einer europäischen Sicherheitskonferenz Ende der sechziger Jahre zu fungieren.[760]

Auch die vatikaninterne Richtungsbestimmung zeigte, dass diese neue Qualität des politischen Handelns des Vatikans sich durchgesetzt hatte. In einer streng vertraulichen Ausarbeitung aus dem Staatssekretariat wurden unter anderem auch die Gründe für die Teilnahme des Vatikans am KSZE-Prozess herausgearbeitet.

> »… La presenza della Santa Sede alla Conferenza [...] sembra corrispondere bene [...] alla missione della Chiesa, e in particolare della Santa Sede, nel mondo; e all'impegno attivo di pace che è una delle caratteristiche del Pontificato del Santo Padre VI.«[761]

Nicht nur das bekannte Engagement Pauls VI. für den Frieden verdiente hier eine besondere Beachtung. Auch der Umstand, dass es einen »aktiven« Beitrag des Vatikans an diesem Prozess gab, diese Aktivität originär und expressiv war, sowie dass der Vatikan für alle Akteure auf dem internationalen politischen Parkett offensichtlich, mit der Tradition brach, nicht an internationalen Konferenzen als vollwertiges Mitglied teilzunehmen, verdient in diesem Zusammenhang Beachtung

In der deutsch verfassten Antwort Erzbischof Casarolis auf eine Interviewanfrage von Seiten des finnischen Rundfunks zum Außenministertreffen in Helsinki (Anfang Juli 1973) legte er dies auch öffentlich noch einmal dar:

---

760 Fagioli, M.: »La Santa Sede e le due Germanie nel processo CSCE«. A. a. O.
761 »Elaborazione riservata: Consultazioni di Helsinki in preparazione alla conferenza sulla sicurezza e la cooperazione in Europa (30.6.1973)«. In: ASP. Fond. Cas. Serie: Viaggi. SoSer.: Viaggio a Parigi (CSCE 19.–21.11.1990). (unpag.) (prov.Sig.). (»… Die Teilnahme des Heiligen Stuhls an der Konferenz [...] erscheint gut vereinbar [...] mit der Mission der Kirche, und mit der aktiven Verpflichtung für den Frieden, was eine der Charakteristika des Pontifikates des Heiligen Vaters Paul VI. darstellt.«)

»... Eben aufgrund der moralischen (und rechtlichen) Seiten der Materie sah sich der Hl. Stuhl veranlasst, auf den sowohl vom Westen als auch vom Osten kommenden Vorschlag, als Vollmitglied an der Konferenz teilzunehmen, nicht negativ zu antworten. Der Hl. Stuhl hat es zur Bedingung gemacht, als das, was er ist, zu gelassen zu werden, d. h. nicht als politische, sondern als religiöse und moralische Macht, und seine Teilnahme zu beschränken auf Fragen ethischer und rechtlicher Natur.«[762]

Das Zustandekommen und die Ergebnisse dieser Europäischen Sicherheitskonferenz, auf der neben fast allen europäischen Mächten auch die USA und Kanada teilnahmen, stellten nicht nur eine Zäsur in der europäischen und internationalen Politik dar, sondern auch in der Ausgestaltung der Beziehungen des Vatikans zu der »Welt von heute«. Wenige Jahre nach der Ankündigung eines »Aggiornamento« durch Johannes XXIII. und der Beschleunigung dieses Prozesses durch das II. Vaticanum war ein großer Teil der Wandlung des Vatikans zu einer globalen Moralinstanz mit politischer Macht unverkennbar und unumkehrbar geworden.

9.2 Der Vatikan und die »deutsche Frage«

Die sogenannte »deutsche Frage«, die Auswirkungen der Teilung Deutschlands im Ergebnis des Zweiten Weltkrieges, war ein Thema, das in der europapolitischen Perspektive des Vatikans immer eine gewichtige Rolle spielte. Bis 1990 war die Sorge um eine friedliche und einvernehmliche Lösung dieses Problems relevant. Auch noch, als am 31. März 1990 Rudolf Seiters, Kanzleramtsminister der Bundesregierung unter Helmut Kohl, nach einer viertelstündigen Audienz bei Johannes Paul II. in den Räumen des Staatssekretariats mit Kardinalsstaatssekretär sprach. Casaroli befragte ihn zur Haltung der Bundesregierung im Rahmen der sich anbahnenden Wiedervereinigung[763], zu den Grenzziehungen und deren Akzeptanz durch die deutsche Politik: »... Prendiamo, per esempio, l'inviolabilità delle frontiere, garantita nell'Atto finale di Helsinki. Quali frontiere? Quelle del 1945?«[764] Diesem wichtigen und komplizierten Problem der

---

762 »Antwort Casarolis auf eine Interviewanfrage des Journalisten Eero Saarenheimo (Yleisradio) (Juli 1973)«. In: ASP. Fond. Cas. Serie: CSCE. SoSer.: I. Phase. (Cart.13/7). (unpag.) (prov.Sig.).
763 Seiters hatte Casaroli diese Perspektive in seiner Eingangsäußerung eröffnet: »... Prevediamo elezioni pantedesche per la fine dell'anno 1991.« (»...Wir sehen gesamtdeutsche Wahlen Ende des Jahres 1991 vor.«) »Colloquio del Ministero Federale Rudolf Seiters con l'Em.mo Cardinale Segretario di Stato (31.3.1990)«. In: ASP. Fond. Cas. (unpag.) (ohne Signatur).
764 »Colloquio Rudolf Seiters con l'Em.mo Cardinale Segretario di Stato«. A. a. O. (»... Nehmen wir die Unverletzlichkeit der Grenzen, die die Schlussakte von Helsinki garantiert. Welche Grenzen? Die von 1945?«)

europäischen Nachkriegsgeschichte hatte sich die vatikanische Politik schon vor der Unterzeichnung der Schlussakte von Helsinki zu stellen. Durch die neuen Grenzziehungen nach dem Kriegsende in Deutschland kam es zu wesentlichen Überlappungen von Grenzen kirchlicher Jurisdiktionsbezirke sowohl an der »Oder-Neiße-Linie« als auch an der innerdeutschen Grenze.

Im Zuge der Problematik an (hinter) der »Oder-Neiße-Linie« verhielt sich der Vatikan eindeutig: Nach den für ihn als völkerrechtlich verbindlichen Vertragswerken zwischen den betreffenden Parteien – BRD, Polen und Siegermächte des Zweiten Weltkrieges – griff er neuordnend in die Ausgestaltung der katholischen Jurisdiktionsbezirke Polens ein. Es wurden neue Diözesen an der Westgrenze Polens errichtet und die Grenzen dieser Diözesen mit der »Oder-Neiße-Linie« kongruent gestaltet. Der Vatikan erkannte die neu entstandene Grenze in Mitteleuropa mit diesem Akt an.

An der innerdeutschen Grenze zwischen der DDR und der BRD verhielt sich der Vatikan grundsätzlich ähnlich: Veränderungen wurden erst nach dem Abschluss völkerrechtlicher Verträge ins Auge gefasst. Als eine solchen wurde der Grundlagenvertrag angesehen. Bedeutsam war bei einer eventuellen Umgestaltung vatikanischerseits im Besonderen jedoch die Betonung des pastoralen Charakters solcher Maßnahmen. Nach dem Inkrafttreten des Grundlagenvertrags, der gleichberechtigten Mitwirkung der DDR und der BRD an der KSZE, der Aufnahme beider deutscher Staaten in die UNO und dem internationalen Anerkennungsschub, den die DDR zwischen 1973 und 1975 erfuhr, war die Argumentation der DDR-Führung, als souveräner Staat behandelt zu werden, in ihrer qualitativ politischen Konsistenz sehr nachhaltig geworden. Der Vatikan konnte nicht mehr mit dem Hinweis auf fehlende völkerrechtliche Vertragswerke ablehnen, mit der Regierung in Ostberlin über deren Forderungen zu verhandeln. Zunächst unterzog der Vatikan das Reichskonkordats bezüglich der weiteren Gültigkeit für das Staatsgebiet der DDR einer intensiven Evaluation; vorerst im internen Diskussionsprozess und folgend in der Auseinandersetzung mit der Bundesregierung. Mit der Rechtsposition, dass das Reichskonkordat nur für das Staatsgebiet der BRD und nicht das der DDR Gültigkeit hatte, kam der Vatikan der Sichtweise der DDR bezüglich der Bewertung des Reichskonkordats weit entgegen und sorgte für Irritationen auf bundesdeutscher Seite. Für die DDR-Führung hatte das Gutachten von Herbert Kröger aus dem Jahr 1972 final die Nichtgültigkeit des Reichskonkordates herausgestellt. Diese Einigkeit wurde zu keiner Zeit in bilateralen Gesprächen bewusst herbeigeführt, sondern es gab einfach ähnliche Rechtsauffassungen, die jedoch mit unterschiedlichen Begründungsfiguren einhergingen.

Nicht so einig war sich der Vatikan mit der Bundesregierung. Diese Uneinigkeit offenbarte die Haltung des Vatikans zur »deutschen Frage« in den siebziger Jahren und der zweiten Hälfte des Montini-Pontifikats. Grundsätzliche

Politik des Vatikans war es, kirchenrechtliche Umgestaltungen von fundamentaler Bedeutung, nur bei völkerrechtlich geklärten Begleitumständen zu vollziehen. Das galt vor allem für Problemlagen, die durch Veränderungen von Staatsterritorien als Kriegsfolgen entstanden. Diese galten im Idealfall als völkerrechtlich geklärt, wenn es zu einem Friedensvertrag zwischen den vormaligen Kriegsbeteiligten kam. Aber auch nach internationalen Maßstäben anerkannte völkerrechtlich verbindliche Vertragswerke zog das vatikanische Staatssekretariat als Grundlage der Diskussion über Lösungsstrategien bei derartigen Fragen heran, z. B. die Verträge der BRD mit der Sowjetunion oder Polen. Nach diesen Verträgen waren neue Situationen entstanden, die dem Vatikan ein großes Tableau von Handlungsoptionen eröffneten, die er zu nutzen gewillt war.

Die Situation der Unterzeichnung und Inkrafttreten des Grundlagenvertrags der BRD mit der DDR war jedoch – im päpstlichen Staatssekretariat grundsätzlich anerkannt – eine andere. Der Sachverhalt, dass es sich um zwei Staaten ein und derselben Nation handelte, war ein Sonderfall, der höchst selten im internationalen Staatengefüge auftrat. Für den Vatikan besaß die daraus resultierende »deutsche Frage« hohe Priorität. Das hatten alle drei Päpste, die sich bis dahin mit dieser Frage auseinanderzusetzen hatten, den vielen Gästen aus dem westlichen Teil Deutschlands immer wieder versichert. Bis Ende 1972 war die Position des Vatikans eindeutig. Ein konkordatäres Verhältnis bestand nur mit der BRD, und das Reichskonkordat war auch für das Gebiet der DDR weiter gültig. Nachdem allerdings von Seiten der DDR immer größerer Druck auf den Vatikan ausgeübt worden war, dem der Vatikan, spätestens nach der Übersendung des offiziellen Memorandums der DDR vom 4. August 1972, nicht mehr vorbehaltlos aus dem Weg gehen konnte, hatte sich die DDR als Verhandlungspartner ins Spiel gebracht. Nach der Unterzeichnung des Grundlagenvertrags und der Anerkennungswelle der DDR musste der Vatikan gegenüber dem bis dahin alleinigen Verhandlungspartner BRD Stellung beziehen. Der Vatikan wies nun eindeutig darauf hin, dass nach dem Inkrafttreten des Grundlagenvertrags, der auch im päpstlichen Staatssekretariat nicht als Friedensvertrag angesehen wurde, das Reichskonkordat trotzdem für die Territorien außerhalb der BRD, mit allen Konsequenzen, als suspendiert angesehen wurde. Diese Maßnahme war aus drei wesentlichen Beweggründen heraus zu erklären:

1. Der reale politische internationale Druck, der durch die völkerrechtliche Anerkennung der DDR entstand, war immer intensiver geworden. Von besonderer Bedeutung war im vatikanischen Staatssekretariat hierbei die Anerkennung der DDR durch die Siegermächte des Zweiten Weltkriegs, wenn damit auch nicht automatisch die Anerkennung als souveräner Staat verbunden war.

2. Es gab aus Sicht des Vatikans aktuell-pastorale Gründe zur Veränderung im kirchenrechtlichen Gefüge im geteilten Deutschland, die pragmatische Lösungen erforderten und die aus der Verantwortung für die Weltkirche entsprangen.
3. Eine offizielle Ablehnung von Verhandlungen mit der DDR über gegenseitig relevante Fragen war international nicht mehr begründbar. Eine Verweigerung hätte die Bestrebungen des Vatikans als unabhängiger Akteur in der Weltpolitik behindert.

Die Suspendierung des Konkordats bedeutete aber keine endgültige Außerkraftsetzung des für die ehemaligen Gebiete des Deutschen Reichs, die nun den Staat DDR ausmachten. Mit dieser eindeutig bestätigten Aussage stellte sich der Vatikan grundsätzlich hinter die These, dass es zwei Staaten gab, die allerdings einer Nation angehörten. Man ging sogar so weit, die Sichtweise der Bundesregierung weitestgehend anzuerkennen, dass es sich um »stati speciali«[765] handelte. Die Sichtweise Erzbischof Casarolis auf diese Charakterisierung beider deutschen Staaten brachte die neue Bewertung dieser Frage im Vatikan auf den Punkt: »… Certo, sono stati speciali, ma sono stati.«[766]. Das hieß aber, dass die vatikanischen Gesprächspartner die Komplexität und Kompliziertheit der »deutschen Frage« sowie die daraus resultierende theoretisch noch denkbare Möglichkeit einer Wiedervereinigung grundsätzlich anerkannten. Der Vatikan hatte mithin das Konzept der deutschen Einheit, so undenkbar dessen Verwirklichung zu diesem Zeitpunkt auch schien, weiterhin in die politische und grundsätzliche Bewertung der »deutschen Frage« einbezogen.

9.3 Ostpolitik trifft Ostpolitik

Nicht nur auf dem internationalen politischen Parkett begann der Vatikan sich immer mehr einzubringen. Entgegen der Gewohnheit, sich nicht aktiv mit den politischen Belangen eines Staates zu befassen, solange nicht originär kirchliche Belange auf dem Spiel standen, versuchte man im Vatikan, auf den positiven Ausgang des Verfahrens zur Ratifizierung der Verträge der BRD mit der Sowjetunion und Polen konspirativ Einfluss zu nehmen. Auslöser war die Intention des Vatikans, in den ehemals deutschen Ostgebieten in Polen eine geregelte Neuordnung zu erstellen. Ebenso war die Einsicht in die globalen beziehungsweise europäischen Dimensionen dieser Verhandlungen ein wichtiges Bewer-

---

765 »Breve sintesi delle conversazioni (18.5.1973)«. A. a. O. (»… spezielle Staaten«).
766 A. a. O. (»… Sicher, es sind spezielle Staaten, aber es sind Staaten.«)

tungskriterium für die Hinwendung des Vatikans zur Ostpolitik der sozial-liberalen Regierung in der BRD.

Ein Dokument aus dem Frühjahr 1972[767] macht die bisher nur vermutbare These zur Gewissheit, der Vatikan habe der Ostpolitik der sozial-liberalen Politik wohlwollend gegenübergestanden[768]. Mehr noch, es handelte sich um eine aktive Unterstützung, die in besonderem Maße von einer offensichtlichen Veränderung der Sicht des Vatikans auf die eigene Rolle im internationalen Gefüge der Staaten und Religionen, aber auch auf schwelenden weltanschaulichen Auseinandersetzungen gekennzeichnet war.

Seit der Gründung der BRD 1949 war der Vatikan politisch meist auf der Linie der Parteien CDU und CSU, in denen der politische Katholizismus eine Heimat hatte. Und trotzdem war das Staatssekretariat Seiner Heiligkeit, vom Papst ermuntert und von der sowjetischen Führung diskret gebeten, bereit, die Ostpolitik der Regierung Willy Brandts zu unterstützen. Mit dem neuen Führungsstil seit dem Pontifikat Johannes' XXIII., den Diskussionen sowie den Ergebnissen des II. Vaticanums und der bewusst globalen Ausrichtung vatikanischer Diplomatie war eine Entwicklung in der zentralen Institution der katholischen Weltkirche in Gang gekommen, die es ermöglichte, auch mit traditionellen Politikvorstellungen zu brechen und eine geradezu sensationelle Hinwendung zu Politikinhalten zu vollziehen, die der Vorsitzende der DBK, Kardinal Döpfner, grundsätzlich abgelehnt und als »linksextrem« brandmarkt[769]. Dieser Umstand machte deutlich, wie sehr die politischen Sicht- und Handlungsweisen des Vatikans internationalisiert waren und sich immer mehr aus rein bilateralen Beziehungsgeflechten löste.

---

767 (s. unten). Auf Grund der zentralen Bedeutung dieses Schriftstückes – ein streng vertrauliches Schreiben des Sekretärs des Rates für die öffentlichen Aufgaben der Kirche an den apostolischen Nuntius in Deutschland vom 8. Mai 1972 – wird es in Gänze wiedergegeben und übersetzt. Es handelt sich dabei um die Abfassung des Schreibens, die im Staatssekretariat verblieb.
768 Vgl.: Hummel, K.-J.: »Der Heilige Stuhl, die Katholische Kirche in Deutschland und die deutsche Einheit«. A. a. O.; Schäfer, B.: »Katholische Kirche in der DDR«. A. a. O. (S. 311).
769 »Aide-Mémoire des Vorsitzenden der DBK Döpfner (25. 1. 1973)«. A. a. O.

CONSIGLIO
PER GLI
AFFARI PUBBLICI DELLA CHIESA

IL SEGRETARIO

STRETTAMENTE CONFIDENZIALE

DAL VATICANO, 8 maggio 1972

N° 2738/72

Eccellenza Reverendissima,

All'Eccellenza Vostra è ben noto, anche per le premure che mi son permesso di rivolgerLe in questi giorni allo scopo di ricevere tempestive informazioni, l'interesse con il quale la Santa Sede segue l'andamento delle discussioni riguardanti la ratifica dei Trattati fra la Repubblica Federale Tedesca, da una parte, e l'URSS e la Polonia dall'altra.

Agli ovvii motivi che Essa ne ha, sia in rapporto al problema della sistemazione dell'organizzazione ecclesiastica nei territori dell'Oder-Neisse, sia per le considerazioni generali relative alla situazione europea e mondiale, sono da aggiungere le risapute preoccupazioni manifestate al riguardo da parte dell'Episcopato polacco.

Ma più d'una volta, soprattutto in questi ultimi tempi, al problema della ratifica la Santa Sede è stata - discretamente ma chiaramente - interessata anche da parte sovietica, nella non velata speranza, od attesa, che Essa potesse e volesse influire in senso favorevole alla ratifica stessa.

Naturalmente, è stato fatto rilevare che - pur data l'importanza dei riflessi, positivi o negativi, della conclusione della vicenda per i rapporti fra la Santa Sede e la Polonia, e qualunque potesse essere la valutazione della Santa Sede circa gli aspetti più generali della vicenda -, non si poteva dimenticare che si trattava di questione interna della Repubblica Federale Tedesca, estremamente delicata in sè stessa, come anche per le profonde spaccature, che stava provocando. A tale proposito, in un colloquio chiestomi recentemente dall'Ambasciatore dell'URSS, accompagnato da un alto funzionario del Ministero degli Affari Esteri sovietico, stimai opportuno di far rilevare, anche sulla scorta di talune considerazioni ascoltate da qualche rappresentante dell'opposizione (mi riferisco in particolare al Presidente del Bundestag, sig. Uwe von Hassel, incontrato pochi giorni prima all'Ambasciata tedesca presso la Santa Sede), che non aveva certo costituito elemento favorevole ad una positiva soluzione il fatto che una questione di evidente e doloroso carattere nazionale fosse divenuta questione di partito, e che quindi, a mio personale avviso, la sola possibilità di un eventuale cambiamento di posizioni avrebbe potuto esser offerta da un

A Sua Eccellenza Reverendissima
Monsignor CORRADO BAFILE
Nunzio Apostolico

BONN-BAD GODESBERG

./.

```
     tentativo per riportarla al giusto piano.
          Il ricordato sig. Ambasciatore mi faceva notare, il 4 cor
     rente, che nel frattempo il tentativo al quale avevo fatto al-
     lusione si stava verificando ...
          Di tutto ho sempre doverosamente tenuto informato il Santo
     Padre: l'ultima volta, nell'Udienza di ieri.
          Sua Santità, non nascondendo l'opinione che parrebbe vera-
     mente auspicabile una positiva conclusione della vicenda in cor
     so, nei debiti modi, alle condizioni e con le garanzie ritenute
     necessarie, non ha inteso nè intende, naturalmente, esercitare
     alcuna indebita pressione.
          Tuttavia, di fronte alla portata storica della posta in
     gioco per il futuro dell'Europa, e atteso il fatto, per tanti
     titoli eccezionale, dell'interessamento svolto, in proposito
     da parte sovietica presso la Santa Sede, il Santo Padre mi ha
     manifestato il pensiero che sia doveroso, almeno per la storia,
     portare riservatamente a conoscenza dell'Em.mo Sig. Cardinale
     Döpfner, nella sua qualità di Presidente di codesta Conferenza
     Episcopale, il fatto di tale interessamento: tanto più che si
     tratta ormai della fase decisiva, nella quale è necessario che
     tutti gli elementi di giudizio e tutte le possibili conseguenze
     siano responsabilmente fatte e tenute presenti.

          Mi valgo della circostanza per confermarmi con sensi di
     distinto ossequio

                         di Vostra Eccellenza Reverendissima
                                    devotissimo

                         Firmo: Mons. AGOSTINO CASAROLI
                         Segretario Consiglio AA.PP.EE.
```

Abbildung 13: Schreiben des Sekretärs des Rates für die öffentlichen Aufgaben der Kirche Casaroli an Nuntius Bafile 8. Mai 1972

»Eurer Exzellenz ist wohl bekannt, auch weil ich mir in den letzten Tagen erlaubt habe, mich mit der Bemühung an Sie zu wenden, rechtzeitig Informationen zu erhalten, mit welchem Interesse der Heilige Stuhl den Fortgang der Diskussionen bezüglich der Ratifikation der Verträge zwischen der BRD auf der einen und der UdSSR und Polen auf der anderen Seite verfolgt.

Zu den offensichtlichen Motiven, die der Heilige Stuhl hierbei hat, sowohl bezüglich des Problems, die kirchliche Organisation in den »Oder-Neiße«-Gebieten zu regeln, als auch aus den generellen Erwägungen über die Situation in Europa und der Welt, kommen die bekannten Sorgen, die in diesem Zusammenhang vom polnischen Episkopat geäußert wurden, hinzu.

Vor allem aber in der letzten Zeit wurde der Heilige Stuhl diskret, aber deutlich, mehr als einmal auch von sowjetischer Seite zum Problem der Ratifizierung bemüht, in der unverhohlenen Hoffnung oder Erwartung, dass er auf die Ratifizierung positiven Einfluss nehmen könne und wolle.

Natürlich wurde dabei hervorgehoben, dass – auch wenn die positiven oder negativen Auswirkungen des Ausganges der Angelegenheit große Bedeutung für die Beziehungen zwischen dem Heiligen Stuhl und Polen haben und unabhängig davon, wie der Heilige Stuhl die allgemeineren Aspekte der Angelegenheit bewertet – man nicht vergessen

dürfe, dass es sich um eine innere Angelegenheit der BRD handele, die bereits in sich äußerst delikat sei, aber auch wegen der tiefen Spaltungen, die sie (in der BRD) hervorrufe. In diesem Zusammenhang hielt ich es während eines Gesprächs, das ich auf seine Bitte mit dem Botschafter der UdSSR in Anwesenheit eines hohen Funktionärs des sowjetischen Außenministeriums führte, für angemessen hervorzuheben, auch anhand einiger Überlegungen, die ich von Repräsentanten der Opposition vernahm (ich beziehe mich im Besonderen auf den Bundestagspräsidenten Uwe von Hassel, den ich wenige Tage zuvor in der Botschaft der BRD beim Heiligen Stuhl getroffen habe), dass es mit Sicherheit kein günstiges Element für eine positive Lösung darstelle, dass eine Frage von offensichtlich schmerzhaftem nationalem Charakter zu einer parteipolitischen Frage geworden sei, und daher meines persönlichen Erachtens die einzige Möglichkeit einer eventuellen Veränderung der Positionen in einem Versuch bestehen könne, sie [die Frage] wieder auf die richtige Ebene zu bringen.
Der betreffende Botschafter informierte mich, am 4. des laufenden Monats (4. Mai 1972), dass man in der Zwischenzeit dabei sei, den Versuch, den ich angedeutet hatte, umzusetzen.
Von all dem halte ich den Heiligen Vater immer gebührend informiert: Das letzte Mal in der gestrigen Audienz.
Seine Heiligkeit verbarg nicht seine Meinung, dass ihm ein positiver Abschluss der gegenwärtigen Ereignisse mit den gebotenen Mitteln und den dafür notwendig erachteten Bedingungen und Garantien wünschenswert erscheine. Seine Heiligkeit hatte und hat selbstverständlich keinerlei Intention, irgendwelchen unangebrachten Druck auszuüben.
Trotzdem, angesichts der historischen Bedeutung und dessen, was für die Zukunft Europas auf dem Spiel steht, und in Anbetracht der aus vielen Gründen in dieser Frage außergewöhnlichen Bemühungen der sowjetischen Seite beim Heiligen Stuhl, hat mir der Heilige Vater den Gedanken kundgetan, dass es geboten sei, wenigstens vor der Geschichte, den hochwürdigsten Kardinal Döpfner, in seiner Eigenschaft als Vorsitzender der Deutschen Bischofskonferenz, vertraulich über diese Bemühungen zu informieren: Umso mehr, als es sich nun schon um die entscheidende Phase handele, in der es notwendig sei, dass auf alle zur Bewertung notwendigen Elemente und alle möglichen Konsequenzen verantwortungsvoll aufmerksam gemacht werde und sie einbezogen würden. Ich nutze die Gelegenheit, mich Ihrer hochwürdigsten Exzellenz hochachtungsvoll zu versichern.«[770]

Die in diesem Schreiben dem Nuntius überbrachten Informationen und Anweisungen, die als »strettamente confidenziale«[771] gekennzeichnet waren, machten den Wandel in der Vatikanischen Politik klar erkennbar. Sie helfen das Verhalten des Vatikans auch in Bezug auf das Verhältnis zur DDR zu beleuchten.

Paul VI. selbst segnete diese Politik ab, was konkret bedeutete, dass er an einem positiven Ausgang der Verhandlungen um die Ratifizierung der Ostver-

---

770 »Schreiben des Sekretärs des Rates für die öffentlichen Aufgaben der Kirche Casaroli an Nuntius Bafile (8.5.1972)«. In: ASP. Fond. Cas. Ser.: P.d.est. SoSer.: Germ. O. (Cart.12/1). (unpag.) (prov.Sig.).
771 A. a. O. (»Streng Vertraulich«).

träge interessiert war. Er war sogar bereit, von (kirchen-)politisch Mitverantwortlichen Gehorsam zu verlangen. Die abschließende Anweisung an Döpfner, er möge alle möglichen Elemente der Verhandlungen und die daraus folgenden Konsequenzen in seine Bewertung der Sachlage einbeziehen, muss als Zurechtweisung gelesen werden. Döpfners offensichtlich einseitig antikommunistisch geprägte Lesart der Ereignisse sah der Papst als hinderlich für den Fortgang der Verhandlungen an. Mit diesem Schreiben lag dem Nuntius nicht mehr und nicht weniger als die Anweisung vor, mäßigend auf das deutsche Episkopat einzuwirken und seinen Einfluss diskret dahingehend geltend zu machen, dass die Verträge mit Warschau und Moskau ratifiziert werden.

Paul VI. griff hier eindeutig in die politische Auseinandersetzung in Europa und der BRD ein und zwar auf Seiten der von Döpfner gescholtenen sozialdemokratisch geführten Regierung. Auch diese Verfahrensweise war eingebettet in das neue außenpolitische Gesamtkonzept des Vatikans. Es war demnach Staatsräson, die Paul VI. veranlasste sein Staatssekretariat zu beauftragen, parteiergreifend gegen die unverkennbare Meinung der Führung der deutschen Katholiken vorzugehen. Das beinhaltete selbstverständlich auch die Bereitschaft, die Politik von CDU/CSU in der BRD nicht mehr vorbehaltlos zu unterstützen.

Dieses Schreiben muss auch als wichtiger Beweis für den Ausgang der internen Diskussionen um die neue Rolle des Vatikans in der Welt gelten. Das »Aggiornamento«, die »Hinwendung der Kirche zu der Welt von heute«, hatte sich im Vatikan als Politikstil durchgesetzt.

Die Achtung der sozial-liberalen Politik im internationalen Rahmen und das Abrücken von bis dahin festen Bündnispartnern (CDU/CSU) kann allerdings nicht als Grundsatzentscheidung bezüglich einer neuen politischen Präferenz im Vatikan oder gar eines »Linksrutsches« verstanden werden. Die teilweise starren Bewertungen von Sachverhalten, Partnern, Gegnern und Ereignissen im Handlungsfeld der Universalkirche und deren Führung in Rom wichen dem »neuen Dialog« mit den Menschen, an deren Situation orientiert. Diese Herangehensweise bedeutete auch die Neubewertung von Gesellschaft, weniger als starres System, sondern als zu gestaltendes Lebensumfeld der Menschen als »Geschöpfe Gottes«. Indem der Vatikan nun offen die Berührungsängste gegenüber kommunistischen Regimes ablegte und öffentlich wahrnehmbar mit diesen Staaten in Kontakt trat, offenbarte er die Bereitschaft zu genau diesem »neuen Dialog«. Dieser war nicht nur darauf ausgerichtet, eigene Interessen durchzusetzen, sondern auch, im Rahmen der eigenen Möglichkeiten, als Partner im Entspannungsprozess der späten sechziger und ersten Hälfte der siebziger Jahre des 20. Jahrhunderts mitzuwirken. Die außerordentlich begründete Stellung im internationalen Raum, die der Vatikan selbst nicht aus dem völkerrechtlich anerkannten Staatsgebiet herleitete, sondern aus der Gesamtverantwortung für alle »Geschöpfe Gottes«, machten die Äußerungen des Vatikans zu moralisch schwerwiegenden Stellungnahmen, über die kein Staat Europas einfach hinwegsehen konnte.

Um dieses Konzept allerdings glaubwürdig auszugestalten, musste der Vatikan vermeiden, eine explizite Westbindung zu demonstrieren. Wenn der Papst einen positiven Ausgang der Verhandlungen der BRD mit der UdSSR und Polen wünschte, und damit die Ostpolitik Willy Brandts unterstützte, so wandte er sich einer Politik zu, in deren Ausgestaltung die politische Neuordnung Europas zwar als gegeben angesehen, aber nicht als statisch betrachtet wurde. Da mit dieser Grundannahme ein Gewaltverzicht einherging, blieb als einziger Weg der multilaterale Dialog. Mit dem Wiedereintritt des Vatikans in das europäische Mächtekonzert wurde er auch als Partner wahrgenommen, der zwar aus den eigenen weltanschaulichen Präferenzen keinen Hehl machte, aber nicht mehr in der Verdammung ungeliebter Weltanschauungen sein Heil suchte, sondern im Gegenteil versuchte, durch besonnene Diplomatie, Kompromiss- und Verhandlungsbereitschaft, den Entspannungsprozess in Europa und der Welt zu stärken. Dieses Konzept war erfolgreich, das zeigte das große Interesse der kommunistischen Staaten an Kontakten zum Vatikan und die anerkannte Rolle des Vatikans im KSZE-Prozess. Die Vatikanische Ostpolitik leistete dabei einen wichtigen und eigenständigen Beitrag. Das war auch daran abzulesen, dass die sowjetische Seite den vatikanischen »Außenminister« Casaroli auf die Problematik der anstehenden Ratifizierung zweier Ostverträge, wenngleich diskret, so doch klar hinwies und um Einflussnahme bat. Diese Tatsache offenbarte, dass die neue Rolle des Vatikans einem eher nichtblockgebundenen Charakter im internationalen Gefüge entsprach und so aufgefasst wurde. Diese Rolle wurde nicht nur von außen an den Vatikan herangetragen, sondern auch im Inneren konzeptionell weiterentwickelt: Letztlich hätte Paul VI. nicht auf das Ansinnen der sowjetischen Seite reagieren müssen. Er tat es aber und ließ seinen »Außenminister« derart eindeutig intervenieren, immerhin in der heißesten Phase der Auseinandersetzung um die Ostverträge und keine zwei Wochen vor der entscheidenden Sitzung des Deutschen Bundestages zur Ratifizierung der Abkommen.

9.4 »Der Römische Blick« – Kirchenpolitische Problemfelder Vatikanischer Ostpolitik

Die Verantwortlichen im Vatikan ließen bei ihren Handlungen und Entscheidungen auf dem internationalen Tapet selbstverständlich nie die Gesamtverantwortung für die Weltkirche aus dem Blick. Und auch diesem Aspekt lag die

Einsicht zugrunde, dass die Erreichung des Ziels, das Wohlergehen der Gläubigen zu wahren und wenn möglich zu mehren, eine weniger aggressive Herangehensweise in der politischen Auseinandersetzung, nicht nur mit kommunistischen Systemen, erforderte und kompromisslose Gegnerschaft aufgegeben werden musste:

> »… Anche al Cardinale Döpfner non ho mancato di far presente che la questione dell'eventuale allacciamento di relazioni diplomatiche tra la Santa Sede e la DDR andrebbe vista nel quadro degli sforzi della Santa Sede di entrare in contatto con i paesi comunisti al fine di rendere in essi meno dura la vita dei cattolici e la sopravvivenza delle Chiesa locali. Ciò, però, non è valso a dissipare la penosa impressione in lui provocata dall'accenno all'eventualità i relazioni diplomatiche.«[772]

Die Etablierung als internationaler Partner im Entspannungsprozess brachte es, neben der politischen Verantwortung, die der Vatikan wahrnahm, mit sich, dass von Seiten des Papstes und der Kurie in Rom eine Stärkung der Bindung der lokalen Kirchen an die Zentrale in Rom als wichtig erachtet wurde. Durch die vielfältigen Veränderungen, die sich in den Jahren nach dem Zweiten Weltkrieg für die Kirche ergeben hatten und deren deutlichster Ausdruck der Verlauf des II. Vaticanums und dessen Ergebnisse waren, kam es zu Irritationen und gegenteiligen Meinungen auch maßgeblicher Personen der katholischen Weltkirche. Erinnert sei beispielsweise an die Verwerfungen, die zur Amtsenthebung Kardinal Mindszentys führten, die Ereignisse um den Prager Erzbischof Kardinal Beran, aber auch an die Vereinbarungen zwischen Vatikan und Ungarn, Polen und Jugoslawien, die kontrovers in der katholischen Öffentlichkeit Westeuropas und den einheimischen Episkopaten aufgenommen wurden. Es war jedoch notwendig, dass der Papst zum Erreichen des Zieles, international wirkungsmächtig zu sein und zu bleiben, seine unangefochten zentrale und absolute Autorität in der katholischen Hierarchie herausstellte und festigte. Mit der engen Bindung der lokalen Kirchen an die Zentrale in Rom wurde nach innen und außen der globale Anspruch des Papstes fassbar. Diese Existenzvoraussetzung der katholischen Kirche in der Welt machte so den mittlerweile kleinsten Staat der Erde praktisch zu einem der bevölkerungsreichsten. Als Oberhaupt aller Katholiken hatte der Papst in der Welt eine wichtige Machtstellung, die nicht auf Militär, wirtschaftlicher Stärke oder finanzieller Kompetenz gründete, sondern auf der Verantwortung für die religiösen und morali-

---

772 »Nuntiaturbericht (Nr. 38.525/IX)«. A. a. O. (»… Gegenüber Kardinal Döpfner habe ich es nicht unterlassen, bewusst zu machen, dass eine eventuelle Aufnahme diplomatischer Beziehungen mit der DDR in die Bemühungen eingeordnet werden müsse, mit kommunistischen Staaten in Kontakt zu treten, mit dem Ziel, in diesen Ländern das Leben der Katholiken zu erleichtern und das Überleben der lokalen Kirchen zu ermöglichen. Mithin sollte er nicht an seiner leidvollen Stimmung, die dadurch in ihm hervorgerufen wurde, festhalten.«)

schen Belange eines großen Teils der Weltbevölkerung. Paul VI. war sich dieses Umstandes in vollem Umfang bewusst, und er war gewillt dieser in ihrem Ausmaß und ihrer inhaltlichen Ausprägung neuen politischen Richtung endgültig zum Durchbruch zu verhelfen. Dazu mussten die einzelnen Glieder der Kirche in fester Verbindung mit Rom stehen, da anderenfalls der globale Anspruch nicht durchsetzbar war.

Für die besondere Situation der Kirchen unter kommunistischer Herrschaft bedeutete eine feste Bindung an Rom jedoch immer auch die Wahrung der größtmöglichen Unabhängigkeit gegenüber dem jeweiligen Staat. Allein die Erhaltung einer solchen Ungebundenheit, wie zum Beispiel in der DDR, war schon ein Erfolg gegenüber der religionsfeindlichen Umwelt. Dass die Ausprägung der Bindung an Rom und damit verbunden die zu erreichende Unabhängigkeit von dem jeweiligen Regime verschiedenartig ausgestaltet sein musste, ergab sich aus den teilweise extrem unterschiedlichen Bedingungen der jeweiligen Nationalkirche. Aber der Grundgedanke, die Bindung an Rom zu festigen, war ein wichtiger Teil der vatikanischen Politik, den man auch aus politischen Motiven heraus durchzusetzen versuchte. Dies geschah teilweise auch bewusst gegen die betreffenden Episkopate.

Die Sichtweise, dass auch Nichtstun Gefahren birgt, ebenso wie Verhandlungen Gefahren heraufbeschwören können, hatte Paul VI. schon gegenüber Kardinal Döpfner in einer Audienz am Ende der Bischofssynode geäußert und in Bezug auf die Verhandlungen mit der DDR betont: » [...] aber auch im Nicht-Handeln ist ein Risiko enthalten.«[773]

Wollte der Vatikan mit der Politik, deutlicher als bisher, auf dem internationalen Parkett als Partner für moralische, ethische, soziale und religiöse Fragen anerkannt werden und wollte er die Existenzbedingungen der einzelnen Glieder der Universalkirche sichern oder verbessern, so waren die Verhandlungsangebote eines kommunistischen Staates wie der DDR nicht unbegründet auszuschlagen.

In diesem Verhalten offenbarte sich der »Römische Blick« auf die möglichen Lösungsstrategien für die Probleme der katholischen Kirche unter kommunistischer Herrschaft und das bilaterale Beziehungsgeflecht zwischen Vatikan und betreffendem Land. Der Vatikan strebte trotz aller alternativen Lösungsmöglichkeiten, trotz aller Kompromissbereitschaft und trotz aller Kritik immer auch nach der größtmöglichen Rechtssicherheit für die jeweilige Ortskirche. Für die Vatikanische Ostpolitik stellte demnach die kirchliche Organisationsstruktur einen Wert an sich dar, der aus der Sicht der Zentrale der katholischen Kirche in Rom höchste Priorität genoss. Gab es eine relativ gesicherte Struktur im jeweiligen Land, die die bestmögliche Durchführung der bischöflichen Befugnisse

---

773 AAPD. 1974. Bd. 2. Dok. 310. (S. 1347).

sicherte, war aus »römischer Sicht« ein Fundament erstellt, das weitere Maßnahmen im Rahmen geordneter Verhältnisse durchführbar erscheinen ließ. Dabei war der normale, das heißt international vergleichbare Charakter von hoher Relevanz, gegenüber kommunistischen Staaten im Speziellen, aber auch im globalen Maßstab allgemein.

In fast allen Ländern des Ostblocks hatte der Vatikan versucht, solche geregelten Verhältnisse zu erreichen. Es sollte jeweils ein Modus Vivendi fixiert werden. So erfolgreich wie in Ungarn, Polen, Jugoslawien und auch Kuba war die Auseinandersetzung zum Beispiel in der ČSSR, Rumänien und Bulgarien nicht. Erfolg definierte sich für den Vatikan hierbei als die Regelung von bis dahin unbestimmten Sachverhalten. Mit deren Klärung entstand eine Berechenbarkeit, die für den Vatikan eine wertvolle politische Größe darstellte.

Dass die Vertreter der jeweiligen Nationalkirche dies aus ihrer Binnensicht heraus teilweise erheblich anders sahen, lag in der Natur der Sache. Der Vatikan argumentierte dementsprechend immer mit der Gesamtverantwortung für die Weltkirche. Dass dabei die Festigung von internationaler Glaubwürdigkeit und Berechenbarkeit sowie die Durchsetzung der propagierten Unabhängigkeit gegenüber den großen politischen Machtblöcken der Nachkriegszeit wesentliche Elemente darstellten, machte die Reaktion des Vatikans auf oftmals begründete Kritiken kompliziert.

Es zeigte sich also, dass der Vatikan auch bereit war, in Konflikt mit den Führungen der betreffenden Ortskirchen zu treten. Aber nicht nur die neue internationale Positionierung des Vatikans war es, die diese Konflikte hervorrief. Die führenden Vertreter der Gliedkirchen hatten in manchen Fällen eine andere Auffassung als der Vatikan, da sie eine eventuelle Verschlechterung der Situation befürchteten, wie Kardinal Bengsch für die DDR. Andere Führungsmitglieder europäischer Nationalkirchen sahen in dem vermehrten Eingreifen des Vatikans einen eigenen Machtverlust gegenüber dem Staat und damit verbunden einen allgemeinen Verlust von Handlungsfreiheiten, wie Kardinal Wyszyński an der Spitze des polnischen Episkopats. Wieder andere übten aus ihrer antikommunistischen Sichtweise heraus fundamental Kritik, wie Kardinal Döpfner als Präsident der DBK. Hätte die vatikanische Politik nur versuchen wollen all diesen Strömungen gerecht zu werden, wäre es zu einem Stillstand mit unkalkulierbaren Konsequenzen gekommen. Diesen wollten die handelnden Personen in der römischen Kurie unter allen Umständen vermeiden und verfolgten die Konzeption der Öffnung der Kirche zur Welt konsequent und nach allen Seiten. Dabei ließen sie sich selbstverständlich von den Kritiken beeinflussen, wenngleich hierbei eine Hierarchisierung in der Wertung dieser Kritiken erkennbar war:

- Am bedeutsamsten war die Meinung und Bewertung der Sachlage durch die direkt betroffenen Bischöfe (z. B. bei den Kardinälen Bengsch, Wyszyński, Šeper[774] und vielen anderen). Eine Sonderrolle spielten dabei die Bischöfe der geteilten Diözesen in Deutschland, wie beispielsweise Kardinal Jäger oder Bischof Bolte.
- Mit äquivalenter Wichtigkeit wurden die Sichtweisen der direkt verhandelnden vatikanischen Vertreter (zum Beispiel in Helsinki, Genf und Belgrad) einbezogen. Aber auch die Analysen und Wertungen von vatikanischen Vertretern im jeweiligen Land fanden deutlich nachvollziehbar Eingang in die Entscheidungen im vatikanischen Staatssekretariat (zum Beispiel der Delegat, ab 1970 Pro-Nuntius, Erzbischof Cagna in Belgrad oder der Geschäftsführer der Nuntiatur und spätere Nuntius Zacchi in Havanna). Und auch Aussagen derer, die im direkten Kontakt mit den betroffenen Kirchenführern standen (beispielsweise Nuntius Corrado Bafile [ab 1975 Guido del Mestri] in der BRD), waren von höchster Priorität in der Bewertung von Verhandlungsoptionen in der römischen Kurie.
- Erst an zweiter Stelle erfolgte die Evaluation der Sichtweise von in diesem System sekundär betroffenen Kirchenführern, wie zum Beispiel Kardinal Döpfner, deren Urteil selbstverständlich bedeutungsvoll blieb.
- Die Sichtweise von Regierungen und deren Vertretern war allemal erheblich, aber doch der Bewertung der betroffenen Kirchenführer im jeweiligen Land untergeordnet.
- Im konkreten und besonderen Fall der »deutschen Frage« und des Versuchs der westdeutschen Bundesregierung, größtmöglichen Einfluss auf die Verhandlungen des Vatikans mit der DDR zu gewinnen, galt auch die Expertenmeinung externer Berater als wichtiger Gradmesser. (Das Gutachten von Professor Verdross und dessen nachweislicher Einfluss auf vatikanische Entscheidungen zeugt davon.)

Da die Hinweise, Stellungnahmen und Kritiken der unmittelbar Betroffenen für die Bewertung der Sachverhalte im Vatikan am bedeutsamsten waren, wurden von Seiten des päpstlichen Staatssekretariats die neu eröffneten Kommunikationskanäle, die durch den Dialog mit den Regimen des Ostblocks ermöglicht wurden, konsequent genutzt. So war Casaroli im Auftrag Pauls VI. mehrere Wochen in Polen unterwegs, um die Lage der katholischen Kirche dort umfassend aus erster Hand bewerten zu können und in Gesprächen mit dem einheimischen Klerus mögliche Strategien zur weiteren Verfahrensweise zu entwickeln. Polen stellte zwar schon damals einen Schwerpunkt dar, aber auch Ungarn, die ČSSR und Jugoslawien waren mehrmals Ziele des »Tessitore dell'Ostpolitik«.

---

774 Erzbischof von Zagreb (1960–1969).

Auch bei der Verhandlung um den Status der kirchlichen Jurisdiktionsbezirke in der DDR wurde häufig erst die Meinung von Kardinal Bengsch als führendem (Erz-)Bischof auf dem Gebiet der DDR erbeten, was in Form von mehreren Pro Memoria oder einfachen Stellungnahmen und Gesprächen in Rom erfolgte.

Die Erhaltung der Hierarchie musste vor allem mit der weitestgehenden Unabhängigkeit bei der Besetzung der Bischöfe und deren feste Bindung an die Zentrale in Rom verbunden sein. Dabei waren es nach dem CIC von 1917 vor allem drei Kernziele, deren Erreichen existenziell war:

1. die Möglichkeit zur seelsorgerischen Betreuung der Gläubigen, das hieß im Mindesten das ungehinderte Spenden der Sakramente (Taufe, Firmung, Ehe, Abendmahl, Beichte, Sterbesakrament, Weihe von Diakonen, Priestern und Bischöfen);
2. die Ermöglichung karitativer Arbeit im Land;
3. die Möglichkeit zur Mission.

Ohne die Erfüllung dieses Mindestmaßes an Betätigung war und ist der Kern dessen, was katholische Kirche global und national auszeichnet, nirgends auf der Welt gewährleistet. Diesem fundamentalen Problemkreis musste die grundsätzliche Aufmerksamkeit vatikanischer Politik im Allgemeinen und Vatikanischer Ostpolitik im Speziellen gelten. Dem war eine globale Sichtweise zwangsläufig inhärent, da es hierbei um einen globalen Mindeststandard ging, der in demokratischen Staaten galt und Richtschnur war. Dieser musste auch in der Auseinandersetzung mit diktatorisch geführten Ländern, wie denen des Ostblocks, gelten. Es musste sich folglich ein spezifischer »Römischer Blick« entwickeln, der Selbstbehauptung im globalen Ausmaß als Projektionsfläche hatte. Im Rahmen der Vatikanischen Ostpolitik während der Pontifikate Johannes' XXIII. und Pauls VI. zeigte sich dieser »Römische Blick« oftmals auch, wenn zum Beispiel die Möglichkeit einer Verschlechterung der bisherigen Lage der Kirche in der DDR in Kauf genommen wurde, um die Existenz der katholischen Kirche auch in der DDR zu fixieren.

Daher konnte die Binnensicht der Betroffenen nur einen Teil der Betrachtungen darstellen. Aus der Sicht der Zentrale der katholischen Kirche in Rom musste diese sich der eigenen globalen Sichtweise unterordnen und, mehr noch, die Angehörigen und Vertreter der direkt involvierten Ortskirchen mussten den Maßnahmen des Vatikans gehorsam gegenüberstehen.

Dem »Römischen Blick« lag zunächst auch die Vorstellung einer idealen Konkordatspolitik zugrunde, die besagte, dass mit einem Konkordat relative Rechtssicherheit hergestellt war, die von beiden Seiten anerkannt und mithin im völkerrechtlichen Verkehr der Staaten untereinander einklagbar war. Die zentrale Rolle des Reichskonkordats im Verhältnis zur BRD verdeutlichte diese

Vorstellungen. Der Vatikan war bestrebt, auch weiterhin mit nicht kommunistischen Ländern Konkordate zu erreichen, aber in den Verhandlungen mit Regierungsvertretern des Ostblocks wurde erkannt, dass diese im herkömmlichen Sinne nicht konkordatsfähig waren, wie Kardinal Bengsch grundsätzlich und im Speziellen auf die DDR bezogen festhielt. Dem Rechnung tragend blieb die Suche nach Alternativen wichtiges Element der Sicherung der Lebensgrundlage der Ortskirchen, aus »Römischem Blick(-winkel)«. Es stellte folglich kein Ende der herkömmlichen Konkordatspolitik dar, sondern deren Erweiterung, um bis dato unbekannte Alternativmöglichkeiten. Wichtig war jedoch der völkerrechtliche Charakter solcher bilateralen Vereinbarungen.

9.5 Vatikanische Ostpolitik und die DDR

Bei seiner Ankunft auf dem Flughafen Berlin-Schönefeld hielt Erzbischof Casaroli die kurze Rede nicht, die er auf dem Flug 851 der Interflug von Wien nach Berlin handschriftlich verfasst hatte. Aber da bei der Vorbereitung des Besuchs war der Punkt etwaiger Begrüßungsreden bei der Ankunft auf dem Flughafen nicht eindeutig geklärt worden war, bereitete er auf dem Flug eine kurze Rede vor, in der er die grundsätzlichen Motive darstellte, die den Vatikan veranlassten, mit der DDR in Kontakt zu treten beziehungsweise diesen aufrechtzuerhalten.

Er bettete mit diesen Aussagen seinen Besuch in der DDR in die grundlegende politische und globale Strategie des Vatikans gegenüber den Ostblockstaaten ein und erklärte die Sorge um die katholische Kirche in der DDR – wie bei allen anderen Beziehungsgeflechten, die der Vatikan mit Staaten unterschiedlichster Gesellschaftsordnung und politisch-ideologischer Orientierung hatte – zum wesentlichen Anliegen der Kontakte. Allerdings war diese Politik untrennbar mit dem unverkennbar intensivierten globalen Engagement des Vatikans in den sechziger und siebziger Jahren des 20. Jahrhunderts und der Strategie der Öffnung zur Welt, dem »Aggiornamento«, verbunden.

Die Fragen, bei denen sich der Vatikan vermehrt engagierte, waren moralischer, ethischer und sozialer Natur. Er strebte die möglichst größte Mitbestimmung, mindestens jedoch ein Mitspracherecht in solchen Problemkreisen an. Dabei war die intensivierte Suche nach Lösungen für derartige Aufgaben im internationalen Kontext von Seiten des Vatikans nicht politisch motiviert, wenngleich ein wichtiger Teil der Strategie zur Durchsetzung dieser Ziele im politischen Handeln liegen musste. Die Zielsetzung, zum Beispiel den Frieden zu sichern, die Familie zu schützen oder sozialer Ungerechtigkeit zu begegnen, war für den Vatikan mit der besonderen Sendung als weltliche Heimat des Papstes als Stellvertreter Gottes auf Erden ausdrücklich religiöser Natur und hatte folglich theologisch ausgeformte Begründungsfiguren.

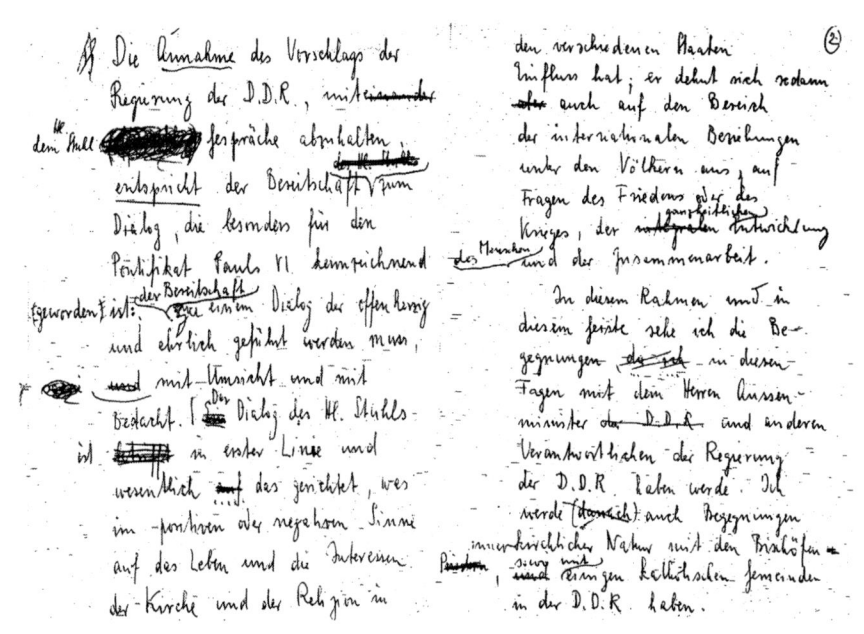

Abbildung 14: Handschriftliches Redemanuskript Casarolis zur Ankunft in Berlin am 9. Juni 1975 [(»... Die Annahme des Vorschlags der Regierung der DDR, mit dem Hl. Stuhl Gespräche abzuhalten, entspricht der Bereitschaft zum Dialog, die besonders für den Pontifikat Pauls VI kennzeichnend geworden ist: der Bereitschaft zu einem Dialog der offenherzig und ehrlich geführt werden muss, mit Umsicht und mit Bedacht. Der Dialog des Hl. Stuhls ist in erster Linie und wesentlich (auf) das gerichtet, was im positiven oder negativen Sinne auf das Leben und die Interessen der Kirche und der Religion in den verschiedenen Staaten Einfluss hat; er dehnt sich sodann auch auf den Bereich der internationalen Beziehungen unter den Völkern aus, auf Fragen des Friedens oder des Krieges, der ganzheitlichen Entwicklung des Menschen und der Zusammenarbeit.

In diesem Rahmen und in diesem Geiste sehe ich die Begegnungen, [die ich] in diesen Tagen mit dem Herren Außenminister und anderen Verantwortlichen der Regierung der DDR haben werde. Ich werde auch Begegnungen innerkirchlicher Natur mit den Bischöfen sowie mit einigen katholischen Gemeinden in der DDR haben.«)]

Mit der DDR sahen sich die Institutionen und Personen im Vatikan, die mit ihr verhandelten, einem Staat gegenüber, dessen grundsätzliches Handeln in jedem Fall politisch und in den meisten Fällen ideologisch begründet war.

Auf der Ebene des Politischen trafen sich beide Partner aber geradezu zwangsläufig, da sie divergierende Interessen hatten, deren Ausgleich nur im bilateralen Kontakt möglich war. Die DDR wollte eine Trennung der katholischen Kirche auf ihrem Staatsgebiet von dem Staatsgebiet der BRD erreichen und der Vatikan das Überleben der katholischen Gliedkirche in der DDR sichern und dessen Status, aus römischer Sicht, eventuell sogar verbessern. Beide Seiten mussten sich folglich im realpolitischen Tagesgeschäft grundsätzlich akzeptieren. Dies war geschehen, indem die DDR die innere Sicht auf den Vatikan in der zweiten Hälfte der sechziger Jahre änderte, was wiederum durch die Veränderungen und Öffnungsprozesse der katholischen Weltkirche begünstigt wurde. Enzykliken wie »Pacem in Terris« von Johannes XXIII. oder »Populorum Progressio« von Paul VI. waren von Ideologen und »Klassenkämpfern« in der DDR auch in ihrem Sinne interpretierbar.

Dass diese Akzeptanz konzeptionell temporär gewesen war, stellte auf beiden Seiten eine unhinterfragte Tatsache dar: Die kommunistische Ideologie ging von einem Verschwinden der Religion aus, auch wenn der Zeithorizont dieses Verschwindens nicht konkret war, und dem Vatikan wohnte, als weltlicher Institution einer göttlichen Instanz, ein »Ewigkeitsanspruch« inne.

Bei der Bewertung der Beziehungen zwischen DDR und Vatikan vor dem Hintergrund des Beziehungsgeflechtes der Vatikanischen Ostpolitik fällt auf, dass gerade in der Auseinandersetzung mit der besonderen Situation der DDR im Dreieck der Beziehungen DDR – (BRD) – Vatikan die grundlegenden Aspekte der politischen Strategie der Vatikanischen Ostpolitik offengelegt wurden.

1. Das Ziel Vatikanischer Ostpolitik war die Sicherung der Hierarchie. Die war zwar in der DDR in einer guten Verfassung, das hieß, es gab keine Vakanzen bei Bischofsstühlen oder grundlegende Probleme in der Sicherung der flächendeckenden Seelsorge durch katholische Priester. Ein entscheidendes Problem stellte aber dar, dass diese Hierarchie nicht abgesichert war. Sie existierte in einem offensichtlich gegenseitigen, aber jederzeit von staatlicher Seite widerrufbaren Einverständnis. Hier die Existenzgrundlage der Kirche mittelfristig zu sichern, hatte aus vatikanischer Sicht hohe Priorität. Dabei war auch die Möglichkeit einkalkuliert, den relativen Freiraum, den die Kirche in der DDR genoss, einzuschränken. In dieser Bereitschaft war der »Römische Blick« auf die Beziehungen der DDR, also die verantwortungsgeleitete Herangehensweise des Vatikans im Globalmaßstab, augenfällig. Diese Sicherheit strebten die vatikanischen Verhandlungspartner unter dem Pontifikat Pauls VI. bei allen Verhandlungen mit kommunistischen Staaten an und erreichten auch einige schriftliche Vereinbarungen diesbezüglich.

2. Berechenbarkeit im internationalen Raum und gegenüber den nationalen Protagonisten zur Wahrung der moralischen Machtposition und Mittlerfunktion des Vatikans in Friedensfragen, auf moralischem Gebiet und bei ethischen Fragekomplexen stellte eine weitere Richtschnur des Handelns vatikanischer Diplomaten bei allen Verhandlungen dar. Es kam lediglich zur Parteinahme des Vatikans gegenüber Kardinal Bengsch. Parteinahme im politischen Raum wurde behutsam vermieden, so z. B. für oder gegen die Anliegen der Bundesregierung, und auch der kompromisslose Antikommunismus eines Kardinal Döpfner fand im Vatikan keine große Beachtung. Zwar versuchten die vatikanischen Diplomaten das freundschaftliche Verhältnis mit der BRD und dessen Episkopat zu pflegen, und zumindest mit der

Bundesregierung gelang das auch. Aber auch alte Bündnisse, wie das mit der CDU/CSU, begannen zu bröckeln und diesen Preis war der Vatikan, wenngleich auch sehr zaghaft, bereit zu zahlen. Der Wille zur Unabhängigkeit von ideologischen und politischen Ansichten manifestierte sich geradezu in den Verhandlungen mit der DDR. Diese Kontakte waren in einer Art und Weise komplex und kompliziert wie kaum eine andere Herausforderung im Rahmen der Vatikanischen Ostpolitik im Pontifikat Pauls VI. und daher von wesentlichen Faktoren bestimmt, die bei den Kontakten mit anderen Staaten unter kommunistischer Regierung irrelevant waren. Aber gerade in dem teilweise erfolgreichen Versuch, dieser Herausforderung im Handlungsfeld globaler Gesamtverantwortung für alle Gliedkirchen der Weltkirche und der politischen Unabhängigkeit zu begegnen, um letztlich im internationalen Rahmen als ernste moralische Kraft wahrgenommen zu werden, zeigte sich Vatikanische Ostpolitik so offen wie in kaum einem anderen Zusammenhang. Der stetige Kontakt mit der Bundesregierung in Bonn und dem gesamtdeutschen Episkopat und dessen jeweiligen Einzelgruppen in West und Ost zeugte ebenso von dem Versuch, Unabhängigkeit zu bewahren, wie der intensive Kontakt mit der DDR am Rande der KSZE in Helsinki und Genf und die ausgeprägten und immer wichtiger werdenden Kontakte über die Botschaft der DDR in Rom. Der Vatikan nahm sich dabei aber der Forderung von Seiten der Führung des Episkopats in Ost- und Westdeutschland wie auch der Bundesregierung an, dass dabei soweit möglich keine Maßnahmen getroffen werden sollten, die die deutsche Teilung präjudizierten. Bei der Erhebung der BOK zur BBK wurde dies deutlich: Die Berliner Bischofskonferenz war keine nationale Bischofskonferenz, sondern eine Territorialkonferenz, die formaljuristisch, durch die außergewöhnliche Situation des Bistums Berlin, sogar noch mit der Mutterkonferenz (DBK) verbunden war und bis zum Ende der DDR blieb.

Im gleichen Maße sahen sich die vatikanischen Diplomaten dem Problem gegenüber, auch der staatlichen Führung der DDR Kompromissbereitschaft zu zeigen. Betrachtet man die getroffenen Maßnahmen, sowohl die Ernennung apostolischer Administratoren, die Erhebung der BOK zur BBK oder die Suspendierung der Zuständigkeit des Nuntius für die DDR bei der Amtseinführung des Nachfolgers Corrado Bafiles (Guido del Mestri) als auch die ständige Bereitschaft zu Arbeitsgesprächen mit DDR-Offiziellen, so wird deutlich, dass auch gegenüber der DDR-Führung ehrlich und kompromissbereit an einer Lösung der real existierenden Probleme gearbeitet wurde. Aber auch hier blieb die von Kardinal Bengsch eingeforderte größtmögliche Zeitverzögerung eine der wichtigsten Handlungsalternativen. Es wäre an dieser Stelle verfehlt, im Verlauf der Ereignisse nur ein Entgegenkommen des Vatikans gegenüber Kardinal Bengsch zu sehen. Aber bei aller Analyse und

Dialogbereitschaft des Vatikans gegenüber der DDR kann nicht außer Acht gelassen werden, dass die Entscheidungen de facto in seinem Sinne erfolgten: Es wurde verzögert, wo es nur ging, es gab keine territorialen Veränderungen der Jurisdiktionszuschnitte und der Status des Bistums Berlin blieb nahezu unverändert. Aber auch die laute, offene und teilweise kompromisslose Kritik aus dem westdeutschen Episkopat und der politisch engagierten katholischen Öffentlichkeit in der BRD leistete einen gewissen Beitrag dazu, dass es zu keiner Festschreibung der deutschen Teilung im kirchenrechtlichen Rahmen kam. Letztendlich war es jedoch die nicht immer beherrschte, aber kompromissbereite Haltung, mit der Kardinal Bengsch an den Vatikan in dieser Angelegenheit herantrat und die so über lange Strecken weit mehr überzeugte. Diese war dem Grundcharakter der Vatikanischen Ostpolitik näher als der harte und geradezu dialogfeindliche Umgang mit der DDR von Seiten des westdeutschen Episkopats und der Führung der CDU/CSU-Opposition und der Führungsgremien der organisierten katholischen Öffentlichkeit in der BRD (ZdK).

Die verhandlungsführenden Institutionen in der DDR brachten freilich ihren Unmut über die aus ihrer Sicht unfertigen und provisorischen Lösungen zu den anstehenden Problemen immer wieder zum Ausdruck. Mit der zögerlichen und teilweisen, aber stetigen Akzeptanz der Forderungen der DDR durch die vatikanischen Verhandlungspartner war allerdings eine Situation entstanden, in der die DDR-Führung den Druck auf die Kirche in der DDR nicht erhöhen konnte, ohne Gefahr zu laufen, ihre Forderungen letztendlich unerfüllt zu sehen. Der Vatikan genoss bei der DDR-Führung sogar ein gewisses Vertrauen dahingehend, dass es zu einer für die DDR zufriedenstellenden Lösung am Ende des Prozesses kommen könnte. Solange der Vatikan handelte und auch nicht vor Gesten zurückschreckte, die die Partner in der BRD irritierten, sah die DDR-Führung darin einen »positiven Schritt« in die richtige Richtung. Wesentlich hierbei war, dass die DDR-Führung das Prozesshafte der Kontakte mit dem Vatikan anerkannte. Das bedeutete für die Vertreter der Kirchenleitung in der DDR und den Vatikan einen wichtigen Zeitgewinn, der den Weg auch für alternative Lösungen offen hielt. Selbst durch die geplante Errichtung von apostolischen Administraturen, anstelle selbstständiger Diözesen, wären de facto independente Territorien bei voller und ebenso unabhängiger Jurisdiktion des jeweiligen Administrators entstanden, die allerdings de jure weiterhin im Verbund der Mutterdiözese, wenigstens aber des Metropolitanverbands geblieben wären. Auch das wäre wieder eine Zwischenlösung gewesen, die den von der DDR-Führung propagierten Realitäten im Nachkriegseuropa nicht vollständig entsprochen hätte. Inwieweit Paul VI. zum Zeitpunkt seines Todes allerdings unterschriftsreife Papiere in seinem Schreibtisch hatte, die zur Errichtung von

Diözesen auf dem Gebiet der DDR geführt hätten, muss so lange als Spekulation gelten, bis die Historiker und Historikerinnen sie vorliegen haben. Die diesbezügliche Aussage von Hans-Joachim Seydowski, der sich wahrscheinlich noch um den ihm nach eigener Aussage angetragenen Botschafterposten der DDR beim Vatikan betrogen sah[775], erscheint wenig belastbar.

3. Auch in den Mitteln der vatikanischen Politik war das Verhalten des Vatikans gegenüber der DDR symptomatisch für den gesamten Prozess dieser Politik. Es wurde ein Dialog geführt, der so ergebnisoffen wie in keinem anderen Fall war. Er musste es auch sein, wenn das Ziel, die katholische Kirche in der DDR und deren Bewegungsfreiraum zu sichern, erreicht werden sollte. Diesem Dialog lag eine gegenseitige Akzeptanz zu Grunde, die noch keine zwanzig Jahre zuvor undenkbar gewesen war, die aber Grundlage eines Dialogs im Sinne des *Miteinander*-Verhandelns war. Die Leistung lag dabei in der Öffnung des Vatikans gegenüber einer erklärt religionsfeindlichen Ideologie. Schon unter Johannes XXIII. waren erste Signale dieser Öffnung erkennbar: Die Formel hieß »Aggiornamento«, Hinwendung zur Welt, also zur weltlichen Seite der globalen Gesellschaft. Mit der Enzyklika »Pacem in Terris« hatte Johannes XXIII. einen möglichen Weg gewiesen und ein untrügliches Signal auch »oltrecortina« gesandt: Der Stellvertreter Gottes auf Erden war bereit, mit aller Welt in Kontakt zu treten.

Mit dem II. Vaticanum und der systematischen Ostpolitik des Vatikans wurde dieses Theorem immer mehr in die Praxis umgesetzt. Von der Bereitschaft eines dialogischen Vorgehens zeugten dabei Ereignisse wie die Gründung des Sekretariats für die Einheit der Christenheit und des Sekretariats für die Nichtglaubenden, die Reisen Kardinal Königs, (Erzbischof) Casarolis und seiner Mitarbeiter, die gleichberechtigte Teilnahme an internationalen Konferenzen, die erste Rede eines Papstes vor der versammelten Weltgemeinschaft und sein dabei geäußerter Friedensappell »Jamais plus la guerre!«[776], der Abschluss von Vereinbarungen mit kommunistischen Staaten wie Jugoslawien und Ungarn und die Gespräche mit höchsten Vertretern der Regierungen der Staaten des Ostblocks. Hierbei entstand eine Verbindung der Politik der Öffnung, die in sich den Keim einer stetigen Erweiterung der moralischen Kraft des Vatikans trug und der fortwährenden Ausweitung des Einflusses des Vatikans in der Weltgemeinschaft. Da es zudem gelang, als unabhängiger Protagonist auf dem internationalen Parkett wahrgenommen zu werden, vergrößerten sich die Ernsthaftigkeit der Kontakte und die internationale Nachfrage nach Beziehungen mit dem Vatikan. Dies wiederum half der Festigung der moralischen, ethischen und sozialen Machtposition

---

775 »Telefoninterview des Verfassers mit Hans-Joachim Seydowski (21.3.2006)«.
776 4.10.1965 in New York (Rede vor der Generalversammlung der UNO).

des Papstes im Vatikan auch in Staaten, die sich erklärt atheistisch gaben. Vatikanische Diplomaten wie Agostino Casaroli, Luigi Poggi, Achille Silvestrini, Giovanni Lajolo und andere mehr nutzten diese neue Machtposition aus, um das aus ihrer Sicht (mit dem »Römischen Blick«) Beste für die jeweilige Nationalkirche zu erreichen. Kritiklos ging dies nie vonstatten, wäre jedoch ohne die Bereitschaft zum Dialog nicht möglich gewesen. Eventuelle Antworten auf die Fragen geben zu wollen, was wäre, wenn man Kardinal Mindszenty oder Kardinal Beran nicht nach Rom geholt hätte, wenn keine Vereinbarungen mit kommunistischen Machthabern geschlossen worden wären, wenn Kontakte auf ein absolutes Mindestmaß beschränkt geblieben wären, bleibt naturgemäß in höchstem Maß hypothetisch und wird stets von hoher Subjektivität geprägt sein und ist nicht zielführend.

Paul VI., der gegenüber dem Ostblock nie ohne Bedenken und aber oft mit schmerzlichen Zugeständnissen agierte, führte diese Politik nicht, weil er dies so wollte, sondern da er die Einsicht in die Notwendigkeit hatte, dass Nichtstun oder Konfrontation gleichwohl unabsehbare Folgen für die betroffenen Gliedkirchen mit ihren Gläubigen haben konnte. Er entschied sich für den Dialog.

Dass bei den Entscheidungen des Vatikans in der DDR von der politischen Führung nur wenige Gegenleistungen gefordert wurden, verwundert nur auf den ersten Blick: Betrachtet man aber den damaligen praktizierten Modus Vivendi, der für die katholische Kirche in der DDR, verglichen mit den Zuständen in anderen kommunistischen Ländern, relativ gut ausgestaltet war, so muss in Betracht gezogen werden, dass sich der Berliner Bischof Kardinal Bengsch immer gegen eine Verhandlung über die konkrete Ausgestaltung dieses Modus Vivendi gewendet hatte. Bengsch sprach sich unter allen Umständen dafür aus, dass dieser Zustand, unter dem die katholische Kirche in der DDR leben konnte, nicht Verhandlungsgegenstand werden durfte. Auch in der Phase der Entscheidungsfindung im vatikanischen Staatssekretariat wich Bengsch nicht von dieser Grundauffassung ab, so zum Beispiel in seiner Stellungnahme zu den Verhandlungen zwischen dem Vatikan und der DDR vom 25. November 1975:

> »... Deshalb sollten die Positiva des Status quo nicht Verhandlungsgegenstand werden, zum Beispiel die bis zur Stunde praktizierte freie Bischofsernennung, die freie Besetzung der Pfarreien, die Verbindung der Bischöfe mit dem Heiligen Stuhl. Dadurch ist für die Kirche die Zahl der verhandlungsfähigen Gegenstände begrenzt.«[777]

---

777 »Stellungnahme zu Verhandlungen zwischen dem Hl. Stuhl und der DDR«. In: ASP. Fond. Cas. Ser.: P.d.est. SoSer.: Germ. O. (Cart.12/24) (unpag.).

Dieser Modus Vivendi entsprach im Wesentlichen dem, was der Vatikan in anderen Staaten hart erkämpfen musste oder was dort gar weit entfernt von einer Gewährleistung war. Daher muss der Vatikan, von Kardinal Bengsch dazu veranlasst, gar nicht daran interessiert gewesen sein, etwas zu ändern. Die Darstellungen des Erzbischofs aus Berlin hatten schon in einem frühen Stadium der Verhandlungen verdeutlicht, dass Verhandlungen um den Modus Vivendi in jedem Fall eine deutliche Verschlechterung desselben nach sich ziehen würden.

Der Vatikan war von der DDR-Führung zum Handeln aufgefordert worden. Somit wurde er in eine Situation gedrängt, die die handelnden Personen des vatikanischen Staatssekretariats dazu zwang, politische Entscheidungen mit vergleichbaren Parametern zu treffen, um die Glaubwürdigkeit des Vatikans im internationalen Raum zu sichern und auszubauen. Folglich konnte er lediglich versuchen, den Status quo in der DDR zu sichern, unauffällig und besonnen. Die Strategie, die Kardinal Bengsch hierzu vorschlug, war vatikanischerseits, soweit möglich, immer Richtschnur des Handelns. Der Vatikan sah sich zwar zum Handeln gezwungen, gleichzeitig war aber die Möglichkeit vorhanden, den Modus Vivendi für die katholische Kirche in der DDR zu sichern. Bei jeder zu treffenden beziehungsweise nicht zu treffenden Entscheidung in Bezug auf die DDR war aber nicht absehbar, wie sich die politische Führung der DDR mittel- und langfristig verhalten würde. Und so waren die Entscheidungen auch in dem Zusammenhang zu sehen, dass der gute Modus Vivendi in der DDR ebenso auf eine andere Art gesichert werden konnte: Den Forderungen der DDR-Führung so langsam und so partiell wie möglich entgegenzukommen, ohne dabei eigene konkrete Forderungen durchzusetzen und so Dinge zum Verhandlungsgegenstand machen zu müssen, die für die Vatikanische Ostpolitik in anderen Ländern zwar essenzieller Bestandteil von Verhandlungen waren, aber in der DDR nicht verhandelt zu werden brauchten, da diese in der DDR relativ zufriedenstellend erfüllt waren. In diesem Zusammenhang bestand Vatikanische Ostpolitik demnach im bewussten Entgegenkommen ohne Forderungen an die Staatsseite, nicht um einen Modus Vivendi zu erreichen, sondern um ihn zu sichern.

Das Verhalten der Kurie beziehungsweise der relevanten Institutionen in der Leitungsebene der katholischen Kirche in Rom der DDR gegenüber zeigte das Konzept der Vatikanischen Ostpolitik also in vollem Umfang und sogar stereotypisch.

10 Bibliografie

ADRIÁNYI, G./JEDIN, H./REPGEN, K. [Hrsg.]: »Handbuch der Kirchengeschichte«. Bd. 7 (»Die Weltkirche im 20. Jahrhundert«). Freiburg i. Brg. 21979.
ADRIÁNYI, G.: »Die Führung der Kirche in den Sozialistischen Staaten Europas«. München. 1979.
DERS.: »Das Verhältnis der katholischen Kirche Osteuropas zum Westen nach dem Zweiten Weltkrieg«. In: »Zeitschrift für Ostforschung«. Bd. 39. (1990). 2. S. 213–225.
DERS.: »Die Ostpolitik der Päpste Pius XII., Johannes XXIII. und Paul VI. (1939–1978) am Beispiel Ungarns«. In: »Papsttum und Kirchenreform«. St. Ottilien. 1990. S. 765–786.
DERS.: Die Ostpolitik des Vatikans 1958–1978 gegenüber Ungarn. Der Fall Kardinal Mindszenty«. Herne. 2003.
ALCESTE, S.: »Casaroli. l'uomo del dialogo«. San Paolo. 1993.
ALEXIEV, A.: »The Kremlin and the Pope«. In: »Ukrainian Quarterly«. Bd. 39. (1983). 4. S. 378–388.
DERS.: »The Kremlin and the Vatican«. In: »Orbis«. Bd. 27. (1983). 3. S. 554–565.
ALTHAUSEN, J./BURGESS, J.-P.: »The Churches in the GDR. Between Accommodation and Resistance«. In: »Religion in Eastern Europe«. Bd. 13. (1993). Sum. S. 21–35.
AMBORD, P./BEAT, J.: »Der Vatikan und die Kirche hinter dem Eisernen Vorhang. Dokumente und Kommentare zum Budapester Geschehen«. Rom/München. 1949.
ANDERSON, J.: »25 Years of Science and religion«. In: »Religion in Communist Lands«. Bd. 13. (1985). Spring. S. 28–32.
ANDREWS, J.-F.: »Paul VI. Critical appraisals«. New York. 1970.
ARONS, R./TIEDTKE, J.: »Die Entspannungspolitik der UdSSR und der DDR am Beispiel der KSZE-Initiativen«. Frankfurt a. M. 1977.
ASH, T.-G.: »Swords into ploughshares. The unofficial ›Peace Movement‹ and the churches in East Germany«. In: »Religion in Communist Lands«. Bd. 11. (1983). Winter. S. 244–250.
BALTHASAR, S.: »Westimport unerwünscht – Auf den Spuren Paderborner Diözesanpriester in der DDR«. Paderborn. 1997.
BARBERINI, G.: »L'Ostpolitik della Santa Sede – Un dialogo lungo e faticoso«. Bologna. 2007.
BAUMLIN, K.: »Das Friedenszeugnis der Kirchen in der DDR«. In: »Reformatio«. Bd. 31. (1982). 1. S. 64–65.

BEESON, T.: »The Kissinger of the Vatican«. In: »Christian-Century«. Bd. 91. (1974). S. 992 – 993.
DERS.: »Mit Klugheit und Mut – Zur religiösen Situation in Osteuropa«. Wien/Freiburg/Basel. 1979.
BEIER, P.: »Die ›Sonderkonten Kirchenfragen‹ – Sachleistungen und Geldzuwendungen an Pfarrer und kirchliche Mitarbeiter als Mittel der DDR-Kirchenpolitik (1955 – 1989/90)«. Göttingen. 1997.
BERNSTEIN, C./POLITI, M. F. »Sua Santitá«. Milano. 1996.
BESIER. G.: »Der SED-Staat und die Kirche – Der Weg in die Anpassung«. München. 1993.
DERS.: »Der SED-Staat und die Kirche 1969 – 1990 – Die Vision vom ›Dritten Weg‹«. Berlin/Frankfurt a. M. 1995.
DERS.: »Der SED-Staat und die Kirche 1983 – 1991 – Höhenflug und Absturz«. Berlin/Frankfurt a. M. 1995.
BESIER, G./WOLF, S. [Hrsg.]: »Pfarrer Christen Katholiken – Das Ministerium für Staatssicherheit der ehemaligen DDR und die Kirchen«. Neukirchen. 1991.
BIGAZZI, F.: »Il Problema della liberta religiosa vista dai paesi dell'Europea orientale – da Helsinki a Belgrado«. In: »Comunità Internazionale«. Bd. 32. (1977). 3. S. 309 – 323.
BINDEMANN, W. u. a.: »From German Democratic Rep participants at World Mission Conf in Melbourne 1980 to fellow Christians in GDR«. In: »International Review of Mission«. Bd. 70. (1981). S. 338 – 340.
BIRNBAUM, K. E. [Hrsg.]: »Zwischen Abgrenzung und Verantwortungsgemeinschaft – Zur KSZE-Politik der beiden deutschen Staaten 1984 – 1989«. Baden-Baden. 1991.
BISCHÖFLICHES GENERALVIKARIAT ESSEN SEKRETARIAT KIRCHE UND GESELLSCHAFT/HERMANS, B. [Hrsg.]: »Sechzig Jahre Reichskonkordat (1933 – 1993) – Falle oder Schutzwall für den deutschen Katholizismus?«. Essen. 1994.
BOCKENFÖRDE, E.-W.: »Die Bedeutung der Konzilserklärung über die Religionsfreiheit – Überlegungen 20 Jahre danach«. In: »Stimmen der Zeit«. Bd. 204. (1986). 5. S. 303 – 312.
BÖRGER, B./KRÖSELBERG, M. [Hrsg.]: »Die Kraft wuchs im Verborgenen – Katholische Jugend zwischen Elbe und Oder 1945 – 1990«. Düsseldorf. 1993.
BORRMANN, F.: »Der Streit um die Theologie der Befreiung«. In: »Wissenschaftliche Zeitschrift der Friedrich Schiller Universität Jena. Gesellschafts- und Sprachwissenschaftliche Reihe«. Bd. 30. (1981). 1. S. 43 – 53.
BORZOMATI, P.: »›L'Osservatore Romano‹ negli anni della guerra fredda«. In: »Studium«. Bd. 88. (1992). 1. S. 81 – 96.
BRAUN, J.: »Volk und Kirche in der Dämmerung – Ein Einblick in die vier Jahrzehnte des Sozialismus in der DDR«. Leipzig. 1992.
DERS.: »Katholische Kirche im sozialistischen Staat DDR«. Paderborn. 1993.
DERS.: »Mein Leben mit den Sozialisten – Geschichten aus dem Halbdunkel der DDR«. Duderstadt. 1996.
DERS.: »Im Schatten des Staatssicherheitsdienstes der DDR (1981 – 1990) – Eine Dokumentation«. Duderstadt. 1997.
BROSE, T. [Hrsg.]: »Gewagte Freiheit Wende – Wandel – Revolution«. Leipzig. 1999.
BUNDESMINISTERIUM DES INNERN [Hrsg.]: »DDR-Handbuch«. Köln. 21979.
BUTLER, H.: »Die KSZE im Spannungsfeld Ost–West-Herausforderungen, Möglichkeiten, Grenzen«. In: »Schweizer Monatshefte«. Bd. 66. (1986). 9. S. 709 – 722.

BYRNES, T.-A.: »The catholic Church and Poland's Return to Europe«. In: »East European Quarterly«. Bd. 30. (1996). 4. S. 433–448.
CANELLI, R.: »Il viaggio a Cuba di monsignor Casaroli«. In: Melloni, A./Scatena, S. [a cura di]: »L'America latina fra Pio XII e Paolo VI. - Il cardinale Casaroli e le politiche vaticane in una chiesa che cambia«. Bologna. 2006. S. 195–235.
CAPOVILLA, L.-F. [Hrsg.]: »Giovanni e Paolo: Due Papi. Saggio di Corrispondenza (1925–1962)«. Roma. 1982.
CARBONE, V.: »Schemi e discussioni sull'ateismo e sul marxismo nel Vaticano II - Documentazione«. In: »Rivista di Storia della Chiesa in Italia«. Bd. 44. (1990). 1. S. 10–68.
CARBONE, V./MARCHETTO, A.: »Il Concilio Vaticano II - Preparazione della chiesa al terzo millennio«. Città del Vaticano. 1998. (Quaderni del L'Osservatore Romano 42).
CARLEN, C.: »Papal Pronouncements - A Guide 1740–1978. Vol. 1. Benedict XIV to Paul VI.« Pasadena. 1990.
DERS.: »Papal Pronouncements - A Guide 1740–1978. Vol. 1–2. Paul VI to John Paul I.« Pasadena. 1990.
CARMICHAEL, J.: »The Kingdom of God and the KGB«. In: »Midstream«. Bd. 31. (1985). 5. S. 3–9.
CASAROLI, A.: »La santa Sede e la Comunità internazionale«. In: »Comunità Internazionale«. Bd. 29. (1974). 4. S. 595–611.
DERS.: »L'Anno Santo e la pace nel mondo. (Discorso pronunciato a Roma, il 31 ottobre 1974, nella sede del Banco di Roma, sotto gli auspici del centro italiano di studi per la Conciliazione internazionale)«. Roma. 1975.
DERS.: »La Santa Sede fra tensioni e distensione«. Rivoli. 1978.
DERS.: »Der Heilige Stuhl und die Völkergemeinschaft - Reden und Aufsätze«. Berlin. 1981.
DERS.: »Nella chiesa per il mondo - Omelie e discorsi«. Milano. 1987.
DERS.: »Helsinki and the new Europe«. In: »Tripod«. (1990). 58. S. 49–60.
DERS.: »L'Integrazione europea - Uno sviluppo che nasce dalla storia«. In: »Rivista di Studi Politici Internazionali«. Bd. 58. (1991). 3. S. 323–339.
DERS.: »Der neue Aufbruch«. In: »Mensch ist der Weg der Kirche«. Berlin. 1992. S. 269–280.
DERS.: »Wegbereiter zur Zeitenwende. Letzte Beiträge«. Berlin. 1999.
CASAROLI, A. (Casula, C.-F./Vian, G.-M. [Bearb.]): »Il martirio della pazienza - La Santa Sede e i paesi comunisti (1963–89)«. Torino. 2000.
CERNY, J. [Hrsg.]: »Wer war wer? Ein biographisches Lexikon - Prominente der DDR aus Politik, Wirtschaft, Kultur, Wissenschaft, Militär, Kirche, Sport«. Berlin. 1992.
CIEPLAK, T.-N.: »John Paul II. and eastern Europe«. In: »Nationalities Papers«. Bd. 8. (1980). 2. S. 233–240.
COMOLLI, G. M.: »Agostino Casaroli nella segreteria di stato vaticana per la pace nel mondo e la cooperazione tra i popoli.«. (Tesi di laurea, Università degli studi di Urbino AA 2003/04).
CONGREGAZIONE PER LE CHIESE ORIENTALI [Hrsg.]: »Fede e martirio - Le chiese orientali cattoliche nell'Europa del Novecento«. Città del Vaticano. 2003.
CONZEMIUS, V./GRESCHAT, M./KOCHER, H. [Hrsg.]: »Die Zeit nach 1945 als Thema kirchlicher Zeitgeschichte«. Göttingen. 1988.

CVIIC, C.: »Die Ostpolitik des Vatikans«. In: »Religion in Communist Lands«. Bd. 4. (1976). Autumn. S. 32–33.

CVIIC, C.: »Kremlin and the Vatican Ostpolitik«. In: »Religion in Communist Lands«. Bd. 5. (1977). Summer. S. 117–119.

DAHLGREN, S.: »Die christlich-demokratische Union in der DDR und ihre kirchenpolitische Bedeutung«. In: Swedish Sub Commission of CIHEC [Hrsg.]: »Church in a changing society«. S. 285–290. Uppsala. 1978.

DAMBERG, W: »Katholizismus und pluralistische Gesellschaft in der Bundesrepublik Deutschland«. In: K.-J. Hummel [Hrsg.]: »Zeitgeschichtliche Katholizismusforschung – Tatsachen, Deutungen, Fragen. Eine Zwischenbilanz«. In: »Veröffentlichungen der Kommission für Zeitgeschichte«. Reihe B. Bd. 100. Paderborn. 2004. S. 115–129.

DERS.: »Pontifikate und politische Konjunkturen – Beobachtungen zur kirchlichen Zeitgeschichte«. In: Bosshart-Pfluger, C./Jung, J./Metzger, F. [Hrsg.] »Nation und Nationalismus in Europa. Kulturelle Konstruktion von Identitäten. FS für Urs Altermatt« Frauenfeld/Stuttgart/Wien. 2002. 749–767.

DÄHN, H.: »Konfrontation oder Kooperation? Das Verhältnis von Staat und Kirche in der SBZ/DDR 1945–1980«. Opladen. 1982.

DÄHN, H./HEISE, J. [Hrsg.]: »Staat und Kirchen in der DDR. Zum Stand der zeithistorischen und sozialwissenschaftlichen Forschung«. Frankfurt a. M. 2003.

DAIM, W.: »Der Vatikan und der Osten – Kommentar und Dokumentation«. Wien. 1967.

DAVIES, G.: »Warsaw and the Vatican«. In: »Religion in Communist Lands«. Bd. 15. (1987). Winter. S. 328–330.

DELGADO, M./NEUHOLD, D.: »In memoriam Franz Kardinal König«. In: »Zeitschrift für Missionswissenschaft und Religionswissenschaft«. Bd. 88. (2004). 2. S. 182–184.

DELLA CAVA, R.: »Vatican Policy 1978–90 – An updated Overview«. In: »Social Research«. Bd. 59. 1992. 1. S. 169–200.

DELLA ROCCA, R.-M.: ».Santa Sede e Russia rivoluzionaria«. In: Rumi, G. [a cura di]: »Benedetto XV. e la Pace – 1918«. Brescia. 1990. S. 151–169.

DEMKE, C.: »Kirche und Öffentlichkeit – Zwischen Medienwirklichkeit und Alltagserfahrung in der DDR und in der Bonner Republik«. In: Mehlhausen, J. [Hrsg.]: »Zwei Staaten, zwei Kirchen«. Leipzig. 2000. S. 126–134.

DEUTSCHER BUNDESTAG [Hrsg.]: »Materialien der Enquete Kommission ›Aufarbeitung von Geschichte und Folgen der SED-Diktatur in Deutschland‹« (12. Wahlperiode des Deutschen Bundestages). Bd. VI/2. »Kirchen in der SED-Diktatur«. Frankfurt a. M. 1995.

DIEPHOUSE, D.-J.: »Staat und Kirche in der DDR – Zur Entwicklung ihrer Beziehungen von 1945–1974«. In: »Journal of Church and State«. Bd. 20. 1978. S. 134–136.

DIRKS, W.: »Der Papst gegen die Kirche«. In: »Frankfurter Hefte«. Bd. 23. (1968). 9. S. 621–629.

DITTRICH, B.: »Priesterlicher Dienst unter den Bedingungen der säkularisierten, materialistischen Gesellschaft der DDR«. In: Ernst, W./Feiereis, K. [Hrsg.] »Denkender Glaube in Geschichte und Gegenwart« (FS). Leipzig. 1992. S. 149–162.

DONOVAN, T.-A.: »The vatican foreign Service«. In: »Foreign Service Journal«. Bd. 53. (1976). 2. S. 19–20.

DÖPFNER, J.: »In dieser Stunde der Kirche – Worte zum II. Vatikanischen Konzil«. München. 1967.

DERS.: »Weggefährte in bedrängter Zeit – Briefe an Priester«. 1974.
DUNN, D.-J.: »Eastern Politics of the Vatican 1917–1979«. In: »Religion in Communist Lands«. Bd. 10. (1982). Autumn. S. 188–189.
DERS.: »The Vatican's Ostpolitik – Past and Present«. In: »Journal of International Affairs«. Bd. 36. (1982–1983). 2. S. 247–255.
DURTH, K.-R.: »Kirchliche Presse-Praxis – Ein Handbuch«. Wiesbaden. 1982.
EDWARDS, J.: »The President, the Archbishop and the Envoy – Religion and Diplomacy in the cold war«. In: »Diplomacy and Statecraft«. Bd. 6. (1995). 2. S. 490–511.
EPPELMANN, R./MÖLLER, H./NOOKE, G. u. a. [Hrsg.]: »Lexikon des DDR-Sozialismus – Das Staats- und Gesellschaftssystem der Deutschen Demokratischen Republik Bd. 1–2.« Paderborn/München/Wien u. a. 1997.
ERNST, W./FEIEREIS, K.: »Denkender Glaube in Geschichte und Gegenwart. Festschrift aus Anlass der Gründung der Universität Erfurt vor 600 Jahren und aus Anlass des 40-jährigen Bestehens des philosophisch-theologischen Studiums Erfurt«. Leipzig. 1992.
EVANGELISCHE AKADEMIE BERLIN [Hrsg.]: »Staatliche Kirchenpolitik im ›real existierenden Sozialismus‹ in der DDR«. Berlin. 1993.
DIES.: »Staat – Kirche – Beziehungen in der DDR und anderen ehemals realsozialistischen Ländern 1945–1989«. Berlin. 1994.
FAGIOLI, M.: »La Santa Sede e le due Germanie nel processo CSCE – Dai documenti diplomatici della BRD e della DDR (1969–1974)«. In: Melloni, A.[a cura di]: »Il filo sottile. L'Ostpolitik vaticana di Agostino Casaroli«. Bologna 2006. S. 171–231.
FELDKAMP, M.-F. [Hrsg.]: »Die Beziehungen der Bundesrepublik Deutschland zum Heiligen Stuhl 1949–1966. Aus den Vatikanakten des Auswärtigen Amts«. Köln. 2000.
FENZL, A. [Hrsg.]: »Kardinal Franz König«. Wien u. a. 1985.
FISCHER, H.-F.: »The Catholic Church in the GDR – A look back in anger«. In: »Religion in Communist Lands«. Bd. 19. (1991). Winter. S. 211–219.
FORSTER, K.: »Kirche und Politik – Zur Frage der Äquiditanz zwischen Kirche und Parteien«. In: Katholische Sozialwissenschaftliche Zentralstelle Mönchengladbach [Hrsg.]: »Kirche und Gesellschaft«. Nr. 10. Köln 1973.
DERS.: »Bevorzugt die Kirche eine politische Partei?«. In: Katholische Sozialwissenschaftliche Zentralstelle Mönchengladbach [Hrsg.]: Reihe »Kirche und Gesellschaft«. Nr. 8. Köln 1974.
FRIEMEL, F.-G. [Hrsg.]: »... wie die Träumenden – Katholische Theologen zur gesellschaftlichen Wende«. Leipzig. 1990.
DERS.: »Der Weg der katholischen Kirche in der DDR«. In: Feil, E. [Hrsg.] »Glauben lernen in einer Kirche für andere«. Gütersloh. 1993. S. 124–141.
GATZ, E. [Hrsg.]: »Kirche und Katholizismus seit 1945. Mittel-, West- und Nordeuropa«. Bd. 1. Paderborn/München/Wien. u. a. 1998.
GATZ, E./PILVOUSEK, J.: »Chiesa e cattolicismo in Germania (1945–2000)«. Bologna. 2000.
GAUCK, J.: »Die Stasi-Akten – Das unheimliche Erbe der DDR«. Reinbek. 1991.
GAUS, G.: »Porträts in Frage und Antwort: Günter Gaus im Gespräch mit Gottfried Forck, Markus Meckel, Heinz Warzecha, Peter-Michael Diestel, Markus Wolf, Manfred Stolpe, Horst Klinkmann, Barbara Thalheim, Klaus Gysi«. Berlin. 1991.
GEIẞEL, L.: »Unterhändler der Menschlichkeit – Erinnerungen«. Stuttgart. 1991.
GEMMINGEN, V. P.-E.: »Eine Frage der Wellenlänge – Radio-Vatikan und die Kommuni-

kation zwischen dem Vatikan und der Kirche im deutschsprachigen Raum«. Frankfurt a. M. 2002.

GHEBALI, V.-Y./STEINERT, M.: »Religionsfreiheit als Thema des KSZE-Prozesses – Die Entwicklung von der Schlussakte von Helsinki bis zum abschliessenden Dokument von Wien (1975–1989).«. In: »Kirchliche Zeitgeschichte«. Bd. 6. (1993). 1. S. 47–61.

GOECKEL, R.-F.: »Die theologischen Fakultäten in der DDR als Problem der Kirchen- und Hochschulpolitik des SED-Staates bis zu ihrer Umwandlung in Sektionen 1970/71«. In: »Theologische Literaturzeitung«. Bd. 125. (2000). 7/8. S. 797–800.

GÖNNER, J.: »Die Stunde der Wahrheit – Eine pastoraltheologische Bilanz der Auseinandersetzung zwischen den Kirchen und dem kommunistischen System in Polen, der DDR, der Tschechoslowakei und Ungarn«. Frankfurt a. M. 1995.

GORDON, A.: »The church's peace initiative in the GDR – Developments during Spring 1982«. In: »Religion in Communist Lands«. Bd. 10. (1982). Autumn. S. 202–204.

DERS.: »Church and state heads meet in the GDR«. In: »Religion in Communist Lands«. Bd. 13. (1985). Summer. S. 217.

DERS.: »Christians and the wall«. In: »Religion in Communist Lands«. Bd. 15. (1987). Spring. S. 87–90.

DERS.: »Major church events in the GDR (summer 1987)«. In: »Religion in Communist Lands«. Bd. 15. (1987). Winter. S. 330–332.

DERS.: »Summer festivals in the GDR«. In: »Religion in Communist Lands«. Bd. 16. (1988). Winter. S. 355–356.

DERS.: »The church and change in the GDR«. In: »Religion in Communist Lands«. Bd. 18. (1990). Summer. S. 138–154.

GRANDE, D./SCHÄFER, B.: »Zur Kirchenpolitik der SED – Auseinandersetzungen um das Katholikentreffen 1983–1987«. Hildesheim. 1994.

DIES.: »Kirche im Visier – SED, Staatssicherheit und katholische Kirche in der DDR«. Leipzig. 1998.

GRANGE, B.: »Kirche im Sozialistischen Gesellschaftssystem – Begegnungen, Erfahrungen, Einsichten«. In: »Religion in Communist Lands«. Bd. 15. (1987). 1 Spring. S. 116–118.

GREEN, B.-G.: »An ›incomparable chance‹ for GDR churches«. »Christianity and Crisis«. Bd. 50. (1990). 5. S. 55–57.

GRESCHAT, M.: »Ökumenisches Handeln der Kirchen in den Zeiten des Kalten Krieges«. In: »Ökumenische Rundschau«. Bd. 49. 2000. 1. S. 7–25.

GUASCO, M.: »La vita religiosa nell' Italia repubblicana«. In: »Italia Contemporanea«. (1990). 181. S. 651–672.

DERS./MELLONI, A.: »Un diplomatico vaticano fra dopoguerra e dialogo – Mons. Mario Cagna (1911–1986)«. Bologna. 2003.

GUGGENBERGER, B: »Der Glaube an Strukturen als Gefährdung der Freiheit«. In: »Katholische Sozialwissenschaftliche Zentralstelle Mönchengladbach [Hrsg.]: ›Kirche und Gesellschaft‹«. Nr. 23. Köln. 1975.

GYSI, K.: »Wir haben ein großes historisches Experiment in unserer Kirchenpolitik begonnen«. In: Gemeinschaftswerk der Evangelischen Publizistik e.V. [Hrsg.]: »Dokumentation – Ein Informationsdienst« Bd. 28. Frankfurt a. M. 1981.

HACKEL, R.: »Katholische Publizistik in der DDR 1945–1984«. Mainz. 1987.

HACKER, J.: »Die Ostpolitik der konservativ-liberalen Bundesregierung seit dem Regierungsantritt 1982«. In: »Aus Politik und Zeitgeschichte« Bd. 44. (1994). 14. S. 16–26.

HAESE, U.: »Katholische Kirche in der DDR – Geschichte einer politischen Abstinenz«. Düsseldorf. 1998.

HALLIER, H.-J.: »Der Heilige Stuhl und die deutsche Frage – Ein Kapitel vatikanischer Ostpolitik 1945–1990«. In: »Römische Quartalschrift für christliche Altertumskunde und Kirchengeschichte«. Bd. 90. (1995). 3/4. S. 237–255.

HANNAH ARENDT INSTITUT FÜR TOTALITARISMUSFORSCHUNG E. V.: »Einschüchterung, Ausgrenzung, Verfolgung – Zur politischen Repression in der Amtszeit Honeckers«. In: Berichte und Studien. Nr. 14. Dresden. 1998.

HANNS SEIDEL STIFTUNG [Hrsg.]: »Die Lage der Kirchen in der DDR«. Grünwald. 1995

HARRISON, G.: »Die römisch-katholische Kirche in der Sowjetunion«. In: »Religion in Communist Lands«. Bd. 17. (1989). Autumn. S. 282–283.

HARTELT, K.: »Die Entwicklung der Jurisdiktionsverhaltnisse der katholischen Kirche in der DDR von 1945 bis zur Gegenwart«. In: »Denkender Glaube im Geschichte und Gegenwart«. Leipzig. 1992. S. 415–440.

HARTMANN, K.: »Der polnische Episkopat und die Oder-Neiße Gebiete«. In: »Osteuropa«. Bd. 21. (1971). 3. S. 165–170.

HARTWEG, F. [Hrsg.]: »SED und Kirche – Eine Dokumentation ihrer Beziehungen, SED 1946–1967«. Bd. 2.1/Bd. 2.2. Neukirchen. 1995.

HAUPTS, L.: »Das Reichskonkordat vom 20. Juli 1933 Rückblick aus dem Abstand von 60 Jahren«. In: »Historische Mitteilungen«. Bd. 6. (1993). 2. S. 194–210.

HAUSCHILD, I.: »Die Kirche in der DDR – Von der Schaffung politischer Freiräume zur geistigen Neuorientierung«. In: Berlis, A. [Hrsg.]»Christus spes – FS für Sigisbert Kraft«. Frankfurt a. M. 1994. S. 179–184.

HEBBLETHWAITE, P.: »The Christian-Marxist Dialogue – Beginnings, Present Status, and Beyond«. London. 1977.

DERS.: »GDR – Servant or subservient church?«. In: »Religion in Communist Lands«. Bd. 6. (1978). Summer. S. 97–100.

DERS.: »The popes and politics – Shifting patterns in ›Catholic social doctrine‹«. In: »International IDOC Bulletin«. (1982). 11/12. S. 15–28.

DERS.: »From G. B. Montini to Pope Paul VI.«. In: »Journal of Ecclesiastical History«. Bd. 37. (1986). 2. 309–320.

DERS.: »The end of the Vatican's Ostpolitik«. In: Kent, P.-C./Pollard, J.-F. [Hrsg.]: »Papal diplomacy in the modern age«. Westport. 1994. S. 253–261.

HEHIR, J.-B.: »Papal foreign policy«. In: »Foreign Policy«. (1990). 78. S. 26–48.

HEHL, U. v./HOCKERTS, H.-G. [Hrsg.]: »Der Katholizismus – Gesamtdeutsche Klammer in den Jahrzehnten der Teilung? Erinnerungen und Berichte«. Paderborn/München/Wien. u. a. 1996.

HEISE, J.: »Die Staatsämter für Kirchenfragen sozialistischer Staaten und ihre Kontakte – Ein Überblick«. In: »Beiträge zur Geschichte der Arbeiterbewegung«. Bd. 43. (2001). 3. S. 48–65.

HELBLING, H.: »Politik der Päpste – Der Vatikan im Weltgeschehen 1958–1978«. Berlin/Frankfurt a. M./Wien. 1981.

HELLER, E.: »Macht, Kirche, Politik – Der Briefwechsel zwischen den polnischen und deutschen Bischöfen im Jahre 1965« Köln. 1992.

HENKE, K.-D./ENGELMANN, R. [Hrsg.]: »Aktenlage – Die Bedeutung der Unterlagen des Staatssicherheitsdienstes für die Zeitgeschichtsforschung«. Berlin 1995.

HENNESEY, J.: »Papal Diplomacy and the contemporary Church«. In: »Thought«. Bd. 46. (1971). 180. S. 55–71.

HERBERT, K.: »Kirche zwischen Aufbruch und Tradition – Entscheidungsjahre nach 1945«. Stuttgart. 1989.

HERBST, A./RANKE, W./WINKLER, J.:.»So funktionierte die DDR – Lexikon der Organisationen und Institutionen«. Bd. 1–Bd. 3. Reinbek. 1994.

HERETSCH, E.: »Gegen den Strom – Notizen eines DDR-Christen«. Leipzig. 1998.

HEYDEMANN, G./KETTENACKER, L. [Hrsg.]: »Kirchen in der Diktatur – Drittes Reich und SED-Staat«. Göttingen. 1993.

HEYER, R.: »Nuclear disarmament – Key statements of popes, bishops, councils and churches«. New York. 1982.

HOENSCH, J.-K.: »Sowjetische Osteuropapolitik 1945–1975«. Düsseldorf. 1977.

HOFFMANN, A.: » ›Mit Gott einfach fertig‹ – Untersuchungen zu Theorie und Praxis des Atheismus im Marxismus-Leninismus der Deutschen Demokratischen Republik«. »Erfurter Theologische Studien«. Bd. 79. Leipzig. 2000.

HOFFMANN, S.-P.: »Christian-Marxist dialogue in a communist state – ›Critical solidarity‹ in the German Democratic Republic«. In: »Fides et historia«. Bd. 16. (1984). S. 6–17.

HOLDEN, L.: »Christen in Osteuropa – ›Perestrojka‹ und Religion«. In: »Religion in Communist Lands«. Bd. 18. (1990). Autumn. S. 283–284.

HONECKER, M.: »Die Diskussion um den Frieden 1981–1983«. In: »Theologische Rundschau«. Bd. 49. (1984). 4. S. 372–411.

HOTZ, R.: »Die Ostpolitik des Heiligen Stuhls«. In: »Civitas«. Bd. 35. (1980). 9–10. S. 320–335.

HUMMEL, K.-J. [Hrsg.]: »Vatikanische Ostpolitik unter Johannes XXIII. und Paul VI. 1958–1978«. Paderborn u. a. 1999.

DERS.: »Der Heilige Stuhl, die katholische Kirche in Deutschland und die deutsche Einheit«. In: Ders. [Hrsg.]: »Vatikanische Ostpolitik unter Johannes XXIII. und Paul VI. 1958–1978«. Paderborn u. a. 1999. (S. 79–106).

HÜRTEN, H.: »Die Katholiken in Politik und Gesellschaft der Bundesrepublik Deutschland«. In: »Internationale katholische Zeitschrift ›Communio‹«. Bd. 17. (1988). 6. S. 558–567

DERS.: »Normative Orientierung christlicher Parteien – Eine historische Betrachtung«. In: »Stimmen der Zeit«. Bd. 208. (1990). 6. S. 407–421.

DERS.: »Politischer Katholizismus – Katholische Politik«. In: »Kirchliche Zeitgeschichte«. Bd. 6. (1993). 1. S. 70–83.

DERS.: »Katholiken, Kirche und Staat als Problem der Historie – Ausgewählte Aufsätze 1963–1992«. Paderborn München/Wien. u. a. 1994.

DERS.: »Bischofsamt im sozialistischen Staat DDR – Öffentliche Stellungnahmen der katholischen Bischöfe zu brennenden Zeitfragen«. In: »Wichmann-Jahrbuch des Diözesangeschichtsvereins Berlin«. Bd. 36/37. (1996/1997). S. 239–254.

DERS.: »Leitlinien der Politik des H. Stuhls gegenüber Faschismus, Nationalsozialismus und Kommunismus 1922–1978«. In: »Forum für osteuropäische Ideen- und Zeitgeschichte«. Bd. 3. (1998) Heft. 1. S. 13.–30.

DERS.: »Was heißt Vatikanische Ostpolitik«. In: Hummel, K.-J. [Hrsg.]: »Vatikanische

Ostpolitik unter Johannes XXIII. und Paul VI. 1958-1978«. Paderborn u. a. 1999. (S. 1-17).

DERS.: »Das Totalitarismusmodell als kirchenhistorisches Erklärungsmuster«. In: Karp, H.-J. [Hrsg.]: »Katholische Kirche unter nationalsozialistischer und kommunistischer Diktatur – Deutschland und Polen 1939-1989«. Köln/Weimar/Wien. 2001. S. 35-40.

IGNATOW, A.: »Negation und Imitation – Die zwei Seiten des kommunistischen Verhältnisses zum Christentum«. S. 145-56. In: Luks, L. [Hrsg.]: »Das Christentum und die totalitären Herausforderungen des 20. Jahrhunderts – Russland, Deutschland, Italien und Polen im Vergleich«. Köln/Weimar/Wien u. a. 2002.

INSTITUT FÜR INTERNATIONALE BEZIEHUNGEN [Hrsg.]: »Geschichte der Aussenpolitik der DDR«. Berlin. 1984.

IRWIN, Z.-T.: »Moscow and the Vatican«. In: »Religion in Communist Dominated Areas«. Bd. 29. (1990). S. 38-42.

JACOBSEN, H.-A./LEPTIN, G./SCHEUNER, U. u. a. [Hrsg.]: »Drei Jahrzehnte Außenpolitik der DDR«. München/Wien. 1979.

JÄGER, M.: »Zum Tod von Klaus Gysi«. In: »Deutschland-Archiv«. Bd. 32. (1999). 3. S. 362.

JUNG, R.: »Ungeteilt im geteilten Berlin? Das Bistum Berlin nach dem Mauerbau«. Berlin. 2003.

DIES.: »Politik der Skepsis – Alfred Bensgch, Berlin und die Kirche in der DDR (1961-1979)«. In: Kösters, C./Tischner, W. [Hrsg.]: »Katholische Kirche in der SBZ und DDR«. Paderborn/München u. a. 2005. (S. 147-192).

KAISER, G./FRIE, E. [Hrsg.]: »Christen, Staat und Gesellschaft in der DDR – Vorträge und Diskussionen 1993/94«. Düsseldorf. 1994.

DIES. [Hrsg.]: »Christen, Staat und Gesellschaft in der DDR«. Frankfurt a. M./New York 1996.

KAISER, J.-C.: »Konfrontation oder Kooperation – Das Verhältnis von Staat und Kirche in der SBZ/DDR«. In: »Zeitschrift für Kirchengeschichte«. Bd. 95. (1984). 1. S. 136-139.

KAISER, J.-C./DOERING-MANTEUFFEL, A. [Hrsg.]: »Christentum und politische Verantwortung – Kirchen im Nachkriegsdeutschland«. Stuttgart/Berlin/Köln. 1990.

KAISER, M.: »Machtwechsel von Ulbricht zu Honecker – Funktionsmechanismen der SED-Diktatur in Konfliktsituationen 1962-1972«. Berlin. 1997.

KARP, H.-J. [Hrsg.]: »Katholische Kirche unter nationalsozialistischer und kommunistischer Diktatur – Deutschland und Polen 1939-1989«. Köln/Weimar/Wien. 2001.

KAPLAN, K.: »Die Verhandlungen zwischen der tschechoslowakischen Regierung und dem Vatikan (1962-1967)«. In: »Forum für osteuropäische Ideen- und Zeitgeschichte«. Bd. 2. (1998). 1. S. 173-204.

DERS.: »Die Verhandlungen zwischen der Tschechoslowakei und dem Vatikan 1968-1974«. In: »Forum für osteuropäische Ideen- und Zeitgeschichte«. Bd. 4. (2000). 2. S. 139-188.

KENNY, D.: »Pope Paul VI. and Vietnam«. In: »Worldview«. Bd. 15. (1972). 7. S. 26-30.

KENT, P.-C/POLLARD, J.-F.: »Papal diplomacy in the modern age«. Westport. 1994.

KLEINDIENST, E.: »Der Weltauftrag der Kirche«. In: Ders. [Hrsg.]»Christen bauen Europa – FS für Josef Stimpfle«. S. 62-72. Donauwörth. 1983.

KLEINIG, W.: »Katholische Reaktionen auf die marxistisch-leninistische Philosophie als eine Erscheinungsform der Krise des Katholizismus – Ein Beitrag zur Untersuchung der Philosophie der imperialistischen Bourgeoisie in ihrer katholischen Variante«. Potsdam (Pädagogische Hochschule). Diss. 1966.

DERS.: »Die politische Funktion der katholischen Kirche heute«. Berlin. Humboldt-Universität. Diss. B. 1984.

KLEßMANN, C. [Hrsg.]: »Kinder der Opposition – Berichte aus Pfarrhäusern in der DDR«. Gütersloh. 1993.

KLIPPENSTEIN, L.: »Peace initiatives in Eastern Europe: Conscientious objectors in the USSR, Hungary and the GDR«. In: »Occasional Papers on Religion in Eastern Europe«. Bd. 5. (1985). 10. S. 1–35.

KNAUFT, W.: »Die katholische Kirche in der DDR 1945–1976«. In: »Stimmen der Zeit«. Bd. 195. (1977). 2. S. 86–104.

DERS.: »Katholische Kirche in der DDR – Gemeinden in der Bewährung 1945–1980«. Mainz. 1980.

KOCK, H.-F.: »Rechtsfragen der Teilnahme des Heiligen Stuhls an Internationalen Institutionen«. In: »Österreichisches Archiv für Kirchenrecht«. Bd. 25. (1974). 2. S. 156–178.

KÖHLER, J./MELIS, D. v. [Hrsg.]: »Siegerin in Trümmern – Die Rolle der katholischen Kirche in der deutschen Nachkriegsgesellschaft«. Stuttgart Berlin Köln. 1998.

KÖNIG. F. KARDINAL: »Kirche auf dem Weg ins dritte Jahrtausend«. In: »Stimmen der Zeit«. Bd. 214. (1996). 6. S. 363–371.

DERS./CHANG, MEI LIN: »The spiritual foundations of Europe«. In: »Common Knowledge«. Bd. 7. (1998). 3. S. 56–62.

KÖNIG, F. KARDINAL [Verfasser]/FENZL, A./FÖLDY, R. [Hrsg.]: »Haus auf festem Grund. Lebensideen und Orientierungen«. Wien. 22004.

KÖSTERS, C./TISCHNER, W. [Hrsg.]: »Katholische Kirche in der SBZ und DDR«. Paderborn/München u. a. 2005.

KRAMER, J.-M.: »The vatican's Ostpolitik«. In: »Review of Politics«. Bd. 42. 1980. 3. S. 283–308.

KREGEL, B.: »Außenpolitik und Systemstabilisierung in der DDR«. Opladen. 1979.

KROTKE, W.: »Die Kirche und die friedliche Revolution in der DDR«. In: »Zeitschrift für Theologie und Kirche«. Bd. 87. (1990). 4. S. 521–544.

KRÜGER, E.: »Kirchen, KSZE und Menschenrechte – Entstehung, Umfeld und Verlauf des Menschenrechtsprogramms«. In: »Ökumenische Rundschau«. Bd. 36. (1987). 1. S. 289–302.

KRUSCHE, G.: »Human rights in a theological perspective – A contribution from the GDR«. In: »LWF-Report«. (1978). 1/2. S. 170–176.

KRUSKA, H.: »Dreißig Jahre Hilfskomitees«. In: »Kirche im Osten«. Bd. 23. (1980). S. 176–184.

KUNTER, K.: »Die Kirchen im KSZE-Prozess 1968–1978«. Stuttgart u. a. 2000.

DIES.: »La CSCE e le chiese – Politica dei destinsione tra pace, diritti umani e solidarità cristiana.«. In: Melloni, A. [a cura di]: »Il filo sottile – L'Ostpolitik vaticana di Agostino Casaroli«. Bologna. 2006. (S. 137–170).

KUNZ, J. [Hrsg.]: »Kardinal Franz König – Ansichten eines engagierten Kirchenmannes«. Wien. 1991.

LANGSTEIN, R.: »Die Haltung des Vatikans gegenüber den sozialistischen Staaten Europas nach dem zweiten Weltkrieg«. Berlin. Humboldt-Universität. Phil. Fak. Diss. 1968.

LATK, K.-R.: »Stasi – Kirche«. Uhldingen. 1992.
LENDVAI, P.: »Religionsfreiheit und Menschenrecht – Bilanz und Aussicht.« Graz. 1983.
LENOX-CONYNGHAM, A.: »Priestervereinigung ›Pacem in terris‹ – Eine kritische Analyse«. In: »Religion in Communist Lands«. Bd. 13. (1985). Winter. S. 358–359.
LEWEK, C.: »Gespräch mit Klaus Gysi«. In: »Kirchliche Zeitgeschichte«. Bd. 3. (1990). 2. S. 440–468.
LILL, R./OBERREUTER, H.: »Widerstand: Resonanz, Rechtfertigung, Ziele«. In: »Internationale katholische Zeitschrift ›Communio‹«. Bd. 23. (1994). 6. S. 528
LILL, R.: »Il caso della Germania«. In: »Ricerche di storia sociale e religiosa«. (1996). 50. S. 25–30.
DERS.: »Zur Vatikanische Ostpolitik unter Johannes XXIII. und Paul VI.«. In: Hummel, K.-J. [Hrsg.]: »Vatikanische Ostpolitik unter Johannes XXIII. und Paul VI. 1958–1978«. Paderborn u. a. 1999. (S. 19–30).
LUXMOORE, J./BABIUCH, J.: »The Vatican and the Red Flag – The Struggle for the Soul of Eastern Europe«. New York. 1998.
MAGISTER, S.: »La politica vaticana e l'Italia 1943–1978«. Roma. 1979.
MAIER, H.: »Der christliche Friedensgedanke und der Staatenfriede der Neuzeit«. In: »Internationale katholische Zeitschrift ›Communio‹«. Bd. 18. (1989) 2. S. 130.
DERS.: »Das totalitäre Zeitalter und die Kirchen«. In: »Historisches Jahrbuch«. Bd. 112. (1992). 2. S. 383–411.
DERS.: »Bemerkungen zur vatikanischen Ostpolitik 1958–1978«. In: Kästner, K.-H. [Hrsg.]»Festschrift für Martin Heckel zum siebzigsten Geburtstag«. Tübingen. 1999. S. 151–157.
DERS.: »Wladyslaw Bartoszewski – der Brückenbauer«. In: »Stimmen der Zeit«. Bd. 220. (2002). 6. S. 363–370.
MARGIOTTA BROGLIO, F.: » Il papato degli ultimi cinquant'anni – Dalla ›nuova cristianita‹ di Pio XII. alla geopolitica di Karol Wojtyila«. In: »Rivista di Studi Politici Internazionali«. Bd. 56. (1989). 1. S. 47–56.
MARTINA, G.: »La Chiesa del Vaticano II (1958–1978)«. In: »Rivista di storia della Chiesa in Italia«. Bd. 49. (1995). 1. S. 234–242.
MÄRZ, C.-P. [Hrsg.]: »Die ganz alltägliche Freiheit – Christsein zwischen Traum und Wirklichkeit«. »Erfurter Theologische Studien«. Bd. 65. Leipzig. 1993. S. 9–23.
MASER, P.: »Neuere Literatur zur Problematik der Kirchen im Sozialismus«. In: »Kirche im Osten«. Bd. 21/22. (1978/1979). S. 324–332.
DERS.: »Kirche zwischen Anpassung und Widerstand«. In: »Kirche im Osten«. Bd. 26. (1983) S. 199–201.
DERS.: »Glauben im Sozialismus – Kirchen und Religionsgemeinschaften in der DDR«. Berlin. 1989.
DERS.: »Kirchen- und Religionsgemeinschaften in der DDR 1949–1989 – Ein Rückblick auf vierzig Jahre in Daten, Fakten und Meinungen«. Konstanz. 1992.
MATKOVIC, D.: »Die Lage der katholischen Kirche in Jugoslawien«. In: »Donauraum«. Bd. 15. 1970. 3/4. S. 152–156.
MAY, G.: »Die Konkordatspolitik des Heiligen Stuhls von 1918 bis 1974«. In: Adriányi, G./Jedin, H./Repgen, K. [Hrsg.]: »Handbuch der Kirchengeschichte«. Bd. 7 (»Die Weltkirche im 20. Jahrhundert«). Freiburg i. Brg. 21979.

MAYERHOFER, E.: »Kirche im Dialog – Kardinal Dr. Franz König und das Sekretariat für die Nichtglaubenden«. Frankfurt a. M. u. a.. 1999.

MELLONI, A.: »Zwischen Ostpolitik und Ökumenismus – Die Beziehungen zwischen Rom und Moskau während des Zweiten Vatikanischen Konzils«. In: »Concilium«. Bd. 32. (1996). 6. S. 529–538.

DERS. [a cura di]: »Vatican II in Moscow 1959–1965«. Louvain. 1997.

DERS.: »L'altra Roma – Politica e S. Sede durante il concilio vaticano II (1959–1965) «. Bologna. 2000.

DERS./SCATENA, S. [a cura di]: »L'America latina fra Pio XII e Paolo VI. – Il cardinale Casaroli e le politiche vaticane in una chiesa che cambia«. Bologna 2006.

DERS. [a cura di]: »Il filo sottile – L'Ostpolitik vaticana di Agostino Casaroli«. Bologna. 2006.

MEIER, K.: Theologiestudenten der Humboldt-Universität – Zwischen Hörsaal und Anklagebank: Darstellung der parteipolitischen Einflussnahme auf eine theologische Fakultät in der DDR anhand von Dokumenten«. In: »Zeitschrift für Kirchengeschichte«. Bd. 108. (1997). 3. S. 427–429.

MERTENS, L: »Davidstern unter Hammer und Zirkel – Die jüdischen Gemeinden in der SBZ/DDR und ihre Behandlung durch Partei und Staat 1945–1990«. Hildesheim Zürich New York. 1997.

MERTES, A.: »Agostino Casaroli – Zeuge des Friedensauftrages der Kirche«. In: »Pro Fide et Iustitia«. Berlin. 1984. S. XXV–XLVI.

MIRABILE, F.: »Relazioni internazionali 1979–1981 di Vedovato«. In: »Rivista di Studi Politici Internazionali«. Bd. 50. (1983). 1. S. 123–131.

MORSEY, R.: »Die Haltung der Bundesregierung zur vatikanischen Kirchenpolitik in den früheren Ostgebieten des Deutschen Reiches 1958–1978«. In: Hummel, K.-J. [Hrsg.]: »Vatikanische Ostpolitik unter Johannes XXIII. und Paul VI. 1958–1978«. Paderborn u. a. 1999. (S. 31–78).

MOURIN, M.: »Der Vatikan und die Sowjetunion«. München. 1967.

MÜLLER, R.: »Spirituality in the service of a better world – Dialogue with Agostino Casaroli«. In: »Pro Fide et Iustitia«. Berlin. 1984. S. XVII–XXIV.

MURPHY, F.-X.: »Vatican Politics – Structure and Function«. In: »World Politics«. Bd. 26. (1974). 4. S. 542–559.

NAGEL, E.-J.: »Die Stellung der Kirche zu Krieg und Frieden in ihrer geschichtlichen Entwicklung«. In: Gründel, J. [Hrsg.] »Verantwortung der Christen für den Frieden«. Düsseldorf. 1984. S. 36–57.

NATALINI, T./CRISCUOLO, V.: »Archivio Segreto Vaticano«. In: »Collectanea Franciscana«. Bd. 63. (1993). 3/4. S. 645–646.

NEISINGER, O.: »Julius Cardinal Döpfner – Erinnerung«. Würzburg. 1976.

NELL-BREUNING, O. v.: »Politische Theologie Papst Johannes Pauls II.«. In: »Stimmen der Zeit«. Bd. 198. (1980). 10. S. 675–686.

NIEMANN, H.: »Meinungsforschung in der DDR – Die geheimen Berichte des Instituts für Meinungsforschung an das Politbüro der SED«. Köln. 1993.

NIKITIN, A.: »International conference of young theologians in the GDR«. In: »Journal of the Moscow Patriarchate«. (1980) 10. S. 49–52.

NITSCHE, H.: »Zwischen Kreuz und Sowjetstern – Zeugnisse des Kirchenkampfes in der DDR von 1945 bis heute«. Aschaffenburg. 1983.

NOLTE, H.-H.: »Neuere Veröffentlichungen zur sowjetischen Religionspolitik«. In: »Kirche im Osten«. Bd. 21/22. (1978/1979). S. 349–364.

ORTMAYER, L.-L.: »Accommodation or illusion – Vatican diplomacy in Eastern Europe, with special reference to Poland«. In: »Journal of Church and State«. Bd. 20. (1978). Spr. S. 233–256.

O'SULLIVAN, D.: »Stalin und der Vatikan – Zu einem Dokument aus dem Jahr 1944«. In: »Forum für osteuropäische Ideen- und Zeitgeschichte«. Jhrg. 3. 1999. 2. S. 291–302.

OVERATH, J.: »Der Episkopat der DDR am Beispiel des Meissner Bischofs Dr. Otto Spülbeck (1904–1970)«. In: Adriányi, Gabriel [Hrsg.]: »Führung der Kirche in den Sozialistischen Staaten Europas«. München. 1979. S. 61–76.

OZHAROVSKY, B.: »Why the second vatican council did not condemn communism«. In: »Ukrainian Quarterly«. Bd. 47. (1991). 1. S. 43–47.

PAIANO, M.: »Il Vaticano II. – Visto dalla Russia«. In: »Cristianesimo nella Storia«. Bd. 17. (1996). 1. S. 159–172.

PASTERNACK, P. [Hrsg.]: »Hochschule und Kirche – Theologie und Politik – Besichtigung eines Beziehungsgeflechts in der DDR«. Berlin. 1996.

PIERARD, R.-V.: »Informers or Resisters? The East German Secret Police and the Church«. In: »Christian Scholars Review«. Bd. 27. (1998). 3. S. 323–337.

PIERAU, B.: »Christen im Schatten der Macht«. In: »Religion in Communist Lands«. Bd. 3. (1975). Winter. S. 27–29.

PILVOUSEK. J.: »Die katholische Kirche in der DDR«. In: Dähn, H. [Hrsg.]: »Die Rolle der Kirchen in der DDR – Eine erste Bilanz«. München. 1993. S. 56–72.

DERS.: »Flüchtlinge, Flucht und die Frage des Bleibens – Überlegungen zu einem traditionellen Problem der Katholiken im Osten Deutschlands«. In: März, C.-P. [Hrsg.]: »Die ganz alltägliche Freiheit – Christsein zwischen Traum und Wirklichkeit«. »Erfurter Theologische Studien«. Bd. 65. Leipzig. 1993. S. 9–23.

DERS.: »Innenansichten – Von der ›Flüchtlingskirche‹ zur ›katholischen Kirche in der DDR‹«. In: Deutscher Bundestag (12. Wahlperiode des Deutschen Bundestages) [Hrsg.]: »Materialien der Enquete Kommission: Aufarbeitung von Geschichte und Folgen der SED-Diktatur in Deutschland«. Bd. VI/2. »Kirchen in der SED-Diktatur«. Frankfurt a. M. 1995. S. 1134–1163.

DERS.: »Die Entstehung des Regionalarchivs Ordinarien Ost (ROO) mit Bibliothek in Erfurt«. In: Hengst, K. v. [Hrsg.]: »Ein Jahrhundert Akademische Bibliothek Paderborn 1896–1996«. Paderborn. 1996. S. 156–160.

DERS.: »Gesamtdeutsche Wirklichkeit; pastorale Notwendigkeit – Zur Vorgeschichte der Ostdeutschen Bischofskonferenz«. In: »Von Gott reden in säkularer Gesellschaft – FS für Konrad Feiereis«. Leipzig 1996. S. 229–242.

DERS.: »Die katholische Kirche in der DDR«. In: Gatz, E. [Hrsg.]: »Kirche und Katholizismus seit 1945 – Mittel-, West- und Nordeuropa«. Bd. 1. Paderborn/München/Wien. u. a. 1998. S. 132–150.

DERS.: »Vatikanische Ostpolitik – Die Politik von Staat und Kirche in der DDR«. In: Hummel, K.-J.: »Vatikanische Ostpolitik unter Johannes XXIII. und Paul VI. 1958–1978«. Paderborn u. a. 1999. (S. 113–134).

DERS.: »Katholische Bischofskonferenz und Vatikan«. In: »Kirchliche Zeitgeschichte«. Bd. 12. (1999). 2. S. 488–511.

DERS.: »Die katholischen Bischöfe der DDR im Visier des Staatsapparates«. In: Brose, T. [Hrsg.]: »Gewagte Freiheit – Wende, Wandel, Revolution«. Leipzig. 1999. S. 90–109.

DERS.: »Zehn Jahre danach – Reflexionen zur historischen Aufarbeitung der DDR-Kirchengeschichte«. In: »Anzeiger für die Seelsorge«. (2000). 10. S. 455–459.

DERS.: »Kirche und Diaspora – Die katholische Kirche in der DDR und das Zweite Vatikanische Konzil«. In: Wolf, H./Arnold, C. [Hrsg.]: »Die deutschsprachigen Länder und das II. Vatikanum«. Paderborn/München/Wien u. a. 2000. S. 149–167.

DERS.: »Theologische Ausbildung und gesellschaftliche Umbrüche – 50 Jahre Katholische Theologische Hochschule und Priesterausbildung in Erfurt«. »Erfurter Theologische Studien Bd. 82«. Leipzig. 2002.

PIRSON, D.: »Der Heilige Stuhl und die Volkergemeinschaft – Reden und Aufsätze«. In: »Theologische Rundschau«. Bd. 52. (1987). 3. S. 316–322.

PLOENUS, M.: »... so wichtig wie das täglich Brot – Das Jenaer Institut für Marxismus Leninismus 1945–1990«. Köln/Weimar/Wien. 2007.

POMBENI, P.: »Socialismo e cristianismo (1815–1975)«. Brescia. 1977.

PÜTTMANN, A.: »Mißliebige Zwischentöne im Blockflötenkonzert – Neues zur Geschichte der Ost-CDU«. In: »Die Neue Ordnung«. Bd. 47. (1993). 1. S.46.

RAABE, T.: »SED-Staat und katholische Kirche – Politische Beziehungen 1949–1961«. Paderborn/München/Wien. u. a. 1995.

RABAS, J.: »Bischöfe für den Untergrund – Zur Praxis der Geheimbischöfe in der Katholischen Kirche«. In: »Religion in Communist Lands«. Bd. 11. (1983). Summer. S. 234–235.

RAHNER, K.: »Die bleibende Bedeutung des zweiten vatikanischen Konzils«. In: »Stimmen der Zeit«. Bd. 197. (1979). 12. S.795–806.

DERS.: »Kirche und Atheismus«. In: »Stimmen der Zeit«. 199. (1981).1. S. 3–13.

RAMET, P.: »Religious ferment in eastern Europe«. In: »Survey«. Bd. 28. (1984). 4. S. 87–116.

DERS.: »Strategies of church – state coexistence«. In:»Religion in Communist Dominated Areas«. Bd. 24. (1985). 2. S. 37–41.

DERS.: »Catholicism and politics in communist societies«. Durham. 1990.

REDING, M.: »Thomas von Aquin und Karl Marx«. Graz. 1953.

REPGES, W.: »Der Beitrag von Papst Johannes Paul II. zur Befreiung Ost- und Mitteleuropas«. In: »Renovatio«. Bd. 46. (1990). 2/3. S. 105.

DERS.: »Päpstliche Ostpolitik nach der Wende«. In: »Die Neue Ordnung« Bd. 48. (1994) 1. S. 52.

RHODES, A.-R.-E.: »The Vatican in the age of the Cold War 1945–1980«. Norwich. 1992.

RICCARDI, A.: »Il potere del Papa – Da Pio XII. a Paolo VI«. Roma/Bari. 1988.

DERS.: »... Antisovietismo e ›Ostpolitik‹ della Santa Sede da Benedetto XV a Paolo VI«. In: Melloni, A./Guasco, M. [a cura di]: »Un diplomatico vaticano fra dopoguerra e dialogo – Mons. Mario Cagna (1911–1986)«. Bologna. 2003.

RICHTER, M.: »Die Staatssicherheit im letzten Jahr der DDR«. Weimar/Köln/Wien. 1996.

RICHTER, M./RIßMANN, M. [Hrsg.]: »Die Ost-CDU – Beiträge zu ihrer Entstehung und Entwicklung« Weimar/Köln/Wien. 1995.

RIßMANN, M.: »Kaderschulung in der Ost-CDU 1949–1971 – Zur geistigen Formierung einer Blockpartei«. Düsseldorf. 1995.

ROBBINS, J.-E.: »The Vatican's political Role in the international Sphere«. In: »International Perspectives«. (1974). 1. S. 44–46.

ROOD, W.: »Rom und Moskau – Der heilige Stuhl und Russland bzw. die Sowjetunion von der Oktoberrevolution 1917 bis 1. Dezember 1989«. Altenberge. 1993.

RUH, U.: »Signal: Das Treffen Casaroli–Gorbatschow«. In: »Herder-Korrespondenz«. Bd. 42. (1988). 7. S. 310.

DERS.: »Wechsel: Erzbischof Sodano folgt Kardinal Casaroli«. In: »Herder-Korrespondenz«. Bd. 45. (1991) 1. S. 6.

RUMI, G. [a cura di]: »Benedetto XV. e la Pace 1918«. Brescia. 1990.

SANTINI, A.: »Pietro a Mosca – Cremlino, Santa Sede e perestrojka tra stati sovrani (Con un' intervista esclusiva al cardinale Agostino Casaroli)«. Milano. 1991.

DERS.: »Agostini Casaroli – Uomo del dialogo«. Cinisello Balsamo. 1993.

SCATENA, S.: » La Questione della Liberta religiosa – Momenti di un dibattito della vigilia del Vaticano II. all'inizio degli anni novanta«. In: »Cristianismo nella Storia«. Bd. 21. (2000). 3. S. 587–644.

SCHÄFER, B.: »Grenzen von Staat und Kirche – Zur Diplomatie zwischen DDR und Vatikan 1972–1979«. In: »Stimmen der Zeit«. Bd. 212. (1994). 2. S. 121–131.

DERS.: »Verselbständigung ohne Zugewinn – DDR, katholische Kirche und Vatikan 1965–1972«. In: »Stimmen der Zeit«. Bd. 213. (1995). 5. S. 321–332.

DERS.: »Staat und katholische Kirche in der DDR«. Köln/Weimar/Wien. 1998.

SCHALL, J.-V.: »The modern Church and the totalitarian State«. In: »Studies« Bd. 57. (1968). 226. S. 113–127.

SCHAMBECK, H. [Hrsg.]: »Der Heilige Stuhl und die Völkergemeinschaft – Reden und Aufsätze (Agostino Kardinal Casaroli)«. Berlin. 1981.

DERS. [Hrsg.]: »Pro fide et iustitia – FS für Agostino Kardinal Casaroli«. Berlin. 1984.

DERS. [Hrsg.]: »Glaube und Verantwortung – Ansprachen und Predigten (Agostino Kardinal Casaroli)«. Berlin. 1989.

DERS. [Hrsg.]: »Der Mensch ist der Weg der Kirche – Festschrift für Johannes Schasching«. Berlin. 1992.

DERS. [Hrsg.]: »Wegbereiter zur Zeitenwende – Letzte Beiträge (Agostino Kardinal Casaroli)«. Berlin. 1999.

SCHEINMANN, M.-M.: »Der Vatikan im Zweiten Weltkrieg«. Berlin. 1954.

SCHEIPERS, H.: »Gratwanderungen – Priester unter zwei Diktaturen«. Leipzig. 1997.

SCHELL, J.: »Kirchenmusik in der DDR«. In: »Kirchenmusikalisches Jahrbuch«. Bd. 83. (1999). 1. S. 7–27.

SCHMIDT-EENBOOM, E.: »Vatikan?«. In: »Horch und Guck«. Bd. 9. (2000). 31. S. 51–53.

SCHNEIDER, H.: »Die Bedeutung der KSZE für die Religionsfreiheit«. In: »Kirchliche Zeitgeschichte«. Bd. 6. 1993. 1. S. 35–47.

SCHOLZ, F.: »Zwischen Staatsräson und Evangelium – Kardinal Hlond und die Tragödie der ostdeutschen Diözesen«. Frankfurt a.M. 1988.

SCHOLTYSECK, J.: »Die Außenpolitik der DDR«. München. 2003.

SCHRÖDER, R.: »Denken im Zwielicht – Vorträge und Aufsätze aus der Alten DDR«. Tübingen. 1990.

SCHULTE, R. [Hrsg.]: »Leiturgia, Koinonia, Diakonia – Festschrift für Kardinal Franz König«. Wien u. a. 1980.

SCOTT, E.-W/POTTER, P.-A.: »Death of pope Paul VI. and election of Pope John Paul I. and programme of the new pope«. In: »Ecumenical Review«. Bd. 30. (1978). 10. S. 376–379.

SEEBER, D.: »Die große Illusion«. In: »Herder-Korrespondenz«. Bd. 42. (1988). 7. S. 305.

DERS.: »Retuschen und Gewichtsverschiebungen – Die Kurienreform Johannes Pauls II.«. In: »Herder-Korrespondenz«. Bd. 42. (1988). 8. S. 360.

DERS.: »›Anregung‹ – Die deutschen Bischöfe und das geplante Gespräch mit dem Papst«. In: »Herder-Korrespondenz«. Bd. 43. (1989). 10. S. 441.

DERS.: »Neue Töne – Die Kirche in der DDR wird gesellschaftspolitisch aufmerksamer«. In: »Herder-Korrespondenz«. Bd. 43. (1989). 11. S. 489.

DERS.: »Gemach! Mit einer gesamtdeutschen Regelung kirchlicher Verhältnisse braucht und hat es Zeit«. In: »Herder-Korrespondenz«. Bd. 44. (1990). 3. S. 100.

DERS.: »Erfolg? Die vatikanische Ostpolitik und die neue Kirchenfreiheit«. In: »Herder-Korrespondenz«. Bd. 44. (1990). 6. S. 258.

DERS.: »Langer Weg. Osteuropa steht erst am Beginn seiner Demokratisierung«. In: »Herder-Korrespondenz«. Bd. 44. (1990). 7. S. 304.

DERS.: »Ärger – Die Bischöfe und das ›C‹ in der Union«. In: »Herder-Korrespondenz«. Bd. 46. (1992). 8./9. S. 350.

DERS.: »30 Jahre nach dem Konzil«. In: »Herder-Korrespondenz«. Bd. 49. (1995). 12. S. 627–630.

SEIDOWSKY, H.-J.: »Das Reichskonkordat vom 20.7.1933 als Beitrag der politisch-klerikalen Kräfte der katholischen Kirche in Deutschland und des Vatikans zur Stabilisierung der faschistischen Diktatur in Deutschland«. Berlin 1965. Berlin. Humboldt Universität. Phil. Fak. Diss. v. 31. März 1965.

SEIFERT, K.: »Glaube und Politik. Die Ökumenische Versammlung in der DDR 1988/1989«. »Erfurter Theologische Studien«. Bd. 78. Leipzig. 2000.

SELKE, J.: »Katholische Kirche im Sozialismus? Der Hirtenbrief der katholischen Bischöfe in der DDR zum Weltfriedenstag 1983 und seine Bedeutung für das Verhältnis von Katholischer Kirche und Staat DDR«. Altenberge. 1995.

SIEBS, B.-E.: »Die Außenpolitik der DDR 1976–1989 – Strategien und Grenzen«. Paderborn u. a. 1999.

SIEDLARZ, J.: »Kirche im Staat im kommunistischen Polen 1945–1989«. Paderborn/München/Wien. u. a. 1996.

SIMMEL, O.: »Die Ostpolitik des Vatikans«. In: »Internationale katholische Zeitschrift ›Communio‹«. Bd. 3. (1974). 11/12. S. 555–567.

DERS.: »Die Ostpolitik des Vatikans – Zum gleichnamigen Buch von Hansjakob Stehle«. In: »Internationale katholische Zeitschrift ›Communio‹. Bd. 4. (1975). 7/8. 354–365.

SMOLÍK, J.: »Ökumene aus der Perspektive von Prag«. In: Joppien, H.-J. [Hrsg.]: »Der Ökumenische Rat der Kirchen in den Konflikten des Kalten Krieges«. Frankfurt a.M. 2000. S. 199–205.

SOLLE, D.: »The christian-marxist Dialogue of the 1960's«. In: »Monthly Review«. Bd. 36. (1984). 3. S. 20–26.

SPEZZIBOTTIANI, M. [Hrsg.]: »Giovanni Paolo II – Europa un magistero tra storia e profezia«. Casale Monferrata. 1991.

SPIEKER, M. [Hrsg.]: »Vom Sozialismus zum demokratischen Rechtsstaat – Der Beitrag der katholischen Soziallehre zu den Transformationsprozessen in Polen und in der ehemaligen DDR«. Paderborn/München/Wien. 1992.

STAADT, J.: »Die geheime Westpolitik der SED 1960-70 - Von der gesamtdeutschen Orientierung zur sozialistischen Nation«. Berlin. 1993.

STAMM, H.-M.: »Die Revision des Codex Iuris Canonici«. In: »Antonianum«. Bd. 59. (1984). 1/2. S. 52-70.

STEHLE. H.: »Die Ostpolitik des Vatikans«. München/Zürich. 1975.

DERS.: »Geheimdiplomatie im Vatikan - Die Päpste und die Kommunisten«. Zürich. 1993.

DERS.: »Zufälle auf dem Weg zur neuen Ostpolitik - Aufzeichnungen über ein geheimes Treffen Egon Bahrs mit einem polnischen Diplomaten 1968«. In: »Vierteljahrshefte für Zeitgeschichte«. Bd. 43. (1995).1. S. 159-171.

DERS.: »Mauern aus Schweigen«. In: NZZ Folio. Bd. 4. Jahr 1999. S. 16.-18.

DERS.: »Bezog der KGB Informationen über die neue Ostpolitik auch aus dem Vatikan? Dokumentation. Geheimes aus Bonn für Moskau vom Vatikan - Der vielseitige Agent Monsignore Edoardo Prettner-Cippico und sein Nachlass«. In: »Vierteljahrshefte für Zeitgeschichte«. Bd. 51. (2003). 2. S. 263-284.

DERS.: »Bezog der KGB Informationen über die neue Ostpolitik auch aus dem Vatikan? Das Markenzeichen des Sozialismus - Sozialpolitik der DDR als politisches und gesellschaftliches Spannungsfeld«. In: »Vierteljahrshefte für Zeitgeschichte«. Bd. 51. (2003). 2. S. 296-302.

STEIDLE, L.: »25 Jahre verantwortliche Mitarbeit der Christen beim Aufbau der DDR und für die Entwicklung einer Freundschaft mit der Sowjetunion«. In: Fünfundzwanzig Jahre verantwortliche Mitarbeit der Christen beim Aufbau der DDR«. Berlin. 1970. S. 9-19.

STEINLEIN, R.: »Die gottlosen Jahre«. Berlin. 1993.

STELLA, G.: »Paolo VI. e le riforme istituzionali nella chiesa«. In: »Studium«. Bd. 82. (1986). 1. S. 121-126.

STENGEL, F.: »Die theologischen Fakultäten in der DDR als Problem der Kirchen- und Hochschulpolitik des SED-Staates bis zu ihrer Umwandlung in Sektionen 1970/71«. Leipzig. 1998.

DERS.: »Zur Rolle der Theologischen Fakultäten in der DDR 1980-1990«. In: Nowak, K./ Siegele-Wenschkewitz, L. [Hrsg.]: »Zehn Jahre danach - Die Verantwortung von Theologie und Kirche in der Gesellschaft«. Leipzig. 2000. S. 32-78.

STIRNEMANN, A./WILFLINGER, G.: »Dreißig Jahre Pro Oriente - Festgabe für den Stifter Franz Kardinal König zu seinem 90. Geburtstag«. Innsbruck. 1995.

STRAUBE, P.-P.: »Katholische Studentengemeinde in der DDR als Ort eines außeruniversitären Studium generale«. Leipzig. 1996.

SUTOR, B.: »Frieden schaffen durch Politik - Der politische Gehalt lehramtlicher Aussagen der Kirche zur Friedensproblematik«. In: »Stimmen der Zeit«. Bd. 200.(1982) 4. S. 219-232.

THÖLE, R.: »Ein neues Kapitel vatikanischer Ostpolitik - Zur Einsetzung katholischer Bischöfe für Moskau, Weißrußland, Sibirien und Mittelasien«. In: »Materialdienst des Konfessionskundlichen Instituts Bensheim«. Bd. 42. (1991). 4. S. 75.

THOMAS, G.: »Spannungsreicher Aufbruch - Die Kirchen in der DDR im konziliaren Prozess«. In: »Reformatio«. Bd. 37. (1988). 4. S. 415-417.

DERS.: »Ständig auf der Tagesordnung. Anmerkungen zum Thema Kirche und Politik in der DDR«. In: »Reformatio«. Bd. 38. (1989). 3. S. 326-328.

THUMSER, W.: »Kirche im Sozialismus – Geschichte, Bedeutung und Funktion einer ekklesiologischen Formel«. Tübingen. 1996.
TOMSKY, A.: »John Paul II's new Ostpolitik«. In: »Religion in Communist Lands«. Bd. 8. (1980). Summer. S. 139–140.
TUNINETTI, G.: »Monsignore Francesco Lardone (1887–1980) Il nunzio apostolico precursore della Ostpolitik«. o.O. 1997.
TURNER, E.-E.: »East German bishop irks communist authorities«. In: »Christian Century«. Bd. 90. (1973). S. 954–955.
ULLRICH, L.: »Kirche in ideologischer und säkularer Diaspora – Das Zeugnis der Katholischen Kirche in der DDR (1949–1990)«. In: Franke, H. [Hrsg.]: »Veritas et communicatio – FS für Ulrich Kühn«. Göttingen. 1992. S. 227–237.
VERBEEK, P.: »Die Aufgaben der deutschen diplomatischen Vertretungen beim Heiligen Stuhl im Wandel der Zeit: Vortrag, gehalten von Botschafter Dr. Paul Verbeek vor dem Römischen Institut der Görres-Gesellschaft am 28. April 1990«. Città del Vaticano. 1990.
VERUCCI, G.: »Dissenso cattolico in Italia«. In:»Studi storici«. Bd. 43. (2002). 1. S. 215–233.
VOLLNHALS, C. [Hrsg.]: »Die Kirchenpolitik von SED und Staatssicherheit – Eine Zwischenbilanz«. Berlin. 1996.
VOSS, E.: »Kirchen – Menschenrechte – KSZE«. In: »Internationale katholische Zeitschrift ›Communio‹«. Bd. 10. (1981). S. 538–554.
VOSS, H.: »Die Beziehungen der DDR zum Vatikan«. In: »Deutschland-Archiv«. Bd. 25. (1992). 11. S. 1154–1159.
DERS.: »Konstruktivität und Dilemma der DDR-Aussenpolitik – Ein Bericht des stellvertretenden Delegationsleiter der DDR über das Wiener Folgetreffen der KSZE (1986–1989)«. In: »Zeitschrift für Sozialgeschichte des 20. und 21. Jahrhunderts«. Bd. 8. (1993). 1. S. 91–99.
DERS.: »Die Konferenz für Sicherheit und Zusammenarbeit in Europa und die DDR«. In: »Zeitschrift für Geschichtswissenschaft«. Bd. 41. (1993). 12. S. 1061–1070.
VREE, D.: »The marxist-christian Dialogue – Origins, Prospects, Significance«. In: »Modern Age«. Bd. 22. (1978). 4. S. 393–403.
WAGNER, U.: »Dritter Weg? Das jugoslawische Modell und die Wirklichkeit«. In: Katholische Sozialwissenschaftliche Zentralstelle Mönchengladbach [Hrsg.]. Reihe: »Kirche und Gesellschaft«. Nr. 35. Köln. 1976.
WALTERS, P.: »Glasnost, Christen und Genossen«. In: »Religion in Communist Lands«. Bd. 18. (1990). Spring. S. 88–90.
DERS.: »East German Christianity«. In: »Religion in Communist Lands«. Bd. 19. (1991). Winter. S. 160–219.
WARD, C.: »Church and state in East Germany«. In: »Religion in Communist Lands«. Bd. 6. (1978). Summer. S. 89–95.
WARD, W.-R.: »Pfarrer, Christen und Katholiken – Das Ministerium für Staatssicherheit der ehemaligen DDR und die Kirchen«. In: »Journal of Ecclesiastical History«. Bd. 47. (1996). S. 773–777.
WEDEL, R. v.: »Als Kirchenanwalt durch die Mauer«. Berlin. 1994.
WEITLAUFF, M./HAUSBERGER, K.: »Papsttum und Kirchenreform – Historische Beiträge – FS für Georg Schwaiger«. St. Ottilien. 1990.

WENTKER, H.: »Außenpolitik in engen Grenzen – Die DDR im internationalen System 1949–1989«. München. 2007.

WESTERVELT, B.-W.: »Paul VI. The First Modern Pope«. In: »Harvard Divinity Bulletin«. Bd. 25. (1996). 4. S. 27–29.

WETTIG, G.: »Zum Ergebnis der KSZE«. In: »Osteuropa«. Bd. 25. (1975). 12. S. 977–986.

DERS.: »Argumentationslinien der UdSSR und der DDR in Blick auf die Verwirklichung ihrer KSZE-Verpflichtungen«. In: »Berichte des Bundesinstituts für ostwissenschaftliche und internationale Studien«. 1977. 11. Köln. 1977.

WETZEL, K.: »Alles nur Blockflöten? Die Ost-CDU vor und nach der Einheit«. In: »Die Neue Ordnung«. Bd. 45. (1991). 5. S. 356–360.

WEYDENTHAL, J.-B. DE: »The pope's pilgrimage to Poland«. In: »Religion in Communist Lands«. Bd. 12. (1984). Spring. S. 69–76.

WILLIAMSON, R.: »Schwerter zu Pflugscharen – Friedensbewegung in der DDR«. In: »Religion in Communist Lands«. Bd. 11. (1983). Winter. S. 354–355.

DERS.: »Zwischen Kanzel und Kamera – Anfänge kirchlicher Fernseharbeit in der DDR«. In: »Religion in Communist Lands«. Bd. 11. (1983). Winter. S. 355–356.

WINTER, E.: »Der Vatikan und die Sowjetunion«. In: Ders.: »Russland und das Papsttum«. Berlin 1960–1972. Bd. 3. (1972).

DERS.: »Rom und Moskau – Ein halbes Jahrtausend Weltgeschichte in ökumenischer Sicht«. Wien/München/Zürich 1972.

WOLF, H./ARNOLD, C. [Hrsg.]: »Die deutschsprachigen Länder und das II. Vatikanum«. In: Hünermann, P. [Hrsg.]: »Programm und Wirkungsgeschichte des II. Vatikanums«. Bd. 4. Paderborn/München/Wien u. a. 2000.

WYSZYNSKI, S.: »In Finsternis und Todesnot – Notizen und Briefe aus der Gefangenschaft«. Wien/Freiburg/Basel. 1983.

ZADEMACH, W.: »God's people in socialism as exemplified in the GDR«. In: »Occasional Papers on Religion in Eastern Europe«. Bd. 5. (1985). 2. 17–30.

ZAGACKI, K.-S.: »Pope John Paul II. and the Crusade against Communism – A Vase Study in secular and sacred Time«. In: »Rhetoric & Public Affairs«. Bd. 4. (2001). 4. S. 689–710.

ZANDER, H.: »Die Christen und die Friedensbewegungen in beiden deutschen Staaten – Beiträge zu einem Vergleich für die Jahre 1978–1987«. Berlin. 1989.

ZEMANEK, K.: »Die Wiener diplomatische Konferenz 1961«. In: »Archiv des Völkerrechts« Bd. 9. Nr. 4. (1962). 3. S. 398–427.

ZIEGER, G. [Hrsg.]: »Die Rechtsstellung der Kirchen im geteilten Deutschland«. Köln/Berlin/Bonn u. a. 1989.

ZIZOLA, G.: »L'utopia di Papa Giovanni«. Assisi. 1973.

ZULEHNER, P. M. [Hrsg.]: »Spiritualität – mehr als ein Megatrend. Gedenkschrift für Kardinal DDr. Franz König«. Ostfildern. 2004.

Veröffentlichte Quellen

BUNDESMINISTERIUM FÜR INNERDEUTSCHE BEZIEHUNGEN [Hrsg.]: »Texte zur Deutschlandpolitik 1971-1989«. Reihe I-III.

GESAMTDEUTSCHES INSTITUT BONN [Hrsg.]: »Zahlenspiegel BRD/DDR - ein Vergleich«. Bonn. 1988.

HÖLLEN, M.: »Loyale Distanz? Katholizismus und Kirchenpolitik in SBZ und DDR - Ein historischer Überblick in Dokumenten (1945-1976)«. Bd. 1-3. Und Reg. Bd. Berlin 1994-2002.

INSTITUT FÜR ZEITGESCHICHTE I. A. DES AUSWÄRTIGEN AMTES [Hrsg.]: »Akten zur Auswärtigen Politik der Bundesrepublik Deutschland 1972«. München. 1989-

KLOHR, O./KAUL, W./KURTH, K.: »Die katholische Kirche in der DDR. Handbuch«. Teil I-II. (Univ. Bib. Rostock).

KRONE, T./SCHULT, R. [Hrsg.]: »›Seid untertan der Obrigkeit‹ - Originaldokumente der Stasi-Kirchenabteilung XX/4«. Berlin. 1992.

LANGE G./PRUß U./SCHRADER, F. u. a. [Hrsg.]: »Katholische Kirche - Sozialistischer Staat DDR - Dokumente und öffentliche Äußerungen 1945-1990«. Leipzig 21993.

LANGE, G./PRUß, U. [Hrsg.]: »An der Nahtstelle der Systeme - Dokumente und Texte aus dem Bistum Berlin (1. Halbband 1945-1961)«. Leipzig 1996.

MINISTERIUM FÜR AUSWÄRTIGE ANGELEGENHEITEN (DDR) [Hrsg.]: »Dokumente des KSZE-Prozesses 1973-1989«. Berlin. 1990.

PRESSE- UND INFORMATIONSDIENST DER BUNDESREGIERUNG [Hrsg.]: »Dokumentation zu den innerdeutschen Beziehungen - Abmachungen und Erklärungen«. Bonn. 1990.

11 Verzeichnis der genutzten Archive und Bestände

Archiv für christlich-demokratische Politik der Konrad-Adenauer-Stiftung (Sankt Augustin) (ACDP)
Genutzte Bestände:
- CDU (Ost)

Archivio di Stato Parma (Parma) (ASP)
Genutzte Bestände:
- Fondo Casaroli

Bundesarchiv (Berlin) (BA)
Genutzte Bestände:
- Dienststelle des Staatssekretärs für Kirchenfragen beim Ministerrat der DDR
- Nachlass Seigewasser

Bundesarchiv (Berlin)/Stiftung Archiv der Parteien und Massenorganisationen der DDR (SAPMO)
Genutzte Bestände:
- Büro Axen
- Büro Honecker
- Büro Jarowinsky
- Büro Krenz
- Büro Lamberz
- Büro Ulbricht
- Büro Verner
- Nachlass Lamberz
- Nachlass Matern
- Nachlass Verner
- Protokolle des Politbüros des Zentralkomitees der SED
- Zentralkomitee der SED Abteilung Auslandsinformation
- Zentralkomitee der SED Abteilung Internationale Beziehungen (bis 1971)

- Zentralkomitee der SED Abteilung Internationale Beziehungen (nach 1971)
- Zentralkomitee der SED Arbeitsgruppe Kirchenfragen

Centro Studi di Agostino Cardinale Casaroli (Bedonia) (ACSCB)
Genutzte Bestände:
- Agende
- Album Fotografiche
- Manoscritti
- Omelie
- Rassegna Stampa
- Diversità

Die Bundesbeauftragte für die Unterlagen des Staatssicherheitsdienstes der ehemaligen DDR, Zentralarchiv (Berlin) (BStU)
Genutzte Bestände (Sachakten):
- Abt X   (Internationale Beziehungen)
- AS   (Allgemeine Sachablage)
- BdL   (Büro der Leitung)
- HA II   (Spionageabwehr)
- HA III   (Funkaufklärung und -abwehr)
- HA XX 4   (Kirchenfragen)
- HA XX AKG   (Auswertungs- und Kontrollgruppe)
- HVA   (Hauptverwaltung Aufklärung)
- SdM   (Sekretariat des Ministers)
- ZAIG   (Zentrale Auswertungs- und Informationsgruppe)
- ZMA   (Zentrale Materialablage)

Diözesanarchiv des Erzbistums Berlin (DAB)
Genutzte Bestände:
- Nachlass Bengsch

Regionalarchiv Ordinarien Ost (Erfurt) (ROO)
Genutzte Bestände:
- Sekretariat der BOK/BBK

Politisches Archiv des Auswärtigen Amtes (Berlin) (PAAA)
Genutzte Bestände:
- Vatikan – DDR

12 Abbildungsnachweis

Abbildung (S. 2): »… ich sehe diesen[m] Dialog nicht ohne [*mit* durchgestrichen] Optimismus entgegen«
Handschriftlicher Vermerk Agostino Casarolis zu Beginn seiner Polenreise 1974.
ACSCB Documentazione Manoscritti Casaroliani.

Abbildung (S. 5): Erzbischof Casaroli und Frau Dr. Annaliese Mayer-Meintschel (Leiterin der Gemäldegalerie »Alte Meister Dresden«) in der Galerie »Alte Meister» am 12. Juni 1975. Das Gemälde »Sixtinische Madonna« von Raffael war ursprünglich Teil des Hochaltars der Klosterkirche San Sisto in Piacenza. Agostinio Casaroli wurde in Castel San Giovanni (Piacenza) geboren. ACSCB. Documentazione fotografiche. Album Viaggio (RDT) 1975.

Abbildung 1: ACSCB. Documentazione fotografiche. Album 7: 1967–1968.

Abbildung 2: ASP. Fond. Cas. Ser.: P.d.est. SoSer.: Polonia. (Cart.1). (unpag.) (prov.Sig.).

Abbildung 3: ASP. Fond. Cas. Serie: CSCE. SoSer.: I. Fase e Helsinki. (unpag.) (prov.Sig.).

Abbildung 4: ASP. Fond. Cas. Ser.: P.d.est. SoSer.: Germ. O. (Cart.12/4). (unpag.) (prov.Sig.).

Abbildung 5: ASP. Fond. Cas. Serie: CSCE. SoSer.: I. Fase e Helsinki. (unpag.) (prov.Sig.).

Abbildung 6: ASP. Fond. Cas. Ser.: P.d.est. SoSer.: Germ. O. (Cart.12/8). (unpag.) (prov.Sig.).

Abbildung 7: ASP. Fond. Cas. Ser.: P.d.est. SoSer.: Germ. O. (Cart.12/8). (unpag.) (prov.Sig.).

Abbildung 8 / 9 / 10 / 11: ACSCB. Documentazione fotografiche. Album Viaggio (RDT) 1975.

Abbildung 12: ASP. Fond. Cas. Ser.: P.d.est. SoSer.: Germ. O. (Cart.12/26) (unpag.) (prov.Sig.).

Abbildung 13: ASP. Fond. Cas. Ser.: P.d.est. SoSer.: Germ. O. (Cart.12/1). (unpag.) (prov.Sig.).

Abbildung 14: ASP. Fond. Cas. Ser.: P.d.est. SoSer.: Germ. O. (Cart.14/B/8). (unpag.) (prov.Sig.).

Berichte und Studien

herausgegeben vom Hannah-Arendt-Institut für Totalitarismusforschung e.V.

Francesca Weil
Verhandelte Demokratisierung.
Die Runden Tische der Bezirke 1989/90 in der DDR
ISBN 978-3-89971-881-2

Udo Grashoff
Schwarzwohnen. Die Unterwanderung der staatlichen Wohnraumlenkung in der DDR
ISBN 978-3-89971-826-3

Rolf-Dieter Müller / Nicole Schönherr / Thomas Widera (Hg.)
Die Zerstörung Dresdens 13. bis 15. Februar 1945. Gutachten und Ergebnisse der Dresdner Historikerkommission zur Ermittlung der Opferzahlen
ISBN 978-3-89971-773-0

Frank Hirschinger
Der Spionage verdächtig. Asylanten und ausländische Studenten in Sachsen-Anhalt 1945–1970
ISBN 978-3-89971-750-1

Judith Schachtmann / Michael Strobel / Thomas Widera (Hg.)
Politik und Wissenschaft in der prähistorischen Archäologie.
Perspektiven aus Sachsen, Böhmen und Schlesien
ISBN 978-3-89971-741-9

Stanislav Kokoška
Prag im Mai 1945. Die Geschichte eines Aufstandes
ISBN 978-3-89971-540-8

Francesca Weil
Zielgruppe Ärzteschaft. Ärzte als inoffizielle Mitarbeiter des Ministeriums für Staatssicherheit der DDR
ISBN 978-3-89971-423-4

Henrik Steglich
Die NPD in Sachsen.
Organisatorische Voraussetzungen ihres Wahlerfolgs 2004
ISBN 978-3-89971-362-6

V&R unipress
Leseproben und weitere Informationen unter www.vr-unipress.de
Email: info@vr-unipress.de | Tel.: +49 (0)551 / 50 84-301 | Fax: +49 (0)551 / 50 84-333